Excel을 활용한 경영자료 분석

심 수 진

교육과학사

머리말

현대의 경영환경은 급변하고 있으며 기업의 경영형태는 매우 다양하다. 국내외적으로 경영환경은 시시각각 변하고 있으며 불확실성은 점점 확대되는 추세이다. 이로 인해 기업들은 이전의 경쟁과는 다른 차원의 경쟁력을 필요로 하게 되었으며, 다양한 디지털 도구를 활용하여 경영 자료를 분석하고 문제를 해결할 수 있는 능력을 갖춘 인재를 필요로 하고 있다.

경영학 전공자들에게 요구되는 이론적 지식과 실무적 스킬도 이러한 시대의 흐름과 함께 수정되고 있다. 단순한 기술적 숙련도를 향상시키는 노력은 이제 인공지능에게 그 자리를 내어주어야 하는 시대가 올지도 모른다. 대신 정보와 기술을 활용해서 경영현상을 분석하고 여러 대안을 제시하며 최적의 의사결정을 수행하는 능력을 갖추는 노력이 필요한 시대가 되었다.

이러한 관점에서 본서는 경영학 전공자들이 스프레드시트 소프트웨어인 엑셀을 배움으로써 엑셀의 사용능력을 키울 뿐만 아니라 경영학의 분석능력을 향상시키는데 그 목적을 두고 있다. 엑셀은 전문적인 통계 프로그램처럼 무겁거나 접근이 어렵지 않으면서도 그 기능에 있어서는 일반 사무 처리는 물론 의사결정을 위한 심도 있는 데이터 분석과 모델링 작업을 지원하는 강력한 기능을 담고 있는 프로그램이다. 때문에 엑셀이 제공하는 도구를 잘 이용하면 기업 업무 능력을 향상시키고 과학적인 의사결정을 수행할 수 있을 것이다.

본서는 엑셀의 기능을 크게 두 파트로 구분하여 그 기능을 소개하고 있다. 첫 번째 파트는 경영관리도구로서의 엑셀의 기능을 학습하는 부분이며, 두 번째 파트는 경영분석도구로서의 엑셀의 기능을 학습하는 부분이다. 1장에서 이러한 엑셀의 두 영역에 해당되는 기능을 전반적으로 소개하였다.

첫 번째 파트인 경영관리도구로서의 엑셀을 소개하는 부분은 2장부터 6장까지이다. 엑셀을 이용하여 문서를 작성하고 데이터를 관리하며 업무의 자동화 및 정확성을 향상시킬 수 있는 기능들을 중심으로 내용을 구성하였다. 먼저 2장에서는 워크시트에 데이터를 입력, 수정, 편집하고 자동 채움 기능을 이용하는 등 기초적인 데이터 입력 기능을 학습한다. 3장은 스프레드시트 프로그램이 워드프로세서와 구별되는 가장 큰 차이점인 수식 입력을 통한 계산 작업을 소개한다. 상대참조, 절대참조, 혼합참조 등 셀 주소를 참조하여 수식을 완성하는 작업과 함께 간단한 계산 작업을 수행한다. 4장에서는 셀 서식 기능을 적용하여 문서 작성 능력을 배양하고 완성도 높은 문서를 제작할 수 있는 기능을 소개한다. 또한 문서 내에 포함되는 데이터에도 적절한 표시 형식을 적용하는 등 다양한 셀 서식 기능을 학습한다. 5장에서는 엑셀에서 제공하는 함수 중 기본적이며 사무 업무에서 가장 많이 사용되는 함수들을 중심으로 한 계산 작업을 학습한다. 특히 논리함수, 찾기함수, 중첩함수를 사용한 계산 작업을 다양한 예제를 통해 학습한다. 마지막 6장에서는 데이터를 적절한 종류를 지정하여 차트로 표현하고 이를 수정하고 꾸미는 방법을 소개한다.

두 번째 파트인 경영분석도구로서의 엑셀을 소개하는 부분은 7장부터 11장까지이다. 7장에서는 생성된 차트를 분석하여 다양한 각도에서 차트를 바라보며 내용을 설명하는 능력을 학습한다. 8장에서는 기업의 공시자료를 엑셀을 이용하여 편집함으로써 기업의 경영성과와 재무 상태를 분석하기 위한 자료를 생성하는 작업을 소개한다. 9장은 데이터베이스 프로그램으로서의 엑셀의 기능을 소개한다. 간단한 데이터의 정렬 및 필터 기능으로부터 부분합과 피벗 테이블을 활용한 의사결정 능력 향상에 이르는 기능을 학습한다. 10장에서는 계량적 경영 의사결정을 수행하는 다양한 접근법을 학습한다. 경제성 분석을 통해 최적의 프로젝트를 선택하고, what-if 분석을 수행하는 다양한 기능들을 통해 가상 분석 능력을 키운다. 또한 선형계획과 관련된 다양한 문제들을 엑셀의 해 찾기 기능을 통하여 풀이하여 최적해에 접근하는 과정을 제시하였다. 마지막으로 11장에서는 예측과 관련된 내용으로 정량적 예측기법을 중심으로 수요 예측을 수행하는 방법을 제시하였다.

엑셀의 복잡하고 다양한 기능들을 많이 소개하고 기능 위주로 내용을 전개하기 보다는 경영 업무와 관련된 사례를 제시하고 답을 찾거나 다양한 대안을 제시할 수 있는 능력을 키울 수 있도록 내용을 구성하였다. 경영분석의 기본적 자료인 기업 재무제표를 이해하고 분석할 수 있는 능력과, 다양한 경영 의사결정 능력을 함양할 수 있는 기능 중심으로 내용을 전개하였다. 본 교재의 내용을 따라서 실습을 진행하다보면 경영분석에 대한 전문지식과 함께 실무적 능력을 키울 수 있을 것이다. 교재에 사용된 예제파일은 교육과학사 홈페이지 자료실(http://www.kyoyookbook.co.kr/)에서 다운로드받을 수 있다.

끝으로 본서의 개간을 위해 다양한 사례 자료를 제공해주신 명신광학 이종상 회장님과, 본서의 출간을 허락하고 후원해주신 교육과학사 임직원 여러분에게 감사드린다. 특히 편집에 많은 수고를 하신 이정호 실장님께 진심으로 감사드린다.

2017년 2월

저자 씀

차 례

머리말 / 3

CHAPTER 01 **엑셀의 경영분석 기능 / 9**

1. 경영분석의 정의 및 목적 / 9
2. 경영분석도구로서의 엑셀의 기능 / 11

PART 1. 경영관리도구 기능

CHAPTER 02 **엑셀의 기초 / 23**

1. 워크시트 기초 / 23
2. 데이터의 입력 및 수정 / 28
3. 자동 채움 기능 익히기 / 33

CHAPTER 03 **수식 입력 / 41**

1. 수식 입력하기 / 41
2. 셀 주소 참조의 이해 / 42
3. 자동합계도구 함수의 이해 / 51

CHAPTER 04 **셀 서식 적용하기 / 57**

1. 스타일 기능 활용하기 / 57
2. 서식 기능 익히기 / 63
3. 데이터 표시 형식 지정 활용하기 / 72
4. 조건부 서식 적용하기 / 83

CHAPTER 05 **함수의 사용 / 111**

1. 기본적인 함수 기능 익히기 / 111
2. 다양한 함수 종류 사용하기 / 124
3. 논리 함수 및 중첩 함수 사용하기 / 129
4. 찾기 함수 사용하기 / 144

CHAPTER 06 **차트 만들기 / 157**

1. 차트 작성하기 / 157
2. 차트 수정하기 / 165

Part 2. 경영분석도구 기능

CHAPTER 07 **차트 분석 / 185**

1. 추세선을 이용한 예측 / 185
2. 분산형 차트를 이용한 변수 간 관계 파악 / 193
3. 피벗 테이블과 피벗 차트 활용하기 / 197

CHAPTER 08 **재무제표 분석 / 217**

1. 재무제표 개요 / 217
2. 재무제표를 이용한 추세분석 / 229
3. 재무제표를 이용한 재무비율분석 / 233

CHAPTER 09 **데이터베이스 / 241**

1. 데이터베이스 개념 / 241
2. 데이터베이스 기능 / 244
3. 피벗 테이블을 활용한 의사결정 능력 향상 / 274

CHAPTER 10 **경영 의사결정 / 295**

1. 재무함수의 활용 / 295
2. 데이터 표 / 314
3. 시나리오 관리자 / 327
4. 목표값 찾기 / 338
5. 해 찾기 / 349

CHAPTER 11 **수요 예측 / 373**

1. 예측의 종류 / 373
2. 이동평균법 / 374
3. 지수평활법 / 383
4. 추세변동과 계절지수 반영 / 392

참고문헌 / 405

찾아보기 / 406

01 엑셀의 경영분석 기능

기업경영의 차원에서 반드시 요구되는 경영분석의 필요성과 의의를 이해하고, 본서를 통해 학습하게 될 경영분석도구인 엑셀의 경영관리도구 및 경영분석도구로서의 기능에 대해 구체적으로 살펴본다.

1. 경영분석의 정의 및 목적

▶ 경영분석의 정의

경영분석(business analysis)은 기업의 제반자료를 분석하여 경영성과 및 재무상태 등을 파악하고, 불확실한 미래 환경 변화 및 현재의 기업의 상황에 적합한 전략적 대안을 제시하는 활동이다.

기업경영 내용에 관한 정보를 얻기 위해 전통적으로 오랜 기간 동안 가장 많이 이용해온 기초자료는 재무제표이다. 주된 재무제표인 손익계산서와 재무상태표는 각기 기업의 일정 기간 동안의 영업실적과 일정 시점에서의 재무상태를 집약적으로 나타낸 것이므로, 이들 재무제표를 분석함으로써 기업경영에 관한 최소한의 정보를 얻을 수 있다. 따라서 전통적으로 경영분석은 재무제표를 기초로 하여 기업의 경영성과와 재무상태를 파악하는 활동으로 이해되어 왔다. 이러한 이유로 전통적 경영분석을 흔히 재무제표분석 혹은 재무분석이라고도 한다.

그러나 현대적 경영분석은 이처럼 단편적인 재무제표분석을 중심으로 한 경영분석에서 그 범위와 내용이 넓어지고 있다. 기업관련 자료를 이용하려는 다양한 기업 이해관계자와 의사결정자들의 정보욕구의 수준이 높아지면서 정보를 제공하기 위한 경영분석의 범위와 기법도 다양해지고 응용분야도 점차 확대되고 있는 추세이다. 현대적 경영분석의 특징들은 다음과 같다. 첫째, 현대적 경영분석은 재무자료와 비재무자료까지를 포함하는 경향을 나타낸다. 경영분석의 기초자료로 사용되던 재무제표만으로는 여러 가지 한계가 있으므로 분석에 이용되는 자료의 범위를 확대하여 재무적 영역을 포함한 기업경영 전반에 대한 자료를 분석대상으로 하고 있으며 기업에 관한 정량적 혹은 정성적 자료를 모두 포함하는 양상을 나타낸다.

둘째, 현대적 경영분석은 정보이용자들을 위한 가치평가와 의사결정모델로서의 역할이 강조된다. 오늘날 경영분석은 정보처리시스템을 이용하여 기업의 과거나 현재에 대한 평가뿐만 아니라 미래와 관련된 의사결정에 유용한 정보를 제공함으로써 미래 예측정보를 제공하는 역할을 수행하고 있다. 과거와 현재에 대한 평가에서 미래를 예측하고 분석하는 의사결정과정이 도입된 것이다.

셋째, 현대적 경영분석은 다양한 계량모형과 통계기법을 사용하여 여러 분야에 응용되고 있다. 다양한 경영분석기법의 발달로 과거 재무제표 중심의 재무적 평가에 한정되던 분석이 오늘날은 증권분석, 신용평가, 채권의 등급평가 및 기업부실의 예측 등과 같이 여러 분야에 이용되고 있다.

▶ 경영분석의 목적

경영분석의 주체인 기업의 이해관계자들이 누구인가에 따라 경영분석의 목적은 달라진다. 기업의 이해관계자들은 각자의 입장이 다르기 때문에 경영분석의 목적이나 방법도 달라질 수 있다. 기업의 이해관계자는 경영자인 내부 이해관계자와 금융기관, 투자자, 고객, 정부 등의 외부 이해관계자로 구분할 수 있다. 따라서 경영분석은 분석주체에 따라 내부분석과 외부분석으로 구분된다.

내부분석은 경영자가 경영관리의 차원에서 필요한 정보를 얻기 위한 목적으로 수행하는 경영분석을 말한다. 따라서 내부분석의 목적은 기업의 실체를 파악하는데 그치지 않고 의사결정에서 요구되는 정보를 얻는데 있다. 경영자는 기업의 내·외적 환경변화에 대처할 수 있는 경영정책이나 경영전략의 수립에 필요한 정보를 얻기 위하여 경영분석을 수행하며, 기업가치 극대화를 위해 어떤 방법으로 자금을 조달하고 어느 사업에 투자할 것인가를 결정하는 의사결정에 요구되는 정보를 얻기 위해서 경영분석을 수행한다. 경영자의 경영분석에는 다양한 자료와 방법이 이용되며 외부적으로 공개되지 않은 내부정보도 포함된다.

외부분석은 기업의 외부 이해관계자들이 수행하는 경영분석을 말한다. 금융기관이나 신용평가기관은 기업의 신용도를 평가하여 채권에 대한 원리금 회수가 가능한지 파악하기 위한 목적으로 경영분석을 하며, 투자자들은 채권 내 주식의 내재가치 또는 위험 특성을 파악하여 투자를 결정하기 위하여 경영분석을 한다. 고객이 주체가 되어 수행하는 경영분석은 수익력, 재무구조의 안정성, 경쟁력 등에 대한 평가를 통하여 기업의 계속성에 대한 정보를 얻는데 목적을 두게 된다. 또한 정부 및 감독기관은 주로 산업정책의 수립, 산업에 대한 규제 또는 지원정책의 수립, 조세정책의 수립 등에서 필요로 하는 정보를 얻기 위한 목적으로 경영분석을 수행한다.

2. 경영분석도구로서의 엑셀의 기능

엑셀은 각종 수식 계산 작업의 수행을 지원하는 스프레드시트(spreadsheet) 소프트웨어의 대표적 프로그램이다. 스프레드시트란 직역하면 '펼쳐진 종이'라는 뜻으로 원래 서양 사람들이 경리, 회계 장부로 사용하던 일정한 형태의 계산 용지를 일컫는 말이다. 이 계산 용지를 컴퓨터 화면에 그대로 옮겨 놓은 듯한 스프레드시트 프로그램은 일일이 손으로 계산하던 숫자를 자동으로 정확하게 계산할 뿐만 아니라 함수식 계산, 표 및 차트 작성, 업무용 문서 작성 등의 각종 사무 업무를 자동으로 간편하게 처리할 수 있도록 도와준다. 뿐만 아니라 다양한 what-if 분석, 선형계획법의 실행, 상관분석, 회귀분석 등의 통계 처리 등을 수행할 수 있다. 일반 사무 처리는 물론 기업에서의 의사결정에 필요한 심도 있는 데이터 분석과 모델링 작업 또한 지원하는 것이다.

때문에 엑셀이 제공하는 과학적이고 강력한 문제해결 모형과 분석 도구를 이용하면 개인과 부서 차원의 문제해결 지원은 물론이고 기업 차원의 문제에 대해서도 지원이 가능하다. 오늘날 엑셀은 투자분석, 마케팅 계획 수립, 수익률 분석, 생산관리, 예산관리, 인사관리 등 기업 업무의 전 분야에 걸쳐 다양하게 응용되어 업무능력과 생산성의 비약적 향상을 가져오는 도구가 되고 있다.

이러한 엑셀의 다양하고 강력한 기능을 본서에서는 두 가지 차원으로 구분하여 소개하고자 한다. 첫 번째 차원은 경영관리도구로서의 기능으로, 수식 계산 및 업무용 문서 작성을 지원하는 기능, 데이터를 요약 정리하여 표 및 차트로 변환하는 기능 등이 포함된다. 경영관리자의 사무처리 업무를 지원하여 신속하고 정확한 업무 처리능력을 향상시킬 수 있다.

두 번째 차원은 차트 분석, 기업 재무제표의 분석, 데이터베이스 관리 기능과 함께, 계량적 경영 의사결정을 지원하는 기능인 what-if 분석, 해 찾기, 수요 예측, 통계 처리 등의 기능을 수행하는 경영분석도구로서의 기능이다. 이러한 기능을 활용함으로써 기업은 과거 데이터의 치밀한 분석을 기반으로 미래 경영활동에 대한 예측 능력을 향상시키고 보다 과학적 기반의 경영 의사결정능력을 배양할 수 있다.

1) 엑셀의 경영관리도구 기능

엑셀을 사용하면 데이터의 입력, 계산 작업 및 수정이 용이하고, 문서 작성, 입력된 데이터의 관리, 데이터 결과의 차트화 등 경영 관리자로서의 업무 능력을 향상시킬 수 있다. 사용자의 입력 오류를 최소화하면서 데이터를 빠르고 정확하게 입력할 수 있으며, 입력된 데이터의 계산 및 수정작업이 용이하다. 460여 개에 이르는 다양한 함수들을 내장하고 있어 워드프로세서와 달리 문서에 복잡한 계산 작업을 빠르고 쉽게 적용할 수 있다. 또한 다양한 서식 기능을 이용한 문서 작성, 차트 생성 기능 등 데이터를 시각적으로 멋지고 쉽게 이해되도록 꾸미는 강력한 기능들이 제공되어 문서 작성의 품질 및 완성도를 높이고 가독성을 향상시킬 수 있다.

▶ 수식 작성

엑셀이 워드프로세서와 다른 가장 큰 차이점은 수식의 입력에 있다. 단순히 숫자와 텍스트를 입력하는 워드프로세서와 달리 엑셀에서는 수식을 사용하여 다양한 방법으로 숫자들을 처리할 수 있다. 또한 내장된 수백 개의 함수들을 사용하여 숫자들을 처리함으로써 복잡한 계산이 필요한 문서를 간편하게 작성하고 관리할 수 있게 지원한다.

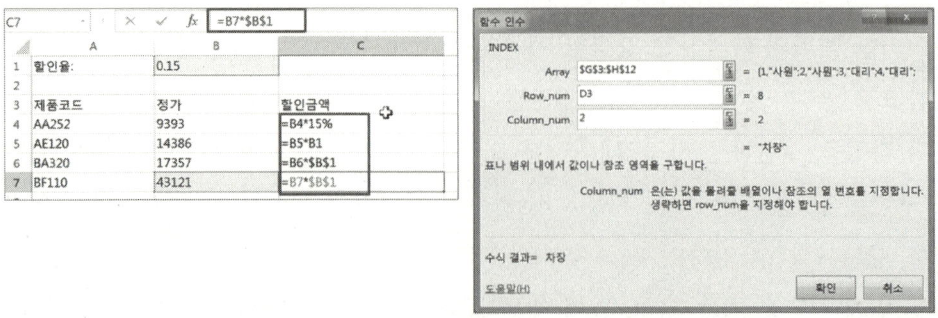

▶ 문서 작성

엑셀에서는 행과 열이 일정한 규격으로 구성된 표 형태의 워크시트에서 모든 작업이 이루어진다. 이러한 작업 공간의 특징 때문에 규격과 형식이 일정한 일반 문서를 작성할 때도 많이 이용한다. 예를 들어 일정표와 기안서, 이력서, 회의록, 주간보고서처럼 계산 기능이 크게 필요하지는 않지만 규격과 서식이 정해져 있는 문서를 작성하는데 편리하게 활용할 수 있다.

번호 2017-027

견 적 서

2017년 3월 15일 (수)

김현우 귀하

아래와 같이 견적합니다.

공급자				
등 록 번 호	123-12-12345			
상호(법인명)	㈜경남상사	성명	손창민	(인)
사 업 장 주 소	경남 창원시 합포구			
업 태	판매	종목	유통	
전 화 번 호	055-345-6789			

합계금액 (공급가액+세액)	

No.	품명	규격	수량	단가	공급가액	세액
1	아이폰 3GS	3.5	7	535000	3,745,000	374,500
2	아이폰 4	3.5	5	600000	3,000,000	300,000
3	옵니아2	3.7	5	275000	1,375,000	137,500
4	갤럭시A	3.5	6	345000	2,070,000	207,000
5	갤럭시S	4.0	7	578000	4,046,000	404,600
6	모토로이	3.7	2	236000	472,000	47,200
7	안드로-1	3.0	3	180000	540,000	54,000
8	햅틱착	3.0	5	500000	2,500,000	250,000
9	레일라폰	3.0	2	485000	970,000	97,000
10	익스프레스뮤직폰	3.2	2	150000	300,000	30,000
11	오즈옴니아	3.7	1	566000	566,000	56,600
12	코비폰	3.0	3	436000	1,308,000	130,800
13	롤리팝2	2.8	2	310000	620,000	62,000
14	엑스페리아 X10 Pro	4.0	3	705000	2,115,000	211,500
합계					23,627,000	2,362,700

매출내역표

과장	부장	이사

일자	거래처	품명	단가	수량	금액	입금액	미수금액	담당
2011-03-24	한국정비소	시트	80,400	25	2,010,000	549,600	1,460,400	박봉수
2011-03-27	한국정비소	유리막	27,600	6	165,600	138,000	27,600	한상호
2011-03-28	오토카센터	카오디오	294,000	24	7,056,000	360,000	6,696,000	김지명
2011-04-08	조선공업사	유리막	27,600	30	828,000	470,400	357,600	박봉수
2011-04-13	오토카센터	카오디오	294,000	6	1,764,000	352,800	1,411,200	박봉수
2011-04-16	한국정비소	유리막	27,600	24	662,400	552,000	110,400	박봉수
2011-04-24	성준공업사	시트	80,400	8	643,200	562,800	80,400	한상호
2011-05-06	합동카센터	유리막	27,600	14	386,400	331,200	55,200	김지명
2011-05-14	오토카센터	시트	80,400	18	1,447,200	187,200	1,260,000	박봉수
2011-05-19	오토카센터	우드그레인	19,200	14	268,800	230,400	38,400	김지명
2011-05-28	오토카센터	카오디오	294,000	36	10,584,000	236,400	10,347,600	김지명
2011-06-01	조선공업사	카오디오	294,000	24	7,056,000	830,400	6,225,600	박봉수
2011-06-07	합동카센터	시트	80,400	40	3,216,000	384,000	2,832,000	박봉수
2011-06-16	성준공업사	시트	80,400	35	2,814,000	106,800	2,707,200	한상호
2011-06-22	성준공업사	유리막	27,600	35	966,000	24,000	942,000	김지명
2011-06-23	성준공업사	우드그레인	19,200	11	211,200	172,800	38,400	한상호
2011-06-25	한국정비소	시트	80,400	12	964,800	804,000	160,800	김지명
2011-07-11	합동카센터	공기청정기	52,800	13	686,400	148,800	537,600	박봉수
2011-07-17	오토카센터	카오디오	294,000	25	7,350,000	141,600	7,208,400	한상호
2011-07-20	합동카센터	공기청정기	52,800	19	1,003,200	844,800	158,400	김지명
2011-07-22	오토카센터	우드그레인	19,200	17	326,400	240,000	86,400	김지명
2011-07-23	한국정비소	우드그레인	19,200	26	499,200	422,400	76,800	김지명
2011-08-03	합동카센터	우드그레인	19,200	23	441,600	364,800	76,800	한상호
2011-08-09	조선공업사	카오디오	294,000	13	3,822,000	824,400	2,997,600	김지명
2011-08-16	합동카센터	카오디오	294,000	29	8,526,000	894,000	7,632,000	김지명
2011-08-19	한국정비소	시트	80,400	25	2,010,000	730,800	1,279,200	김지명
2011-08-22	성준공업사	공기청정기	52,800	8	422,400	247,200	175,200	한상호
2011-08-28	한국정비소	유리막	27,600	23	634,800	524,400	110,400	김지명
2011-09-08	합동카센터	우드그레인	19,200	35	672,000	120,000	552,000	김지명
2011-09-11	한국정비소	시트	80,400	32	2,572,800	1,161,600	1,411,200	한상호
2011-09-15	합동카센터	유리막	27,600	6	165,600	103,200	62,400	박봉수
2011-09-21	합동카센터	카오디오	294,000	16	4,704,000	378,000	4,326,000	김지명
2011-09-23	오토카센터	시트	80,400	41	3,296,400	112,800	3,183,600	김지명
2011-10-07	성준공업사	시트	80,400	35	2,814,000	686,400	2,127,600	박봉수
2011-10-11	합동카센터	공기청정기	52,800	24	1,267,200	374,400	892,800	박봉수
2011-10-13	오토카센터	카오디오	294,000	28	8,232,000	460,800	7,771,200	한상호
2011-10-15	오토카센터	시트	80,400	8	643,200	286,800	356,400	한상호
	합계				91,132,800	15,300,000	75,832,800	

▶ 차트 생성

엑셀에서는 표에 입력한 숫자를 다양한 그래프로 시각화할 수 있는 차트 기능을 제공한다. 차트 기능을 이용하면 워크시트에 작성한 표를 2차원이나 3차원의 막대그래프, 원형 차트, 꺾은선 형 그래프 등 다양한 형태의 차트로 바꿔 표현할 수 있다. 차트 생성을 통해 한 눈에 내용을 파악할 수 있으며 데이터의 비교 및 분석이 용이해진다.

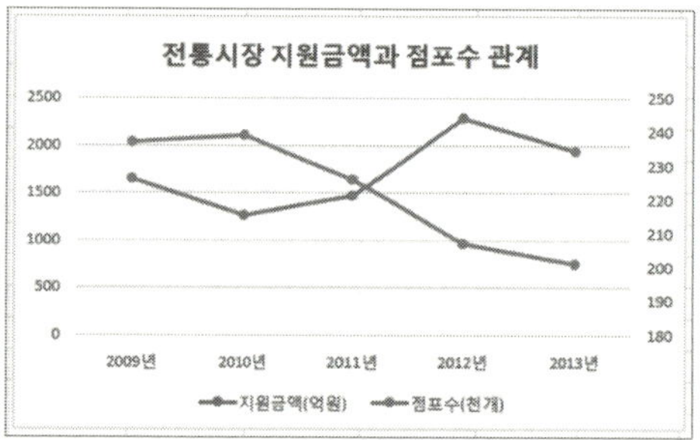

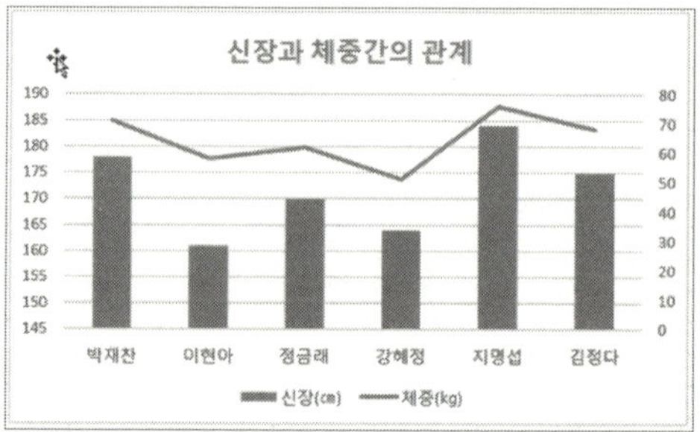

▶ 데이터 관리 기능

엑셀은 행과 열이 만나는 구조인 워크시트에서 작업하기 때문에 표의 형태로 데이터들을 항목별로 입력할 수 있다. 이러한 데이터 입력 방법을 이용해 수천 명이 넘는 회원이나 직원들의 주소록부터 거래처 연락처 등을 일목요연하게 정리해 관리할 수 있다.

사원별 급여 내역

부서	직위	성명	기본급	직위수당	식대	교통비	총지급액	보험료	순지급액
기획부	과장	공유해	₩ 2,000,000	₩ 700,000	₩ 100,000	₩ 150,000	₩ 2,950,000	₩ 295,000	₩ 2,655,000
기획부	부장	이나열	₩ 3,000,000	₩ 1,500,000	₩ 100,000	₩ 150,000	₩ 4,750,000	₩ 475,000	₩ 4,275,000
기획부	차장	신민희	₩ 2,500,000	₩ 1,100,000	₩ 100,000	₩ 150,000	₩ 3,850,000	₩ 385,000	₩ 3,465,000

2) 엑셀의 경영분석도구 기능

현재 엑셀에는 의사결정지원 및 수요예측 시뮬레이션을 위한 거의 모든 기능이 갖추어져 있다. what-if 분석 등의 대안생성 기능과 셀 간의 관계식을 통하여 모델을 작성할 수 있게 함으로써 기업에서의 의사결정과 관련된 다양한 문제를 엑셀을 이용하여 해결할 수 있게 되었다. 최적화 상태를 찾아주는 해 찾기 기능이 추가되어 선형계획법을 실행할 수 있게 되었으며, 기본적인 통계처리를 위한 함수도 상당수 포함되어 자료의 통계적 검증도 가능하게 되었다. 또한 엑셀의 데이터베이스 기능을 통하여 필요한 자료를 쉽게 찾을 수 있으며, 특히 피벗 기능은 대용량의 자료 내에서 필요한 현황 자료를 쉽게 작성할 수 있게 해준다. 이러한 기능이 포함됨으로써 엑셀은 단순한 사무용 도구를 넘어선 경영 의사결정을 지원하는 강력한 경영분석도구로서의 기능을 수행할 수 있게 되었다.

▶ 차트 분석

차트분석은 엑셀의 차트 그래프 기능을 이용한 분석 작업을 말한다. 막대 그래프, 꺾은선 그래프, 원형 차트. 피벗 차트 등을 이용하여 데이터를 차트로 표현하면 복잡한 내용이 한 눈에 들어오고 가독성을 높일 수 있다. 한 단계 더 나아가 차트의 생성에 그치지 않고 생성된 차트를 면밀히 관찰하고 분석함으로써 보다 다양한 관점에서 내용을 해석하고 그 결과를 예측에 적용할 수 있다. 차트를 분석하기 위해서는 먼저 주어진 데이터를 표현하는데 가장 적합한 차트의 유형이 무엇인지 파악하고 차트를 작성해야 하며, 완성된 차트를 다양한 각도에서 관찰하며 분석하여 그 결과를 설명하는 능력이 요구된다.

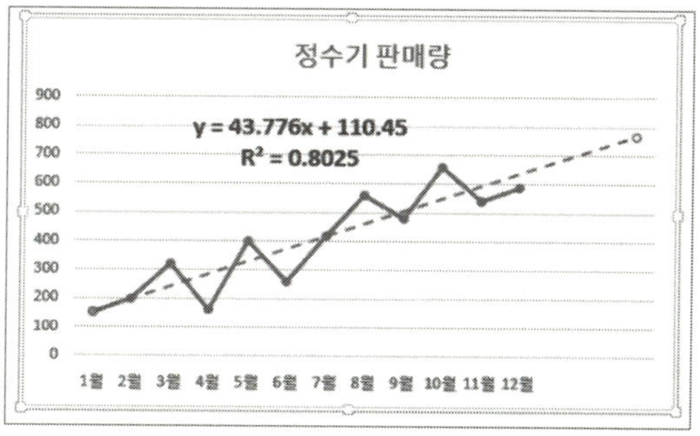

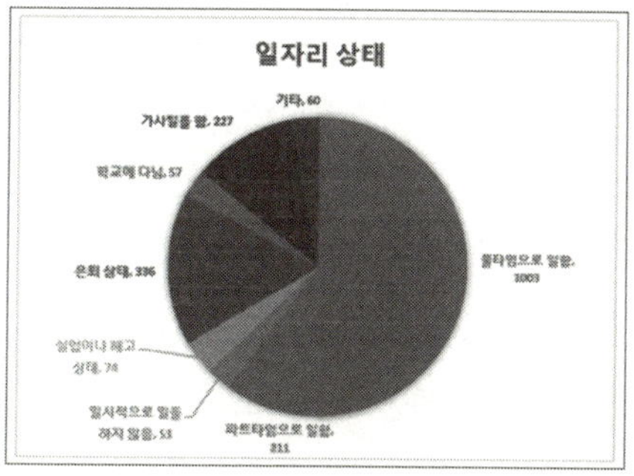

▶ 재무제표 분석

기업의 경영상태 및 재무상태를 공시한 자료들을 가져와 차트로 재구성하고 이를 분석하는 재무제표분석 과정을 통해 기업 상태에 대한 파악이 보다 향상될 수 있다. 기업의 유동성, 레버리지, 활동성, 수익성, 성장성 등 각 요소별로 분석, 평가함으로써 외부 이해관계자와 내부 이해관계자 각각의 목적에 맞는 재무적 의사결정에 도움을 줄 수 있다.

	A	B	C	D	E
1	재무비율 분석				
3	항목		2013	2014	2015
4	유동성 비율	유동비율	278%	283%	255%
5		당좌비율	244%	246%	223%
6	레버리지 비율	부채비율	29%	31%	34%
7		자기자본비율	78%	76%	75%
8	수익성 비율	총자산이익율	5.4%	6.9%	6.7%
9		영업이익율	1.5%	3.4%	4.3%
10		순이익율	6.0%	8.5%	8.7%
11	활동성 비율	재고자산회전율	14.040	10.902	10.540
12		비유동자산회전율	1.829	1.804	1.769
13		총자산회전율	0.893	0.804	0.765

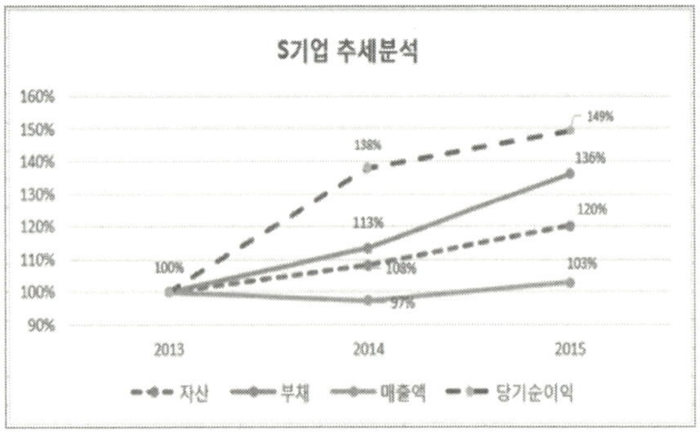

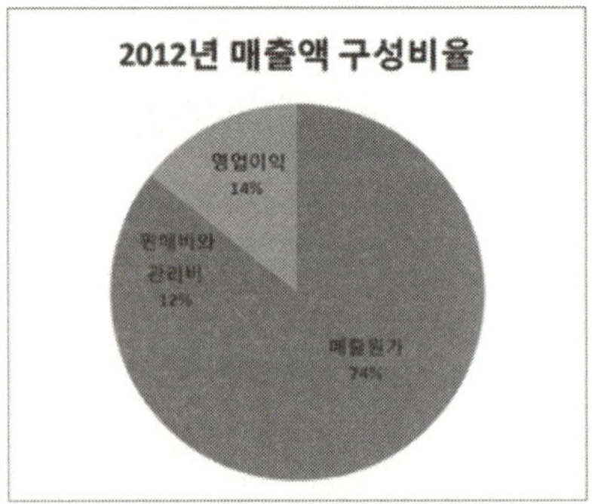

▶ 피벗 테이블

엑셀에서 피벗 테이블은 동일한 여러 필드들에 대한 값들을 쉽게 비교 · 분석할 수 있도록 간결한 표 형식으로 보여 주며, 데이터를 사용자가 원하는 대로 행과 열 축으로 회전하여 정리하고 또한 자유롭게 변경함으로써 다양한 각도에서 목록의 내용을 분석할 수 있다. 따라서 피벗 테이블을 이용하면 동일한 데이터를 여러 관점에서 살펴보고 데이터에 대한 질문들에 답할 수 있게 된다.

개수 : 응답자번호	흡연여부		
부모 흡연여부	비흡연	흡연	총합계
부모 비흡연	73	14	87
부흡연	26	12	38
모흡연	31	18	49
부모 흡연	10	41	51
총합계	140	85	225

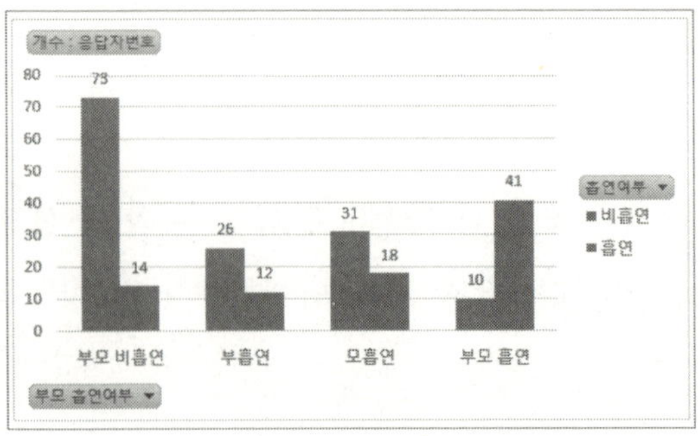

▶ 경제성 분석

경영활동에서 새로운 사업 추진을 위한 경제성 분석은 매우 중요한 의사결정 과정이다. 엑셀에서 제공하는 재무함수를 이용하면 이러한 경제성을 평가할 수 있다. 순현가법과 내부수익률법을 통해 프로젝트의 경제성을 평가하기 위한 수익성을 파악할 수 있다.

투자의 경제성 분석

자본비용(할인율)	10%

투자안	A	B
1차년도	- 1,000,000,000	- 1,500,000,000
2차년도	300,000,000	400,000,000
3차년도	300,000,000	400,000,000
4차년도	400,000,000	400,000,000
5차년도	400,000,000	600,000,000
6차년도	400,000,000	600,000,000

	투자안 A	투자안 B
순현가	**₩311,600,899**	₩251,910,603
내부수익률	**22%**	16%

▶ 가상 분석

엑셀에는 데이터 표, 시나리오 관리자, 목표값 찾기라는 세 가지 종류의 가상 분석 도구가 제공된다. 시나리오 관리자와 데이터 표 기능의 경우 여러 가지 입력값을 기초로 가능한 결과를 찾게 된다. 데이터 표에는 한 개 또는 두 개의 변수만 사용되지만 해당 변수에 대해 각기 다른 여러 가지 값을 대입할 수 있다. 한편 시나리오 분석은 여러 개의 변수를 사용할 수 있지만 포함할 수 있는 값은 최대 32개까지로 제한된다. 이와 대조적으로 목표값 찾기는 결과가 먼저 주어진 다음 해당 결과를 제공할 수 있는 입력값이 무엇인지 찾는다는 점에서 시나리오나 데이터 표와는 작동 방식이 다르다.

● 데이터 표

데이터 표 기능을 이용하면 수식의 특정 값을 변경하였을 때 결과가 어떻게 달라지는지를 한 번에 알 수 있다. 데이터 표에 사용할 수 있는 변수는 두 개까지로 제한된다. 더 많은 수의 변수를 분석하려면 시나리오를 사용해야 한다. 데이터 표의 경우 변수의 수가 한 개 또는 두 개로 제한되기는 하지만 서로 다른 변수값을 제한 없이 사용할 수 있는 장점이 있다.

연이율		3.0%	4.0%	5.0%	6.0%	7.0%	8.0%	9.0%	10.0%
월 상환액	-₩530,328	-₩ 482,804	-₩ 506,226	-₩ 530,328	-₩ 555,103	-₩ 580,542	-₩ 606,638	-₩ 633,379	-₩ 660,754

• 시나리오 관리자

시나리오는 일정 경영상황에 대응한 경영 수치들의 값 집합이다. 엑셀의 시나리오 관리자를 이용하면 워크시트에 입력된 데이터를 토대로 여러 가지 변수를 적용해 다양한 시나리오 그룹을 만들어 저장한 다음, 시나리오를 전환하며 상황에 따른 결과를 예측할 수 있다.

시나리오 요약					
		현재 값:	경기침체	경기정상	경기호황
변경 셀:					
	판매가격	380,000	350,000	400,000	450,000
	부품비용	150,000	175,000	150,000	130,000
	조립비용	25,000	20,000	25,000	40,000
결과 셀:					
	순이익	21,120,000	**11,900,000**	**24,600,000**	**34,300,000**

• 목표값 찾기

수식을 통해 얻으려는 결과를 알고 있지만 그 결과를 얻기 위해 수식에 필요한 입력값이 무엇인지 찾기 위해 목표값 찾기 기능을 사용한다. 즉 결과값을 미리 정한 후에 역으로 변수를 추산해준다. 변수를 인수로 사용한 수식 셀을 선택한 다음 사용자가 원하는 목표값을 만들려면 수식에 사용된 변수가 어떤 값이어야 하는지 찾는 방식으로 계산된다. 목표값 찾기에는 변수 입력 값을 한 개만 사용하는데, 예를 들어 일정 대출 금액에 대한 월별 상환 금액을 찾을 경우 이 기능을 활용한다.

D기업 부채비율

단위:천원

항목	2013년	2014년	2015년	2016년(목표년도)
유동부채	6,688,806	6,350,692	8,428,114	8,428,114
비유동부채	12,004,885	13,090,042	12,324,532	12,324,532
자기자본	2,270,564	1,979,712	2,296,294	2,964,276
부채비율	823%	982%	904%	700%

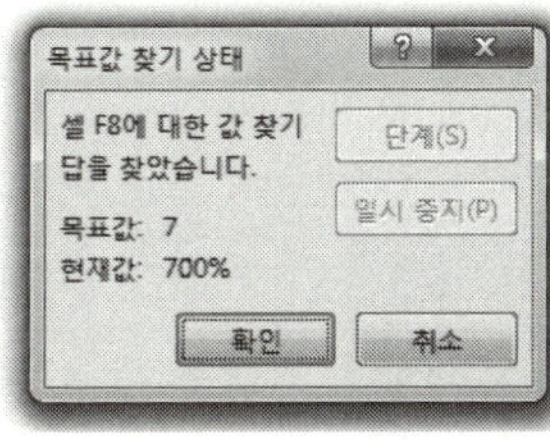

▶ 해 찾기

목표값 찾기와는 달리 해 찾기는 수정할 데이터가 둘 이상이거나 조건이 복잡할 경우에 사용된다. 즉 해 찾기는 목표값 찾기와 유사하나 다수의 조건을 수용하여 최적의 값을 찾아낼 수 있는 장점이 있다. 또한 해 찾기 기능을 이용하면 선형계획법 문제를 풀이할 수 있어 계량적 경영 의사결정지원을 위한 수리모형의 해를 도출할 수 있다.

한국전자의 온풍기 생산의 이익 최대화 문제

공정	가구		월 최대 조업 가능시간
	사무실용 온풍기	가정용 온풍기	
파트제작	4	7	5,000
조립	2	1	1,500
페인트칠	1	1	1,000
단위당 판매이익	5만원	3만원	

온풍기를 판매하여 최대이익을 얻고자 한다.
사무실용과 가정용 온풍기를 각각 몇 개씩 생산해야 하겠는가?

	사무실용	가정용			
목적식	5	3	3,950		
파트제작	4	7	5,000	<=	5,000
조립	2	1	1,500	<=	1,500
페인트칠	1	1	950	<=	1,000

최적해	550	400

▶ 수요 예측

경영활동을 수행하기 이전 단계는 정확한 예측활동을 수행하는 것이다. 예측은 과거의 자료로부터 규칙적인 변화와 움직임을 찾아내는 작업이며 이를 위해 과학적인 분석방법을 사용한다. 경영 의사결정을 수행하는 위치에 있는 경영자나 실무자는 예측을 위한 분석기법에 숙련되어 있어야 한다. 엑셀을 이용하여 이동평균법, 지수평활법, 추세변동분석 등 다양한 정량적 예측 기법을 수행할 수 있다.

경남전자의 온수매트 판매 실적

(단위: 백만원)

년	월	순서	매출	추세분석 예상매출	평균매출 (2년)	비율	계절지수	추세 및 계절 고려 예상 매출
2013	1월	1	523	312	425	1.23	1.29	401
	2월	2	619	322	425	1.46	1.55	500
	3월	3	235	332	425	0.55	0.62	204
	4월	4	272	342	425	0.64	0.72	246
	5월	5	251	352	425	0.59	0.63	221
	6월	6	155	361	425	0.36	0.39	140
	7월	7	148	371	425	0.35	0.40	148
	8월	8	175	381	425	0.41	0.46	177
	9월	9	212	391	425	0.50	0.58	225
	10월	10	558	401	425	1.31	1.41	564
	11월	11	821	411	425	1.93	2.08	853
	12월	12	748	420	425	1.76	1.89	793
2014	1월	13	570	430	425	1.34	1.29	553
	2월	14	701	440	425	1.65	1.55	683
	3월	15	289	450	425	0.68	0.62	277
	4월	16	340	460	425	0.80	0.72	331
	5월	17	283	469	425	0.67	0.63	295
	6월	18	175	479	425	0.41	0.39	186
	7월	19	192	489	425	0.45	0.40	196

절편(intercept)	302.3804
기울기(slope)	9.829565

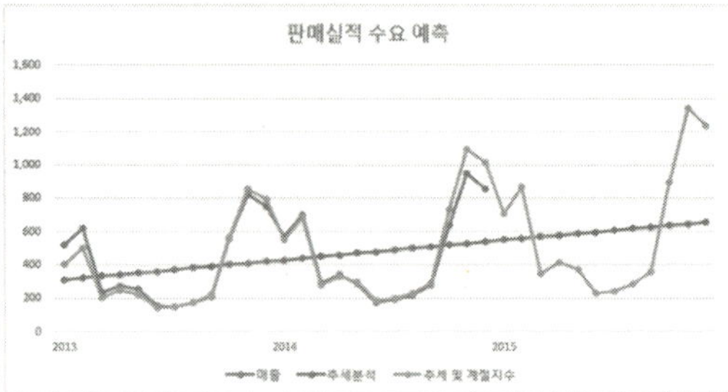

▶ 통계분석

엑셀에는 다양한 통계자료 분석 도구가 내장되어 있다. 평균, 분산 등의 수치를 이용한 데이터의 기술적 분석과, 산포도 작성 등의 그래프와 표를 이용한 기술적 분석이 가능하다. 또한 추론분석을 지원하는 다양한 통계분석 기능이 포함되어 있으며 통계학에서 가장 많이 활용되는 모형인 분산분석과 회귀분석이 가능하다. 특히 다양한 의사결정을 위한 예측에 회귀분석을 적용할 수 있다.

	A	B	C	D	E	F	G	H	I
1	요약 출력								
2									
3	회귀분석 통계량								
4	다중 상관계수	0.891485							
5	결정계수	0.794746							
6	조정된 결정계수	0.717775							
7	표준 오차	380.4213							
8	관측수	12							
9									
10	분산 분석								
11		자유도	제곱합	제곱 평균	F 비	유의한 F			
12	회귀	3	4482862	1494287	10.32534	0.003992			
13	잔차	8	1157763	144720.4					
14	계	11	5640625						
15									
16		계수	표준 오차	t 통계량	P-값	하위 95%	상위 95%	하위 95.0%	상위 95.0%
17	Y 절편	2262.02	799.4397	2.829507	0.022167	418.5089	4105.531	418.5089	4105.531
18	평균 가격(만원)	-73.0725	25.41416	-2.87527	0.020661	-131.678	-14.4673	-131.678	-14.4673
19	광고 비용(만원)	0.042794	0.148891	0.287419	0.781096	-0.30055	0.386138	-0.30055	0.386138
20	영업비용(만원)	0.275445	0.085901	3.206545	0.012489	0.077357	0.473533	0.077357	0.473533

PART 1

경영관리도구 기능

02 엑셀의 기초

경영관리 및 경영분석도구로서의 엑셀을 활용하기 위해서는 먼저 워크시트에 데이터를 입력해야 한다. 본 장에서는 워크시트에 입력하는 데이터의 유형, 데이터 입력, 데이터 편집, 자동 채움 기능 등 엑셀의 기초적인 기능을 학습한다.

1. 워크시트 기초

1) 워크시트 구조

우리가 생각하는 것 보다 엑셀의 워크시트 크기는 상당히 크다. 하나의 워크시트는 1,048,576개의 행(1~1,048,576)과 16,384개의 열(A~XFD)을 가진다. 이는 데이터를 입력하거나 계산을 수행할 수 있는 셀(cell)을 170억 개 가진다는 것을 의미한다. 또한 하나의 통합 문서(파일)는 255개까지의 워크시트를 포함한다.

또한 워크시트는 행, 열, 셀들로 이루어진다. 행과 열은 각각의 머리글을 제목으로 갖는데, 열은 A, B, C, ...처럼 알파벳 머리글을 제목으로 갖고, 행은 1, 2, 3, ...처럼 숫자 머리글을 갖는다. 셀은 행과 열이 교차하는 곳이다. 열 번호를 나타내는 알파벳과 행 번호를 나타내는 숫자를 결합하여 특정 셀을 식별한다. 이를 셀 참조 또는 셀 주소라고 부른다.

다음 그림은 사용자가 새로운 통합 문서를 열었을 때의 화면이다. 통합문서의 제일 왼쪽 위 구석에 위치한 첫 번째 셀이 현재 셀이다. 현재 셀이 위치한 열 머리글과 행 머리글의 색깔이 강조되어 표시된다. 현재 셀의 테두리는 진한 선으로 표시되며 현재 셀의 셀 주소는 A1이다. 현재 셀의 셀 참조가 이름 상자에 표시된다.

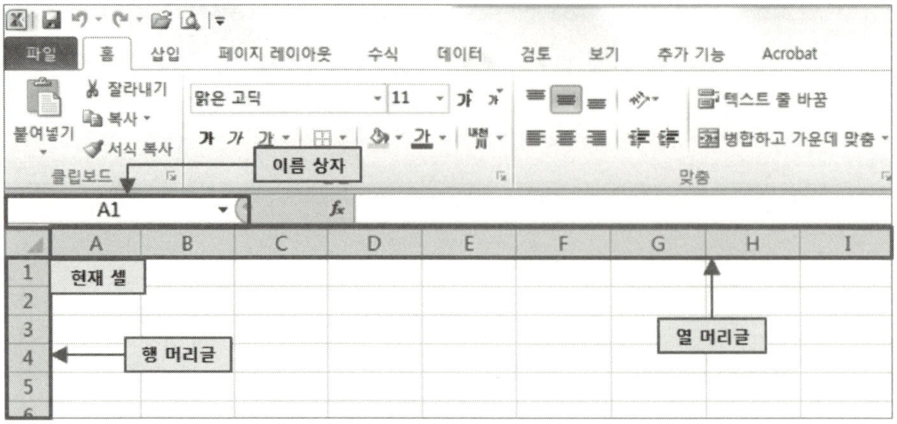

수식 입력줄은 리본과 열 머리글 사이에 위치한다. 어떤 셀을 선택하면 그 셀에 입력된 내용을 보여준다. 수식 입력줄은 수식을 표시하고, 셀은 수식의 결과를 표시하기 때문에 수식 입력줄에 표시되는 내용과 셀에 표시되는 내용이 서로 다를 수 있다. 데이터 또는 수식을 입력할 때 수식 입력줄의 다른 단추들도 활성화된다. ✕를 누르면 현재의 동작이 취소되고 셀의 내용이 지워진다. ✓를 누르면 셀에 데이터가 입력된다.

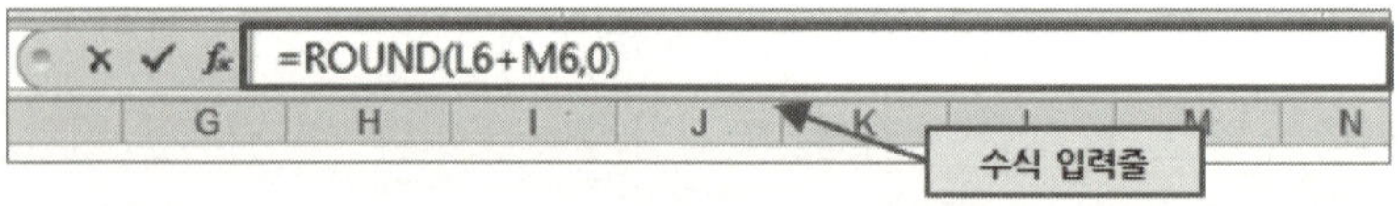

2) 행 높이와 열 너비 조정하기

특정 셀에 입력된 숫자의 자릿수에 비해서 셀의 너비가 좁으면 일부 숫자들만 표시되는 대신 셀 전체가 # 표시로 채워지거나 지수 표기법(7.2839E+13)으로 표시된다. 이때 셀에 저장된 실제 데이터는 여전히 유효하며 단지 표시되지 못할 뿐이다. 입력한 텍스트의 길이가 현재 셀의 너비를 초과하면 오른쪽 셀이 비어 있을 때는 그 셀로 텍스트가 넘쳐서 표시되고, 오른쪽 셀에 내용이 들어있을 때는 현재 셀의 폭만큼만 텍스트가 보이고 나머지는 잘린다. 전체 텍스트가 보이지 않더라도 여전히 셀 안에 들어있으며 수식 입력줄에서 셀의 전체 내용을 볼 수 있다.

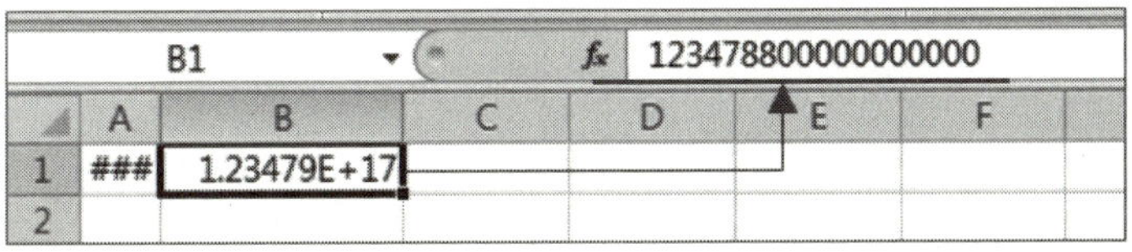

▶ 열 너비 수동 조정

어떤 셀의 숫자가 #으로 표시되거나 텍스트가 잘려서 표시되는 경우에 셀 안에서 전체 내용이 표시되도록 하려면 셀의 너비를 늘려야 한다. 열의 너비는 수동과 자동으로 조정할 수 있는데, 먼저 수동으로 조정하는 방법은 마우스 포인터를 두 열의 머리글 사이의 경계선 위에 놓는다. 마우스 포인터의 모양이 양방향 화살표 모양으로 바뀔 때 마우스 왼쪽 단추를 누른 채 왼쪽이나 오른쪽으로 드래그하여 열의 너비를 조정한다.

▶ 열 너비 자동 조정

열의 너비를 자동으로 조정하려면 마우스 커서를 두 열의 머리글 사이의 경계선 위에 놓고 마우스 포인터의 모양이 양방향 화살표 모양으로 바뀌었을 때 더블 클릭한다. 그 열의 모든 셀에 들어있는 내용을 모두 표시할 수 있을 만큼 열의 너비가 자동으로 늘어나거나 줄어든다.

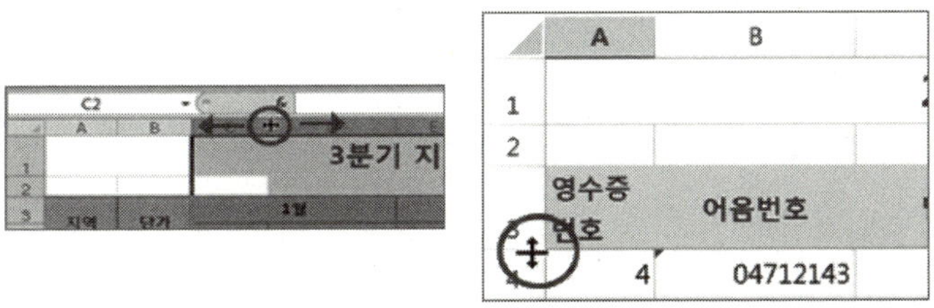

※ 열의 너비를 수동 및 자동으로 조정하는 방법과 유사하게 행의 높이도 조정할 수 있다.

▶ 한 셀에 여러 줄의 텍스트 입력하기

텍스트가 셀의 너비에 맞지 않을 때는 셀 안에서 텍스트 줄 바꿈을 사용할 수도 있다. 텍스트의 첫 번째 줄을 입력한 후 Alt + Enter를 누르면 셀 안에서 줄 바꿈이 가능하다. 텍스트 줄 바꿈 옵션은 특히 열 제목이 여러 단어들로 이루어질 때 유용하다.

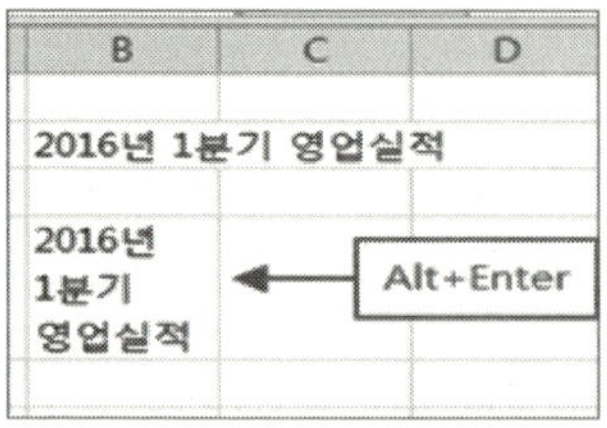

3) 행과 열 삽입 및 삭제

기본적으로 제공되는 행과 열 사이에 새로운 행이나 열을 추가하거나 삭제할 수 있다. 엑셀에서 문서를 원하는 형태로 작성하기 위해서 가장 기초적으로 학습해야 하는 기능이다.

▶ 열의 삽입

열을 삽입하려면 새로 삽입할 열의 바로 오른쪽 열에 있는 임의의 셀을 클릭한다. 또는 삽입하려는 열의 머리글 부분을 클릭하여 열 전체를 선택한다. 다수의 열을 선택하면 선택한 수만큼의 열이 삽입된다. [홈] 탭−[셀] 그룹−[삽입 단추]를 클릭한 후 [시트 열 삽입]을 선택하면 새로운 빈 열이 선택한 셀의 왼쪽에 추가된다. 또는 열을 선택한 상태로 열 머리글에서 마우스 오른쪽 버튼을 눌러 단축메뉴 중 [삽입]을 선택해도 좋다.

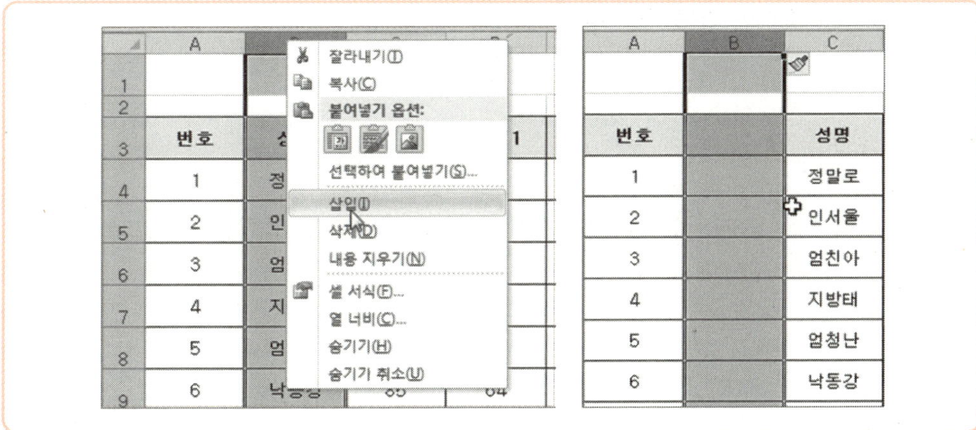

▶ 열의 삭제

열을 삭제하려면 삭제할 열의 머리글 부분을 클릭한다. 여러 열을 선택하려면 머리글 부분을 클릭하고 드래그한다. [홈] 탭-[셀] 그룹-[삭제 단추]를 클릭한다. 또는 열을 선택한 상태로 열 머리글에서 마우스 오른쪽 버튼을 눌러 단축메뉴 중 [삭제]를 선택해도 된다.

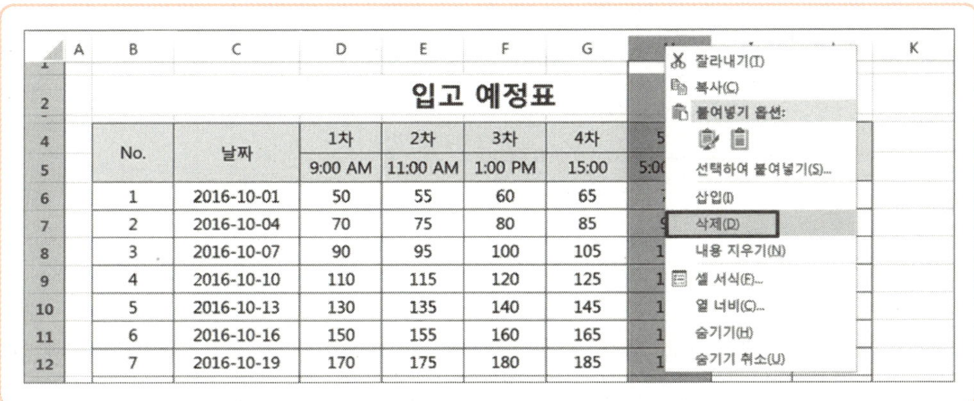

※ 열의 삽입 및 삭제 방법과 유사하게 행의 삽입 및 삭제가 가능하다.

2. 데이터의 입력 및 수정

1) 데이터의 유형

셀에는 텍스트, 숫자, 수식의 세 가지 유형의 데이터를 입력할 수 있다.

▶ 텍스트

텍스트에는 문자, 숫자, 공백, 특별 문자가 포함된다. 텍스트는 32,767개의 문자까지 포함할 수 있으며 셀에 입력된 텍스트는 디폴트로 셀의 왼쪽으로 정렬된다. 숫자 앞에 작은따옴표(')를 입력하면 엑셀은 이 숫자를 텍스트로 인식한다. 숫자를 계산에 사용하지 않고 텍스트로 취급하려면 '를 먼저 입력하고 그 다음에 숫자를 입력하면 된다. 즉 '1234처럼 입력한다. 예를 들어 학번, 신용카드번호, 은행계좌번호, 주민등록번호, 휴대폰번호, 우편번호 등은 숫자이지만 텍스트로 취급하는 것이 좋다.

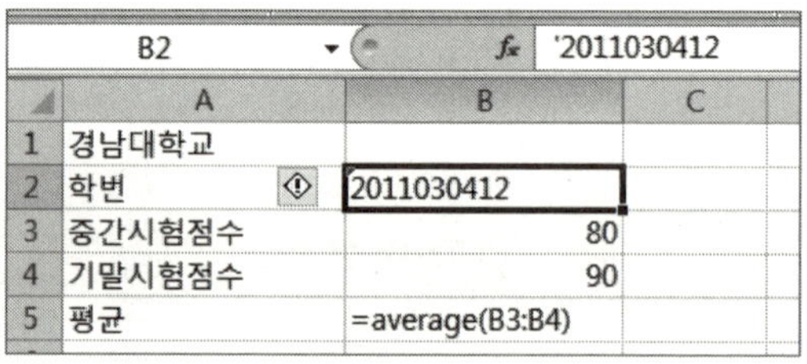

▶ 숫자

숫자 데이터는 양, 날짜, 시간 등을 나타내며 이 데이터로 계산 작업을 수행한다. 셀에 입력된 숫자는 디폴트로 셀의 오른쪽 정렬된다. 숫자 데이터는 단순 숫자, 백분율, 날짜, 시간, 통화 등 다양한 형식을 가질 수 있다.

❊ 날짜 데이터

엑셀에서 날짜 데이터를 입력할 때는 '/' 또는 '−' 기호를 이용하여 날짜를 입력한다. 월과 일을 입력하는 경우 컴퓨터에 기록된 올해 년도로 자동 인식된다.

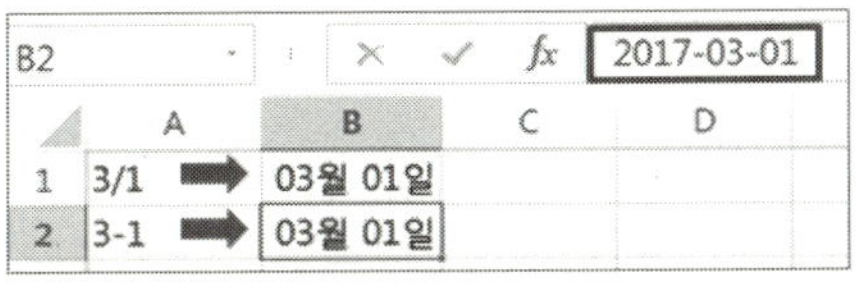

❊ 분수

엑셀에서 소수 자릿수를 갖는 숫자를 분수로 표현할 수 있다. 분수를 입력하려면 정수 부분과 소수 부분 사이에 공백을 둔다. 분수로 표현된 숫자는 읽기 불편하기 때문에 많이 사용되지는 않는다.

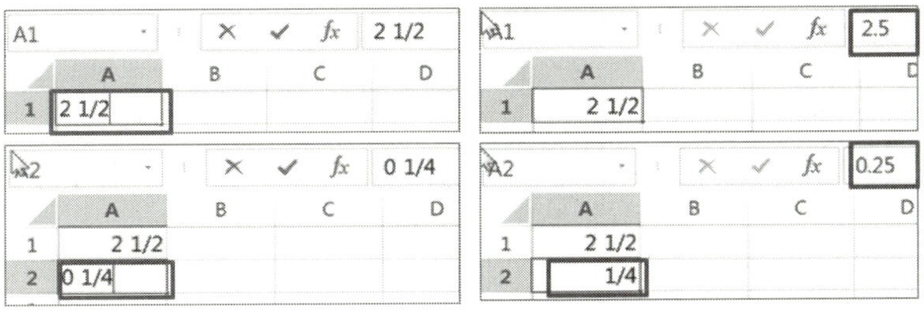

▶ 수식

수식은 계산을 수행하는데 사용되는 식이다. 모든 수식은 = 기호로 시작하고 숫자, 셀 참조, 연산자, 함수 등을 포함할 수 있다.

2) 데이터의 입력

원하는 셀을 클릭한 후 키보드에서 내용을 입력하면 입력하는 내용이 셀과 수식 입력줄에 동시에 나타난다. 데이터 입력을 마친 후에 다음 중 한 가지 방법으로 엑셀에게 입력이 완료되었음을 알릴 수 있다.

- enter를 누른다. 아래 행에 위치한 셀이 현재 셀이 된다.
- Tab을 누른다. 오른쪽 열에 위치한 셀이 현재 셀이 된다.
- 방향 키를 누른다. 화살표 방향으로 한 칸 이동한 셀이 현재 셀이 된다.
- ESC를 누른다. 입력한 내용이 취소된다.

▶ 기호 삽입

키보드에 없는 문자들을 입력하고자 할 경우에는 아래와 같이 입력한다.

① [삽입] 탭–[기호] 그룹–[기호 단추]를 클릭한다. 기호 대화상자에서 원하는 기호를 선택한 후 [삽입]을 클릭한다.

② 특수문자가 필요한 경우에는 [특수문자] 탭을 클릭한 후 원하는 특수문자를 선택하고 [삽입]을 클릭한다.

또는 한글 자음 ㄱ, ㄴ, ㄷ, ... ㅎ 중에서 하나를 입력한 후 키보드의 한자키를 누르면 입력한 자음에 해당되는 특수문자 목록이 표시되는데, 이 중에서 원하는 것을 골라서 기호 또는 특수문자를 입력한다.

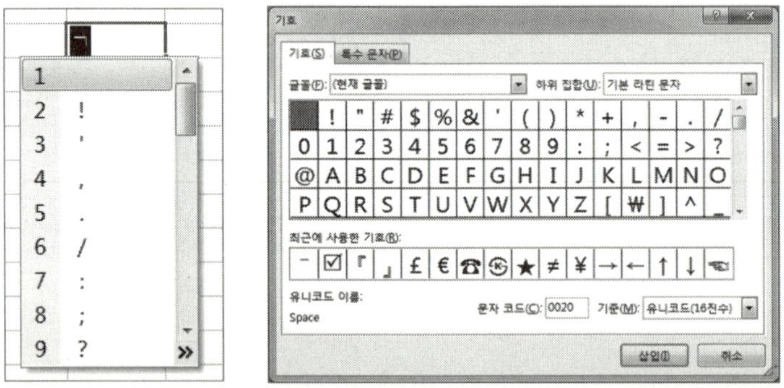

3) 데이터의 수정 및 삭제

편집하려는 셀을 더블클릭하거나, 셀을 클릭한 후 키보드에서 F2를 누르거나, 셀을 입력한 후 수식 입력줄에서 원하는 곳을 클릭함으로써 그 셀의 내용을 수정할 수 있다. 어떤 셀이 편집 모드에 있으면 삽입 포인터 I가 셀 안에 나타나서 수정할 문자를 선택할 수 있게 된다. 수정을 마친 후에는 Enter 또는 Tab을 누른다. 수식 입력줄에서도 내용의 수정이 가능하다.

아래의 워크시트 제목 '전자계산실무 운영계획서'에 '주별'을 추가하려면 A1셀을 더블클릭하여 커서 I가 나타나게 한다. 커서 I를 운영 앞에 위치시킨 후 '주별'을 입력하고 Enter 또는 Tab을 누른다.

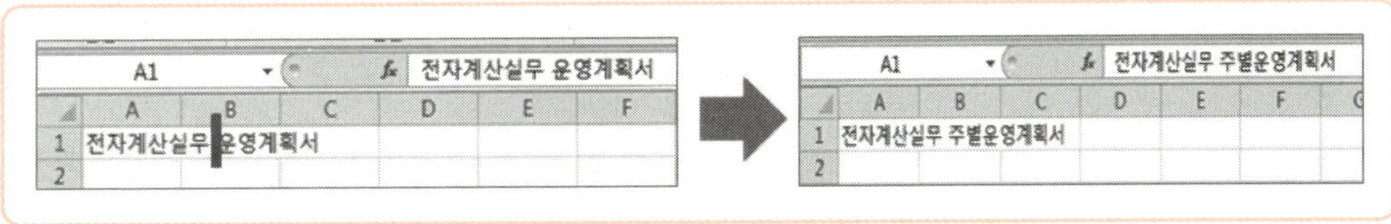

▶ 데이터 삭제

셀에 입력한 데이터를 삭제하는 방법은 세 가지가 있다.

- 키보드에서 Delete 키를 누른다. 현재 셀 또는 선택된 범위 안의 내용이 삭제된다. 그러나 셀에 적용된 서식 등의 요소는 삭제되지 않고 그대로 남아 있다. 단지 셀의 내용만 지우고 워크시트의 레이아웃에는 영향을 미치고 싶지 않을 때 이 방법으로 데이터를 삭제한다
- [홈] 탭-[셀] 그룹-[삭제 단추]를 클릭한다. 목록에서 지금 삭제하려는 셀이 차지하고 있는 위치로 아래의 셀들이 올라오거나, 오른쪽의 셀들이 이동해오도록 하고자 할 때 이 방법을 사용한다.
- 셀의 데이터 및 서식까지 모든 요소들을 삭제하고 싶다면 [홈] 탭-[편집] 그룹-[지우기 단추]를 클릭한다. 데이터 뿐만 아니라 셀에 적용되었던 서식, 메모까지도 삭제된다.

데이터 입력 및 수정 연습문제

아래의 내용과 같이 시트를 작성하며 숫자, 날짜 데이터를 입력하는 법을 연습해 보자.

2016년도 어음일보

영수증 번호	어음번호	발행일	만기일	지급은행	금액
4	04712143	05월 31일	2016-09-29	행운은행	11,000,000
6	16578412	06월 02일	2016-08-29	솔로몬은행	6,000,000
8	07928147	04월 30일	2016-08-29	경운저축	1,500,000
9	22589741	04월 30일	2016-08-29	마창금고	20,000,000
11	29874235	05월 23일	2016-08-22	솔로몬은행	10,000,000
12	06878112	05월 31일	2016-08-31	행운은행	5,500,000
15	27682483	05월 26일	2016-08-29	경운저축	4,000,000
21	21414241	05월 31일	2016-09-29	경운저축	2,000,000
22	39872684	06월 19일	2016-09-30	솔로몬은행	5,000,000
23	06713014	05월 26일	2016-08-24	솔로몬은행	5,000,000
24	25871247	04월 30일	2016-07-29	믿음은행	5,000,000
37	32541254	10월 14일	2016-11-14	솔로몬은행	1,500,000
101	65201698	09월 30일	2016-11-29	솔로몬은행	1,000,000

❶ A3셀에 '영수증번호'를 줄바꿈 기능을 적용하여 입력한다.

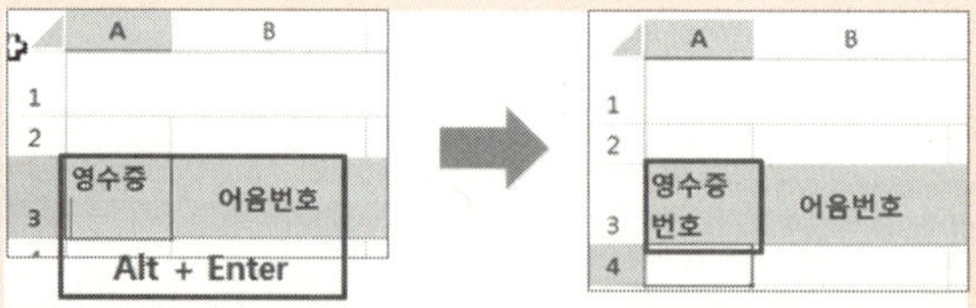

❷ 어음번호 중 0으로 시작하는 데이터는 숫자 앞에 ' 기호를 먼저 입력한 후 숫자 데이터를 적는다.

영수증 번호	어음번호	발행일	만기일	지급은행	금액
4	'04712143				

❸ 날짜 데이터는 년, 월, 일 사이에 / 또는 –을 입력한다.

영수증 번호	어음번호	발행일	만기일	지급은행	금액
4	04712143	5/30			

❹ 금액을 입력할 때는 숫자만 먼저 입력한 후 [홈] 탭-[표시 형식] 그룹에서 천 단위 쉼표 스타일 버튼을 선택해주면 아래와 같이 표현할 수 있다.

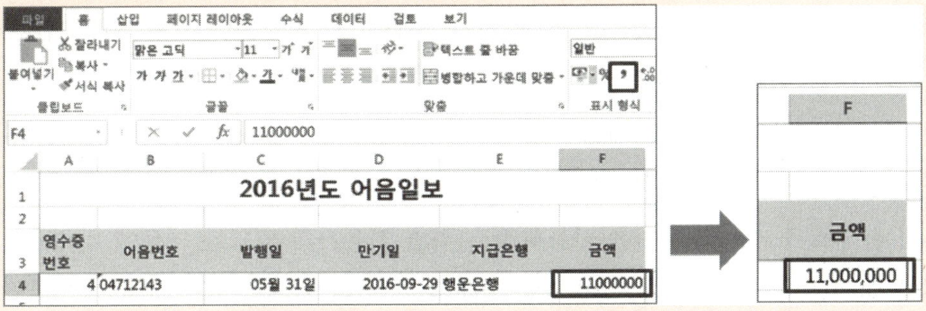

3. 자동 채움 기능 익히기

워크시트에 데이터를 입력하는 것은 많은 시간과 노력을 요하는 작업이다. 엑셀은 사용자가 무엇을 입력하려는가를 영리하게 추측하여 사용자의 입력을 도와준다. A1셀에 월요일을 입력한 후 B1~E1 셀에 자동으로 화요일, …, 금요일을 채우도록 할 수 있다. 이처럼 데이터를 자동으로 삽입하는 것을 자동 채우기라고 부른다.

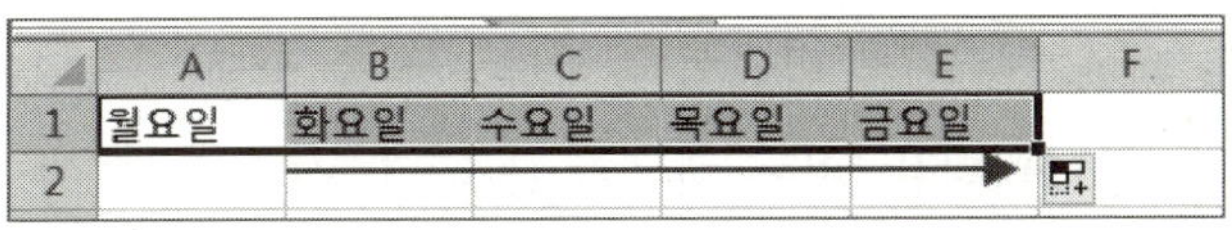

자동 채우기를 사용하려면 일련의 데이터의 시작 셀들을 먼저 선택해야 한다. 선택한 셀들의 오른쪽 아래 구석에 초록색의 작은 정사각형이 표시된다. 이를 채우기 핸들이라고 부른다.

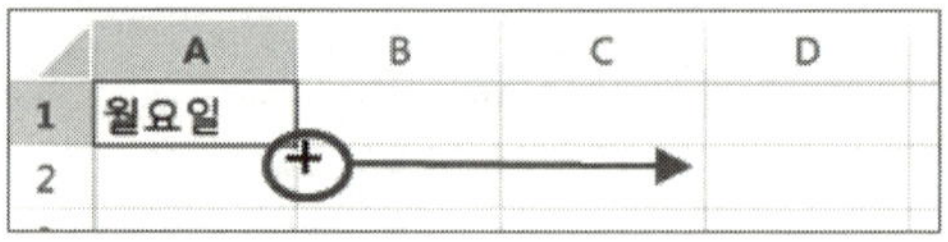

마우스 포인터를 채우기 핸들 위로 가져가면 마우스 포인터의 모양이 검은색의 십자가 모양으로 바뀐다. 마우스의 왼쪽 단추를 누른 채 원하는 셀까지 드래그한다. 마우스의 왼쪽 단추에서 손을 뗀다.

자동 채우기는 사용자가 선택한 셀들에 텍스트나 값들을 자동적으로 입력한다. 자동 채우기는 오른쪽 방향뿐만 아니라 왼쪽, 위, 아래 방향으로도 동작한다. 숫자들의 순서에 대해서 자동 채우기를 사용하려고 하면 사용자의 의도를 엑셀에 알려주기 위해서 인접한 두 개 이상의 셀에 값을 입력해야 한다.

입력	자동채움 목록
1	1, 1, 1, … (디폴트로 숫자는 복사됨)
월 또는 월요일	화, 수, 목 또는 화요일, 수요일, 목요일
1월	2월, 3월, 4월, …
2016-3-1	2016-3-2, 2016-3-3, 2016-3-4, …
1분기	2분기, 3분기, 4분기, …
문자열1	문자열2, 문자열3, 문자열4, …
1, 3	5, 7, 9, …

▶ 자동 채우기 옵션을 사용하여 채우기

디폴트로 자동 채우기는 원본 범위의 수식과 서식을 선택한 영역에 복사한다. 마우스 단추를 놓은 후에 나타나는 [자동 채우기 옵션 단추]를 사용하여 무엇을 복사할 것인가를 명시할 수 있다.

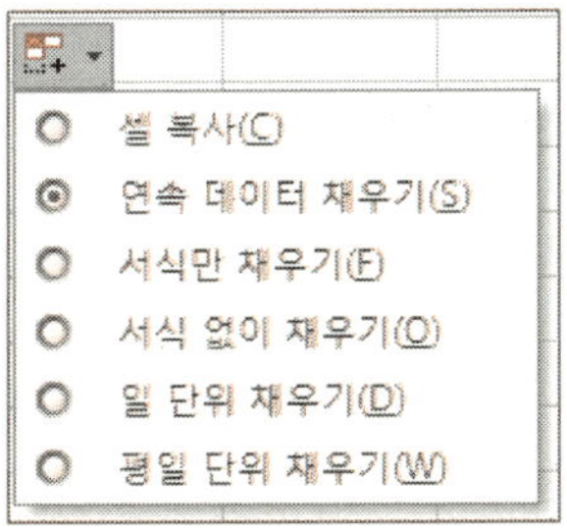

❶ A1셀에 '2017-3-1'을 입력하고 오른쪽으로 자동채움하면 날(day)이 1씩 증가한 날짜가 채워진다. [자동 채우기 옵션 단추]를 클릭한 후 [평일 단위 채우기]를 선택하면 토요일과 일요일이 생략된 평일로만 자동 채움된다.

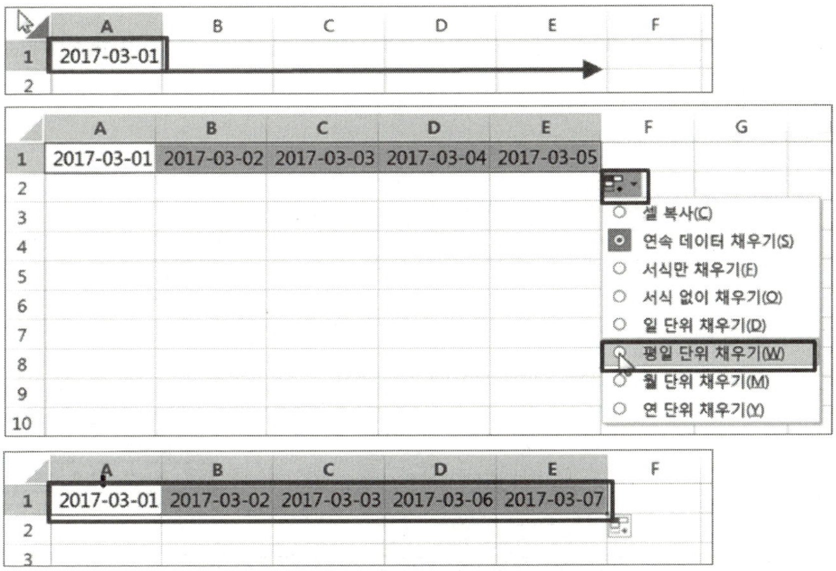

❷ 이번에는 [월 단위 채우기]를 선택해보자. 월(month)이 1씩 증가한 날짜로 채워진다.

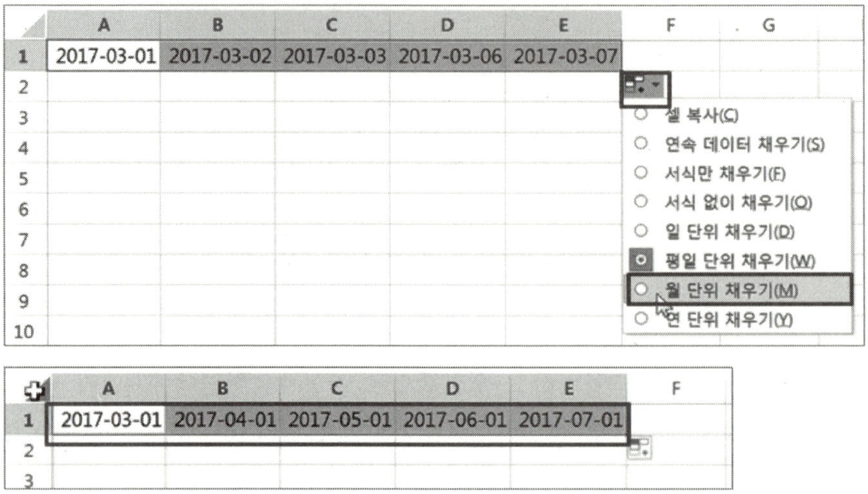

❸ 이번에는 [연 단위 채우기]를 선택해본다. 연(year)이 1씩 증가한 날짜로 채워짐을 알 수 있다.

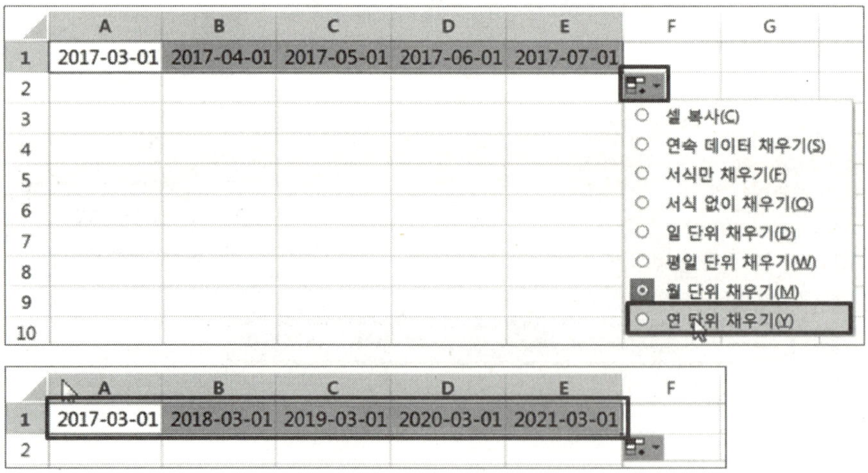

데이터 입력 및 수정 연습문제

빈 시트에 아래의 데이터를 입력해 보자. 이때 엑셀의 자동 채움 기능을 이용하면 데이터의 입력을 정확하고 편리하게 완성할 수 있다.

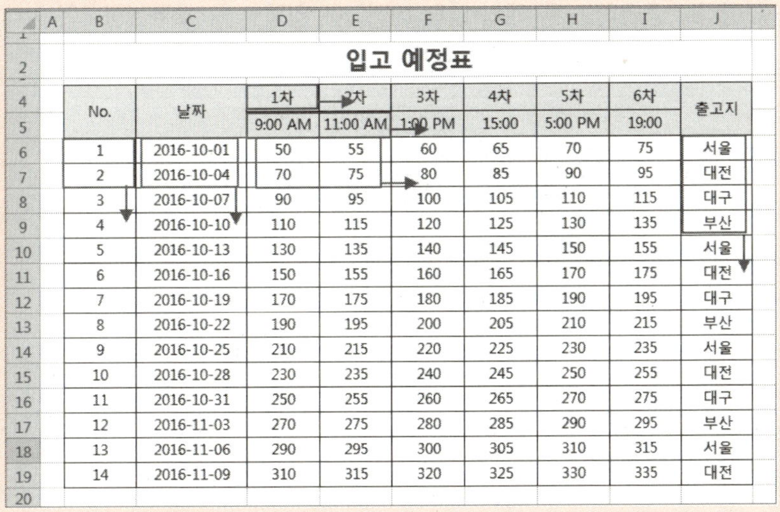

입고 예정표

No.	날짜	1차	2차	3차	4차	5차	6차	출고지
		9:00 AM	11:00 AM	1:00 PM	15:00	5:00 PM	19:00	
1	2016-10-01	50	55	60	65	70	75	서울
2	2016-10-04	70	75	80	85	90	95	대전
3	2016-10-07	90	95	100	105	110	115	대구
4	2016-10-10	110	115	120	125	130	135	부산
5	2016-10-13	130	135	140	145	150	155	서울
6	2016-10-16	150	155	160	165	170	175	대전
7	2016-10-19	170	175	180	185	190	195	대구
8	2016-10-22	190	195	200	205	210	215	부산
9	2016-10-25	210	215	220	225	230	235	서울
10	2016-10-28	230	235	240	245	250	255	대전
11	2016-10-31	250	255	260	265	270	275	대구
12	2016-11-03	270	275	280	285	290	295	부산
13	2016-11-06	290	295	300	305	310	315	서울
14	2016-11-09	310	315	320	325	330	335	대전

❶ 'D4셀에 1차'를 입력하고 자동 채움 기능을 적용하여 '6차'까지 데이터를 채워준다.

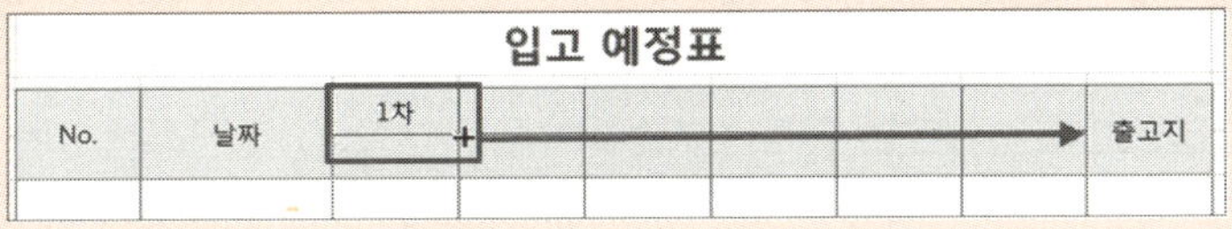

❷ D5셀과 E5셀에 시간 데이터를 입력한 후 블록설정하고 우측으로 드래그하여 자동 채움해준다. 그러면 2시간 간격으로 증가하며 시간 데이터가 채워진다.

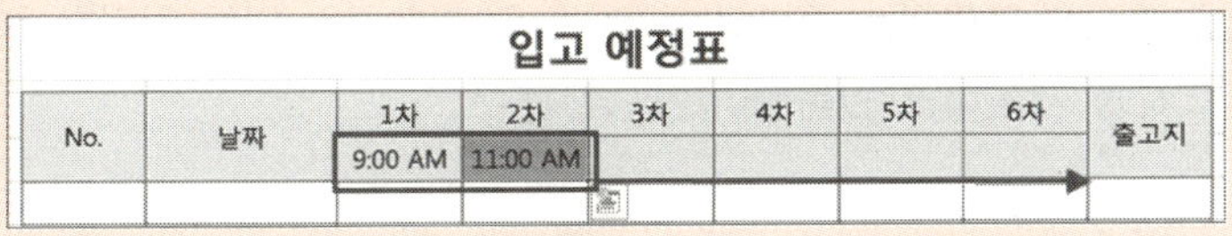

❸ 순서를 입력하기 위해 숫자를 1과 2를 입력하고 두 셀을 블록설정한 후 아래로 자동 채움해준다. 1씩 증가하며 데이터가 입력된다.

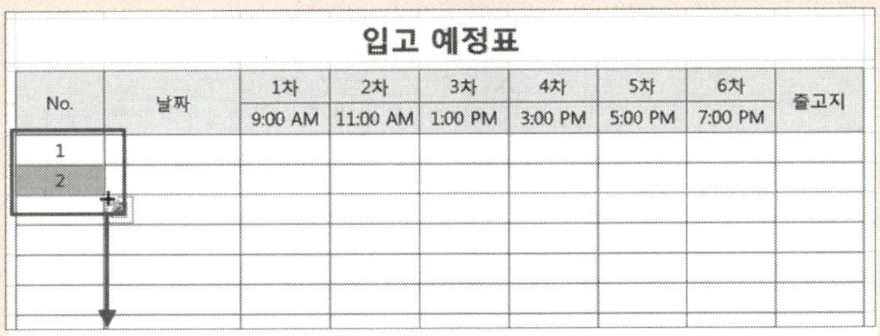

❹ 날짜 데이터도 증가하는 두 개의 날짜 데이터를 입력한 후 블록설정하여 아래로 자동 채움하면 3일씩 증가하는 날짜 데이터가 채워진다.

입고 예정표

No.	날짜	1차	2차	3차	4차	5차	6차	출고지
		9:00 AM	11:00 AM	1:00 PM	3:00 PM	5:00 PM	7:00 PM	
1	2016-10-01							
2	2016-10-04							
3								
4								
5								
6								

❺ 가운데 숫자 데이터도 증가하는 범위만큼의 데이터를 입력한 후 블록설정하여 우측, 아래로 자동 채움하면 입력을 완료할 수 있다.

입고 예정표

No.	날짜	1차	2차	3차	4차	5차	6차	출고지
		9:00 AM	11:00 AM	1:00 PM	3:00 PM	5:00 PM	7:00 PM	
1	2016-10-01	50	55					
2	2016-10-04	70	75					
3	2016-10-07							
4	2016-10-10							
5	2016-10-13							
6	2016-10-16							
7	2016-10-19							
8	2016-10-22							
9	2016-10-25							
10	2016-10-28							
11	2016-10-31							
12	2016-11-03							
13	2016-11-06							
14	2016-11-09							

입고 예정표

No.	날짜	1차	2차	3차	4차	5차	6차	출고지
		9:00 AM	11:00 AM	1:00 PM	3:00 PM	5:00 PM	7:00 PM	
1	2016-10-01	50	55	60	65	70	75	
2	2016-10-04	70	75	80	85	90	95	
3	2016-10-07							
4	2016-10-10							
5	2016-10-13							
6	2016-10-16							
7	2016-10-19							
8	2016-10-22							
9	2016-10-25							
10	2016-10-28							
11	2016-10-31							
12	2016-11-03							
13	2016-11-06							
14	2016-11-09							

❻ 마지막으로 출고지 데이터는 중복되는 데이터를 파악하여 이를 입력한 후 블록설정하여 아래로 자동 채움하면 반복되며 채워진다.

입고 예정표

No.	날짜	1차	2차	3차	4차	5차	6차	출고지
		9:00 AM	11:00 AM	1:00 PM	3:00 PM	5:00 PM	7:00 PM	
1	2016-10-01	50	55	60	65	70	75	서울
2	2016-10-04	70	75	80	85	90	95	대전
3	2016-10-07	90	95	100	105	110	115	대구
4	2016-10-10	110	115	120	125	130	135	부산
5	2016-10-13	130	135	140	145	150	155	서울
6	2016-10-16	150	155	160	165	170	175	대전
7	2016-10-19	170	175	180	185	190	195	대구
8	2016-10-22	190	195	200	205	210	215	부산
9	2016-10-25	210	215	220	225	230	235	서울
10	2016-10-28	230	235	240	245	250	255	대전
11	2016-10-31	250	255	260	265	270	275	대구
12	2016-11-03	270	275	280	285	290	295	부산
13	2016-11-06	290	295	300	305	310	315	서울
14	2016-11-09	310	315	320	325	330	335	대전

입고 예정표

No.	날짜	1차	2차	3차	4차	5차	6차	출고지
		9:00 AM	11:00 AM	1:00 PM	3:00 PM	5:00 PM	7:00 PM	
1	2016-10-01	50	55	60	65	70	75	서울
2	2016-10-04	70	75	80	85	90	95	대전
3	2016-10-07	90	95	100	105	110	115	대구
4	2016-10-10	110	115	120	125	130	135	부산
5	2016-10-13	130	135	140	145	150	155	
6	2016-10-16	150	155	160	165	170	175	
7	2016-10-19	170	175	180	185	190	195	
8	2016-10-22	190	195	200	205	210	215	
9	2016-10-25	210	215	220	225	230	235	
10	2016-10-28	230	235	240	245	250	255	
11	2016-10-31	250	255	260	265	270	275	
12	2016-11-03	270	275	280	285	290	295	
13	2016-11-06	290	295	300	305	310	315	
14	2016-11-09	310	315	320	325	330	335	

엑셀의 기초 연습문제

1. 연습문제 파일(2장\기안서.xlsx)을 열어 아래와 같이 서류의 빈 칸에 한자와 특수 문자를 입력해보자.

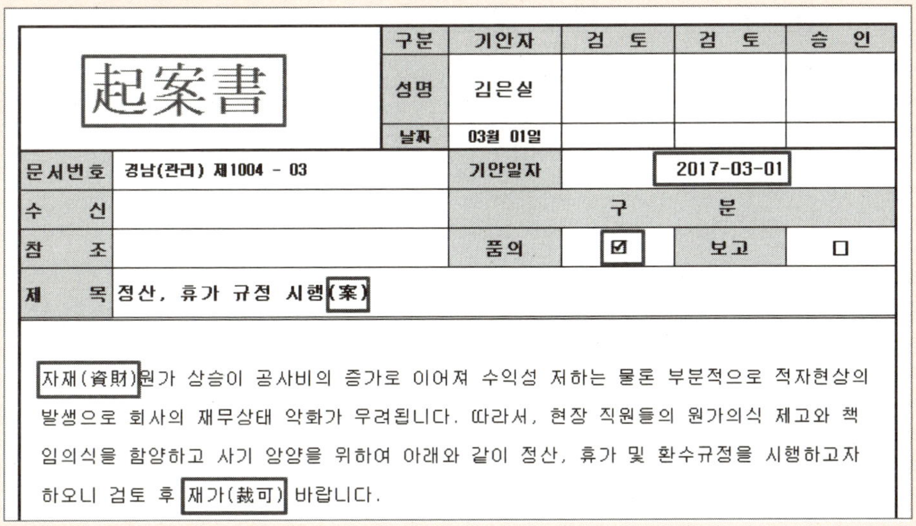

起案書	구분	기안자	검 토	검 토	승 인
	성명	김은실			
	날짜	03월 01일			
문서번호	경남(관리) 제1004 - 03	기안일자	2017-03-01		
수 신		구 분			
참 조		품의	☑	보고	□
제 목	정산, 휴가 규정 시행(案)				

자재(資財)원가 상승이 공사비의 증가로 이어져 수익성 저하는 물론 부분적으로 적자현상의 발생으로 회사의 재무상태 악화가 우려됩니다. 따라서, 현장 직원들의 원가의식 제고와 책임의식을 함양하고 사기 앙양을 위하여 아래와 같이 정산, 휴가 및 환수규정을 시행하고자 하오니 검토 후 재가(裁可) 바랍니다.

2. 연습문제 파일(2장\협조전.xlsx)을 열고 아래와 같이 데이터를 수정 및 삭제하는 연습을 해보자.

〈수정 전〉

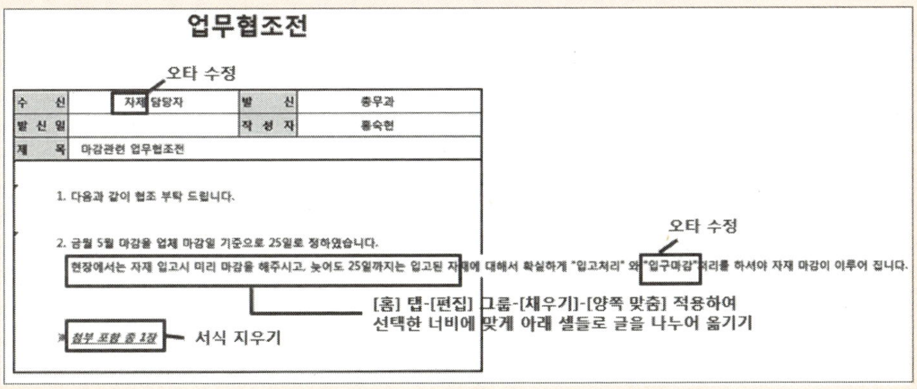

업무협조전

수 신	자재 담당자	발 신	총무과
발 신 일		작 성 자	홍숙현
제 목	마감관련 업무협조전		

1. 다음과 같이 협조 부탁 드립니다.

2. 금월 5월 마감을 업체 마감일 기준으로 25일로 정하였습니다.

현장에서는 자재 입고시 미리 마감을 해주시고, 늦어도 25일까지는 입고된 자재에 대해서 확실하게 "입고처리" 와 "입구마감"처리를 하셔야 자재 마감이 이루어 집니다.

※ 첨부 포함 총 1장

〈수정 후〉

업무협조전

수 신	자재 담당자	발 신	총무과
발 신 일		작 성 자	홍숙현
제 목	마감관련 업무협조전		

1. 다음과 같이 협조 부탁 드립니다.

2. 금월 5월 마감을 업체 마감일 기준으로 25일로 정하였습니다.
   현장에서는 자재 입고시 미리 마감을 해주시고, 늦어도 25일까지는 입고된 자재에 대해서 확실하게 "입고처리" 와 "입고마감"처리를 하셔야 자재 마감이 이루어 집니다.

※ 첨부 포함 총 1장

3. 연습문제 파일(2장\품의서.xlsx)을 열고 다음 완성 그림과 같이 데이터를 입력 및 수정해보자.

품 의 서

경영지원팀 | 貪下

결재				품의			
No.				No. 32089393-12			
년 월 일				2016-08-01			
인가	조건부인가	보류	부결	인가	조건부인가	보류	부결

◈ 제 목 : 직무계층별 입문교육 진행의 件

1. 관련근거

가. 임직원 직무능력 향상 및 계층별 교육을 진행코자 함.

나. 사장지시로 '고객만족 실천의 해' 지정.

2. 위 관련사항에 근거하여 아래와 같이 '0000 0000 0000 0000 0000의 건'을 시행하고자 합니다.

가. 교육목적:	임직원 직무능력 향상 및 계층별 교육		
나. 교육일정:	2016-09-07	~	2016-09-09
다. 참여대상:	전 임직원		
라. 사용예산:	₩5,000,000		

03 수식 입력

본 장에서는 셀 주소의 상대참조, 절대참조, 혼합참조 개념을 설명하고, 셀 주소를 참조하여 수식을 완성하는 작업을 수행한다. 또한 자동합계도구의 함수를 이용한 간단한 계산 작업을 수행한다.

1. 수식 입력하기

엑셀에서 모든 수식은 등호(=)로 시작해야 한다. 엑셀에게 수식이 입력되고 있음을 알려주는 신호와 같다. 그 다음에 계산할 수치, 셀 주소, 셀의 내용과 수치를 계산하는 데 사용할 산술 연산자 또는 함수 이름 등을 입력한다.

사용자가 B2셀에 =2+6이라고 입력하면 엑셀은 B2셀에 수식의 결과인 8을 표시하며 수식 입력줄에는 수식 =2+6이 표시된다.

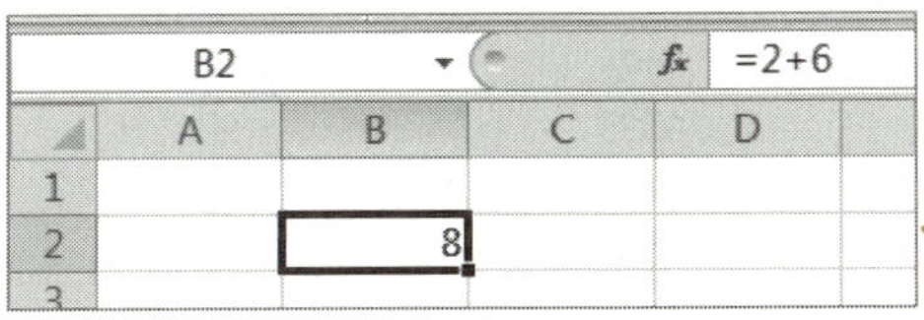

수식에 값을 직접 입력하는 대신 값이 있는 셀 주소를 입력할 수 있다. =A5+A6은 A5셀의 내용과 A6셀의 내용을 더한다. 수식에 셀 주소를 사용하면 해당 셀의 내용이 바뀌었을 때 수식의 결과가 자동적으로 갱신되기 때문에 수식에 수치를 직접 사용하는 것보다 셀 주소를 사용하는 것이 바람직하다.

▶ 산술 연산자의 우선순위

엑셀은 아래와 같은 우선순위에 따라 연산 작업을 수행한다. 만일 수식에 우선순위가 같은 연산자들이 두 개 이상 들어 있는 경우, 엑셀은 왼쪽부터 오른쪽으로 연산 작업을 수행한다. 따라서 정확한 계산 결과를 얻기 위해서는 우선순위를 이해하는 것이 중요하다. 또한 모든 열린 괄호마다 대응되는 닫는 괄호를 입력해야 한다.

우선순위	산술 연산자	기능	수식의 예
1	( )	가장 안쪽 괄호부터 계산	=(A2+B2)/C2
2	^	지수	=A1^3
3	* /	곱셈과 나눗셈	=A4*B4/C4
4	+ -	덧셈과 뺄셈	=A1+100

▶ 수식 표시하기

특정 셀에 수식을 입력하면 그 셀에는 수식의 계산 결과가 표시되고 수식 자체는 수식 입력줄에 나타난다. 워크시트에 입력한 모든 수식들을 동시에 보고 싶을 때는 Ctrl+` 키를 누르면 워크시트 내의 모든 수식들이 표시되고 한 번 더 누르면 수식이 숨겨진다.

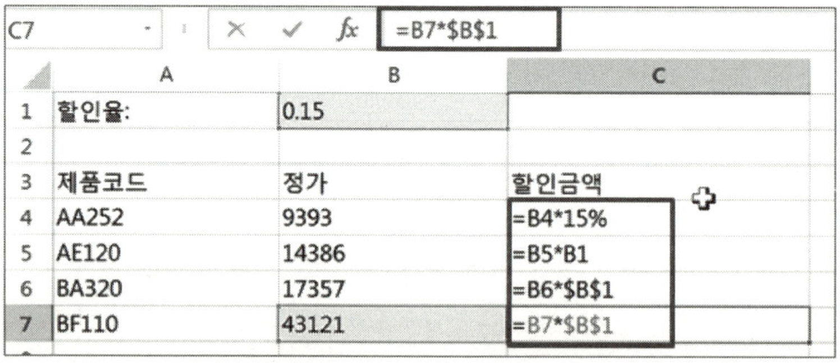

2. 셀 주소 참조의 이해

수식에 숫자들을 입력하는 대신에 숫자들이 들어있는 셀 주소를 입력한다. 예를 들어 B1셀에 30을 입력하고 B2셀에는 40을 입력한다. B3셀에는 이 두 셀에 들어 있는 값을 더하기 위한 수식을 셀 주소로 =B1+B2를 입력한다. B3셀에 =30+40을 입력하는 것보다 셀 주소를 입력하는 것이 더 번거로울 것이다. 하지만 수식에 셀 주소를 사용하면 엑셀의 장점을 크게 누릴 수 있다. 만일 50+40의 결과를 구하려고 할 때 B1셀에만 50을 입력하면 B3셀의 수식은 자동적으로 재계산된 새로운 값을 보여준다.

이렇게 수식을 입력하는 것을 셀주소 참조라고 하며 이때 셀의 주소를 참조하는 방법으로 상대 참조와 절대 참조, 그리고 혼합 참조 방식이 있다.

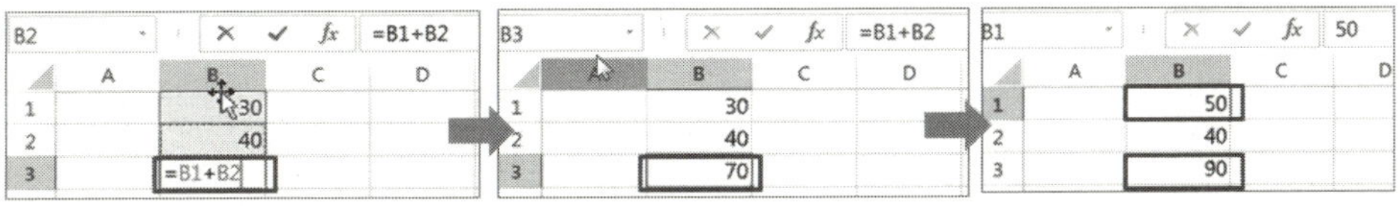

1) 상대 참조

수식을 다른 셀로 복사했을 때 수식의 위치와 관련하여 수식 내의 셀 참조들이 조정되면 이를 상대 참조라고 부른다. 셀 주소가 현재 위치에 맞추어 상대적으로 바뀌기 때문이다. 상대 참조로 된 수식을 복사하면 붙여 넣은 수식의 참조는 자동으로 고쳐져서 수식의 원래 상대 위치와는 다른 셀을 새롭게 참조하게 된다.

▶ 상대 참조 연습

빈 시트에 아래와 같이 데이터를 입력하고 상대 참조를 연습해 보자. 1월 이자 = 1월 연이자율 × 1월 납입액으로 구할 수 있다. 1월의 이자를 구하기 위한 수식을 G2셀에 '=C2*F2'와 같이 입력한 후 아래로 자동 채우기를 하면 각 달마다 이자율이 반영된 이자가 계산된다.

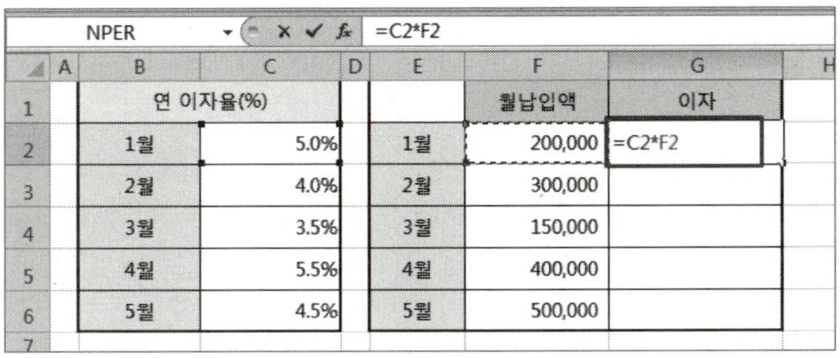

계산을 완료한 후 워크시트의 모든 수식을 볼 수 있도록 Ctrl+` 키를 누르면 아래와 같이 수식을 확인할 수 있다. G2셀에 입력된 =C2*F2 수식이 2월 이자 셀인 G3셀에

는 =C3*F3으로, 3월 이자 셀인 G4셀에는 =C4*F4로 행 번호가 하나씩 증가하며 수식을 완성하였다.

이를 통해 상대 참조로 입력된 수식을 아래로 자동 채움하면 셀 주소 중 행 번호가 증가하며 상대 참조한다는 것을 알 수 있다.

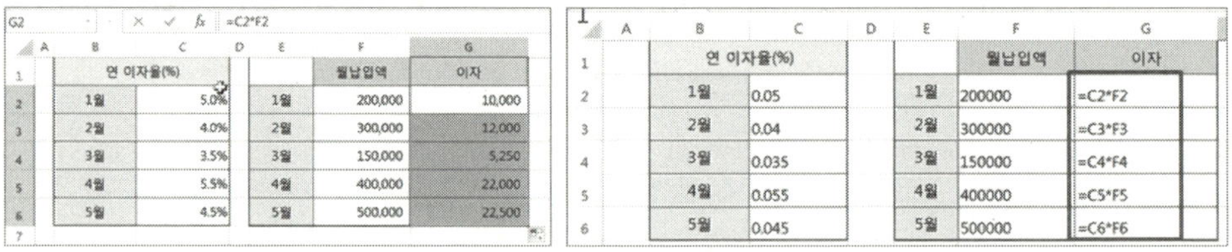

2) 절대 참조

절대 참조는 복사해서 붙여넣기 하더라도 항상 고정된 셀만 참조한다. 상대 참조는 셀 주소를 그대로 쓰면 되지만 절대 참조는 셀 주소의 열과 행 앞에 각각 $ 기호를 넣는다. 수식 내의 셀 참조를 절대 참조로 빠르게 변경하려면 변경하려는 셀 참조를 선택한 후 F4를 누른다. 셀 참조에 $ 기호가 추가된다. F4를 누를 때마다 상대 참조와 절대 참조의 모든 가능한 조합이 사이클을 이루며 바뀐다.

절대 참조 연습문제

아래와 같이 이자율이 고정된 경우 절대 참조 기능을 이용하여 매월의 이자 금액을 계산할 수 있다.

❶ 1월의 이자를 계산할 G2셀에 연 이자율 5%가 입력된 C2셀과 1월의 월납입액이 입력된 F2셀을 곱하는 식을 입력한다. 이때 이 수식을 완성한 후 아래로 자동 채우기하여 5월까지의 이자도 계산하려 하므로 연 이자율 5%가 입력된 C2셀은 $를 입력해 고정시켜준다.

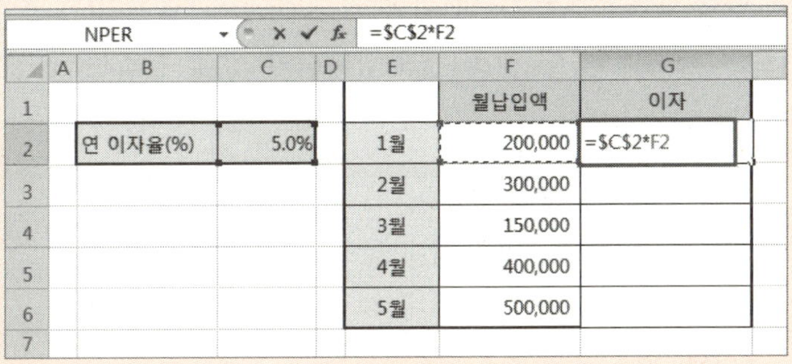

❷ G2셀의 수식을 완성 후 우측 모서리에 마우스를 대고 아래로 자동 채움한다. 나머지 값을 채운 후 자동채우기 옵션에서 [서식 없이 채우기]를 하면 원래의 테두리나 서식 적용을 그대로 유지할 수 있다.

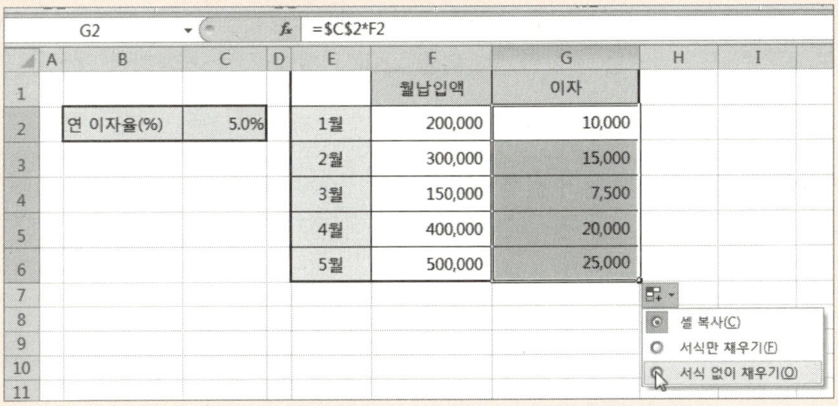

❸ 자동 채우기를 하여 완성된 수식을 살펴보면 연 이자율이 입력된 C2셀은 고정되고 월납입액이 입력된 셀 주소는 F2부터 F6까지 행 번호가 1씩 증가하며 상대 참조한 것을 확인할 수 있다.

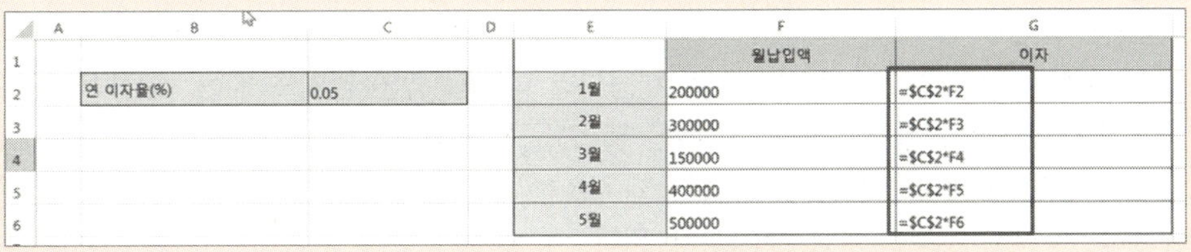

3) 혼합 참조

혼합 참조는 상대 참조와 절대 참조를 모두 포함한다. 셀 참조가 한 방향으로는 절대 참조이지만 다른 방향으로는 상대 참조인 것이 혼합 참조이다. 혼합 참조를 한 셀에서 다른 셀로 복사하면 절대 참조는 고정되지만 상대 참조는 변경된다.

표기	설 명
$A$6	행과 열 모두 절대 참조
A$6	행은 절대 참조, 열은 상대 참조(혼합 참조)
$A6	열은 절대 참조, 행은 상대 참조(혼합 참조)
A6	상대 참조

혼합 참조 연습문제

혼합 참조를 연습하기 위해 빈 시트에 아래의 데이터를 입력한다. C3셀에 수식을 입력하여 정확한 할인금액을 계산한 후, 이를 나머지 셀에 자동 채움하여 계산을 완성해 보자.

❶ 각 제품의 정가와 할인율이 입력되어 있다. 할인율이 각각 15%와 25%일 때의 할인금액을 계산하는 수식을 완성해보자. 할인금액은 제품의 정가×할인율로 계산할 수 있다.

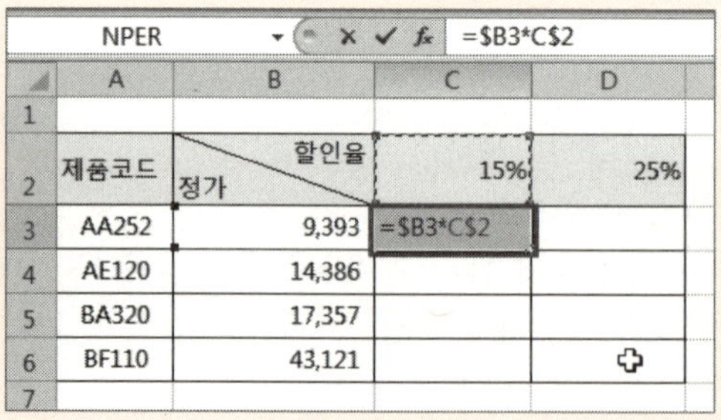

이 수식을 아래와 오른쪽으로 자동 채움하여 나머지 할인 금액도 자동 계산되도록 수식을 완성하려면 정가가 입력된 B3셀은 열(B)을 고정시켜야 하며, 할인율이 입력된 C2셀은 행(2)을 고정시켜야 한다. 고정된 셀 주소는 수식을 다른 곳으로 복사하여도 변하지 않는다. 따라서 수식은 =$B3*C$2가 된다.

❷ 수식이 완성된 C3셀을 오른쪽과 아래로 자동 채움하여 나머지 셀의 할인 금액도 계산을 완료한다.

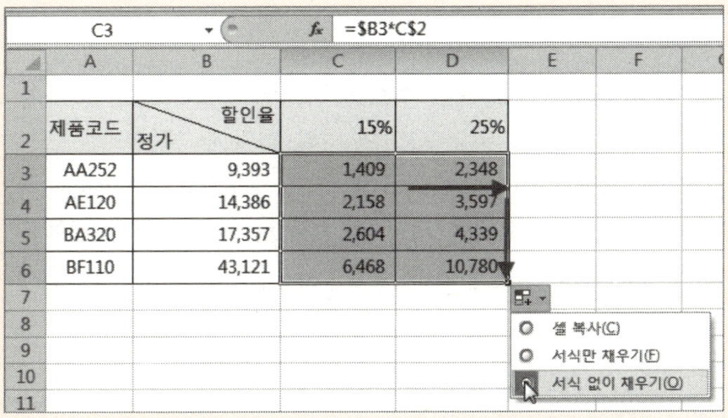

※ 배열수식을 이용한 계산

❶ 위 예제를 배열수식을 이용하여 간단하게 계산할 수도 있다. 먼저 값을 입력할 영역을 모두 블록설정한다(C3:F6). 다음으로 C3셀에 아래와 같이 수식을 입력한다. 정가가 입력된 셀 모두와 할인율이 입력된 셀 모두를 곱해주는 것이다(=B3:B6*C2:F2).

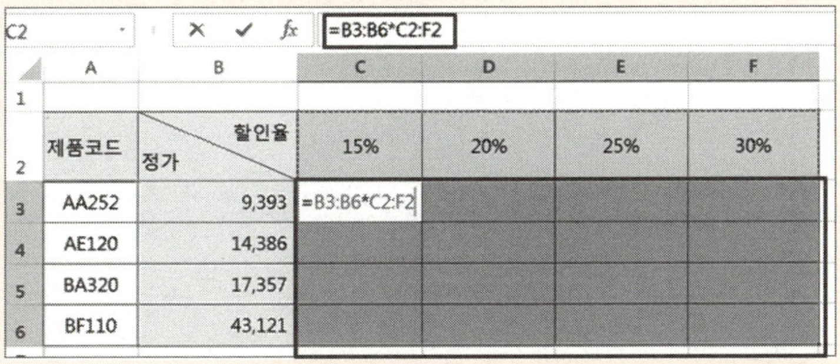

❷ 식을 입력한 후 반드시 Ctrl+Shift를 누른 상태에서 enter 키를 눌러 식을 완료한다. 모든 셀에 한꺼번에 값이 계산되어 나타나며 수식 입력줄에 배열수식의 형태로 식이 계산된 것을 확인할 수 있다. 이렇게 배열수식으로 값을 입력할 때는 셀 주소의 절대 참조 및 혼합 참조를 고려하지 않아도 되므로 편리하다.

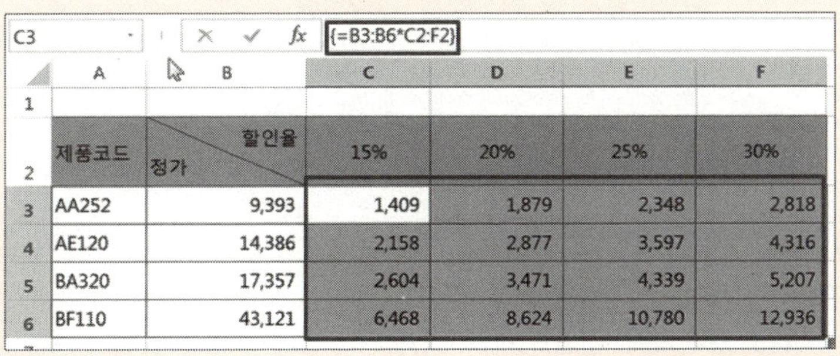

✻ 셀의 이름으로 수식 완성하기

❶ 셀에 이름을 부여하고 그 이름으로 수식을 작성해도 편리하다. 정가가 입력되어 있는 B3셀부터 B6셀을 블록잡고 왼쪽 상단의 이름 상자에 '정가'라고 입력하고 enter 키를 누른다. 또한 할인율 값이 입력되어 있는 C2셀부터 F2셀까지도 블록설정하여 이름 상자에 '할인율'이라는 이름을 지정하고 enter 키를 누른다. 이제 이 영역을 선택하면 셀의 주소가 방금 지정한 이름으로 나타난다.

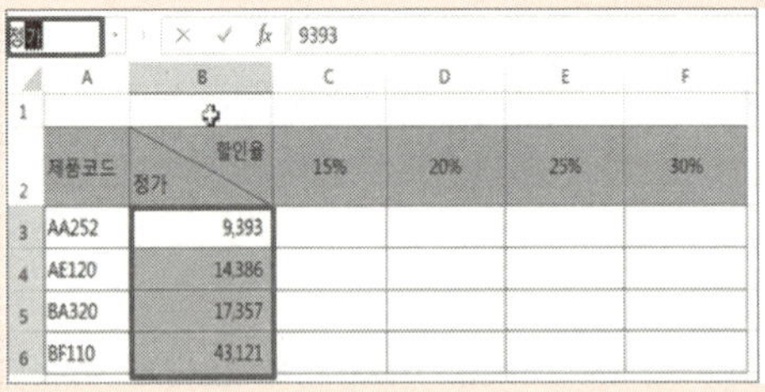

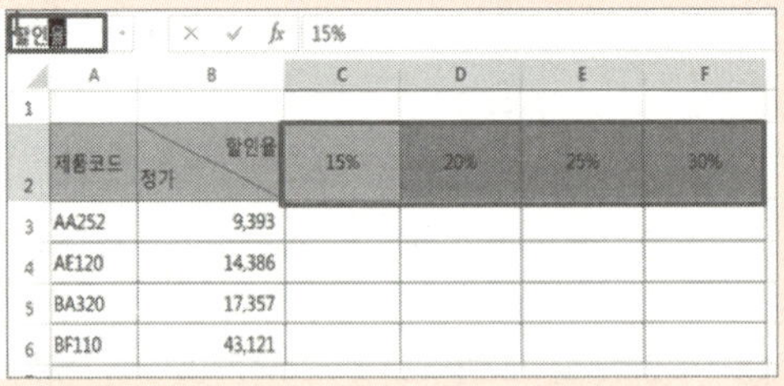

❷ 할인금액을 계산할 C3셀부터 F6셀까지 블록설정한 다음, C3셀에 '=정가*할인율'이라고 수식을 입력하고 Ctrl+Shift를 누른 상태에서 enter 키를 눌러 배열 수식을 완성한다.

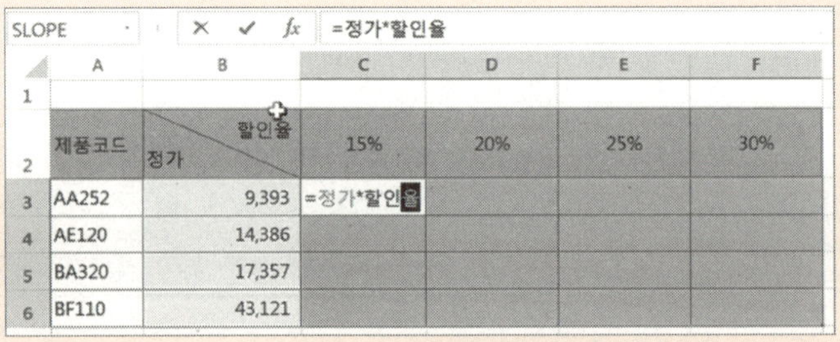

❸ 범위 전체에 값이 계산되었다. 이처럼 계산을 수행할 셀에 이름을 부여하면 수식 입력할 때 상대 참조, 절대 참조, 혼합 참조를 고민하지 않고 입력할 수 있다.

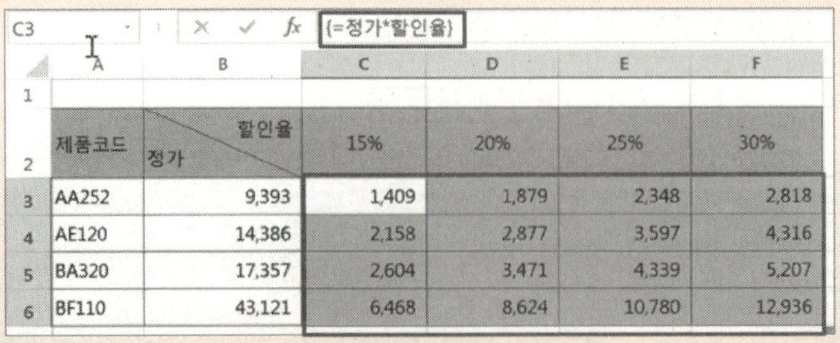

※ 셀에 지정한 이름을 수정 및 삭제하기 위해서는 [수식] 탭-[정의된 이름] 그룹-[이름 관리자] 메뉴를 클릭하면 된다. 셀에 이름을 새로 지정하거나 편집, 삭제할 수 있는 대화상자가 열린다.

셀 주소 참조 연습문제

예제 파일(3장\매출점유율보고서.xlsx)을 연 후, 앞에서 학습한 상대 참조, 절대 참조, 혼합 참조를 이용해 수식을 작성하여 계산을 완성해보자.

❶ D5셀에 '=$B5*C5'를 입력하여 1월 서울의 매출액을 계산한다(매출액=단가×수량). 단가가 입력된 B5셀은 열을 고정시켜준다.

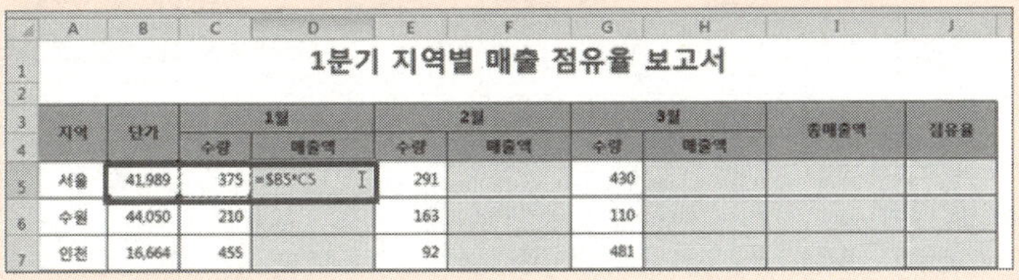

❷ 아래로 자동 채움하여 1월의 매출액 입력을 완성한 후 1월 매출액 값을 복사하여(Ctrl+C), 2월과 3월의 매출액에 붙여넣기(Ctrl+V) 한다.

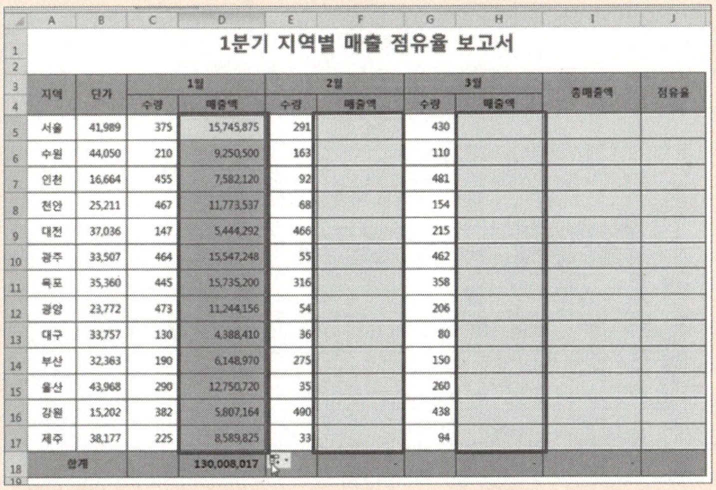

❸ 총매출액을 계산하기 위해 I5셀에 1월, 2월, 3월의 매출액의 합계를 구하는 식을 입력한다. 그런 다음 아래로 자동 채움하여 총매출액 계산을 모두 완성한다.

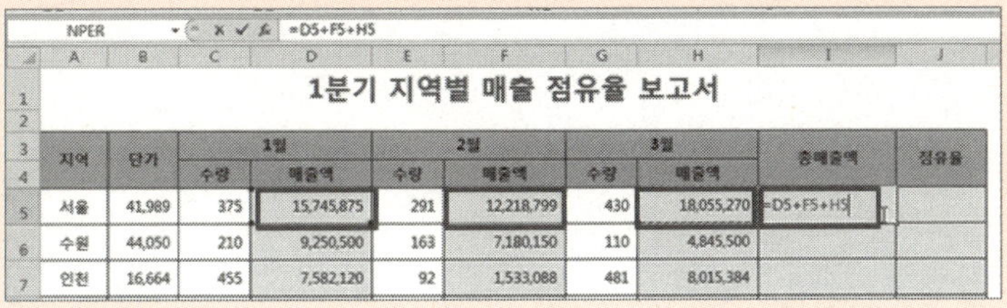

❹ J5셀에 '=I5*I$18'을 입력하여 점유율을 계산한다. 이때 전체 총매출액의 합계가 입력된 I18셀은 행을 고정시켜준다. 행만 고정시키는 이유는 아래로 자동 채움할 경우에는 열의 변화는 없고 행 주소의 변화만 발생하기 때문이다. (점유율=각 지역 총매출액÷전체 총매출액의 합계)

NPER =I5/$I$18

1분기 지역별 매출 점유율 보고서

지역	단가	1월		2월		3월		총매출액	점유율
		수량	매출액	수량	매출액	수량	매출액		
서울	41,989	375	15,745,875	291	12,218,799	430	18,055,270	46,019,944	=I5/$I$18
수원	44,050	210	9,250,500	163	7,180,150	110	4,845,500	21,276,150	
인천	16,664	455	7,582,120	92	1,533,088	481	8,015,384	17,130,592	
천안	25,211	467	11,773,537	68	1,714,348	154	3,882,494	17,370,379	
대전	37,036	147	5,444,292	466	17,258,776	215	7,962,740	30,665,808	
광주	33,507	464	15,547,248	55	1,842,885	462	15,480,234	32,870,367	
목포	35,360	445	15,735,200	316	11,173,760	358	12,658,880	39,567,840	
광양	23,772	473	11,244,156	54	1,283,688	206	4,897,032	17,424,876	
대구	33,757	130	4,388,410	36	1,215,252	80	2,700,560	8,304,222	
부산	32,363	190	6,148,970	275	8,899,825	150	4,854,450	19,903,245	
울산	43,968	290	12,750,720	35	1,538,880	260	11,431,680	25,721,280	
강원	15,202	382	5,807,164	490	7,448,980	438	6,658,476	19,914,620	
제주	38,177	225	8,589,825	33	1,259,841	94	3,588,638	13,438,304	
합계			130,008,017		74,568,272		105,031,338	309,607,627	

❺ 셀 주소를 참조한 수식을 입력하여 매출 점유율 보고서의 계산이 완성되었다.

J5 =I5/$I$18

1분기 지역별 매출 점유율 보고서

지역	단가	1월		2월		3월		총매출액	점유율
		수량	매출액	수량	매출액	수량	매출액		
서울	41,989	375	15,745,875	291	12,218,799	430	18,055,270	46,019,944	14.86%
수원	44,050	210	9,250,500	163	7,180,150	110	4,845,500	21,276,150	6.87%
인천	16,664	455	7,582,120	92	1,533,088	481	8,015,384	17,130,592	5.53%
천안	25,211	467	11,773,537	68	1,714,348	154	3,882,494	17,370,379	5.61%
대전	37,036	147	5,444,292	466	17,258,776	215	7,962,740	30,665,808	9.90%
광주	33,507	464	15,547,248	55	1,842,885	462	15,480,234	32,870,367	10.62%
목포	35,360	445	15,735,200	316	11,173,760	358	12,658,880	39,567,840	12.78%
광양	23,772	473	11,244,156	54	1,283,688	206	4,897,032	17,424,876	5.63%
대구	33,757	130	4,388,410	36	1,215,252	80	2,700,560	8,304,222	2.68%
부산	32,363	190	6,148,970	275	8,899,825	150	4,854,450	19,903,245	6.43%
울산	43,968	290	12,750,720	35	1,538,880	260	11,431,680	25,721,280	8.31%
강원	15,202	382	5,807,164	490	7,448,980	438	6,658,476	19,914,620	6.43%
제주	38,177	225	8,589,825	33	1,259,841	94	3,588,638	13,438,304	4.34%
합계			130,008,017		74,568,272		105,031,338	309,607,627	

3. 자동합계도구 함수의 이해

일반적으로 가장 많이 사용되는 함수를 엑셀의 자동합계도구에서 사용할 수 있다. 합계(Sum), 평균(Average), 숫자 개수(Count), 최대값(Max), 최소값(Min)의 5가지 함수이다.

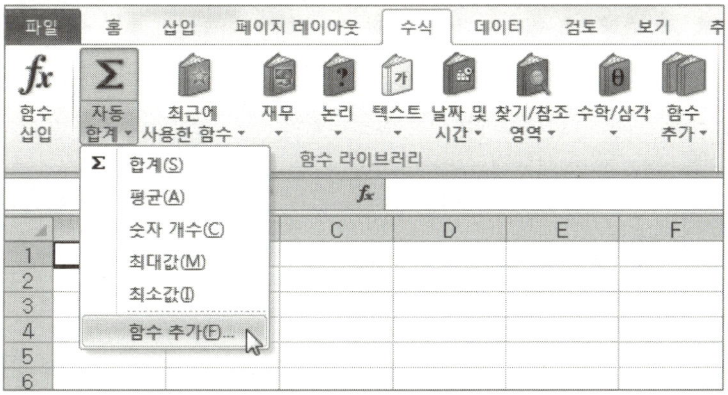

자동합계도구 함수 연습문제

본격적인 함수 사용 이전에 먼저 이 자동합계도구의 함수들을 이용하여 수식을 완성하는 연습을 해 보자. 아래의 데이터를 입력한 후 자동합계도구를 이용하여 계산을 완성해 보자.

	A	B	C	D	E	F	G	H	I	J
1	지역 / 월별	서울	수원	인천	천안	대전	월별 합계	평균	최대값	최소값
2	1월	1,409		3,394	3,699	1,784				
3	2월	2,493	3,568	4,895		1,574				
4	3월			4,161	2,318	1,992				
5	지역별 합계									

❶ 월별 합계를 구할 영역을 아래와 같이 블록을 설정한 후 자동합계도구의 합계 함수를 선택하여 월별 합계를 계산한다. Sum() 함수를 이용하여 합계가 구해진다.

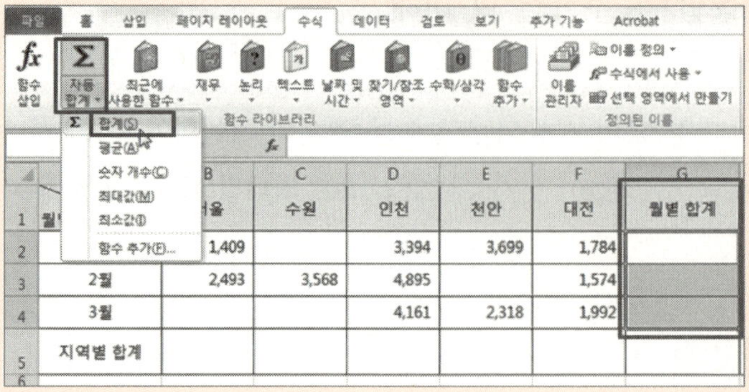

❷ 평균을 구할 영역을 아래와 같이 블록을 설정한 후 자동합계도구의 평균 함수를 선택하여 월별 평균을 계산한다. Average() 함수를 이용하여 평균이 구해진다.

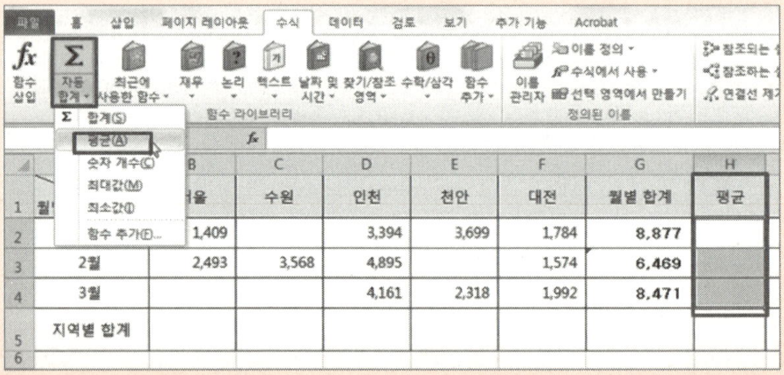

❸ 최대값을 구할 영역을 아래와 같이 블록을 설정한 후 자동합계도구의 최대값 함수를 선택하여 최대값을 계산한다. Max() 함수를 이용하여 범위 내 최대값을 찾아낸다.

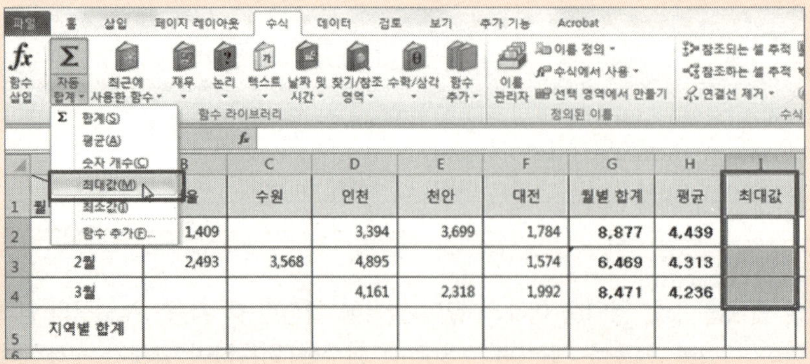

❹ 최소값을 구할 영역을 아래와 같이 블록을 설정한 후 자동합계도구의 최소값 함수를 선택하여 최소값을 계산한다. Min() 함수를 이용하여 범위 내 최소값을 찾아낸다.

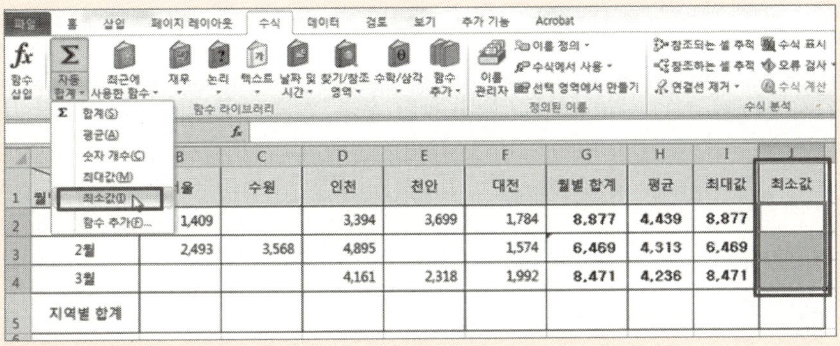

❺ 지역별 합계를 구할 영역을 아래와 같이 블록을 설정한 후 자동합계도구의 합계 함수를 선택하여 합계를 계산한다.

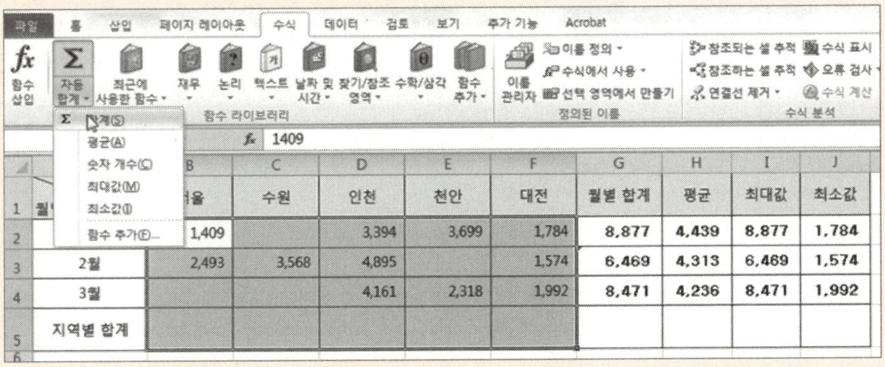

❻ 자동합계도구를 이용하여 모든 계산을 간단히 완료하였다.

	A	B	C	D	E	F	G	H	I	J
1	지역 월별	서울	수원	인천	천안	대전	월별 합계	평균	최대값	최소값
2	1월	1,409		3,394	3,699	1,784	8,877	4,439	8,877	1,784
3	2월	2,493	3,568	4,895		1,574	6,469	4,313	6,469	1,574
4	3월			4,161	2,318	1,992	8,471	4,236	8,471	1,992
5	지역별 합계	3,902	3,568	12,450	6,017	5,350				

수식 입력 연습문제

단가가 35,000원인 제품에 대한 월별 매출 수량, 반품 수량, 인상률이 입력되어 있는 매출 보고서이다(3장\매출보고서.xlsx). 지시 사항에 따라 판매 수량, 월별 매출액, 매출 누계를 구하고, 수식을 복사해본다.

월별 매출 보고서

(단가: 35,000)

월	수량	반품수량	판매수량	인상율	월별 매출액	매출 누계
1월	639					
2월	660			1%		
3월	330			2%		
4월	390	36		2%		
5월	399	51		2%		
6월	336			2%		
7월	702	69				
8월	402	54		2%		
9월	300	57		2%		
10월	702	369		1%		
11월	630	264		1%		
12월	402	168		2%		

〈조건〉

- 판매수량=수량-반품 수량
- 월별 매출액=판매수량*35,000+인상률*35,000
- 매출 누계=전월 매출 누계+월별 매출액

2. 행과 열을 각각 절대 참조하는 혼합 참조를 이용해 각 영업팀별 매출액을 계산해보자(3장\혼합참조.xlsx).

팀별 매출 현황

제품명		모니터	스피커	메인보드
가격		60,000	80,000	70,000
영업1팀	판매량	30	10	20
	매출액			
영업2팀	판매량	6	8	10
	매출액			
영업3팀	판매량	20	7	4
	매출액			

3. 연습문제 파일(3장\가격비교표.xlsx)을 열면 가격비교표가 나타난다. 자동합계 도구를 사용하여 실구입비 범위에 대한 평균가, 최저가, 최고가를 구한다. 또한 무이자할부가 가능한 쇼핑몰 수를 구한다.

가격비교표

쇼핑몰	판매가	무이자할부	배송료	실구입비
12번가	78,090		2,500	80,590
12번가	45,300	6	2,500	47,800
K-문구	90,944		3,000	93,944
K-문구	66,610	3	3,000	69,610
다이소	69,600		3,000	72,600
아이클럽	68,800		3,000	71,800
피시포올	66,000	3	3,000	69,000
인터파크	76,440	3	2,500	78,940
G마켓	63,900	3	2,400	66,300
e-코리아	82,336	3		82,336
옥션	66,540	3	2,500	69,040
e-코리아	76,440	3	3,000	79,440
옥션	76,630			76,630
옥션	76,440	10	3,000	79,440
G마켓	70,560		2,300	72,860
인터파크	76,260	6		76,260
e-코리아	79,351		3,000	82,351
G마켓	76,440	6	3,000	79,440
인터파크	68,570	6	2,500	71,070
K-문구	78,360	3	2,500	80,860
인터파크	68,400	10		68,400
K-문구	71,190	6		71,190
인터파크	68,570	3		68,570
12번가	66,660	10	2,500	69,160
e-코리아	73,000		3,000	76,000
인터파크	68,400	10	3,000	71,400
인터파크	74,390	3	2,500	76,890

평균 실구입비
74,145
무이자할부 쇼핑몰 수
19
최저가(실구입비)
45,300
최고가(실구입비)
93,944

04 셀 서식 적용하기

엑셀에서 제공하는 기본서식인 표 서식이나 셀 스타일을 이용하면 세련된 색상과 테두리 모양으로 구성된 서식을 빠르고 간편하게 지정할 수 있다. 또한 숫자, 날짜, 문자 데이터에 따라 다양한 표시 형식을 지정할 수 있다. 조건부 서식 기능을 사용하면 사용자가 원하는 조건에 따라 서식을 지정할 수 있다. 본 장에서는 이처럼 셀에 서식을 적용하는 다양한 방법을 학습한다.

1. 스타일 기능 활용하기

1) 서식이란?

서식은 입력한 데이터를 화면에서 어떻게 보이게 할지 결정하는 것을 말한다. 엑셀로 작성하는 문서는 대개 표 형태에 숫자나 데이터 목록이 많이 포함된 보고용 문서나 공용 문서인 경우가 많다. 따라서 서식이 지정되어 있지 않으면 데이터를 한 눈에 읽기가 힘든 경우가 많다. 셀 서식을 적용하면 문서를 보기 좋게 정리해서 정보를 쉽게 전달하는데 도움이 된다.

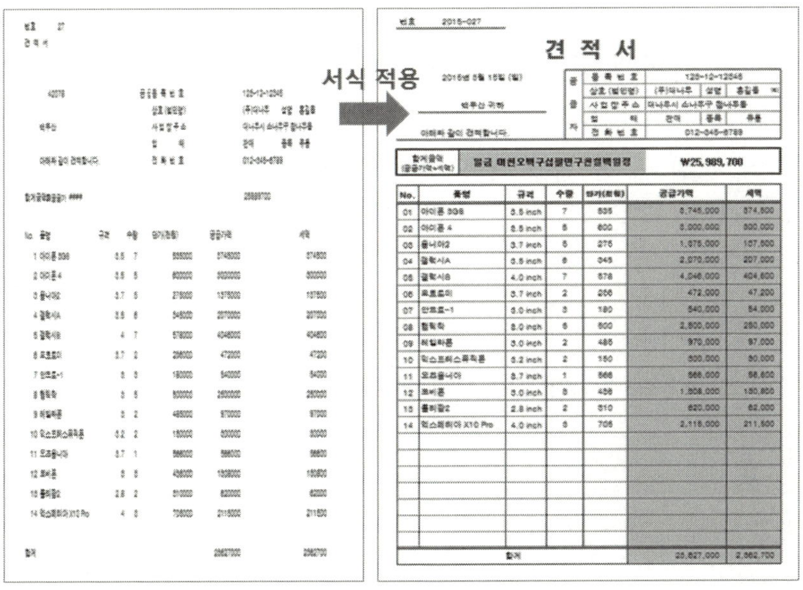

2) 표 서식 적용하기

표 서식은 클릭 한 번으로 테두리, 셀 색, 글꼴 색 등의 서식을 자동으로 지정하는 기능이다. 표 서식을 지정하려면 [홈] 탭-[스타일] 그룹-[표 서식]을 클릭한 후 스타일 목록에서 원하는 서식을 선택하면 된다. 스타일은 추후 스타일 목록에서 변경이 가능하다(예제파일: 4장 \ 영업실적.xlsx).

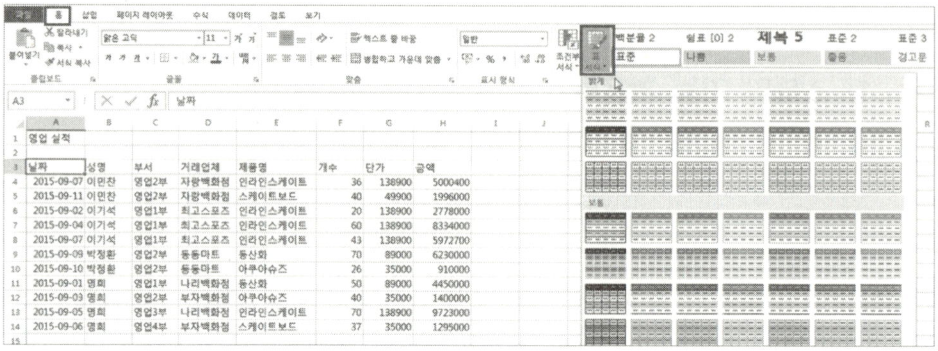

▶ 표 스타일 변경하기

표 서식을 지정하면 지정된 범위에 선택한 스타일의 테두리와 셀 색이 지정되고 리본 메뉴에는 [표 도구]-[디자인] 탭이 추가된다. [표 도구]-[디자인] 탭-[표 스타일] 그룹의 스타일 갤러리에 있는 다른 스타일에 마우스 포인터를 위치시키면 해당 스타일이 표 범위에 미리 표시되고 클릭하면 바로 적용된다. 리본 메뉴에 있는 [표 도구]는 '표'로 설정된 범위 내 한 셀을 선택해야만 나타난다.

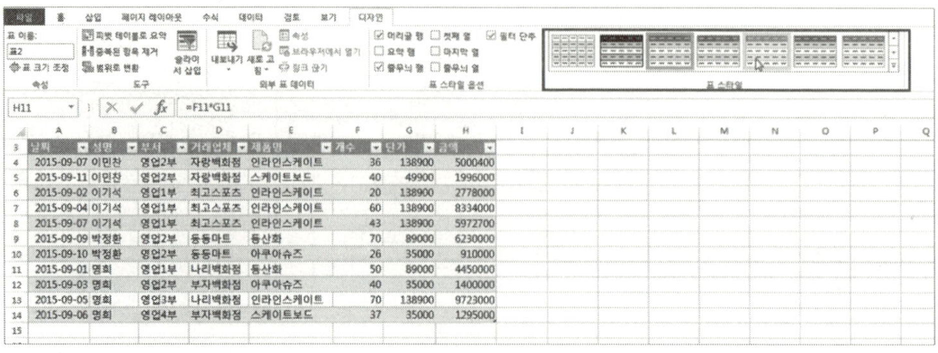

▶ 일반 범위로 변환하기

스타일이 지정되면 데이터 범위는 데이터 관리에 유용한 '표'라는 특별한 형식으로 인식된다. 서식을 쉽게 적용할 목적으로만 표 스타일을 지정했다면 [표 도구]-[디자인] 탭-[도구] 그룹-[범위로 변환]을 클릭하여 표를 정상 범위로 변환해 준다. 적용된 서식은 그대로 유지되면서 표가 일반 범위로 변환된다.

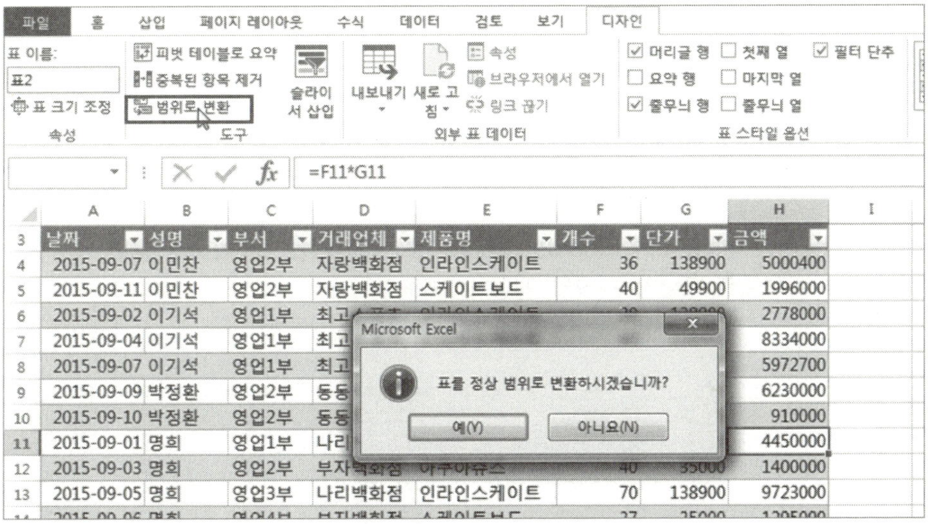

▶ 셀 스타일 적용하기

셀 스타일은 글꼴과 글자 크기, 숫자 서식, 셀 테두리, 셀 음영 같은 서식들을 미리 적용해 만들어놓은 서식 모음이다. 표 스타일과 달리 지정한 범위에만 선택한 스타일이 적용된다. 셀 스타일을 적용하려면 스타일을 적용할 셀이나 셀 범위를 지정하고 [홈] 탭-[스타일] 그룹-[셀 스타일]을 클릭한 후 셀 스타일 목록 중에 적용할 스타일을 선택한다.

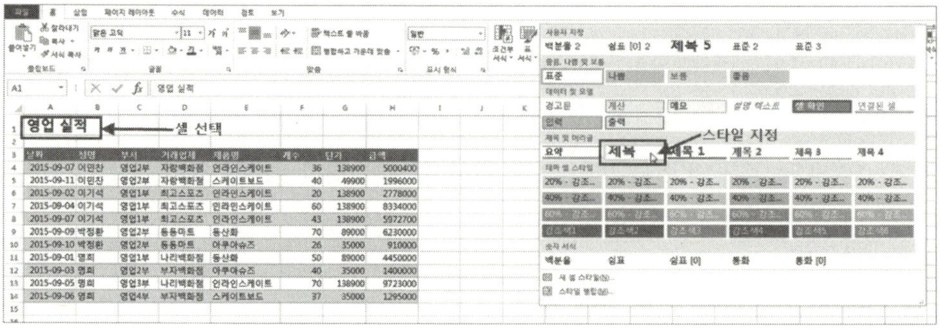

스타일 서식 적용 연습문제

예제 파일(4장\매출내역표.xlsx)을 열어 파일을 불러 온 후 아래와 같이 표 서식과 셀 스타일 설정으로 빠르게 서식을 지정해 보자.

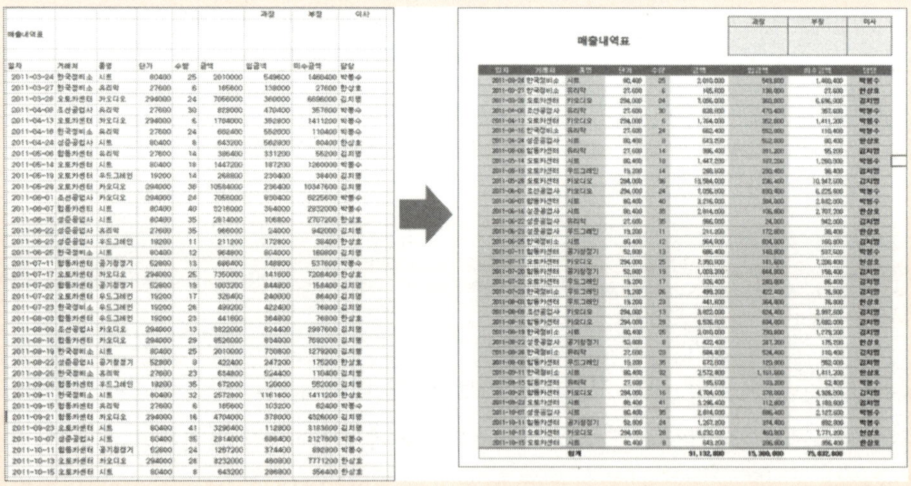

❶ 표 범위에 대해 [표 스타일 보통 2] 서식을 지정한다. 표 스타일 옵션 중 [줄무늬 행]은 선택 해제하고, [줄무늬 열], [요약 행]은 선택한다.

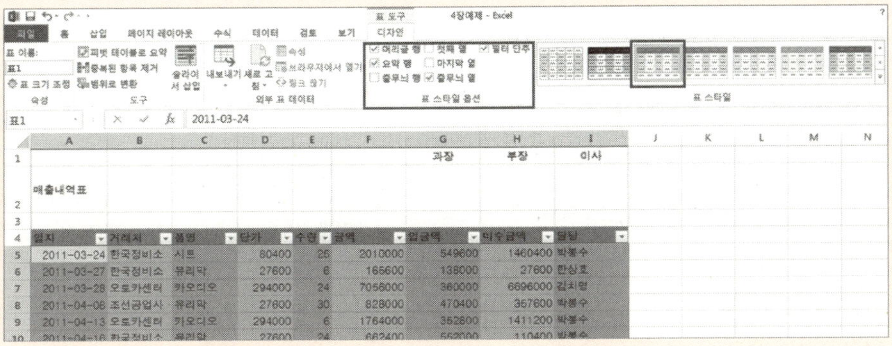

❷ 담당 열 요약 셀인 I42셀을 선택하고 목록 단추를 클릭한다. 요약 목록에서 [없음]을 선택하고, 금액, 입금액, 미수금액에 대한 요약 셀은 각각의 요약 목록 중에서 [합계]를 선택한다. 금액, 입금액, 미수금액에 대한 합계 금액이 자동 계산되어 나타난다.

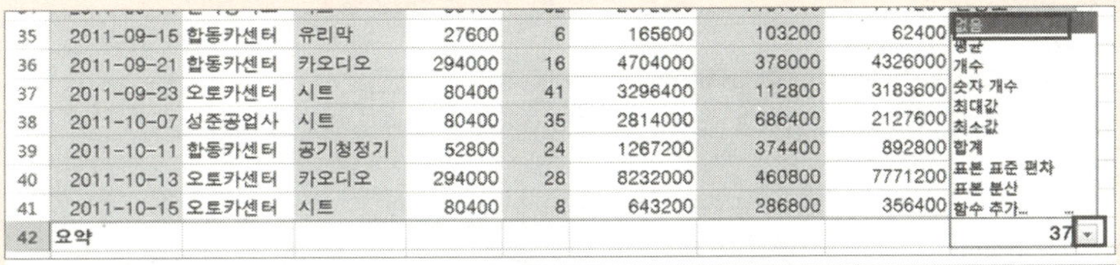

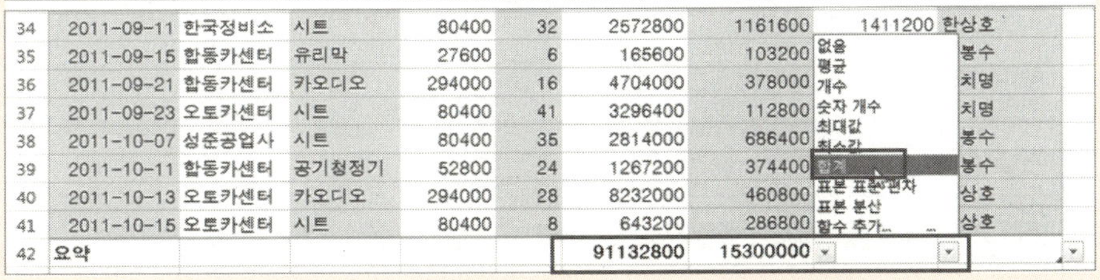

❸ 일반 범위로 변환한다. [디자인] 탭-[도구] 그룹-[범위로 변환] 기능을 선택한다. 데이터 관리가 편리하도록 지정되었던 표 기능이 사라지고 서식이 적용된 일반 형태로 변환되어 제목에 나타났던 필터기능도 사라진 것을 알 수 있다.

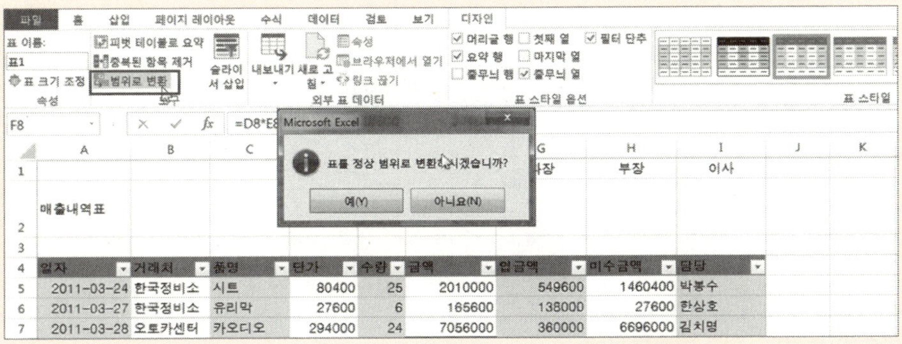

	일자	거래처	품명	단가	수량	금액	입금액	미수금액	담당
5	2011-03-24	한국정비소	시트	80400	25	2010000	549600	1460400	박봉수
6	2011-03-27	한국정비소	유리막	27600	6	165600	138000	27600	한상호
7	2011-03-28	오토카센터	카오디오	294000	24	7056000	360000	6696000	김치명
8	2011-04-08	조선공업사	유리막	27600	30	828000	470400	357600	박봉수
9	2011-04-13	오토카센터	카오디오	294000	6	1764000	352800	1411200	박봉수
10	2011-04-16	한국정비소	유리막	27600	24	662400	552000	110400	박봉수
11	2011-04-24	성준공업사	시트	80400	8	643200	562800	80400	한상호
12	2011-05-06	합동카센터	유리막	27600	14	386400	331200	55200	김치명

❹ 제목인 A2셀을 선택하고 [셀 스타일]의 [제목]을 선택한 후 옆의 셀 범위를 지정하여 셀을 병합한다.

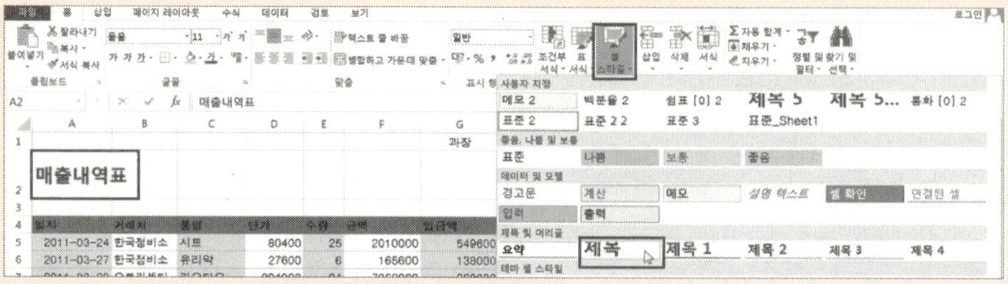

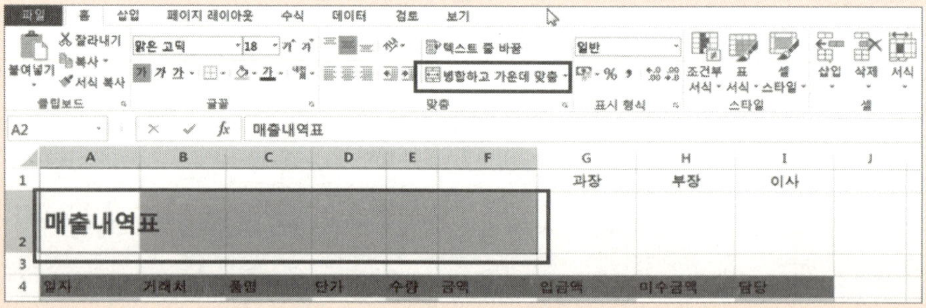

❺ 결재란이 입력된 [G1:I2] 범위에 대해 [셀 스타일]에서 [출력]을 선택한다.

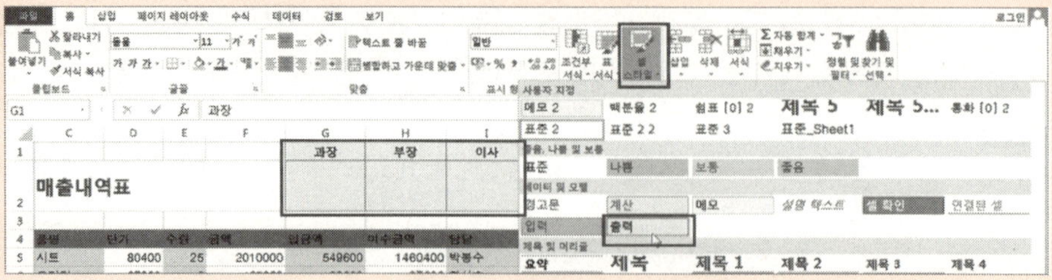

❻ [D5:H42] 범위를 지정한 후 [셀 스타일]에서 [쉼표[0]]을 선택한다.

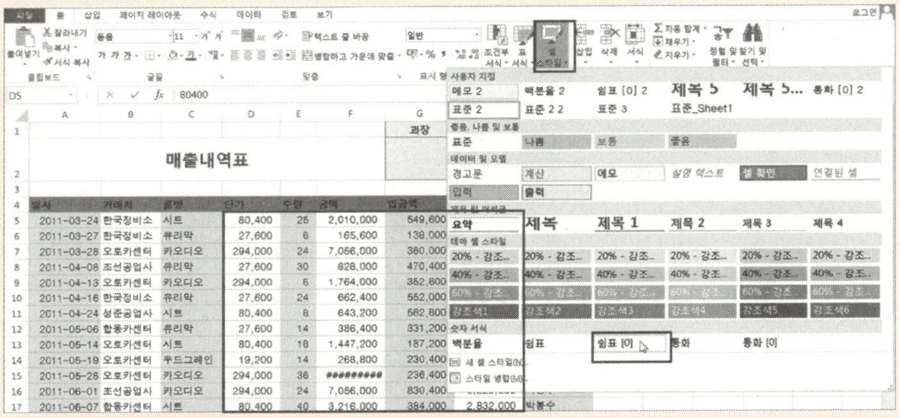

❼ [A42:E42] 범위를 지정하고 셀을 병합한 후 '합계'를 입력한다.

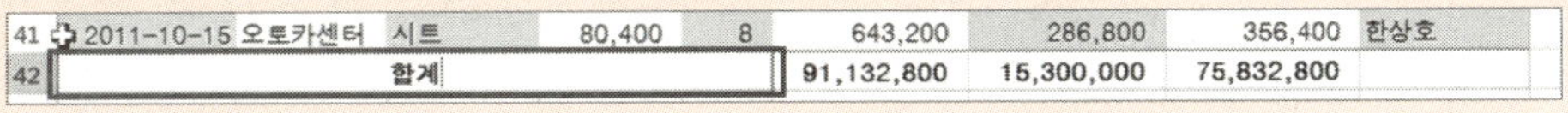

2. 서식 기능 익히기

표 서식과 셀 스타일을 사용하면 빠르고 간편하게 서식을 지정할 수 있지만 표 서식과 셀 스타일에서 제공하는 서식 모음들이 작성한 문서와 맞지 않는 경우도 있다. 이럴 때는 셀 서식을 직접 지정해 주는 것이 좋다.

서식을 지정할 때 자주 사용하는 도구는 리본 메뉴에 있는 [홈] 탭의 [글꼴], [맞춤], [표시 형식] 그룹에 나와 있는 명령 단추이다. 리본 메뉴에 없는 나머지 서식은 서식 대화상자를 열어서 지정할 수 있다.

▶ 리본 메뉴

[홈] 탭의 [글꼴], [맞춤], [표시 형식] 그룹에는 자주 사용되는 서식 도구들을 빠르게 선택할 수 있는 서식 명령 아이콘들이 모여 있다.

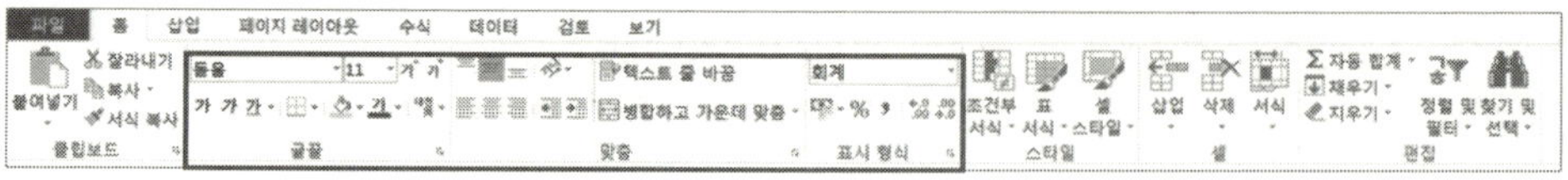

▶ 셀 서식 대화상자, 미니 도구 모음

셀 서식 대화상자에는 표시 형식, 맞춤, 글꼴, 테두리, 채우기 색 등의 여러 서식을 한꺼번에 지정할 수 있다. 셀 서식 대화상자를 열려면 [글꼴], [맞춤], [표시 형식] 그룹의 대화상자 표시 단추를 클릭하거나, 셀에서 마우스 오른쪽 버튼을 누르고 단축 메뉴에서 [셀 서식]을 선택한다.

미니 도구 모음에서도 글꼴, 글꼴 크기, 표시 형식, 테두리, 셀 색, 글꼴 색 등의 기본적인 서식 지정을 할 수 있다. 마우스 오른쪽 버튼을 누르면 단축 메뉴와 함께 미니 도구 모음이 나타난다.

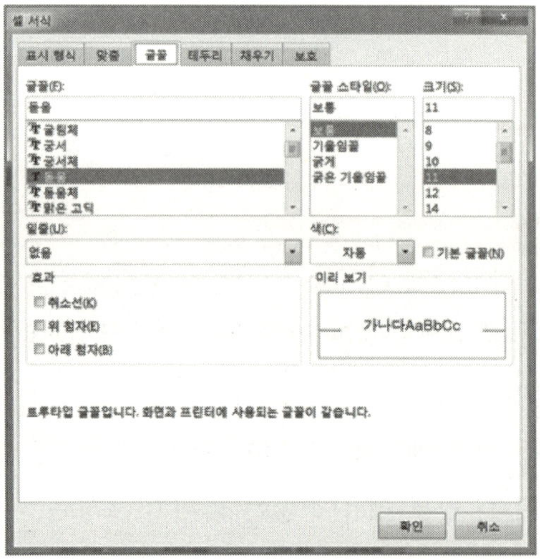

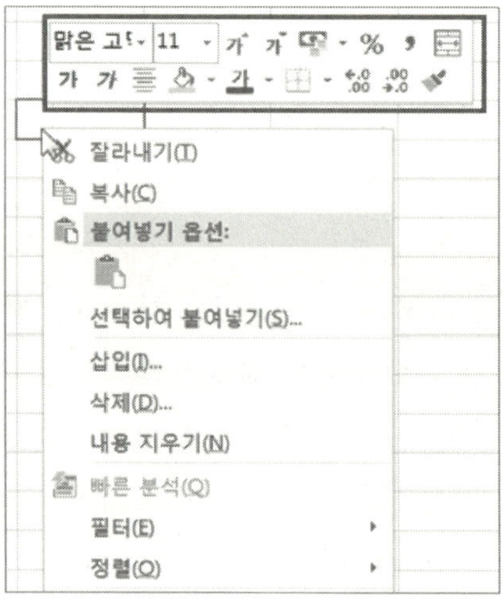

글꼴과 맞춤 서식 적용 연습문제

예제 파일(4장\견적의뢰서.xlsx)을 열어 간단히 테두리만 지정되어 있는 준비 파일을 불러온 후 다음 그림과 같이 글꼴과 맞춤 서식을 지정해 보자.

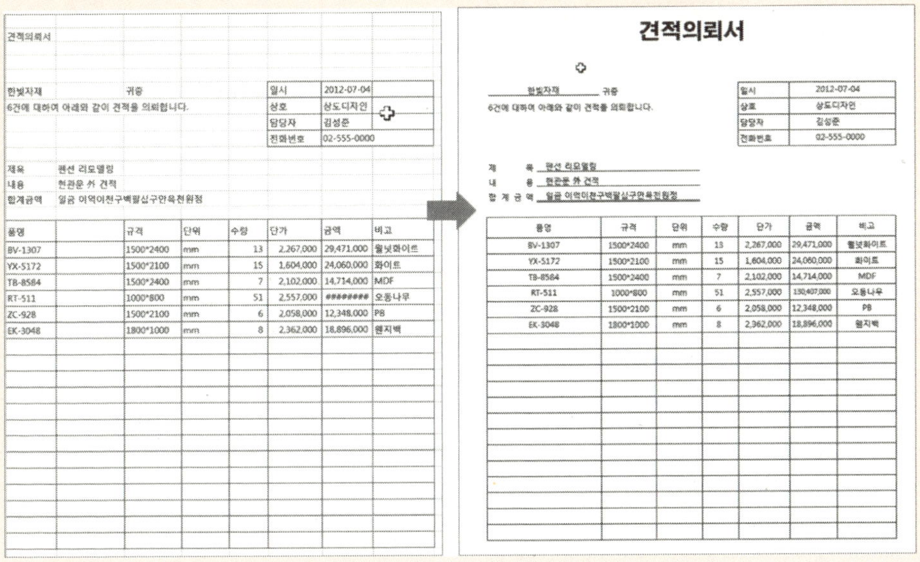

❶ 제목 '견적의뢰서'가 입력된 셀을 선택하고 [홈] 탭-[글꼴] 그룹에서 HY견고딕, 크기 28을 지정해주고, 우측의 셀들을 블록설정한 후 [맞춤] 그룹의 [병합하고 가운데 맞춤]을 선택하여 선택한 셀 영역을 병합해준다.

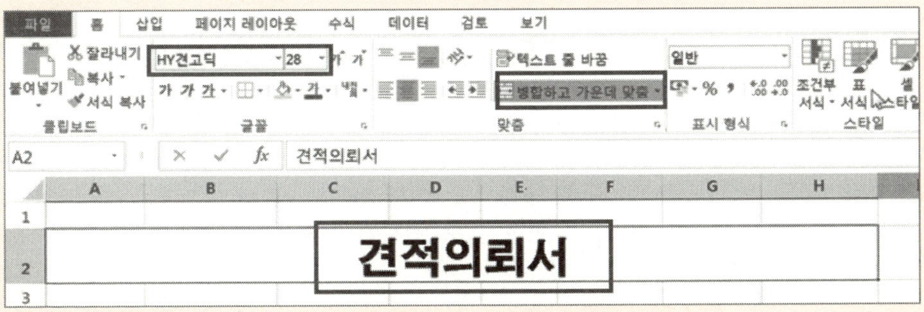

❷ A6셀의 '한빛자재'를 B7셀까지 병합한 후 [셀 서식] 대화상자-[글꼴] 탭에서 [밑줄]의 [실선(회계용)]을 지정해준다.

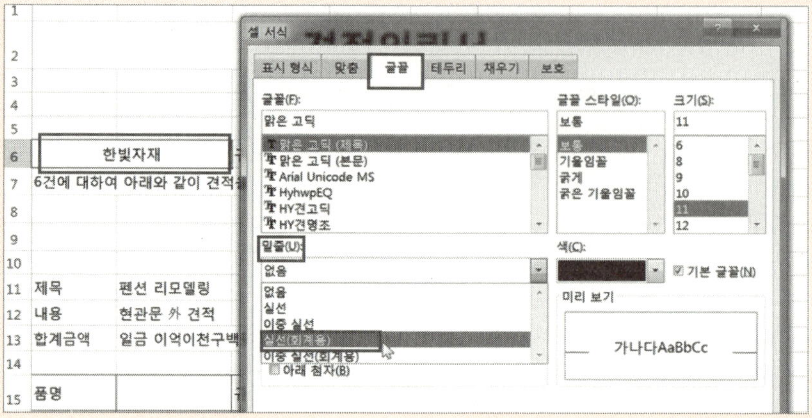

❸ [G6:H9] 범위를 지정한 후 [병합하고 가운데 맞춤]의 우측 화살표를 클릭하여 나타난 하위 메뉴 중 [전체 병합]을 선택한다. 선택한 행들을 한 줄씩 병합해주는 기능을 수행한다. 그런 다음 셀들을 [왼쪽정렬]하고 [들여쓰기] 버튼을 3회 정도 눌러 정렬해준다.

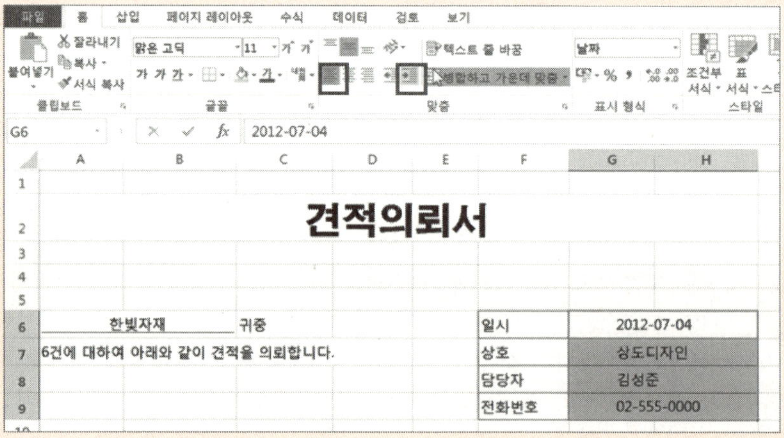

❹ 제목, 내용, 합계금액 데이터에 대해서도 [전체 병합] 기능을 적용하고 [밑줄(실선(회계용)), [이중실선(회계용))]이 나타나도록 서식을 적용한다.

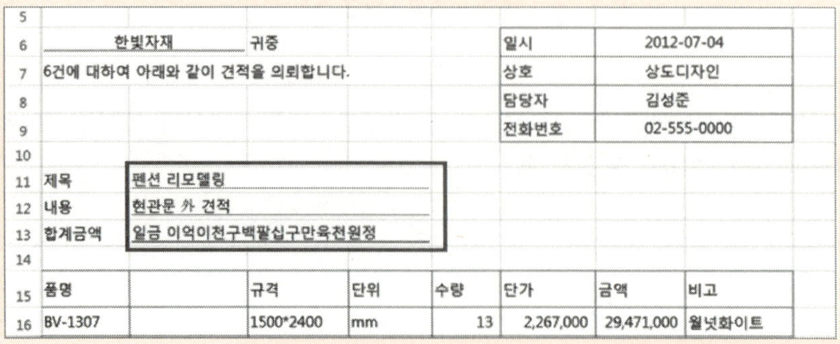

❺ 품명이 입력된 셀들을 함께 블록설정하여 [전체 병합] 기능을 적용하고 [가운데 정렬] 한다.

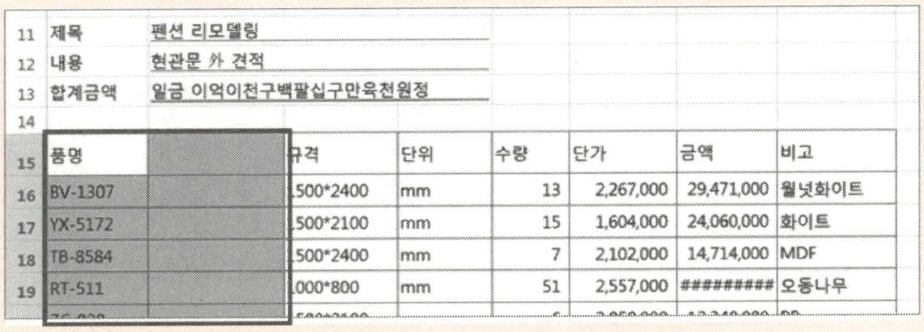

❻ 제목, 내용, 합계금액이 입력된 셀을 블록설정하고 [셀 서식] 대화상자-[맞춤] 탭에서 가로 맞춤의 [균등 분할(들여쓰기)]를 지정해준다.

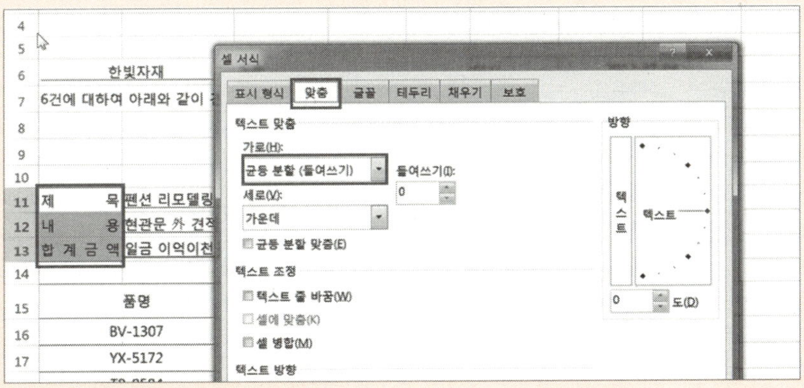

❼ G19셀은 셀의 폭이 좁아 데이터가 다 보이지 못하고 #표시로 나타나고 있다. 셀을 선택하고 [셀 서식] 대화상자-[맞춤] 탭의 [셀에 맞춤]을 선택해준다. 숫자의 글자 크기가 셀의 크기에 맞춰 자동 조절되며 제대로 보이게 된다.

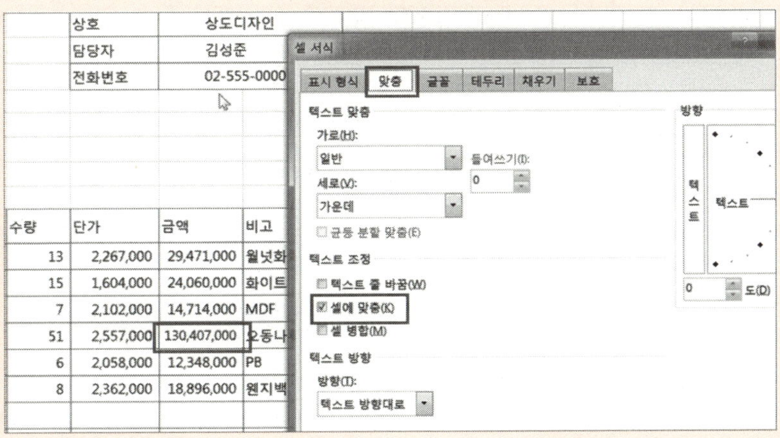

❽ [보기] 탭-[표시] 그룹의 [눈금선] 체크를 해제하면 완성된 문서를 보다 깔끔하게 확인할 수 있다.

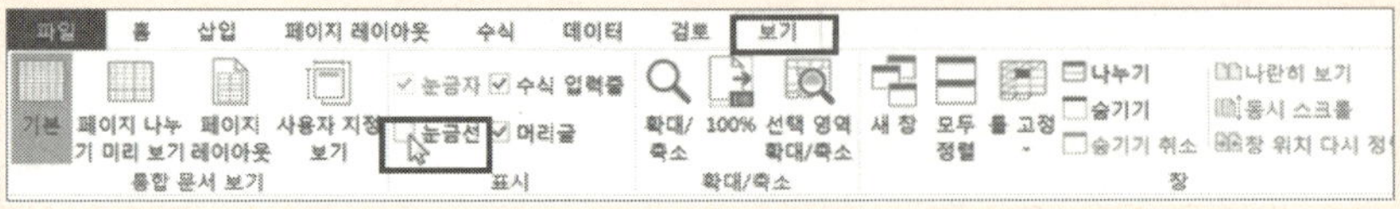

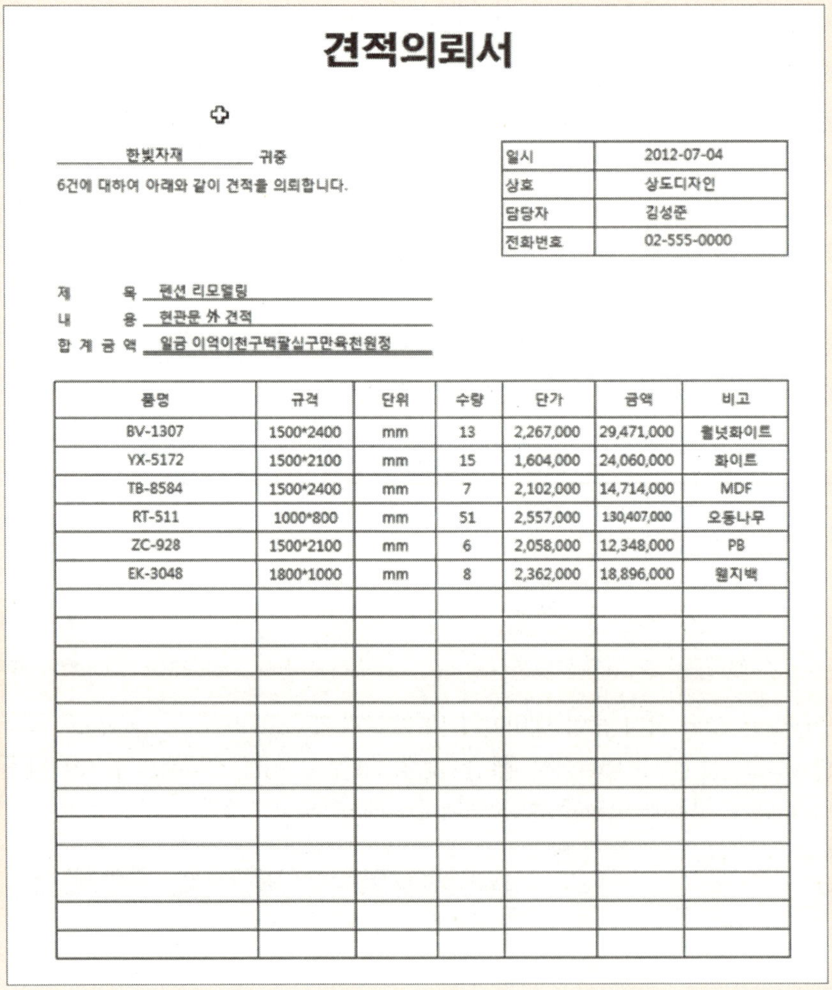

견적의뢰서

한빛자재 귀중

6건에 대하여 아래와 같이 견적을 의뢰합니다.

일시	2012-07-04
상호	상도디자인
담당자	김성준
전화번호	02-555-0000

제 목 펜션 리모델링

내 용 현관문 外 견적

합 계 금 액 일금 이억이천구백팔십구만육천원정

품명	규격	단위	수량	단가	금액	비고
BV-1307	1500*2400	mm	13	2,267,000	29,471,000	월넛화이트
YX-5172	1500*2100	mm	15	1,604,000	24,060,000	화이트
TB-8584	1500*2400	mm	7	2,102,000	14,714,000	MDF
RT-511	1000*800	mm	51	2,557,000	130,407,000	오동나무
ZC-928	1500*2100	mm	6	2,058,000	12,348,000	PB
EK-3048	1800*1000	mm	8	2,362,000	18,896,000	웬지백

테두리와 채우기 색 서식 적용 연습문제

예제 파일(4장\달성평가서.xlsx)을 열어 파일을 불러 온 후 아래 그림과 같이 채우기 색과 테두리를 지정하여 문서의 서식을 완성해 보자.

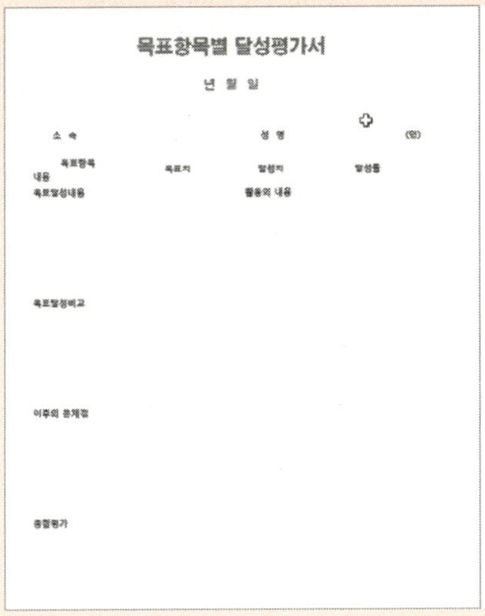

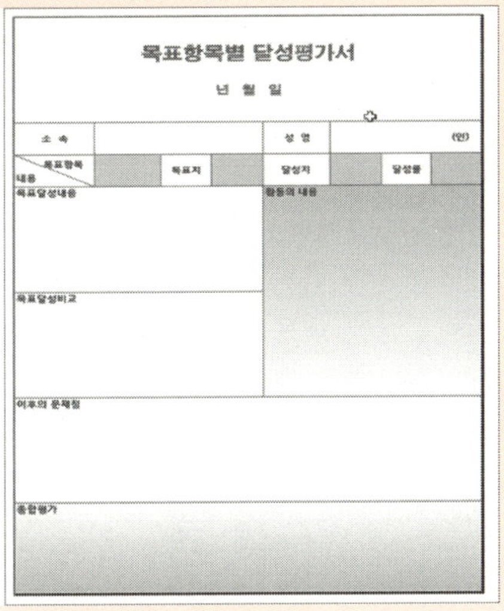

❶ 먼저 전체 문서의 윤곽선을 넣어보자. 문서 전체를 블록설정 한 후 [셀 서식] 대화상자-[테두리] 탭을 선택한다. 왼쪽의 [스타일]에서 선의 종류를 먼저 선택하고 아래에 있는 색 팔레트에서 선의 [색]을 지정한다. 그 다음 우측의 [테두리] 영역에서 선을 그리고자 하는 부분을 직접 클릭하거나 버튼을 눌러 지정한다. 본 문서는 테두리는 검은색, 문서의 내부는 연한 파랑색으로 각기 다르게 색을 지정하였다.

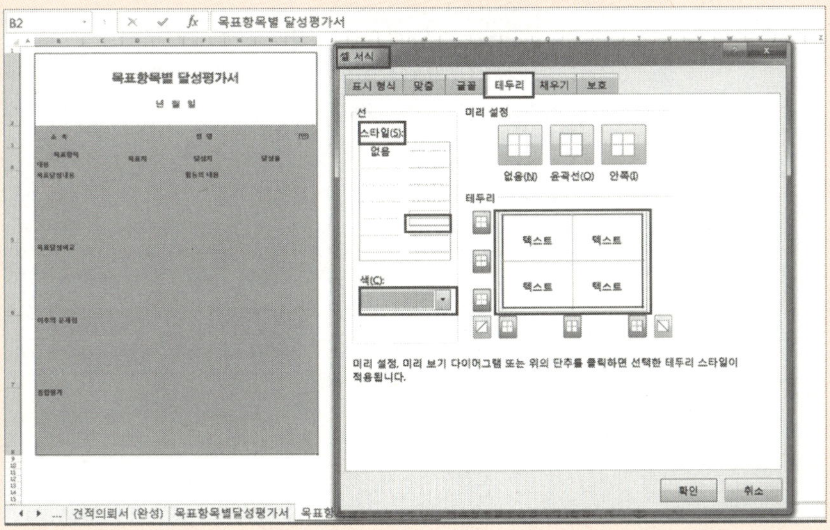

❷ 전체 테두리가 완성되었다. 셀 내부에 대각선으로 선을 넣어보자. B4셀을 선택한 후 [셀 서식] 대화상자-[테두리] 탭에서 선의 스타일과 색을 지정한 후 우측의 테두리 영역에서 대각선 영역을 직접 클릭하거나 아래의 테두리 버튼을 이용해도 좋다.

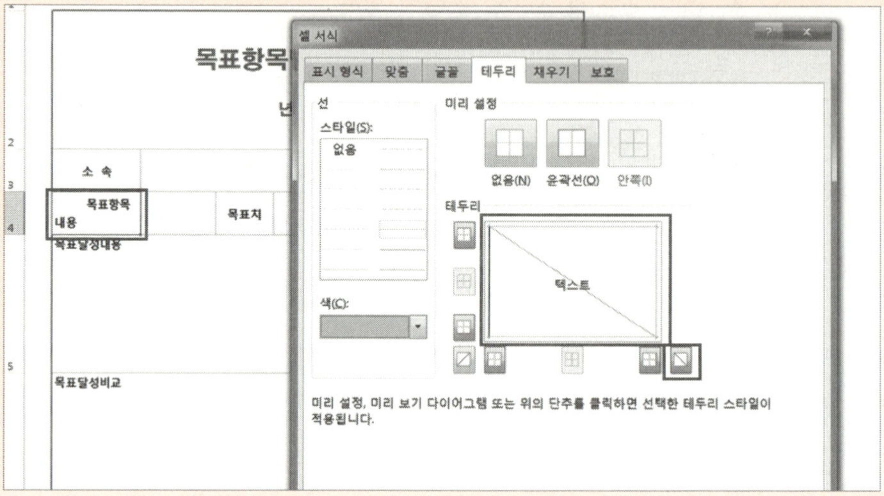

❸ 배경색을 지정할 셀을 Ctrl 키를 이용하여 동시에 선택한 후 [글꼴] 그룹의 [채우기 색] 버튼을 눌러 나타난 팔레트에서 원하는 색을 지정한다.

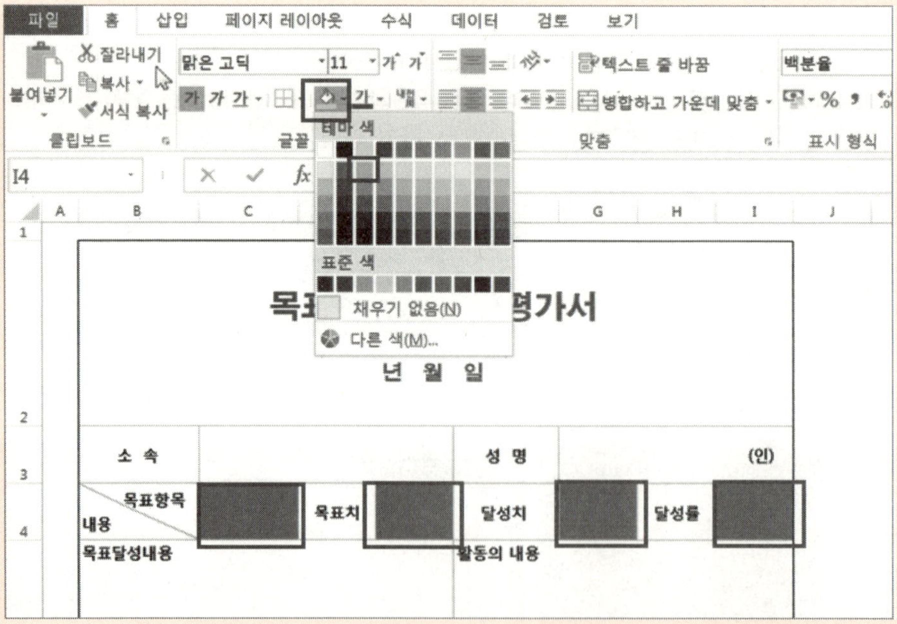

❹ 셀 배경색을 단색이 아닌 그라데이션으로 넣어보자. F5셀을 선택한 후 [셀 서식] 대화상자-[채우기] 탭을 선택하고 [채우기 효과] 버튼을 누른다.

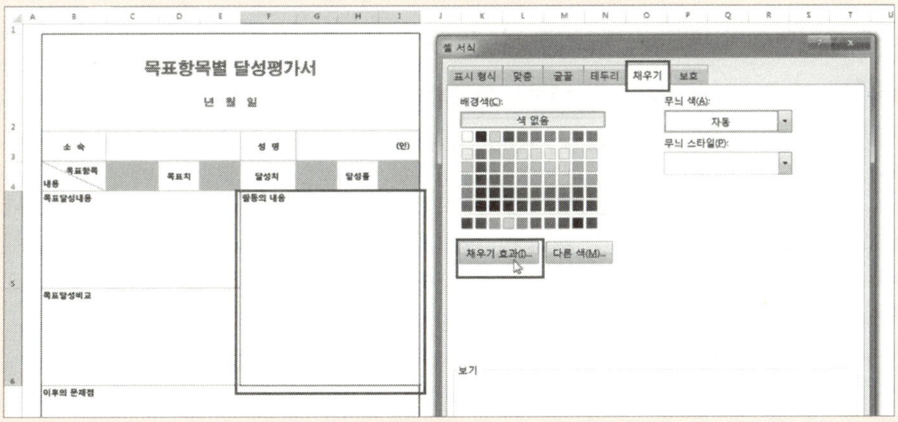

❺ [채우기 효과] 대화상자가 나타나면 색을 [두 가지 색]을 선택하고 색(1)과 색(2)의 팔레트에서 원하는 색을 지정한 후, 아래에 있는 [음영 스타일]과 [적용] 효과를 선택하여 원하는 형태의 색을 만든다. 확인 버튼을 누른 후 완성된 문서의 그라데이션 효과이다. 아래 B8셀에도 동일한 방법으로 그라데이션이 적용된 셀 배경색을 채워본다.

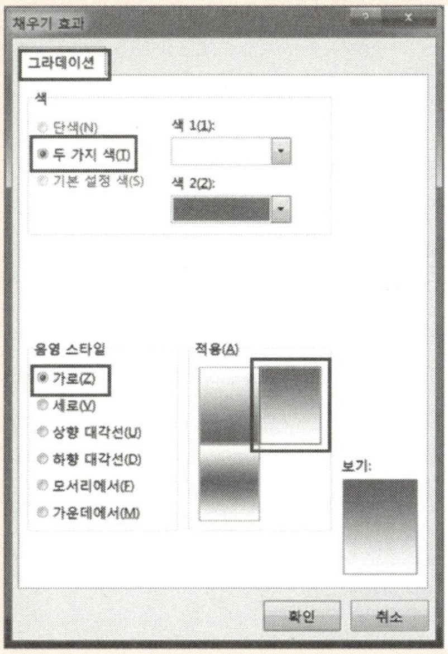

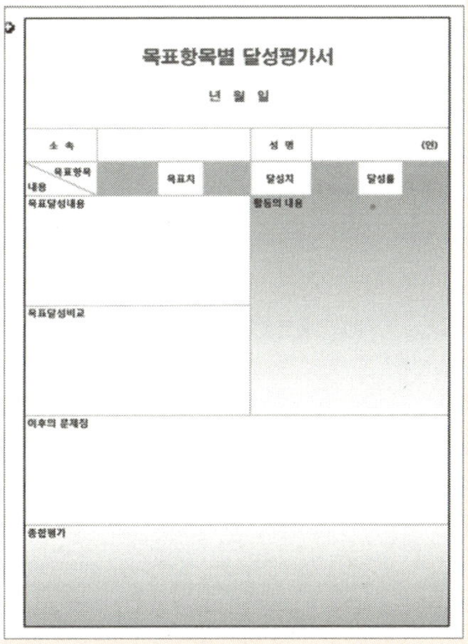

3. 데이터 표시 형식 지정 활용하기

표시 형식이란 입력한 숫자, 날짜, 문자 등을 화면에 표시하는 형식을 말한다. 숫자를 입력할 때 자리 구분 기호인 쉼표(,)를 입력하지 않아도 표시 형식에서 쉼표 스타일을 지정하면 천 단위로 쉼표(,)가 자동으로 표시되어 입력이 간편해진다. 이 절에서는 숫자, 날짜, 문자 등의 종류에 따라 지정할 수 있는 다양한 표시 형식 지정 방법을 알아보자.

1) 표시 형식 그룹에서 지정하기

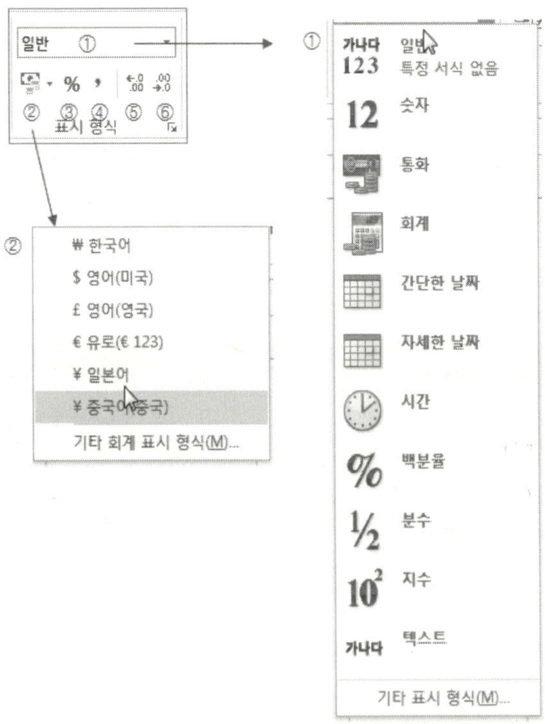

통화 스타일, 백분율, 쉼표 스타일, 자릿수 늘림, 자릿수 줄임과 같이 자주 사용하는 기본적인 표시 형식은 [홈] 탭-[표시 형식] 그룹에서 지정할 수 있다. 표시 형식 그룹의 각 도구들은 다음과 같다.

① 표시 형식: 데이터 종류별로 표시될 방식을 선택한다.
② 회계 표시 형식: 숫자 값의 경우 통화 기호를 셀의 왼쪽 끝에 붙인다.
③ 백분율 스타일: 숫자 값을 백분율로 표시한다.
④ 쉼표 스타일: 숫자 값에 천 단위 구분 기호를 표시한다.
⑤ 자릿수 늘림: 한 번 누를 때마다 소수점 아래 자릿수를 하나씩 늘린다.
⑥ 자릿수 줄임: 한 번 누를 때마다 소수점 아래 자릿수를 하나씩 줄인다.

2) 셀 서식 대화상자에서 지정하기

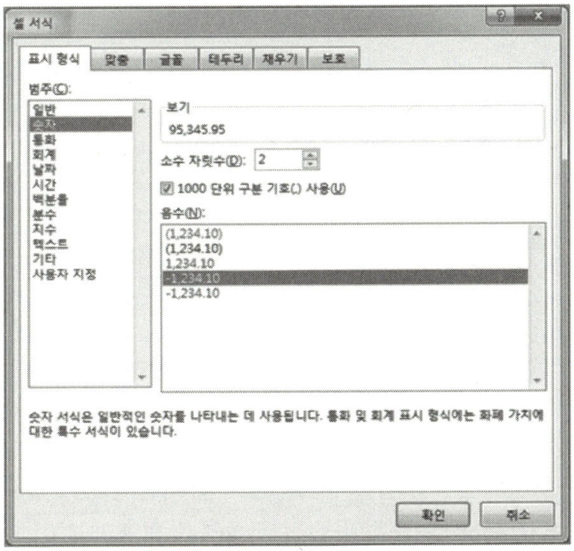

표시 형식 그룹에 없는 다른 형식을 지정하려면 [표시 형식] 그룹의 대화상자 표시 단추를 클릭한다. 또는 셀을 선택하고 마우스 오른쪽 단추를 눌러 단축 메뉴에서 [셀 서식]을 선택해도 된다.

범주 목록에서 데이터 종류를 선택하면 오른쪽에 해당 데이터 범주에 대해 지정할 수 있는 서식들이 표시된다.

기본 표시 형식 지정하기 연습문제

예제 파일(4장\출장복명서.xlsx)을 열어 특별한 표시 형식이 지정되어 있지 않은 파일을 아래와 같이 날짜, 텍스트, 통화 서식 등을 지정해 보자.

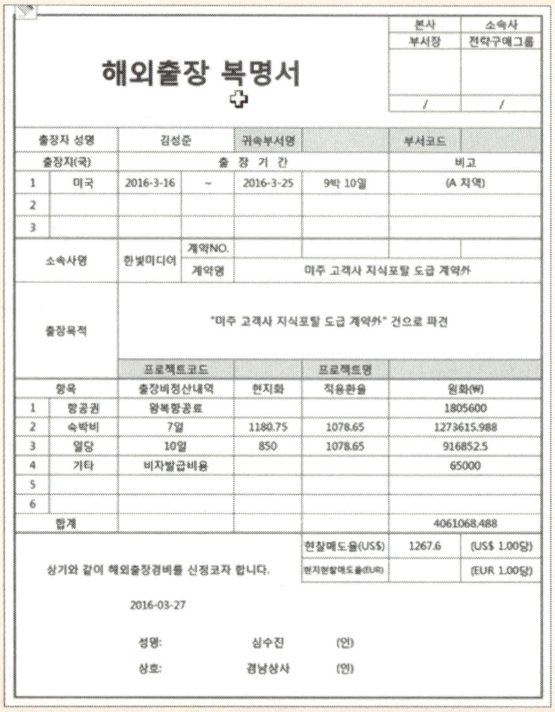

❶ 날짜가 입력된 C10셀과 E10셀을 선택한 후 [셀 서식] 대화상자-[표시 형식] 탭에서 범주의 [날짜]를 지정한 후 우측의 형식 목록에서 아래와 같이 표시될 날짜 형태를 (2012/3/14) 지정해준다.

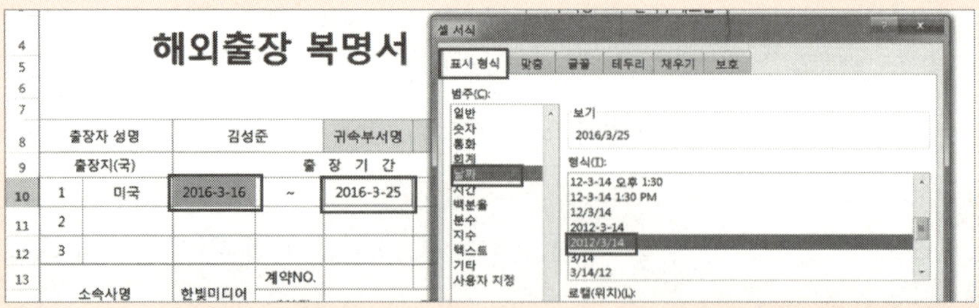

❷ 계약NO.는 모두 0으로 시작되므로 데이터가 입력될 [E13:H13] 범위를 지정한 후 [셀 서식] 대화상자-[표시형식] 탭의 범주에서 [텍스트]를 지정해준다. 그러면 숫자를

입력해도 텍스트로 인식되므로 0으로 시작되는 문서의 번호를 입력할 수 있게 된다.

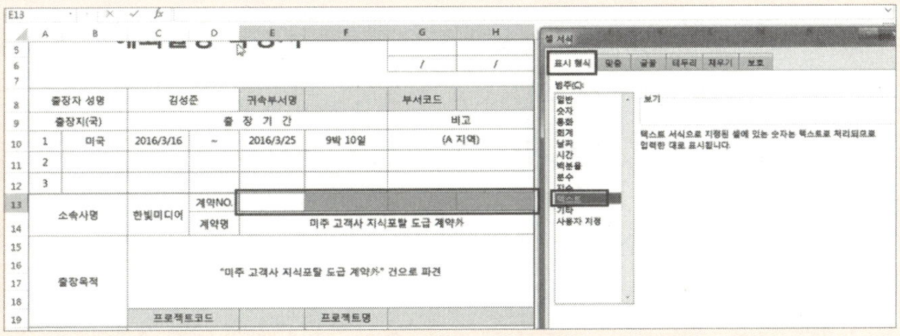

❸ 통화 표식을 지정해보자. 먼저 달러를 표시해야 하는 E22, E23셀을 선택한 후 [셀 서식] 대화상자-[표시 형식] 탭의 범주에서 [통화]를 선택하고 소수 자릿수는 2, 기호는 $영어(미국)을 지정해준다.

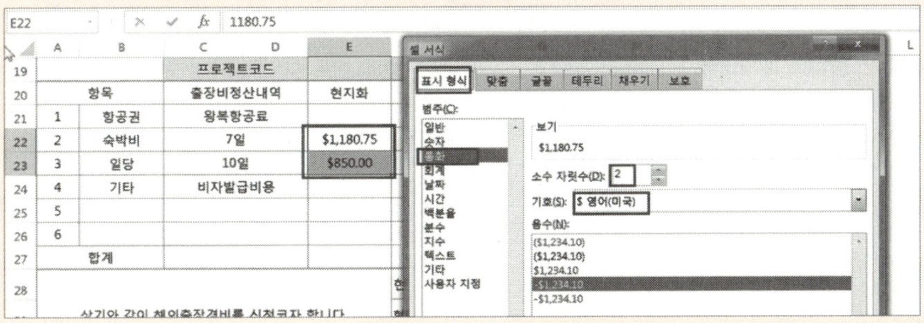

❹ 이번에는 리본 메뉴의 [표시 형식] 그룹을 이용하여 원화 기호를 입력해보자. 원화를 표시해야 하는 셀을 블록설정한 후 [홈] 탭-[표시 형식] 그룹의 목록 상자를 클릭하여 [통화]를 지정해준다.

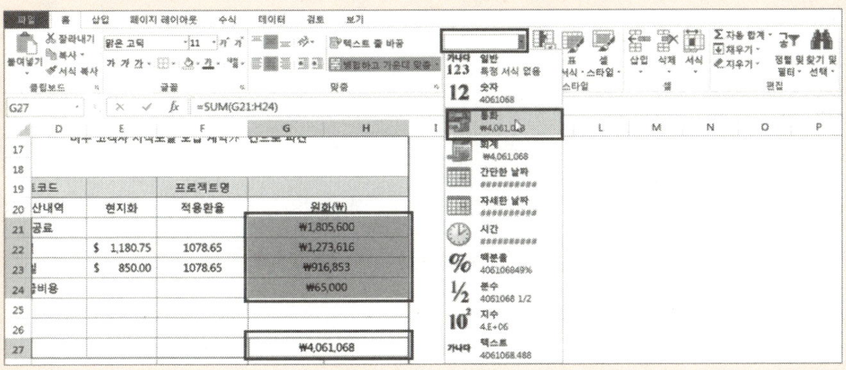

3) 사용자 지정 서식 코드 지정하기

[표시 형식] 그룹이나 셀 서식 대화상자 서식 목록에 마음에 드는 서식이 없을 경우에는 직접 서식 코드를 입력하여 원하는 표시 형식을 만들 수 있다. 셀 서식 대화상자의 [표시 형식] 탭-[범주] 목록에서 [사용자 지정]을 선택하고 [형식] 입력란에서 서식 코드를 입력한다.

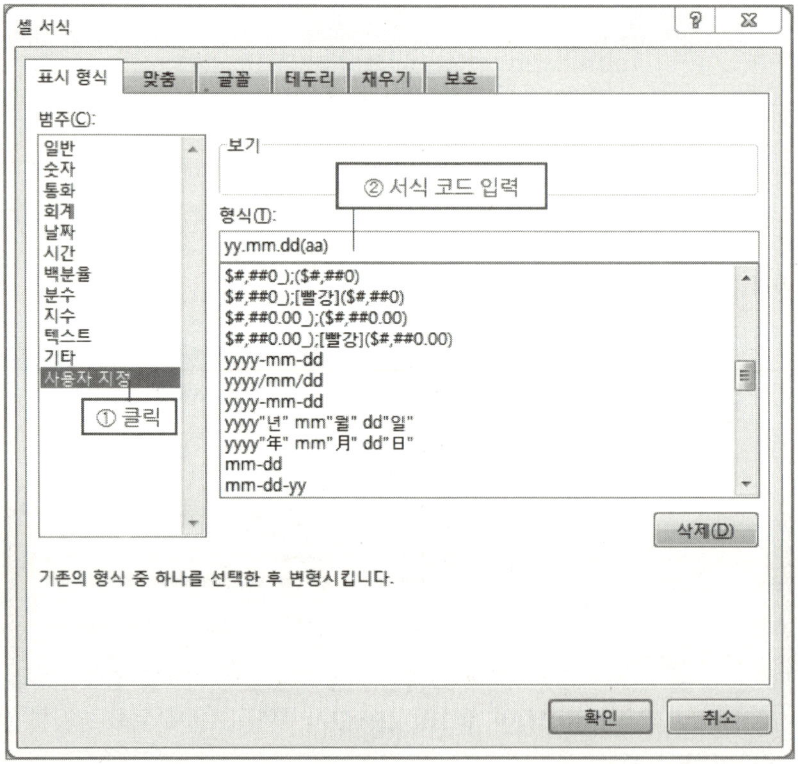

▶ 서식 코드의 구성

서식 코드는 양수, 음수, 0, 문자의 순서로 최대 네 개의 섹션으로 이루어진다. 각 섹션은 세미콜론(;)으로 구분된다. 예를 들어, 다음과 같이 서식 코드를 지정한 셀에 양수, 음수, 0, 문자를 입력했을 때 표시되는 서식은 다음과 같다.

서식 코드	#,##0 ; 양수 서식	[빨강]-#,##0 ; 음수 서식	- ; 0	(@) 문자 서식
입력 데이터	1,000	-1,000	-	(미정)
	천 단위 구분 기호가 표시됨	빨간색으로 마이너스 부호(-)와 천 단위 구분 기호가 표시됨	하이픈으로 표시됨	문자 앞뒤에 괄호가 표시됨

네 개의 섹션에 모두 코드를 지정할 필요는 없다. 예를 들어, 두 개의 섹션에만 코드를 지정한 경우 첫 번째 섹션은 양수 및 0에 적용되고, 두 번째 섹션은 음수에 적용된다. 한 개의 섹션에만 코드를 지정한 경우 이 섹션은 양수, 음수, 0에 적용된다.

▶ 색 및 조건 지정 코드

서식의 특정 섹션에 색을 지정하려면 다음 8가지 색 중 하나의 이름을 대괄호[]로 묶어 해당 섹션에 입력한다. 색 코드는 섹션 내에서 가장 앞부분에 지정해야 한다.

[검정],[녹색],[흰색],[파랑],[자홍],[노랑],[녹청],[빨강]

▶ 숫자 및 문자 서식 코드

사용자 지정 표시 형식을 만들기 위해서는 형식을 만드는데 필요한 코드를 이해해야 한다. 숫자 및 문자 서식을 지정하기 위한 서식 코드는 다음과 같다.

서식코드	기능	사용예		
		입력	서식 코드	표시
0(영)	유효하지 않은 0까지 표시합니다.	7.5	#.00	7.50
#	유효하지 않은 0은 표시하지 않습니다.	7.5 0.631	#.## 0.#	7.5 0.6
?	유효하지 않은 0자리에 공백을 추가하는 코드입니다. 주로 소수점이 포함된 숫자를 소수점 기준으로 정렬할 때 사용합니다.	44.398 102.65 2.8	???.????	44.398 102.65 2.8 (소수점기준정렬)
,(쉼표)	숫자에 천 단위 구분 기호를 표시합니다. 서식 코드 끝에 ,를 넣으면 1000으로 수를 나누기 때문에 천 단위를 생략해서 표시합니다.	12000 12,200,000	#,##0 #,##0,	12,000 12,200
*(별표)	* 뒤에 입력한 문자를 반복 표시	0	*-0	---------------0
@	특정 문자를 붙여서 표시	홍길동	@"귀하"	홍길동귀하

지정한 조건을 만족하는 경우에만 서식이 지정되게 하려면 조건을 대괄호[]로 묶어 준다. 조건은 비교 연산자와 값을 구성된다. 예를 들어, 다음 서식은 100 이하의 숫자는 빨강으로 표시하고, 100보다 큰 숫자는 파랑으로 표시한다.

[빨강][<=100];[파랑][>100]

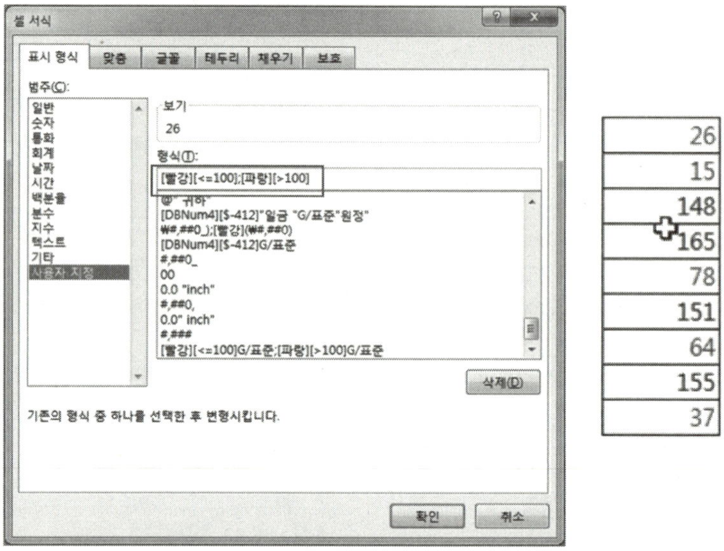

▶ 날짜 서식 코드

서식코드	기능	사용예		
		입력	서식 코드	표시
h	앞에 0을 표시하지 않고 시간을 표시함	2:10	h	2
[h]	경과된 시간을 시간으로 표시함. 시간의 숫자가 24보다 크거나 시간을 계산하는 수식을 사용 중인 경우 [h]:mm:ss와 같은 서식을 사용해야 함	26:1	[h]	26
hh	한 자리 시간인 경우 0과 함께 시간을 표시함	2:10	hh	02
m	앞에 0을 표시하지 않고 분을 표시함	2:3:15	h:m:s	2:3:15
[m]	경과된 시간을 분으로 표시함. 분의 숫자가 60보다 크면 시간을 반환하는 수식을 사용 중인 경우 [mm]:ss와 같은 서식을 사용해야 함	1:30	[m]	90
mm	한 자리 분인 경우 0과 함께 분을 표시함	2:3:15	hh:mm:ss	02:03:15
s	앞에 0을 표시하지 않고 초를 표시함	2:1:3	s	3
[s]	경과된 시간을 초로 표시함. 초의 숫자가 60보다 크거나 시간을 계산하는 수식을 사용 중인 경우 [ss]와 같은 서식을 사용해야 함	0:2:30	[s]	150
ss	한 자리 초인 경우 0과 함께 초를 표시함	2:1:3	ss	03
AM/PM am/pm A/P, a/p	서식에 AM 또는 PM이 들어 있으면 시간은 12시간제가 기준이고, 표시가 없으면 24시간제가 기준이 됨. 자정~정오 사이는 시간에 AM, am, A, a를 표시하고, 정오~자정 사이는 시간에 PM, pm, P, p를 표시함	15:30 15:30	h:m AM/PM h:m A/P	3:30 PM 3:30 P

▶ 시간 서식 코드

서식코드	기능	사용예		
		입력	서식 코드	표시
m	앞에 0을 표시하지 않고 월을 표시함	2015-4-1	m	4
mm	한 자리 월인 경우 0과 함께 월을 표시함	2015-4-1	Mm	04
mmm	영문 약자로 월을 표시함	2015-4-1	mmm	Apr
mmmm	완전한 영문자로 월을 표시함	2015-4-1	mmmm	April
mmmmm	영문 월 이름의 첫 글자로 월을 표시함	2015-4-1	mmmmm	A
d	앞에 0을 표시하지 않고 일자를 표시함	2015-4-1	d	1
dd	한 자리 일자인 경우 0과 함께 일자를 표시함	2015-4-1	dd	01
ddd	영문 약자로 요일을 표시함	2015-4-1	ddd	Wed
dddd	완전한 영문자로 요일을 표시함	2015-4-1	dddd	Wednesday
aaa	한글 약자로 요일을 표시함	2015-4-1	aaa	수
aaaa	완전한 한글로 요일을 표시함	2015-4-1	aaaa	수요일
yy	년도를 두 자리로 표시함	2015-4-1	yy	15
yyyy	년도를 네 자리로 표시함	2015-4-1	yyyy	2015

사용자 지정 표시 형식 지정하기 연습문제

예제 파일(4장\견적서.xlsx)을 열어 기본적인 표시형식이 지정되어 있는 파일을 불러온 후 숫자, 문자, 날짜에 대해 다양한 표시 형식을 지정해 보자.

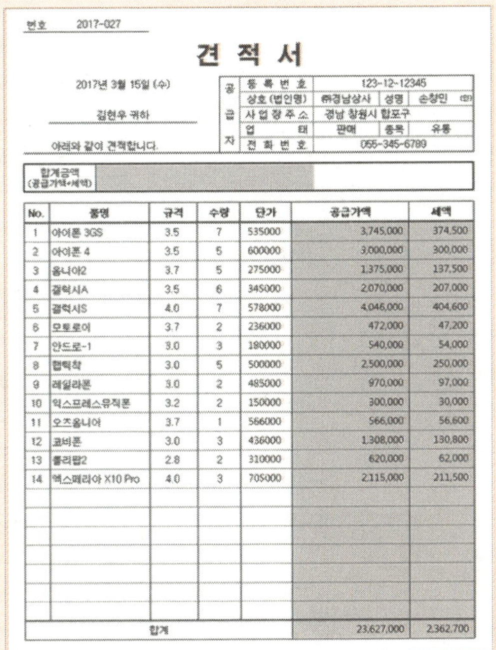

번호 2017-027

견 적 서

2017년 3월 15일 (수)

김현우 귀하

아래와 같이 견적합니다.

공급자	등록번호	123-12-12345		
	상호(법인명)	㈜경남상사	성명	손창민 (인)
	사업장주소	경남 창원시 합포구		
	업태	판매	종목	유통
	전화번호	055-345-6789		

합계금액 (공급가액+세액)

No.	품명	규격	수량	단가	공급가액	세액
1	아이폰 3GS	3.5	7	535000	3,745,000	374,500
2	아이폰 4	3.5	5	600000	3,000,000	300,000
3	옴니아2	3.7	5	275000	1,375,000	137,500
4	갤럭시A	3.5	6	345000	2,070,000	207,000
5	갤럭시S	4.0	7	578000	4,046,000	404,600
6	모토로이	3.7	2	236000	472,000	47,200
7	안드로-1	3.0	3	180000	540,000	54,000
8	랩탁착	3.0	5	500000	2,500,000	250,000
9	레일라폰	3.0	2	485000	970,000	97,000
10	익스프레스뮤직폰	3.2	2	150000	300,000	30,000
11	오즈옴니아	3.7	1	566000	566,000	56,600
12	코비폰	3.0	3	436000	1,308,000	130,800
13	폴리탑2	2.8	2	310000	620,000	62,000
14	엑스페리아 X10 Pro	4.0	3	705000	2,115,000	211,500
합계					23,627,000	2,362,700

❶ 단가가 입력된 영역을 천 단위 생략하도록 서식을 지정해보자. [I15:I28] 범위를 지정하고 [셀 서식] 대화상자-[표시 형식] 탭의 범주에서 [사용자 지정]을 선택한다. 오른쪽의 형식 입력 글상자에 '#,##0,'을 입력한다. 천 단위 자릿수가 사라진 것을 알 수 있다.

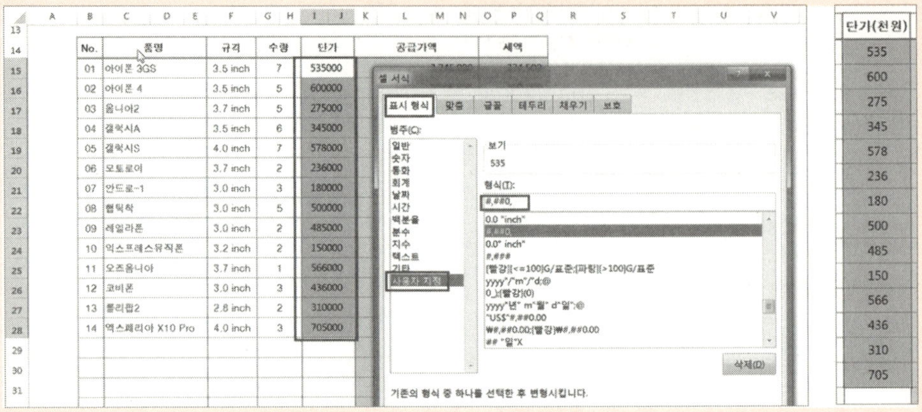

❷ 합계금액을 읽기 쉽게 한글로 표시해보자. D12셀에 견적서의 합계금액을 계산하는 식을 입력한다. 아래에 있는 공급가액과 세액을 더해주면 된다(=SUM(K36:Q36)).

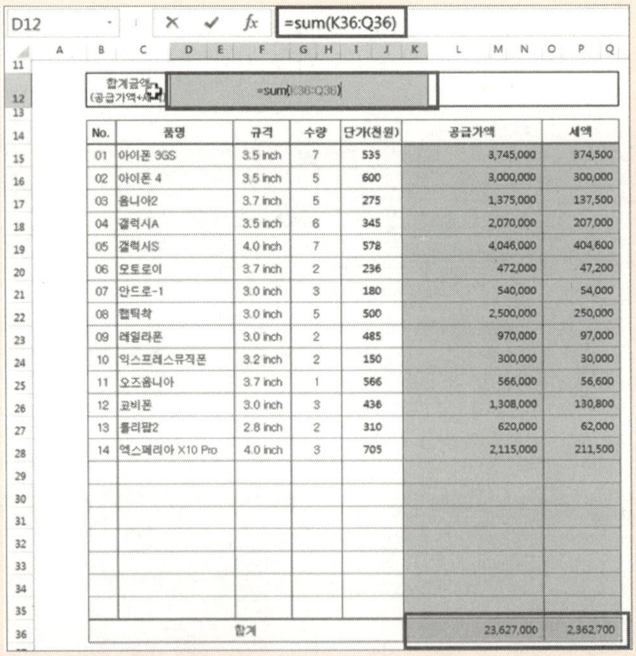

❸ 합계금액이 입력된 D12셀이 선택된 상태에서 [셀 서식] 대화상자-[표시 형식] 탭의

범주에서 [기타]를 선택하고 오른쪽의 [형식] 목록 상자에서 [숫자(한글)]을 지정한다. 숫자가 한글로 변환되는 서식이다.

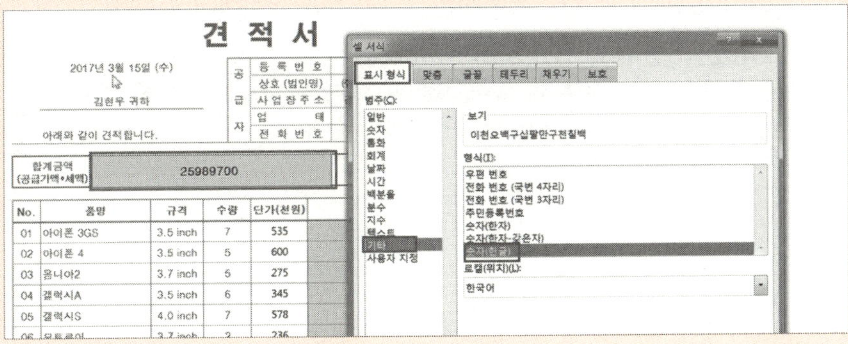

❹ 한글로 변화된 숫자의 앞에 '일금' 뒤에 '원 정'을 입력하여 가독성을 높여보자. 계속해서 D12셀이 선택된 상태에서 [셀 서식] 대화상자-[표시 형식] 탭의 범주에서 [사용자 지정]을 선택한다. 오른쪽의 형식 글상자에 위에서 지정한 [숫자(한글)] 형식이 지정되어 있다. 그 서식 형태의 앞에 커서를 두고 "일금"을 입력하고, 맨 뒤에 커서를 두고 "원 정"이라고 아래 그림과 같이 입력한다.

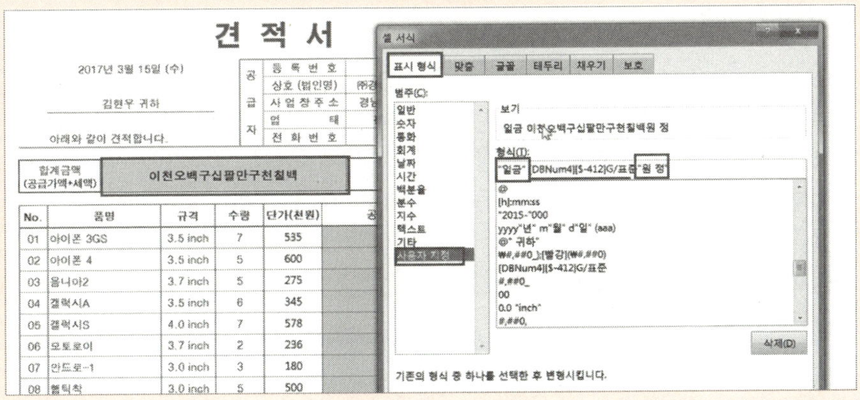

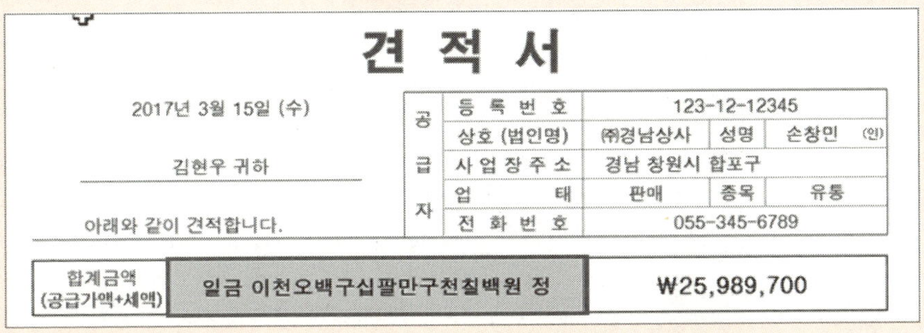

❺ 견적 목록의 번호가 입력된 [B15:B28] 범위를 지정한 후 [셀 서식] 대화상자-[표시

형식] 탭의 범주에서 [사용자 지정]을 선택하고 '형식' 글상자에 00이라고 입력한다. 0은 숫자 자릿수를 의미하므로 00은 두 자리 숫자가 입력된다는 뜻이다. 또한 1자릿수의 숫자인 경우 빈 자리에 0이 입력되도록 하는 의미도 포함된다.

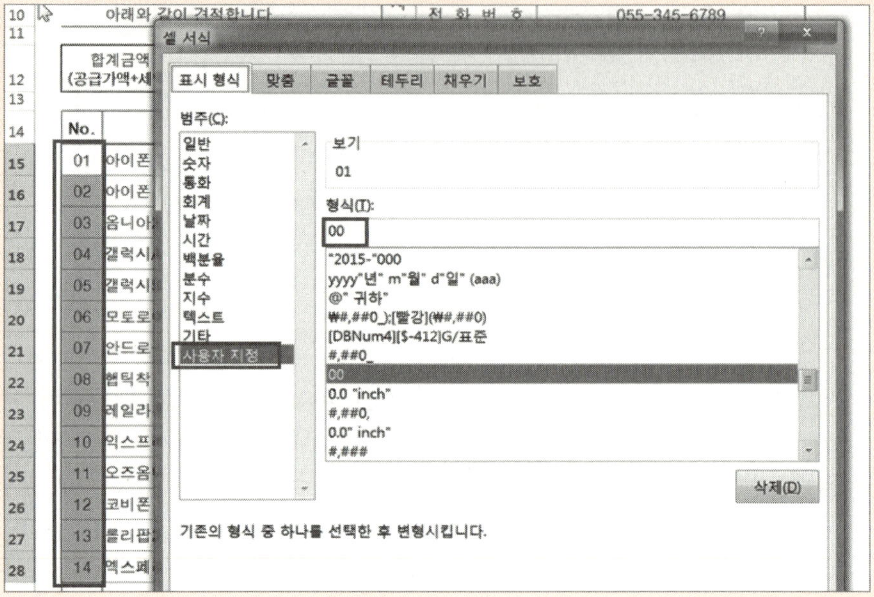

❻ 규격 데이터가 입력된 [F15:F28] 영역을 지정한 후 [셀 서식] 대화상자-[표시 형식] 탭의 범주에서 [사용자 지정]을 선택한다. 오른쪽의 '형식' 입력란에 커서를 두고 0.0 "inch"라고 입력한다. 0은 숫자 자릿수를 의미하며 반드시 그 자리에 숫자가 나타나야 한다(그 자리에 숫자가 없는 경우 0이 표시됨). 또한 숫자를 입력하면 숫자 뒤에 자동으로 inch가 나타나게 된다.

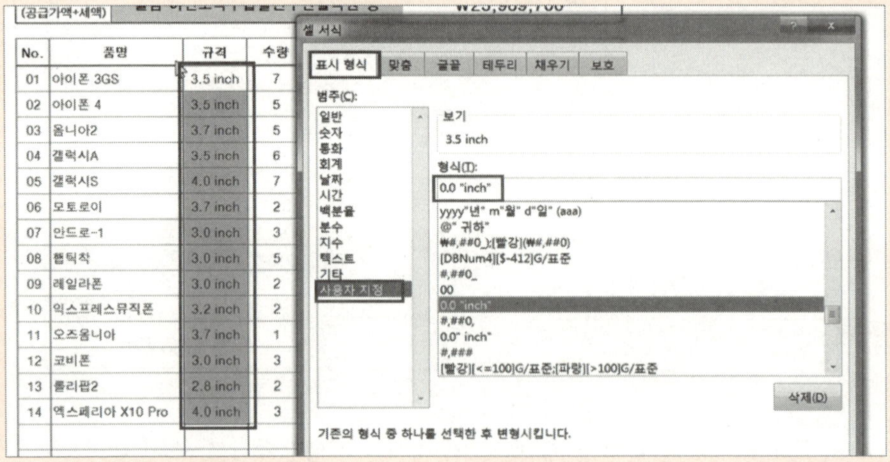

4. 조건부 서식 적용하기

조건부 서식을 사용하면 조건에 따라 서식을 다르게 표시할 수 있으며, 조건과 다른 데이터가 입력되면 서식도 함께 달라진다. 또한 글꼴 색이나 셀 색과 같은 단순한 서식뿐만 아니라 데이터 막대, 색조, 아이콘 집합으로 데이터를 표시할 수 있다. 이 절에서는 다양한 조건 규칙을 활용하여 서식을 지정하는 방법을 살펴보자.

1) 셀 강조 규칙에 따라 서식 지정하기

[홈] 탭-[스타일] 그룹-[조건부 서식]-[셀 강조 규칙]을 선택하면 입력한 데이터들 중에서 특정 숫자나 날짜 범위에 속하는 셀, 특정 문자가 포함된 셀, 중복된 값이 있는 셀 등을 강조하기 위해 서식을 지정할 수 있다. 셀 강조 규칙 중 활용도가 높은 예를 살펴보자.

▶ 기본 셀 강조 규칙

아래 그림은 셀 강조 규칙 중 숫자, 텍스트, 중복 값에 대해 기본적으로 엑셀에서 정의해 놓은 서식을 지정하여 표시한 예이다. 데이터의 범위를 지정한 후 [홈] 탭-[스타일] 그룹-[조건부 서식]-[셀 강조 규칙]에서 [보다 큼], [텍스트 포함], [중복 값]을 선택한다. 서식을 지정할 기준 값이나 텍스트를 입력하고 적용할 서식에서 기본 서식을 선택한 후 [확인]을 누른다.

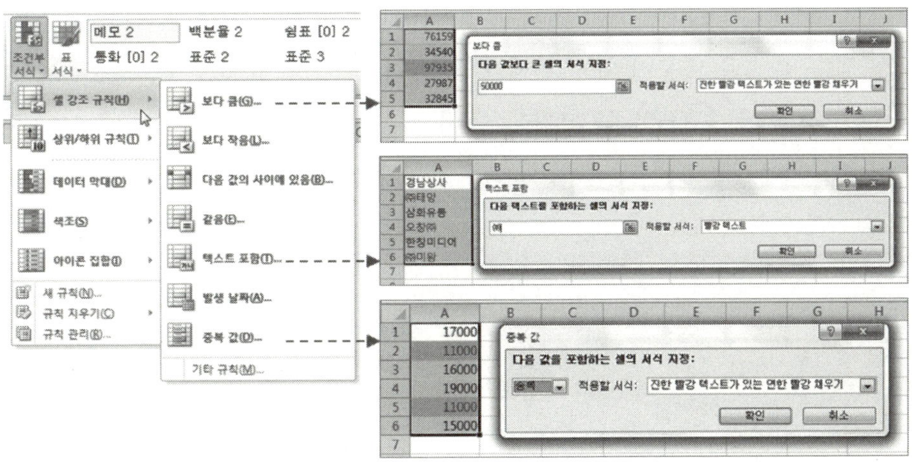

▶ 내용 있는 셀만 서식 지정

[셀 강조 규칙] 목록에 없는 조건은 [기타 규칙]을 클릭하여 조건과 서식을 직접 지정할 수 있다. 셀 값 목록에서 '내용 있는 셀' 또는 '빈 셀'을 선택하여 서식을 지정할 수 있다.

다음 그림에서는 [A2:D7] 범위를 지정하고 [홈] 탭-[스타일] 그룹-[조건부 서식]-[셀 강조 규칙]-[기타 규칙]을 선택하였다. 새 서식 규칙 대화상자의 규칙 셀 목록에서 '내용 있는 셀'을 선택하고 [서식]을 누른 후 셀 서식 대화상자의 [채우기] 탭에서 '빨강, 강조 2, 60% 더 밝게'를 선택하여 데이터가 입력된 셀에만 셀 색이 표시되도록 한 경우이다.

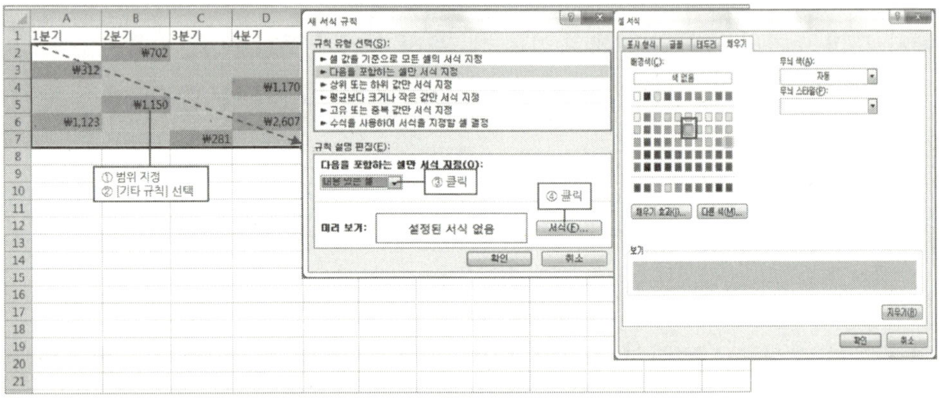

▶ 데이터에 따라 서식 변경

조건부 서식이 적용되어 있는 셀의 데이터를 수정하면 그에 따라 셀의 서식이 자동으로 바뀐다. 다음은 내용이 있는 셀에만 셀 색이 채워지도록 조건부 서식이 지정되어 있는 그림이다. 이 중 D4셀을 선택하고 Delete를 눌러 삭제하면 자동으로 서식이 지워지며, 빈 셀이었던 C4셀에 값을 입력하면 자동으로 서식이 지정된다.

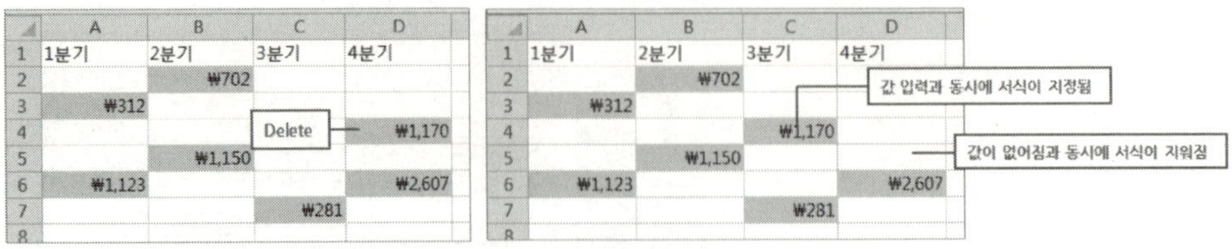

2) 상위/하위 규칙으로 서식 지정하기

[홈] 탭-[스타일] 그룹-[조건부 서식]-[상위/하위 규칙]을 선택하면 기준이 되는 항목 수나 백분율에 해당하는 값에 서식을 지정한다. 또한 지정한 셀 범위 값들의 평균을 기준으로 그 위, 아래 값들에 대해 서식을 지정할 수 있다.

▶ 항목 및 %, 평균 기준으로 서식 지정

다음은 상위/하위 규칙 중 상위 10개 항목, 하위 10%, 평균 미만엔 셀에 대해 서식을 지정한 예이다. 데이터의 범위를 지정한 후 [홈] 탭-[스타일] 그룹-[조건부 서식]-[상위/하위 규칙]에서 [상위 10개 항목], [하위 10%], [평균 미만]을 선택한다. 기준 항목 수나 백분율을 입력하고 적용할 서식에서 기본 서식을 선택한 후 [확인]을 클릭한다.

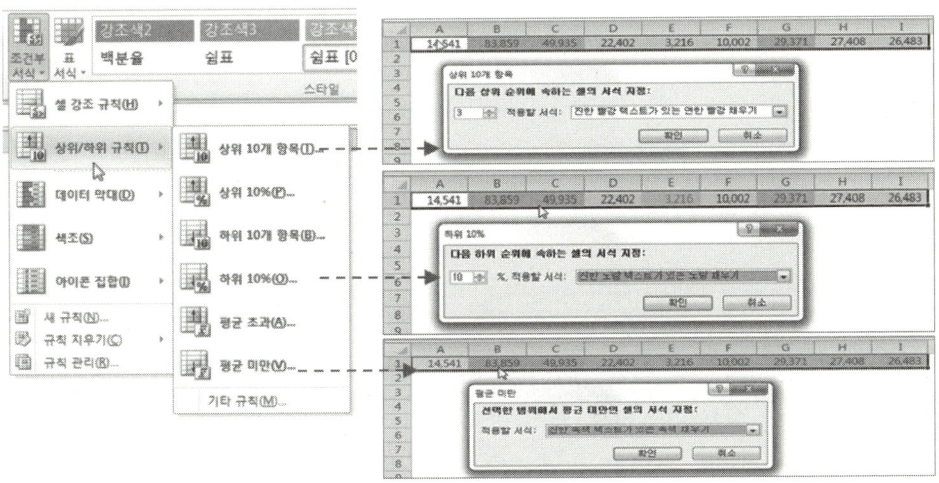

3) 수식을 사용한 조건부 서식 지정하기

지정하려는 수식을 직접 입력하여 조건을 지정할 수 있다. 수식을 사용하여 조건부 서식을 지정하면 다른 규칙 유형들과 달리 한 셀에만 서식이 지정되는 것이 아니라 해당 조건에 맞는 행의 모든 셀에 서식이 지정된다.

수식을 사용하여 조건부 서식을 지정할 때는 다음과 같은 작성 규칙을 지켜야 한다.

① 표 범위의 필드명에 해당하는 첫 행을 제외한 표 전체 범위를 지정한다.

② 수식에서 지정하는 셀의 참조 형태는 열 이름만 고정된 혼합 참조 형태여야 한다.
예) $C2, $B2

다음은 완성 수량이 계획 수량의 50%에 미치지 못한 제품을 강조하기 위해 행 단위로 글꼴색을 빨강으로 표시한 화면이다. 규칙으로 사용할 수식에는 =($C2/$B2)〈0.5를 입력하였다.

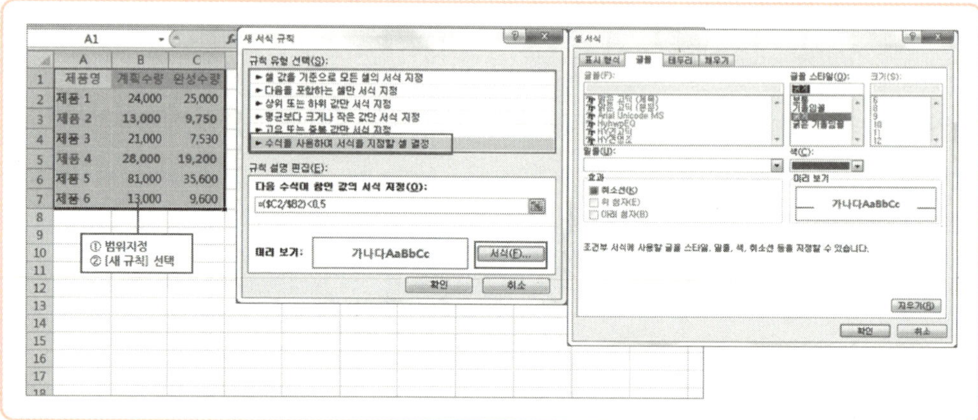

4) 규칙 지우기

지정된 조건부 서식을 지울 때는 조건부 서식이 지정되어 있는 범위를 지정하고 [홈] 탭-[스타일] 그룹-[조건부 서식]-[규칙 지우기]-[선택한 셀의 규칙 지우기]를 선택한다. 특정 범위를 지정하지 않고 모든 조건부 서식을 지우려면 [시트 전체에서 규칙 지우기]를 선택하면 된다. 같은 범위에 지정되어 있는 여러 개의 조건부 서식 중 일부 규칙만 지우려면 [규칙 관리]를 선택하고 조건부 서식 규칙 관리자 대화상자의 기정된 규칙 목록에서 삭제할 규칙을 선택한 뒤 [규칙 삭제]를 클릭한다.

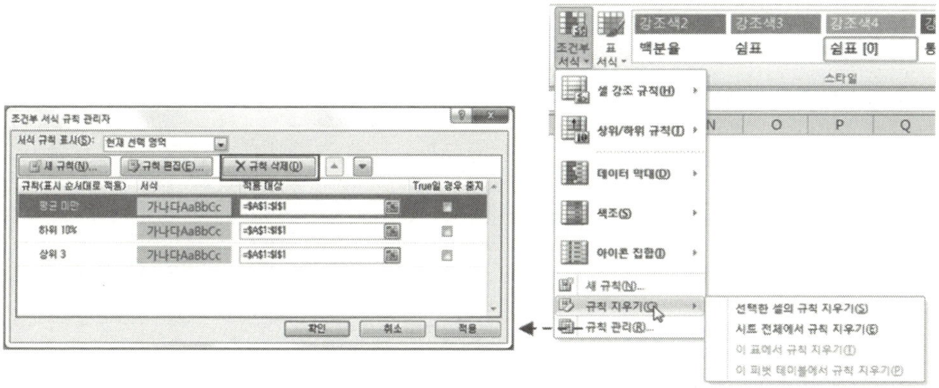

조건부 서식 연습문제

특별한 조건부 서식이 지정되어 있지 않은 예제 파일(4장\매입매출장.xlsx)을 불러온 후 셀 강조 규칙, 상위/하위 규칙 및 수식을 사용하여 조건부 서식을 적용해 보자.

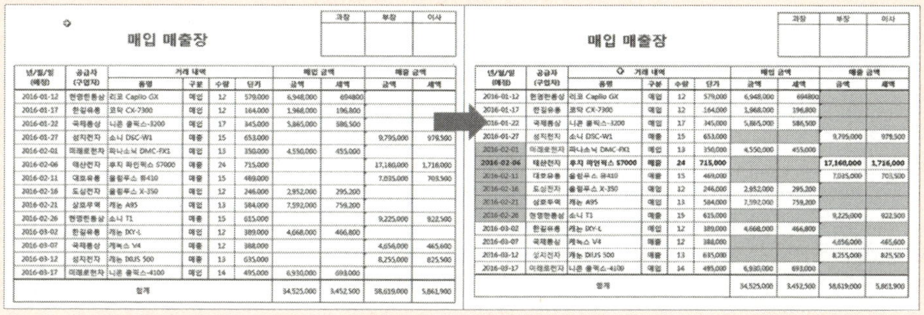

〈조건1: 날짜 기준으로 '다음 달'에 해당하는 거래에 서식 적용〉

❶ 날짜 데이터가 입력된 [B7:B20] 범위를 지정한 후 [홈] 탭-[스타일] 그룹-[조건부 서식]-[셀 강조 규칙]-[발생 날짜] 메뉴를 선택한다.

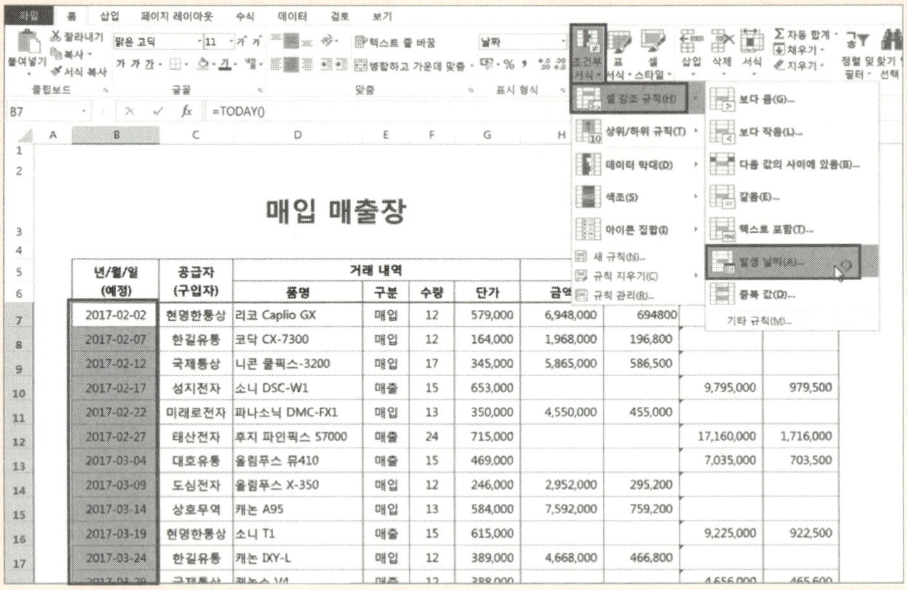

❷ [발생 날짜] 대화상자가 나타나면 '다음 달' 조건을 선택하고 [적용할 서식]에는 '진한 빨강 텍스트가 있는 연한 빨강 채우기'를 지정하고 [확인] 단추를 누른다. 다음 달에 해당되는 셀은 서식이 적용된 것을 확인할 수 있다.

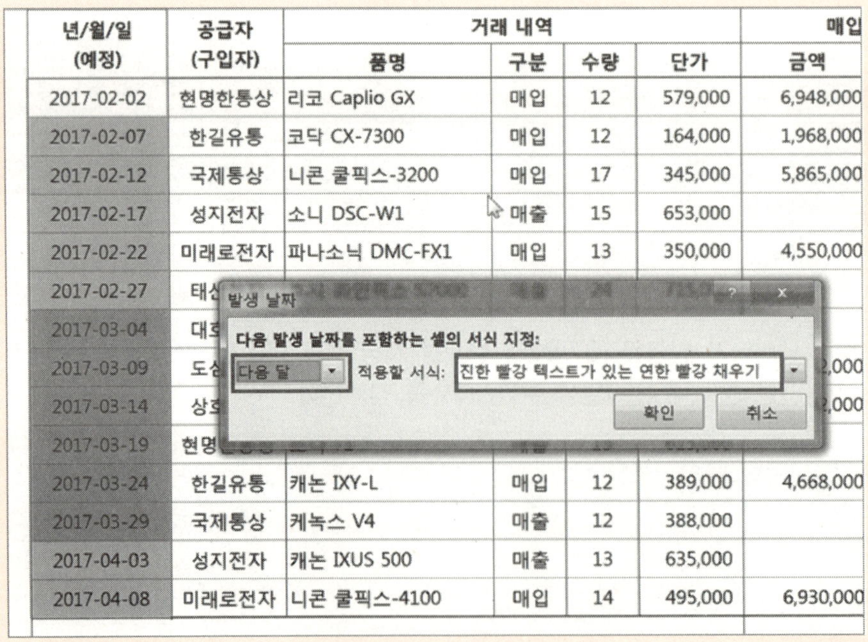

〈조건2: 공급자명에서 '전자'라는 글자가 포함된 셀만 강조 표시〉

❶ 공급자가 입력된 [C7:C20] 범위를 지정한 후 [홈] 탭-[스타일] 그룹-[조건부 서식]-[셀 강조 규칙]-[텍스트 포함] 메뉴를 클릭한다.

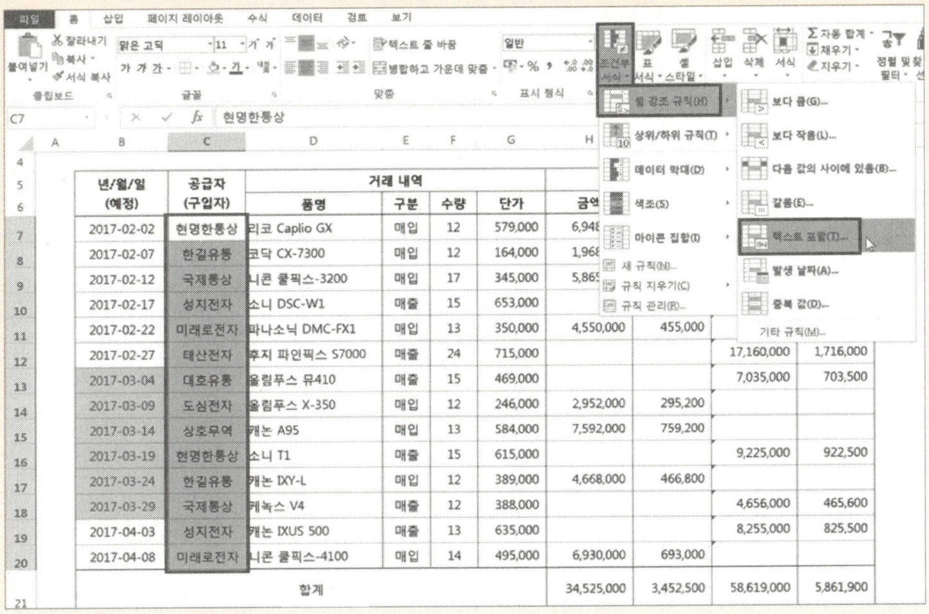

❸ '텍스트 포함' 대화상자가 나타나면 [다음 텍스트를 포함하는 셀의 서식 지정] 입력란에 '전자'라고 입력하고 [적용할 서식] 란에 '사용자 지정 서식'을 선택한다. [셀 서식] 대화상자가 나타나면 [글꼴 스타일]에서 '굵게'를 지정해준다. [확인] 버튼을 누르고 편집을 종료하면 공급자 이름 중에 '전자'라는 이름이 포함된 이름의 글꼴이 굵게 서식 적용이 된 것을 확인할 수 있다.

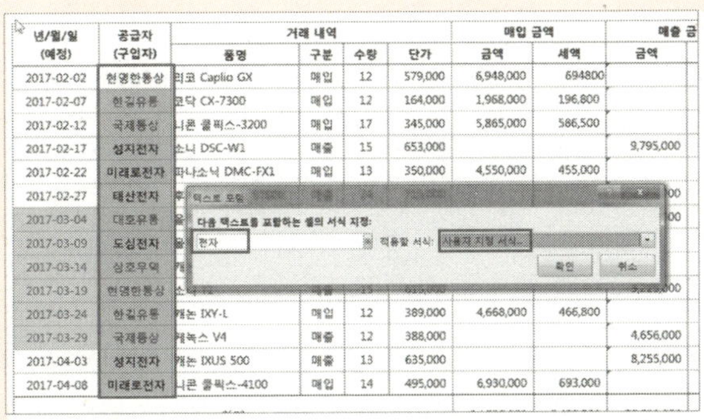

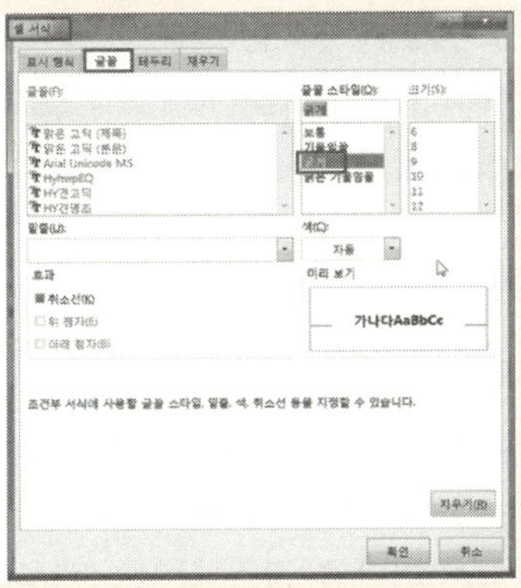

〈조건3: 중복된 단가에 서식 적용한 후 중복된 값이 없도록 수정할 것〉

❶ 단가가 입력된 [G7:G20] 범위를 지정한 후 [홈] 탭-[스타일] 그룹-[조건부 서식]-[셀 강조 규칙]-[중복 값]을 선택한다.

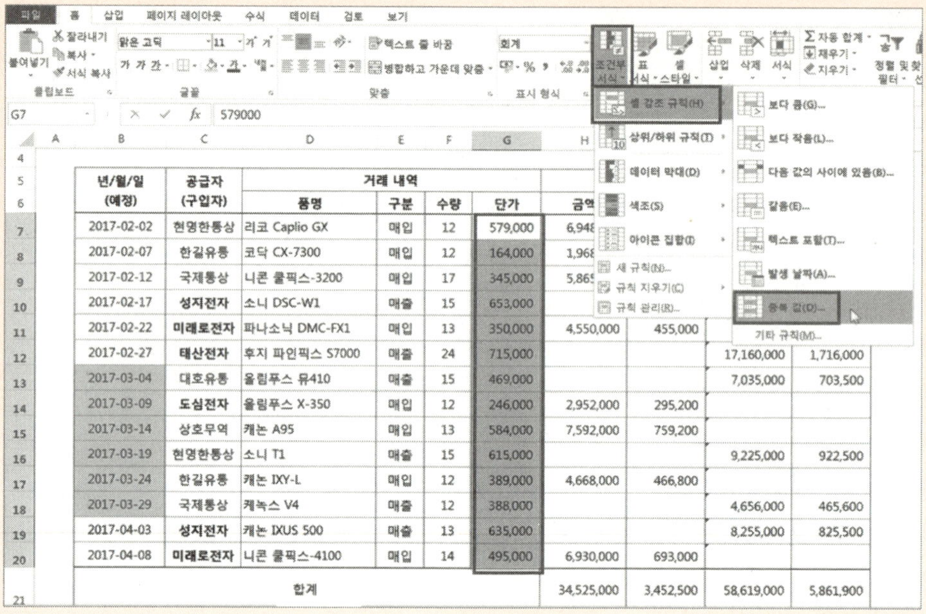

❷ [중복 값] 대화상자가 나타나면 [다음 값을 포함하는 셀의 서식 지정]란에 '중복'을 선택하고, [적용할 서식]란에 '진한 노랑 텍스트가 있는 노랑 채우기'를 선택한다. [확인] 단추를 누르고 편집을 종료한다. 이 조건부 서식은 만일 단가에 동일한 값이 입력된 경우 나타나게 된다. 예를 들어 다음 그림과 같이 두 제품에 동일한 단가 579,000이 입력되면 셀의 서식이 바뀌어 나타나 한 눈에 알 수 있게 된다.

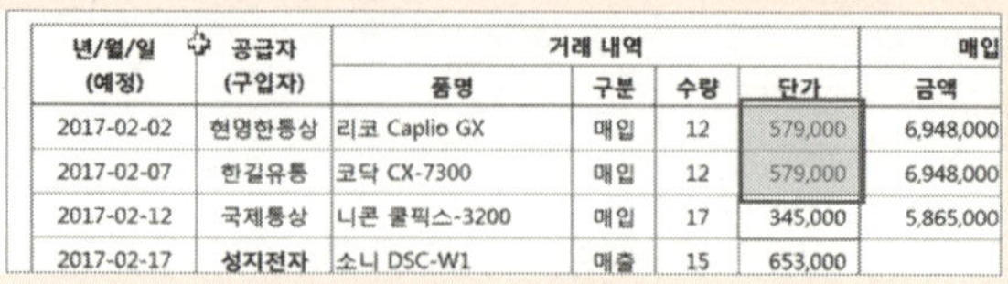

〈조건4: 빈 셀에만 서식을 지정〉

❶ 매입 금액과 매출 금액이 입력된 셀 전체를 선택하고 이 중 빈 셀의 배경색을 연한 회색으로 채워보자. 먼저 [H7:K20] 범위를 지정하고 [홈] 탭-[스타일] 그룹-[조건부 서식]-[셀 강조 규칙]-[기타 규칙]을 선택한다.

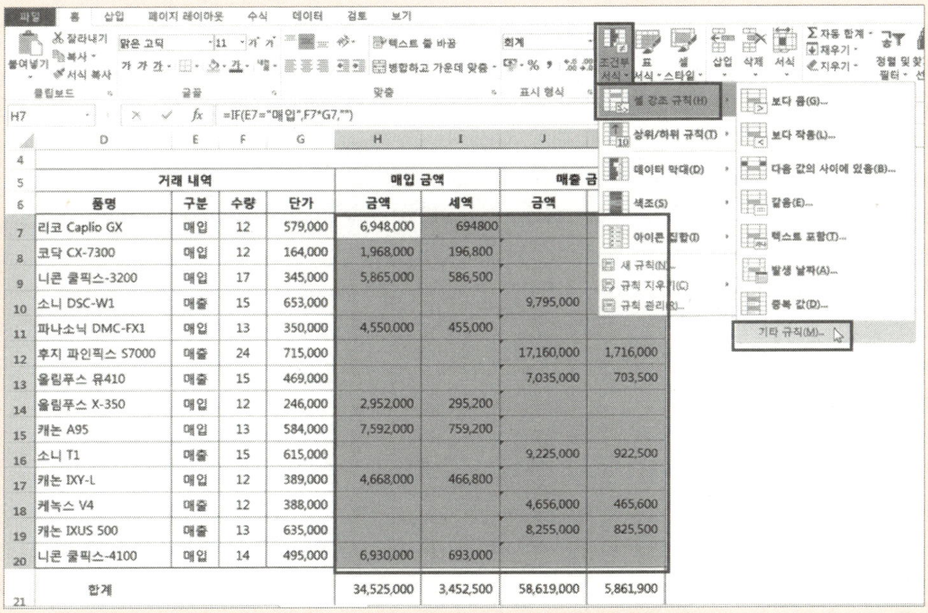

❷ [새 서식 규칙] 대화상자가 나타나면 [규칙 유형 선택] 목록에서 [다음을 포함하는 셀만 서식 지정]을 선택하고 아래의 [규칙 설명 편집]에서 '빈 셀'을 선택한다. 빈 셀에 대한 배경색을 채우는 서식을 적용하기 위해 [서식] 버튼을 누른다. 셀 서식 대화상자의 [채우기] 탭에서 연한 회색을 지정해준다.

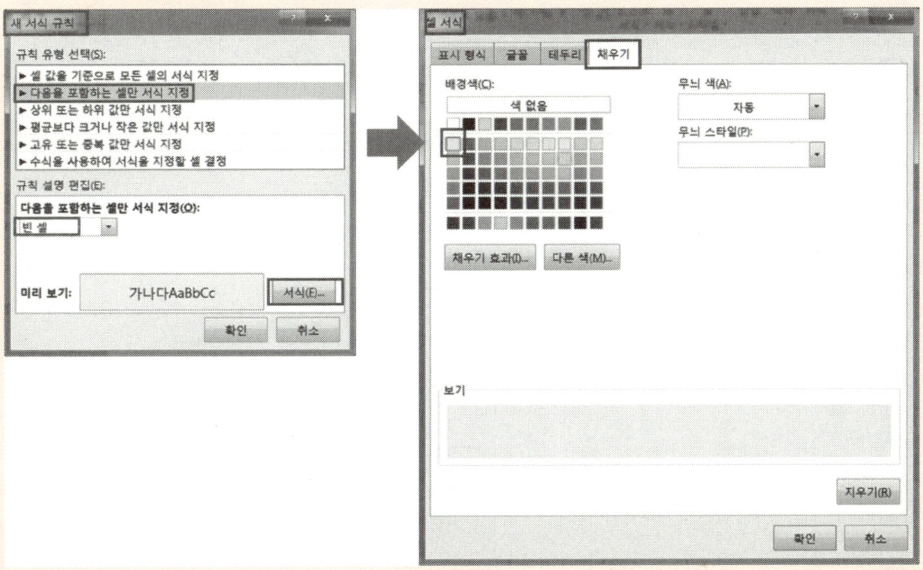

❸ 매입 금액과 매출 금액란에서 값이 입력되지 않은 빈 셀에는 배경색이 조건부 서식으로 적용된 것을 확인할 수 있다. 이 셀에 값을 입력하면 배경색은 사라지게 된다.

년/월/일 (예정)	공급자 (구입자)	거래 내역				매입 금액		매출 금액	
		품명	구분	수량	단가	금액	세액	금액	세액
2017-02-02	현명한통상	리코 Caplio GX	매입	12	579,000	6,948,000	694800		
2017-02-07	한길유통	코닥 CX-7300	매입	12	164,000	1,968,000	196,800		
2017-02-12	국제통상	니콘 쿨픽스-3200	매입	17	345,000	5,865,000	586,500		
2017-02-17	성지전자	소니 DSC-W1	매출	15	653,000			9,795,000	979,500
2017-02-22	미래로전자	파나소닉 DMC-FX1	매입	13	350,000	4,550,000	455,000		
2017-02-27	태산전자	후지 파인픽스 S7000	매출	24	715,000			17,160,000	1,716,000
2017-03-04	대호유통	올림푸스 뮤410	매출	15	469,000			7,035,000	703,500
2017-03-09	도심전자	올림푸스 X-350	매입	12	246,000	2,952,000	295,200		
2017-03-14	상호무역	캐논 A95	매입	13	584,000	7,592,000	759,200		
2017-03-19	현명한통상	소니 T1	매출	15	615,000			9,225,000	922,500
2017-03-24	한길유통	캐논 IXY-L	매입	12	389,000	4,668,000	466,800		
2017-03-29	국제통상	케녹스 V4	매출	12	388,000			4,656,000	465,600
2017-04-03	성지전자	캐논 IXUS 500	매출	13	635,000			8,255,000	825,500
2017-04-08	미래로전자	니콘 쿨픽스-4100	매입	14	495,000	6,930,000	693,000		

〈조건5: 매입 금액의 상위 1개 서식 적용〉

❶ 가장 매입 금액이 높은 셀에 조건부 서식을 적용해보자. 매입 금액이 입력된 [H7:H20] 범위를 지정하고 [홈] 탭-[스타일] 그룹-[조건부 서식]-[상위/하위 규칙]-[상위 10개 항목]을 선택한다.

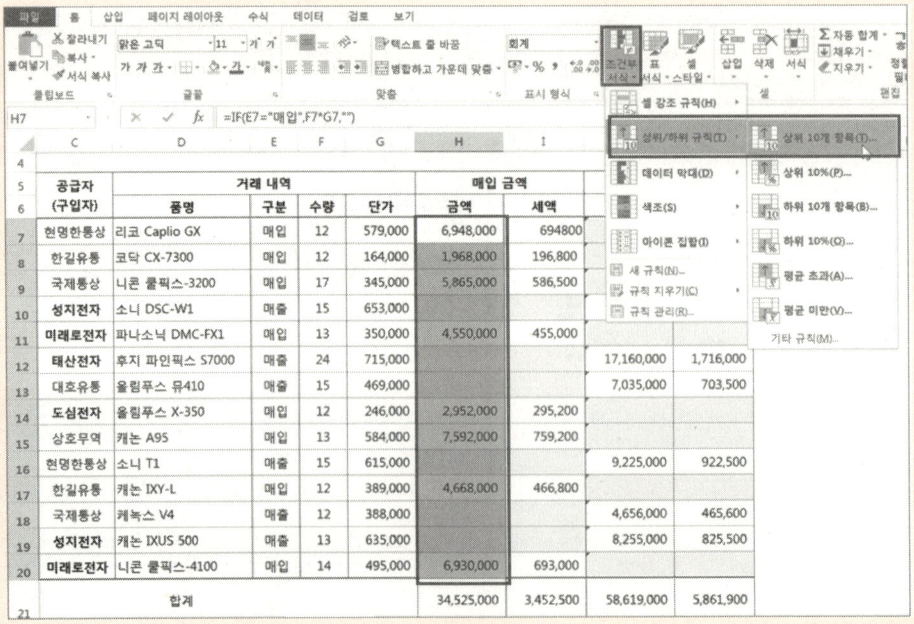

공급자 (구입자)	품명	구분	수량	단가	매입 금액 금액	세액	금액	세액
현명한통상	리코 Caplio GX	매입	12	579,000	6,948,000	694800		
한길유통	코닥 CX-7300	매입	12	164,000	1,968,000	196,800		
국제통상	니콘 쿨픽스-3200	매입	17	345,000	5,865,000	586,500		
성지전자	소니 DSC-W1	매출	15	653,000				
미래로전자	파나소닉 DMC-FX1	매입	13	350,000	4,550,000	455,000		
태산전자	후지 파인픽스 S7000	매출	24	715,000			17,160,000	1,716,000
대호유통	올림푸스 뮤410	매출	15	469,000			7,035,000	703,500
도심전자	올림푸스 X-350	매입	12	246,000	2,952,000	295,200		
상호무역	캐논 A95	매입	13	584,000	7,592,000	759,200		
현명한통상	소니 T1	매출	15	615,000			9,225,000	922,500
한길유통	캐논 IXY-L	매입	12	389,000	4,668,000	466,800		
국제통상	케녹스 V4	매출	12	388,000			4,656,000	465,600
성지전자	캐논 IXUS 500	매출	13	635,000			8,255,000	825,500
미래로전자	니콘 쿨픽스-4100	매입	14	495,000	6,930,000	693,000		
합계					34,525,000	3,452,500	58,619,000	5,861,900

❷ [상위 10개 항목] 대화상자가 나타나면 [다음 상위 순위에 속하는 셀의 서식 지정]란에 1을 선택하고 [적용할 서식]은 '사용자 지정 서식'을 선택한다. 셀 서식 대화상자가 나타나면 글꼴 탭에서 글꼴 스타일을 굵게, 색을 빨강색을 지정해준다. 매입 금액이 가장 높은 7,592,000이 굵은 빨강으로 서식이 적용되어 나타나는 것을 확인할 수 있다.

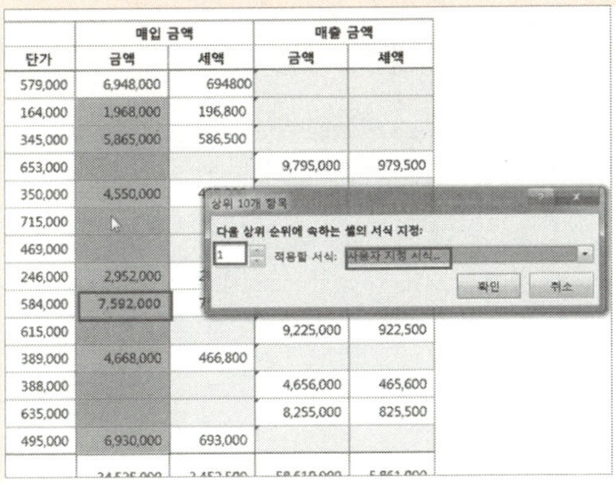

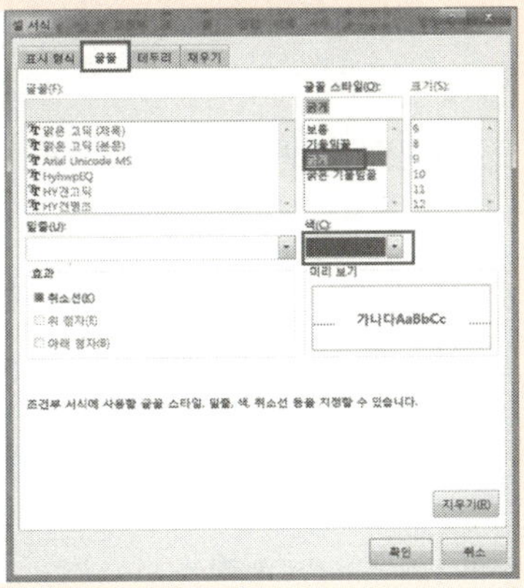

〈조건6: 수량이 20 이상인 행은 행 전체의 글꼴을 굵게 표시〉

❶ 수량이 20 이상인 행 전체에 대해 글꼴을 굵게 표시하는 조건부 서식을 지정하는 것은 행 전체에 서식을 적용하는 것이므로 범위 설정이 중요하다. 먼저 아래와 같이 모든 행을 포함하도록 [B7:K20] 범위를 지정한다.

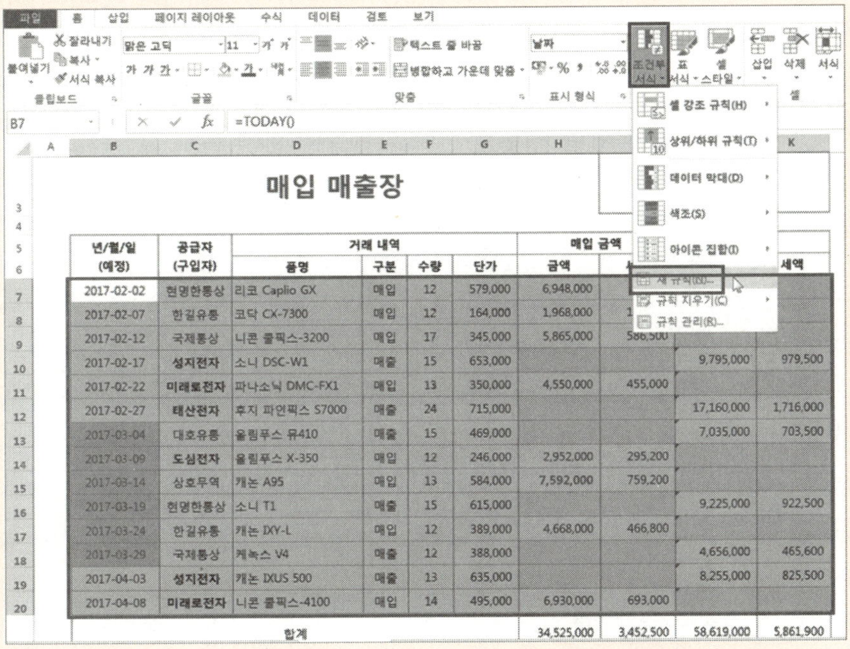

❷ [새 서식 규칙] 대화상자의 규칙 유형 선택 목록에서 [수식을 사용하여 서식을 지정할 셀 결정]을 선택하고 아래 규칙 설명 편집 입력란에 '=$F7>=20'을 입력한다. F7은 첫 번째 수량이 입력된 셀이며 F7셀 주소에서 F열에만 $표시를 지정한 이유는 F열은 고정시키고 행은 7번 행부터 8,9,10... 아래의 행으로 자동이동하며 수량을 체크하여 20 이상이 되는지 여부를 확인할 수 있게 하기 위함이다. [서식] 버튼을 눌러 [셀 서식] 대화상자가 나타나면 글꼴 스타일을 [굵게] 지정해준다.

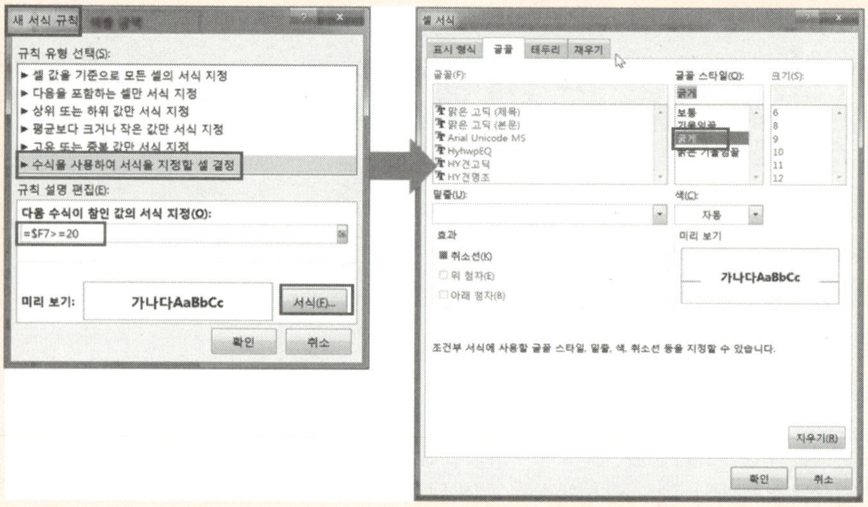

❸ 수량이 20이 넘는 행은 하나뿐이다. 태산전자의 거래 내역 중 수량이 24인 거래 내용이 입력된 행 전체가 조건부 서식이 적용되어 글꼴이 굵게 표현된 것을 확인할 수 있다.

과장	부장	이사

매입 매출장

년/월/일 (예정)	공급자 (구입자)	거래 내역				매입 금액		매출 금액	
		품명	구분	수량	단가	금액	세액	금액	세액
2017-02-02	현명한통상	리코 Caplio GX	매입	12	579,000	6,948,000	694800		
2017-02-07	한길유통	코닥 CX-7300	매입	12	164,000	1,968,000	196,800		
2017-02-12	국제통상	니콘 쿨픽스-3200	매입	17	345,000	5,865,000	586,500		
2017-02-17	**성지전자**	소니 DSC-W1	매출	15	653,000			9,795,000	979,500
2017-02-22	**미래로전자**	파나소닉 DMC-FX1	매입	13	350,000	4,550,000	455,000		
2017-02-27	**태산전자**	**후지 파인픽스 S7000**	**매출**	**24**	**715,000**			**17,160,000**	**1,716,000**
2017-03-04	대호유통	올림푸스 뮤410	매출	15	469,000			7,035,000	703,500
2017-03-09	**도심전자**	올림푸스 X-350	매입	12	246,000	2,952,000	295,200		
2017-03-14	상호무역	캐논 A95	매입	13	584,000	7,592,000	759,200		
2017-03-19	현명한통상	소니 T1	매출	15	615,000			9,225,000	922,500
2017-03-24	한길유통	캐논 IXY-L	매입	12	389,000	4,668,000	466,800		
2017-03-29	국제통상	케녹스 V4	매출	12	388,000			4,656,000	465,600
2017-04-03	**성지전자**	캐논 IXUS 500	매출	13	635,000			8,255,000	825,500
2017-04-08	**미래로전자**	니콘 쿨픽스-4100	매입	14	495,000	6,930,000	693,000		
합계						34,525,000	3,452,500	58,619,000	5,861,900

5) 데이터 막대로 셀 값 비교하기

셀에 입력된 데이터의 크기에 따라 셀에 막대를 표시하면 값의 차이를 쉽게 비교할 수 있다.

다음 그림에서(예제: 4장\데이터막대.xlsx)는 매출액이 입력되어 있는 범위를 지정하고 [조건부 서식]-[데이터 막대]-[단색 채우기-주황 채우기 막대]를 선택한 경우이다. 지정된 범위 중에 가장 큰 데이터 셀의 막대가 오른쪽 끝까지 채워지고 나머지 셀들은 최대값 셀과의 비율에 맞춰 막대 길이가 표시된다. 음수 값의 데이터 막대는 왼쪽으로 채워지며 기본 색상은 빨강이다.

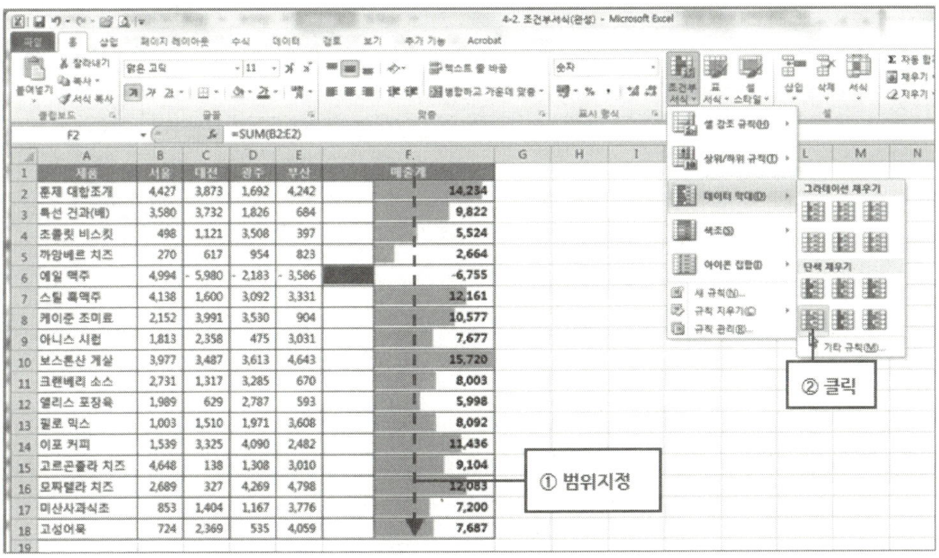

▶ 다른 색상과 조건으로 막대 표시하기

[데이터 막대] 목록의 그라데이션 채우기나 단색 채우기에 지정된 색상 외에 다른 색을 사용하고 싶거나 막대의 길이 기준을 다른 값으로 바꾸고 싶다면 [홈] 탭-[스타일] 그룹-[조건부 서식]-[데이터 막대]-[기타 규칙]을 선택한다.

다음 그림은 위의 예제에서 매출 목표를 20,000이라고 가정할 때 막대 길이의 최대값 항목을 20,000으로 지정하여 매출 목표를 얼마나 달성했는지를 데이터 막대로 표시한 결과이다. 매출액 범위를 지정하고 [기타 규칙]을 선택한다. 새 서식 규칙 대화상자의 최대값 종류로 숫자를 선택하고, 값 입력란에 '20000'을 입력한다. 채우기 색 목록에서 '빨강 강조, 2, 60% 더 밝게'를 선택한다. [음수 값 및 축]을 누른 후 음수 값 및 축 설정 대화상자의 채우기 색 목록에서 '바다색, 강조 5'를 선택한 결과이다.

그 외에도 새 서식 규칙 대화상자에서는 숫자를 숨기고 막대만 표시하거나 막대 방향을 변경하는 옵션을 선택할 수 있다. 음수 값 및 룩 설정 대화상자에서는 축 위치, 축 색 등을 설정할 수 있다.

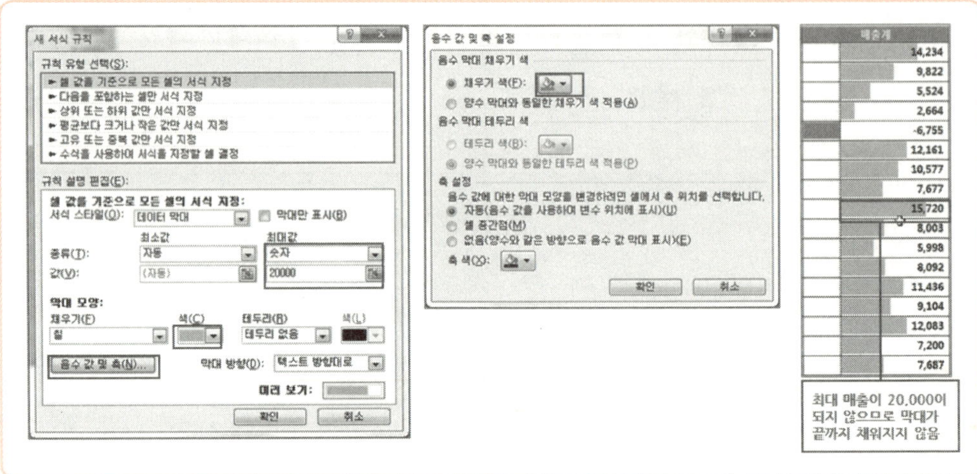

6) 색조로 셀 값 표시하기

색조는 데이터의 변화나 분포를 파악하는데 도움을 준다. 2색조를 사용하면 최대값/최소값을 두 가지 색의 색 변화로, 3색조를 사용하면 최대값/중간값/최소값을 세 가지 색의 색 변화로 표시할 수 있다. 대부분 같은 분포를 가진 데이터들 중에서 이례적인 항목이 있을 경우 한눈에 파악할 수 있다.

다음 예제(4장 \ 색조1.xlsx)는 목표 매출 범위와 매출 범위에 대해 각각 빨강-흰색 색조를 표시하여 목표 매출 분포와 실제 매출 분포를 확인하는 예이다. 목표 매출 범위를 지정하고 [홈] 탭-[스타일] 그룹-[조건부 서식]-[색조]-[빨강-흰색 색조]를 클릭한다. 매출 범위를 지정하고 동일하게 [조건부 서식]-[색조]-[빨강-흰색 색조]를 클릭한다.

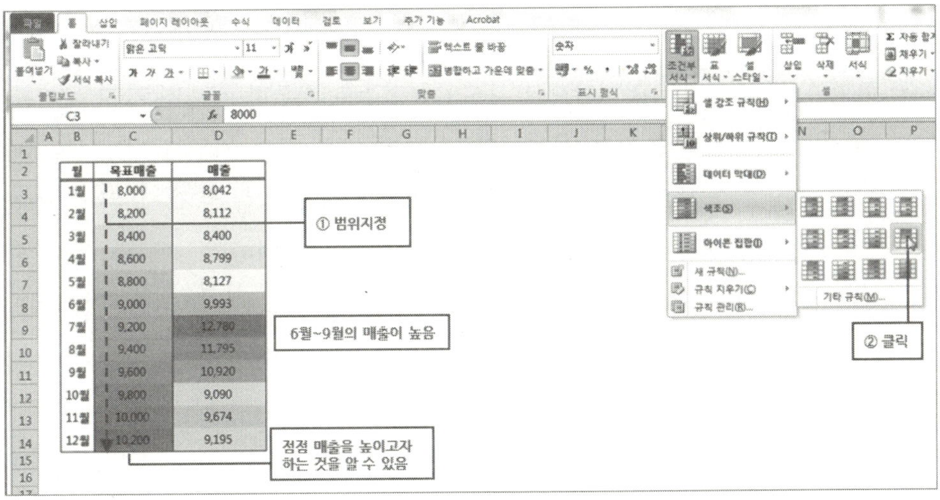

▶ 2색조

2색조인 경우 색의 음영은 높은 값에서 낮은 값의 순서로 나타낸다. 예를 들어, 녹색-노랑의 2색조를 지정하면 높은 값 셀은 진한 녹색, 낮은 값 셀은 진한 노랑으로 표시한다.

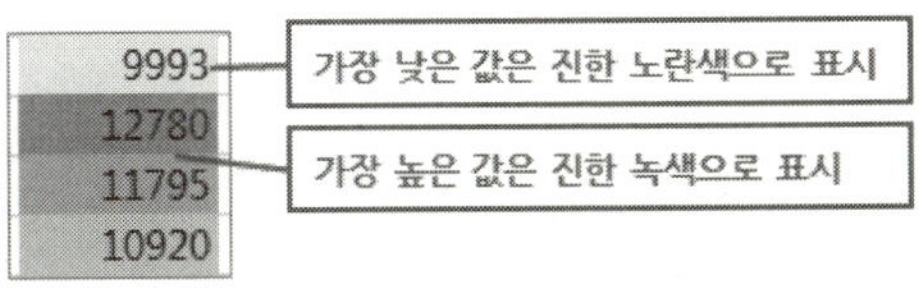

▶ 3색조

3색조의 경우 색의 음영은 높은 값, 중간 값, 낮은 값의 순서로 나타낸다. 예를 들어, 녹색-노랑-빨강의 3색조를 지정하면 높은 값 셀은 녹색, 중간 값 셀은 노랑, 낮은 값 셀은 빨강으로 표시한다.

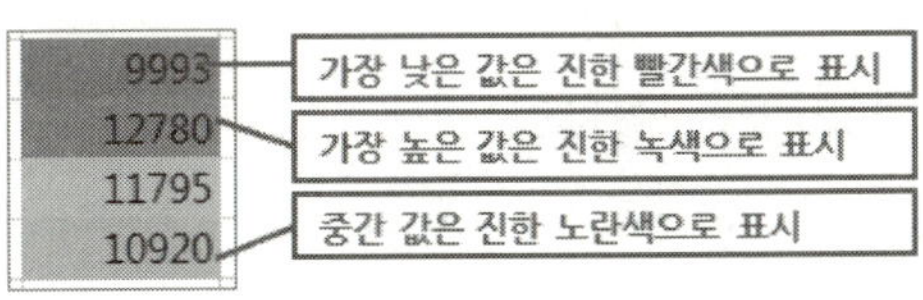

7) 숫자 앞에 아이콘 표시하기

아이콘 집합은 데이터를 임계값으로 3~5가지 범주로 분류하여 여러 가지 아이콘 모양으로 주석을 달아주는 조건부 서식이다. 각 아이콘은 값의 범위를 나타낸다. 예를 들어, 3방향 화살표 아이콘 집합일 경우 녹색 위쪽 화살표는 높은 값, 노란색 옆쪽 화살표는 중간 값, 빨간색 아래쪽 화살표는 낮은 값을 나타낸다.

다음 예제(4장 \ 색조2.xlsx)는 달성률 범위에 대해 삼각형 3개를 표시한 예이다. 달성률 범위를 지정하고 [조건부 서식]−[아이콘 집합]−[삼각형 3개]를 클릭한다.

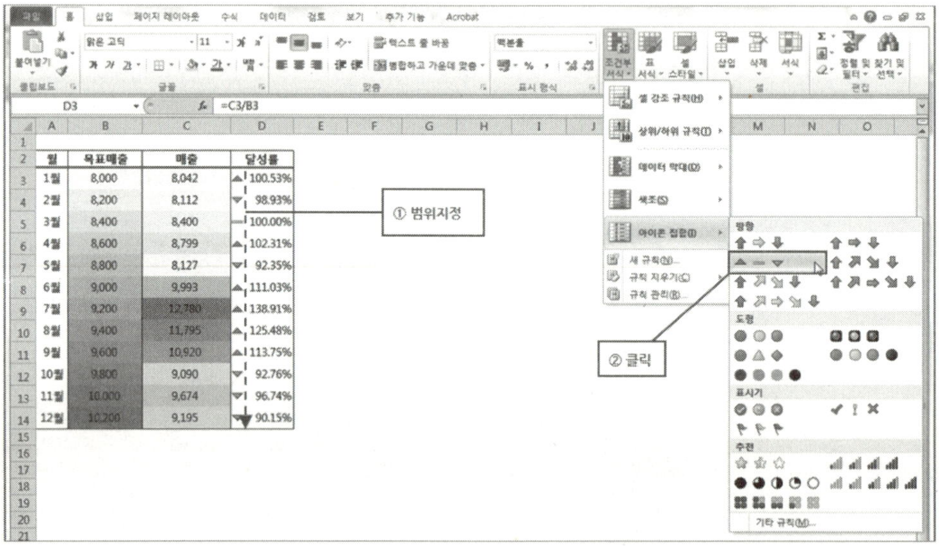

8) 규칙 편집하기

지정된 조건부 서식을 수정하려면 [홈] 탭−[스타일] 그룹−[조건부 서식]−[규칙 관리]를 선택하고, 조건부 서식 규칙 관리자 대화상자에서 수정할 규칙을 선택한다. [규칙 편집]을 클릭하여 서식 규칙 편집 대화상자에서 서식 스타일, 기준 값과 종류 등을 변경할 수 있다.

다음은 앞서 지정했던 아이콘 집합에 대해 기준 값을 변경하여 달성율이 100%를 넘으면 녹색 화살표, 정확히 100%면 노란색 화살표, 100%가 안 되면 빨간색 화살표로 표시한 예이다.

달성율 범위를 지정하고 [조건부 서식]-[규칙 관리]를 클릭한다. 규칙 관리자 대화상자의 [규칙 편집]을 클릭한다. 서식 규칙 편집 대화상자에서 녹색 아이콘의 값 종류를 숫자, 값을 1, 비교 연산자를 〉로 선택하고 노란색 아이콘의 값 종류를 숫자, 값을 0.99, 비교 연산자를 〉로 선택한다. [확인]을 누르고 규칙 관리자 대화상자의 [확인]을 누른다.

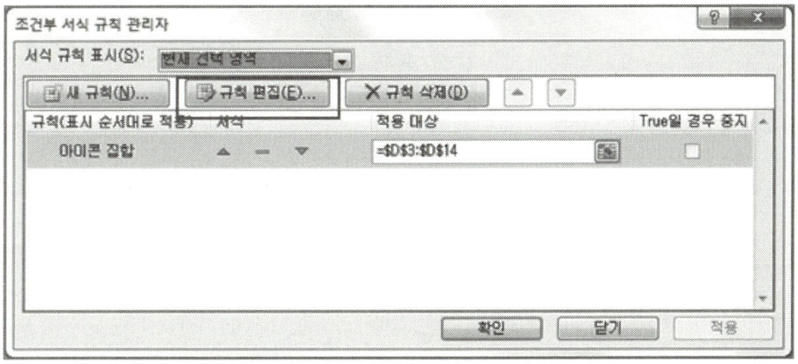

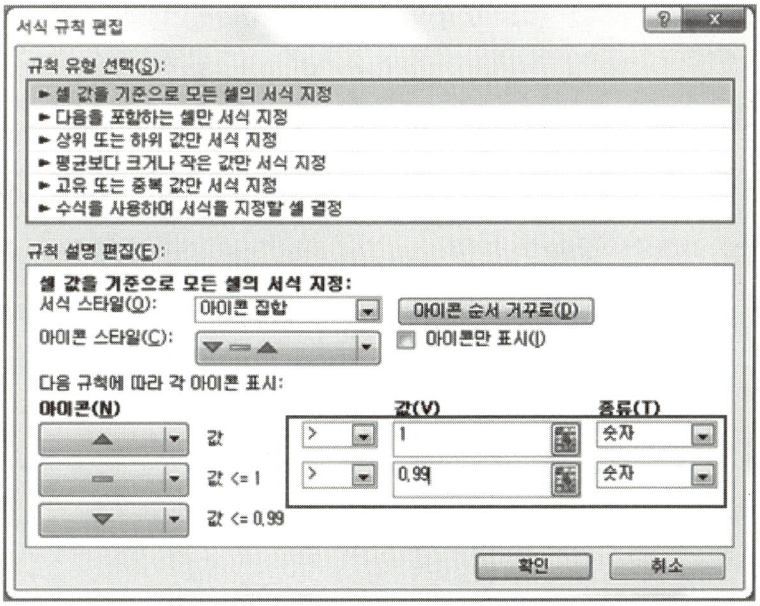

막대, 색조, 아이콘 조건부 서식 연습문제

예제 파일((4장\판매이윤목록표.xlsx)을 열면 아래와 같은 제품별 비용, 판매 가격, 이윤, 이윤폭, 제품 만족도 조사가 입력된 판매이윤 목록표가 나타난다. 제품별로 비용 대비 판매 가격이 제대로 매겨져 있는지, 이윤과 이윤폭은 얼마나 되는지를 확인할 수 있는 데이터나 숫자 데이터가 많아서 한눈에 비교하기가 힘이 든다. 조건부 서식의 데이터 막대, 색조, 아이콘 집합을 표시하여 데이터를 한눈에 파악할 수 있도록 해보자.

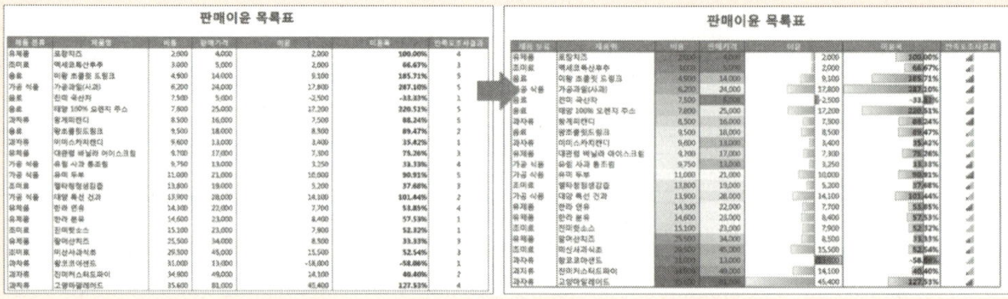

〈조건1: 비용에 [파랑-흰색-빨강 색조]를 적용한다.

❶ 비용 데이터가 입력된 [D5:D26] 범위를 지정한 후 [홈] 탭-[스타일] 그룹-[조건부 서식]-[색조]-[파랑-흰색-빨강 색조]를 선택한다. 큰 값으로부터 작은 값으로 가며 파랑-흰색-빨강 색조가 적용되는 것을 확인할 수 있다.

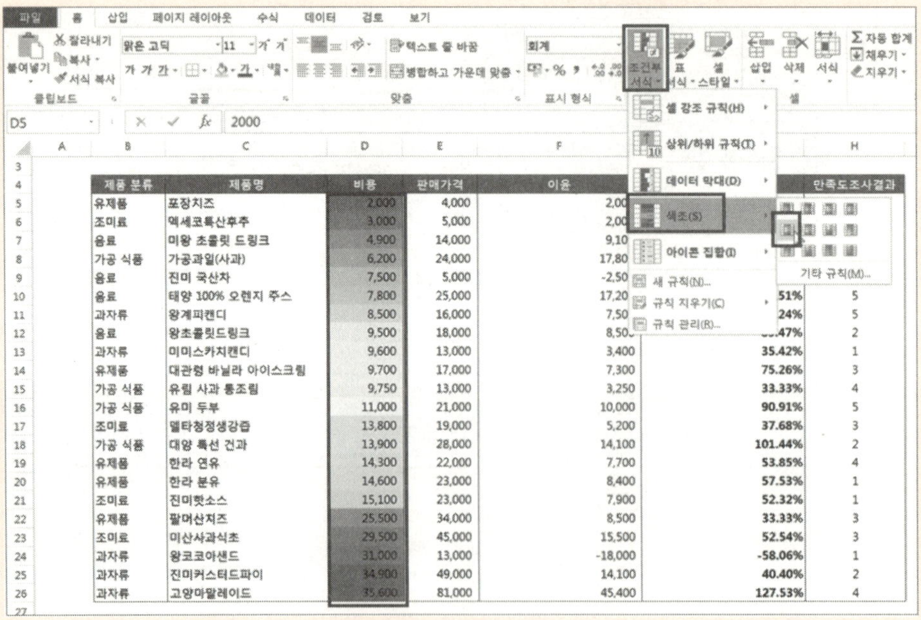

〈조건2: 판매가격에 [파랑-흰색-빨강 색조]를 적용〉

❶ 판매가격 데이터가 입력된 [E5:E26] 범위를 지정한 후 [홈] 탭-[스타일] 그룹-[조건부 서식]-[색조]-[파랑-흰색-빨강 색조]를 선택한다. 큰 값으로부터 작은 값으로 가며 파랑-흰색-빨강 색조가 적용되는 것을 확인할 수 있다.

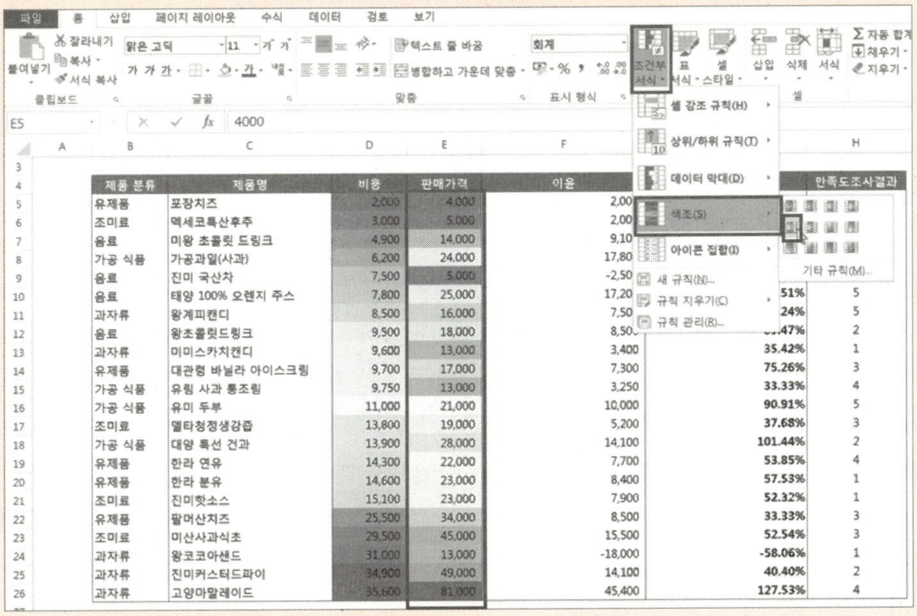

〈조건3: 이윤에 [그라데이션 채우기-주황 데이터 막대]를 표시하고, 막대의 방향을 '오른쪽에서 왼쪽'으로 나타나도록 규칙 변경〉

❶ 이윤이 입력된 [F5:F26] 범위를 지정하고 [홈] 탭-[스타일] 그룹-[조건부 서식]-[데이터 막대]-[그라데이션 채우기]-[주황 데이터 막대]를 지정한다. 이윤 숫자가 제일 큰 값을 기준으로 막대의 길이가 작아지며 크기 조절된 막대 그래프가 나타난다. 음수인 데이터는 반대 방향으로 빨강색 막대로 표시된다.

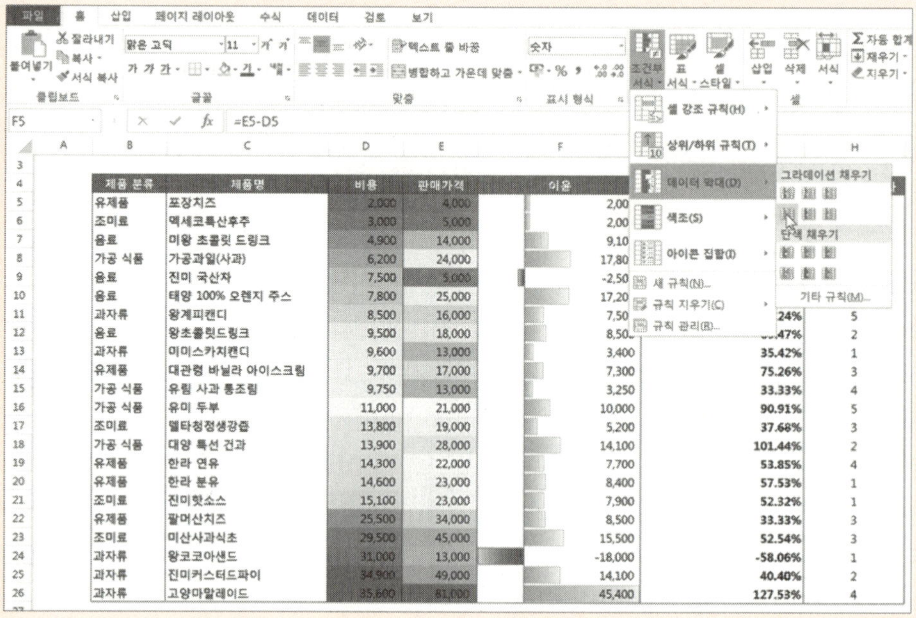

❷ 막대의 방향을 변경해보자. 이윤 데이터 영역이 선택된 상태에서 [조건부 서식]-[규칙 관리] 메뉴를 클릭한다. 규칙을 수정하거나 삭제할 때 [규칙 관리]를 선택하면 된다.

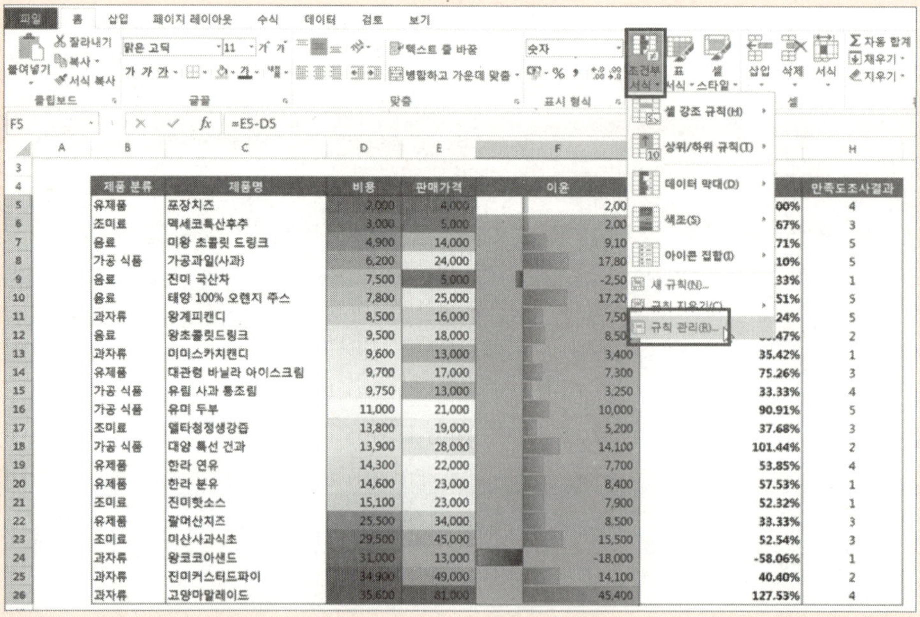

❸ 규칙 관리자 대화상자가 나타나며 적용된 규칙이 보인다. 규칙을 선택하고 [규칙 편

집] 메뉴를 클릭하여 [서식 규칙 편집] 대화상자로 이동한다. 창의 아래에 있는 [막대 방향] 설정 목록에서 [오른쪽에서 왼쪽]을 지정해준다.

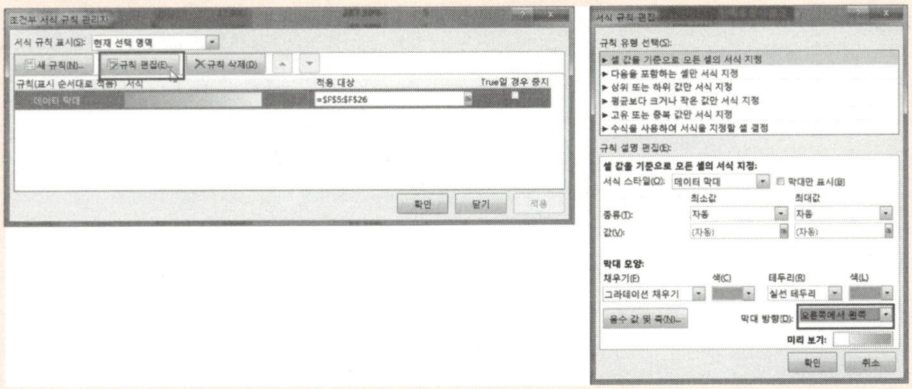

❹ 이윤에 적용된 막대 그래프 조건부 서식의 방향이 '오른쪽에서 왼쪽' 방향으로 변경되어 나타난다.

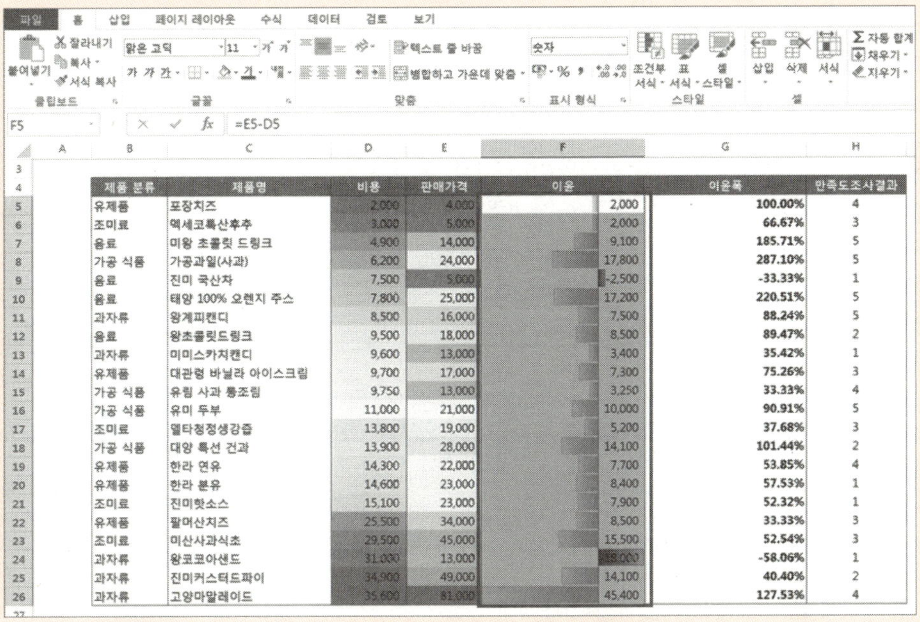

〈조건4: 이윤폭에 [그라데이션 채우기-녹색 데이터 막대] 표시하고 막대의 방향을 '오른쪽에서 왼쪽'으로 나타나도록 규칙 변경〉

❶ 이윤폭이 입력된 [G5:G26] 범위를 지정하고 [홈] 탭-[스타일] 그룹-[조건부 서식]-[데이터 막대]-[그라데이션 채우기]-[녹색 데이터 막대]를 지정한다. 이윤폭의 숫자

가 제일 큰 값을 기준으로 막대의 길이가 작아지며 크기 조절된 막대 그래프가 나타난다. 음수인 데이터는 반대 방향으로 빨강색 막대로 표시된다.

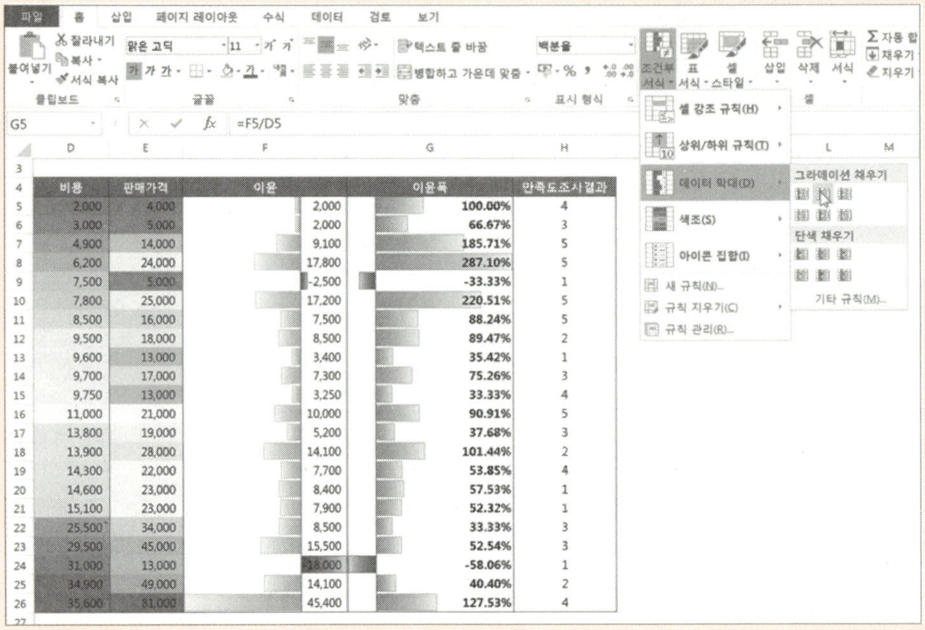

❷ 이윤 데이터와 마찬가지 방법으로 이윤폭 막대의 방향도 규칙 관리 대화상자를 이용하여 '오른쪽에서 왼쪽'으로 설정해준다.

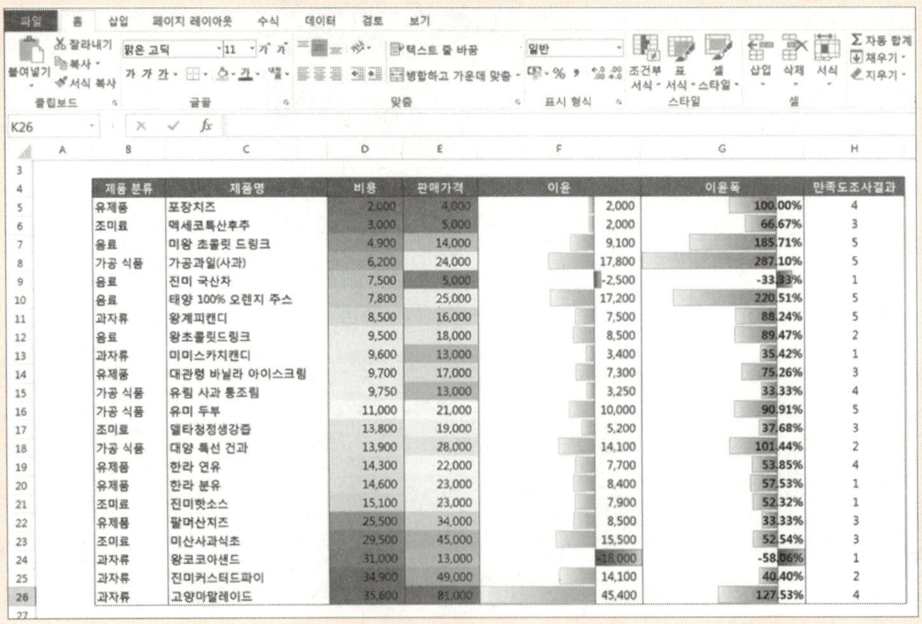

〈조건5: 만족도 조사결과에 5등급 아이콘을 표시한 후, 아이콘만 표시되도록 규칙을 편집〉

❶ 만족도 조사결과 데이터가 입력된 [H5:H26] 범위를 지정한 후 [홈] 탭-[스타일] 그룹-[조건부 서식]-[아이콘 집합]-[추천]에서 [5등급 아이콘]을 지정한다.

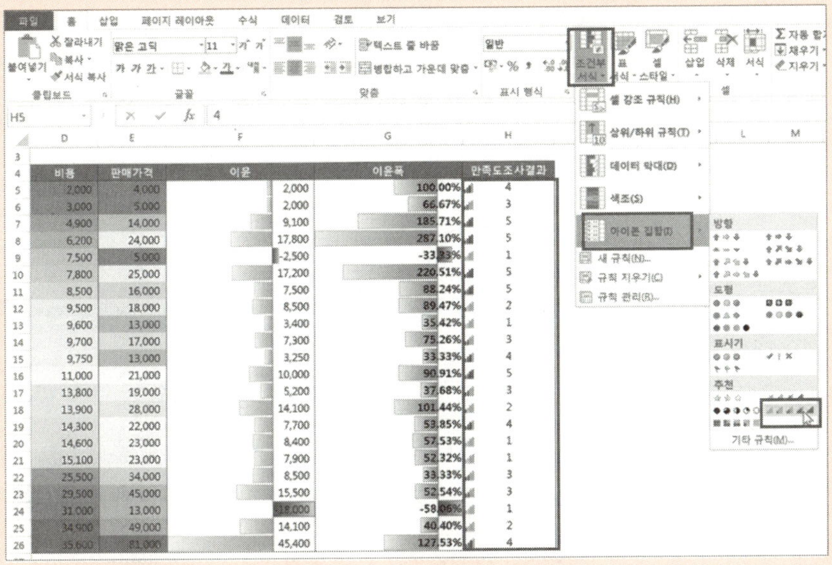

❷ 아이콘과 숫자가 함께 나타난다. 아이콘만 나타나도록 수정해보자. 범위가 블록설정 된 상태에서 [조건부 서식]-[규칙 관리]를 선택한다.

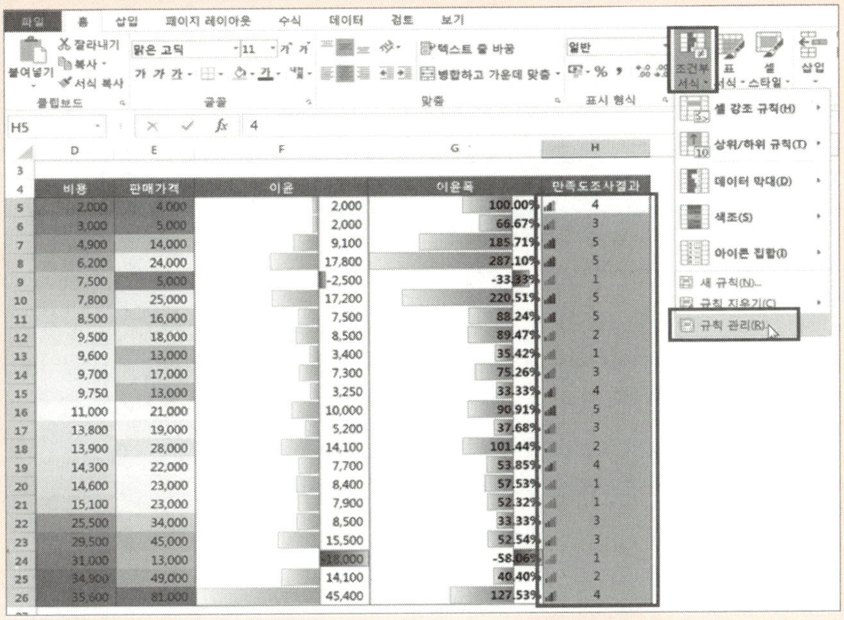

❸ 규칙 관리자 대화상자가 나타나면 [규칙 편집] 버튼을 클릭하여 '서식 규칙 편집' 대화상자를 연 후 아래의 [아이콘만 표시]에 체크한다.

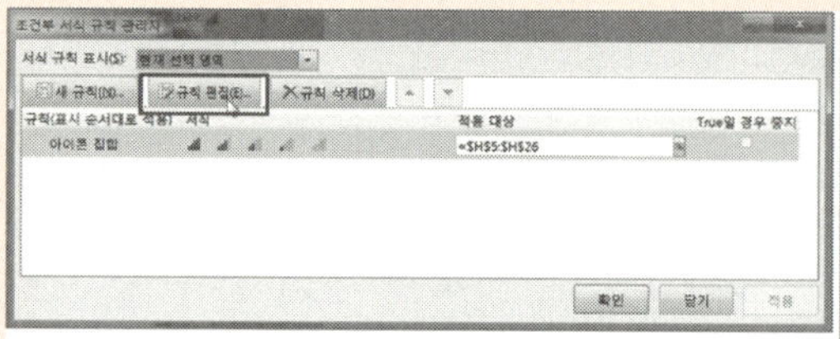

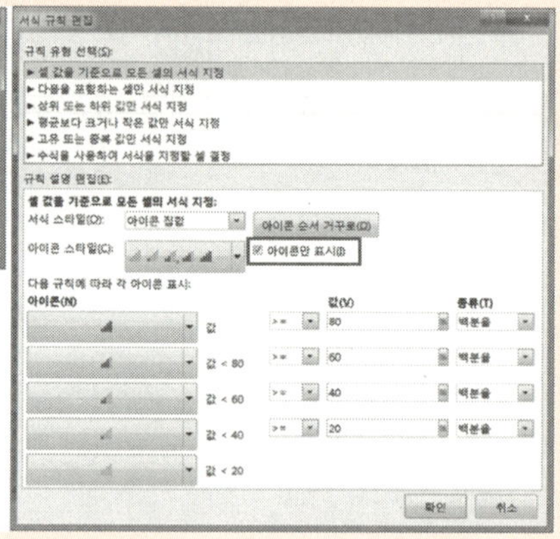

❹ 숫자는 사라지고 아이콘만 나타나는 것을 확인할 수 있다.

판매이윤 목록표

제품 분류	제품명	비용	판매가격	이윤	이윤폭	만족도조사결과
유제품	포장치즈	2,000	4,000	2,000	100.00%	
조미료	멕세코특산후추	3,000	5,000	2,000	66.67%	
음료	미왕 초콜릿 드링크	4,900	14,000	9,100	185.71%	
가공 식품	가공과일(사과)	6,200	24,000	17,800	287.10%	
음료	진미 국산차	7,500	5,000	-2,500	-33.33%	
음료	태양 100% 오렌지 주스	7,800	25,000	17,200	220.51%	
과자류	왕계피캔디	8,500	16,000	7,500	88.24%	
음료	왕초콜릿드링크	9,500	18,000	8,500	89.47%	
과자류	미미스카치캔디	9,600	13,000	3,400	35.42%	
유제품	대관령 바닐라 아이스크림	9,700	17,000	7,300	75.26%	
가공 식품	유림 사과 통조림	9,750	13,000	3,250	33.33%	
가공 식품	유미 두부	11,000	21,000	10,000	90.91%	
조미료	델타청정생강즙	13,800	19,000	5,200	37.68%	
가공 식품	대양 특선 건과	13,900	28,000	14,100	101.44%	
유제품	한라 연유	14,300	22,000	7,700	53.85%	
유제품	한라 분유	14,600	23,000	8,400	57.53%	
조미료	진미핫소스	15,100	23,000	7,900	52.32%	
유제품	팔머산치즈	25,500	34,000	8,500	33.33%	
조미료	미산사과식초	29,500	45,000	15,500	52.54%	
과자류	왕코코아샌드	31,000	13,000	-18,000	-58.06%	
과자류	진미커스터드파이	34,900	49,000	14,100	40.40%	
과자류	고양마말레이드	35,600	81,000	45,400	127.53%	

셀 서식 적용하기 연습문제

중간고사 성적표 파일(4장\중간고사 성적표.xlsx)에 스타일 기능을 적용하여 결과 그림과 같이 나타나도록 수정해보자.

중간고사 성적표

번호	이름	국어	영어	수학	총점
1	박남식	60	90	90	240
2	진우석	70	80	80	230
3	서필주	80	100	90	270
4	김나영	70	90	100	260
5	소영주	80	70	60	210
6	김진주	60	80	80	220
7	박화영	100	90	60	250
8	고영수	90	100	90	280
9	민주영	80	40	80	200
10	최남우	70	80	90	240

중간고사 성적표

번호	이름	국어	영어	수학	총점
1	박남식	60	90	90	240
2	진우석	70	80	80	230
3	서필주	80	100	90	270
4	김나영	70	90	100	260
5	소영주	80	70	60	210
6	김진주	60	80	80	220
7	박화영	100	90	60	250
8	고영수	90	100	90	280
9	민주영	80	40	80	200
10	최남우	70	80	90	240
평균		76	82	82	240

〈조건〉

- 표 스타일 보통 3 적용
- 요약 행을 추가하여 각 과목 및 총점의 평균이 나타나도록 할 것.
- 줄무늬 열을 추가하고 일반 범위로 변환하여 서식 마무리 할 것.

2. 간단한 데이터만 입력되어 있는 요일별 업무 계획서 파일을 불러온 후 아래 그림과 같이 글꼴, 맞춤, 테두리, 채우기 서식을 지정해보자(4장\요일별업무계획서.xlsx).

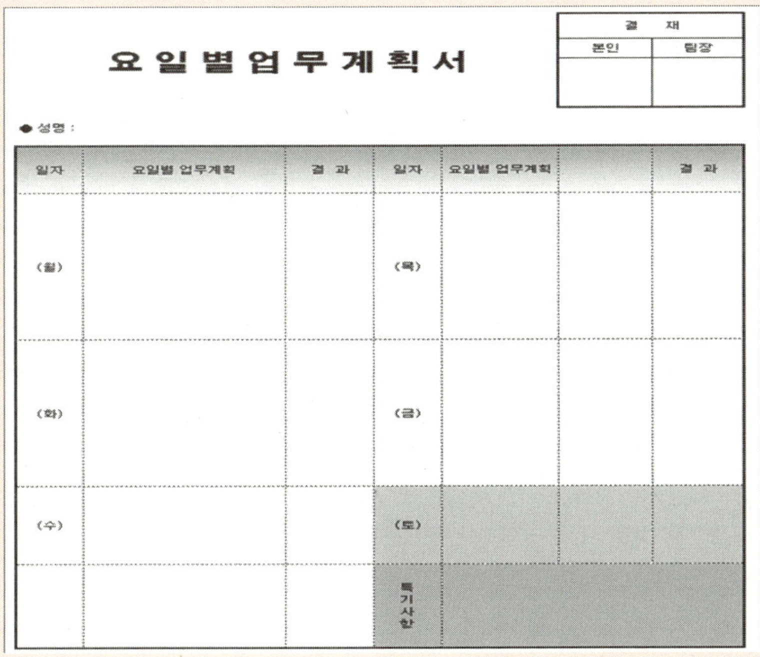

〈조건〉

- 제목: HY견고딕, 26
- 표 테두리에 [굵은 상자 테두리] 적용
- 표 안쪽에 [점선 테두리] 적용
- 표의 제목인 첫 행에 그라데이션 채우기 효과 지정
- 특기사항의 글자 방향을 [세로 쓰기]로 지정
- 특기사항 오른쪽의 셀들을 셀 병합할 것.

3. 다음은 거래 물품의 수령 여부를 확인하는 거래명세표이다. 특별한 표시 형식지 지정되어 있지 않은 예제 파일을 불러온 후 다음 조건에 따라 표시 형식을 지정해보자(4장\거래명세표.xlsx).

거래일자	거 래 명 세 표
2017.5.11(목)	

공급받는자			공급자			
	상 호(법인명)	행복퍼니쳐		등록번호	1 2 3 - 4 5 - 6 7 8 9 0	
	사업장 주 소	수원시 권선구 서둔동 000-0		상 호(법인명)	㈜세진	성명 심세진
	전화번호	051-555-0000		사업장 주 소	경남 창원시 마산합포구 완월동 000-0	
	합계금액	일금 사천육백삼십삼만사천사백칠십오원정		전 화	055-888-0000	팩스 055-888-0000

월	일	품 목	규 격	수 량	단 가	공급가액	세 액	비고
5	11	글로시 500	30 cm	9	112,000	1,008,000	100,800	
5	11	골드 슬라이딩	30 cm	100	123,800	12,380,000	1,238,000	
5	11	라인 700	30 cm	120	98,100	11,772,000	1,177,200	
5	11	글로시 500	15 cm	25	58,650	1,466,250	146,625	
5	11	골드 슬라이딩	15 cm	20	62,900	1,258,000	125,800	
5	11	카멜 600	30 cm	140	101,700	14,238,000	1,423,800	
		합 계				₩42,122,250	₩4,212,225	
[MEMO]				인수시간	오후 4:38:00	인수자	홍길동	

〈조건〉

- 단가, 공급가액, 세액은 모두 쉼표 스타일로 표시한다.
- 인수시간은 오전/오후가 표시되도록 시간 표시 형식을 지정한다.
- 거래일자는 yyyy.m.d(aaa) 사용자 지정 서식 코드로 지정한다.
- 표 아래의 월, 일 표시 영역에는 각각 m, d 서식 코드를 지정한다.
- 규격 데이터 표시는 cm 가 표시되도록 사용자 지정 서식 코드를 지정한다.
- 수량은 사용자 지정 서식 코드 ???를 지정하여 자릿수를 맞춘다.
- 합계금액은 숫자를 한글로 표시하고, 일금, 원정이 앞뒤에 표시되도록 지정한다.

4. 특별한 서식이 적용되어 있지 않은 예제 파일을 불러온 후 아래 지시 사항에 따라 조건부 서식을 지정해보자(4장\주식시세표.xlsx).

〈조건〉

- 전일비 범위에 대해 양수는 빨간색으로 숫자 앞에 ▲ 기호가, 음수일 때는 '파란색으로 숫자 앞에 ▼ 기호'가, 0일 때는 '하이픈(-) 기호'가 표시되도록 사용자 지정 표시 형식을 지정한다.
- 등락률과 주간등락률에 대해서는 아이콘 집합 중 삼각형 3개를 표시하되, '양수는 녹색, 0은 노란색, 음수는 빨간색' 아이콘으로 표시하도록 규칙을 편집하라.
- 수식을 사용한 조건부 서식을 지정하여 계좌이체가 불가능인 행에 대해 셀 색을 변경하시오.

주식 시세표

종목명	매도호가	매수호가	기준가	전일비	등락률	계좌이체	액면가	주간등락율
대한항공	2,800	2,600	2,700	-	═0.00%	가능	500	═ 0.00%
차바이오텍	13,000	11,000	12,000	-	═0.00%	가능	5,000	═ 0.00%
에코프로	3,000	2,300	2,650	▼200	▼-1.54%	가능	500	▲ 1.92%
에스엘	2,100	1,800	1,950	-	═0.00%	가능	500	═ 0.00%
금호타이어	3,300	2,800	3,050	-	═0.00%	불가능	5,000	▼-11.59%
현대중공업	52,000	48,000	50,000	▲1,500	▲3.09%	가능	500	▲ 2.04%
현대미포조선	18,300	18,000	18,150	▲50	▲0.28%	가능	500	▼ -0.27%
두산인프라	2,900	2,300	2,600	▼50	▼-1.89%	가능	500	▼-10.34%
현대차	16,700	16,500	16,600	▲100	▲0.61%	불가능	500	═ 0.00%
롯데케미칼	10,000	7,000	8,500	-	═0.00%	가능	500	▼ -5.56%
LG디스플레이	22,500	15,500	19,000	▲1,000	▲5.56%	불가능	500	═ 0.00%
LG상사	9,800	8,600	8,200	▼900	▼-9.89%	가능	500	▼ -3.53%
대림산업	12,800	10,700	11,750	▲50	▲0.43%	가능	500	▲ 3.98%
자화전자	6,000	5,000	5,500	-	═0.00%	불가능	500	▲ 13.40%
실리콘웍스	400	350	370	-	═0.00%	가능	500	═ 0.00%
한국콜마	4,700	3,900	4,300	▲100	▲2.38%	가능	500	▲ 2.38%
화천기공	4,000	2,800	3,400	-	═0.00%	가능	500	═ 0.00%

05- 함수의 사용

본 장에서는 함수의 개념과 함수의 형식, 함수식에 사용되는 데이터의 종류, 엑셀에서 제공되는 함수의 종류를 살펴본다.

1. 기본적인 함수 기능 익히기

함수란 사칙 연산에서 사용하는 +, − 기호와 같이 엑셀에서 약속되고 통용되는 계산식으로, 반복적이고 복잡한 계산 과정을 엑셀에서 미리 정해놓은 수식에 의해 연산한다.

▶ 함수의 형식

함수는 수식이기 때문에 등호(=)로 시작하며 세부 형식은 다음과 같다.

= 함수 이름(인수1, 인수2, 인수3, …, 인수n)

① ② ③ ⑤ ④ ③

① 등호(=): 수식을 선언하는 표시이다.

② 함수 이름: 일련의 계산식이 약속되어 있는 함수의 이름이다.

③ 괄호: 인수를 묶어주는 역할을 한다. 즉 인수가 들어가는 공간이다.

④ 인수: 함수 계산에 필요한 데이터이다.

⑤ 쉼표(,): 인수와 인수를 구분한다.

▶ 함수의 종류

엑셀 함수는 11가지 범주로 분류되는데, 일반적인 계산 작업에 사용하는 함수부터 재무, 공학, 통계 등의 분야별 전문가가 사용할 수 있는 함수까지 매우 다양하다.

범주	용도
재무	재무 관련 계산에 사용
날짜 및 시간	수식에 날짜와 시간이 필요할 때 사용
수학/삼각	범위의 합계, 나머지, 반올림 등의 수학적인 계산에 사용
통계	일정 범위의 데이터를 통계적으로 분석할 때 사용
찾기/참조 영역	목록에 있는 특정 값이나 셀의 참조 영역 등을 찾을 때 사용
데이터베이스	목록 값이 특정 조건이나 찾을 조건을 만족하는지 분석할 때 사용
텍스트	수식에서 문자열을 조작할 때 사용
논리	조건이 참인지 거짓인지 알아보거나 여러 조건을 검색할 때 사용
정보	셀에 저장될 데이터 종류를 결정할 때 사용
공학	공학용 계산에 사용
큐브	SQL 서버의 데이터를 다루기 위해 사용

1) 함수 작성하기

함수를 작성하는 방법은 크게 두 가지이다. 간단한 함수나 자주 입력하는 함수는 셀에 직접 작성하고, 복잡하거나 어떤 인수를 써야하는지 잘 모르는 경우에는 함수 라이브러리나 함수 마법사 대화상자를 사용한다.

▶ 함수 라이브러리와 함수 마법사

처음 함수를 작성할 때는 함수에 어떤 인수를 넣어야 할지 알 수 없는 경우가 많다. 이때는 함수 라이브러리나 함수 마법사 대화상자에서 함수 명을 선택한 후 함수 인수 대화상자에서 도움말을 참조하면서 함수를 작성하는 것이 좋다.

① 함수 라이브러리

[수식] 탭-[함수 라이브러리] 그룹에 있는 함수의 범주 중에서 원하는 함수를 선택하면 해당 함수의 함수 인수 대화상자가 바로 표시된다.

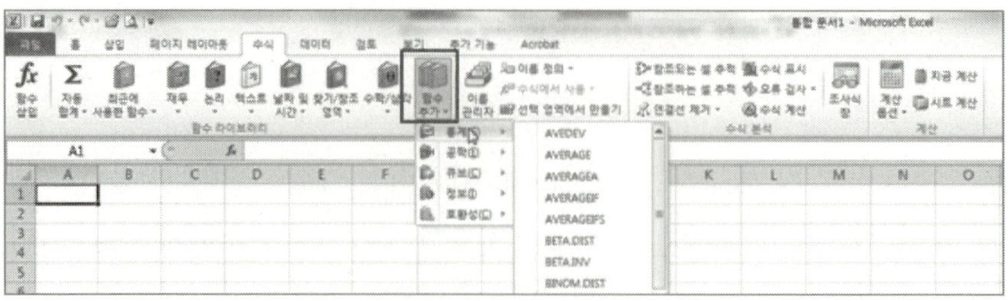

② 함수 마법사

수식 입력줄의 함수 삽입 단추를 클릭하거나 [수식] 탭-[함수 라이브러리] 그룹-[함수 삽입]을 클릭하면 함수 마법사 대화상자가 표시된다.

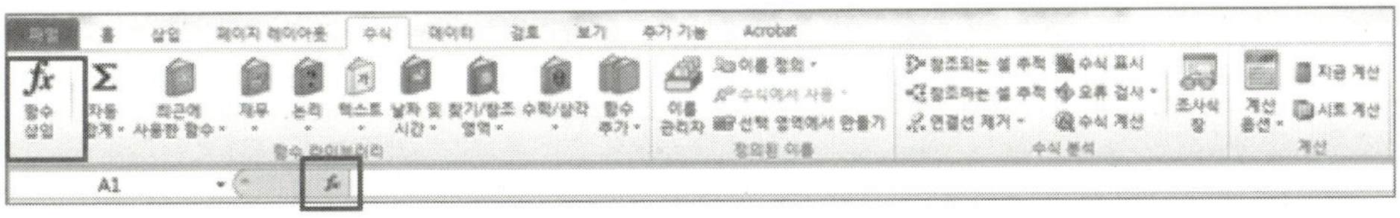

함수 마법사 대화상자에서는 함수를 검색할 수 있으며, 함수를 선택하고 [확인]을 누르면 해당 함수의 함수 인수 대화상자가 표시된다.

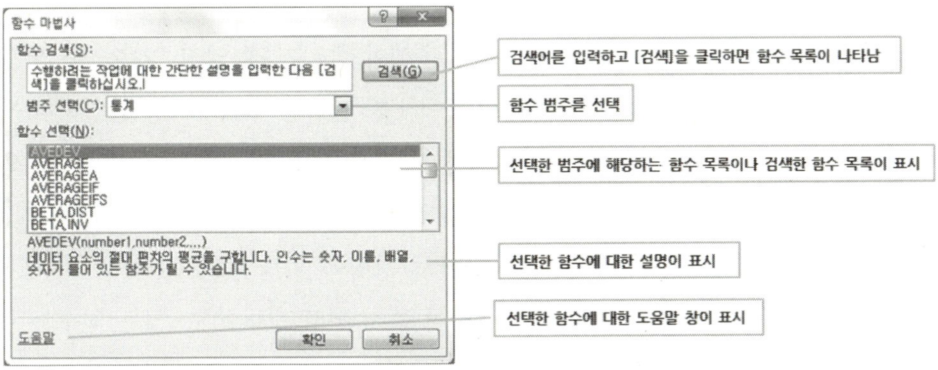

▶ 함수 인수 대화상자 살펴보기

입력할 인수의 형태는 선택한 함수에 따라 다른데 숫자, 수식, 수, 텍스트, 논리값, 배열, 셀 참조 등을 사용할 수 있다. 인수로 텍스트를 입력하면 자동으로 큰따옴표("") 가 생긴다. 함수에 따라 차이가 있으나 인수는 최대 255개까지 지정할 수 있다.

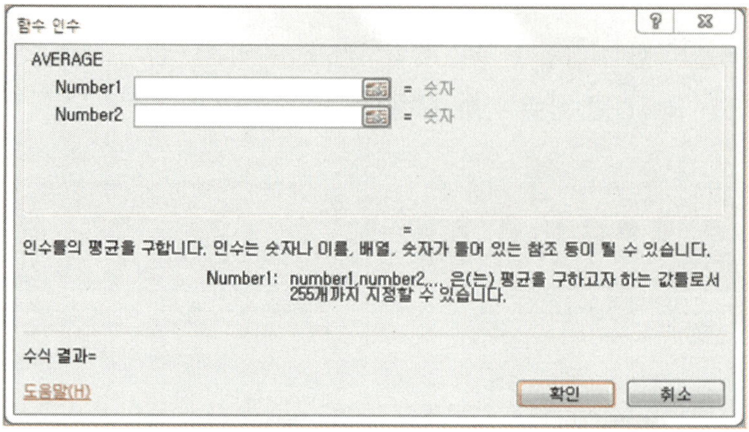

▶ 함수식 직접 입력하기

자주 사용하는 함수이거나 어떤 인수를 사용해야 하는지 잘 알고 있는 경우라면 함수식을 직접 입력하는 편이 더 편리하다. 셀에 =를 입력한 후 함수 명을 입력하면 같은 철자로 시작하는 함수 목록이 표시된다. 키보드의 ↑↓를 누르거나 마우스로 함수를 클릭하면 해당 함수에 대한 간단한 설명이 표시된다. 입력할 함수를 선택한 후 Tab을 누르거나 마우스로 함수를 더블클릭하면 함수명이 입력된다.

함수명이 입력되면 함수에 필요한 인수명이 표시된다. 생략할 수 있는 인수는 대괄호[] 안에 표시된다.

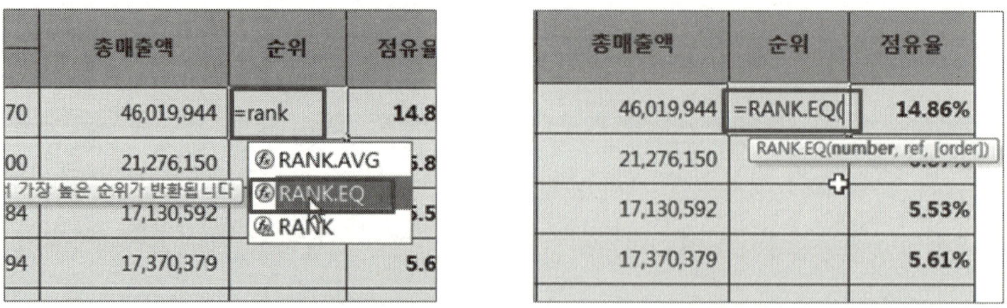

▶ 함수식 수정하기

함수가 작성된 셀을 더블클릭하거나 함수 인수 대화상자를 사용하면 함수식을 수정할 수 있다. 해당 함수식의 함수 인수 대화상자를 표시하려면 함수식이 작성되어 있는 셀을 선택하고 수식 입력줄의 함수 삽입 단추를 클릭한다.

함수 작성 연습문제

다음은 월별 매출 합계와 월별 누계, 지역별 평균 매출과 최대 매출을 구한 월별 매출 집계 문서이다. 합계, 평균, 최대값은 자동합계 도구를 사용하여 작성할 수 있지만, 이번 실습에서는 함수 라이브러리, 함수 마법사 대화상자 등을 사용해 다양한 방법으로 함수를 선택하고 작성하는 방법을 실습해 보자(5장\월별매출집계.xlsx).

- Today 함수를 직접 입력하여 현재 날짜가 자동으로 입력되도록 해보자.
  ❶ H3셀에 =TO 입력
  ❷ Tab을 눌러 =TODAY(입력
  ❸ 닫는 괄호)를 입력하고 Enter를 누른다.

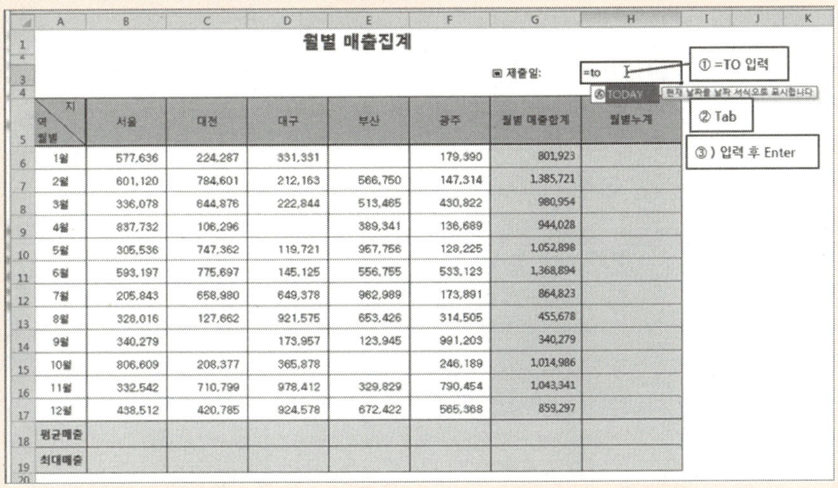

월별 매출집계

■ 제출일: =to

지역 / 월별	서울	대전	대구	부산	광주	월별 매출합계	월별누계
1월	577,636	224,287	331,331		179,390	801,923	
2월	601,120	784,601	212,163	566,750	147,314	1,385,721	
3월	336,078	644,876	222,844	513,465	430,822	980,954	
4월	837,732	106,296		389,341	136,689	944,028	
5월	305,536	747,362	119,721	967,756	128,225	1,052,898	
6월	593,197	775,697	145,125	556,755	533,123	1,368,894	
7월	205,843	658,980	649,378	962,989	173,891	864,823	
8월	328,016	127,662	921,575	653,426	314,505	455,678	
9월	340,279		173,957	123,945	991,203	340,279	
10월	806,609	208,377	365,878		246,189	1,014,986	
11월	332,542	710,799	978,412	329,829	790,454	1,043,341	
12월	438,512	420,785	924,578	672,422	565,368	859,297	
평균매출							
최대매출							

- 함수식 수정하기: 월별 매출합계에 작성된 SUM 함수식의 범위를 수정해보자.
  ❶ G6셀 클릭
  ❷ 수식 입력줄의 함수 삽입 단추 클릭
  ❸ [B6:F6] 범위 지정
  ❹ [확인]을 누른다.

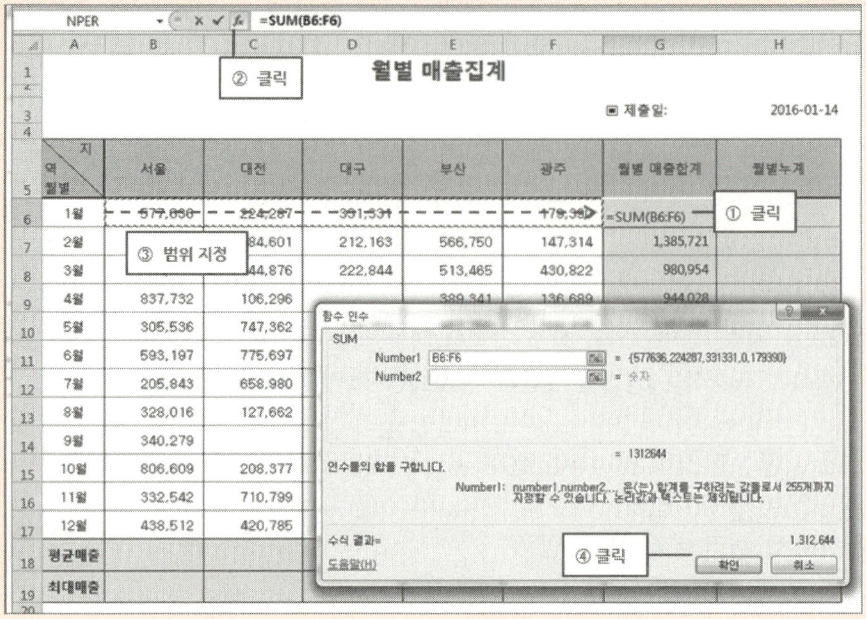

❺ G6셀의 채우기 핸들을 더블클릭한다. G6셀의 수식이 복사되면서 테두리 서식까지 복사가 되므로 복사된 서식을 없앤다.

❻ 채우기 옵션 단추 클릭

❼ [서식 없이 채우기] 클릭

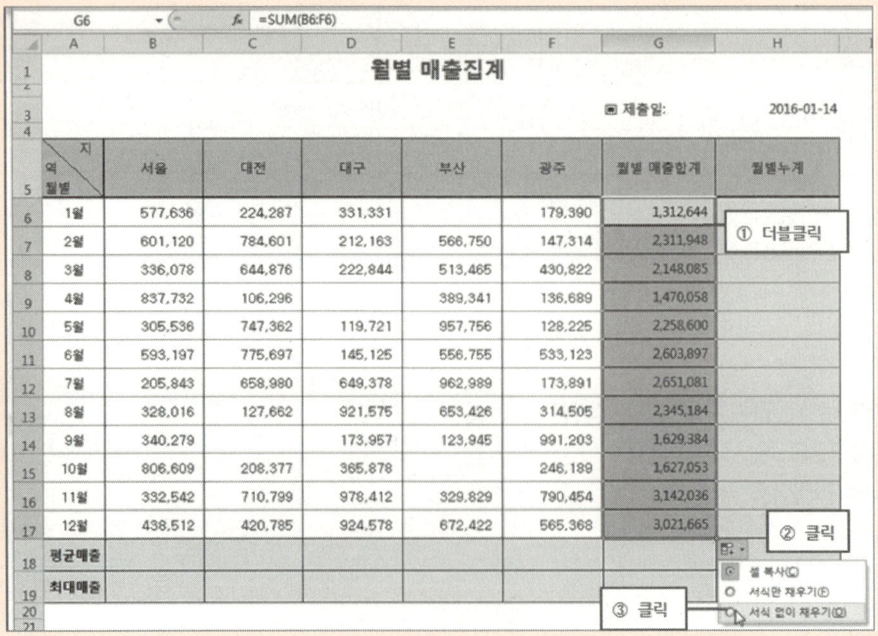

▶ 함수 라이브러리 사용하기

월별 누계를 구하기 위해 함수 라이브러리를 사용해 함수를 작성해보자.

❶ H6셀 클릭

❷ [수식] 탭-[함수 라이브러리] 그룹-[수학/삼각] 클릭

❸ SUM 함수를 선택한다.

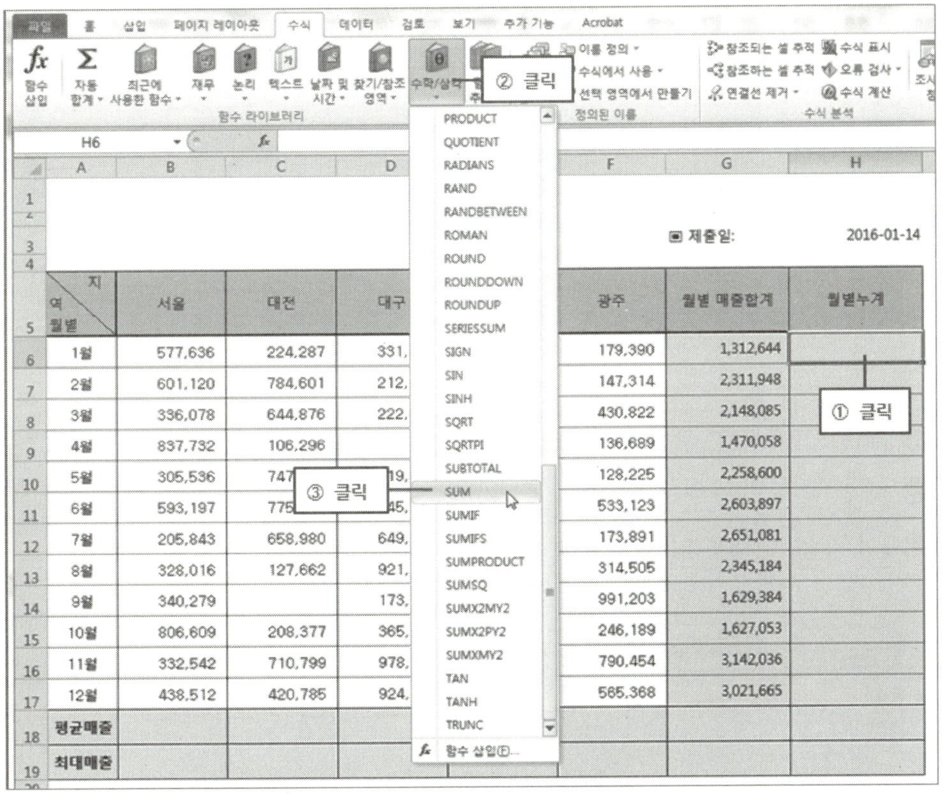

❶ number1 란에 합계를 구할 범위로 $G$6:G6 입력

❷ [확인]을 클릭한다.

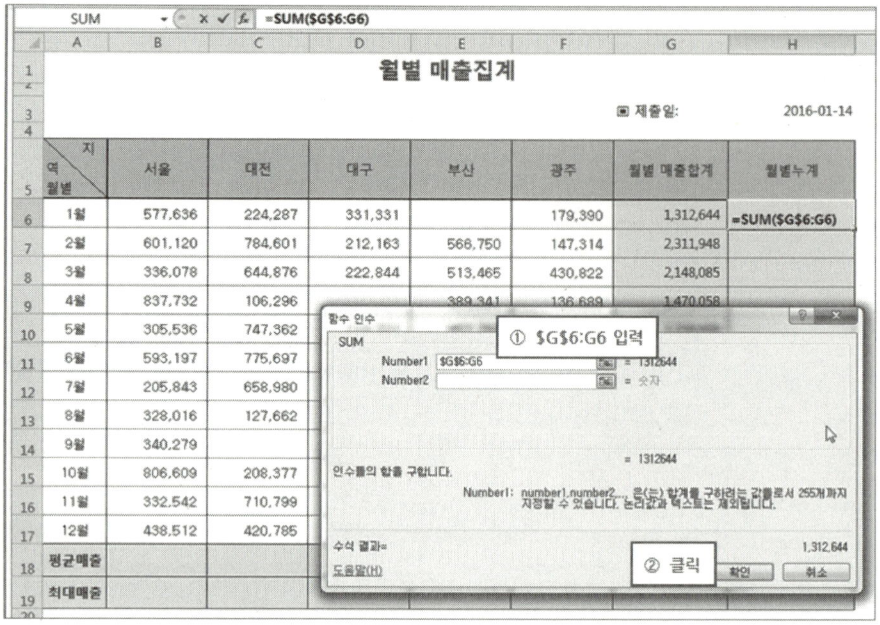

❶ H6셀의 채우기 핸들을 H17셀까지 드래그

❷ 채우기 옵션 단추 클릭

❸ [서식 없이 채우기] 클릭한다.

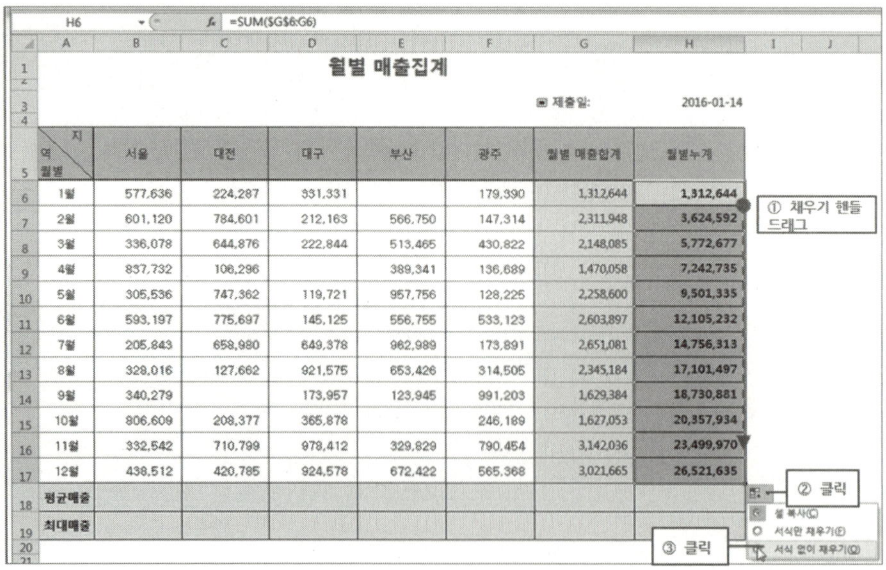

▶ 함수 마법사 사용하기

함수 마법사에서 함수 범주를 선택하여 지역별 매출 평균을 구해보자.

❶ B18셀 클릭

❷ [수식] 탭–[함수 라이브러리] 그룹–[함수 삽입] 클릭

❸ 함수 검색란에 '평균' 입력

❹ [검색]을 클릭하면 평균에 관련된 함수 목록이 표시됨

❺ AVERAGE 함수 클릭

❻ [확인] 클릭

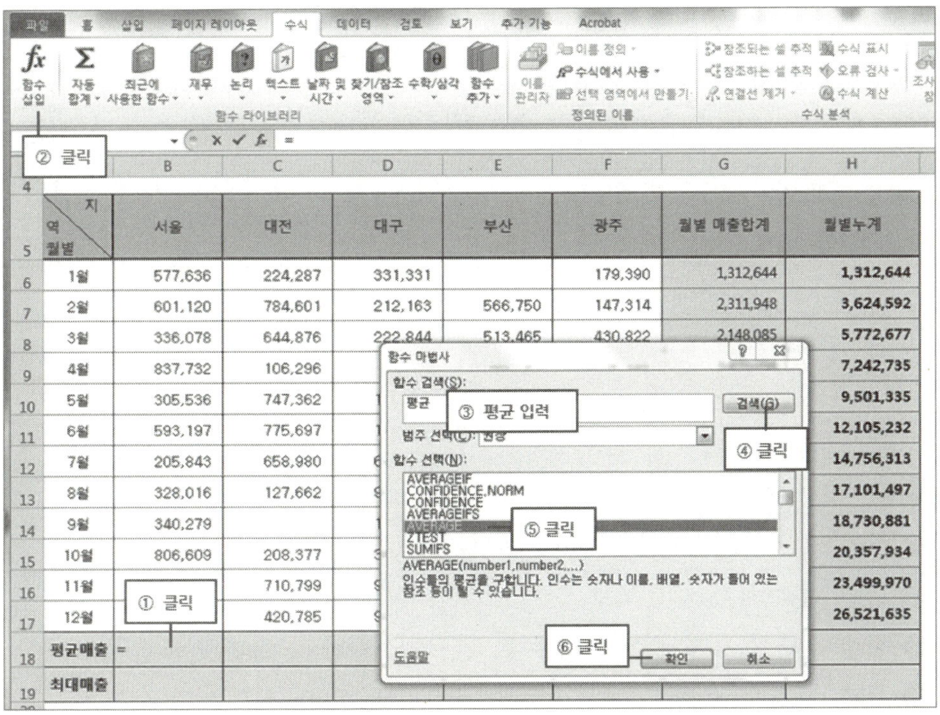

❶ Number1란을 선택하고 평균을 구할 범위로 [B6:B17] 범위 지정

❷ [확인] 클릭

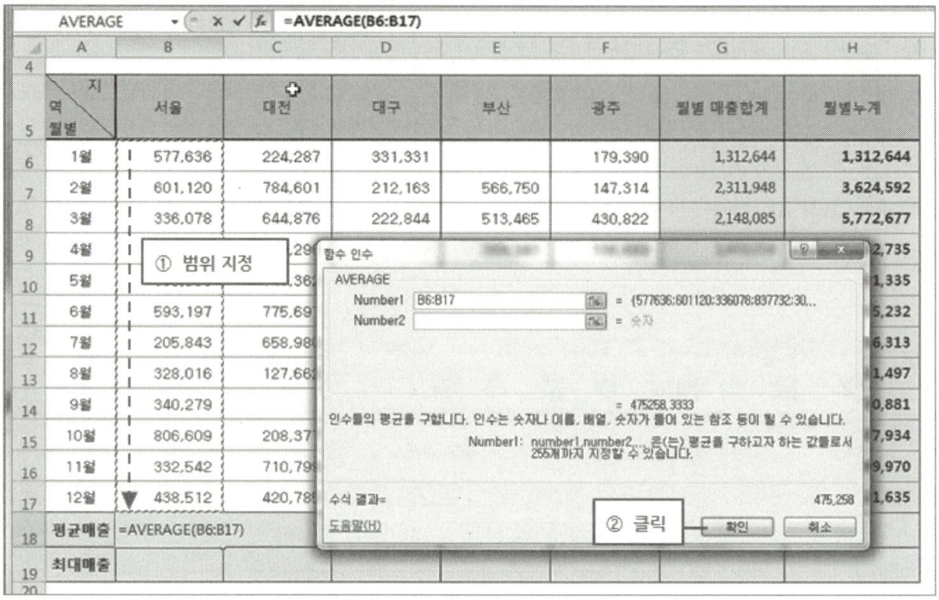

- 함수명을 아는 경우, 함수 마법사에서 알파벳 첫 글자로 함수를 찾아 지역별 최대 매출을 구해보자.

❶ B19셀 클릭

❷ [수식] 탭-[함수 라이브러리] 그룹-[함수 삽입] 클릭

❸ 범주 선택 목록에서 '모두' 클릭

❹ 함수 선택 목록에서 아무 함수나 하나를 선택하고, 알파벳 M 입력

❺ MAX 함수 클릭

❻ [확인] 클릭

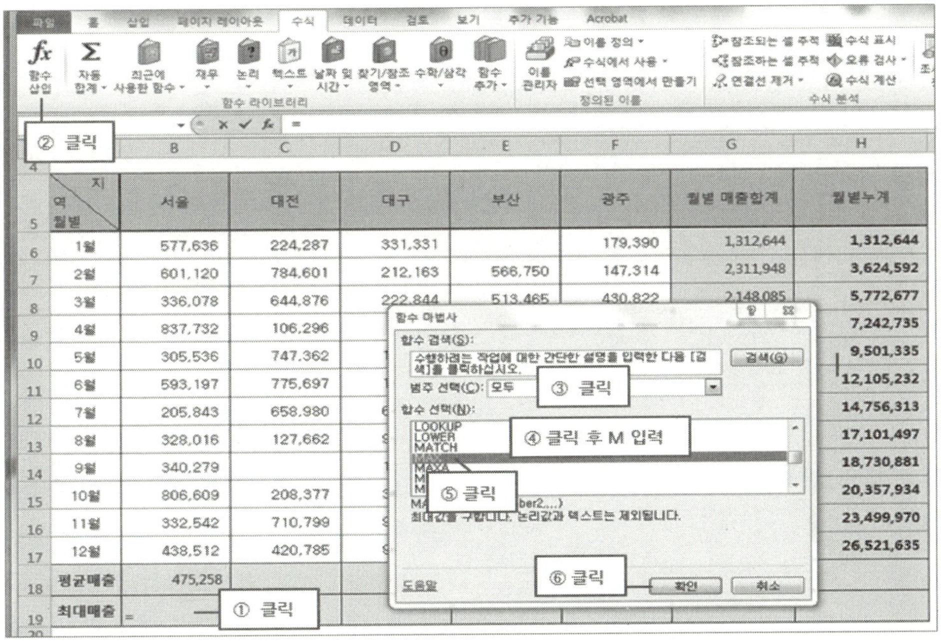

❶ Number1 란을 선택하고 최대값을 구할 범위로 B6:B17 범위 지정

❷ [확인] 클릭

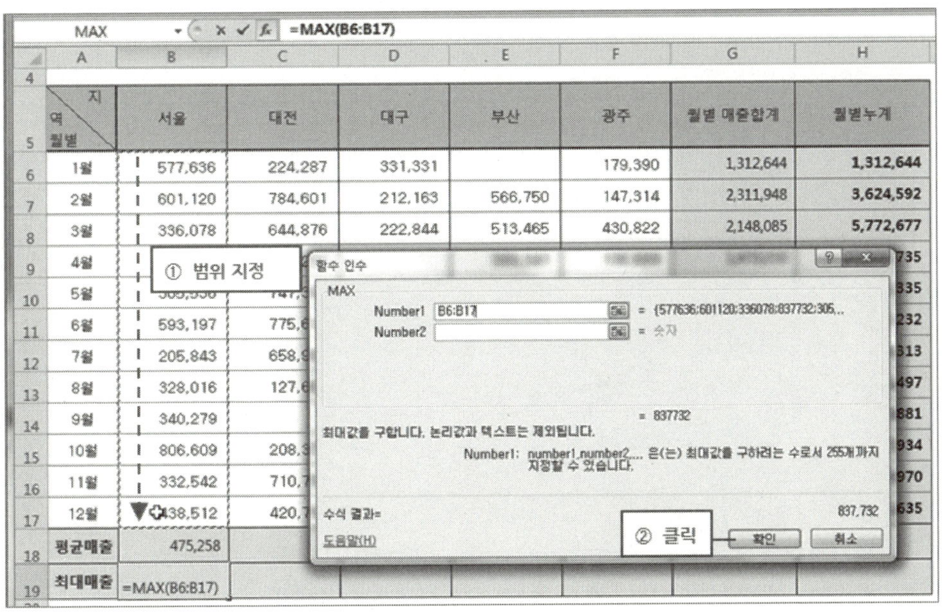

❶ B18:B19 범위 지정

❷ 채우기 핸들을 G19셀까지 드래그하여 나머지 셀에 함수식을 복사한다.

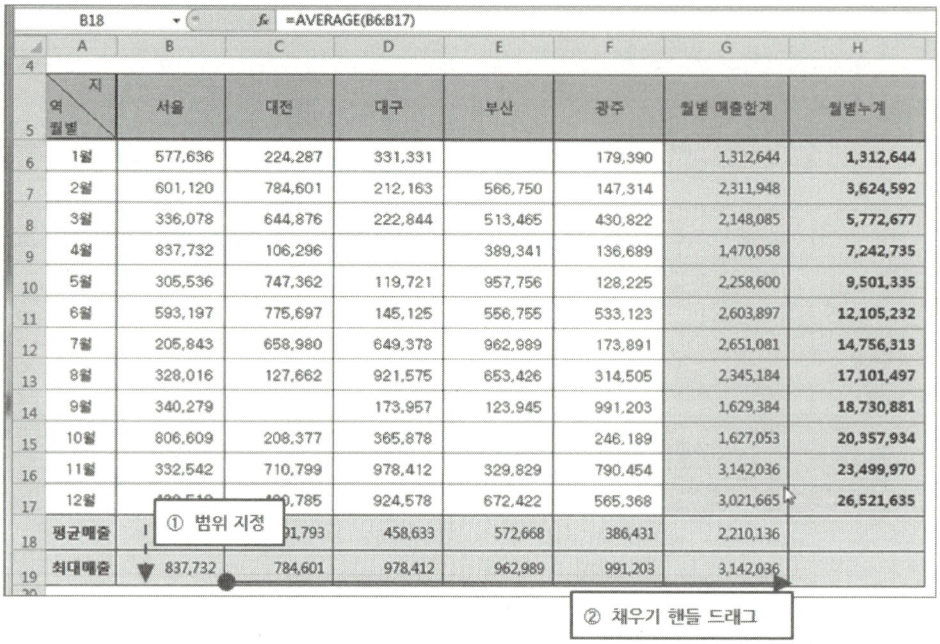

B18 =AVERAGE(B6:B17)

지역 월별	서울	대전	대구	부산	광주	월별 매출합계	월별누계
1월	577,636	224,287	331,331		179,390	1,312,644	**1,312,644**
2월	601,120	784,601	212,163	566,750	147,314	2,311,948	**3,624,592**
3월	336,078	644,876	222,844	513,465	430,822	2,148,085	**5,772,677**
4월	837,732	106,296		389,341	136,689	1,470,058	**7,242,735**
5월	305,536	747,362	119,721	957,756	128,225	2,258,600	**9,501,335**
6월	593,197	775,697	145,125	556,755	533,123	2,603,897	**12,105,232**
7월	205,843	658,980	649,378	962,989	173,891	2,651,081	**14,756,313**
8월	328,016	127,662	921,575	653,426	314,505	2,345,184	**17,101,497**
9월	340,279		173,957	123,945	991,203	1,629,384	**18,730,881**
10월	806,609	208,377	365,878		246,189	1,627,053	**20,357,934**
11월	332,542	710,799	978,412	329,829	790,454	3,142,036	**23,499,970**
12월	[illegible]	[illegible]	924,578	672,422	565,368	3,021,665	**26,521,635**
평균매출	[illegible]	[illegible]	458,633	572,668	386,431	2,210,136	
최대매출	837,732	784,601	978,412	962,989	991,203	3,142,036	

간단한 함수 사용 연습문제

예제 파일(5장\현금출납부.xlsx)을 열어 다음 지시 사항에 따라 차인 잔액, 합계, 평균을 구해보자.

현금 출납부

▣ 제출일: 2016-01-14

월일	적요	내용	결재	수입액	지출액	차인잔액
07월 01일	전월이월	전월이월금	현금	3,235,000		3,235,000
07월 01일	예산지급	금월 예산지급	이체	5,000,000		8,235,000
07월 01일	광고선전	자동화기기 안내판 제작	이체		4,132,000	4,103,000
07월 03일	공과금	관리비	카드		1,500,000	2,603,000
07월 06일	광고선전	이메일 통지 서비스	카드		30,000	2,573,000
07월 07일	광고선전	인터넷뱅킹 폰뱅킹안내장	카드		50,000	2,523,000
07월 08일	환급금	1사분기 출장비 환급	이체	230,000		2,753,000
07월 10일	국내여비	전산개발관련 출장	현금		13,500	2,739,500
07월 12일	국내여비	우리금융파견자 출장비	현금		36,000	2,703,500
07월 13일	환급금	공과금 환급	이체	73,000		2,776,500
07월 14일	기타용역	자동화기기 이동용역	현금		38,000	2,738,500
07월 15일	기타용역	기타전산기기 이동용역	카드		1,855,075	883,425
07월 17일	기타인쇄	경상비	현금		30,420	853,005
07월 18일	기타인쇄	전산교육자료 인쇄	현금		11,000	842,005
07월 18일	예산지급	소모품 예산 지급	이체	3,000,000		3,842,005
07월 19일	기타전산	전산소모품 구입	카드		1,163,492	2,678,513
07월 20일	기타중식	경상비	현금		38,400	2,640,113
07월 21일	기타중식	전산개발 야간근무	현금		7,800	2,632,313
07월 24일	당직비	시스템운영실 책임자당직비	이체		141,000	2,491,313
07월 26일	예산지급	임시 지급	이체	2,000,000		4,491,313
07월 26일	문방구비	경상비	현금		29,452	4,461,861
07월 28일	비품비	전화기교체 및 구입	카드		259,146	4,202,715
07월 29일	비품비	인터폰교체	현금		25,000	4,177,715
07월 31일	일반업무	경상비	현금		102,720	4,074,995
합계				13,538,000	9,463,005	4,074,995
평균				2,256,333	525,722	3,135,595

지시사항

❶ 제출일에는 TODAY() 함수를 사용하여 오늘 날짜를 입력한다.

❷ '차인잔액' 열에는 SUM 함수를 사용하여 전일 잔액과 금일의 수입액을 더하고 지출액을 뺀다.

❸ 합계, 평균 란에 전체 수입 및 지출액 합계를 SUM, AVERAGE 함수를 사용하여 계산한다.

❹ 차인잔액의 합계 및 평균도 계산한다.

2. 다양한 함수 종류 사용하기

지금까지 배운 함수와 더불어 이 절에서 다룰 개수를 세는 함수, 조건에 따라 합계 및 평균을 구하는 함수 등은 실무에서 많이 사용하는 함수이다. 실무자라면 꼭 알고 있어야 하는 기본적인 함수이므로 사용법을 익혀보자.

▶ 개수를 구하는 함수 COUNT, COUNTA, COUNTBLANK, COUNTIF

개수를 구하는 함수에는 4가지 종류가 있는데, 범위로 지정한 데이터의 유형에 따라 각 함수를 선택해서 사용해야 한다. 지정된 범위에서 숫자가 입력되어 있는 셀의 개수를 구하려면 COUNT 함수, 지정된 범위 중 숫자와 문자를 가리지 않고 데이터가 입력되어 있는 셀의 개수를 구하려면 COUNTA 함수를 사용한다. 지정된 범위 중 빈 셀의 개수를 구하려면 COUNTBLANK 함수를, 특정 조건에 해당하는 셀의 개수를 구할 때는 COUNTIF 함수를 사용한다.

함수 범주	통 계
함수 형식	=COUNT(Value1, Value2, …, Value255) → 숫자 개수 =COUNTA(Value1, Value2, …, Value255) → 데이터 개수 =COUNTBLANK(Range) → 빈 셀 개수 =COUNTIF(Range, Criteria) → 조건에 맞는 개수
인 수	• Value(값): 개수를 구할 값을 255개까지 지정할 수 있으며, 값을 직접 입력하거나 수식이나 셀 주소, 셀 범위 등 다양한 유형을 인수로 지정할 수 있음. 주로 Value1 란에 하나의 셀 범위를 지정하는 경우가 많음 • Range(범위): 개수를 구할 셀 범위 • Criteria(조건): 개수를 구할 조건으로 숫자, 문자, 조건식 등을 입력할 수 있음

▶ 조건별로 합계, 평균을 구하는 함수 SUMIF, AVERAGEIF

지정된 범위의 모든 숫자를 더할 때는 SUM 함수를 사용하고, 특정 조건에 해당하는 숫자만 더하고자 할 때는 SUMIF 함수를 사용한다. 특정 조건에 해당하는 숫자들의 평균을 구할 때는 AVERAGEIF 함수를 사용하면 된다.

함수 범주	수학/삼각, 통계
함수 형식	=SUMIF(Range, Criteria, [Sum_Range]) =AVERAGEIF(Range, Criteria, [Average_Range])
인 수	• Range(범위): 조건에 맞는지 검사할 셀 범위 • Criteria(조건): 계산할 조건으로 숫자, 문자, 조건식 등을 입력할 수 있음 • Sum_Range(합계 범위): 합계를 구할 셀 범위로, 생략하면 Range(범위) 인수에서 지정한 범위의 합계를 구함 • Average_Range(평균 범위): 평균을 구할 셀 범위로, 생략하면 Range(범위) 인수에서 지정한 범위의 평균을 구함

함수 사용 연습문제

다음은 매출 현황표이다. 매출 현황표에는 한 달간 판매된 제품명, 제품분류, 단가, 수량, 매출액, 수금 여부 등의 데이터가 입력되어 있다. 제품 분류별로 매출 건수, 평균 단가를 구하고, 수금, 미수금 건수와 그에 따른 매출 금액 합계를 구해보자(5장＼2월매출현황.xlsx).

2월 매출현황

주문일	제품	분류	단가	수량	할인율	매출	수금여부
02/02	OK 체리 셰이크	음료	18,000	60	5%	1,026,000	미수금
02/02	태일 브랜디	음료	14,000	15		210,000	
02/02	태양 100% 오렌지 주스	유제품	18,000	20	15%	306,000	
02/02	대성 어묵	해산물	13,000	12	15%	132,600	
02/02	태일 적포도주	음료	18,000	4		72,000	미수금
02/02	OK 바닐라 셰이크	음료	18,000	80	5%	1,368,000	미수금
02/03	파스 페이스 티	육류	33,000	3		99,000	미수금
02/03	태양 100% 레몬 주스	음료	19,000	21	25%	299,250	미수금
02/03	삼화 콜라	음료	5,000	6	25%	22,500	미수금
02/03	태평양 포장 파래	해산물	26,000	40	25%	780,000	미수금
02/04	신성 쌀 튀김 과자	곡류	9,000	50		450,000	
02/04	태일 적포도주	음료	18,000	3		54,000	미수금
02/04	태일 적포도주	음료	18,000	30		540,000	미수금
02/04	미왕 계피 캔디	과자류	20,000	42	10%	756,000	
02/04	우미 코코넛 쿠키	과자류	31,000	20		620,000	
02/04	현진 커피 밀크	유제품	21,000	10		210,000	
02/04	미미 스카치 캔디	과자류	13,000	20		260,000	미수금
02/04	태양 100% 오렌지 주스	유제품	18,000	40		720,000	미수금
02/05	앨리스 포장육	육류	39,000	16	5%	592,800	
02/05	알파 콘 플레이크	곡류	33,000	15	5%	470,250	
02/05	대양 특선 블루베리 잼	조미료	25,000	50	5%	1,187,500	미수금
02/05	한림 특선 양념 칠면조	육류	24,000	10	5%	228,000	
02/05	루이지애나 특산 후추	조미료	21,000	21	5%	418,950	
02/05	사계절 커스터드 파이	과자류	49,000	20	5%	931,000	
02/05	파블로바 피넛 스프레드	과자류	17,000	12	5%	193,800	
02/09	버뮤다 포장 참치	해산물	12,000	21		252,000	미수금
02/09	대륙 냉동 참치	해산물	63,000	25		1,575,000	미수금
02/09	알파 콘 플레이크	곡류	33,000	20		660,000	
02/09	파블로바 피넛 스프레드	과자류	17,000	30	25%	382,500	미수금
02/10	대양 마말레이드	과자류	81,000	20	5%	1,539,000	

제품 분류별 통계

분류	매출건수	평균단가
곡류	8	22,625
과자류	14	27,929
유제품	10	24,600
육류	9	50,333
음료	22	24,818
조미료	10	24,900
해산물	17	18,647

수금 현황

수금여부	건수	금액
수금	51	46,080,000
미수금	39	24,172,150

- COUNTIF 사용하기

제품 분류별 매출 건수를 구해보자.

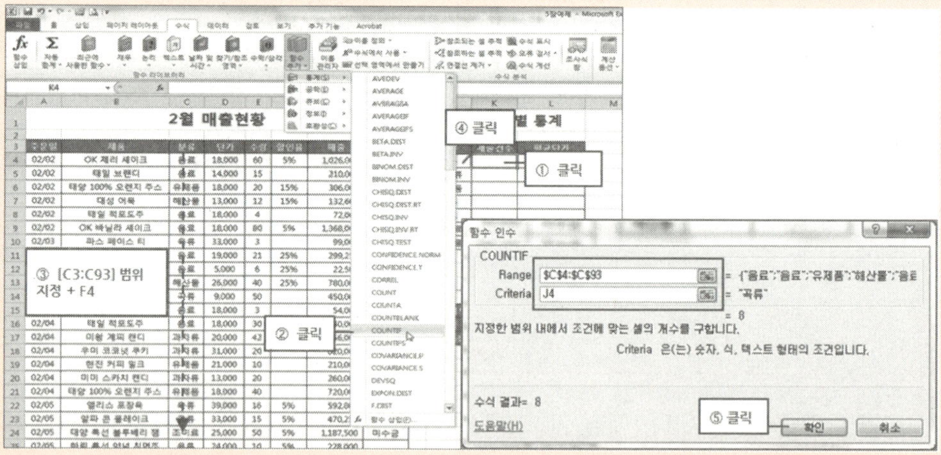

❶ [K4] 셀 클릭
❷ [수식] 탭-[함수 라이브러리] 그룹-[함수 추가]-[통계]-[COUNTIF] 함수 클릭
❸ Range란을 선택하고 [C4:C93] 범위 지정 후 F4
❹ Criteria란을 선택하고 [J4] 셀 클릭
❺ [확인]을 클릭한다.

- AVERAGEIF 사용하기

제품 분류별 평균 단가를 구해보자.

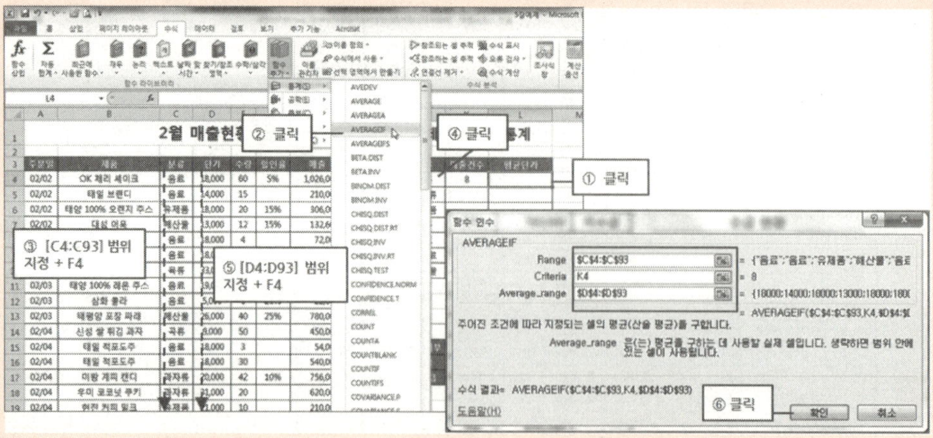

❶ [L4] 셀 클릭
❷ [수식] 탭-[함수 라이브러리] 그룹-[함수 추가]-[통계]-[AVERAGEIF] 함수 클릭

❸ Range란을 선택하고 [C4:C93] 범위 지정 후 F4
❹ Criteria란을 선택하고 [J4] 셀 클릭
❺ Average_Range란을 선택하고 [D4:D93] 범위 지정 후 F4
❻ [확인]을 클릭한다.

❶ [K4:L4] 범위 지정
❷ 채우기 핸들을 더블클릭하여 수식을 복사한다.

- COUNTBLANK 사용하기

수금 건수를 구해보자.

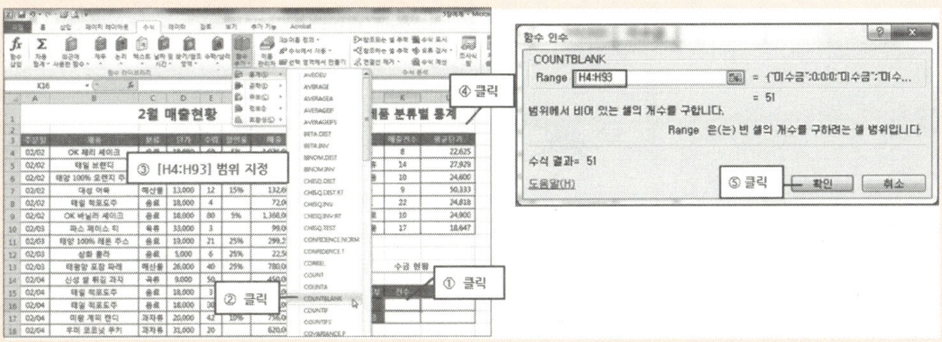

❶ [K16] 셀 클릭
❷ [수식] 탭-[함수 라이브러리] 그룹-[함수 추가]-[통계]-[COUNTBLANK] 함수 클릭
❸ Range란을 선택하고 [H4:H93] 범위 지정
❹ [확인]을 클릭한다.

- COUNTA 사용하기

미수금 건수를 구해보자.

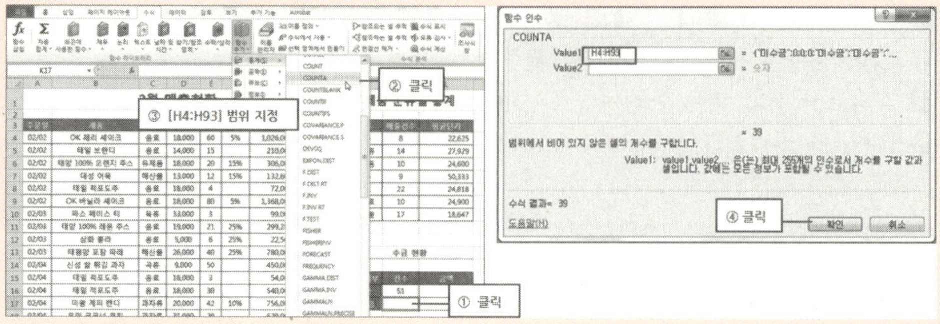

❶ [K17] 셀 클릭
❷ [수식] 탭-[함수 라이브러리] 그룹-[함수 추가]-[통계]-[COUNTA] 함수 클릭
❸ Value1란을 선택하고 [H4:H93] 범위 지정
❹ [확인]을 클릭한다.

- SUMIF 사용하기

수금 금액의 합계를 구해보자.

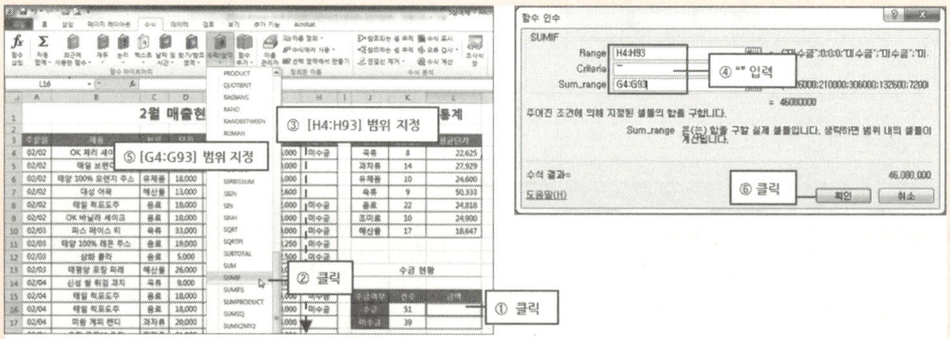

❶ [L16] 셀 클릭
❷ [수식] 탭-[함수 라이브러리] 그룹-[함수 추가]-[수학/삼각]-[SUMIF] 함수 클릭
❸ Range란을 선택하고 [H4:H93] 범위 지정
❹ Criteria란에 "" 입력
❺ Sum_Range란을 선택하고 [G4:G93] 범위 지정
❻ [확인]을 클릭한다.

– 미수금 금액의 합계를 구해보자.

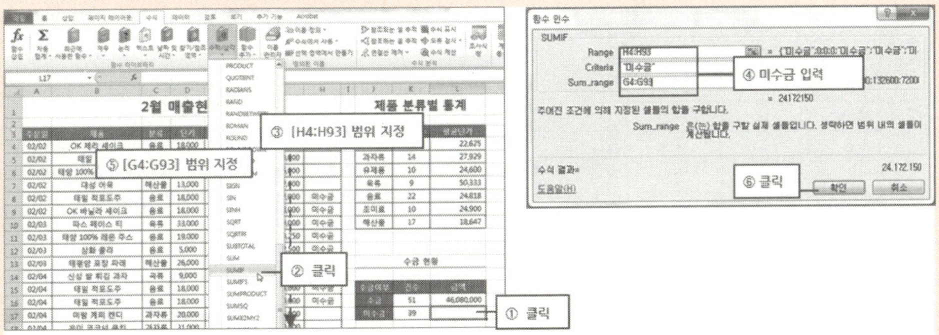

❶ [L17] 셀 클릭
❷ [수식] 탭-[함수 라이브러리] 그룹-[함수 추가]-[수학/삼각]-[SUMIF] 함수 클릭
❸ Range란을 선택하고 [H4:H93] 범위 지정 후 F4
❹ Criteria란에 미수금 입력
❺ Sum_Range란을 선택하고 [G4:G93] 범위 지정
❻ [확인]을 클릭한다.

3. 논리 함수 및 중첩 함수 사용하기

논리 함수는 조건에 대한 논리적인 검사를 수행하여 결과가 참이면 TRUE, 거짓이면 FALSE를 돌려주는 함수이다. 조건이 간단할 때는 IF함수만 사용하면 되지만, 여러 가지 조건이 있을 때는 AND, OR 함수 등 다른 논리 함수를 중첩하여 사용하고 조건이나 결과가 여러 가지일 때는 IF함수를 중첩해서 사용하기도 한다.

▶ 조건과 결과가 여러 가지인 경우 중첩 IF함수 사용하기

IF함수는 논리 함수 중 실무에서 가장 많이 쓰이는 함수이다. 조건이 여러 개일 때는 IF함수를 최대 64개까지 중첩하여 사용할 수 있다. IF함수를 중첩하여 작성한 예를 살펴보자.

다음 표는 주문 수량에 따라 택배비가 다르게 지정되어 있다. 주문 수량이 5개 이하면 3,000원, 9개까지는 2,000원, 10개 이상이면 택배비가 무료이다.

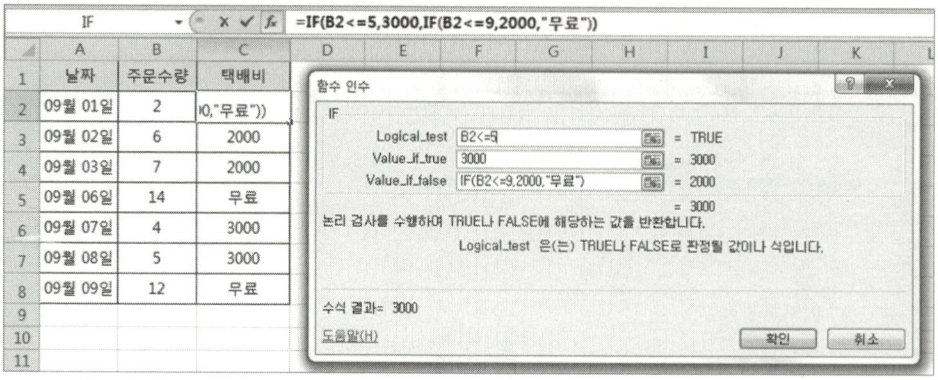

B2<=5, B2<=9라는 조건 두 개에 3,000원, 2,000원, '무료'라는 세 가지의 결과가 들어가야 한다. 조건의 개수에 따라 IF함수의 중첩 개수도 늘어난다. 두 번째 조건과 결과가 포함된 IF 함수식은 첫 번째 IF 함수의 Value_if_false 인수로 넣으면 된다.

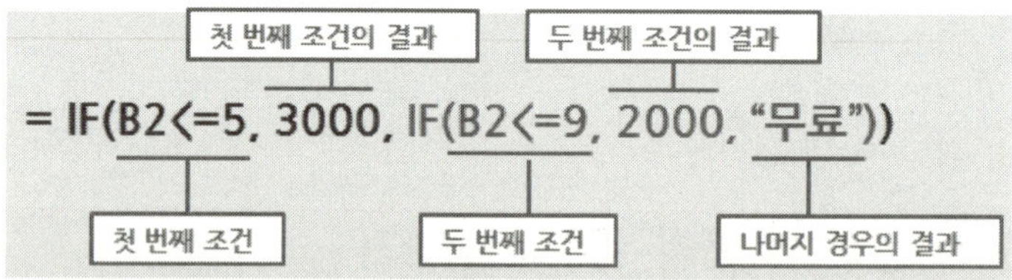

만약 IF함수를 한 번만 사용하는 경우, 즉 조건에서 주문 수량 5개 이하는 3,000원이고 나머지는 모두 무료인 경우였다면 =IF(B2<=5, 3000, "무료")라는 함수식을 넣으면 된다.

▶ 여러 항목에 대한 조건을 판단해야 할 때의 AND, OR, NOT 함수

AND 함수는 여러 조건이 모두 참일 때만 TRUE 값을 돌려주며, OR 함수는 여러 조건 중 한 가지라도 참이면 TRUE 값을 돌려준다. NOT 함수는 주어진 조건과 다를 때 TRUE 값을 돌려준다.

함수 범주	논 리
함수 형식	=AND(Logical1, Logical2, …, Logical255) → 모든 조건이 참인 경우 TRUE 값 반환 =OR(Logical1, LOgical2, …, Logical255) → 한 가지 조건만 참이어도 TRUE 값 반환 =NOT(Logical) → 조건과 같지 않은 경우 TRUE 값 반환
인수	• Logical1~Logical255(조건1~조건255): 참(TRUE) 또는 거짓(FALSE)으로 판정될 값이나 식으로 255개까지 지정할 수 있음 • Logical(조건): 참(TRUE)이나 거짓(FALSE)으로 판정될 값이나 식

▶ AND 함수 사용

다음의 표에서는 필기와 실기 점수가 모두 80점 이상이면 '합격', 아니면 '불합격'이라고 표시해야 한다. 이 경우는 IF 함수의 Logical_test란에 AND 함수식을 중첩하여 두 가지 조건을 입력하면 된다.

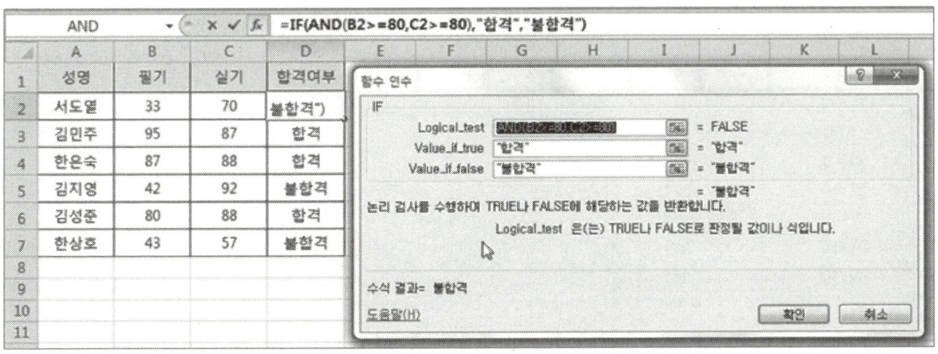

▶ OR 함수 사용

다음 표에서는 필기나 실기 점수 중 하나라도 90점 이상이면 '합격', 아니면 '불합격'이라고 표시해야 한다. 이 경우에는 IF 함수의 Logical_test란에 OR 함수식을 중첩하여 두 가지 조건식을 입력하면 된다.

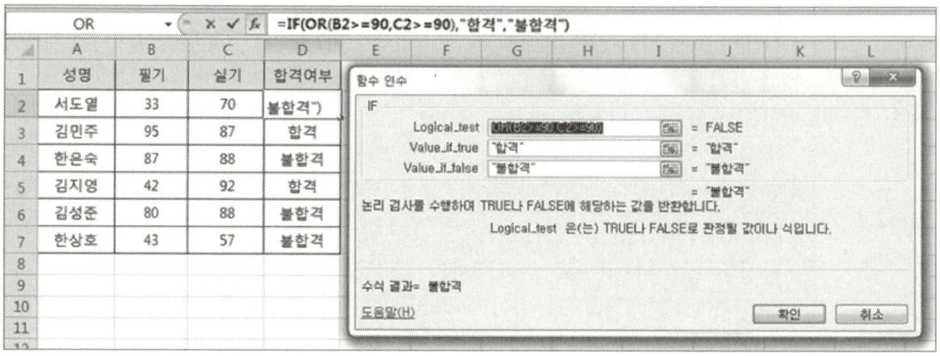

▶ NOT 함수 사용

다음 표에서는 결과가 빈 셀만 아니면 '합격'으로 표시한다. 이 경우에는 IF함수의 Logical_test란에 NOT 함수를 중첩하여 결과 셀이 빈 셀("")이 아닌 경우를 조건식으로 입력하면 된다.

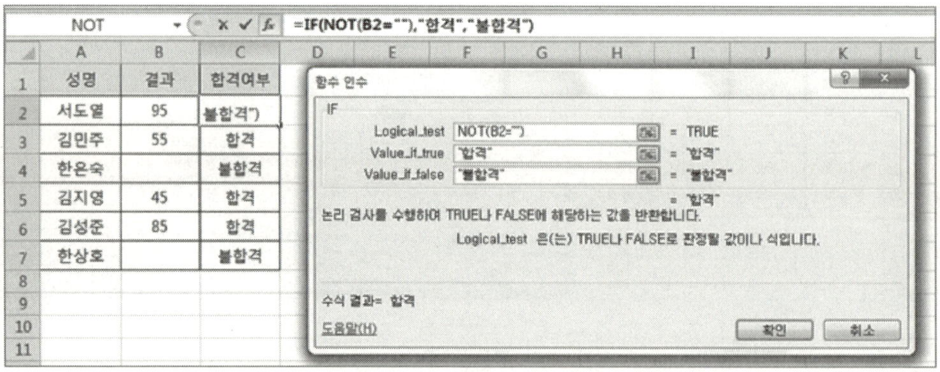

논리함수 및 중첩 함수 연습문제

다음의 표에서 IF, AND, OR 함수를 사용하여 각 기준에 따라 청결 상태와 등급, 비고란을 채워보자(5장\품질등급비교표.xlsx).

판매처별 제품 품질등급 비교표									
구분	판매처	검사 결과				품질 등급			비고
		오염율	이물질 출현율	파각란 출현율	신선도 (HU)	청결상태	파각란 등급	신선도 등급	
백화점	그랜드	3.3%	0.0%	5.0%	62.5				
	한빛(본점)	0.0%	0.0%	13.3%	56.8				
	한빛(강남)	0.0%	0.0%	3.3%	83.5				
	정의(압구정)	0.0%	0.0%	5.0%	82.4				
대형 할인점	그랜드(서울역)	2.0%	5.3%	8.3%	71.0				
	유마트(관악)	4.8%	5.9%		69.0				
	정의(잠실)	1.1%	0.0%	11.1%	68.8				
재래시장	경동시장		1.1%	28.9%	67.4				
	망원시장	43.3%	0.0%	9.2%	38.9				
	남대문	30.0%	0.0%	17.8%	58.7				

- AND 함수 사용하기

AND 함수를 사용하여 오염율과 이물질 출현율이 모두 0이면 "청결", 그렇지 않으면 빈 셀로 나타내보자.

❶ G5셀 클릭
❷ [수식] 탭-[함수 라이브러리] 그룹-[논리]-[IF] 함수 클릭
❸ Logiacl_test란에 AND 함수를 중첩하기 위해 이름상자의 목록 단추를 클릭
❹ AND 함수를 클릭한다.

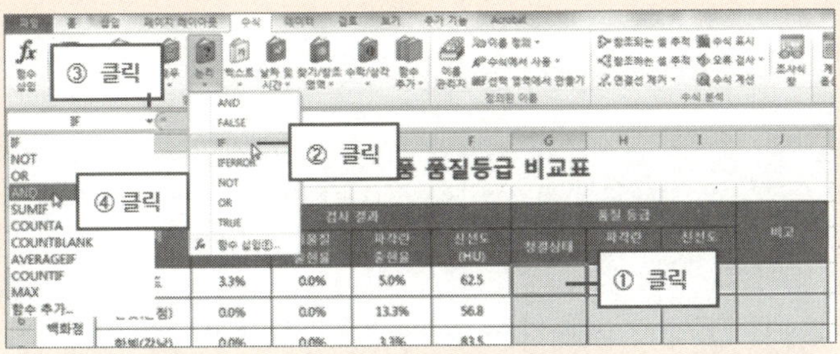

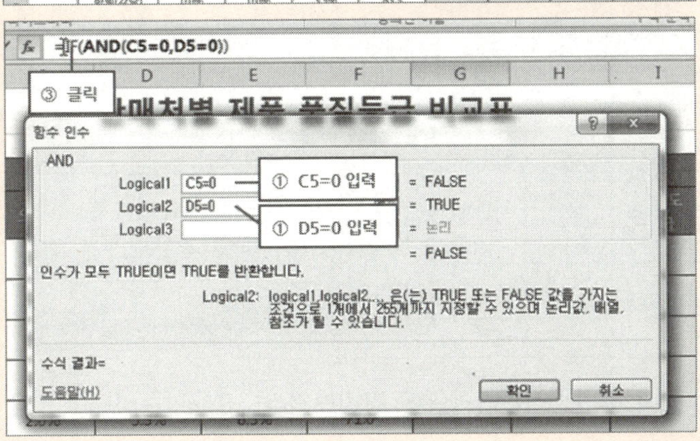

❶❷ Logical1란에 C5=0, Logical2란에 D5=0 입력
❸ IF 함수의 함수 인수 대화상자를 다시 표시하기 위해 수식 입력줄에 입력된 IF를 클릭한다.

IF 함수의 함수 인수 대화상자가 다시 표시되고, Logical_test란에 AND 함수식이 입력되어 있다.

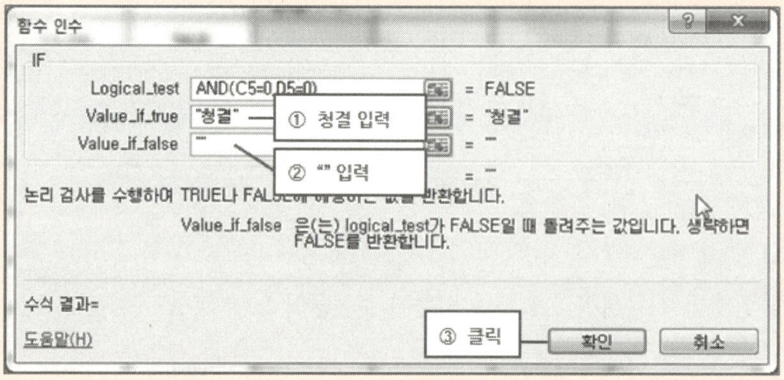

❶❷ Value_if_true란에 청결, Value_if_false란에 "" 입력
❸ [확인]을 클릭한다.

- IF 함수 한 번 중첩하기

파란각 출현율이 7% 이하는 '1등급', 10% 이하는 '2등급', 나머지는 '3등급'으로 매겨보자.

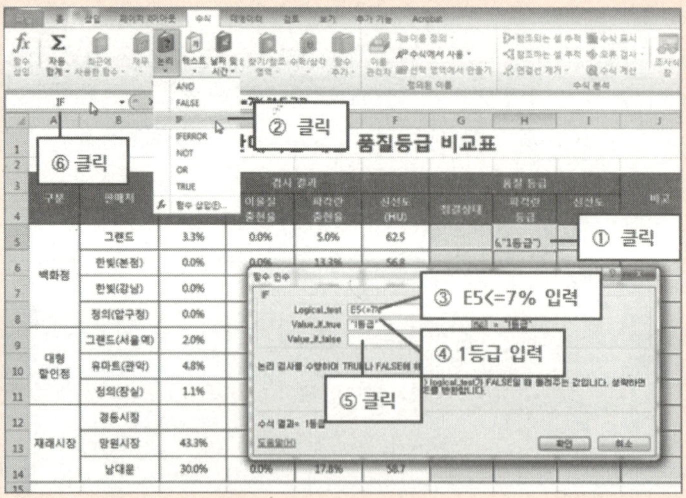

❶❷ H5셀 클릭 후 [수식] 탭-[함수 라이브러리] 그룹-[논리]-[IF] 함수 클릭

❸❹ Logical_test란에 E5<=7%, Value_if_true란에 1등급 입력

❺❻ Vaule_if_false란 클릭 후 두 번째 조건을 입력하기 위해 이름 상자의 IF를 클릭한다.

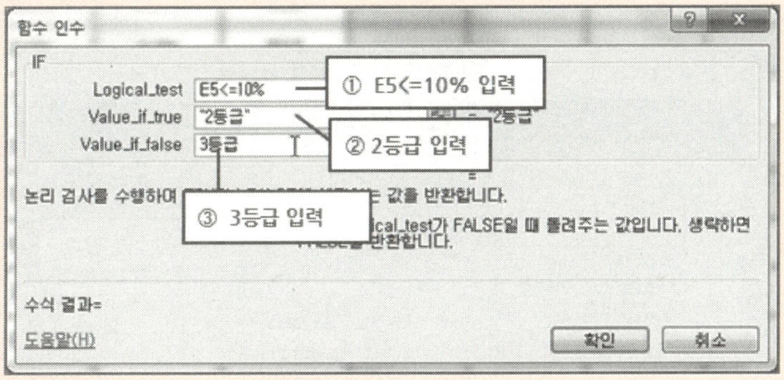

❶❷❸ Logical_test란에 E5<=10%, Value_if_true란에 2등급, Value_if_false란에 3등급 입력

❹ [확인]을 클릭한다.

- IF 함수 두 번 중첩하기

신선도 등급은 신선도 72 이상은 '우수', 60 이상은 '양호', 40 이상은 '불량', 나머지는 '매우불량'으로 조건을 지정해보자.

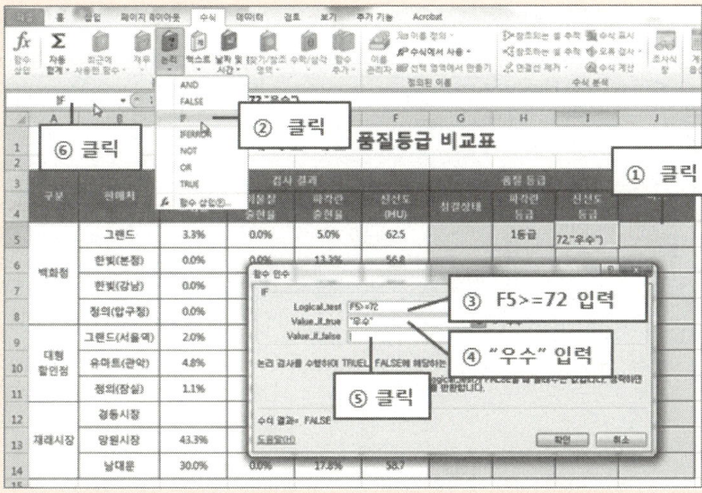

❶ H5셀 클릭

❷ [수식] 탭-[함수 라이브러리] 그룹-[논리]-[IF] 함수 클릭

❸❹ Logical_test란에 F5>=72, Value_if_true란에 '우수' 입력

❺❻ Vaule_if_false란 클릭 후 두 번째 조건을 입력하기 위해 이름 상자의 IF를 클릭한다.

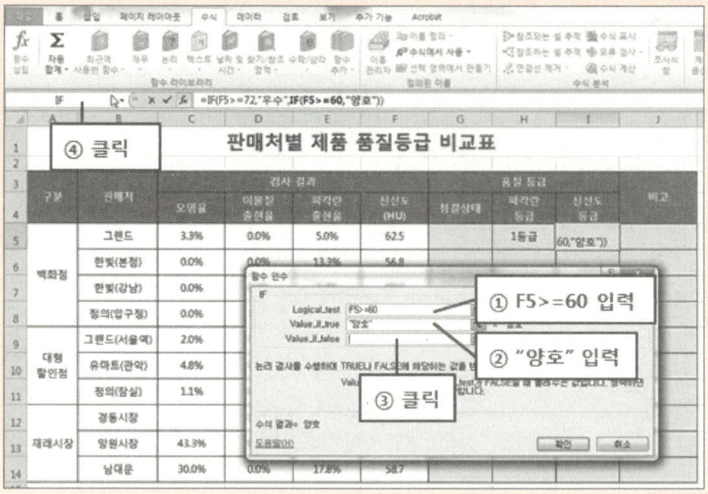

❶❷ Logical_test란에 두 번째 조건인 F5>=60, Value_if_true란에 '양호' 입력
❸❹ Vallue_if_false란 클릭 후
세 번째 조건을 입력하기 위해 이름 상자의 IF를 클릭한다.

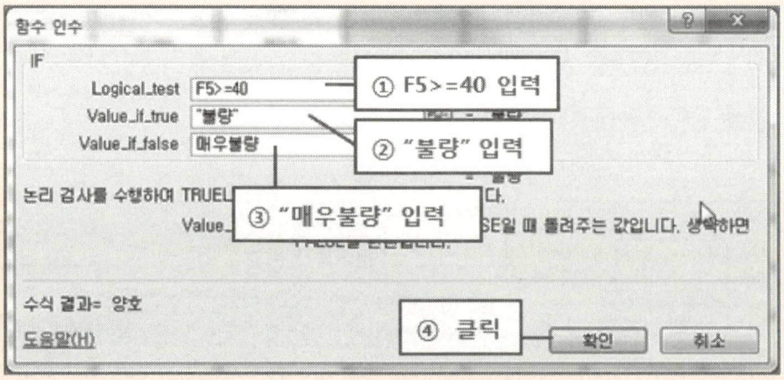

❶❷❸ Logical_test란에 세 번째 조건인 F5>=40, Value_if_true란에 '불량', Value_if_false란에 '매우불량' 입력
❹ [확인]을 클릭한다.

- OR 함수 사용

OR 함수를 사용하여 4가지 검사 결과 중 하나라도 비어 있는 경우 '결과수치 누락'이 나타나게 해보자.

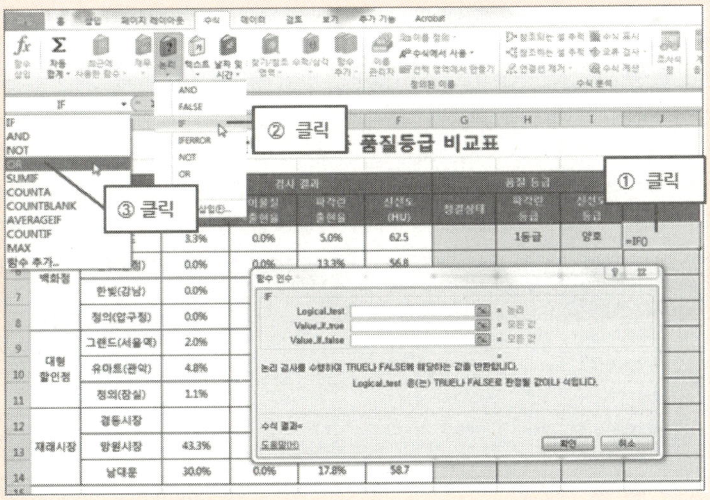

❶ J5셀 클릭
❷ [수식] 탭-[함수 라이브러리] 그룹-[논리]-[IF] 함수 클릭
❸ 이름상자의 목록 단추를 클릭하여 OR 함수를 클릭한다.

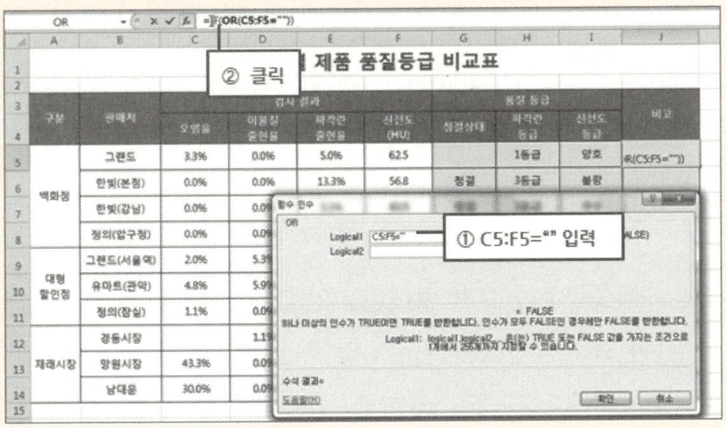

❶ Logical1란에 C5:F5="" 입력
❷ 수식 입력줄에 입력된 IF를 클릭한다.

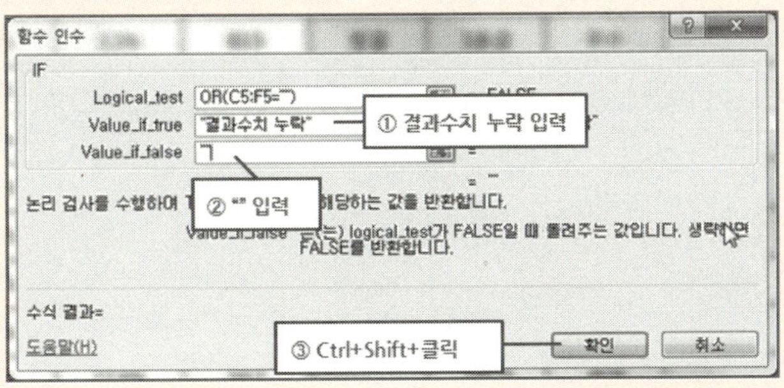

❶❷ Value_if_true 란에 결과수치 누락, Value_if_false란에 "" 입력
❸ OR 함수식에서 셀 범위를 참조했기 때문에 배열 수식으로 완성해야 하므로 Ctrl+Shift를 누른 상태에서 [확인] 클릭

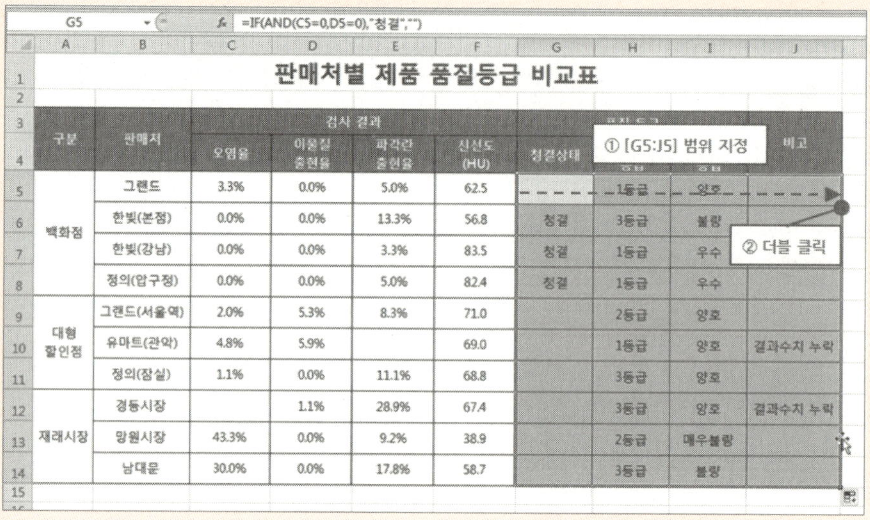

판매처별 제품 품질등급 비교표

구분	판매처	검사 결과				청결상태			비고
		오염율	이물질 출현율	파각란 출현율	신선도 (HU)				
백화점	그랜드	3.3%	0.0%	5.0%	62.5		1등급	양호	
	한빛(본점)	0.0%	0.0%	13.3%	56.8	청결	3등급	불량	
	한빛(강남)	0.0%	0.0%	3.3%	83.5	청결	1등급	우수	
	정의(압구정)	0.0%	0.0%	5.0%	82.4	청결	1등급	우수	
대형 할인점	그랜드(서울역)	2.0%	5.3%	8.3%	71.0		2등급	양호	
	유마트(관악)	4.8%	5.9%		69.0		1등급	양호	결과수치 누락
	정의(잠실)	1.1%	0.0%	11.1%	68.8		3등급	양호	
재래시장	경동시장		1.1%	28.9%	67.4		3등급	양호	결과수치 누락
	망원시장	43.3%	0.0%	9.2%	38.9		2등급	매우불량	
	남대문	30.0%	0.0%	17.8%	58.7		3등급	불량	

❶ [G5:J5] 범위 지정
❷ 채우기 핸들을 더블클릭하여 수식을 복사한다.

▶ 오류인 경우에 대한 값을 지정하는 IFERROR 함수

숫자, 문자, 공백 등 여러 가지 형태의 데이터가 섞여 있는 표에 수식을 입력하다 보면 어쩔 수 없이 오류가 생기는 경우가 있다. 셀에 오류가 생겼을 때 다른 값을 지정하고자 한다면 IFERROR 함수를 사용하면 된다. IFERROR 함수는 엑셀 2007 버전 이후부터 새로 추가된 함수이다.

다음 표는 제품 가격을 할부 개월로 나누어 매월 납입액을 구하는 표이다. 단순히 '가격/할부 개월' 수식을 사용하면 할부 개월 셀이 비어 있거나 '일시불'이라는 문자가 나타난다. 또한 0이 입력되어 있는 경우에는 납입액 셀에 오류가 표시된다.

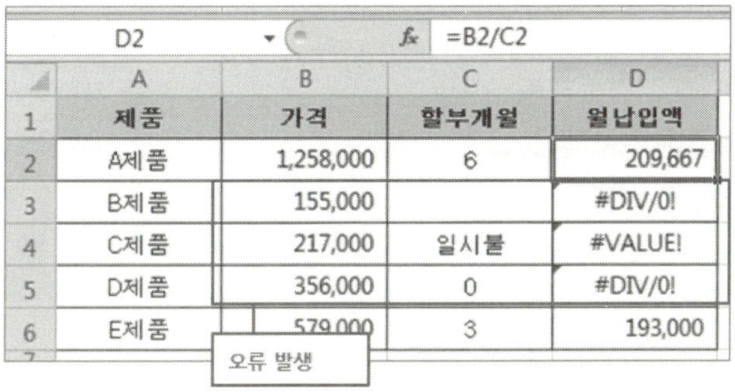

하지만 아래 그림과 같이 IFERROR 함수의 Value란에 수식을 입력하고, Value_if_error란에 결과가 오류일 때 원래 가격을 표시하도록 지정하면 오류가 발생하지 않는다.

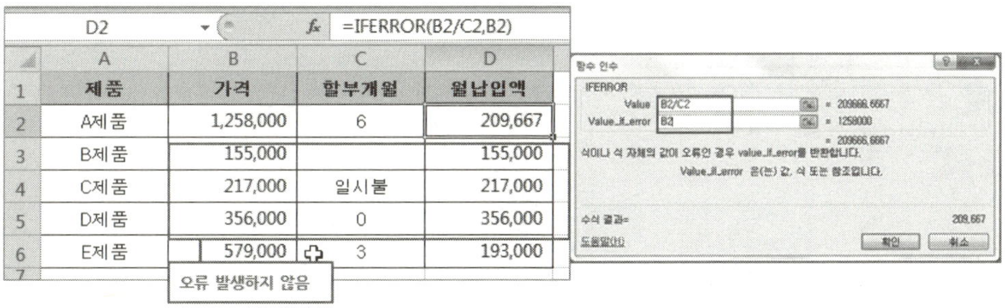

함수 범주	논 리
함수 형식	=IFERROR(Value, Value_if_error)
인수	• Vlaue(값): 오류를 검사할 값으로 식이나 셀 참조를 지정할 수 있음 • Value_if_error(오류일 때 지정할 값): 위의 값이 오류일 때 오류 표시 대신 표시할 값

IFERROR 함수 연습문제

다음은 제품 가격비교표 문서이다(5장\제품가격비교표.xlsx). 제품 가격비교표에서 금액은 제품단가×주문수량+배송료로 계산할 수 있다. 그러나 구매자가 아직 주문을 완료하지 않아 주문수량이 '미정'이라고 입력된 경우와 배송료가 '무료'라고 한글로 입력된 경우를 그대로 계산식에 적용하면 오류가 발생한다. 오류 표시가 나타나지 않게 금액 계산을 완성해보자.

제품 가격비교표

쇼핑몰	제품단가	주문수량	배송료	금액
일렉몰	88,500	미정	무료	#VALUE!
e-코리아	82,300	3	무료	#VALUE!
인터파크	76,400	3	2,500	231,700
온켓	76,600	2	무료	#VALUE!
고용산	70,600	2	3,000	144,200
e-store	70,560	미정	3,000	#VALUE!
다파라	69,600	3	3,000	211,800
전자랜드	69,500	미정	3,000	#VALUE!
아이클럽	68,800	4	3,000	278,200
제이엔아이컴	67,800	2	3,000	138,600
세이브앤조이	70,560	3	0	211,680
엠플	69,580	2	무료	#VALUE!
FORbit	67,000	2	2,500	136,500
피시포올	66,000	3	3,000	201,000
조이젠	68,600	미정		#VALUE!
아이컴프리	68,000	미정		#VALUE!
옥션	66,540	미정	0	#VALUE!
G마켓	63,900	3	2,400	194,100

제품 가격비교표

쇼핑몰	제품단가	주문수량	배송료	금액
일렉몰	88,500	미정	무료	
e-코리아	82,300	3	무료	246,900
인터파크	76,400	3	2,500	231,700
온켓	76,600	2	무료	153,200
고용산	70,600	2	3,000	144,200
e-store	70,560	미정	3,000	
다파라	69,600	3	3,000	211,800
전자랜드	69,500	미정	3,000	
아이클럽	68,800	4	3,000	278,200
제이엔아이컴	67,800	2	3,000	138,600
세이브앤조이	70,560	3	0	211,680
엠플	69,580	2	무료	139,160
FORbit	67,000	2	2,500	136,500
피시포올	66,000	3	3,000	201,000
조이젠	68,600	미정		
아이컴프리	68,000	미정		
옥션	66,540	미정	0	
G마켓	63,900	3	2,400	194,100

❶ 구입단가를 계산한다. 구입단가는 제품단가+배송료로 계산한다. D6셀에 =B6+C6을 입력한다.

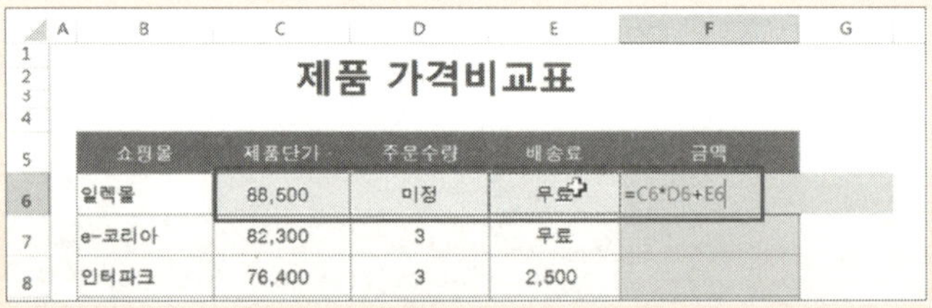

그러면 오류가 발생한다.

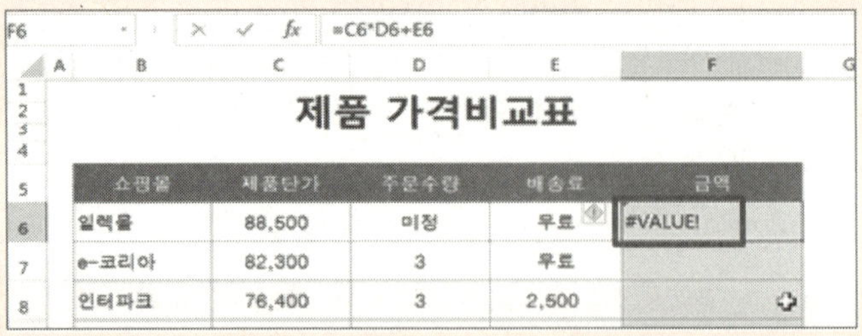

❷ 함수 삽입 메뉴를 클릭하여 IFERROR 함수를 실행한다. Value란에 제품단가×주문수량+배송료에 해당하는 수식을 입력하고, Value_if_error란에 오류가 발생했을 때의 표기 내용을 입력한다.

그런데 여기서 오류를 발생시킬 수 있는 조건이 두 가지이다. 먼저 주문수량이 미정인 경우와 두 번째로 배송료가 무료인 경우이다. 주문수량이 미정인 경우는 주문이 완성되지 않았으므로 금액에 아무 내용이 표시되지 않도록 지정하고, 배송료가 무료인 경우는 제품단가×주문수량의 결과값이 출력되도록 지정하면 된다. 따라서 IF함수를 중첩하여 이 두 조건을 입력하여보자.

Value_if_error란에 커서를 둔 상태에서 왼쪽 상단의 이름상자에 나타난 IFERROR 옆의 목록단추를 클릭하여 추가하고자 하는 IF함수를 선택한다. IF함수가 목록에 없는 경우 '함수 추가...'를 클릭하여 IF 함수를 지정해주면 된다.

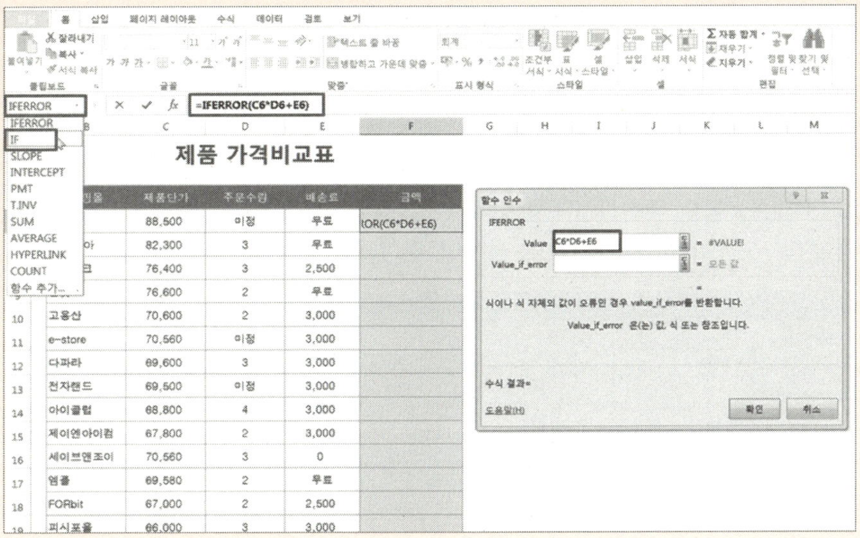

❸ IF 함수 대화상자에 아래와 같이 입력한다. Logical_test란에는 D6="미정"이라고 입력한다(주문이 미정이라는 의미), Value_if_true란에 ""를 입력한다(주문이 미정이므로 아무 내용도 출력하지 않는다는 의미). Value_if_false란에 C6*D6을 입력한다(그렇지 않은 경우는 배송료에 무료가 입력된 경우이므로 나머지 경우에 해당되어 결과로 출력할 수식을 바로 입력하면 된다. 제품단가*주문수량).

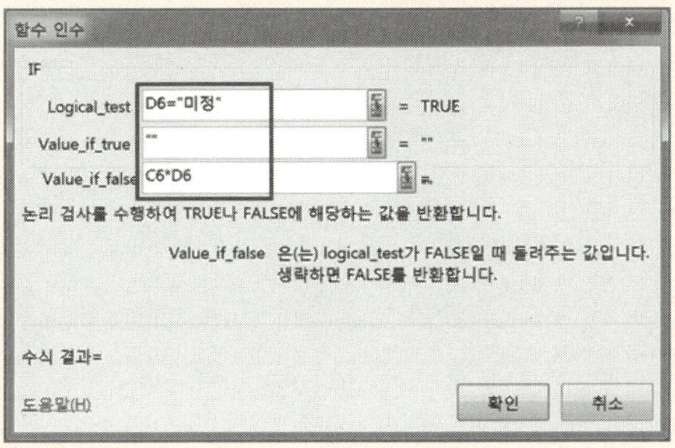

❹ IF함수 입력을 완료하였으면 다시 IFERROR 함수로 돌아가보자. 수식입력줄에 입력되고 있는 수식에서 =IFERROR 함수 이름에 커서를 대고 그 사이를 클릭하면 다시 IFERROR 함수 마법사 창으로 돌아간다.

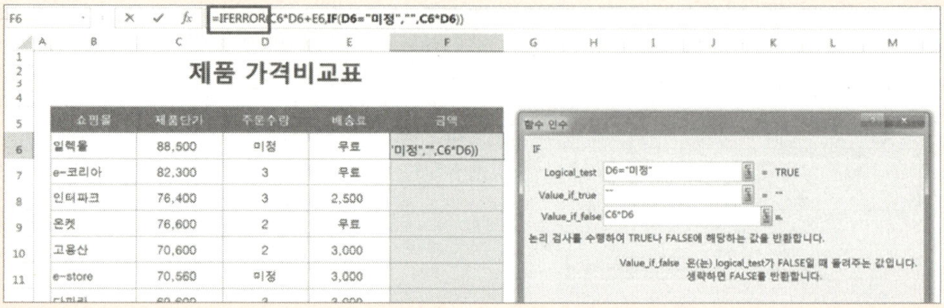

❺ IFERROR 함수 대화상자에서 아래와 같이 입력된 내용을 확인하고 [확인] 버튼을 누른다. 오류가 발생하지 않고 금액이 완성되었다.

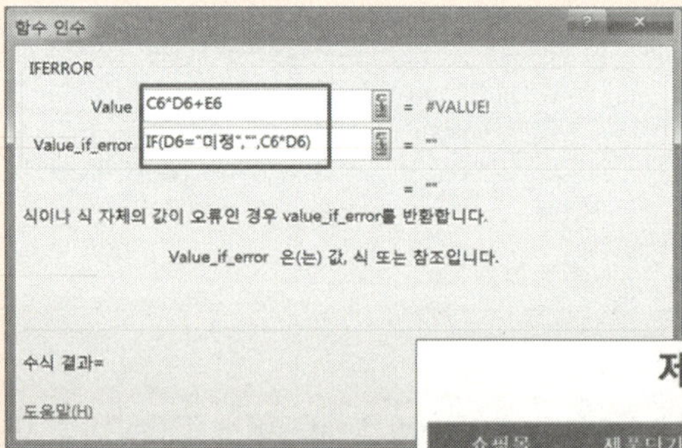

제품 가격비교표

쇼핑몰	제품단가	주문수량	배송료	금액
일렉몰	88,500	미정	무료	
e-코리아	82,300	3	무료	246,900
인터파크	76,400	3	2,500	231,700
온켓	76,600	2	무료	153,200
고용산	70,600	2	3,000	144,200
e-store	70,560	미정	3,000	
다파라	69,600	3	3,000	211,800
전자랜드	69,500	미정	3,000	
아이클럽	68,800	4	3,000	278,200
제이엔아이컴	67,800	2	3,000	138,600
세이브앤조이	70,560	3	0	211,680
엠플	69,580	2	무료	139,160
FORbit	67,000	2	2,500	136,500
피시포올	66,000	3	3,000	201,000
조이젠	68,600	미정		
아이컴프리	68,000	미정		
옥션	66,540	미정	0	
G마켓	63,900	3	2,400	194,100

논리 함수 및 중첩 함수 연습문제

다음은 관공서 공무원들이 사용하는 출장여비 지급 명세서이다. 직급별로 식비 단가, 숙박비 단가가 다르므로 IF 함수를 사용하고 다음 지시 사항에 다라 식비, 숙박비, 일비, 합계를 구해보자(5장\여비지급명세서.xlsx).

출 장 여 비 지 급 명 세 서

성 명	직급	출장일수		출장지	교통비		식 비		숙박비		일비	합 계
		일수	야수		지급액	거리(Km)	단가	지급액	단가	지급액	지급액	
강도영	계장	1	1	대전	9,200	175.4	18,000	18,000	25,000	25,000	10,000	62,200
홍은표	계장	5	4	천안	2,600	48.8	18,000	18,000	25,000	100,000	50,000	170,600
이순심	주사	2	2	대천	12,200	162.4	15,000	15,000	22,000	44,000	20,000	91,200
박종무	계장	1		예산	3,800	47.0	18,000	6,000	25,000			9,800
서희영	과장	2		당진	7,200	109.2	24,000	8,000	46,000			15,200
이동구	계장	3	2	부여	13,600	186.2	18,000	18,000	25,000	50,000	30,000	111,600
홍동길	주사	1		대천	12,200	162.4	15,000	5,000	22,000			17,200
합 계					60,800			88,000		219,000	110,000	477,800

[MEMO]

직급	식비단가	숙박비단가
과장	24,000	46,000
계장	18,000	25,000
주사	15,000	22,000

- 지시 사항

❶ 식비 단가는 직급이 과장이면 24,000, 계장이면 18,000, 주사면 15,000, 나머지 경우에는 '직급오류'가 입력되게 한다(IF함수 중첩).

❷ 식비 지급액은 야수가 0이면 '식비 단가/3'으로 계산하고, 그렇지 않으면 식비 단가를 그대로 입력한다(IF함수 사용).

❸ 숙박비 단가는 직급이 과장이면 46,000, 계장이면 25,000, 주사면 22,000, 나머지 경우에는 '직급오류'가 입력되게 한다(IF 함수 중첩)

❹ 숙박비 지급액은 야수가 0이면 빈 칸으로 표시하고, 그렇지 않으면 '야수*숙박비 단가'로 계산한다(IF함수 사용).

❺ 일비 지급액은 일수와 야수가 모두 1 이상이면 '일수 *10,000'으로 계산하고, 그렇지 않으면 빈 칸으로 표시한다(IF, AND함수 사용).

❻ 합계는 '교통비 지급액 + 식비 지급액 + 숙박비 지급액 + 일비'로 계산하되, 결과가 오류인 경우 '교통비 지급액 + 식비 지급액'만 계산하도록 한다(IFERROR함수 사용).

4. 찾기 함수 사용하기

엑셀에서는 많은 양의 데이터 목록이나 배열에서 값을 찾아와서 계산해야 하는 경우가 많다. 이때 사용하는 함수가 찾기/참조 영역 함수이다.

1) 목록에서 값을 찾아오는 VLOOKUP, HLOOKUP 함수

VLOOKUP, HLOOKUP 함수는 찾고자 하는 값을 입력하면 다른 데이터 목록의 첫 번째 행 또는 열에서 해당 값을 찾은 후 해당 값과 관련된 정보를 가져오도록 할 때 사용한다. 두 함수의 쓰임새와 함수 인수 형식은 거의 일치하지만, VLOOKUP 함수는 세로 방향의 데이터 목록에서 값을 찾아올 때, HLOOKUP 함수는 가로 방향의 데이터 목록에서 값을 찾아올 때 사용한다. VLOOKUP에서 V는 vertical(세로)을 의미하며 HLOOKUP의 H는 horizon(가로)을 의미한다.

함수 범주	찾기/참조 영역
함수 형식	=VLOOKUP(Lookup_value, Table_array, Col_index_num, [Range_lookup]) =HLOOKUP(Lookup_value, Table_array, Row_index_num, [Range_lookup])
인수	• Lookup_value(찾는 값): 표 목록의 첫 번째 행 또는 열에서 찾으려는 값 • Table_array(표 목록): 찾을 값이 있는 표 목록 • Col_index_num(열 번호): 표 목록에서 가져올 데이터가 있는 열 번호 • Row_index_num(행 번호): 표 목록에서 가져올 데이터가 있는 행 번호 • Range_lookup(찾을 방식): 정확히 일치하는 값을 찾을 것인지, 수치 범위 내에서 근사값을 찾을 것인지에 대한 선택 사항 • True 또는 생략: 수치 범위 내에서 근사값을 찾음. 찾을 값이 숫자인 경우 주로 사용 • False 또는 0: 정확하게 일치하는 값을 찾음. 찾을 값이 문자인 경우 주로 사용

VLOOKUP 함수 예제

직위별 상여금과 초과수당이 입력된 표를 참조하여 직원들의 상여금과 초과수당을 계산해보자(5장\상여금지급.xlsx).

상여금 지급

이름	직위	상여금	초과수당
김성동	과장		
홍길동	부장		
김칠수	과장		
박선혜	대리		
구선애	사원		

직위별 지급 기준

직위	상여금	초과수당
사원	500,000	3,500
대리	600,000	4,500
과장	650,000	5,500
부장	700,000	6,000

❶ 함수 삽입 단추를 클릭하여 VLOOKUP 함수를 찾아 실행한다. 네 가지 인수를 입력하는 함수 인수 대화상자가 열린다.

- 먼저 첫 번째 Lookup_value란에 찾고자 하는 값이 있는 C5셀을 입력한다. 직원들의 직위별 상여금과 초과수당이 다르므로 직위에 해당되는 상여금을 조건표에서 찾기 위함이다.
- 두 번째 Table_array란에는 조건표가 있는 영역을 설정해준다. 이 영역은 아래로 자동 채움하여도 변동되지 않도록 절대주소로 지정해주어야 한다.
- 세 번째 Col_index_num란에는 조건표에서 찾고자 하는 값이 있는 열의 순서를 입력한다. 상여금 값은 조건표에서 두 번째 열에 있으므로 2를 입력해주면 된다.
- 네 번째로 Range_lookup란에는 근사치(1) 또는 정확한 값(0)을 찾는 여부를 입력한다. 1 또는 생략하면 근사치를 찾는다. 본 예제에서는 과장이라는 직위에 정확히 일치되는 상여금을 찾아야 하므로 0을 입력한다.

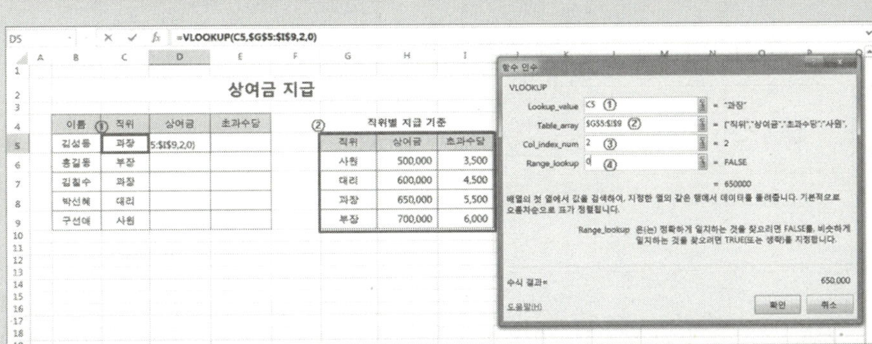

❷ 김성동 과장의 상여금 650,000을 조건표에서 찾아 입력된 결과를 확인할 수 있다. 나머지 직원에 대해서도 아래로 셀을 자동 채움하여 완성한다.

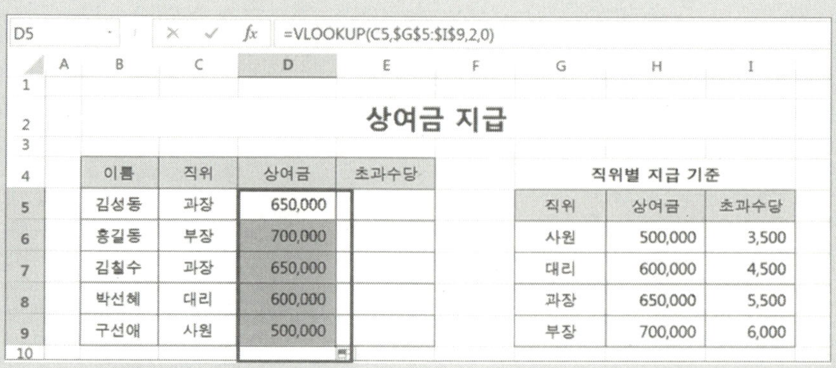

이름	직위	상여금	초과수당
김성동	과장	650,000	
홍길동	부장	700,000	
김칠수	과장	650,000	
박선혜	대리	600,000	
구선애	사원	500,000	

직위	상여금	초과수당
사원	500,000	3,500
대리	600,000	4,500
과장	650,000	5,500
부장	700,000	6,000

❸ 위와 동일한 방법으로 이번에는 직원들의 직위별 초과수당을 계산해보자. 함수 삽입 단추를 클릭하여 VLOOKUP 함수를 찾아 실행한다. 네 가지 인수를 입력하는 함수 인수 대화상자가 열린다.

- 먼저 첫 번째 Lookup_value란에 찾고자 하는 값이 있는 C5셀을 입력한다. 직원들의 직위별 초과수당이 다르므로 직위에 해당되는 초과수당을 조건표에서 찾기 위함이다.
- 두 번째 Table_array란에는 조건표가 있는 영역을 설정해준다. 이 영역은 아래로 자동 채움하여도 변동되지 않도록 절대주소로 지정해주어야 한다.
- 세 번째 Col_index_num란에는 조건표에서 찾고자 하는 값이 있는 열의 순서를 입력한다. 초과수당은 조건표에서 세 번째 열에 있으므로 3을 입력해주면 된다.
- 네 번째로 Range_lookup란에는 근사치(1) 또는 정확한 값(0)을 찾는 여부를 입력한다. 1 또는 생략하면 근사치를 찾는다. 본 예제에서는 과장이라는 직위에 정확히 일치되는 초과수당을 찾아야 하므로 0을 입력한다.

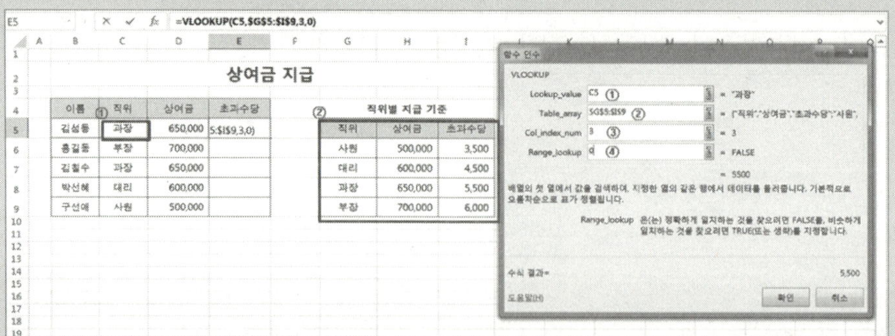

❹ 김성동 과장의 초과수당을 조건표에서 찾아 5,500이 입력된 것을 확인할 수 있다. 아래로 자동 채움하여 나머지 셀도 완성한다.

상여금 지급

이름	직위	상여금	초과수당
김성동	과장	650,000	5,500
홍길동	부장	700,000	6,000
김칠수	과장	650,000	5,500
박선혜	대리	600,000	4,500
구선애	사원	500,000	3,500

직위별 지급 기준

직위	상여금	초과수당
사원	500,000	3,500
대리	600,000	4,500
과장	650,000	5,500
부장	700,000	6,000

※ HLOOKUP 함수는 테이블의 첫째 행에서 값을 찾고 그 테이블의 다른 행에 있는 같은 열에서 값을 반환한다. 즉 VLOOKUP 함수의 행과 열의 역할이 반대가 되는 함수이다. VLOOKUP 함수와 동일한 방법으로 실행하면 된다.

2) 참조 함수

참조 함수들은 셀, 행, 열, 범위를 참조하는 함수이다. 셀 또는 범위를 찾거나, 셀의 행 번호 또는 열 번호를 식별하는데 사용된다. 예로써 ROW 함수는 행 번호를, COLUMN 함수는 열 번호를 가져온다. 인수를 생략하면 현재 셀의 행 번호, 열 번호를 가져오며, 인수로 셀 주소를 지정하면 해당 셀 주소에 대한 행 번호, 열 번호를 가져온다. 자동으로 일련번호가 변하도록 해야 하는 경우에 주로 쓰이며 혼자 쓰이는 경우보다는 다른 함수 안에서 활용되는 경우가 많다.

대부분의 참조 함수들은 고급 수식에 사용된다. 따라서 엑셀을 고급 업무에 활용하려면 참조 함수가 어떻게 작동하는지, 셀 참조가 실제로 무엇을 의미하는지 등을 이해하는 것이 중요하다. 아래에 셀 참조 함수들의 간단한 예와 설명을 제시하였다.

함수명	수식 입력	결과 값
ROW	=ROW()	2
COLUMN	=COLUMN()	2
ADDRESS	=ADDRESS(C2,C3)	$B$2
INDIRECT	=INDIRECT(C4)	2
OFFSET	=OFFSET(C4,-1,0)	2

함수 이름	기 능
ROW	셀 참조에서 행 번호를 반환한다. 위 예에서 ROW() 함수는 현재의 행 번호인 2를 반환한다.
COLUMN	셀 참조에서 열 번호를 반환한다. 위 예에서 COLUMN()함수는 현재의 열 번호인 2를 반환한다.
ADDRESS	셀 참조를 텍스트 형태로 단일 셀에 반환한다. 위 예에서 ADDRESS 함수는 C2에 저장된 행 번호인 2와 C3에 저장된 열 번호인 2를 사용하여 셀 주소 $B$2를 구성한다.
INDIRECT	텍스트 값이 가리키는 셀 참조를 반환한다. ADDRESS 함수에 의해서 생성된 특정 셀 참조로부터 값을 반환하기 위해서 흔히 이 함수는 ADDRESS 함수와 함께 사용된다. 위 예에서 INDIRECT() 함수는 C4내에서 ADDRESS()에 의해서 생성된 텍스트 주소를 참조한 후 셀 $B$2에 접근하여 그 셀의 내용인 2를 반환한다.
OFFSET	주어진 셀 참조로부터 참조 오프셋(offset)을 반환한다. 위 예에서 OFFSET() 함수는 C4셀을 살펴본 후, 한 칸 위로 올라가고(-1) 같은 열(0)의 셀에 들어있는 값인 2를 반환한다.
INDEX	표나 범위에서 값 또는 값에 대한 참조를 반환한다. 예를 들어 =INDEX(A1:B4,2,3)은 A1:B4 범위에서 두 번째 행과 세 번째 열이 교차하는 셀의 값을 반환한다.
CHOOSE	인덱스 번호를 사용하여 인수 값 목록에서 해당되는 위치의 값을 반환한다. 예를 들어 =CHOOSE(3,사과,딸기,복숭아,포도)의 결과는 목록에서 세 번째에 해당되는 인수인 복숭아를 반환한다.

INDEX() 함수 예제

INDEX()는 참조 영역(Array)의 행 번호(Row_num)와 열 번호(Column_num)를 지정해 원하는 데이터를 찾아 가져오는 함수이다. 다음은 급여 테이블에 직급별 직위를 입력하는 예제이다. 직원들의 직급을 우측의 표에서 찾아 해당되는 직위를 입력하도록 INDEX() 함수를 이용하여 찾아보자(5장\급여테이블.xlsx).

❶ 총무팀의 김용철 직원의 직급은 8이다. 이 직급의 직위가 어디에 해당되는지를 우측의 표에서 찾아 출력해보자. 직위를 입력할 E3셀을 선택하고 INDEX() 함수를 실행하면 '인수 선택' 대화창이 뜨는데 하나의 데이터나 둘 이상의 데이터를 참조할지를 선택하는 내용이다. 본 예제에서는 하나의 데이터만 대상으로 하므로 첫째 옵션을 선택한다.

❷ '함수 인수' 대화상자가 나타나면 첫 번째 인수 Array란에는 조건표가 있는 영역을 절대 참조로 입력해준다. 두 번째 인수인 Row_num란에는 찾고자하는 값의 행 번호

를 입력한다. 직원들의 직급에 따라 찾고자 하는 행 번호가 달라지므로 직원들의 직급 번호가 행 번호가 된다. 따라서 김용철 사원의 직급이 입력된 D3셀을 입력해준다. 이 위치는 아래로 자동 채움하면 다음 직원의 직급이 입력된 D4, D5, D6...셀로 상대 참조되며 행 번호가 변경된다. 세 번째 인수인 Column_num란에는 찾고자 하는 값의 열 번호를 입력한다. 직위를 출력하려고 하므로 조건표에서 직위는 두 번째 열에 해당된다. 2를 입력하고 [확인] 버튼을 눌러 완료한다.

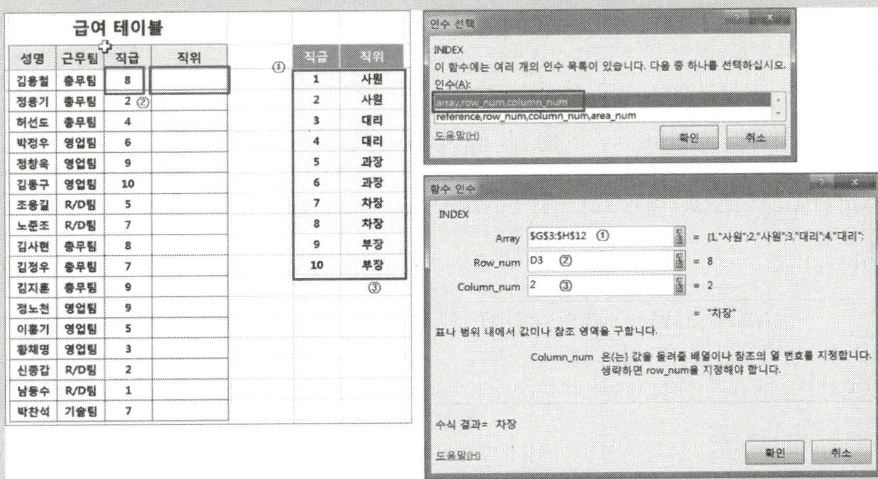

❸ 각 직원의 직급별 직위가 출력된 결과가 나타나도록 E3셀을 아래로 자동 채움하여 완성한다.

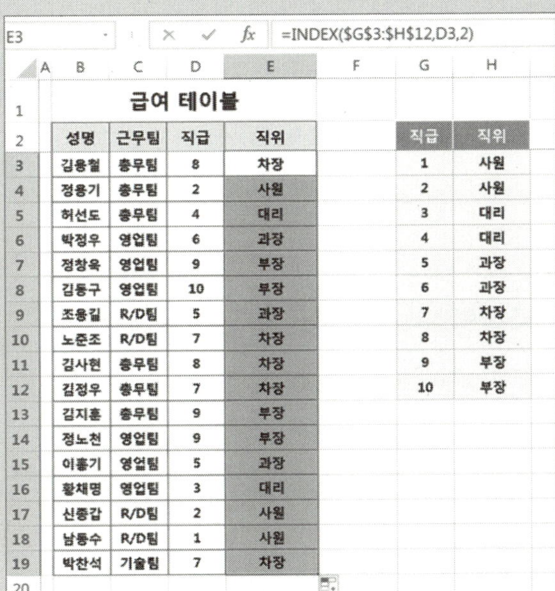

CHOOSE() 함수 예제

CHOOSE 함수는 항목들의 목록에서 한 항목을 선택하기 위해서 사용한다. 이 함수의 형식은 CHOOSE(찾는 값, 항목들의 목록)이다. 여기서 찾는 값은 항목들의 목록에서 원하는 항목이 들어 있는 위치를 말한다. 예를 들어서 찾는 값이 2이면 항목들의 목록에서 두 번째 항목이 반환된다.

아래에 있는 학생들의 평균점수를 이용하여 CHOOSE() 함수를 연습해보자. 평균을 기준으로 순위를 매겨서 1위는 최우수, 2위는 우수, 3위와 4위는 보통이라고 평가 란에 출력해보자. 평균을 기준으로 순위를 매겨야 하므로 CHOOSE 함수 내에 RANK.EQ 함수가 중첩된다(5장\성적표.xlsx).

2017년 1학기 성적표

이름	경영학원론	마케팅원론	회계원리	경영정보시스템	총점	평균	평가
김영희	86	76	85	82	329	82	
김철수	92	90	76	85	343	86	
박타령	75	85	68	72	300	75	
이길동	65	70	85	80	300	75	
홍길동	86	79	98	95	358	90	

❶ 평가를 출력할 H4셀에 커서를 두고 CHOOSE() 함수를 실행한다. 첫 번째 인수인 Index_num란에 평균을 기준으로 한 순위가 입력되어야 한다. 이름 상자의 목록 버튼을 눌러 RANK.EQ 함수를 선택한다. RANK.EQ 함수가 목록에 없으면 '함수 추가...'를 클릭하여 선택해준다.

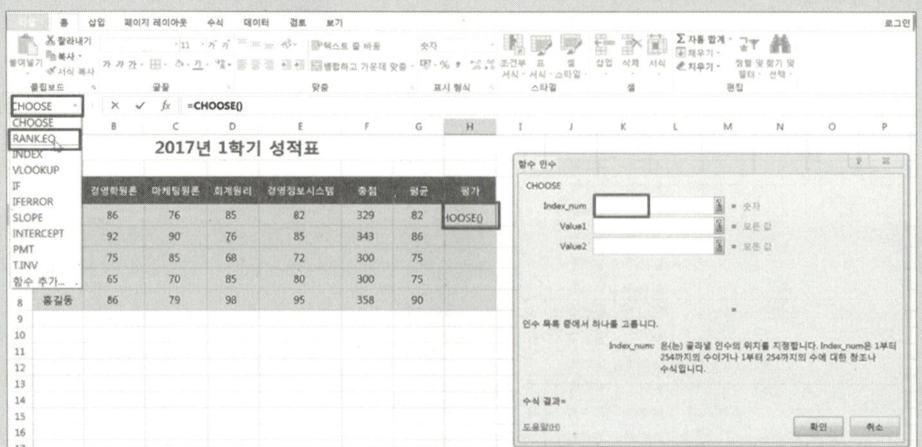

❷ RANK.EQ 함수 대화상자가 나타난다. 첫 번째 인수인 Number란에 김영희 학생의 평균이 입력된 G4셀을 입력한다. 두 번째 인수인 Ref란에는 전체 학생의 평균 점수가 입력된 영역을 절대 참조로 입력해준다($G$4:$G$8). 세 번째 인수인 Order는 내림차순/오름차순의 순위 방식을 입력하는데 0이나 생략하면 내림차순으로 순위가 매겨진다. 0 또는 생략한다. 입력을 완료했으면 다시 CHOOSE() 함수로 돌아가자. 마우스 커서를 수식 입력줄의 =CHOOSE... 사이에 대고 클릭하면 다시 CHOOSE() 함수 대화상자로 돌아가게 된다.

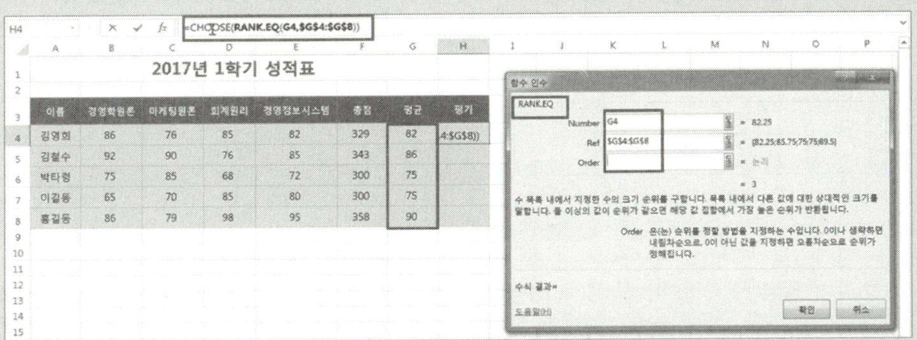

❸ CHOOSE() 함수 대화상자에서 Value1~Value4까지 아래와 같이 입력한다. 순위가 1로 나온 학생은 최우수, 2는 우수, 3과 4는 보통으로 출력되도록 입력하였다.

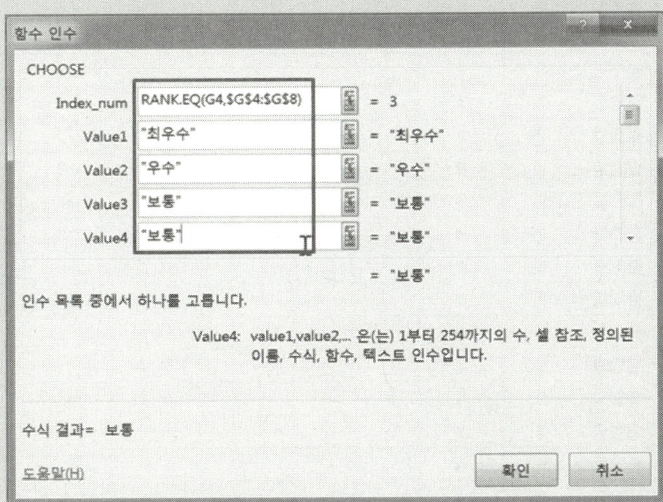

❹ [확인] 버튼을 눌러 완료한다. 학생들의 평균의 순위를 기준으로 평가가 최우수부터 보통까지 입력된 결과를 확인할 수 있다.

H4 =CHOOSE(RANK.EQ(G4,$G$4:$G$8),"최우수","우수","보통","보통")

	A	B	C	D	E	F	G	H
1	2017년 1학기 성적표							
2								
3	이름	경영학원론	마케팅원론	회계원리	경영정보시스템	총점	평균	평가
4	김영희	86	76	85	82	329	82	보통
5	김철수	92	90	76	85	343	86	우수
6	박타령	75	85	68	72	300	75	보통
7	이길동	65	70	85	80	300	75	보통
8	홍길동	86	79	98	95	358	90	최우수
9								

함수의 사용 연습문제

INDEX 함수를 이용해 급여 테이블의 직위와 기본급의 빈 칸을 채워보자. 기본급을 참조하기 위해서는 '기본급' 시트에 있는 표를 이용한다(5장\직원급여테이블.xlsx).

직원 급여 테이블

성명	근무팀	직급	호봉	직위	기본급
김용철	총무팀	8	2		
정용기	총무팀	8	2		
허선도	총무팀	8	2		
박정우	영업팀	7	3		
정창욱	영업팀	7	3		
김동구	영업팀	7	3		
조용길	R/D팀	9	3		
노준조	R/D팀	9	3		
김사현	총무팀	9	2		
김정우	총무팀	9	2		
김지훈	총무팀	9	2		
정노천	영업팀	9	3		
이홍기	영업팀	9	3		
황채명	영업팀	9	3		
신종갑	R/D팀	6	4		
남동수	R/D팀	6	4		
박찬석	기술팀	7	3		
김인철	기술팀	7	2		
김종진	영업팀	6	1		
박이호	영업팀	6	1		

직급	직위
1	사원
2	사원
3	대리
4	대리
5	과장
6	과장
7	차장
8	차장
9	부장
10	부장

2. Vlookup 함수를 이용하여 각 학생들의 평균으로 근사값에 해당하는 학점을 찾아 평가란에 값을 입력하라(5장\근사값찾기.xlsx).

성적표

이름	국어	영어	수학	평균	평가
정노천	47	55	60	54	
임정호	80	75	75	77	
이장호	65	60	66	64	
윤정덕	95	95	90	93	
신점기	92	90	77	86	
박한얼	85	90	80	85	
박한식	94	85	90	90	
박찬석	59	100	100	86	
박중태	74	88	76	79	
박정우	77	78	80	78	
박이호	99	77	89	88	
김한나	100	100	90	97	
김종진	44	30	45	40	
김용철	57	66	90	71	
김용곤	80	80	56	72	
김사현	67	66	79	71	

점수	학점
0	F
60	D-
65	D+
70	C-
75	C+
80	B-
85	B+
90	A-
95	A+

3. 사원 이름을 입력하면 왼쪽의 사원급여 현황표에서 그 사원과 정확히 일치하는 데이터를 찾아오도록 Vlookup 함수로 함수식을 만들어보라(5장\일치하는값찾기.xlsx).

사원 급여 현황

성명	근무팀	직위	급여총액
정노천	영업팀	차장	2,113,700
김사현	총무팀	부장	2,371,600
김용철	총무팀	과장	1,810,000
김용곤	총무팀	사원	816,800
김종진	영업팀	대리	1,159,200
박정우	영업팀	과장	1,466,300
박중태	영업팀	사원	952,600
신점기	총무팀	사원	952,600
박이호	영업팀	대리	1,159,200
박한식	영업팀	대리	1,159,200
박한얼	총무팀	사원	952,600

성명	근무팀	직위	급여총액
박한얼			

4. 아래 출장비 지불증에 직원의 사번을 입력하면 해당 정보가 출력되고, 각 출장 거리에 따른 금액이 계산되도록 찾기 함수를 사용해 문서를 완성해보자. 표는 '목록' 시트에서 참조할 수 있다(5장\출장비지불증.xlsx).

출장비 지불증

취급	기안	과장	부장

▣ 신 청 일 : 2017년 5월 11일

사번	신청자	부서	직위	전화
SH-8567	김기만	총무부	부장	947-0000

일금 일십구만육천팔백원정 (₩ 196,800)

NO.	일자	출장목적	행선지	거리(km)	금액
1	04월 11일	세미나 진행	부산	24.4	8,400
2	04월 18일	전시회 참석	서울	107.4	60,000
3	04월 25일	거래처 미팅	거창	93.2	60,000
4	05월 02일	교육 참석	수원	75.1	60,000
5	05월 09일	교육 참석	고령	23.5	8,400

5. 예제파일(5장\견적서.xlsx)을 열어 견적서 문서의 내용을 다음 그림과 같이 완성해본다.

견 적 서

날 짜: 2017년 5월 1일

수 신: 대표이사 귀하

참 조: 구매과장 귀하

사 업 장 소 재 지	경남 창원시 마산합포구 월영동
상 호	마창전자
대 표 자 성 명	김 운 호 (인)
전 화 번 호	(055) 815-0000

합계금액 (공급가액+세액)	일금 오백사십칠만사천사백구십구원정						₩ 5,474,499
No.	품명	규격	수량	단가	할인적용	공급가액	세액 (영세율)
1	A-002	25x60	16	17,350	95%	263,720	0
2	B-001	25x61	35	27,650	95%	919,363	0
3	C-001	12x48	120	11,680	85%	1,191,360	0
4	C-002	25x63	74	14,400	95%	1,012,320	0
5	D-002	12x50	112	21,930	85%	2,087,736	0
합계						5,474,499	0

[MEMO]

세액유형 1은 일반, 2는 영세율임. ※ 세액유형: 2

할인규정

주문수량	할인적용	설명
0	100%	0개~9개
10	97%	10개~19개
20	95%	20개~39개
40	93%	40개~59개
60	91%	60개~79개
80	89%	80개~99개
100	85%	100개 이상

〈조건〉

- No. 아래에는 ROW() 함수를 이용하여 자동 일련번호를 매긴다.
- 규격은 '제품단가규격' 시트의 표를 이용하여 값을 찾는다(Hlookup() 사용).
- 단가는 '제품단가규격' 시트의 표를 이용하여 값을 찾는다(Vlookup() 사용).
- 할인적용은 우측의 할인규정 표를 이용하여 값을 찾는다(Vlookup() 사용).
- I13셀에는 세액유형(I21) 셀이 1이면 (일반), 2이면 (영세율)이라고 입력되게 한다(Choose() 사용).
- 세액은 세액유형(I21) 셀이 1이면 '공급가액*10%'로 계산하고, 2면 0이 입력되게 한다(Choose() 사용).

06 차트 만들기

차트는 데이터를 그래픽하게 표현한 것이다. 워크시트에 입력한 데이터를 차트로 표현하여 비교, 패턴, 추세를 한 눈에 파악할 수 있다. 본 장에서는 엑셀에서 차트를 생성하는 방법을 학습한다. 또한 차트를 만든 후에 어떻게 차트를 수정하고 꾸미는지 알아본다.

1. 차트 작성하기

차트는 동일한 정보를 표로 제시하는 것보다 결과나 추세를 전달하는데 훨씬 더 효과적이다. 차트는 효과적으로 데이터를 비교하고, 추세를 나타내고, 데이터 내의 특이사항을 찾아낼 수 있게 한다. 예를 들어서 아래 표는 영업소별 경비사용내역을 정리한 데이터이다. 이 내용을 우측의 차트로 보면 각 영업소별로 어떤 항목에 대해 지출이 많은지를 한 눈에 파악할 수 있다.

	A	B	C	D	E
1	영업소별 경비사용내역				
2					단위: 천원
3	영업소명	복리후생비	활동비	잡비	합계
4	종로	3,838	6,157	3,498	13,493
5	강서	2,820	7,280	3,678	13,778
6	강동	3,650	6,555	7,322	17,527
7	중구	2,194	6,596	4,332	13,122
8	서대문	2,185	7,985	5,406	15,576
9	노원	2,487	7,658	4,051	14,196

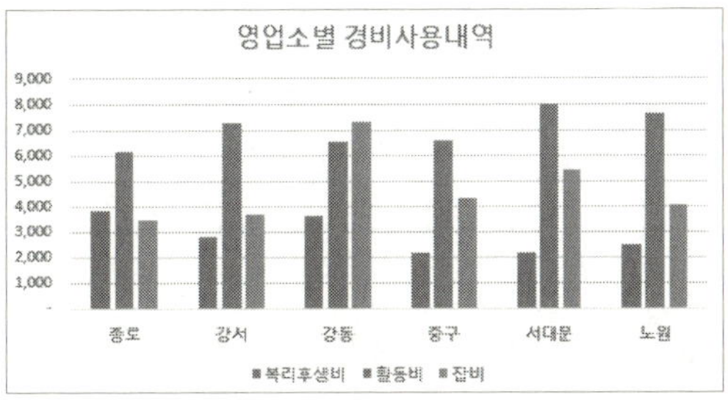

▶ 차트 작성 계획

차트를 생성할 때는 아래 두 가지 사항을 고려하자.

① 차트로 나타낼 데이터 선택

워크시트에 입력한 모든 데이터를 차트에 나타내는 것은 바람직하지 않다. 이렇게 하면 오히려 표로 제시하는 것보다 차트로 나타내는 것이 더 혼란스럽고 이해하기 어렵게 보일 수 있다. 그러므로 차트를 나타내고자 하는 데이터만 선택하여 이를 차트로 나타내어야 명확한 차트를 작성할 수 있다.

② 적절한 차트의 종류 선택

데이터의 유형에 따라 가장 잘 어울리는 차트 종류를 선택하면 데이터의 의미를 쉽게 효과적으로 전달할 수 있다.

차트 종류	아이콘	용도
세로 막대형		• 여러 범주에 걸쳐서 값들을 서로 비교하는데 유용 • 값의 크기를 세로 막대의 높이로 표현하므로 단번에 값들을 서로 비교할 수 있음
가로 막대형		• 워크시트의 여러 열이나 행에 있는 데이터를 가로 막대형 차트로 그릴 수 있음 • 가로 막대형 차트는 개별 항목을 비교하여 보여줌
꺾은선형		• 시간의 흐름에 따른 판매량 등의 추세를 비교하는데 적합 • 특정 값마다 막대를 표현하는 대신 각 값을 선으로 연결하여 값들 간의 관계를 표현
원형		• 전체에 대한 각 부분의 비율을 나타내려 할 때 가장 효과적 • 엑셀은 원형 차트에서 각 셀의 면적이 셀의 값을 합계로 나눈 비율을 나타내도록 정함 • 워크시트의 한 열이나 행에 있는 데이터만 원형 차트로 그릴 수 있음
콤보형		• 여러 유형의 정보를 강조하기 위해 하나의 차트에서 여러 가지 차트 종류를 병합할 수 있음 • 예를 들어 차트를 보다 쉽게 이해할 수 있는 시각적 효과를 내기 위해 세로 막대형 차트와 꺾은선형 차트를 함께 사용할 수 있음

▶ 세로 막대형 차트 생성하기

엑셀은 여러 가지 목적에 적합한 차트 종류들을 다양하게 제공한다. 세로 막대형 차트는 여러 지점들의 판매량 또는 월별 판매량과 같이 여러 범주에 걸쳐서 값들을 서로 비교하는데 적합하다. 세로 막대형 차트의 막대들은 세로로 표시되고, 값이 클수록 막대의 높이가 높다. 막대의 색깔은 범주들을 구별하는데 도움이 된다.

이번 실습에서는 여러 장소에서 극장을 운영하고 있는 기업의 극장별 1월, 2월, 3월 입장객 수를 나타내는 워크시트 데이터를 세로 막대형 차트로 만들어보자(6장 \ 극장입장객수.xlsx).

❶ 차트로 나타낼 데이터 범위를 선택한다. 행과 열의 합계 데이터는 선택하지 않는다.

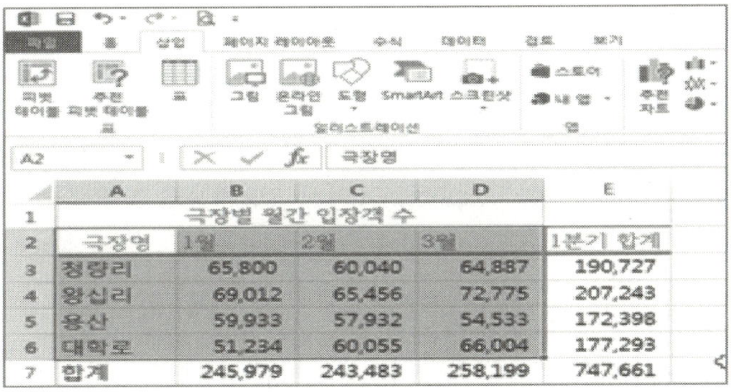

❷ [삽입] 탭-[차트] 그룹-[세로 막대형 차트 삽입 단추]를 클릭한다. [2차원 세로 막대형]의 세 개의 하위 종류 중에서 첫 번째 종류(묶음 세로 막대형)을 선택한다.

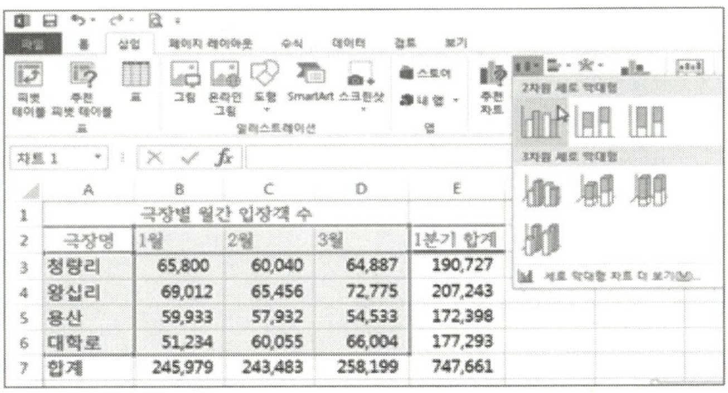

❸ [차트 제목]을 마우스로 드래그하여 선택한다. '극장별 월간 입장객 수'를 차트 제목으로 입력한다.

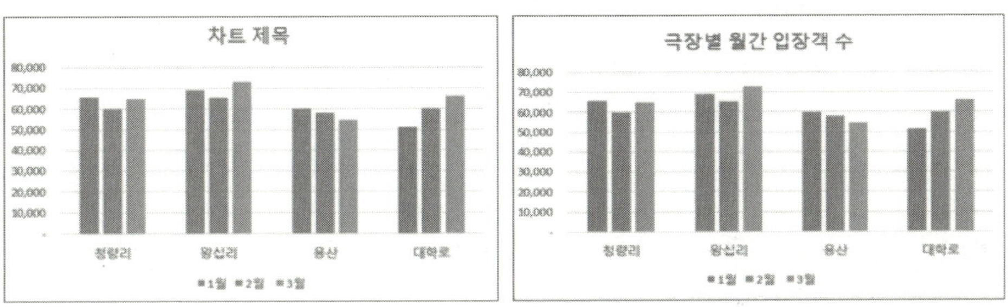

▶ 꺾은선형 차트 생성하기

꺾은선형 차트는 시간의 흐름에 따른 데이터의 추세를 파악하는데 유용하다. 월별 또는 분기별 제품의 판매량 추세, 점유율 추세 등을 한눈에 파악할 수 있다. 연도별 전통시장의 현황을 꺾은선형 그래프로 그려서 그 내용을 파악해보자(6장 \ 전통시장 현황.xlsx).

❶ 데이터 중에서 지원금액과 점포수 데이터만 선택한다.

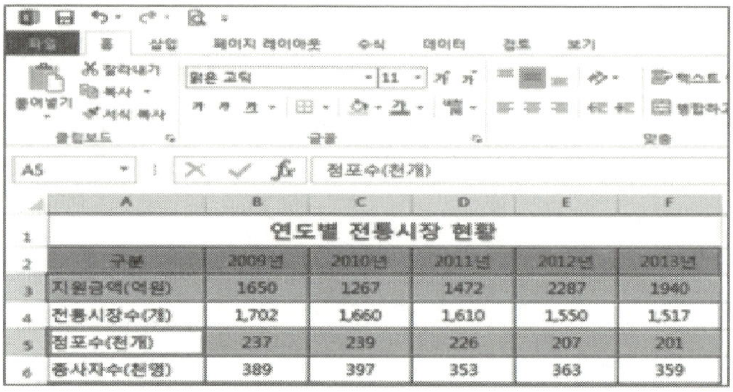

❷ 차트의 종류 중 꺾은선형을 선택한다.

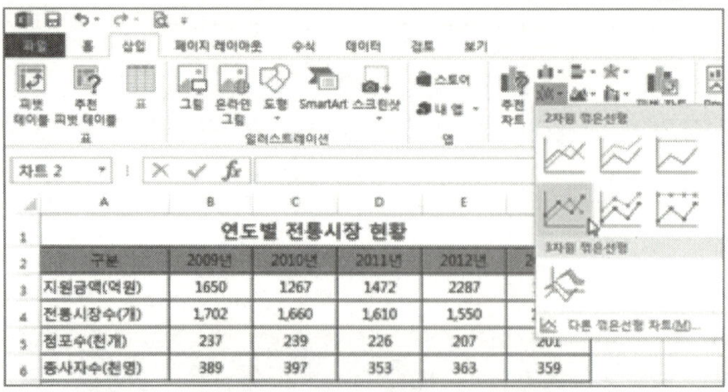

❸ 생성된 차트 중 '점포수' 계열 꺾은선을 선택한 후 [차트종류변경] 메뉴를 클릭한다. 지원금액과 점포수의 데이터 단위가 크게 차이가 나므로 '점포수' 계열은 보조축을 생성한다.

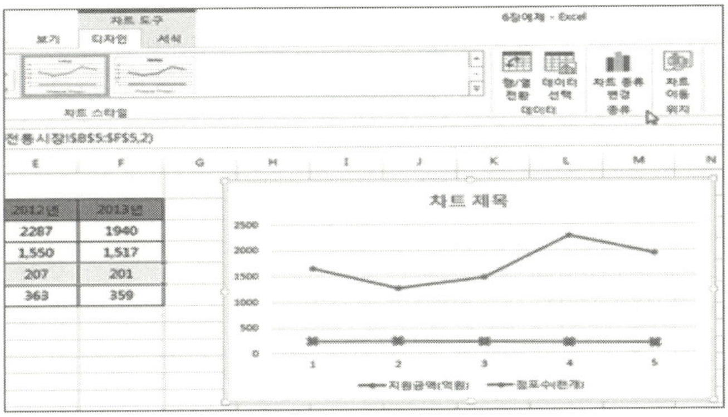

❹ 점포수 계열에 '보조 축'을 체크한다.

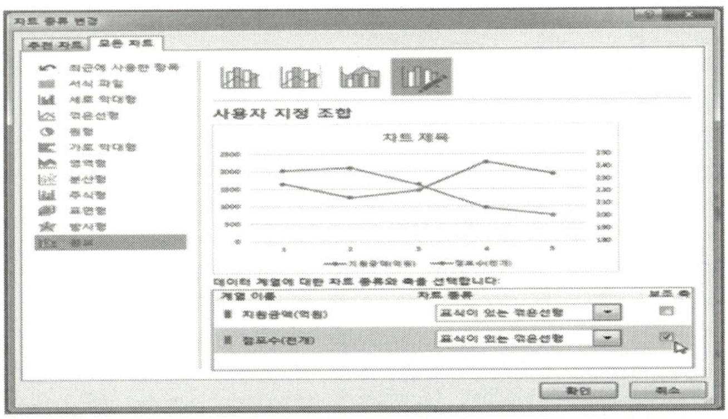

❺ 차트의 제목과 X축의 내용을 수정한다.

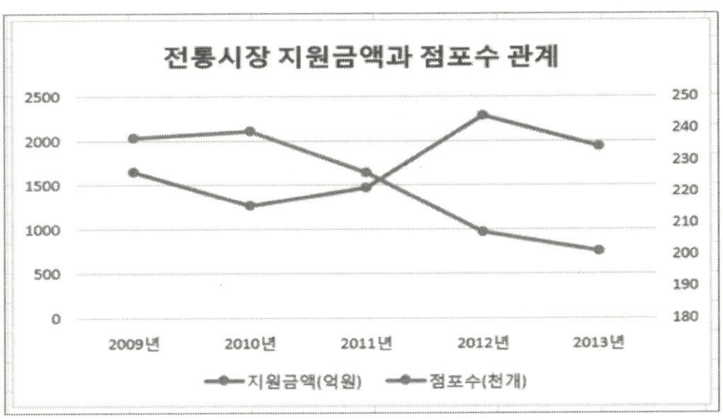

완성된 차트를 보면 처음에 표로 제시된 데이터를 볼 때와는 달리 전통시장의 지원금액과 점포수의 관계를 한 눈에 파악할 수 있다. 전통시장에 대한 지원금액이 지속적으로 증가하는 것과는 달리 전통시장 내 점포수는 급감하고 있음을 확인할 수 있다.

▶ 원형 차트 생성하기

원형 차트는 전체에 대한 각 부분의 비율을 나타내려 할 때 가장 효과적이다. 엑셀의 원형 차트에서 각 셀의 면적이 셀의 값을 합계로 나눈 비율을 나타내도록 정해준다. 워크시트의 한 열이나 행에 있는 데이터만 원형 차트로 그릴 수 있다. 이번 실습에서는 워크시트 데이터로부터 원형 차트를 만들어보자(6장 \ 지출명세서.xlsx).

❶ 지출항목 열(A2:A8) 범위를 선택한 후 Ctrl을 누른 채 합계가 입력된 [F2:F8] 범위를 선택한다.

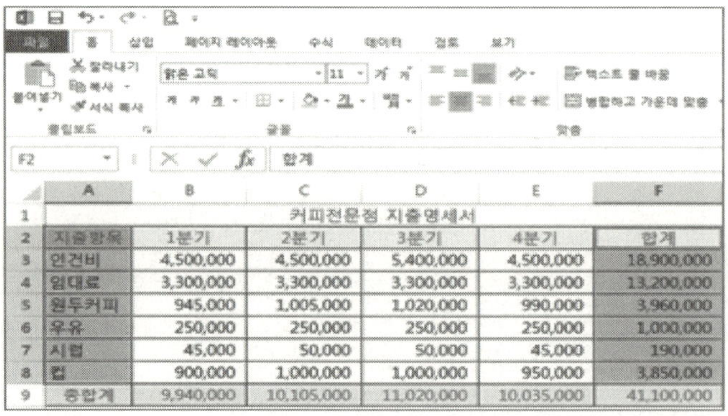

❷ [삽입] 탭-[차트] 그룹-[원형 또는 도넛형 차트 삽입 단추]를 클릭하여 [2차원 원형]의 종류 중에서 첫 번째 차트 종류를 선택한다.

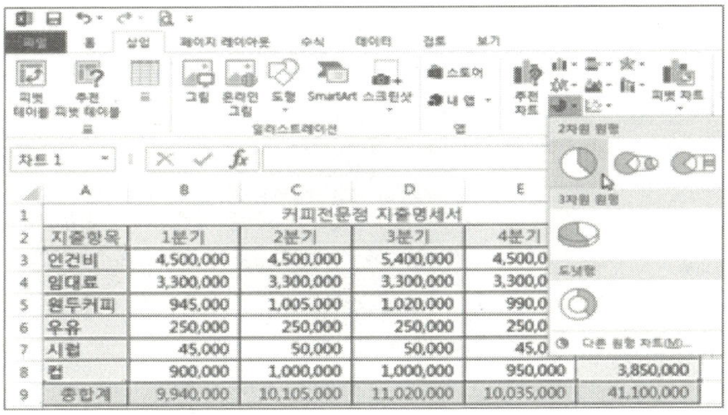

❸ 원형 차트의 각 조각에 백분율을 추가해 보자. [차트 도구-디자인] 탭-[차트 레이아웃] 그룹-[차트 요소 추가 단추]를 클릭한 후 메뉴에서 [데이터 레이블]을 선택하고, 하위 메뉴에서 [데이터 설명선]을 선택한다.

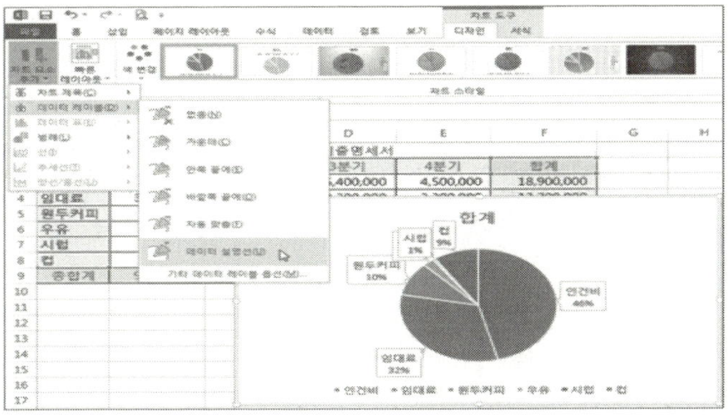

❹ 차트의 제목인 '합계'를 마우스로 드래그하여 선택한 후, '지출항목 비율'을 입력한다.

❺ 차트 제목 상자를 오른쪽으로 이동한다.

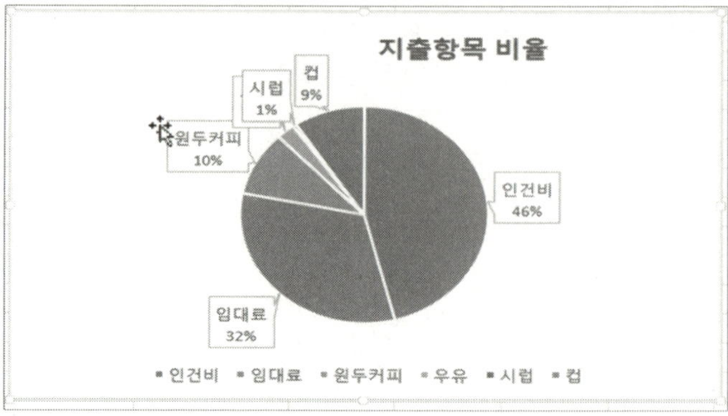

▶ 콤보형 차트 생성하기

콤보형 차트에는 여러 유형의 정보를 강조하기 위해 차트 하나에 두 개 이상의 차트 종류를 병합할 수 있다. 예를 들어서 차트를 보다 쉽게 이해할 수 있는 시각적 효과를 내기 위해 세로 막대형 차트와 꺾은선형 차트를 함께 사용할 수 있다. 이번 실습에서는 콤보형 차트를 만들어보자(6장 \ 회원관리현황.xlsx).

❶ 차트로 나타낼 데이터 범위를 선택한다. 회원명, 신장, 체중 데이터를 Ctrl을 누른 채 선택한다.

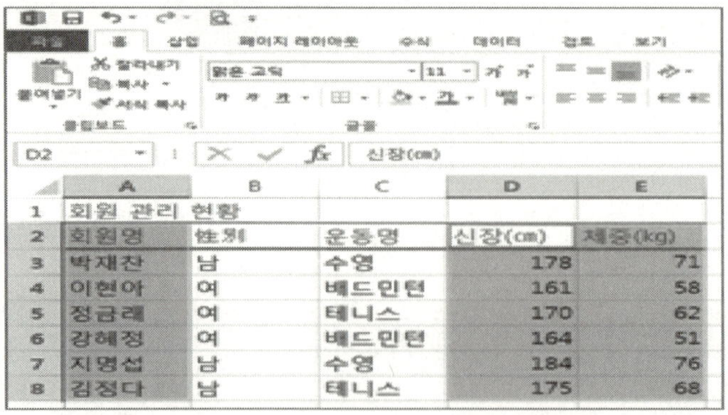

❷ 차트 종류 중 혼합형 차트를 선택한다. 혼합형 차트를 지정하면 차트 내에 표시될 계열들의 값이 크게 차이가 나는 경우 각기 다른 축을 이용해 그래프를 나타

내 줌으로써 상대적으로 그래프가 왜곡되어 보이는 현상을 방지할 수 있다.

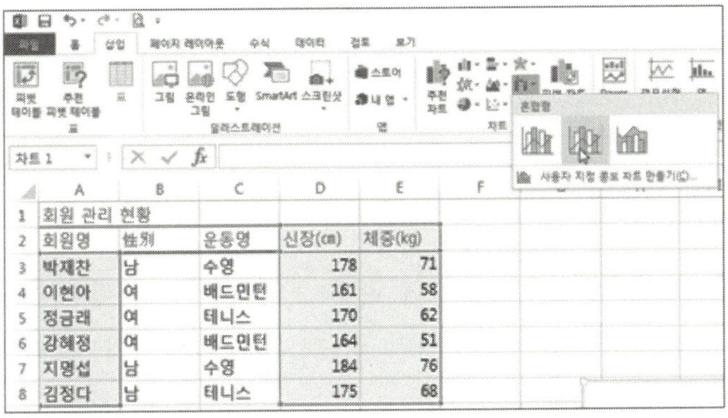

❸ 차트 제목을 '신장과 체중간의 관계'로 변경한다. 신장은 왼쪽 y축, 체중은 오른쪽 y축을 중심으로 그래프가 제시되었다.

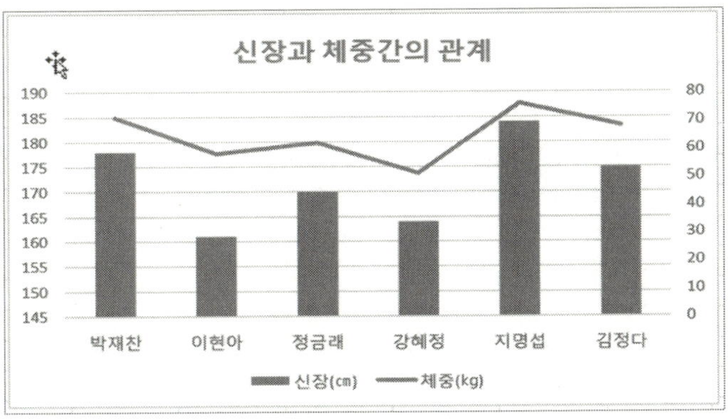

2. 차트 수정하기

차트를 일단 생성한 후에 다양한 방법으로 수정할 수 있다. 기존의 차트를 수정하려면 먼저 그 차트를 활성화해야 한다. 시트에 포함된 차트를 활성화하려면 차트 내부를 클릭한다. 차트 시트는 시트 탭을 클릭한다.

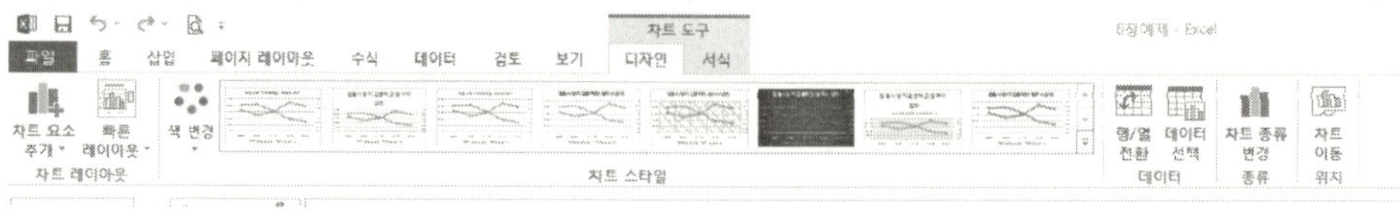

▶ 차트 종류 변경

워크시트 데이터의 특성에 따라 적합한 차트의 종류가 달라진다. 예를 들어, 세로 막대형 차트는 서로 다른 항목들의 값을 비교하는데 유용하다. 그러나 추세나 관계를 설명하는 데는 적합하지 않다. 사용자가 처음 선택한 차트 종류가 데이터의 특성에 잘 맞지 않으면 나중에 차트 종류를 바꿀 수 있다.

① 차트 내부를 클릭한다.

② [차트 도구-디자인] 탭−[종류] 그룹−[차트 종류 변경 단추]를 클릭한다.

③ [차트 종류 변경] 대화상자에서 원하는 차트 종류를 선택한다.

▶ 차트 이동

차트를 동일한 워크시트 내에서 또는 다른 워크시트로 이동할 수 있다.

− 차트 시트로 이동

기본 설정으로 차트는 사용된 원본 데이터 옆에 생성된다. 데이터로부터 차트를 분리하여 보관하려면 차트를 별개의 워크시트(차트 시토)로 이동한다. 차트 시트는 화면상에서 차트에 관해 좀 더 많이 볼 수 있으므로(데이터가 없기 때문에) 차트를 다루는 작업을 좀 더 쉽고 편하게 한다.

❶ [차트 도구-디자인] 탭−[위치] 그룹−[차트 이동 단추]를 클릭한다.

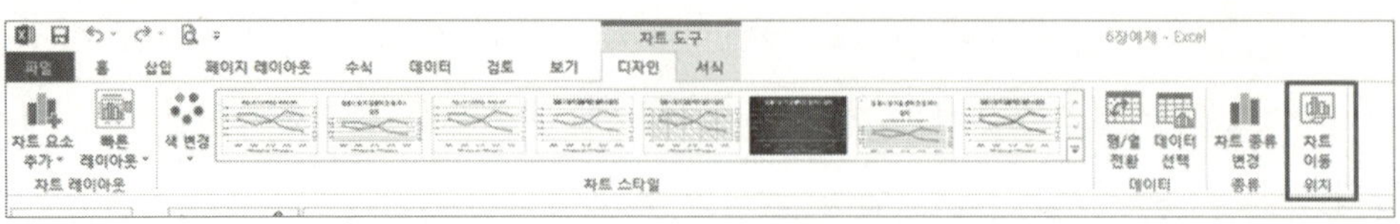

❷ [차트 이동] 대화상자에서 [새 시트]를 선택하고, [새 시트] 대화상자에 차트 시트의 새 이름을 입력한 후 [확인]을 클릭한다.

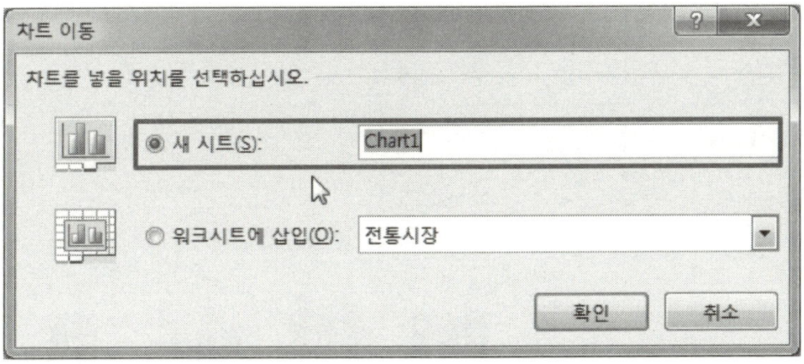

※ 차트를 다시 워크시트에 포함시키려면

❶ [차트 도구-디자인] 탭-[위치] 그룹-[차트 이동 단추]를 클릭한다.

❷ [워크시트에 삽입]을 선택하고, [워크시트에 삽입] 상자의 드롭다운 화살표를 클릭한 후 차트를 포함시킬 워크시트를 선택하고 [확인]을 클릭한다.

▶ 차트 시트 이동하기 예제

데이터 시트에 포함된 극장별 월간입장객수 차트를 분리하여 별도의 차트 시트로 이동시켜 보자.

❶ 차트를 클릭하여 선택한다. 디자인 서식 등 두 개의 탭을 가진 차트 도구가 리본에 나타난다.

❷ [차트 도구-디자인] 탭-[위치] 그룹-[차트 이동 단추]를 클릭한다.

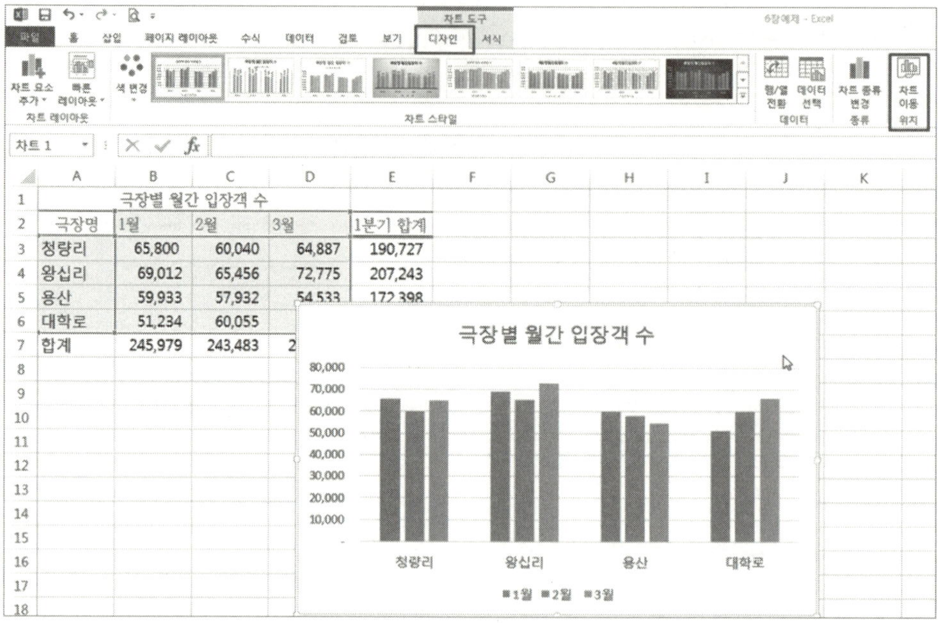

❸ [차트 이동] 대화상자에서 [새 시트]를 클릭한다. 새 시트는 차트 시트를 의미한다.

❹ [새 시트] 상자에 차트 시트의 이름을 입력하고 [확인]을 클릭한다.

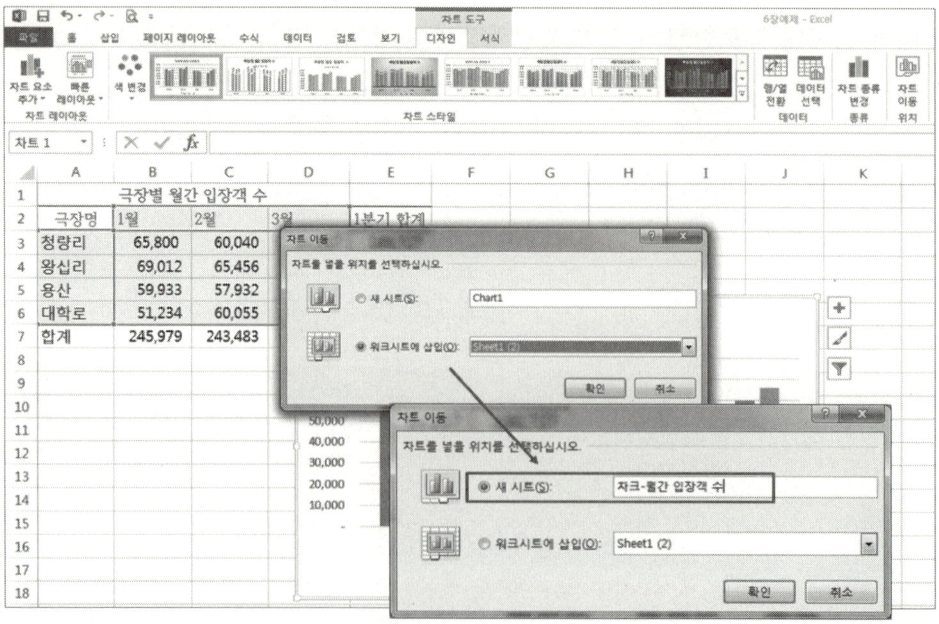

❺ 시트 탭에 새로운 [차트-월간 입장객 수] 시트가 만들어진 것을 알 수 있다.

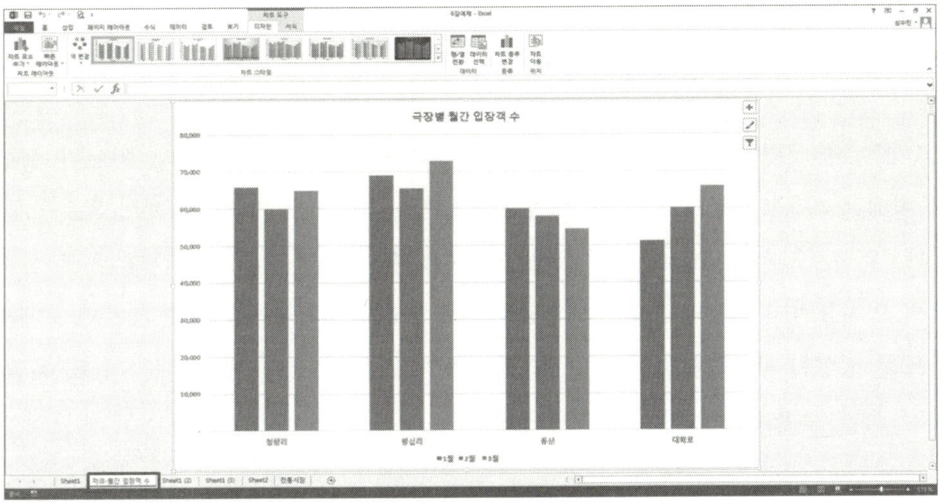

분리된 시트를 다시 워크시트로 이동해보자.

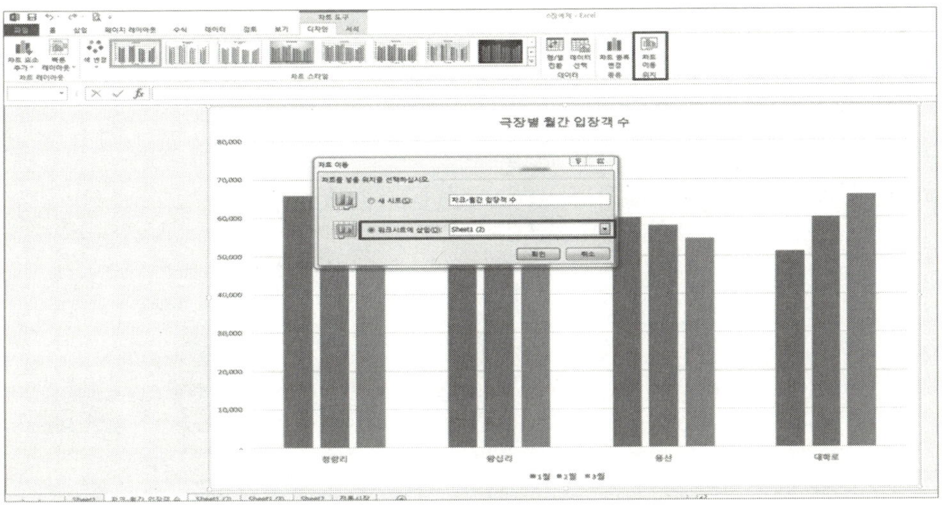

❻ [차트 도구－디자인] 탭－[위치] 그룹－[차트 이동 단추]를 클릭한다.

❼ 나타난 [차트 이동] 대화상자에서 [워크시트에 삽입]을 클릭하고, 우측의 시트이름 입력 상자의 드롭다운 화살표를 클릭하여 삽입할 시트를 선택한다.

❽ 차트가 다시 워크시트로 삽입되었다. 시트 탭에서 [차트-월간 입장객 수] 차트가 삭제된 것을 알 수 있다.

▶ 범례 위치 정하기, 차트 요소(데이터 레이블, 축 제목, 데이터 표) 추가하기

범례는 데이터 계열에 할당된 무늬 또는 색을 식별하는 상자이다. 차트가 생성될 때 범례는 디폴트로 그림 영역의 아래쪽에 나타난다. 미리 정해진 범례의 위치 5개(위, 아래, 왼쪽, 오른쪽, 오른쪽 위) 중에서 원하는 곳에 범례를 위치시킨다. 차트가 데이터의 의미를 나타내는데 도움이 되도록 차트 요소를 추가할 수 있다. 이번 실습에서는 차트를 생성한 후 범례 위치를 변경하고, 데이터 레이블, 축 제목, 데이터 표 등의 차트 요소를 추가해보자(6장 \ 커피매출.xlsx).

❶ 차트로 나타낼 데이터 범위를 선택한다. 워크시트의 제목 행과 평균 열, 합계 행은 선택하지 않는다.

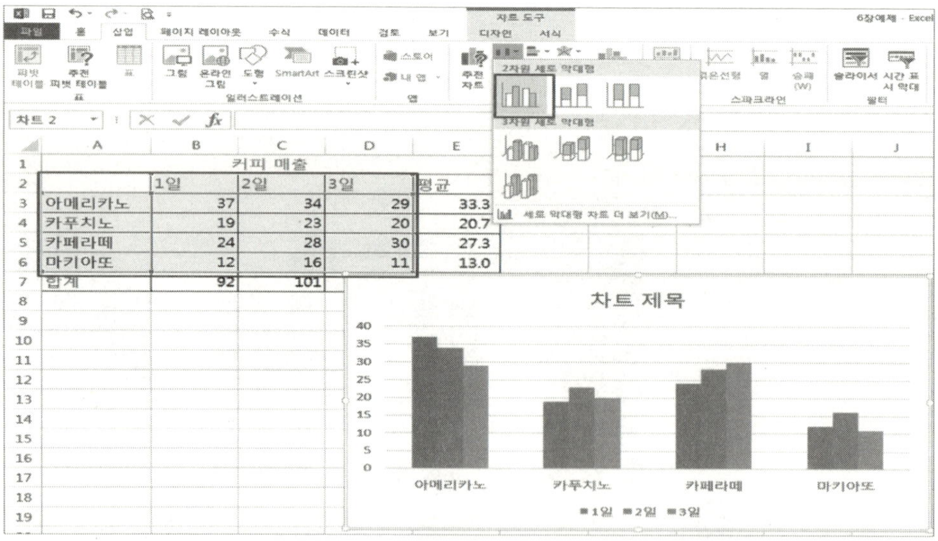

❷ [차트 제목]을 마우스로 드래그하여 선택한 후 [커피 매출]을 차트 제목으로 입력한다.

❸ [커피 매출]을 마우스로 드래그하여 선택하면 미니 도구 모음이 나타난다. [글꼴

색 단추 가]를 클릭한 후 빨강색을 선택한다.

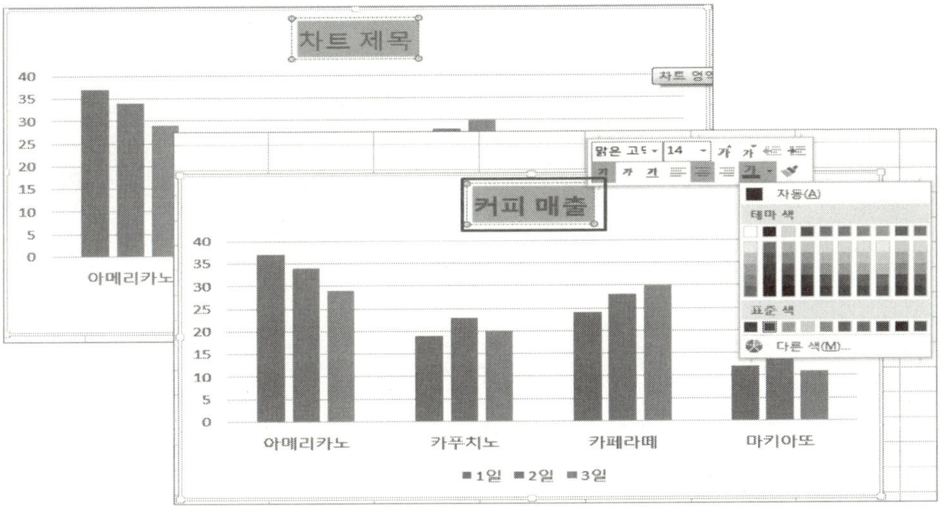

❹ 세로 막대들의 정확한 값을 알기 위해서 데이터 레이블을 차트에 추가해보자. [차트 도구]－디자인] 탭－[차트 레이아웃] 그룹－[차트 요소 추가 단추]를 클릭한 후 메뉴에서 [데이터 레이블]을 선택하고, 하위 메뉴에서 [안쪽 끝에]를 선택한다.

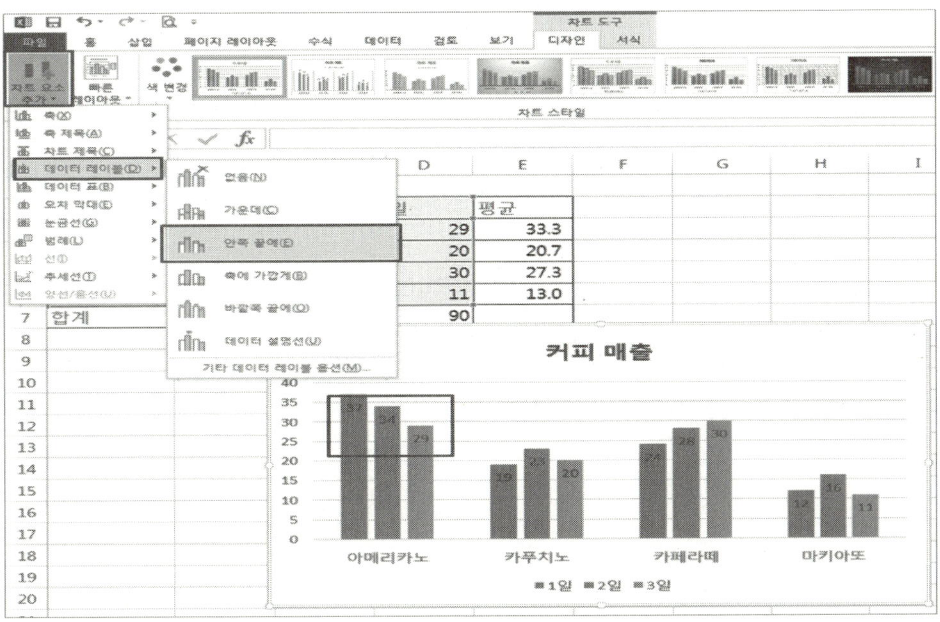

❺ [차트 도구-디자인] 탭-[차트 레이아웃] 그룹-[차트 요소 추가 단추]를 클릭한 후 메뉴에서 [범례]를 선택하고, 하위 메뉴에서 [오른쪽]을 선택한다.

범례가 차트의 아래쪽에 있었는데 차트 오른쪽으로 이동되었다.

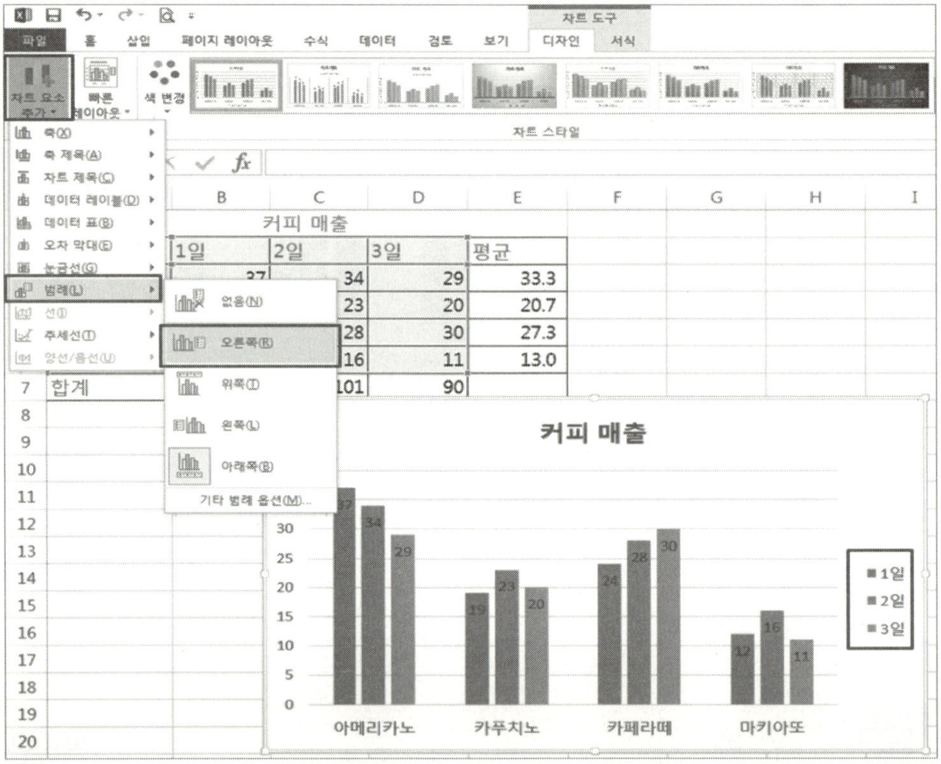

❻ 차트의 세로 축의 눈금이 무엇을 나타내는지 알 수 있도록 세로축에 제목을 달아보자.

[차트 도구-디자인] 탭-[차트 레이아웃] 그룹-[차트 요소 추가 단추]를 클릭한 후 메뉴에서 [축 제목]을 선택하고, 하위 메뉴에서 [기본 세로]를 선택한다. 차트의 세로축에 [축 제목]이 추가된다.

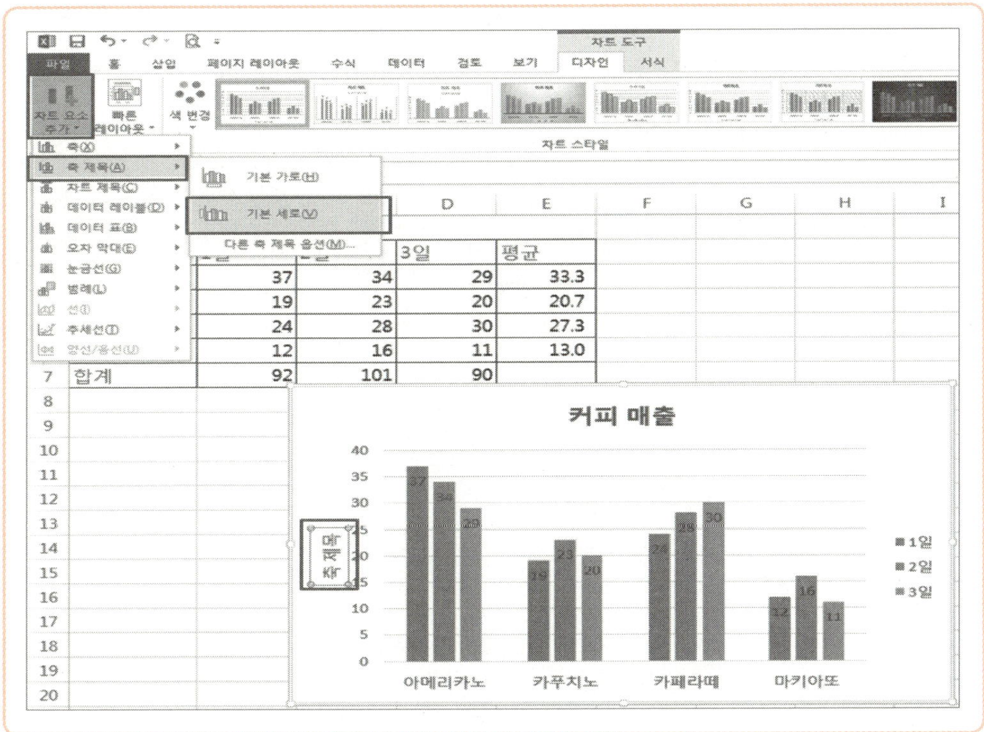

❼ [축 제목]을 마우스로 드래그하여 [커피잔 수]를 입력한다. 세로 축 제목의 방향을 바꾸기 위해 제목 상자 위에서 마우스 오른쪽 단추를 클릭하면 미니 도구 모음과 함께 단축 메뉴가 나타난다. 단축 메뉴에서 [축 제목 서식]을 선택한다.

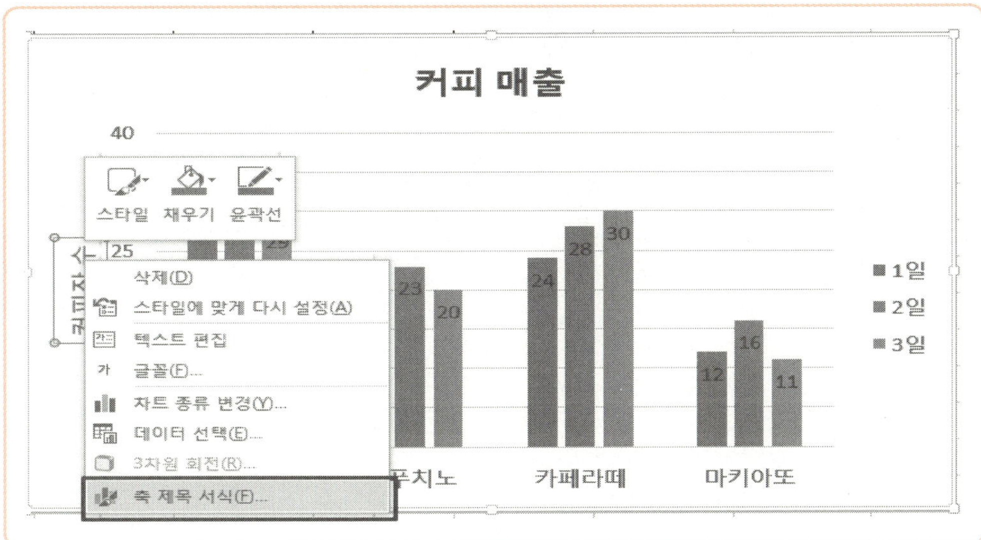

❽ 엑셀 창의 오른쪽에 [축 제목 서식] 창이 나타난다. 창의 윗부분에서 세 번째 단추(크기 및 속성 단추)를 클릭한다. [텍스트 방향]의 드롭다운 화살표를 클릭한 후 [세로형]을 선택한다.

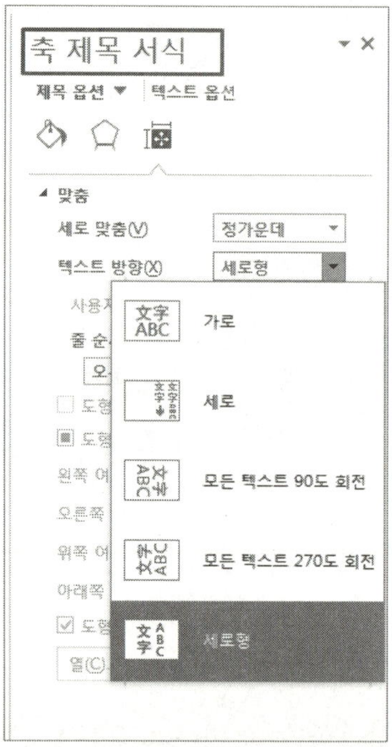

❾ 이제 데이터 표를 차트에 추가해보자. [차트 도구-디자인] 탭-[차트 레이아웃] 그룹-[차트 요소 추가 단추]를 클릭한 후 메뉴에서 [데이터 표]를 선택하고, 하위 메뉴에서 [범례 표지 포함]을 선택한다. 차트 아래에 범례 표지를 포함한 데이터 표가 추가된다.

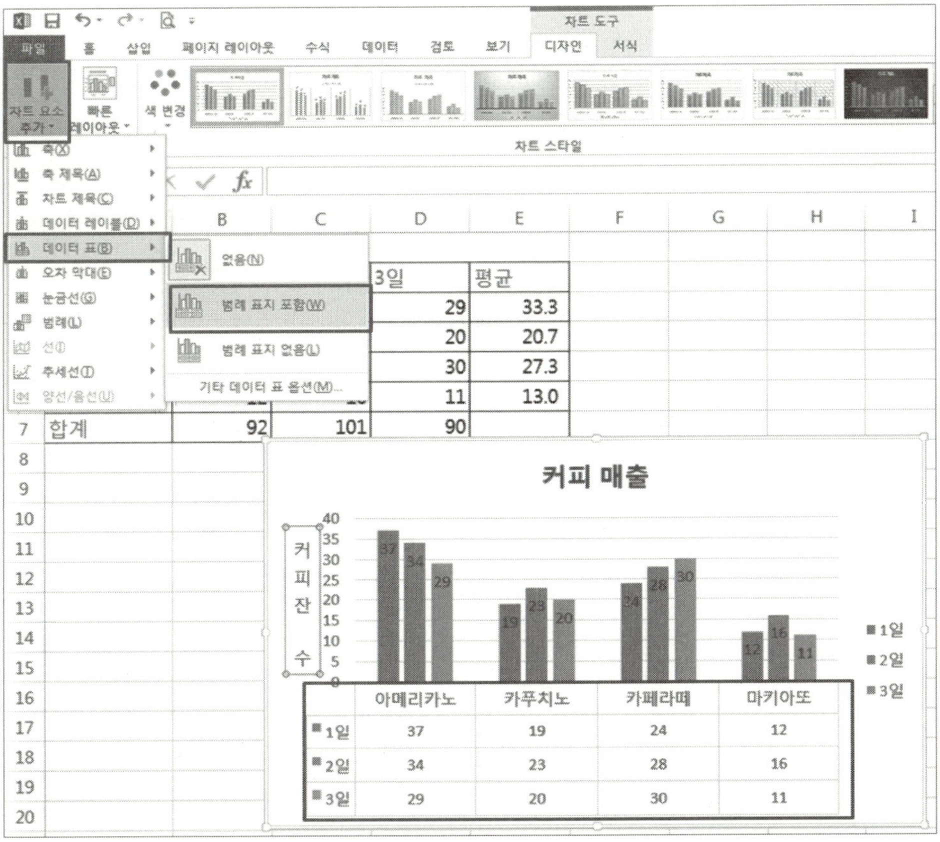

워크시트에 포함된 차트에는 데이터가 차트 근처에 있으므로 데이터 표를 추가할 필요가 없지만 차트 시트에 저장한 차트에는 데이터 표가 유용할 수 있다.

▶ 차트의 행/열 전환하기

❶ 삽입된 차트를 선택하고 [차트 도구 – 디자인] 탭 – [데이터] 그룹 – [행/열 전환 단추]를 클릭한다. 극장명이 데이터 계열로 바뀐다.

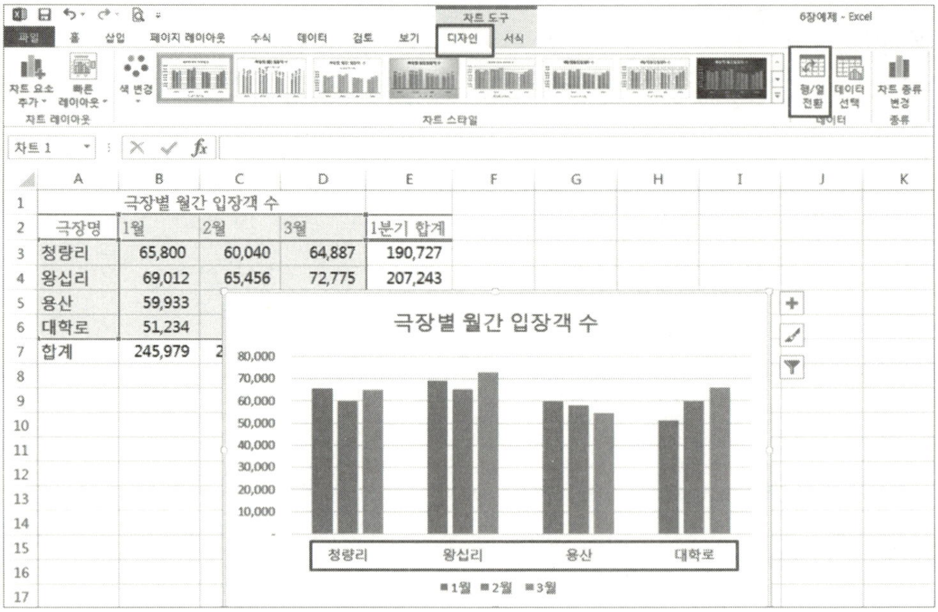
차트 도구
6장예제 - Excel
파일
홈
삽입
페이지 레이아웃
수식
데이터
검토
보기
디자인
서식
차트 요소 추가
빠른 레이아웃
색 변경
차트 레이아웃
차트 스타일
행/열 전환
데이터 선택
데이터
차트 종류 변경
종류
차트 1
극장별 월간 입장객 수
극장명
1월
2월
3월
1분기 합계
청량리
65,800
60,040
64,887
190,727
왕십리
69,012
65,456
72,775
207,243
용산
59,933
대학로
51,234
합계
245,979
극장별 월간 입장객 수
청량리
왕십리
용산
대학로
■1월 ■2월 ■3월

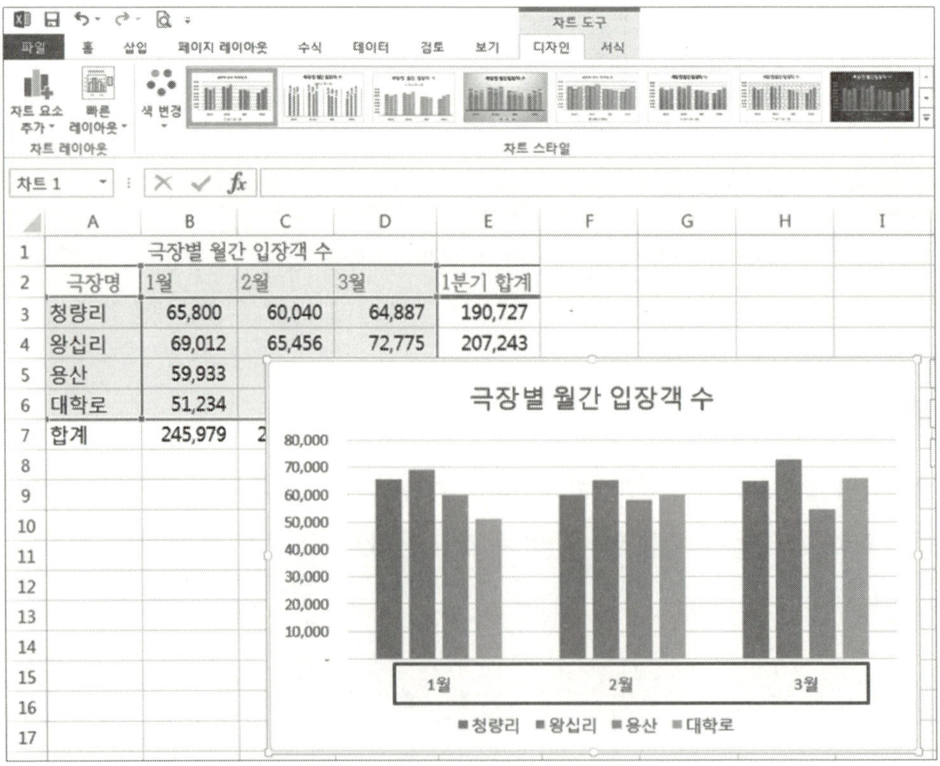
차트 도구
파일
홈
삽입
페이지 레이아웃
수식
데이터
검토
보기
디자인
서식
차트 요소 추가
빠른 레이아웃
색 변경
차트 레이아웃
차트 스타일
차트 1
극장별 월간 입장객 수
극장명
1월
2월
3월
1분기 합계
청량리
65,800
60,040
64,887
190,727
왕십리
69,012
65,456
72,775
207,243
용산
59,933
대학로
51,234
합계
245,979
극장별 월간 입장객 수
1월
2월
3월
■청량리 ■왕십리 ■용산 ■대학로

차트 만들기 및 수정하기 연습문제

1. 다음 예제파일(6장\일자리상태.xlsx)은 현재 일자리 상태를 조사한 데이터이다. 1번부터 8번까지 일자리 상태 중 본인이 해당되는 곳에 체크하게 하였다. 총 2021명을 대상으로 조사한 자료가 아래와 같다. 이 데이터를 차트로 나타내보자.

❶ 먼저 요약표를 만들고 1번부터 8번까지 각각의 번호에 몇 명이 해당되는지를 구분하기 위해 frequency() 함수를 이용해 도수를 구한다.

❷ 도수를 구할 영역을 모두 블럭 설정 한 후 함수 삽입 메뉴를 클릭하여 frequency() 함수를 선택한다.

	A
1	일자리 상태
2	8
3	1
4	1
5	4
6	1
7	5
8	2
9	1
10	1
11	8
12	1
13	1
14	5
15	5
16	4
17	7
18	1
19	7
20	1
21	2
22	5
23	1
24	7
25	5
26	7
27	7
28	1
29	1
30	1

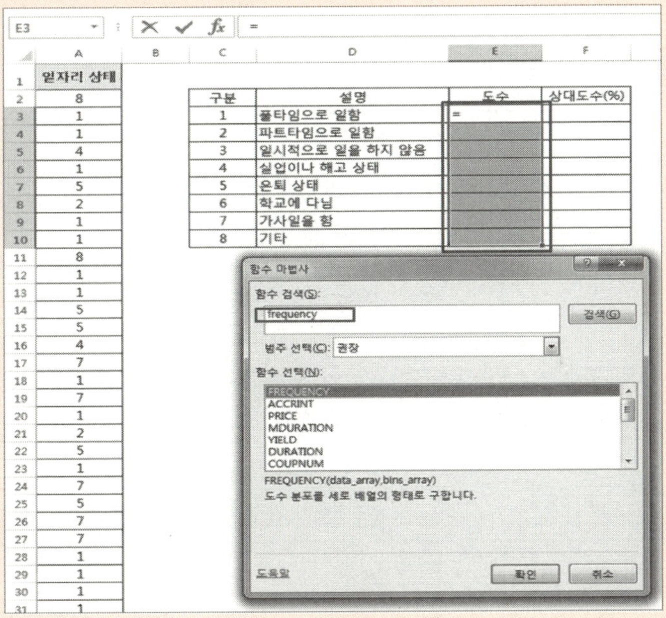

❸ frequency() 함수 대화창에서 Data_array 영역에 일자리 상태 데이터 전체 영역을 선택하여 입력한다(제목 제외).

❹ Bins_array 영역에는 '구분'에 해당되는 1부터 8까지의 영역(C3:C10)을 입력한다.
❺ Ctrl+Shift 키를 누른 상태에서 enter 키를 눌러 입력을 완료한다.

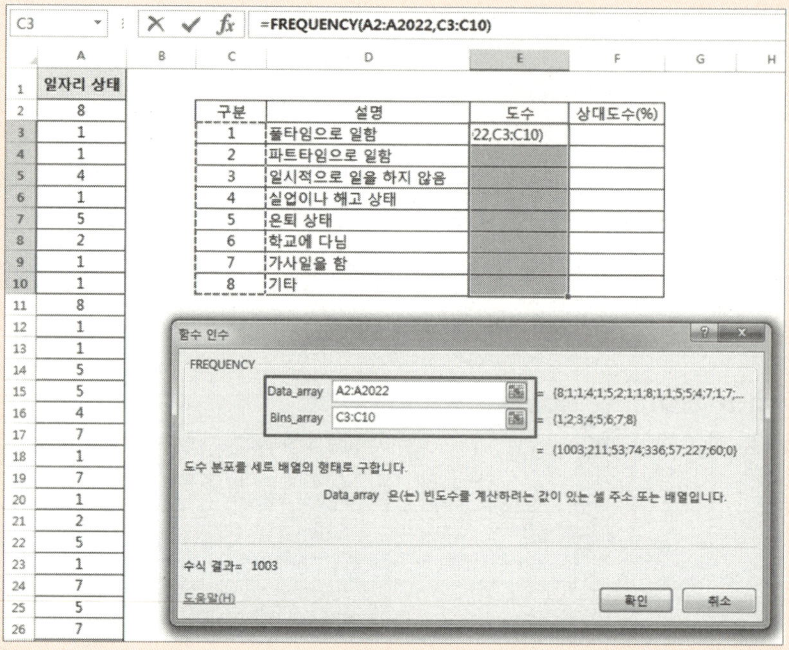

❻ 상대도수는 1번부터 8번까지의 도수를 백분율로 나타내는 것이다. 각 번호에 해당되는 도수를 전체 값으로 나누어준다.

구분	설명	도수	상대도수(%)
1	풀타임으로 일함	1003	=E3/sum($E$3:$E$10)
2	파트타임으로 일함	211	
3	일시적으로 일을 하지 않음	53	
4	실업이나 해고 상태	74	
5	은퇴 상태	336	
6	학교에 다님	57	
7	가사일을 함	227	
8	기타	60	

구분	설명	도수	상대도수(%)
1	풀타임으로 일함	1003	49.6%
2	파트타임으로 일함	211	10.4%
3	일시적으로 일을 하지 않음	53	2.6%
4	실업이나 해고 상태	74	3.7%
5	은퇴 상태	336	16.6%
6	학교에 다님	57	2.8%
7	가사일을 함	227	11.2%
8	기타	60	3.0%

❼ 요약표를 이용하여 원형 차트 또는 막대 그래프로 일자리 상태를 차트로 나타낸다.

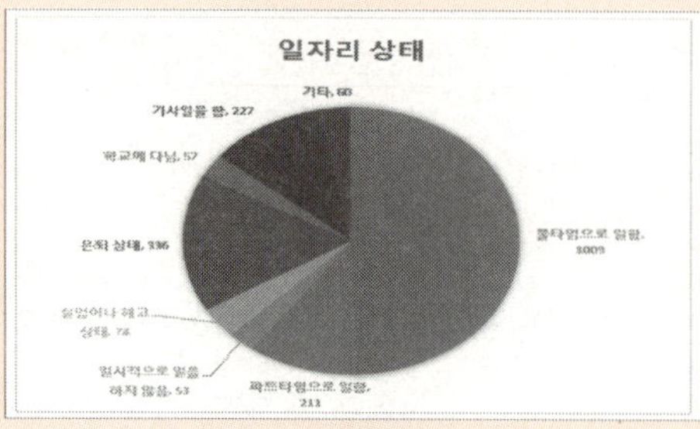

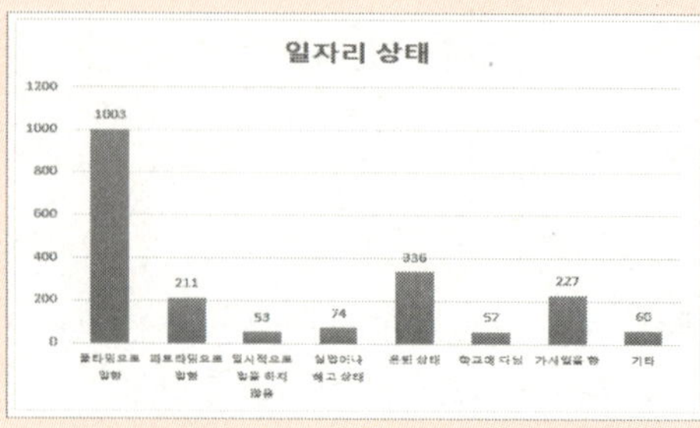

2. 다음은 국가별 맥주 소비량을 나타낸 데이터이다. 차트로 나타내보자(6장\맥주소비량.xlsx).

❶ 서열을 나타내는 데이터는 막대그래프로 나타내는 것이 좋다.
❷ 1위 국가(Germany)의 막대그래프에만 다른 색을 적용해보자.

	A	B
1	국가	맥주 소비량(L/yr)
2	Australia	119.2
3	Austria	106.3
4	Belgium	93.0
5	Canada	68.3
6	Croatia	81.2
7	Czech Republic	138.1
8	Denmark	89.9
9	Finland	85.0
10	Germany	147.8
11	Hungary	75.3
12	Ireland	138.3
13	Luxembourg	84.4
14	Netherlands	79.0
15	New Zealand	77.0
16	Poland	69.1
17	Portugal	59.6
18	Slovakia	84.1
19	Spain	83.8
20	United Kingdom	96.8
21	United States	81.6

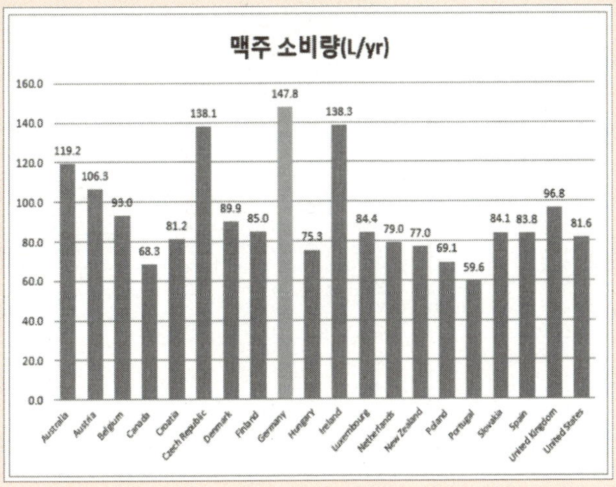

차트 만들기 연습문제

다음의 주식가격변동표에서 거래량과 시가, 고가의 데이터를 선택하여 혼합형 차트를 만들어보시오(6장\주식가격변동표.xlsx).

한국에코 주식 가격 변동표

날짜	거래량	시가	고가	저가	종가
2016-07-01	800	24,000	24,500	18,000	21,500
2016-07-02	1,200	21,500	25,000	19,000	20,000
2016-07-03	2,800	20,000	26,000	18,000	21,000
2016-07-04	1,900	21,000	27,400	20,500	20,400
2016-07-05	1,000	20,500	26,000	17,000	20,800
2016-07-06	1,200	20,800	28,500	18,000	21,300
2016-07-07	1,300	21,000	25,300	19,000	20,000
2016-07-08	900	20,000	24,500	17,000	19,800
2016-07-09	950	19,500	22,900	16,000	19,000
2016-07-10	2,000	18,900	23,000	17,000	19,800
2016-07-11	1,000	19,500	26,000	18,500	18,800
2016-07-12	700	18,000	23,000	17,000	21,300
2016-07-13	500	19,000	22,000	16,000	21,300
2016-07-14	300	18,500	21,000	17,000	21,300
2016-07-15	400	20,000	24,000	18,000	21,300

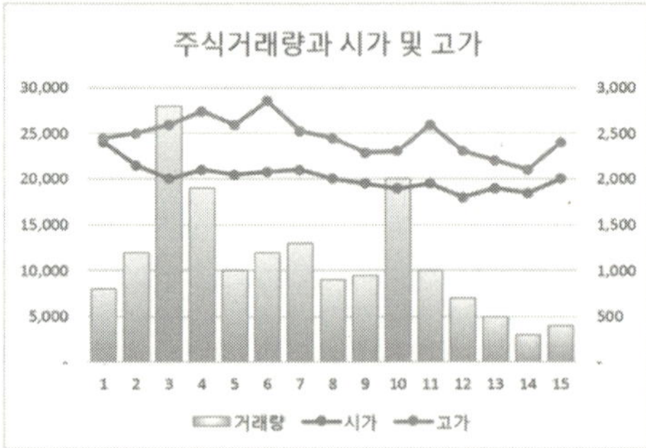

〈조건〉

- 거래량 계열 그래프를 선택하여 차트 종류를 막대그래프로 변경한다.
- 거래량 막대 그래프의 색을 그라데이션으로 채우기한다.
- 차트의 제목과 크기를 조절하여 차트를 완성한다.

2. 위 문제1번의 데이터로 아래와 같이 주식형 차트를 만들어보자.

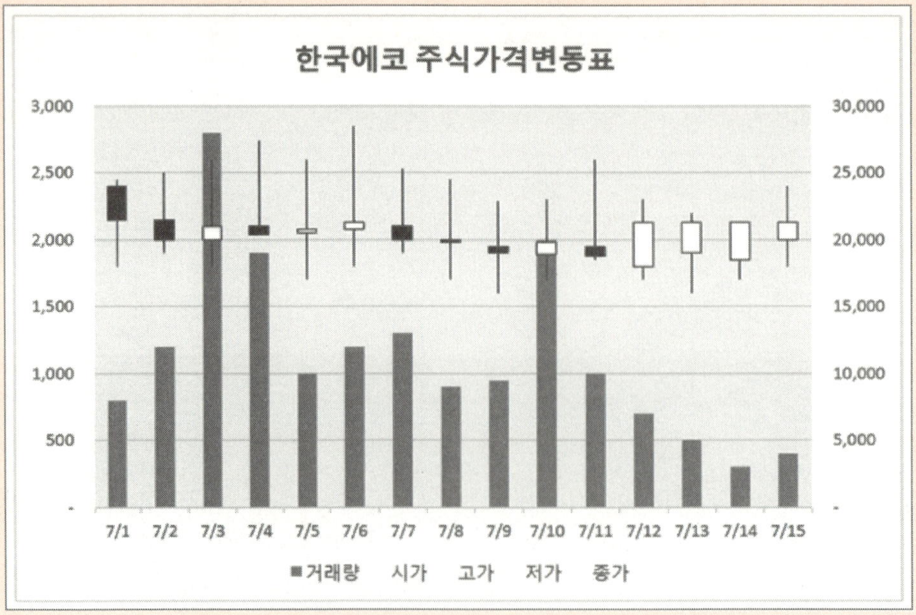

〈조건〉
- 차트의 종류는 '주식형〉거래량-시가-고가-저가-종가'를 선택한다.
- 차트의 제목을 입력하고 X축의 날짜 데이터 표시형식도 그림과 같이 수정한다.

3. 예제파일(6장\대리점매출집계.xlsx)을 열고 각 지역별 매출합계를 3차원 원형 차트로 나타내보시오.

대리점 매출 집계

분기	부산	창원	통영	거제	제주
1분기	94,050	78,272	22,584	77,534	15,684
2분기	61,725	90,807	11,566	74,119	97,049
3분기	104,715	55,179	66,496	88,733	74,558
4분기	75,790	52,993	16,924	14,073	78,030
합계	336,280	277,251	117,570	254,459	265,321

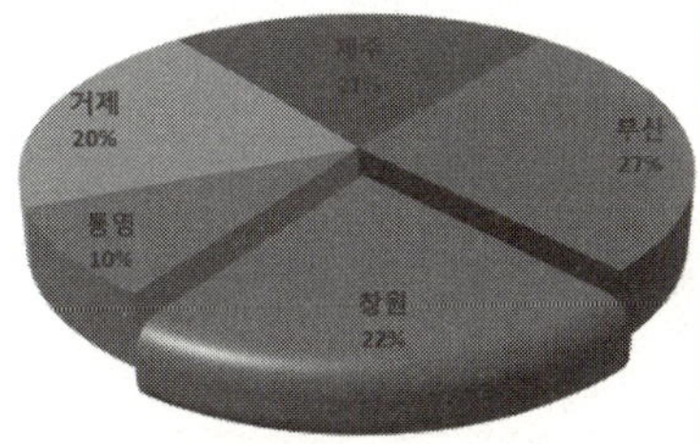

〈조건〉
- 각 지역별 합계를 선택하여 3차원 원형 차트를 생성한다.
- 각 조각에 레이블을 추가한다.
- 차트를 회전하여 창원 데이터가 아래로 향하게 지정한다.
- 창원 데이터에만 3차원 서식(위, 아래 너비 높이 각 30, 표면 옵션 플라스틱 지정)
- 창원 데이터만 아래쪽으로 드래그하여 이동한다.
- 제목과 테두리 선 등을 없애고 차트를 마무리한다.

4. 예제파일(6장미네랄성분표.xlsx)을 열면 각 화장품 브랜드별 미네랑 함량에 대한 성분표가 나타난다. 이를 3차원 누적 세로 막대형 차트로 나타내고 차트에 데이터 표를 추가해보시오.

브랜드별 미네랄 성분표

브랜드명	칼슘	나트륨	마그네슘	칼륨
AK-white	0.345	0.404	0.339	0.848
Innociss	6.496	2.726	1.133	0.615
Faceshop	0.814	0.516	0.441	0.643
Mirr	0.901	0.045	0.861	0.605
Olive&Y	0.754	0.878	0.334	0.351

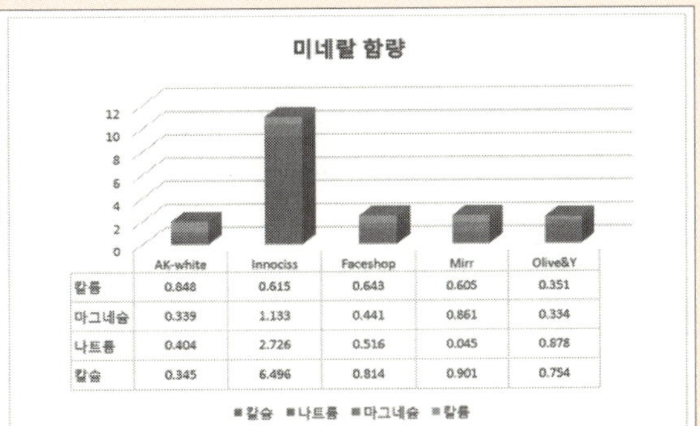

PART 2

경영분석도구 기능

07 차트 분석

차트분석은 엑셀의 차트 그래프 기능을 이용한 분석 작업을 말한다. 막대 그래프, 꺾은선 그래프, 원형 차트, 피벗 차트 등을 이용하여 데이터를 차트로 표현하면 복잡한 내용이 한 눈에 들어오고 가독성을 높일 수 있다. 한 단계 더 나아가 차트를 생성하는데 그치지 않고 생성된 차트를 분석함으로써 보다 구체적이고 다양한 각도에서 내용을 해석할 수 있게 된다. 본 장에서는 주어진 데이터를 분석하는데 가장 적합한 차트의 유형이 무엇인지 알아보고 생성된 차트를 분석하여 다양한 각도에서 차트를 바라보며 결론을 도출하는 연습을 해보자.

1. 추세선을 이용한 예측

시간의 흐름에 따른 값의 변화는 꺾은선 그래프 형태로 표현함으로써 그 내용을 가장 잘 파악할 수 있다. 이 꺾은선 그래프에 추세선을 추가하면 그래프와 가장 오차가 적은 방향선이 추가되고 그 선에 대한 기울기와 절편이 제시된 일차방정식을 도출할 수 있다. 방정식에 제시된 기울기 값을 통해 시간의 흐름에 따른 값의 변화의 크기와 방향을 파악할 수 있다. 또한 이 식을 이용하여 미래 시간에 대한 값을 예측할 수 있다.

▶ 판매량 예측

창원에 있는 A점포에서는 정수기를 판매하고 있다. 2015년 1월부터 12월까지 판매량은 다음과 같다. 2016년 1월부터 3월까지 1사분기 판매량을 예측하고자 한다. 차트를 이용하여 이를 수행해보자.

❶ 먼저 데이터를 입력한다.

	A	B	C
1	년	월	정수기 판매량
2	2015	1월	150
3		2월	200
4		3월	320
5		4월	160
6		5월	400
7		6월	260
8		7월	420
9		8월	560
10		9월	480
11		10월	660
12		11월	540
13		12월	590
14	2016	1월	
15		2월	
16		3월	

❷ [B2:C13] 범위를 선택하고 [삽입]-[차트] 그룹-[꺾은선형]-[표식이 있는 꺾은선형]을 선택한다.

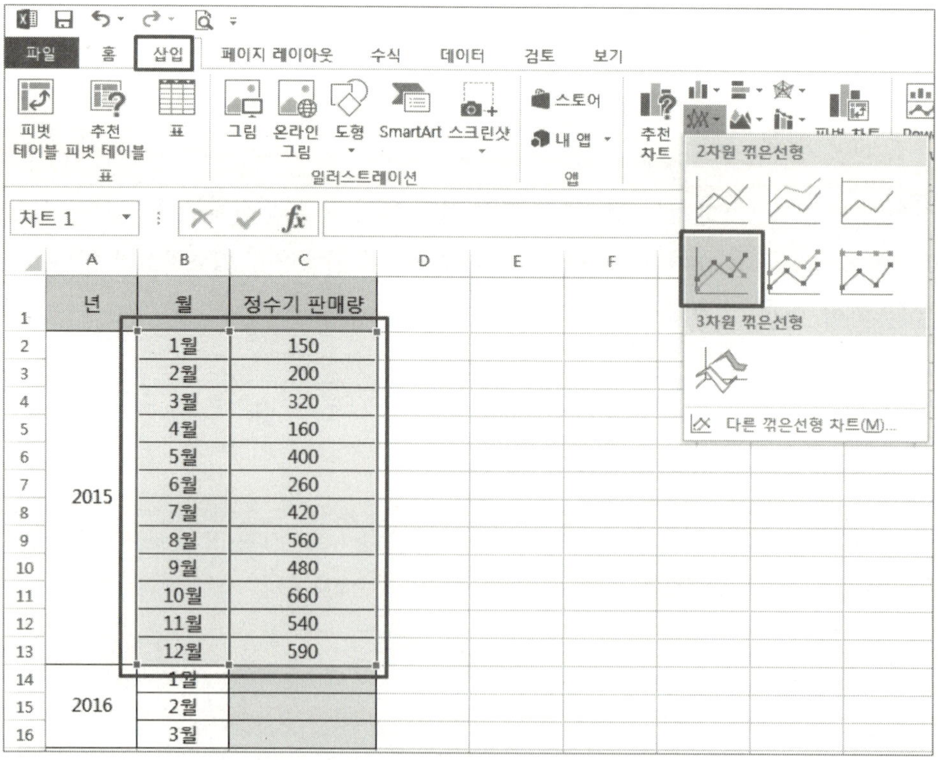

❸ 차트의 꺾은선을 우측 마우스로 선택한 후 나타나는 단축 도구모음에서 [추세선 추가]를 클릭한다.

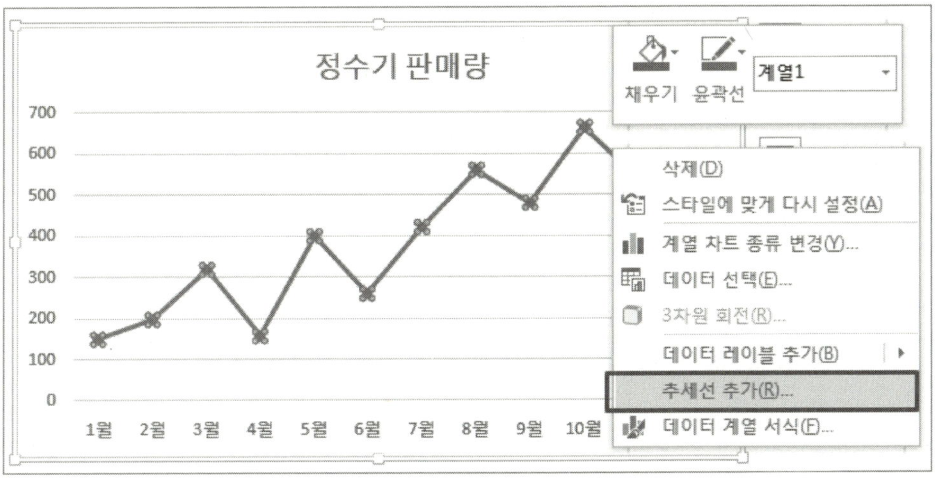

❹ 우측에 나타나는 추세선 서식 대화창에서 추세선의 유형은 [선형], 예측은 앞으로 '3'을 입력하고(3개월 예측), [수식을 차트에 표시], [R-제곱 값을 차트에 표시]를 체크한다.

❺ 차트에 회귀 방정식과(y=43.776x + 110.45) R－제곱값이 나타난다(R^2=0.8025는 회귀식의 설명력을 의미한다). 본 예제에서 추세선의 방향은 오른쪽으로 가며 위로 향하고 있으므로 시간이 흐름에 따라 정수기 판매량은 증가한다는 의미로 해석할 수 있다. 또한 증가의 크기는 기울기 값인 43.776배 만큼씩 증가한다. 기울기의 부호도 음(-)이 아닌 양(+)이므로 정수기 판매의 방향도 증가임을 알 수 있다.

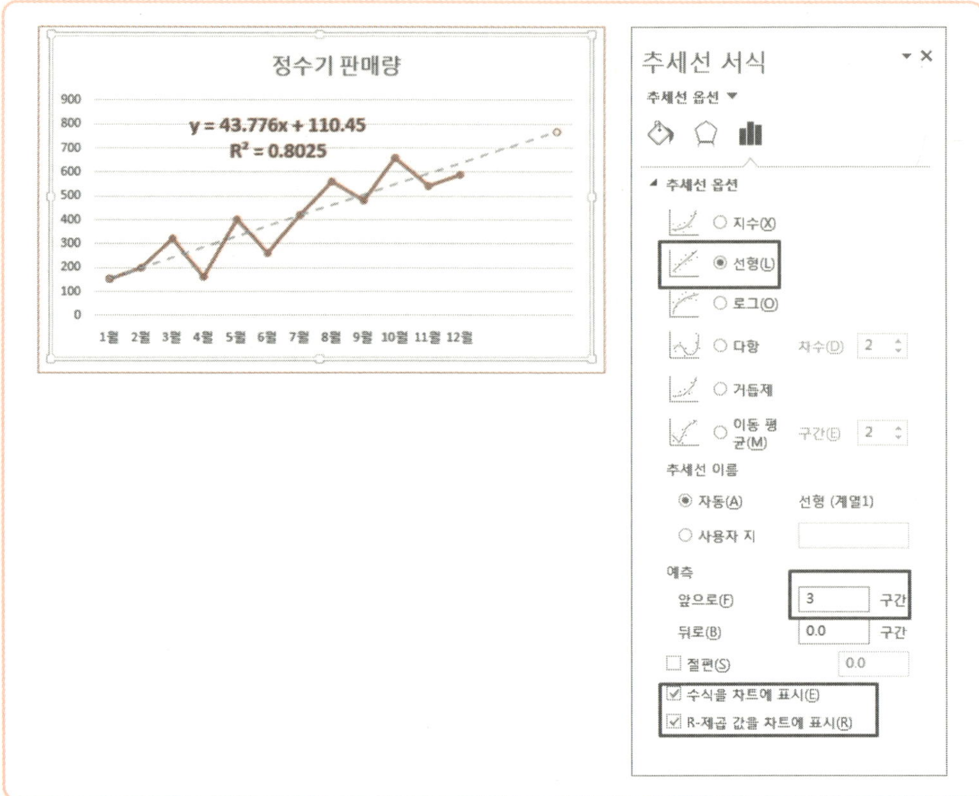

❻ 2016년 판매량을 추세 방정식을 이용하여 예측하려면 x값으로 들어갈 숫자가 입력된 열을 추가 삽입해야 한다. x에 '2016년 1월'을 입력하여 수식을 작성할 수 없으므로 x의 값은 순서를 나타내는 숫자로 대신 입력한다. '월' 이 입력된 C열 제목을 선택하고 마우스 우측 버튼을 눌러 새로운 열을 삽입한 다음, 그림과 같이 데이터를 입력한다.

❼ 회귀 방정식을 이용하여 2016년 1월의 예측값을 구해보자. 앞에서 도출한 추세식의 기울기와 절편을 이용하여 D14셀에 수식 [=43.776*B14+110.45]를 입력한다.

	A	B	C	D
1	년	기간	월	정수기 판매량
2	2015	1	1월	150
3		2	2월	200
4		3	3월	320
5		4	4월	160
6		5	5월	400
7		6	6월	260
8		7	7월	420
9		8	8월	560
10		9	9월	480
11		10	10월	660
12		11	11월	540
13		12	12월	590
14	2016	13	1월	
15		14	2월	
16		15	3월	

	A	B	C	D
1	년	기간	월	정수기 판매량
2	2015	1	1월	150
3		2	2월	200
4		3	3월	320
5		4	4월	160
6		5	5월	400
7		6	6월	260
8		7	7월	420
9		8	8월	560
10		9	9월	480
11		10	10월	660
12		11	11월	540
13		12	12월	590
14	2016	13	1월	=43.776*B14+110.45
15		14	2월	
16		15	3월	

❽ D14셀을 마우스를 이용하여 아래로 자동 채움한다. 나머지 셀들의 예측값이 계산된다.

	A	B	C	D
1	년	기간	월	정수기 판매량
2	2015	1	1월	150
3		2	2월	200
4		3	3월	320
5		4	4월	160
6		5	5월	400
7		6	6월	260
8		7	7월	420
9		8	8월	560
10		9	9월	480
11		10	10월	660
12		11	11월	540
13		12	12월	590
14	2016	13	1월	680
15		14	2월	723
16		15	3월	767

▶ 인구 예측

A도시의 1994년부터 2012년까지의 연도별 인구추이는 다음과 같다. 이 데이터를 기준으로 2013년부터 2018년까지 인구추이를 예측해보자(7장 \ 인구예측.xlsx).

❶ 인구수를 마우스로 블록설정한 후 [삽입]-[차트] 그룹에서 [표식이 있는 꺾은선형]을 선택한다.

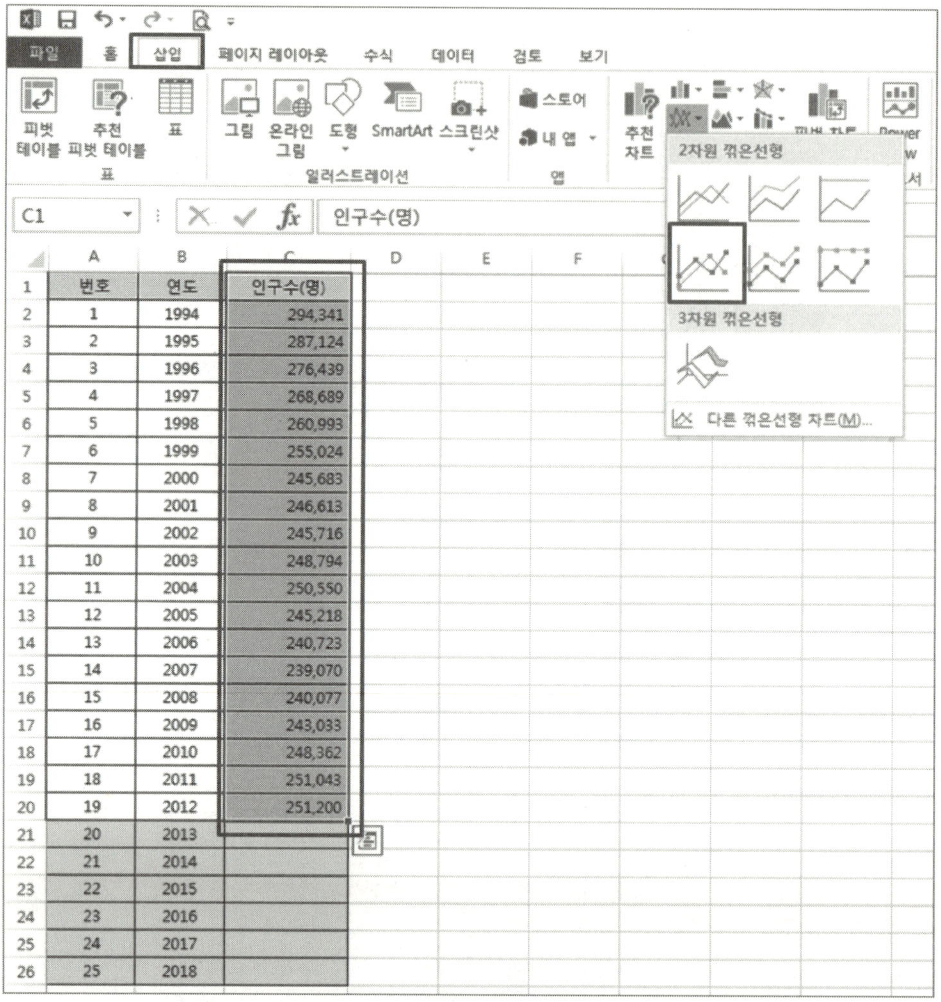

❷ 차트를 선택한 후 마우스 우측 단추를 눌러 단축 도구 모음에서 [추세선 추가]를 선택한다.

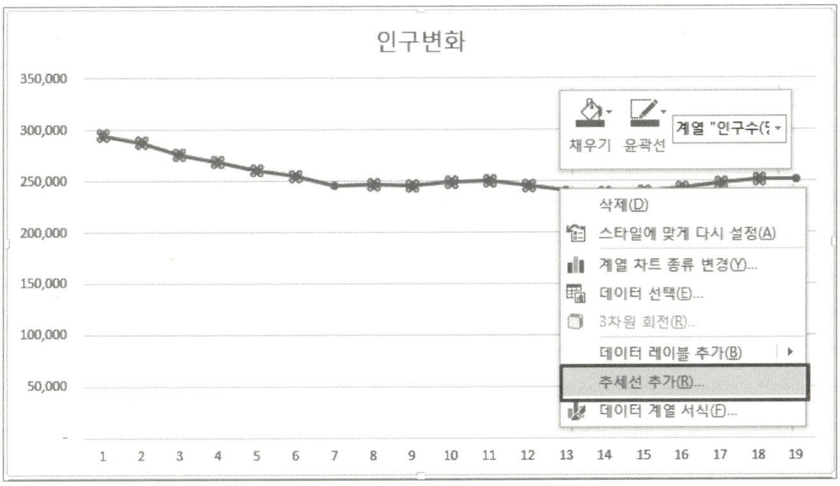

❸ 우측에 나타나는 추세선 서식 대화상자에서 추세선의 유형은 '선형', 예측-앞으로-'5'(5년 예측), '수식을 차트에 표시', 'R-제곱값을 차트에 표시'를 선택한다.

❹ 다음과 같이 함수식이 차트와 함께 표시된다. 기울기가 -2120.4, 절편이 275872로 나타났다. 기울기의 부호가 음(-)인 것은 시간이 흐를수록 값이 감소한다는 방향의 의미이며, 그 감소의 크기는 기울기의 절대값으로 파악할 수 있다.

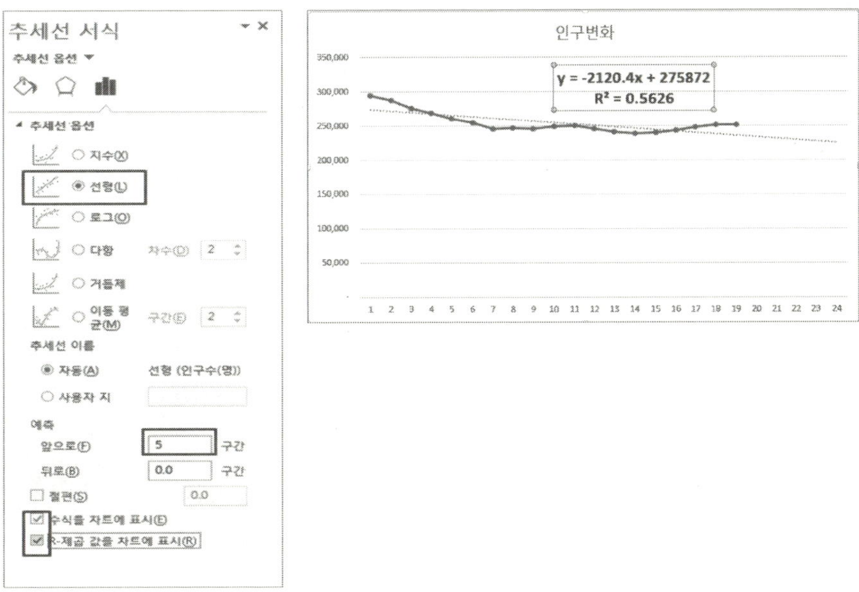

❺ 계산하려는 2013년의 인구 예측 셀에 수식 [=-2120.4*A21+275872]를 입력한다. 자동 채움 기능을 활용하여 나머지 셀들을 계산한다. A도시는 2013년부터 인구가 점차 감소되는 것을 알 수 있다.

20	19	2012	251,200
21	20	2013	=-2120.4*A21+275872
22	21	2014	
23	22	2015	
24	23	2016	
25	24	2017	
26	25	2018	

20	19	2012	251,200
21	20	2013	233,464
22	21	2014	231,344
23	22	2015	229,223
24	23	2016	227,103
25	24	2017	224,982
26	25	2018	222,862

추세선을 이용한 예측 연습문제

다음은 인천광역시의 1992년부터 2010년까지의 인구 데이터이다. 이를 이용하여 2011년부터 2020년까지의 인구수를 예측하라(7장\인천인구예측.xlsx).

① 꺾은선 그래프를 그리고, 추세선을 추가한다. 추세선은 선형과 로그 두 가지를 모두 나타나게 한다.

② 추세선에 수식과 R-제곱을 나타나게 설정한다.

③ 추세선을 '선형'으로 하였을 때와 '로그'로 하였을 때를 비교하여 각각의 수식에 대한 예측치를 계산하라.

④ R-제곱값이 큰 추세선 유형을 제시하라.

	A	B	C	D	E
1	제 목 : 인천광역시 인구변화 예측(2020년까지)				
2					
3	번호	년도	인구(명)	선형	로그
4	1	1992	2,065,866		
5	2	1993	2,138,426		
6	3	1994	2,200,769		
7	4	1995	2,353,073		
8	5	1996	2,391,824		
9	6	1997	2,445,613		
10	7	1998	2,485,199		
11	8	1999	2,509,086		
12	9	2000	2,545,769		
13	10	2001	2,564,598		
14	11	2002	2,577,989		
15	12	2003	2,570,194		
16	13	2004	2,578,817		
17	14	2005	2,600,495		
18	15	2006	2,624,391		
19	16	2007	2,664,576		
20	17	2008	2,692,696		
21	18	2009	2,710,579		
22	19	2010	2,758,296		
23	20	2011			
24	21	2012			
25	22	2013			
26	23	2014			
27	24	2015			
28	25	2016			
29	26	2017			
30	27	2018			
31	28	2019			
32	29	2020			
33					

〈결과〉

제 목 : 인천광역시 인구변화 예측(2020년까지)

번호	년도	인구(명)	선형	로그
1	1992	2,065,866		
2	1993	2,138,426		
3	1994	2,200,769		
4	1995	2,353,073		
5	1996	2,391,824		
6	1997	2,445,613		
7	1998	2,485,199		
8	1999	2,509,086		
9	2000	2,545,769		
10	2001	2,564,598		
11	2002	2,577,989		
12	2003	2,570,194		
13	2004	2,578,817		
14	2005	2,600,495		
15	2006	2,624,391		
16	2007	2,664,576		
17	2008	2,692,696		
18	2009	2,710,579		
19	2010	2,758,296		
20	2011		2,643,480	2,706,268
21	2012		2,675,654	2,717,771
22	2013		2,707,828	2,728,738
23	2014		2,740,002	2,739,218
24	2015		2,772,176	2,749,252
25	2016		2,804,350	2,758,876
26	2017		2,836,524	2,768,122
27	2018		2,868,698	2,777,020
28	2019		2,900,872	2,785,594
29	2020		2,933,046	2,793,867

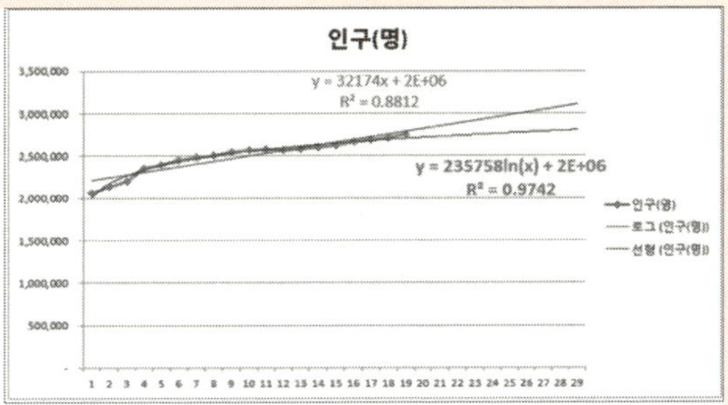

2. 분산형 차트를 이용한 변수 간 관계 파악

차트의 종류 중 분산형 차트를 이용하면 두 변수 간에 관계의 방향성과 크기를 파악할 수 있다. 차트를 작성한 후 나타난 점들의 방향이 오른쪽 위로 향하면 두 변수는 양(+)의 관계, 오른쪽 아래로 향하면 음(-)의 관계, 점들의 기울기가 없으면 두 변수는 큰 관계가 없다고 이해할 수 있다.

▶ 주택의 크기와 가격의 관계

❶ 다음의 데이터를 입력한 후 차트의 종류를 [분산형]으로 하여 차트를 작성한다.

❷ 차트에 나타난 점들의 방향이 오른쪽 위로 향하는 것을 알 수 있다. 점들 중 하나를 우측 마우스 버튼을 누른 후 [추세선 추가] 메뉴를 클릭하여 추세선을 추가한다.

❸ 추세선의 방향이 오른쪽 위로 향하고 있으므로 X축인 주택의 크기가 오른쪽으로 증가할수록 Y축의 주택가격도 위로 위치하며 증가하는 것을 알 수 있다.

	A	B
1	주택크기	주택가격
2	2354	315
3	1807	229
4	2637	355
5	2024	261
6	2241	234
7	1489	216
8	3377	308
9	2825	306
10	2302	289
11	2068	204
12	2715	265
13	1833	195
14		

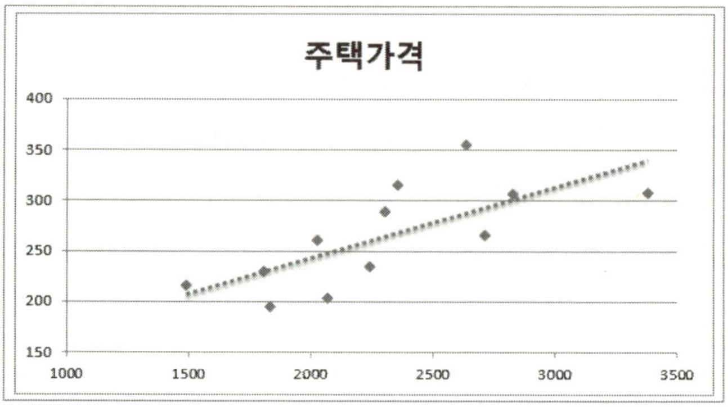

▶ 원두수입량과 국민총소득의 관계

다음은 연도별 국민총소득과 원두수입량 데이터이다. 서로 간에 상관관계가 존재하는지 차트 분석을 통하여 알아보자.

	A	B	C	D	E	F	G	H	I	J	K	L
1		2001	2002	2003	2004	2005	2006	2007	2008	2009	2010	2011
2	국민총소득(억원)	6,498,989	7,209,963	7,677,714	8,293,267	8,644,273	9,101,342	9,768,139	10,341,154	10,697,831	11,747,530	12,405,039
3	원두수입량(t)	76,757	77,935	79,893	75,602	83,483	82,620	84,285	98,542	94,465	103,612	108,918

❶ 예제파일을 열고(7장 \ 원두수입량.xlsx) 국민총소득과 원두수입량을 선택하여 분산형 차트를 작성한다.

❷ 차트에 생성된 점들의 방향이 오른쪽 위를 향하고 있으므로 원두수입량과 국민총소득이 서로 양(+)의 관계가 있음을 알 수 있다. 즉 국민총생산량이 증가할수록 원두수입량도 늘어난다.

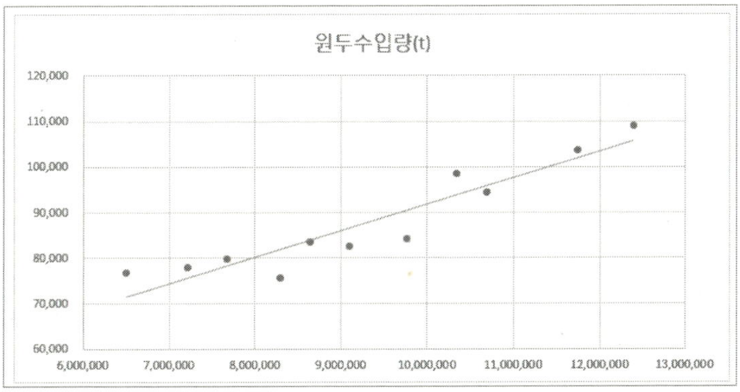

▶ 키와 소득의 관계

키가 큰 사람은 키가 작은 사람보다 더 많은 돈을 번다는 일반적인 믿음이 있다. University of Pittsburg에서 수행한 연구에서 30세인 250명의 MBA 졸업생에 대한 조사가 이루어졌고, 그들에게 키(인치 기준)와 연간소득(1,000달러 기준)을 제시하도록 요청하였다. 이 데이터의 분산형 차트를 그리고 그 결과를 해석해보자.

❶ 키와 소득에 대한 예제파일을 열고(7장 \ 키와소득.xlsx) 분산형 차트를 작성한다.

	A	B
1	키	소득
2	68	65
3	73	58
4	68	50
5	75	49
6	67	58
7	70	60
8	68	58
9	71	56
10	68	54
11	69	64
12	65	59
13	65	64
14	70	48
15	68	65
16	67	49
17	70	51
18	66	73
19	68	64
20	74	58
21	73	70
22	65	67
23	68	74
24	71	76
25	69	68
26	72	51
27	72	70
28	72	71
29	78	67
30	72	63
31	64	55
32	68	69

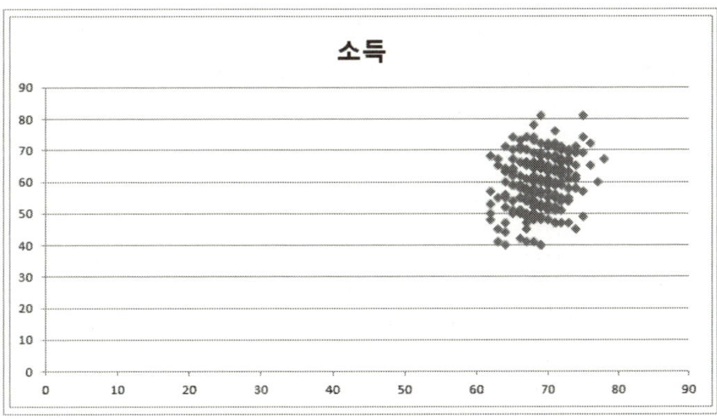

❷ 차트에 나타난 점들의 형태가 원형의 형태로 뭉쳐져 있다. 키가 클수록 소득이 증가하는 형태로 점들이 배치되지 않고 일정한 기울기를 나타내지 않는 원의 형태로 나타났으므로 두 변수의 상관관계는 없다고 판단할 수 있다.

분산형 차트 연습문제

1. 한 통계 전문가는 20세 이상의 성인들 중에서 임의로 15명의 표본을 선택하고 각각에게 교육기간과 지난주의 인터넷 사용 시간을 제시하도록 하였다. 개인이 교육을 받은 기간과 인터넷 사용 시간에 대한 두 변수의 관계를 설명해 보시오(7장\교육과 인터넷.xlsx).

	A	B
1	교육기간	인터넷 사용시간
2	11	10
3	11	5
4	8	0
5	13	14
6	17	24
7	11	0
8	11	15
9	11	12
10	19	20
11	13	10
12	15	5
13	9	8
14	15	12
15	15	15
16	11	0
17		

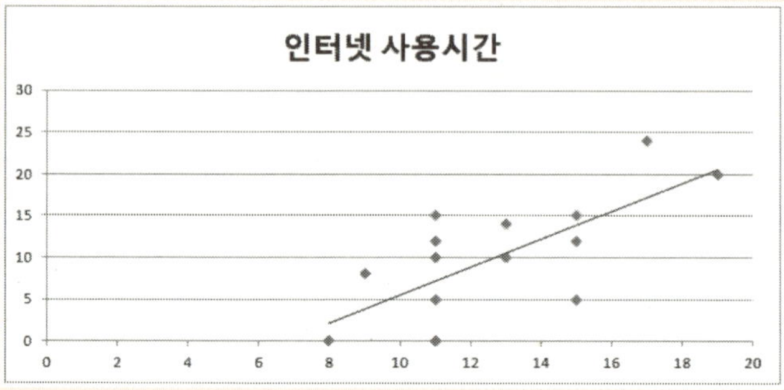

2. 기온은 스키어의 스키타기 활동에 어떤 영향을 미칠까? 한 지역 스키 리조트는 임의로 선정된 50일의 기온과 판매된 리프트 티켓 수를 기록하였다. 이 데이터를 이용하여 그래프를 그리고 그 결과를 해석하시오(7장\기온과스키장.xlsx).

	A	B
1	기온	리프트 티켓판매
2	14	472
3	-10	442
4	33	607
5	11	577
6	7	520
7	-12	419
8	-13	397
9	1	379
10	-13	492
11	2	518
12	17	548
13	-1	488
14	1	567
15	-2	484
16	8	541
17	-4	582
18	-21	390
19	23	602
20	-11	465
21	-25	501
22	-1	539
23	15	532
24	5	523
25	-23	366
26	5	564
27	13	574

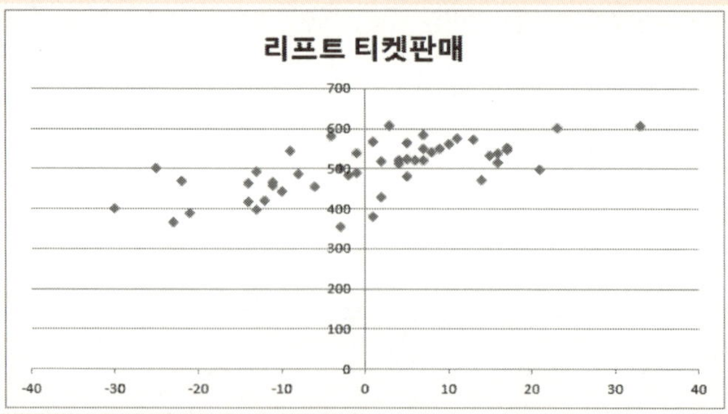

3. 피벗 테이블과 피벗 차트 활용하기

1) 피벗 테이블

피벗(pivot)의 의미는 회전한다는 뜻을 갖고 있다. 엑셀에서 피벗 테이블은 동일한 여러 필드들에 대한 값들을 쉽게 비교 · 분석할 수 있도록 간결한 표 형식으로 보여주며, 데이터를 사용자가 원하는 대로 행과 열 축으로 회전하여 정리하고 또한 자유롭게 변경함으로써 다양한 각도에서 목록의 내용을 분석할 수 있다. 따라서 피벗 테이블을 이용하면 동일한 데이터를 여러 관점에서 살펴보고 데이터에 대한 질문들에 답할 수 있게 된다.

아래의 데이터는 판매업체의 상품별 판매 현황 데이터를 피벗 테이블을 이용하여 요약한 결과이다. 왼쪽의 판매현황 목록은 각 판매업체의 상품명, 수량, 매출액 등에 관한 데이터를 포함하고 있다. 오른쪽의 ①번 피벗 테이블은 이러한 데이터 목록을 각 판매업체별 매출액의 합계와 평균으로 일목요연하게 단순화하고 요약하여 보여주고 있다. 또한 ②번 피벗 테이블에서도 각 상품별 판매업체의 매출액을 확인할 수 있다.

판매 현황

	A	B	C	D	E	F	G
2	업체	상품명	수량	매출액	구성비	이익액	이익율
3	비룡마트	곰표부침가루	2	3,300	1.1	800	24.2
4	비룡마트	곰표튀김가루	1	1,800	0.5	400	22.2
5	비룡마트	멸치칼국수	13	8,500	2.6	1,328	14.9
6	비룡마트	무파마탕면	8	6,800	2	975	14.3
7	비룡마트	백설중력밀가루	2	7,800	2.3	1,572	20.2
8	비룡마트	백설찰밀가루	1	5,100	1.5	1,041	20.4
9	비룡마트	백설튀김가루	3	6,900	2	2,700	39.1
10	비룡마트	생생우동	3	4,000	1.2	750	17.9
11	비룡마트	스파게티라면	1	860	0.3	180	20.9
12	비룡마트	신라면	105	61,850	18.2	6,725	10.9
13	비룡마트	신전신화당	1	1,000	0.3	200	20
14	비룡마트	쌀국수짜장3번들	2	7,600	2.2	1,134	14.9
15	비룡마트	옛날국수중면	2	5,200	1.5	1,100	21.2
16	비룡마트	옛날당면	1	4,000	1.2	1,700	40.5
17	비룡마트	옛날자른당면	2	9,000	2.7	2,060	22.9
18	비룡마트	오징어짬뽕	10	7,200	2.1	1,000	13.9
19	비룡마트	육개장사발면	2	1,300	0.4	209	16.1
20	비룡마트	일품짜장면	11	8,000	2.5	838	10
21	비룡마트	청수국수두루	1	7,800	2.3	1,967	25.2
22	인마트	곰표부침가루	2	3,600	1.1	800	22.2
23	인마트	곰표튀김가루	2	2,500	0.7	500	20.0
24	인마트	농심찰비빔면	1	3,400	1	488	14.4
25	인마트	동지쌀국수뚝배기	1	3,800	1.1	567	14.9
26	인마트	멸치칼국수	13	8,900	2.6	1,328	14.9
27	인마트	백설빵가루	1	2,800	0.8	630	22.5
28	인마트	백설찰밀가루	1	5,100	1.5	1,041	20.4
29	인마트	사천짜파게티	12	10,200	3	1,500	14.7
30	인마트	생생우동	3	4,200	1.2	750	17.9
31	인마트	쌀사리곰탕면	5	3,600	1.1	500	13.9
32	인마트	옛날국수중면	2	5,200	1.5	1,100	21.2
33	인마트	옛날당면	1	3,000	0.9	700	23.3
34	인마트	옛날당면	1	4,200	1.2	1,700	40.5

①

행 레이블	합계 : 매출액	평균 : 매출액2
비룡마트	158,010	8,316
일마트	117,190	6,894
인마트	102,650	5,403
총합계	377,850	6,870

②

평균 : 매출액	업체명			
상품명	비룡마트	인마트	일마트	총합계
신라면	61,850			61,850
안성탕면			25,950	25,950
짜파게티			24,500	24,500
삼양라면			15,160	15,160
청수국수두루	7,800	14,400		11,100
사천짜파게티		10,200		10,200
멸치칼국수	8,500	8,900		8,700
일품짜장면	8,000	8,400		8,200
백설중력밀가루	7,800			7,800
쌀국수짜장3번들	7,600			7,600
오징어짬뽕	7,200			7,200
옛날자른당면	9,000	6,100		7,067
백설튀김가루	6,900			6,900
무파마탕면	6,800			6,800
팔도비빔면			6,600	6,600
얼큰한너구리			6,600	6,600
순한너구리			6,600	6,600
오징어짬뽕컵			6,300	6,300
삼양쇠고기라면			5,950	5,950
옛날국수중면	5,200	5,200		5,200
백설찰밀가루	5,100	5,100		5,100

하지만 어떤 목적에서 목록을 만들 것인가를 명확히 해야만 의미 있는 피벗 테이블을 작성할 수 있다. 피벗 테이블을 생성할 때는 피벗 테이블에 요약하여 나타낼 데이터에 대한 계획이 필요하다. 그러기 위해서는 먼저 목록에 들어있는 데이터를 제대로 이해하고 있어야 하며, 피벗 테이블을 통해서 알고 싶은 내용이 무엇인가를 잘 생각해 보아야 한다. 또한 피벗 테이블의 레이아웃은 간단하게 변경이 가능하므로 처음부터 완벽하게 피벗 테이블의 레이아웃을 고민하지 말고 간단한 질문에 답할 수 있는 피벗 테이블을 생성하는 작업부터 시작하는 것이 좋다.

▶ 피벗 테이블 만들기

아래의 데이터는 다양한 생필품의 판매 데이터이다. 판매 담당자, 판매 일자, 단가, 수량, 판매액 등의 데이터가 입력되어 있다. 이 목록을 요약하여 상품 분류별 판매 담당자의 판매 수량을 요약된 피벗 테이블로 나타내고자 한다. 다음의 순서에 따라 피벗 테이블을 실습해 보자(7장 \ 생필품판매데이터.xlsx).

❶ 데이터 목록 내에 아무 셀이나 클릭하여 커서를 목록 내에 둔다. 리본메뉴의 [삽입]을 선택하고, [표] 그룹－[피벗 테이블]을 클릭한다.

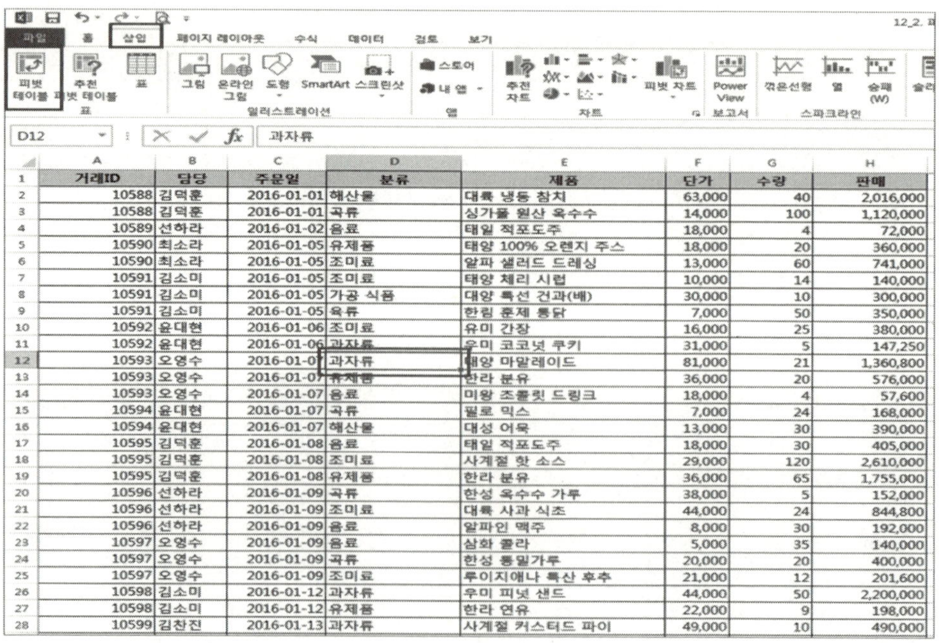

거래ID	담당	주문일	분류	제품	단가	수량	판매
10588	김덕훈	2016-01-01	해산물	대륙 냉동 참치	63,000	40	2,016,000
10588	김덕훈	2016-01-01	곡류	싱가폴 원산 옥수수	14,000	100	1,120,000
10589	선하라	2016-01-02	음료	태일 적포도주	18,000	4	72,000
10590	최소라	2016-01-05	유제품	태양 100% 오렌지 주스	18,000	20	360,000
10590	최소라	2016-01-05	조미료	알파 샐러드 드레싱	13,000	60	741,000
10591	김소미	2016-01-05	조미료	태양 체리 시럽	10,000	14	140,000
10591	김소미	2016-01-05	가공 식품	대양 특선 건과(배)	30,000	10	300,000
10591	김소미	2016-01-05	육류	한림 훈제 통닭	7,000	50	350,000
10592	윤대현	2016-01-06	조미료	유미 간장	16,000	25	380,000
10592	윤대현	2016-01-06	과자류	우미 코코넛 쿠키	31,000	5	147,250
10593	오영수	2016-01-07	과자류	태양 마말레이드	81,000	21	1,360,800
10593	오영수	2016-01-07	유제품	한라 분유	36,000	20	576,000
10593	오영수	2016-01-07	음료	미왕 초콜릿 드링크	18,000	4	57,600
10594	윤대현	2016-01-07	곡류	필로 믹스	7,000	24	168,000
10594	윤대현	2016-01-07	해산물	대성 어묵	13,000	30	390,000
10595	김덕훈	2016-01-08	음료	태일 적포도주	18,000	30	405,000
10595	김덕훈	2016-01-08	조미료	사계절 핫 소스	29,000	120	2,610,000
10595	김덕훈	2016-01-08	유제품	한라 분유	36,000	65	1,755,000
10596	선하라	2016-01-09	곡류	한성 옥수수 가루	38,000	5	152,000
10596	선하라	2016-01-09	조미료	대륙 사과 식초	44,000	24	844,800
10596	선하라	2016-01-09	음료	알파인 맥주	8,000	30	192,000
10597	오영수	2016-01-09	음료	삼화 콜라	5,000	35	140,000
10597	오영수	2016-01-09	곡류	한성 통밀가루	20,000	20	400,000
10597	오영수	2016-01-09	조미료	루이지애나 특산 후추	21,000	12	201,600
10598	김소미	2016-01-12	과자류	우미 피넛 샌드	44,000	50	2,200,000
10598	김소미	2016-01-12	유제품	한라 연유	22,000	9	198,000
10599	김찬진	2016-01-13	과자류	사계절 커스터드 파이	49,000	10	490,000

❷ 그러면 다음 그림과 같이 [피벗 테이블 만들기] 창이 나오는데 여기서 데이터 목록의 범위와 피벗 테이블 보고서를 넣을 위치를 선택하게 된다. 피벗 테이블 보고서를 넣을 위치에 '기존 워크시트'를 선택하고 해당 시트 내의 빈 셀을 클릭하여 위치를 설정하고 확인 단추를 누른다.

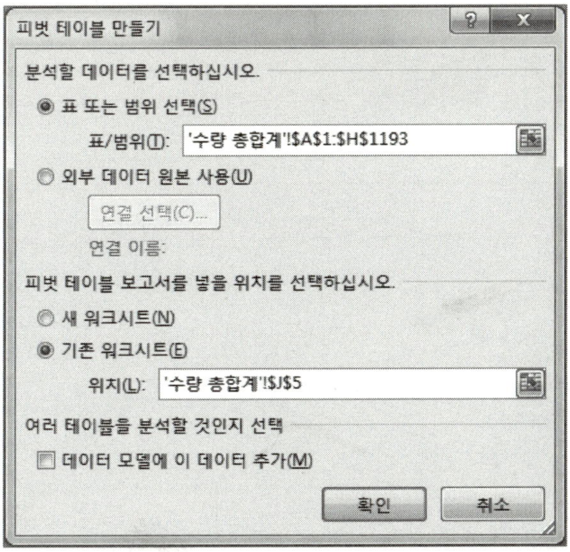

❸ 이제 워크시트 내에 피벗 테이블과 우측에 피벗 테이블 필드 목록 창이 나타남을 알 수 있다. 여기서 자신이 원하는 데이터를 가져와서 테이블을 만들 수 있다. 또한 피벗 테이블 분석 도구 메뉴와 함께 [분석]과 [디자인]의 새로운 탭이 생성된 것을 볼 수 있다.

- 피벗 테이블(왼쪽): 오른쪽 필드 목록에서 피벗 테이블의 행, 열 등의 항목을 지정하면 피벗 테이블이 작성된다.
- 피벗 테이블 도구모음(오른쪽): '보고서에 추가할 필드 선택'란에 원 테이블의 필드명이 나타난 것을 볼 수 있다. 아래의 피벗 테이블의 '보고서 필터', '열 레이블', '행 레이블', 'Σ 값' 영역에 지정하고자 하는 필드를 드래그하여 끌어다 놓음으로써 간단히 현황을 작성할 수 있다.
- 열 레이블: 보고서에서 가로축에 나타낼 필드를 말한다. 분류가 이에 해당한다.
- 행 레이블: 보고서에서 세로축에 나타낼 필드를 말한다. 담당자가 이에 해당한다.

- Σ 값: 계산의 대상이 되는 필드를 말한다. 수량이 이에 해당한다.
- 필터: 필터와 같이 자신이 원하는 항목만 선택할 수 있는 메뉴이다. 예를 들어 업체를 보고서 필터에 집어넣는다면 모든 업체에 대한 결과를 볼 수도 있고, 하나의 업체에 대한 데이터만을 볼 수도 있다.

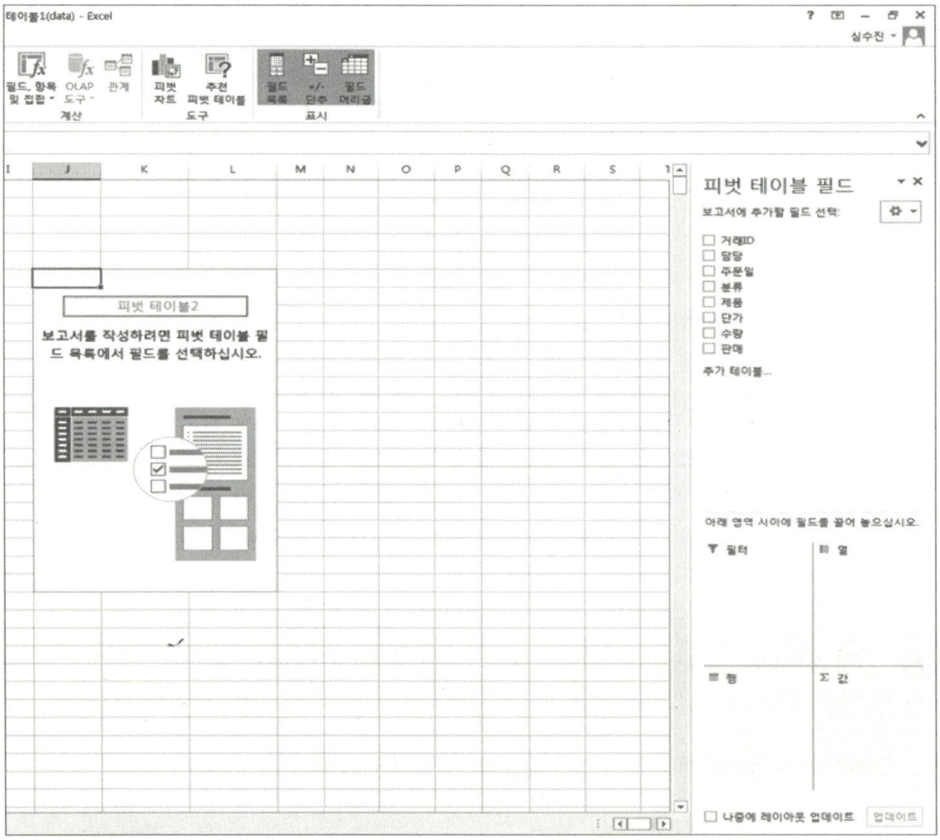

❹ 피벗 테이블에 추가할 필드는 클릭이나 드래그를 통해서 아래 영역에 끌어 놓으면 필드가 추가된다. 필드 목록에서 '담당'을 행 레이블에, '분류'를 열 레이블에, '수량'을 Σ 값에 집어넣어 아래와 같은 보고서를 만들었다. 이제 분류된 제품별로 담당자의 판매 수량을 확인할 수 있다.

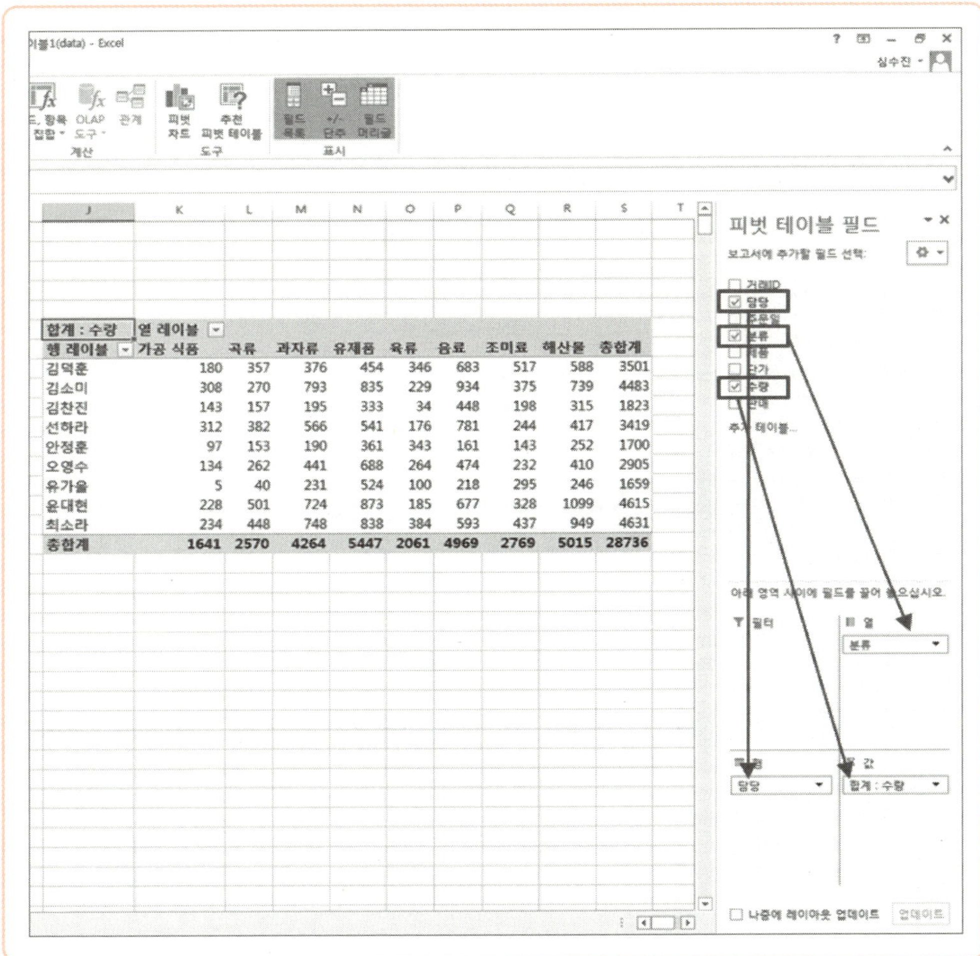

❺ 가장 많이 판매한 담당자는 누구인가? 이 질문에 답하기 위해 수량의 총합계를 내림차순 정렬해보자. 피벗 테이블의 총합계 열 내의 셀을 선택하고 마우스 오른쪽 버튼을 누른다. 단축메뉴가 나타나면 [정렬]-[숫자 내림차순 정렬]을 선택한다. 가장 많은 수량을 나타낸 '최소라' 임을 알 수 있다.

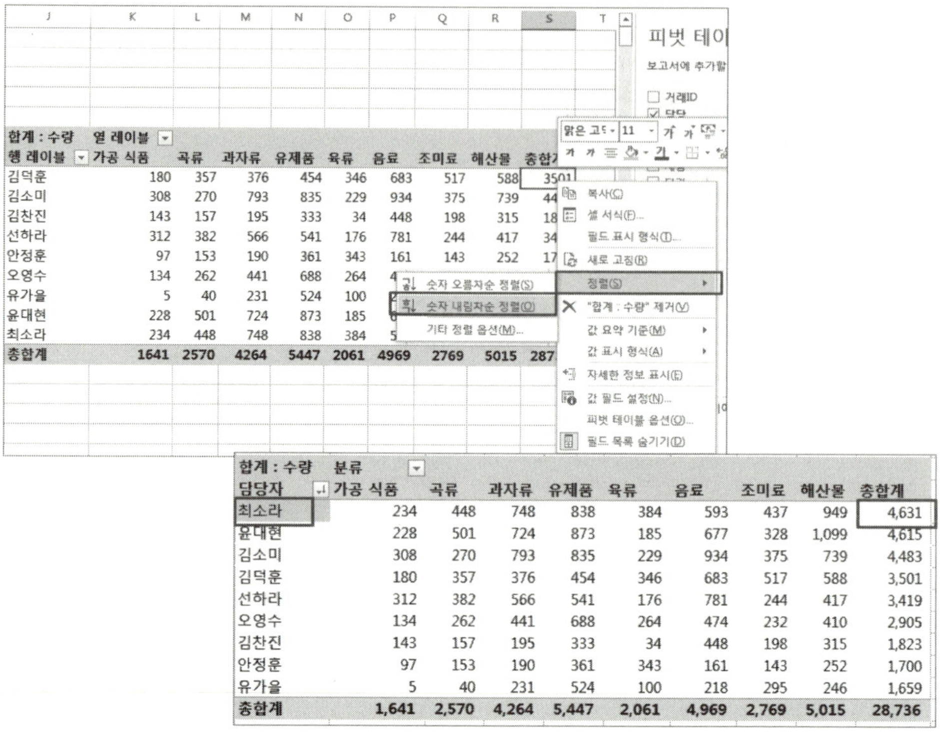

합계 : 수량	분류								
담당자	가공 식품	곡류	과자류	유제품	육류	음료	조미료	해산물	총합계
최소라	234	448	748	838	384	593	437	949	4,631
윤대현	228	501	724	873	185	677	328	1,099	4,615
김소미	308	270	793	835	229	934	375	739	4,483
김덕훈	180	357	376	454	346	683	517	588	3,501
선하라	312	382	566	541	176	781	244	417	3,419
오영수	134	262	441	688	264	474	232	410	2,905
김찬진	143	157	195	333	34	448	198	315	1,823
안정훈	97	153	190	361	343	161	143	252	1,700
유가을	5	40	231	524	100	218	295	246	1,659
총합계	1,641	2,570	4,264	5,447	2,061	4,969	2,769	5,015	28,736

2) 피벗 차트

피벗 테이블은 워크시트 내의 목록이나 외부 데이터베이스로부터 가져온 데이터를 편리하고 효율적으로 분석 및 해석하는 수단이지만 표 형태로 제시된다. 또한 피벗 테이블 자체가 매우 크고 복잡하면 추세와 패턴을 파악하는 것이 어려울 수 있다. 이때 피벗 차트를 이용하면 보다 쉽게 데이터를 이해할 수 있다. 피벗 차트는 피벗 테이블의 요약 데이터와 차트의 장점을 결합하여 피벗 테이블의 데이터를 그래픽으로 나타내준다. 목록으로부터 피벗 테이블과 피벗 차트를 동시에 생성할 수도 있다. 아래의 그림은 위에서 학습한 피벗 테이블의 결과 중 가장 많은 판매 수량을 기록한 '최소라'의 데이터만 피벗 차트로 나타낸 것이다. 차트를 통해 최소라가 특히 가공 식품 분야와 유제품 분야에 많은 판매량을 기록한 것을 발견할 수 있다.

▶ 피벗 차트 만들기

앞에서 생성한 피벗 테이블을 이용하여 피벗 차트를 작성해보자.

❶ 피벗 테이블 내의 임의의 셀을 클릭한 후 [피벗 테이블 도구-분석] 탭–[도구] 그룹–[피벗 차트 단추]를 클릭한다.

❷ [차트 삽입] 대화상자가 나타나면 [세로 막대형] 차트를 선택하고 [확인]을 클릭한다.

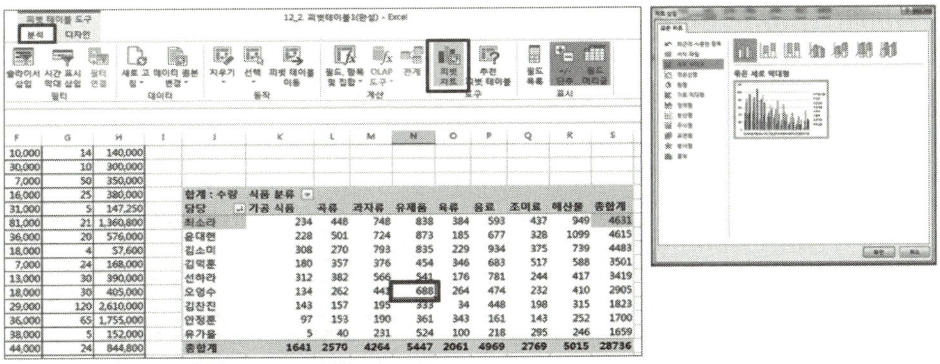

❸ 생성된 세로 막대형 차트에서 왼쪽 아래에 있는 행 목록인 [담당] 버튼을 클릭하고, [모두 선택]을 클릭하여 해제한 후 담당자 중 '최소라'에만 체크해준다. 그러면 다른 담당자들의 결과는 필터링되고 차트에서 '최소라' 담당자에 대한 결과만 확인할 수 있다.

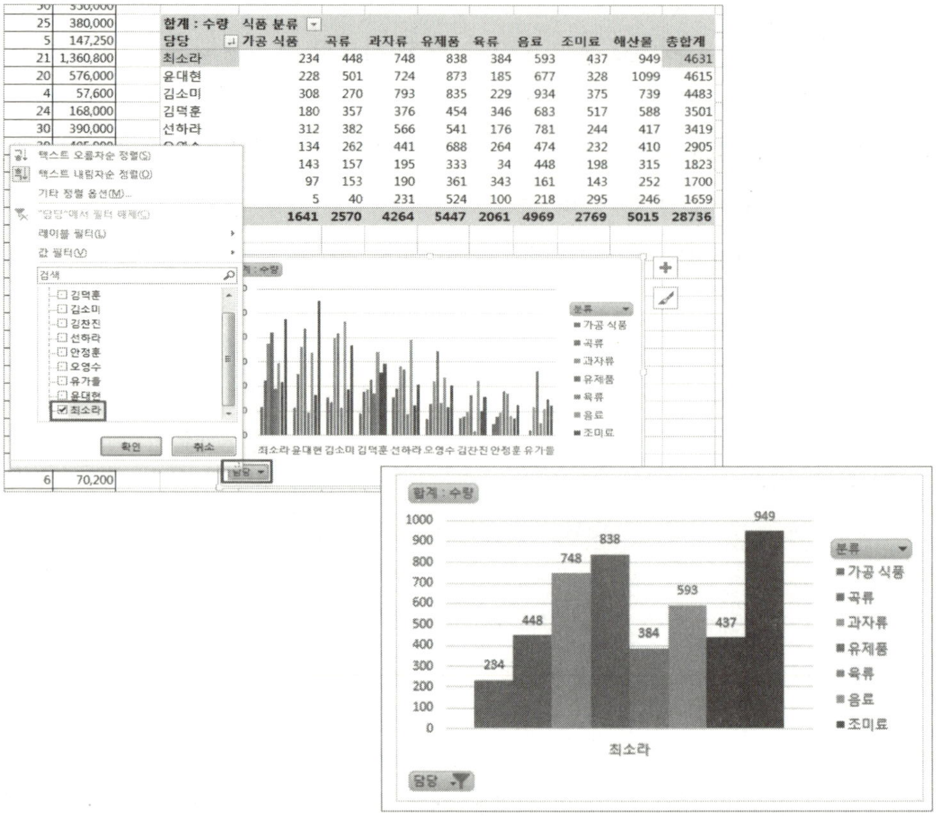

3) 피벗 테이블과 피벗 차트를 이용한 데이터 분석 예제

▶ 맥주 선호도 조사하기

남녀 대학생 285명에게 선호하는 맥주가 무엇인지를 조사한 자료이다. 이들이 가장 선호하는 맥주는 무엇인가? 또한 맥주에 대한 선호가 성별에 따라 차이가 있는지를 알아보자(7장 \ 맥주선호도.xlsx).

❶ 데이터 내에 커서를 둔 상태에서 [삽입] 탭-[피벗 테이블] 메뉴를 클릭한다.

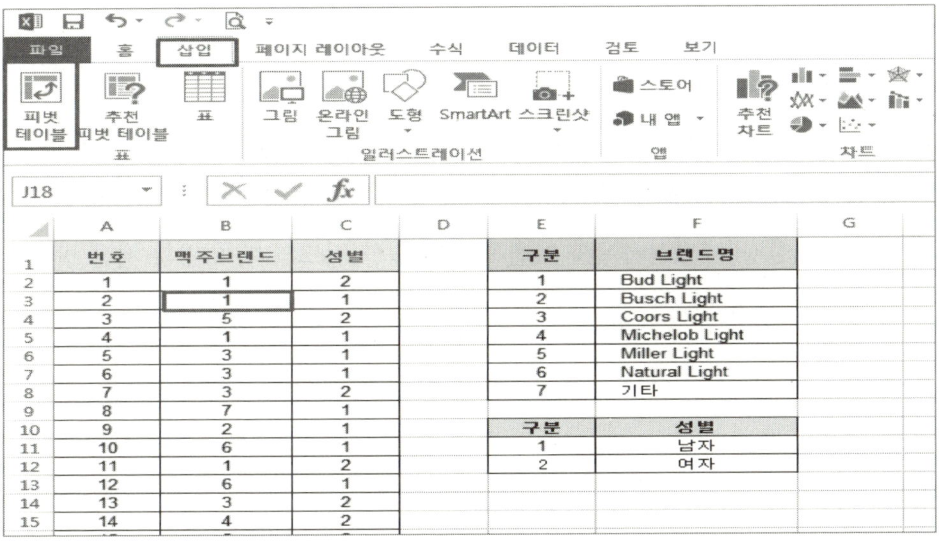

❷ 피벗테이블 만들기 대화상자가 나타나고 기본적으로 데이터의 범위를 자동 설정해 놓은 것을 알 수 있다.

❸ 피벗 테이블을 넣을 위치를 지정하는 영역에서 [기존 워크시트]를 선택하고 워크시트 내의 빈 셀을 선택해준다.

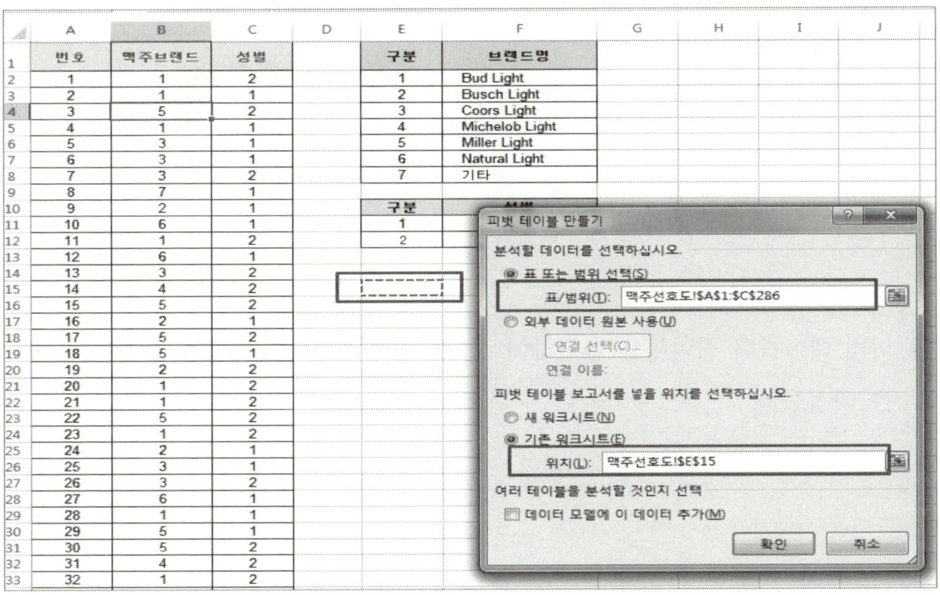

❹ 워크시트 내에 피벗 테이블이 생성되고 우측에 피벗 테이블 필드 대화상자가 나타난다. 피벗 테이블 필드 대화상자의 상단에 있는 필드 세 개를 각각 아래의 행, 열, Σ 값 영역에 끌어다 놓는다.

❺ Σ 값 영역은 기본적으로 합계를 나타내게 되어 있으므로 합계:Number를 클릭하여 나타나는 단축 도구 모음에서 [값 필드 설정] 메뉴를 클릭한다.

❻ [값 필드 설정] 대화상자에서 아래쪽의 [선택한 필드의 데이터]의 계산 방식으로 [개수]를 선택한다.

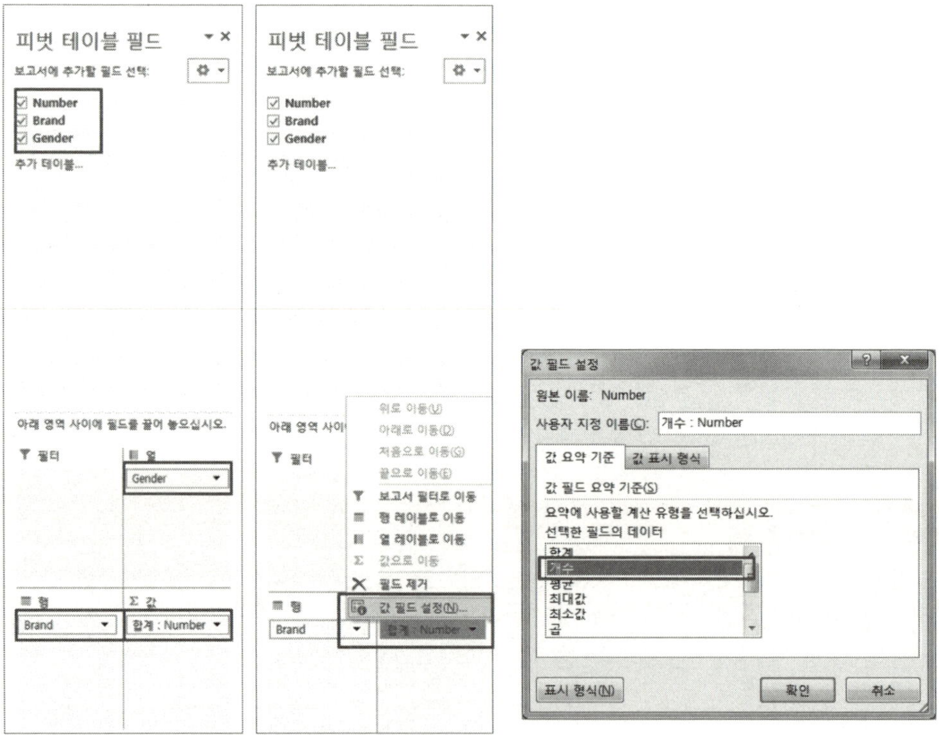

❼ 피벗 테이블의 레이블을 클릭하여 아래와 같이 직접 레이블을 수정하여 테이블을 완성한다.

개수 : Number	성별		
맥주 브랜드	남자	여자	총합계
Bud Light	42	48	90
Busch Light	10	9	19
Coors Light	38	24	62
Michelob Light	9	4	13
Miller Light	23	36	59
Natural Light	12	13	25
기타	13	4	17
총합계	147	138	285

이제 완성된 피벗 테이블을 이용하여 피벗 차트를 만들어보자.

❶ 피벗 테이블 내 임의의 셀에 커서를 둔 상태에서 도구 모음의 [피벗 테이블 도구] –[분석] 탭–[피벗 차트]를 선택한다.

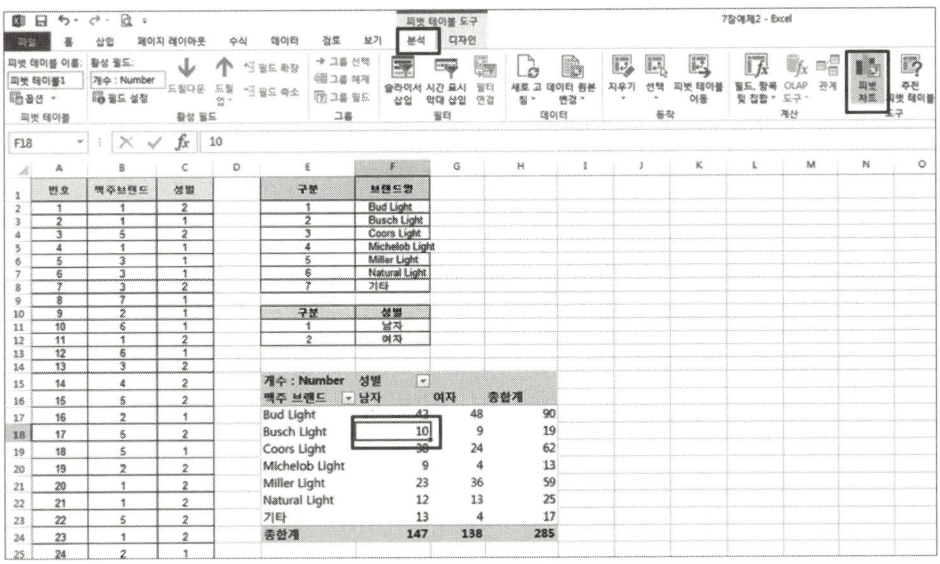

❷ 피벗 차트 대화상자에서 세로막대형 차트를 선택하고 확인 단추를 누른다. 피벗 차트가 완성된다.

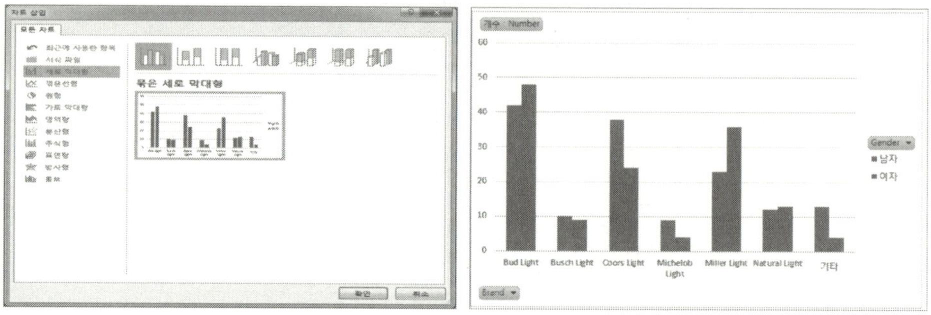

❸ 피벗 차트를 선택하고 피벗 차트 도구 모음의 [디자인] 탭-[차트 요소 추가]-[데이터 레이블]-[바깥쪽 끝에]를 선택하여 차트에 레이블을 추가한다.

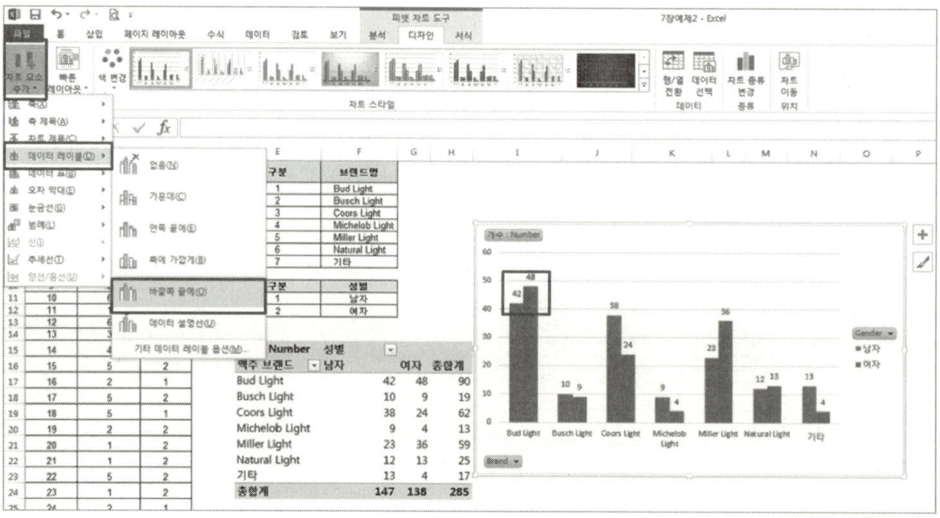

❹ 차트를 분석해보면 남녀가 가장 선호하는 맥주의 브랜드명과, 남녀에 따라 선호도에 차이가 있는 맥주를 구분해낼 수 있다.

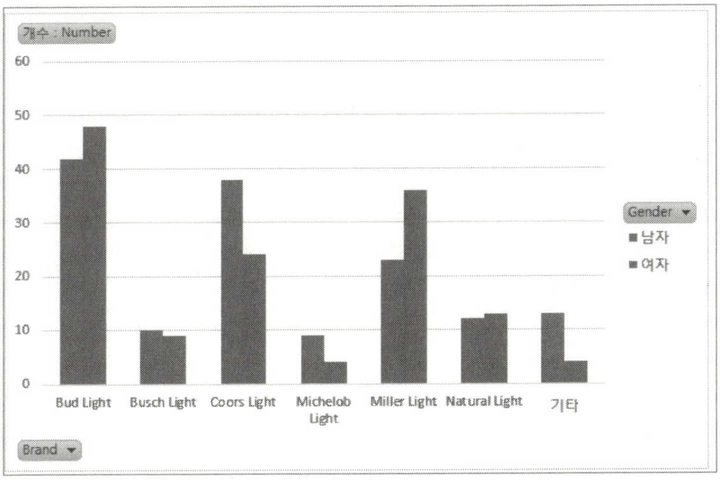

❺ 피벗 차트를 선택하고 피벗 차트 도구 모음의 [디자인] 탭-[행/열 전환]을 클릭하여 X축의 값을 남자와 여자로 변경할 수 있다.

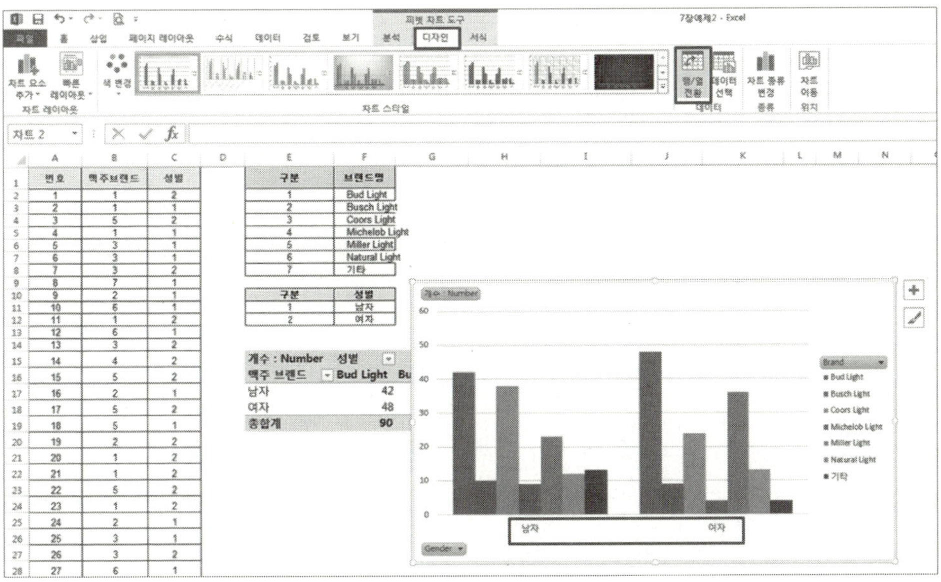

❻ 완성된 차트를 분석하며 처음에 제시되었던 질문에 답해보자. 남자와 여자 대학생 응답자들이 공통으로 선호하는 맥주는 무엇인가? 맥주 선호도에 있어 성별의 차이가 있는가?

▶ 직업유형에 따른 선호 신문 유형 조사

아래 데이터는 354명을 대상으로 직업 유형과 선호 신문을 조사한 데이터이다. 직업의 유형에 따라 선호하는 신문에 차이가 있는지 피벗 테이블과 피벗 차트를 작성하여 알아보도록 하자(7장 \ 직업별선호신문조사.xlsx).

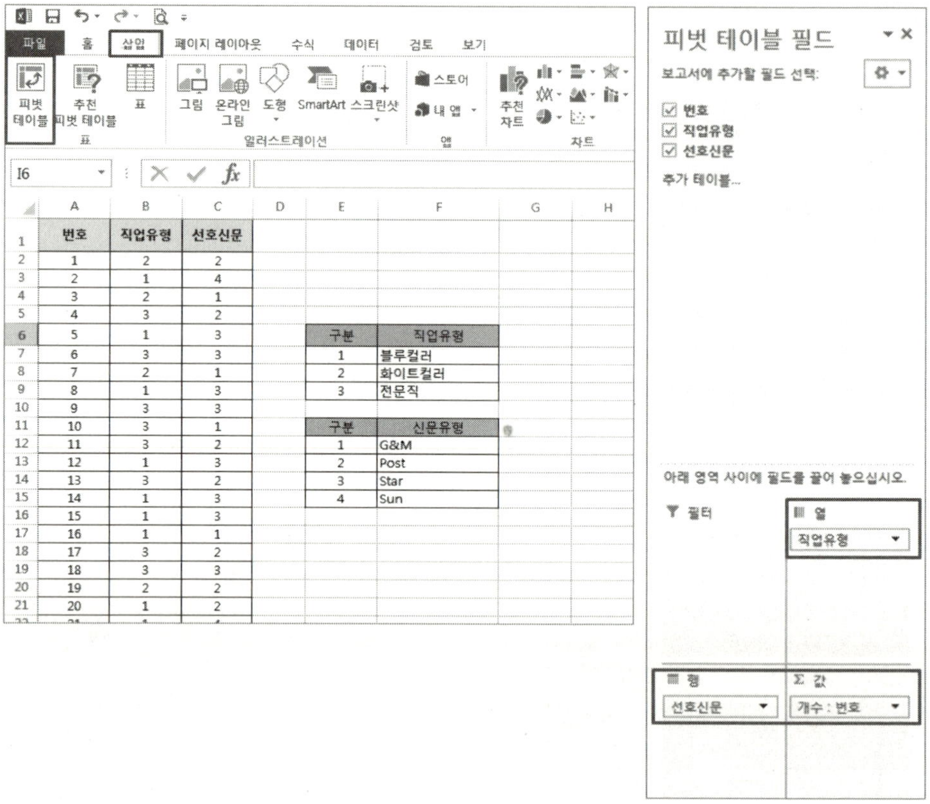

❶ 데이터 내에 커서를 둔 상태에서 메뉴 바의 [삽입] 탭－[피벗 테이블]을 클릭한다.

❷ 피벗 테이블 필드 대화상자에서 열, 행, Σ 값 영역에 해당 필드를 끌어다 놓는다. 또한 Σ 값 목록의 값은 '합계'를 '개수'로 변경한다.

❸ 피벗 테이블의 레이블을 수정하여 내용을 쉽게 이해할 수 있도록 변경한다.

개수 : 번호	직업유형			
신문유형	블루컬러	화이트컬러	전문직	총합계
G&M	27	29	33	89
Post	18	43	51	112
Star	38	21	22	81
Sun	37	15	20	72
총합계	**120**	**108**	**126**	**354**

❹ 피벗 차트를 삽입한다. 피벗 차트의 '행/열 전환' 기능을 이용하여 데이터를 가장 분석하기 좋은 형태의 차트로 만들어 본다.

❺ 직업유형에 따라 선호하는 신문은 차이가 있는가? 블루컬러가 가장 선호하는 신문은 무엇인가? 전문직이 가장 선호하는 신문은 무엇인가? 차트를 분석하여 위와 같은 질문에 답해보자.

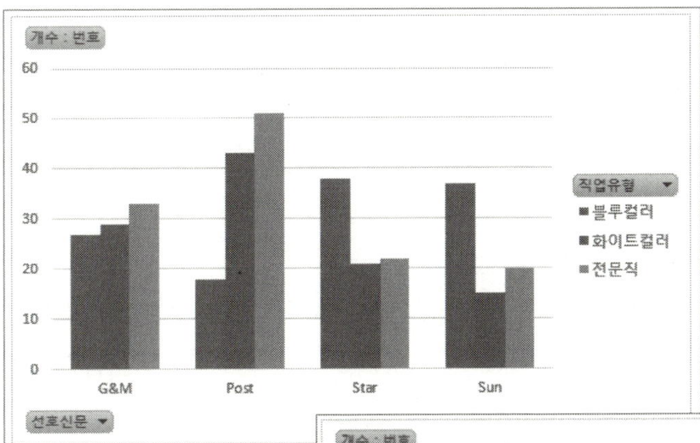

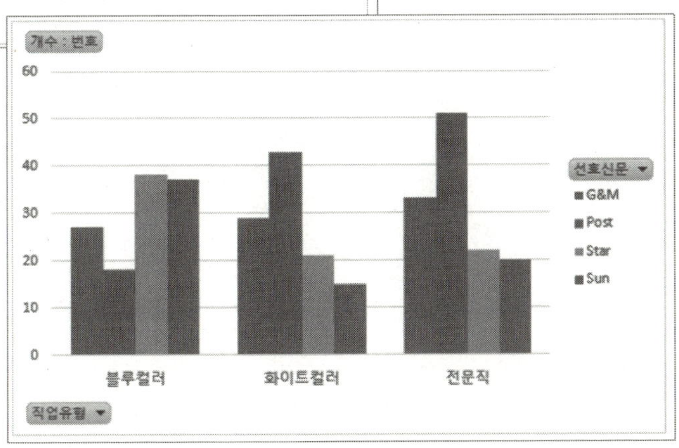

피벗 테이블과 피벗 차트 활용하기 연습문제

부모의 흡연 여부가 자식의 흡연과 관련이 있는지 알아보기 위해 응답자 225명을 대상으로 본인의 흡연 여부와 부모의 흡연 여부를 조사하였다. 피벗 테이블과 피벗 차트를 이용하여 그 관계를 알아보자(7장\흡연관계조사.xlsx).

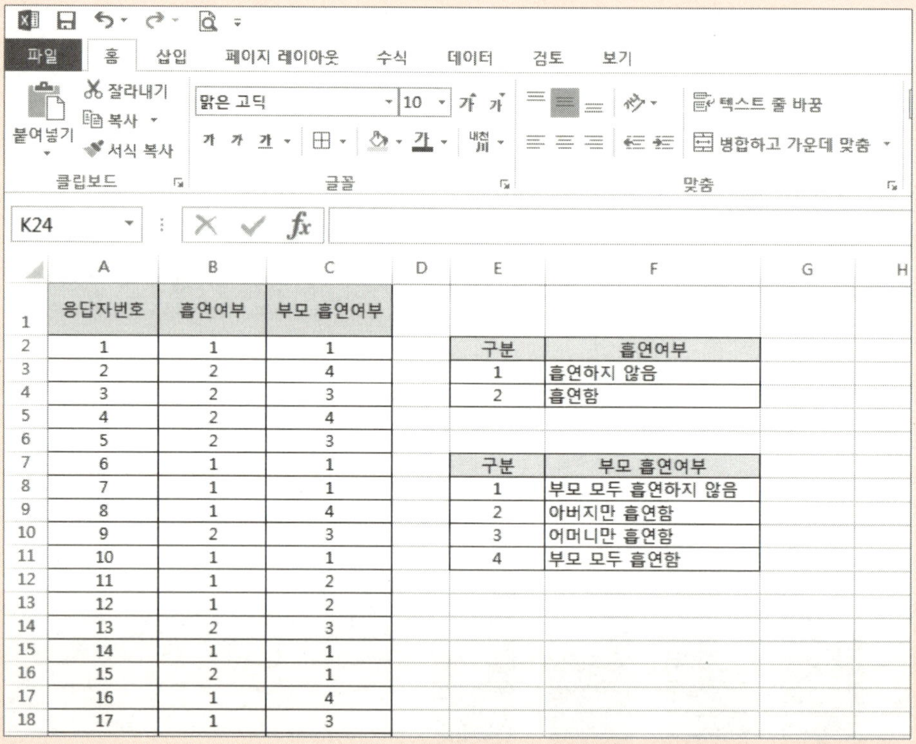

부모가 흡연자인 경우 자식의 흡연율이 높게 나타났는가? 그 반대는 어떠한가? 피벗 차트를 작성하여 보다 쉽게 결과를 파악해보자.

개수 : 응답자번호	흡연여부		
부모 흡연여부	비흡연	흡연	총합계
부모 비흡연	73	14	87
부흡연	26	12	38
모흡연	31	18	49
부모 흡연	10	41	51
총합계	**140**	**85**	**225**

완성된 피벗 차트를 분석하여 결과를 설명해보자.

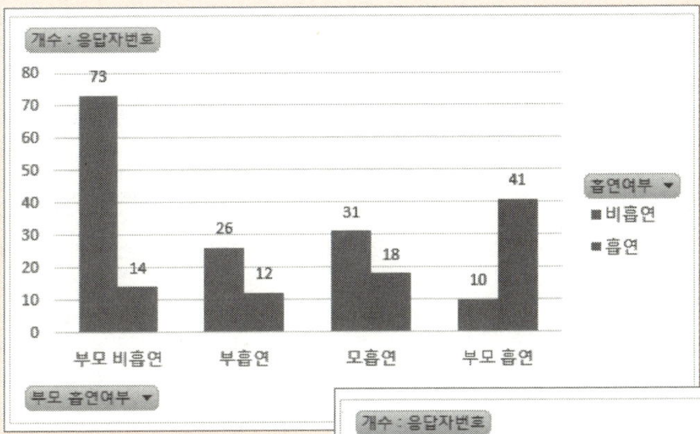
개수 : 응답자번호
73
14
26
12
31
18
10
41
부모 비흡연
부흡연
모흡연
부모 흡연
흡연여부
비흡연
흡연
부모 흡연여부

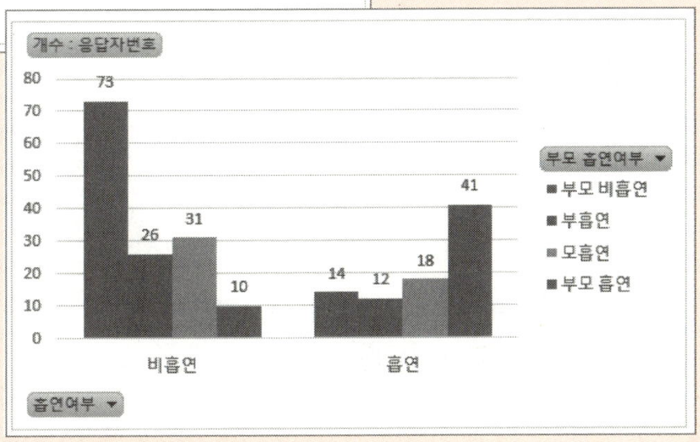
개수 : 응답자번호
73
26
31
10
14
12
18
41
비흡연
흡연
부모 흡연여부
부모 비흡연
부흡연
모흡연
부모 흡연
흡연여부

차트 분석 연습문제

분산형 차트를 이용하여 매출액과 광고비의 관계를 파악해보자.(7장\매출액과광고비.xlsx).

매출액과 광고비 관계

월	광고비	매출액
1월	20	160
2월	10	120
3월	30	220
4월	16	120
5월	40	235
6월	35	225
7월	20	160
8월	25	200
9월	33	220
10월	19	120
11월	30	

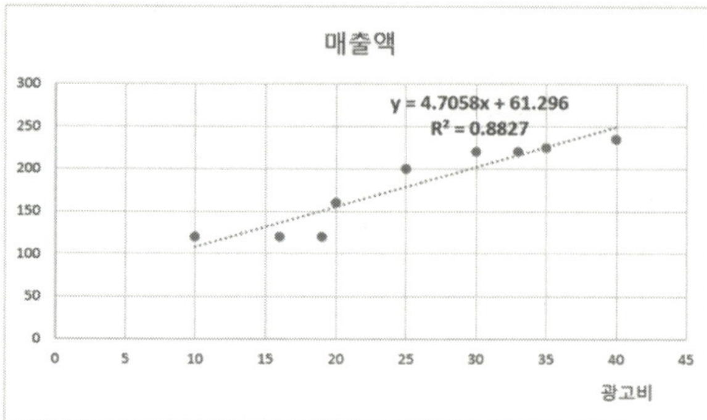

〈조건〉

- 광고비와 매출액 범위를 선택한 후 분산형 차트를 작성한다.
- 추세선과 추세식을 추가한다.
- 추세선의 방향과 추세식의 기울기 값으로 두 변수의 관계를 설명해보라.
- 11월 광고비에 30 지출을 결정하였다면 예상되는 11월의 매출액은 얼마인가? 추세식을 이용하여 값을 계산해내시오.

2. 다음은 A대리점의 2016년 월별 매출현황 자료이다. 이를 그래프로 나타내고 추세선과 추세식을 이용하여 2017년 1분기의 매출액을 예측하라(7장\A대리점매출현황.xlsx).

A대리점 매출현황

(단위: 천 원)

년	월	매출액
2016	1월	26,700
	2월	27,500
	3월	28,500
	4월	28,100
	5월	27,800
	6월	28,500
	7월	29,800
	8월	29,500
	9월	31,000
	10월	34,500
	11월	32,300
	12월	35,000
2017	1월	
	2월	
	3월	

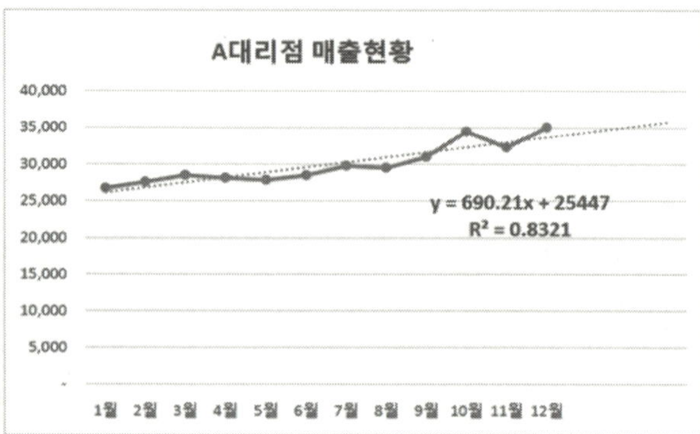

3. 다음은 회원별 3개월간의 거래현황 자료이다. 피벗 테이블을 이용하여 성별, 거래일별, 거래금액의 합계를 나타내고 피벗 차트도 작성해보시오(7장\거래현황.xlsx).

거래일	ID	성명	구분	회사	직급	성별	거주지	거래금액
2016-01-01	A1020J	한관희	일반	나라백화점	사원	남자	천안	4,938,454
2016-01-02	C3868S	한영우	골드	대진상사	대표	남자	대전	9,026,457
2016-01-03	C7582Z	이혜원	실버	성준통상	부장	여자	수원	3,834,375
2016-01-04	C9794J	박준희	일반	언더우드무역	사원	남자	서울	7,497,719
2016-01-05	D2678Q	조시현	골드	신세기상사	사원	남자	서울	2,211,868
2016-01-06	D4546D	최승옥	일반	삼진상사	사원	여자	제주	2,246,517
2016-01-07	E1123V	차윤식	프리미엄	백두무역				
2016-01-08	E3911M	윤봉인	실버	한일상사				
2016-01-09	E4274H	한상민	골드	한빛유통				
2016-01-10	E7426K	송지나	실버	원창무역				
2016-01-11	F2589D	서민형	실버	정금상사				
2016-01-12	F2994V	이채원	프리미엄	온하수유통				
2016-01-13	G4980K	이승현	실버	관악유통				
2016-01-14	G9531E	임순필	일반	몽블랑상사				
2016-01-15	H5774S	오유나	골드	삼미상사				

합계 : 거래금액	거래일			
성별	1월	2월	3월	총합계
남자	98,279,116	87,531,068	67,301,909	253,112,093
여자	73,539,934	71,959,102	85,581,826	231,080,862
총합계	**171,819,050**	**159,490,170**	**152,883,735**	**484,192,955**

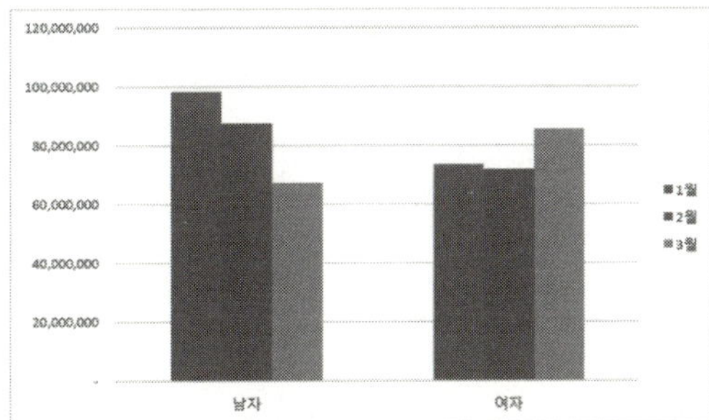

〈조건〉

- 성별을 행 레이블, 거래일을 열 레이블에, 거래금액을 값 영역에 추가한다.
- 거래일을 월별로 그룹화한다.
- 보고서 레이아웃은 '테이블 형식'으로 지정한다.
- 피벗 테이블 스타일은 '피벗 스타일 보통 8'을 선택하고 줄무늬 행, 줄무늬 열까지 표시한다.
- 막대 피벗 차트를 삽입한다. 차트의 필드 단추는 숨긴다.

08 재무제표 분석

기업 경영에 관련된 모든 이해 당사자들은 기업의 재무 상태를 평가할 수 있는 능력을 가져야 한다. 특히 경영학을 전공하는 학생들이 기업의 재무제표를 작성하고 분석할 수 있는 능력을 갖추는 것은 필수적이다. 본 장에서는 기업의 경영성과와 재무 상태를 분석하는데 필수적인 재무상태표와 손익계산서를 엑셀을 이용하여 작성하고 이를 차트로 변환한 후 기업의 경영상태를 분석하는 방법을 학습한다.

1. 재무제표 개요

1) 재무제표 분석의 의의

재무제표 분석이란 기업이 작성하여 공시하는 재무제표를 기초로 기업의 경영성과와 현재의 재무상태를 평가하고 미래의 수익 잠재력과 관련 위험을 예측하기 위하여 여러 가지 회계적 분석을 수행하는 것을 말한다.

기업의 재무상태와 경영성과를 나타내고 있는 재무보고서 중 가장 보편적으로 이용되는 것이 재무상태표와 손익계산서이다. 재무상태표와 손익계산서에는 기업의 경영자들과 구성원들의 활동성과가 나타나게 되며, 이를 통하여 기업의 재무상태와 경영성과를 정확하게 파악, 평가할 수 있다. 주주나 채권자들은 기업에 대한 투자 여부를 결정할 때 투자 대상 기업의 재무구조와 경영성과에 많은 관심을 가지게 되는데, 이들은 필요한 정보의 많은 부분을 재무제표 분석을 통하여 획득할 수 있다.

이와 같이 재무제표는 기업의 이해관계자인 경영자, 주주, 채권자 등에게 기업의 경영성과와 재무상태에 관한 유용한 재무정보를 제공해주기 때문에, 기업 경영과 관련된 모든 이해 당사자들은 재무제표를 이해하고 분석하여 기업의 재무상태 및 경영성과를 평가할 수 있는 능력을 가져야 한다. 특히 경영학을 전공하는 학생들이 기업의 재무제표를 작성하고 분석할 수 있는 능력을 갖는 것은 아주 필수적이라 하겠다.

2) 재무제표의 작성

재무제표(financial statements: F/S)는 기업의 이해관계자인 주주, 채권자, 거래처,

정부 등에게 기업의 영업활동에 대한 회계정보를 일정한 양식에 의하여 전달하기 위한 여러 회계보고서를 말한다. 재무상태표, 손익계산서, 현금흐름표, 자본변동표, 주석 등이 이에 해당된다.

이와 같은 기업 재무제표는 1년 또는 특정 회계기간 동안 기업의 경영활동을 간결하게 요약한 재무보고서이다. 재무제표의 작성목적은 기업과 이해관계를 가지고 있는 재무제표 이용자들이 기업에 관한 의사결정을 할 때 도움이 될 수 있는 재무정보를 제공하고자 하는데 있다. 재무제표 이용자가 어떤 재무정보를 필요로 하느냐에 따라 작성하여야 할 재무제표의 종류와 재무분석의 유형이 결정된다. 본장에서는 기업의 경영성과와 재무상태를 분석하는데 필수적인 재무상태표와 손익계산서를 작성하고 분석하는 방법을 학습한다.

▶ 재무상태표

재무상태표(statement of financial position)는 일정 시점(결산일)의 기업의 재무상태를 나타내기 위해 작성되는 보고서로 해당 시점의 자산, 부채, 자본의 상태를 표시하기 때문에 재무상태표라고 부른다. 모든 기업은 회계년도 말에 한번씩은 반드시 재무상태표를 작성하여야 하며, 필요에 따라서는 반기말, 분기말 또는 월말에 작성하기도 한다. 재무상태표는 기본요소인 자산, 부채, 자본으로 구성되어 있다.

① 자산(assets): 미래 경제적 효익을 창출할 것으로 기대되는 자원을 말한다. 유동자산은 재무상태표 작성일로부터 1년 이내에 현금화되는 자산을 의미하며, 당좌자산과 재고자산으로 구분된다. 비유동자산은 현금화되는 기간이 1년 이상 되는 자산으로 장기간 보유하는 자산을 말하며 투자자산, 유형자산, 무형자산으로 구분된다.

② 부채(liabilities): 기업이 미래에 재화나 용역의 형태로 타인에게 제공해야 할 현재의 채무(빚)를 말한다. 채무의 종류에는 1년 이내에 상환할 유동부채(매입채무, 미지급금, 단기차입금)와 1년 이후에 상환하는 비유동부채(사채, 장기차입금)로 구분된다.

③ 자본(equity): 기업이 소유하고 있는 자산에서 부채를 차감한 잔액을 의미한다. 자본금은 최초 출자액을 의미하며, 주식회사의 경우 주주들에게 발행한 주식의 액면금액에 발행주식수를 곱한 금액을 말한다. 자본잉여금은 자본거래 즉, 주주

와의 거래에서 발생한 잉여금을 의미하며, 이익잉여금은 영업활동에서 발생한 잉여금(당기순이익)을 의미한다.

다음은 재무상태표의 사례이다.

A주식회사 재무상태표

(단위: 천 원)

항목	2011	2012	2013	2014	2015
<자산>					
1.현금 및 예금	57,000	47,000	40,000	48,000	44,000
2.유가증권	25,000	27,000	500	9,600	29,000
3.외상매출금	199,000	198,000	219,000	256,000	276,000
4.재고자산	531,000	537,000	558,000	574,500	638,000
유동자산소개	812,000	809,000	817,500	888,100	987,000
1.토지 및 건물	15,300	14,400	19,700	21,500	57,000
2.기계 및 장비	336,700	347,800	358,300	383,300	366,200
3.투자와 기타자산	17,600	16,700	22,000	13,600	40,800
비유동자산 소개	369,600	378900	400000	418400	464000
자산 총계	1,181,600	1,187,900	1,217,500	1,306,500	1,451,000
<부채 및 자본>					
1.지급어음	166,500	163,000	191,400	270,900	338,400
2.외상매입금	185,000	199,000	205,000	260,700	301,100
3.미지급금	43,000	45,400	33,200	34,800	37,700
4.단기차입금	10,800	11,100	19,300	12,000	19,800
유동부채 소계	405,300	418500	448900	578400	697000
1.장기차입금	100,000	100,000	100,000	150,000	150,000
2.사채	50,000	50,000	50,000	50,000	50,000
비유동부채 소계	150,000	150000	150000	200000	200000
부채 총계	555,300	568,500	598,900	778,400	897,000
1.보통주 자본금	300,000	300,000	300,000	300,000	300,000
2.유보이익	326,300	319,400	318,600	228,100	254,000
자본계	626,300	619400	618600	528100	554000
부채 및 자본총계	1,181,600	1,187,900	1,217,500	1,306,500	1,451,000

▶ 손익계산서

손익계산서는 일정기간 동안 영업활동을 통해 벌어들인 금액을 의미하며 기업의 경영성과를 나타내는 회계보고서를 의미한다. 경영성과는 이익으로 측정하며, 이익은 수익에서 비용을 차감하여 산출된다. 구체적으로는 경영성과를 다음과 같이 수익, 비용 및 순이익의 형태로 요약한다.

수익 − 비용 = 순이익(순손실)

수익은 일정기간 동안 경영활동을 통해 벌어들인 금액을 의미하며 영업수익(매출액)과 영업외수익으로 구분한다. 영업수익(매출액)은 상품(제품이나 용역 포함)을 판매한 금액을 의미한다. 영업외수익이란 주된 영업활동 이외의 활동에서 발생하는 것으로, 주로 투자활동이나 재무활동에서 발생한 수익을 의미하며 이자수익 및 임대료 등이 있다.

비용은 수익을 얻기 위하여 지출한 금액을 의미한다. 비용은 자산의 감소를 가져오며, 이는 궁극적으로 자본의 감소를 초래한다. 비용의 종류에는 매출원가, 판매비와 관리비, 영업외비용, 법인세비용 등으로 구분된다. 매출원가는 판매(매출)한 상품이나 제품의 원가를 의미한다.

영업외비용은 기업의 주된 영업활동 이외의 활동에서 발생하는 것으로서, 주로 투자활동이나 재무활동에서 발생한 비용이나 손실을 의미한다. 이자비용은 차입금에 대하여 발생한 이자를 말한다. 법인세비용은 법인세 차감전 순이익에 법인세율을 곱하여 산정된 금액을 의미한다.

구분	수익/비용의 구분	발생활동의 종류
수익	매출 영업외 수익 특별이익	주된 영업활동 보조적인 영업활동 비경상적인 활동
비용	매출원가, 판매비와 일반 관리비 특별손실 법인세 등 영업 외 비용	주된 영업활동 비경상적인 활동 법인소득세의 활동 보조적인 영업활동

재무상태표가 특정 시점의 재무상태를 보고하는 정태적인 성격의 보고서인 반면, 손익계산서는 작성대상기간 동안의 경영성과를 나타내는 동태적인 성격을 띠는 보고서이다. 손익계산서의 기간은 대체로 회계기간의 초부터 반년 혹은 1년이 된다.

손익계산서의 본문에는 당기순이익을 계산하는 과정을 일정한 체계를 갖추어 정리한다. 매출총이익은 매출에서 매출원가를 차감시킨 금액인데, 이 금액에서 판매비와 일반관리비 등이 차감되어야만 궁극적으로 이익 또는 손실이 계산된다는 뜻에서 총이익으로 지칭된다.

매출총이익에서 판매비 및 일반관리비를 차감하면 영업수익인 매출에서 영업비용을 차감한 결과이므로 이는 영업활동의 성과를 나타낸다는 뜻에서 영업이익이라고 지칭한다.

영업이익에서 주된 영업활동을 보조하는 영업 외 활동의 수익과 비용을 가감하면 기업의 경상적이고 반복적인 활동에서 창출되었다는 의미의 경상이익이 나타난다.

경상이익에 특별이익을 더하고 특별손실을 제하면 법인세 차감 전 순이익이 계산되고, 이 금액에서 세법에 따른 법인세 등을 공제하면 손익계산서 본문의 최종 수입인 당기순이익이 최종 집계된다. 아래 표에 손익계산서상 이익의 산출 개념을 정리하였다.

이익의 산출 개념	
매출총이익	매출액 - 매출원가
영업이익	매출총이익 - 판매비와 관리비
경상이익	영업이익 + 영업외 수익 - 영업외 비용
법인세 비용 차감 전 순이익	경상이익 + 특별이익 - 특별손실
당기순이익	법인세비용 차감 전 순이익 - 법인세 비용 등

다음은 손익계산서 사례이다.

A주식회사 손익 계산서 (단위:천원)

항목	2011	2012	2013	2014	2015
1.매출액	3,550,000	3,625,000	3,824,000	4,291,700	4,436,900
2.매출원가	3,250,000	3,300,000	3,468,000	3,896,000	3,952,000
매출총이익	300,000	325,000	356,000	395,700	484,900
3.일반관리비	166,700	167,500	176,100	177,700	188,000
(1)판매비	68,000	65,800	71,600	69,900	76,400
(2)일반관리비	65,700	66,700	68,500	69,800	74,600
(3)감가상각비	33,000	35,000	36,000	38,000	37,000
영업이익	133,300	157,500	179,900	218,000	296,900
5.영업외이익	18,000	21,000	20,000	25,000	25,800
6.영업외비용	27,500	37,200	38,600	46,300	56,000
(1)단기차이입이자	22,500	32,200	33,600	41,300	51,000
(2)사채이자	5,000	5,000	5,000	5,000	5,000
경상이익	123,800	141,300	161,300	196,700	266,700
특별이익	300	100	100	120	-
특별손실	500	500	500	500	500
7.세전순이익	123,600	140,900	160,900	196,320	266,200
8.법인세(35%)	43,260	49,315	56,315	68,712	93,170
9.당기순이익	80,340	91,585	104,585	127,608	173,030

<재무제표 작성 예제>

▶ 재무상태표 계산

아래 데이터는 S기업의 재무상태표이다. 자산의 총계와 부채총계, 부채 및 자본의 총계를 구해보자(8장 \ S기업재무제표.xlsx).

	A	B	C	D
1	S기업의 재무상태표			
2				(단위: 천원)
3		2015	2014	2013
4	자산			
5	비유동자산			
6	투자자산	193,687,737	182,303,690	189,557,211
7	유형자산	119,563,309	108,347,600	105,187,941
8	무형자산	18,270,366	17,832,283	18,457,562
9	기타비유동자산	4,049,061	2,858,276	2,423,004
10	유동자산			
11	재고자산	56,317,661	51,528,739	41,119,782
12	현금및현금성자산	81,507,297	28,457,157	21,219,029
13	매출채권 및 기타유동채권	154,344,492	159,213,886	144,919,928
14	단기금융자산	133,691,966	131,040,530	109,382,824
15	기타유동자산	14,856,981	17,309,387	14,293,816
16	자산총계			
17	자본			
18	자본금	16,932,545	16,932,545	16,932,545
19	자본잉여금	143,886,416	143,886,416	143,886,416
20	기타포괄손익누계액	-115,150	761,844	4,353,874
21	이익잉여금(결손금)	417,649,276	372,620,690	336,014,637
22	자본총계			
23	부채			
24	비유동부채			
25	장기차입금	238,991	591,164	391,902
26	장기충당부채	21,702,868	23,716,225	20,254,472
27	기타비유동부채	3,274,704	3,589,692	5,738,924
28	유동부채			
29	매입채무 및 기타채무	114,510,345	103,313,247	96,220,480
30	단기금융부채	924,810	711,386	5,299,723
31	기타유동부채	57,284,065	32,768,337	17,468,122
32	부채총계			
33	자본과부채총계			

❶ 먼저 비유동자산의 합계를 계산한다. 비유동자산의 합계는 함수 자동합계(=sum (B6:B9)) 로 구하고, 2014년과 2013년까지 마우스 드래그를 사용하여 구한다.

	A	B	C	D
1	S기업의 재무상태표			
2				(단위: 천원)
3		2015	2014	2013
4	자산			
5	비유동자산	=sum(B6:B9		
6	투자자산	SUM(number1, [number2], ...)	,690	189,557,211
7	유형자산	119,563,309	108,347,600	105,187,941
8	무형자산	18,270,366	17,832,283	18,457,562
9	기타비유동자산	4,049,061	2,858,276	2,423,004

❷ 같은 방법으로 유동자산의 합계를 계산한다.

10	유동자산	=sum(B11:B15		
11	재고자산	SUM(number1, [number2], ...)	,739	41,119,782
12	현금및현금성자산	81,507,297	28,457,157	21,219,029
13	매출채권 및 기타유동채권	154,344,492	159,213,886	144,919,928
14	단기금융자산	133,691,966	131,040,530	109,382,824
15	기타유동자산	14,856,981	17,309,387	14,293,816

❸ 자산의 총계는 비유동자산의 합계 + 유동자산의 합계이다.

3		2015	2014	2013
4	자산			
5	비유동자산	335,570,473	311,341,849	315,625,718
6	투자자산	193,687,737	182,303,690	189,557,211
7	유형자산	119,563,309	108,347,600	105,187,941
8	무형자산	18,270,366	17,832,283	18,457,562
9	기타비유동자산	4,049,061	2,858,276	2,423,004
10	유동자산	440,718,398	387,549,698	330,935,378
11	재고자산	56,317,661	51,528,739	41,119,782
12	현금및현금성자산	81,507,297	28,457,157	21,219,029
13	매출채권 및 기타유동채권	154,344,492	159,213,886	144,919,928
14	단기금융자산	133,691,966	131,040,530	109,382,824
15	기타유동자산	14,856,981	17,309,387	14,293,816
16	자산총계	=B5+B10		

❹ 자본의 총계를 계산한다.

17	자본			
18	자본금	16,932,545	16,932,545	16,932,545
19	자본잉여금	143,886,416	143,886,416	143,886,416
20	기타포괄손익누계액	-115,150	761,844	4,353,874
21	이익잉여금(결손금)	417,649,276	372,620,690	336,014,637
22	자본총계	=sum(B18:B21		

❺ 유동부채와 비유동부채의 합계를 계산한다.

23	부채			
24	비유동부채	=sum(B25:B27		
25	장기차입금	SUM(number1, [number2], ...)	,164	391,902
26	장기충당부채	21,702,868	23,716,225	20,254,472
27	기타비유동부채	3,274,704	3,589,692	5,738,924

28	유동부채	=sum(B29:B31		
29	매입채무 및 기타채무	SUM(number1, [number2], ...)	,247	96,220,480
30	단기금융부채	924,810	711,386	5,299,723
31	기타유동부채	57,284,065	32,768,337	17,468,122

❻ 부채 총계는 유동부채의 합계 + 비유동부채의 합계이다.

23	부채			
24	비유동부채	25,216,563	27,897,082	26,385,298
25	장기차입금	238,991	591,164	391,902
26	장기충당부채	21,702,868	23,716,225	20,254,472
27	기타비유동부채	3,274,704	3,589,692	5,738,924
28	유동부채	172,719,220	136,792,970	118,988,325
29	매입채무 및 기타채무	114,510,345	103,313,247	96,220,480
30	단기금융부채	924,810	711,386	5,299,723
31	기타유동부채	57,284,065	32,768,337	17,468,122
32	부채총계	=B24+B28		

❼ 부채 및 자본 총계를 계산한다.

17	자본			
18	자본금	16,932,545	16,932,545	16,932,545
19	자본잉여금	143,886,416	143,886,416	143,886,416
20	기타포괄손익누계액	-115,150	761,844	4,353,874
21	이익잉여금(결손금)	417,649,276	372,620,690	336,014,637
22	자본총계	578,353,088	534,201,496	501,187,473
23	부채			
24	비유동부채	25,216,563	27,897,082	26,385,298
25	장기차입금	238,991	591,164	391,902
26	장기충당부채	21,702,868	23,716,225	20,254,472
27	기타비유동부채	3,274,704	3,589,692	5,738,924
28	유동부채	172,719,220	136,792,970	118,988,325
29	매입채무 및 기타채무	114,510,345	103,313,247	96,220,480
30	단기금융부채	924,810	711,386	5,299,723
31	기타유동부채	57,284,065	32,768,337	17,468,122
32	부채총계	197,935,783	164,690,051	145,373,623
33	자본과부채총계	=B22+B32		

❽ 자산의 총계와 부채 및 자본의 총계가 일치하는지를 확인한다(자산=부채+자본).

	S기업의 재무상태표			
2				(단위: 천원)
3		2015	2014	2013
4	자산			
5	비유동자산	335,570,473	311,341,849	315,625,718
6	투자자산	193,687,737	182,303,690	189,557,211
7	유형자산	119,563,309	108,347,600	105,187,941
8	무형자산	18,270,366	17,832,283	18,457,562
9	기타비유동자산	4,049,061	2,858,276	2,423,004
10	유동자산	440,718,398	387,549,698	330,935,378
11	재고자산	56,317,661	51,528,739	41,119,782
12	현금및현금성자산	81,507,297	28,457,157	21,219,029
13	매출채권 및 기타유동채권	154,344,492	159,213,886	144,919,928
14	단기금융자산	133,691,966	131,040,530	109,382,824
15	기타유동자산	14,856,981	17,309,387	14,293,816
16	자산총계	776,288,870	698,891,547	646,561,096
17	자본			
18	자본금	16,932,545	16,932,545	16,932,545
19	자본잉여금	143,886,416	143,886,416	143,886,416
20	기타포괄손익누계액	-115,150	761,844	4,353,874
21	이익잉여금(결손금)	417,649,276	372,620,690	336,014,637
22	자본총계	578,353,088	534,201,496	501,187,473
23	부채			
24	비유동부채	25,216,563	27,897,082	26,385,298
25	장기차입금	238,991	591,164	391,902
26	장기충당부채	21,702,868	23,716,225	20,254,472
27	기타비유동부채	3,274,704	3,589,692	5,738,924
28	유동부채	172,719,220	136,792,970	118,988,325
29	매입채무 및 기타채무	114,510,345	103,313,247	96,220,480
30	단기금융부채	924,810	711,386	5,299,723
31	기타유동부채	57,284,065	32,768,337	17,468,122
32	부채총계	197,935,783	164,690,051	145,373,623
33	자본과부채총계	776,288,870	698,891,547	646,561,096

▶ 손익계산서 계산

S기업의 손익계산서이다. 매출총이익, 영업이익, 세전순이익, 당기순이익을 구해보자(8장 \ S기업재무제표.xlsx).

	A	B	C	D
1	S기업의 손익계산서			
2				(단위: 천원)
3		2015	2014	2013
4	매출액	593,583,766	561,760,086	577,337,584
5	매출원가	507,942,900	491,296,075	518,484,912
6	매출총이익			
7	판매비와관리비	59,832,585	51,290,725	50,225,428
8	영업이익			
9	영업외손익			
10	금융수익	40,246,660	32,205,072	23,274,362
11	기타수익	16,829,985	7,995,793	22,945,779
12	금융비용	1,328,583	1,654,628	1,907,200
13	기타비용	6,373,968	3,886,658	9,521,803
14	법인세비용차감전순이익			
15	법인세비용(31%, 11%, 20%)			
16	당기순이익			

❶ 매출총이익은 매출액－매출원가이다.

3		2015	2014	2013
4	매출액	593,583,766	561,760,086	577,337,584
5	매출원가	507,942,900	491,296,075	518,484,912
6	매출총이익	=B4-B5		

❷ 영업이익은 매출총이익－일반관리비(판매비, 관리비, 감가상각비)이다.

6	매출총이익	85,640,866	70,464,011	58,852,671
7	판매비와관리비	59,832,585	51,290,725	50,225,428
8	영업이익	=B6-B7		

❸ 영업외손익은 영업외수익(금융수익과 기타수익)－영업외비용(금융비용과 기타비용)이다.

9	영업외손익	=B10+B11-B12-B13		
10	금융수익	40,246,660	32,205,072	23,274,362
11	기타수익	16,829,985	7,995,793	22,945,779
12	금융비용	1,328,583	1,654,628	1,907,200
13	기타비용	6,373,968	3,886,658	9,521,803

❹ 세전순이익은 영업이익 + 영업외손익이다.

8	영업이익	25,808,280	19,173,286	8,627,243
9	영업외손익	49,374,094	34,659,579	34,791,138
10	금융수익	40,246,660	32,205,072	23,274,362
11	기타수익	16,829,985	7,995,793	22,945,779
12	금융비용	1,328,583	1,654,628	1,907,200
13	기타비용	6,373,968	3,886,658	9,521,803
14	법인세비용차감전순이익	=B8+B9		

❺ 법인세를 계산 후, 당기순이익을 계산한다. 당기순이익은 세전순이익 - 법인세이다.

14	법인세비용차감전순이익	75,182,374	53,832,864	43,418,381
15	법인세비용(31%, 11%, 20%)	=B14*31%		

14	법인세비용차감전순이익	75,182,374	53,832,864	43,418,381
15	법인세비용(31%, 11%, 20%)	23,306,536	5,921,615	8,683,676
16	당기순이익	=B14-B15		

❻ 손익계산서가 완성되었다.

1	S기업의 손익계산서			
2				(단위: 천원)
3		2015	2014	2013
4	매출액	593,583,766	561,760,086	577,337,584
5	매출원가	507,942,900	491,296,075	518,484,912
6	매출총이익	85,640,866	70,464,011	58,852,671
7	판매비와관리비	59,832,585	51,290,725	50,225,428
8	영업이익	25,808,280	19,173,286	8,627,243
9	영업외손익	49,374,094	34,659,579	34,791,138
10	금융수익	40,246,660	32,205,072	23,274,362
11	기타수익	16,829,985	7,995,793	22,945,779
12	금융비용	1,328,583	1,654,628	1,907,200
13	기타비용	6,373,968	3,886,658	9,521,803
14	법인세비용차감전순이익	75,182,374	53,832,864	43,418,381
15	법인세비용(31%, 11%, 20%)	23,306,536	5,921,615	8,683,676
16	당기순이익	51,875,838	47,911,249	34,734,705

재무제표 작성 연습문제

아래 재무상태표와 손익계산서의 작성을 완성하시오(8장\A기업재무제표.xlsx).

A주식회사 재무상태표

(단위: 천 원)

항목	2011	2012	2013	2014	2015
<자산>					
1.현금 및 예금	57,000	47,000	40,000	48,000	44,000
2.유가증권	25,000	27,000	500	9,600	29,000
3.외상매출금	199,000	198,000	219,000	256,000	276,000
4.재고자산	531,000	537,000	558,000	574,500	638,000
유동자산소개					
1.토지 및 건물	15,300	14,400	19,700	21,500	57,000
2.기계 및 장비	336,700	347,800	358,300	383,300	366,200
3.투자와 기타자산	17,600	16,700	22,000	13,600	40,800
비유동자산 소개					
자산 총계					
<부채 및 자본>					
1.지급어음	166,500	163,000	191,400	270,900	338,400
2.외상매입금	185,000	199,000	205,000	260,700	301,100
3.미지급금	43,000	45,400	33,200	34,800	37,700
4.단기차입금	10,800	11,100	19,300	12,000	19,800
유동부채 소계					
1.장기차입금	100,000	100,000	100,000	150,000	150,000
2.사채	50,000	50,000	50,000	50,000	50,000
비유동부채 소계					
부채 총계					
1.보통주 자본금	300,000	300,000	300,000	300,000	300,000
2.유보이익	326,300	319,400	318,600	228,100	254,000
자본계					
부채 및 자본총계					

A주식회사 손익 계산서 (단위:천원)

항목	2011	2012	2013	2014	2015
1.매출액	3,550,000	3,625,000	3,824,000	4,291,700	4,436,900
2.매출원가	3,250,000	3,300,000	3,468,000	3,896,000	3,952,000
매출총이익					
3.일반관리비					
(1)판매비	68,000	65,800	71,600	69,900	76,400
(2)일반관리비	65,700	66,700	68,500	69,800	74,600
(3)감가상각비	33,000	35,000	36,000	38,000	37,000
영업이익					
5.영업외이익	18,000	21,000	20,000	25,000	25,800
6.영업외비용					
(1)단기차이입이자	22,500	32,200	33,600	41,300	51,000
(2)사채이자	5,000	5,000	5,000	5,000	5,000
경상이익					
특별이익	300	100	100	120	-
특별손실	500	500	500	500	500
7.세전순이익					
8.법인세(35%)					
9.당기순이익					

2. 재무제표를 이용한 추세분석

연속된 회계기간 동안에 주요 재무제표 항목들이 어떻게 변화했는지 그 변화율을 비교하는 기법을 추세분석(trend analysis)이라고 한다. 추세분석은 기준 연도를 정하고 기준 연도 이후의 해당 재무제표 항목을 기준 연도의 항목에 대한 금액과 비율로 표시한다. 추세분석을 할 때 중요한 것은 분석가가 관심을 가지고 있는 중요한 항목들을 요약하여 분석하는 일이다.

아래는 앞서 재무제표 계산의 연습문제에서 다룬 A주식회사의 재무상태표와 손익계산서에서 추출한 주요 항목과 이에 대한 추세분석이다. 이 회사의 자산은 지속적으로 증가하지만 부채의 증가폭이 더 크다는 것을 알 수 있다. 특히 2014년과 2015년에는 부채가 큰 폭으로 증가한 것이 눈에 띈다. 또한 매출액도 2014년에 소폭 증가세를 나타내고 있으며 당기순이익은 지속적으로 증가하여 특히 2015년도에 큰 폭의 상승을 나타내고 있다. 매출액의 증가폭에 비해 순이익이 크게 상승한 것은 기업의 생산성이 높아지거나 혹은 기술개발과 같은 원가 절감을 통하여 원가의 비중이 낮아졌음을 유추할 수 있는 부분이다. 이처럼 추세분석은 시간의 흐름에 따라서 기업의 재무구조와 경영성과가 어떻게 변화하는지에 대한 유용한 정보를 제공하여 준다.

A주식회사 추세분석

		2011	2012	2013	2014	2015
자산총계	금액	1,181,600	1,187,900	1,217,500	1,306,500	1,451,000
	백분율	100.0%	100.5%	103.0%	110.6%	122.8%
부채총계	금액	555,300	568,500	598,900	778,400	897,000
	백분율	100.0%	102.4%	107.9%	140.2%	161.5%
매출액	금액	3,550,000	3,625,000	3,824,000	4,291,700	4,436,900
	백분율	100.0%	102.1%	107.7%	120.9%	125.0%
당기순이익	금액	80,340	91,585	104,585	127,608	173,030
	백분율	100.0%	114.0%	130.2%	158.8%	215.4%

이를 그래프로 나타내면 다음과 같다.

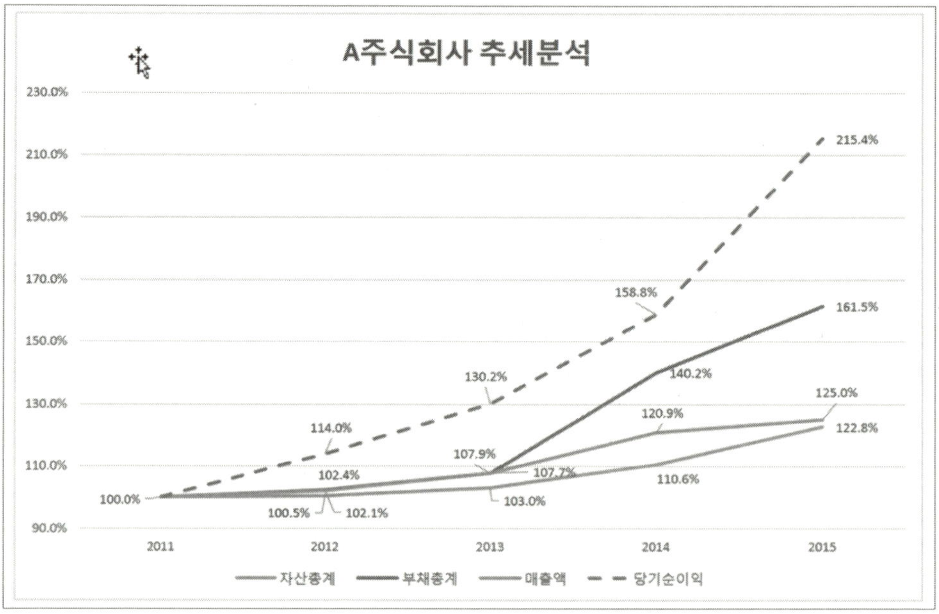

추세분석 예제

앞서 재무제표 계산 예제에서 실습한 S기업의 재무상태표와 손익계산서를 요약된 표로 재구성하여 시간의 흐름에 따른 추세분석을 시행해보자.

❶ S기업의 재무상태표와 손익계산서에 있는 자산, 부채, 매출액, 당기순이익의 값을 가져와서 표를 완성한다.

	A	B	C	D	E
1	S기업 추세분석				
2					(단위: 천원)
3	항 목		2013	2014	2015
4	자산	금액	646,561,096	698,891,547	776,288,870
5		백분율			
6	부채	금액	145,373,623	164,690,051	197,935,783
7		백분율			
8	매출액	금액	577,337,584	561,760,086	593,583,766
9		백분율			
10	당기순이익	금액	34,734,705	47,911,249	51,875,838
11		백분율			

❷ 2013년을 100% 기준으로 했을 때 백분율을 계산해보자.

	A	B	C	D	E
1	S기업 추세분석				
2					(단위: 천원)
3	항 목		2013	2014	2015
4	자산	금액	646,561,096	698,891,547	776,288,870
5		백분율	=C4/$C$4		
6	부채	금액	145,373,623	164,690,051	197,935,783
7		백분율			
8	매출액	금액	577,337,584	561,760,086	593,583,766
9		백분율			
10	당기순이익	금액	34,734,705	47,911,249	51,875,838
11		백분율			

❸ 나머지 항목에 대해서도 백분율을 계산하여 표를 완성한다.

	A	B	C	D	E
1	S기업 추세분석				
2					(단위: 천원)
3	항 목		2013	2014	2015
4	자산	금액	646,561,096	698,891,547	776,288,870
5		백분율	100%	108%	120%
6	부채	금액	145,373,623	164,690,051	197,935,783
7		백분율	100%	113%	136%
8	매출액	금액	577,337,584	561,760,086	593,583,766
9		백분율	100%	97%	103%
10	당기순이익	금액	34,734,705	47,911,249	51,875,838
11		백분율	100%	138%	149%
12					

❹ 백분율 값을 모두 선택하여 꺾은선 그래프로 나타내보자.

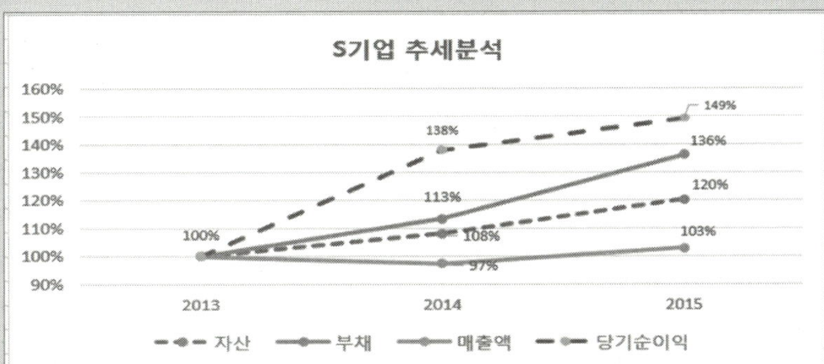

S기업은 자산 및 부채의 증가세가 2015년에 소폭 상승하였으며, 매출액의 증가추세는 크지 않은데 비해 당기순이익의 증가세가 상대적으로 높은 것을 알 수 있다. 이와 같이 추세분석은 시간의 흐름에 따라서 기업의 재무구조와 경영성과가 어떻게 변화하는지에 대한 정보를 제공해준다.

추세분석 연습문제

B기업의 2011년부터 2015년까지의 재무상태표와 손익계산서이다. 이를 이용하여 아래와 같이 추세분석표를 작성하고 계산을 완성하라. 또한 이를 꺾은선 그래프로 나타내고 이 기업의 추세분석 내용을 설명하라(8장＼B기업재무제표.xlsx).

B기업 추세분석

		2011	2012	2013	2014	2015
자산총계	금액					
	백분율					
부채총계	금액					
	백분율					
매출액	금액					
	백분율					
당기순이익	금액					
	백분율					

B 기업 재무상태표

항목	2011	2012	2013	2014	2015
<자산>					
당좌자산	2,547,438,400	3,940,883,354	3,903,028,058	4,446,822,187	6,455,374,141
재고자산	3,209,671,825	3,346,546,105	3,075,635,991	4,601,045,378	6,169,414,279
유동자산 소계	5,757,110,225	7,287,429,459	6,978,664,049	9,047,867,565	12,624,788,420
투자자산	194,678,118	67,079,350	138,185,092	190,602,344	322,779,530
유형자산	7,844,705,285	7,618,394,085	7,254,519,425	8,572,066,648	17,989,313,824
무형자산	30,486,252	30,773,657	19,776,630	10,114,052	6,794,586
기타비유동자산	2,051,310	11,351,310	11,441,310	71,401,310	36,894,111
비유동자산	8,071,920,965	7,727,598,402	7,423,922,457	8,844,184,354	18,355,782,051
총자산 총계	13,829,031,190	15,015,027,861	14,402,586,506	17,892,051,919	30,980,570,471
<부채 및 자본>					
유동부채 소계	5,185,271,311	4,671,914,612	4,281,181,179	7,776,592,509	10,170,298,760
고정부채 소계	5,712,392,643	5,756,070,244	5,020,377,743	3,841,460,000	9,843,640,782
부채총계	10,897,663,954	10,427,984,856	9,301,558,922	11,618,052,509	20,013,939,542
자본총계	2,931,367,236	4,587,043,005	5,101,027,584	6,273,999,410	10,966,630,929
부채 및 자본 총계	13,829,031,190	15,015,027,861	14,402,586,506	17,892,051,919	30,980,570,471

B기업 손익계산서

항목	2011	2012	2013	2014	2015
매출액	9,514,881,571	13,646,904,693	11,491,423,486	20,583,747,966	23,380,260,553
매출원가	6,938,924,644	11,066,761,114	8,335,503,846	16,146,049,653	18,621,718,898
매출총이익	2,575,956,927	2,580,143,579	3,155,919,640	4,437,698,313	4,758,541,655
판매비와 관리비	1,762,122,012	2,807,020,557	2,171,579,385	2,756,477,104	3,143,895,990
영업이익	813,834,915	- 226,876,978	984,340,255	1,681,221,209	1,614,645,665
영업외수익	210,249,955	2,823,786,080	247,888,533	198,441,578	391,843,743
영업외비용	638,092,134	505,229,185	684,339,915	664,279,897	961,036,154
세전순이익	385,992,736	2,091,679,917	547,888,873	1,215,382,890	1,045,453,254
법인세	22,408,310	436,004,148	33,904,294	42,411,064	21,148,963
당기순이익	363,584,426	1,655,675,769	513,984,579	1,172,971,826	1,024,304,291

3. 재무제표를 이용한 재무비율분석

재무비율분석(financial ration analysis)은 재무제표상의 서로 대응하는 항목을 분류하여 그 총체적 구성비나 개별 항목들 간 연관비율을 산출하고, 이를 과거의 평균비율이나 표준비율과 비교함으로써 기업의 재무상태와 경영성과를 분석, 비교, 평가하는 것을 말한다. 기업의 경영성과는 손익계산서, 제조원가명세서, 기업의 재무구조는 재무상태표를 기준으로 분석한다.

재무비율은 이용 목적에 따라 유동성비율, 레버리지 비율, 수익성비율, 활동성비율 등 여러 종류로 구분할 수 있다.

분류	의미	비율
유동성 비율	기업의 단기채무 상환능력을 측정	유동비율, 당좌비율
레버리지 비율	기업의 장기채무 상환능력과 자본구조의 안정성	부채비율, 자기자본비율, 고정비율, 고정장기적합율
활동성 비율	자산의 효율적 이용도 측정	재고자산회전율, 매출채권회전율, 총자산회전율
수익성 비율	투하자본에 대한 경영성과와 기업의이익창출능력을 측정	총자산이익률, 자기자본이익률, 매출액이익율
성장성 비율	기업의 규모 및 경영성과의 증가를 측정	매출액증가율, 총자산증가율, 자기자본증가율, 순이익증가율

1) 유동성 비율(liquidity ratios)

유동성 비율이란 기업의 단기 채무에 대한 지급능력을 평가할 수 있는 비율을 말하며 유동비율(current ratio)과 당좌비율(quick ratio)이 있다.

- 유동비율: 유동자산을 유동부채로 나눈 값으로, 단기 채무에 충당할 수 있는 유동자산이 얼마나 되는지 나타내는 비율이다. 은행에서 대출심사 시 기업의 단기 지급능력을 판단하는 지표로 널리 이용된다. 산업의 특성에 따라 차이가 있지만 일반적으로 200% 이상이면 유동성이 양호한 것으로 간주한다. 그러나 유동비율이 높아질수록 기업의 수익성이 낮아지므로 유동성이 높다고 항상 바람직한 것은 아니며, 특정 시점의 상황과 산업의 특성이 따라 다르게 판단해야 한다.

유동비율 = 유동자산 / 유동부채 × 100(%)

- 당좌비율: 유동자산에서 재고자산을 뺀 값을 유동부채로 나눈 값으로, 현금화의 속도가 비교적 늦은 재고자산의 처분 없이도 단기부채를 지불할 수 있는 능력을 나타내는 비율이다. 유동비율보다 더 보수적인 유동성 평가의 기준이라고 할 수 있다.

당좌비율 = 당좌자산 / 유동부채 × 100(%)

2) 레버리지 비율(leverage ratio)

레버리지 비율은 기업의 타인자본의존도 또는 장기 부채에 대한 지급능력을 나타내는 비율로 부채성비율이라고도 한다. 레버리지 비율은 주주들의 입장에서는 재무위험의 정도를 나타내는 척도가 된다. 여러 종류의 레버리지 비율 중 부채비율(debt ratio)과 자기자본비율(net worth to total assets)을 알아보자.

- 부채비율: 기업의 총부채를 자기자본으로 나눈 값으로 기업의 재무구조를 나타내는 비율로써 부채와 자기자본의 비율을 판단할 수 있다. 부채비율이 100%가 넘는다는 것은 자기자본에 비해 타인자본이 높음을 의미한다. 일반적으로 부채비율이 낮을수록 기업의 재무구조가 건실하다고 평가하지만 산업의 특성에 따라 적정 부채비율이 다르므로 기업이 속한 산업의 특성을 고려하여 판단한다.

부채비율 = 부채총계 / 자본총계 × 100(%)

- 자기자본비율: 총자산 중에서 자기자본이 차지하는 비율로, 자기자본비율이 높다는 것은 총자산 중에서 자기자본이 차지하는 비중이 높다고 볼 수 있는 반면에 부채가 차지하는 비율은 낮다고 볼 수 있으므로 부채비율과 반대되는 개념으로 기업을 평가할 수 있다.

자기자본비율 = 자본총계 / 자산총계 × 100(%)

3) 수익성 비율(profitability ratio)

수익성비율은 일정기간 동안의 경영활동의 성과를 종합적으로 측정하는 비율로써 매출액이익률과 자본이익률이 있다.

- 매출액이익률(profit to net sales ratio): 매출총이익, 영업이익, 순이익 등을 매출액으로 나누어 구할 수 있으며, 매출총이익률은 기업의 생산효율이나 판매능력을 나타낸다. 또한 영업이익률은 고유한 영업활동의 수익성 및 영업활동 능력을 나타낸다. 순이익률은 기업의 전체적인 수익성을 나타낸다.

매출액이익률 = 매출총이익, 영업이익, 순이익 / 매출액 × 100(%)

- 자본이익률: 총자산이익률(ROA: return on assets), 자기자본이익률(ROE: return on equity), 주당이익률(EPS: earning per share ratio) 등이 있다. 총자산이익률은 당기순이익을 총자산으로 나눈 값으로 구할 수 있으며, 총자산 대비 당기순이익의 크기를 알 수 있다. 자기자본이익률은 당기순이익을 자기자본만으로 나누어 값을 구하며, 자기자본 대비 당기순이익의 크기를 알 수 있다.

총자산이익률(ROA) = 당기순이익 / 자산총계 × 100(%)
자기자본이익률(ROE) = 당기순이익 / 자본총계 × 100(%)
주당이익률(EPS) = 주당순이익 / 주당액면가 × 100(%)

4) 활동성 비율(activity ratio)

활동성 비율은 매출액에 대한 주요 자산의 회전율로 표시하며 기업이 자산을 얼마나 효율적으로 활용하는지를 나타내는 비율이다. 활동성 비율로는 매출채권회전율, 재고자산회전율, 총자산회전율 등이 있다.

- 재고자산회전율: 매출액을 재고자산으로 나눈 값으로, 재고자산이 일정기간 동안 몇 회에 걸쳐 현금, 매출채권 등의 당좌자산으로 전환되었는지 나타내는 비율이다. 따라서 재고자산회전율이 높을수록 재고자산이 당좌자산으로 전환된 횟수가 높다는 뜻으로 해석할 수 있다. 즉 적은 재고자산으로 효율적인 생산 및 판매활동을 수행하였다는 의미이다. 반면 재고자산회전율이 낮다는 것은 매출액에 비하여

재고자산이 많다는 것을 의미한다.

재고자산회전율=매출액 / 재고자산

• 고정자산회전율: 매출액을 고정자산으로 나눈 값으로, 고정자산의 회전율이 높을수록 고정자산이 이용이 효율적이라는 뜻을 의미한다.

고정자산회전율=매출액 / 고정자산

• 총자산회전율: 매출액을 총자산으로 나눈 값으로, 기업이 보유 중인 총자산의 활용도를 나타내는 비율로 총자산회전율이 높다는 것은 적은 자산으로 높은 매출을 올렸다는 것으로 해석할 수 있다.

총자산회전율=매출액 / 총자산

재무비율분석 예제

S기업의 재무비율을 계산해보자.

	A	B	C	D	E
1	재무비율 분석				
3	항목		2013	2014	2015
4	유동성 비율	유동비율			
5		당좌비율			
6	레버리지 비율	부채비율			
7		자기자본비율			
8	수익성 비율	총자산이익율			
9		영업이익율			
10		순이익율			
11	활동성 비율	재고자산회전율			
12		비유동자산회전율			
13		총자산회전율			

❶ S기업의 유동비율을 계산한다. 유동비율은 기업의 유동자산을 유동부채로 나눈 값으로, S기업의 재무상태표에 제시된 값들을 선택하여 수식을 완성하면 된다. C3 셀에 '='을 입력한 후 마우스로 재무상태표 시트를 클릭한다.

재무비율 분석

항목		2013	2014	2015
유동성 비율	유동비율	=		
	당좌비율			
레버리지 비율	부채비율			
	자기자본비율			
수익성 비율	총자산이익율			
	영업이익율			
	순이익율			
활동성 비율	재고자산회전율			
	비유동자산회전율			
	총자산회전율			

재무상태표 | 손익계산서 | 추세분석 | 재무분석

❷ S기업 재무상태표에서 유동자산의 합계를 유동부채의 합계로 나누는 식을 완성한 후 enter 키를 누른다.

B28 =재무상태표!B10/재무상태표!B28

S기업의 재무상태표

(단위: 천원)

	2013	2014	2015
자산			
비유동자산	315,625,718	311,341,849	335,570,473
투자자산	189,557,211	182,303,690	193,687,737
유형자산	105,187,941	108,347,600	119,563,309
무형자산	18,457,562	17,832,283	18,270,366
기타비유동자산	2,423,004	2,858,276	4,049,061
유동자산	330,935,378	387,549,698	440,718,398
재고자산	41,119,782	51,528,739	56,317,661
현금및현금성자산	21,219,029	28,457,157	81,507,297
매출채권 및 기타유동채권	144,919,928	159,213,886	154,344,492
단기금융자산	109,382,824	131,040,530	133,691,966
기타유동자산	14,293,816	17,309,387	14,856,981
자산총계	646,561,096	698,891,547	776,288,870
자본			
자본금	16,932,545	16,932,545	16,932,545
자본잉여금	143,886,416	143,886,416	143,886,416
기타포괄손익누계액	4,353,874	761,844	-115,150
이익잉여금(결손금)	336,014,637	372,620,690	417,649,276
자본총계	501,187,473	534,201,496	578,353,088
부채			
비유동부채	26,385,298	27,897,082	25,216,563
장기차입금	391,902	591,164	238,991
장기충당부채	20,254,472	23,716,225	21,702,868
기타비유동부채	5,738,924	3,589,692	3,274,704
유동부채	118,988,325	136,792,970	172,719,220
매입채무 및 기타채무	96,220,480	103,313,247	114,510,345
단기금융부채	5,299,723	711,386	924,810
기타유동부채	17,468,122	32,768,337	57,284,065
부채총계	145,373,623	164,690,051	197,935,783
자본과부채총계	646,561,096	698,891,547	776,288,870

❸ 그러면 다시 재무분석 시트로 돌아오며 C4셀에 278% 결과값이 제시된다. 마우스를 이용하여 오른쪽으로 자동 채움 기능을 적용하여 2014년과 2015년의 유동비율 계산을 완성한다.

❹ 당좌비율은 기업의 유동자산 중 재고자산을 제외한 당좌좌산을 유동부채로 나눈 값이다. C5셀에 =sum(을 입력한 후 마우스로 재무상태표 시트를 클릭한다. 유동자산에서 재고자산을 제외한 나머지 자산들을 선택하고 합계를 구한 후 이를 유동부채로 나누어주는 식을 완성한다. enter 키를 누른다.

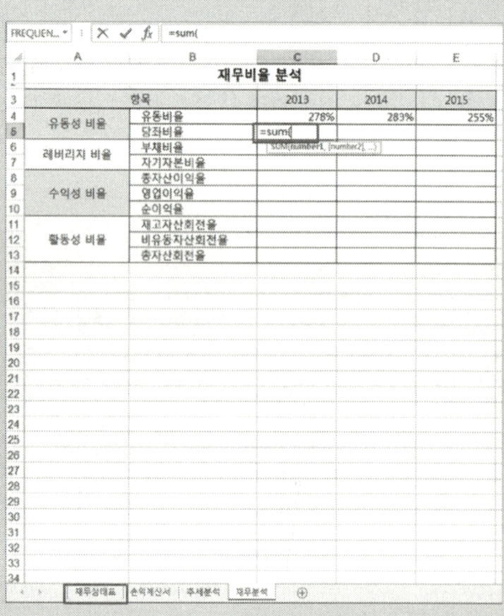

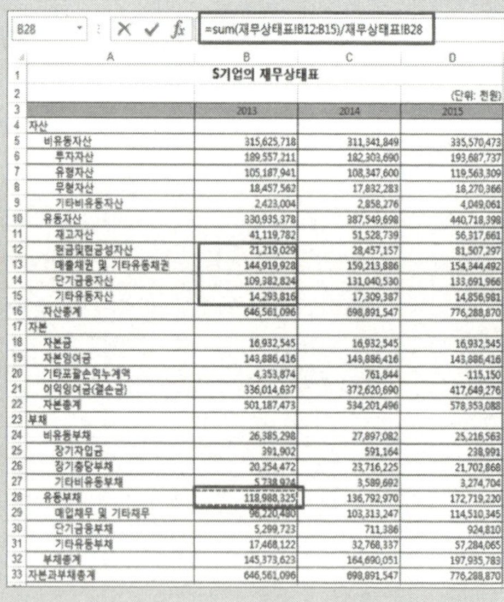

❺ 그러면 다시 커서는 재무분석 시트로 돌아오며 C5셀에 244%의 당좌비율이 계산 완료된 것을 확인할 수 있다. 마우스를 이용하여 오른쪽으로 자동 채움하여 당좌비율 계산을 완성한다.

C5 =SUM(재무상태표!B12:B15)/재무상태표!B28

재무비율 분석				
항목		2013	2014	2015
유동성 비율	유동비율	278%	283%	255%
	당좌비율	244%	246%	223%
레버리지 비율	부채비율			
	자기자본비율			
수익성 비율	총자산이익율			
	영업이익율			
	순이익율			
활동성 비율	재고자산회전율			
	비유동자산회전율			
	총자산회전율			

❻ 나머지 비율도 위와 같이 정확한 계산식을 입력하여 완성한다. 결과는 아래와 같다.

재무비율 분석				
항목		2013	2014	2015
유동성 비율	유동비율	278%	283%	255%
	당좌비율	244%	246%	223%
레버리지 비율	부채비율	29%	31%	34%
	자기자본비율	78%	76%	75%
수익성 비율	총자산이익율	5.4%	6.9%	6.7%
	영업이익율	1.5%	3.4%	4.3%
	순이익율	6.0%	8.5%	8.7%
활동성 비율	재고자산회전율	14.040	10.902	10.540
	비유동자산회전율	1.829	1.804	1.769
	총자산회전율	0.893	0.804	0.765

❼ 각 비율에 대한 차트를 그려서 S기업의 재무 상태를 설명해보자.

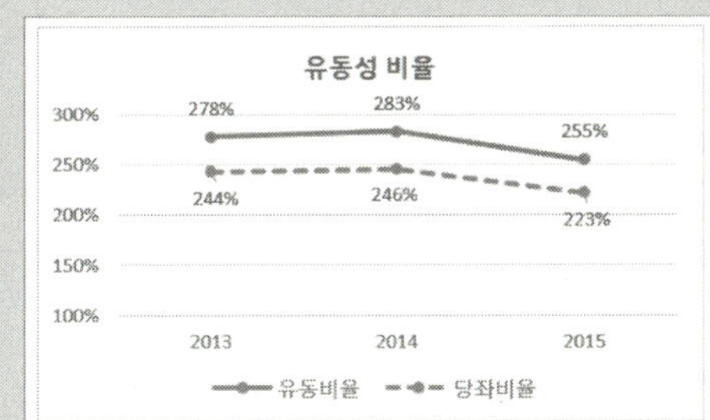

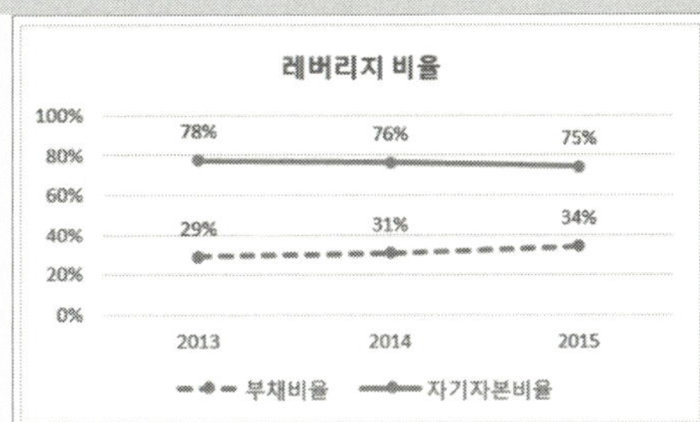

S기업의 경영상태를 보면 유동성 비율은 단기 채무에 충당할 수 있는 유동자산이 얼마나 되는지 나타내는 지표로 보통 200% 이상이면 양호한 것으로 판단하는데, S기업의 경우는 유동비율이 278%에서 255%로 소폭 감소하였으나 모든 년도에 200%를 초과하는 지표를 보이고 있어 유동성이 양호함을 알 수 있다. 보다 보수적인 유동성 평가기준인 당좌비율을 살펴보아도 모두 200%를 초과하고 있다.

부채비율을 보면, 부채비율은 기업의 총부채를 자기자본으로 나눈 값으로 기업의 재무구조를 나타내는 비율로, 부채비율이 100%가 넘는다는 것은 자기자본에 비해 타인자본이 높다는 것을 의미한다. S기업의 부채비율은 29%에서 34%로 소폭 증가하였으나 매우 낮은 부채비율을 나타내고 있음을 알 수 있다.

총자산이익률(ROA)은 순이익을 총자산으로 나눈 값으로 기업의 수익성을 측정하는 대표적인 값이다. S기업의 ROA는 5.4%에서 6.7%로 점차 증가추세임을 알 수 있다. 또한 영업이익률은 고유한 영업활동의 수익성 및 영업활동 능력을 반영하는 지표이며 1.5%에서 4.3%의 증가추세를 보여주고 있다. 순이익률은 기업의 전체적인 수익성을 나타내주며 6.0%에서 8.7%로 증가하고 있음을 알 수 있다.

기업이 자산을 얼마나 효율적으로 활용하는지를 알 수 있는 활동성 지표 중 재고자산회전율은 매출액에 대한 재고자산의 회전율을 의미하며 14.045에서 10.540으로 소폭 하락하였다. 비유동자산회전율은 매출액에 대한 비유동자산의 회전율을 의미하며 그 값은 큰 변동이 없음을 알 수 있다. 마지막으로 총자산회전율은 기업이 보유 중인 총자산의 활용도를 나타내는 비율로 총자산회전율이 높다는 것은 적은 자산으로 높은 매출을 올렸다는 것으로 해석할 수 있다. S기업은 0.893에서 0.765로 소폭 하락하였음을 알 수 있다.

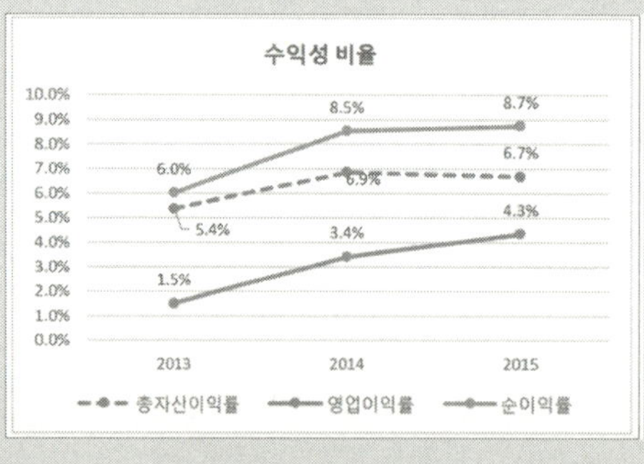

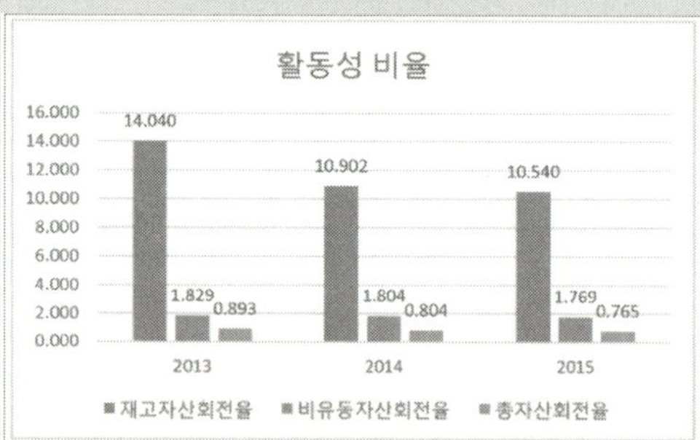

재무비율분석 연습문제

앞의 연습문제에서 제시된 A주식회사와 B기업의 재무상태표 및 손익계산서를 이용하여 두 기업의 재무비율을 계산하시오. 또한 결과표를 차트로 만들고 기업의 재무비율을 분석하시오.

재무비율분석

항목		2011	2012	2013	2014	2015
유동성비율	유동비율					
	당좌비율					
레버리지비율	부채비율					
	자기자본비율					
수익성비율 (매출액이익률)	매출총이익률					
	영업이익률					
	순이익률					
수익성비율 (자본이익률)	총자산이익률(ROA)					
	자기자본이익률(ROE)					
활동성비율	재고자산회전율					
	고정자산회전율					
	총자산회전율					

09 데이터베이스

데이터베이스의 개념과 구성 요소들을 파악하고 엑셀이 제공하는 데이터베이스 기능을 학습한다. 간단한 데이터의 정렬 및 필터 기능으로부터 부분합과 피벗 테이블을 활용한 의사결정 능력 향상에 이르는 다양한 기능들을 소개한다.

1. 데이터베이스 개념

1) 데이터베이스의 정의

데이터베이스(database)는 방대한 양의 데이터를 특정한 용도에 맞게 체계적으로 정리해 놓은 데이터의 집합체로 정의할 수 있다. 기업에서 사용하는 많은 데이터는 데이터베이스의 형태로 구성되어 있으며, 사원목록이나 전화번호로 구성된 사내 비상 연락망, 회원명부, 판매현황, 월별 입고량, 재고현황 등이 데이터베이스의 한 예라고 할 수 있다. 이러한 데이터들의 공통점은 모두 행과 열로 구성되는 테이블(표) 모양을 하고 있다는 것이다.

컴퓨터 프로그램 중에서 데이터를 체계적으로 축적하고 관리할 수 있도록 도와주는 프로그램을 데이터베이스 프로그램이라고 한다. 대표적인 데이터베이스 프로그램으로는 Oracle, MySQL, Access 등이 있다. 엑셀은 정식 데이터베이스 프로그램은 아니지만 행과 열로 나뉘어 있는 워크시트에 차례로 데이터를 입력하고 관리하기 때문에 기본적으로 데이터베이스의 형태를 가지고 있다. 따라서 워크시트에 입력한 데이터를 다시 정렬하거나 특정한 조건에 맞는 데이터를 검색하는 등의 데이터베이스 관련 기능을 폭넓게 제공한다. 아래의 주문 내용으로 구성된 주문 내역서는 데이터베이스의 한 예이다.

주문 내역서

거래ID	주문일	단가	수량	판매	제품
10588	2012-01-01	63,000	40	2,016,000	대륙 냉동 참치
10588	2012-01-01	14,000	100	1,120,000	싱가폴 원산 옥수수
10589	2012-01-02	18,000	4	72,000	태일 적포도주
10590	2012-01-05	18,000	20	360,000	태양 100% 오렌지 주스
10590	2012-01-05	13,000	60	741,000	알파 샐러드 드레싱
10591	2012-01-05	30,000	10	300,000	대양 특선 건과(배)
10591	2012-01-05	10,000	14	140,000	태양 체리 시럽
10591	2012-01-05	7,000	50	350,000	한림 훈제 통닭
10592	2012-01-06	31,000	5	147,250	우미 코코넛 쿠키
10592	2012-01-06	16,000	25	380,000	유미 간장
10593	2012-01-07	81,000	21	1,360,800	대양 마말레이드
10593	2012-01-07	36,000	20	576,000	한라 분유
10593	2012-01-07	18,000	4	57,600	미왕 초콜릿 드링크
10594	2012-01-07	13,000	30	390,000	대성 어묵
10594	2012-01-07	7,000	24	168,000	필로 믹스
10595	2012-01-08	36,000	65	1,755,000	한라 분유
10595	2012-01-08	29,000	120	2,610,000	사계절 핫 소스
10595	2012-01-08	18,000	30	405,000	태일 적포도주
10596	2012-01-09	44,000	24	844,800	대륙 사과 식초
10596	2012-01-09	38,000	5	152,000	한성 옥수수 가루

2) 데이터베이스의 구성 요소

엑셀에서 워크시트에 입력한 데이터를 데이터베이스로 활용하려면 데이터를 일정한 형식에 맞춰 분류하고 구분해 입력해야 한다. 즉, 일정한 항목을 만들고 각 항목별로 관련 데이터들을 구분해 기록해야 컴퓨터가 워크시트에 입력한 자료들을 데이터베이스로 인식하게 된다. 엑셀에서는 이렇게 데이터베이스의 형식을 갖춰 입력한 데이터를 '데이터 목록'이라고 부르며, 데이터 목록은 자동으로 데이터베이스로 취급된다. 엑셀에서 데이터베이스로 인식되는 데이터 목록의 구조와 명칭은 다음과 같다.

주문 내역서

거래ID	주문일	단가	수량	판매	제품
10588	2012-01-01	63,000	40	2,016,000	대륙 냉동 참치
10588	2012-01-01	14,000	100	1,120,000	싱가폴 원산 옥수수
10589	2012-01-02	18,000	4	72,000	태일 적포도주
10590	2012-01-05	18,000	20	360,000	태양 100% 오렌지 주스
10590	2012-01-05	13,000	60	741,000	알파 샐러드 드레싱
10591	2012-01-05	30,000	10	300,000	대양 특선 건과(배)
10591	2012-01-05	10,000	14	140,000	태양 체리 시럽
10591	2012-01-05	7,000	50	350,000	한림 훈제 통닭
10592	2012-01-06	31,000	5	147,250	우미 코코넛 쿠키
10592	2012-01-06	16,000	25	380,000	유미 간장
10593	2012-01-07	81,000	21	1,360,800	대양 마말레이드
10593	2012-01-07	36,000	20	576,000	한라 분유
10593	2012-01-07	18,000	4	57,600	미왕 초콜릿 드링크
10594	2012-01-07	13,000	30	390,000	대성 어묵
10594	2012-01-07	7,000	24	168,000	필로 믹스
10595	2012-01-08	36,000	65	1,755,000	한라 분유
10595	2012-01-08	29,000	120	2,610,000	사계절 핫 소스
10595	2012-01-08	18,000	30	405,000	태일 적포도주
10596	2012-01-09	44,000	24	844,800	대륙 사과 식초
10596	2012-01-09	38,000	5	152,000	한성 옥수수 가루

❶ 필드(field): 목록을 구성하는 각각의 열을 필드라 한다. 엑셀에서 한 필드는 한 열을 차지하며 위의 주문 내역서 테이블은 모두 6개의 필드로 구성되어 있다. 즉, 주문 내역에 대한 거래ID, 주문일, 단가, 수량, 판매, 제품으로 각 열을 구성하고 있다. 필드는 데이터를 정렬할 때 기준이 된다.

❷ 필드 이름(field name): 각 필드의 첫 행에서 데이터를 구분하는 역할을 한다. 엑셀에서는 데이터 목록의 첫 행을 자동으로 필드 이름으로 인식한다.

❸ 레코드(record): 목록을 구성하고 있는 각 행을 레코드라고 한다. 위의 주문 내역서에서 하나의 주문 내용이 한 행을 차지하며 레코드가 되는 것을 볼 수 있으며, 그림 상으로는 총 20개의 레코드를 가지고 있다(열 제목은 레코드에 포함되지 않는다). 추가적인 주문이 발생하면 레코드는 목록에 추가되어 주문에 대한 정보를 기록하게 된다. 또한 데이터를 정렬할 때는 항상 레코드 단위로 데이터가 이동하게 된다.

❹ 데이터 목록(table): 필드와 레코드 구조로 입력된 하나의 데이터 범위(표)를 데

이터 목록이라고 한다(열 제목도 포함된다). 하나의 데이터 목록 안에는 비어 있는 행이나 열이 없어야 한다.

▶ 데이터베이스 작성 시 주의사항

필드명은 반드시 목록의 첫 행에 기입하며, 필드명은 반드시 서로 달라야 한다. 필드명은 255개까지의 문자를 포함할 수 있지만 가능한 한 짧고 의미 있게 만드는 것이 좋다. 필드명이 짧을수록 화면에 더 많은 열들이 표시될 수 있다.

목록은 동일 워크시트 내의 다른 정보로부터 최소한 한 개의 빈 행과 한 개의 빈 열에 의해서 분리되어야 한다. 단, 목록이 1행과 A열부터 시작할 수 있다. 목록이 워크시트의 다른 부분들과 분리되면 사용자가 정렬, 필터 등을 수행하려고 목록 내의 임의의 셀을 클릭할 때 엑셀이 자동적으로 목록의 범위를 식별할 수 있게 된다.

목록 내에는 중간에 빈 행이나 빈 열이 있어서는 안된다. 어떤 열에 빈 셀이 있을 수는 있지만 행 전체가 비어서는 안된다.

2. 데이터베이스 기능

1) 데이터 정렬

데이터베이스를 이용한 가장 기본적인 작업 중 하나는 데이터를 일정한 순서로 정렬하는 것이다. 데이터 정렬(sorting)은 특정 필드의 값에 따라 레코드의 순서를 다시 나열하는 것을 말한다. 예를 들어 수백 개 기업의 명단이 입력된 거래처 데이터에서 명단이 무작위로 작성되어 있다면 특정 거래처를 찾기가 쉽지 않을 것이다. 이런 경우 거래처명이나 지역별로 나열하면 편리하게 찾을 수 있다.

데이터 정렬에는 세 가지 방식이 있다. 첫 번째는 [데이터] 탭의 [오름차순 정렬] 아이콘, [내림차순 정렬] 아이콘을 이용한 단순한 오름차순(가장 작은 것부터 가장 큰 것 순서)과 내림차순(가장 큰 것부터 가장 작은 것 순서)에 의한 정렬방식이 있다. 두 번째는 [데이터] 탭의 [정렬] 버튼을 사용하는 것이다. 두 가지 이상의 조건으로 데이터를 정렬하고 싶을 때 정렬하는 방식이다. 세 번째는 [사용자 지정 목록]을 이용하여 정렬하는 방법이다.

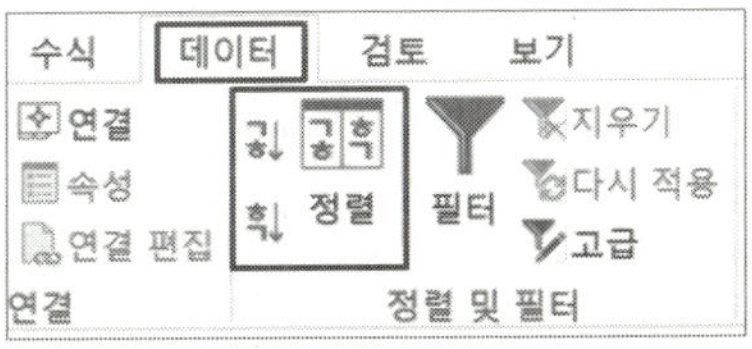

정렬 예제

아래의 데이터 목록을 이용하여 다양한 정렬방식을 연습해보자(9장\사원별급여내역.xlsx).

사원별 급여 내역

부서	직위	성명	기본급	직위수당	식대	교통비	총지급액	보험료	순지급액
기획부	과장	공유해	₩ 2,000,000	₩ 700,000	₩ 100,000	₩ 150,000	₩ 2,950,000	₩ 295,000	₩ 2,655,000
기획부	부장	이나열	₩ 3,000,000	₩ 1,500,000	₩ 100,000	₩ 150,000	₩ 4,750,000	₩ 475,000	₩ 4,275,000
기획부	차장	신민희	₩ 2,500,000	₩ 1,100,000	₩ 100,000	₩ 150,000	₩ 3,850,000	₩ 385,000	₩ 3,465,000
인사부	과장	김태휘	₩ 2,000,000	₩ 700,000	₩ 100,000	₩ 150,000	₩ 2,950,000	₩ 295,000	₩ 2,655,000
인사부	대리	정지후	₩ 1,500,000	₩ 400,000	₩ 100,000	₩ 150,000	₩ 2,150,000	₩ 215,000	₩ 1,935,000
인사부	대리	이연희	₩ 1,500,000	₩ 400,000	₩ 100,000	₩ 150,000	₩ 2,150,000	₩ 215,000	₩ 1,935,000
인사부	차장	한효준	₩ 2,500,000	₩ 1,100,000	₩ 100,000	₩ 150,000	₩ 3,850,000	₩ 385,000	₩ 3,465,000
판매부	과장	이승지	₩ 2,000,000	₩ 700,000	₩ 100,000	₩ 150,000	₩ 2,950,000	₩ 295,000	₩ 2,655,000
판매부	대리	강호동	₩ 1,500,000	₩ 400,000	₩ 100,000	₩ 150,000	₩ 2,150,000	₩ 215,000	₩ 1,935,000
판매부	사원	강철중	₩ 1,000,000	₩ 200,000	₩ 100,000	₩ 150,000	₩ 1,450,000	₩ 145,000	₩ 1,305,000
회계부	부장	원반	₩ 3,000,000	₩ 1,500,000	₩ 100,000	₩ 150,000	₩ 4,750,000	₩ 475,000	₩ 4,275,000
회계부	사원	정다운	₩ 1,000,000	₩ 200,000	₩ 100,000	₩ 150,000	₩ 1,450,000	₩ 145,000	₩ 1,305,000
회계부	사원	장동공	₩ 1,000,000	₩ 200,000	₩ 100,000	₩ 150,000	₩ 1,450,000	₩ 145,000	₩ 1,305,000
회계부	사원	유제설	₩ 1,000,000	₩ 200,000	₩ 100,000	₩ 150,000	₩ 1,450,000	₩ 145,000	₩ 1,305,000

- 이름을 기준으로 오름차순 정렬해보자.

❶ 이름이 입력된 '성명' 필드의 아무 셀이나 클릭한 상태에서 [데이터] 탭-[정렬 및 필터] 그룹-[텍스트(또는 숫자) 오름차순 정렬] 아이콘을 클릭한다. 성명을 중심으로 데이터가 오름차순 정렬되어 '강철중' 레코드가 제일 위에 나타나는 것을 알 수 있다.

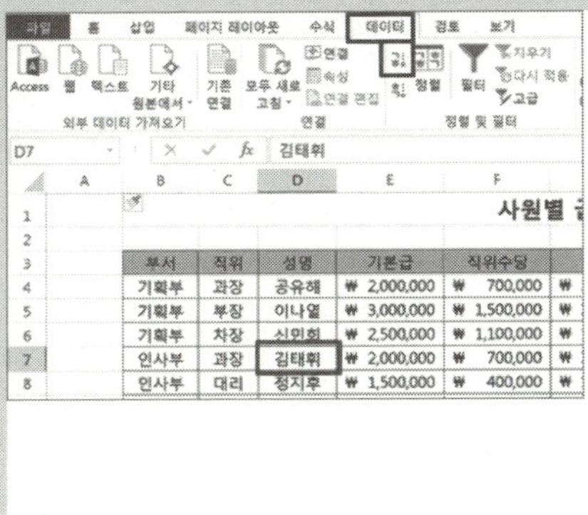

부서	직위	성명
기획부	과장	공유해
기획부	차장	신민희
기획부	부장	이나열
인사부	과장	김태휘
인사부	대리	이연희
인사부	대리	정지후
인사부	차장	한효준
판매부	사원	강철중
판매부	대리	강호동
판매부	과장	이승지
회계부	부장	원반
회계부	사원	유제설
회계부	사원	장동공
회계부	사원	정다운

부서	직위	성명
판매부	사원	강철중
판매부	대리	강호동
기획부	과장	공유해
인사부	과장	김태휘
기획부	차장	신민희
회계부	부장	원반
회계부	사원	유제설
기획부	부장	이나열
판매부	과장	이승지
인사부	대리	이연희
회계부	사원	장동공
회계부	사원	정다운
인사부	대리	정지후
인사부	차장	한효준

- 순지급액이 가장 높은 레코드 순으로 정렬해보자.

❶ 순지급액 데이터가 입력된 필드의 아무 셀이나 클릭하여 커서를 둔 상태에서 [데이터] 탭-[정렬 및 필터] 그룹-[텍스트(또는 숫자) 내림차순 정렬] 아이콘을 클릭한다. 순지급액이 높은 순으로 정렬된 것을 확인할 수 있다.

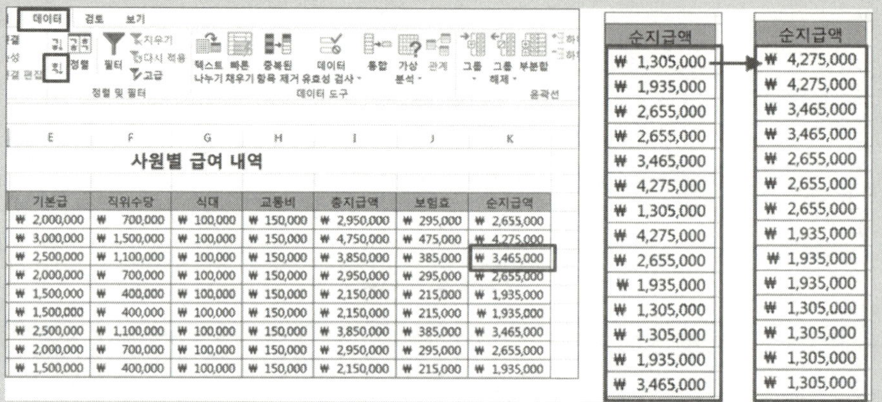

- 부서와 직위를 기준으로 오름차순하는 두 가지 조건을 적용하여 정렬해보자.

❶ 데이터 목록 내에 커서를 둔 상태에서 [데이터] 탭-[정렬 및 필터] 그룹-[정렬] 버튼을 클릭한다.

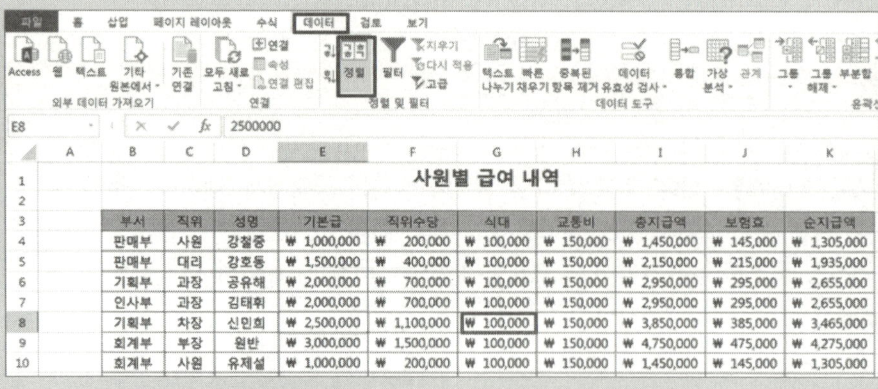

❷ [정렬] 대화상자가 나타나면 아래와 같이 첫 번째 정렬 기준으로 [부서]와 [오름차순] 정렬을 지정해준 다음, 왼쪽 상단의 [기준 추가] 버튼을 클릭하여 두 번째 정렬 기준인 [직위]와 [오름차순] 정렬을 지정해준다. [확인] 버튼을 누른다.

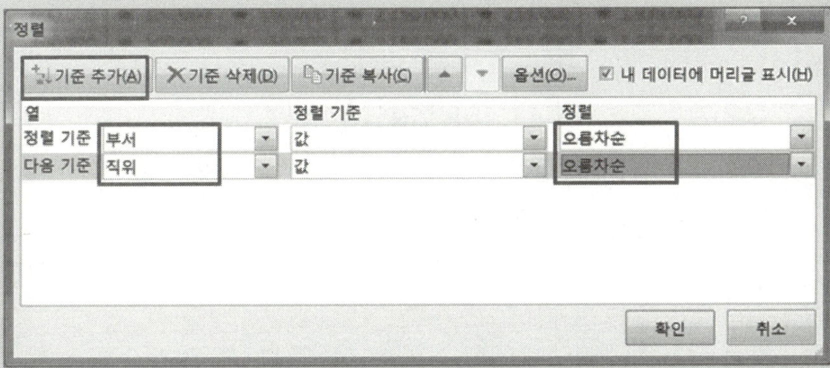

❸ 기획부 레코드가 먼저 정렬되어 위로 올라오고, 동일한 기획부인 경우 두 번째 정렬 기준인 직위 오름차순에 따라 과장, 부장, 차장 순으로 정렬된 것을 확인할 수 있다.

사원별 급여 내역

부서	직위	성명	기본급	직위수당	식대	교통비	총지급액	보험료	순지급액
기획부	과장	공유혜	₩ 2,000,000	₩ 700,000	₩ 100,000	₩ 150,000	₩ 2,950,000	₩ 295,000	₩ 2,655,000
기획부	부장	이나열	₩ 3,000,000	₩ 1,500,000	₩ 100,000	₩ 150,000	₩ 4,750,000	₩ 475,000	₩ 4,275,000
기획부	차장	신민희	₩ 2,500,000	₩ 1,100,000	₩ 100,000	₩ 150,000	₩ 3,850,000	₩ 385,000	₩ 3,465,000
인사부	과장	김태휘	₩ 2,000,000	₩ 700,000	₩ 100,000	₩ 150,000	₩ 2,950,000	₩ 295,000	₩ 2,655,000
인사부	대리	이연희	₩ 1,500,000	₩ 400,000	₩ 100,000	₩ 150,000	₩ 2,150,000	₩ 215,000	₩ 1,935,000

- [사용자 지정 목록]을 이용하여 직위를 정렬해보자.

❶ 데이터 목록 내에 커서를 둔 상태에서 [데이터] 탭-[정렬 및 필터] 그룹-[정렬] 버튼을 클릭한다. [정렬] 대화상자가 나타나면 정렬 기준으로 [직위]를, 정렬 방식은 [사용자 지정 목록...]을 선택한다.

❷ [사용자 지정 목록] 대화상자의 [목록 항목] 란에 정렬하고자 하는 직위를 순서대로 입력한다(부장, 차장, 과장, 대리, 사원 순). [추가] 버튼을 누르면 사용자 지정 목록의 맨 아래에 새로운 목록이 추가된 것을 확인할 수 있다. [확인] 버튼을 눌러 완료한다. [정렬] 대화상자로 돌아오면 정렬 기준으로 입력된 목록이 보이는 것을 확인할 수 있다.

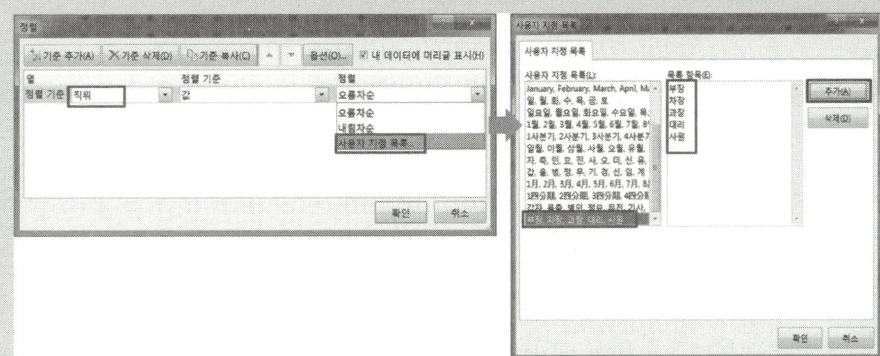

❸ [사용자 지정 목록]을 이용하여 새롭게 지정한 정렬 기준이 적용되어 데이터 목록이 부장, 차장, 과장, 대리, 사원의 순서로 정렬되었다.

사원별 급여 내역

부서	직위	성명	기본급	직위수당	식대	교통비	총지급액	보험료	순지급액
기획부	부장	이나열	₩ 3,000,000	₩ 1,500,000	₩ 100,000	₩ 150,000	₩ 4,750,000	₩ 475,000	₩ 4,275,000
회계부	부장	원반	₩ 3,000,000	₩ 1,500,000	₩ 100,000	₩ 150,000	₩ 4,750,000	₩ 475,000	₩ 4,275,000
기획부	차장	신민희	₩ 2,500,000	₩ 1,100,000	₩ 100,000	₩ 150,000	₩ 3,850,000	₩ 385,000	₩ 3,465,000
인사부	차장	한효준	₩ 2,500,000	₩ 1,100,000	₩ 100,000	₩ 150,000	₩ 3,850,000	₩ 385,000	₩ 3,465,000
기획부	과장	공유해	₩ 2,000,000	₩ 700,000	₩ 100,000	₩ 150,000	₩ 2,950,000	₩ 295,000	₩ 2,655,000
인사부	과장	김태휘	₩ 2,000,000	₩ 700,000	₩ 100,000	₩ 150,000	₩ 2,950,000	₩ 295,000	₩ 2,655,000
판매부	과장	이승지	₩ 2,000,000	₩ 700,000	₩ 100,000	₩ 150,000	₩ 2,950,000	₩ 295,000	₩ 2,655,000
인사부	대리	이연희	₩ 1,500,000	₩ 400,000	₩ 100,000	₩ 150,000	₩ 2,150,000	₩ 215,000	₩ 1,935,000
인사부	대리	정지후	₩ 1,500,000	₩ 400,000	₩ 100,000	₩ 150,000	₩ 2,150,000	₩ 215,000	₩ 1,935,000
판매부	대리	강호동	₩ 1,500,000	₩ 400,000	₩ 100,000	₩ 150,000	₩ 2,150,000	₩ 215,000	₩ 1,935,000
판매부	사원	강철중	₩ 1,000,000	₩ 200,000	₩ 100,000	₩ 150,000	₩ 1,450,000	₩ 145,000	₩ 1,305,000
회계부	사원	유제설	₩ 1,000,000	₩ 200,000	₩ 100,000	₩ 150,000	₩ 1,450,000	₩ 145,000	₩ 1,305,000
회계부	사원	장동공	₩ 1,000,000	₩ 200,000	₩ 100,000	₩ 150,000	₩ 1,450,000	₩ 145,000	₩ 1,305,000
회계부	사원	정다운	₩ 1,000,000	₩ 200,000	₩ 100,000	₩ 150,000	₩ 1,450,000	₩ 145,000	₩ 1,305,000

2) 데이터 필터

필터(filter)란 방대한 데이터 목록에서 일정한 조건에 맞는 레코드만 화면에 나타나게 하는 작업을 말한다. 예를 들어서 사원 목록에서 회계부 직원들만 검색할 수 있다. 정렬과 달리 필터링은 데이터 목록에 특정 조건을 적용하여 조건을 만족시키지 않는 레코드들은 보이지 않도록 하는 것이다.

필터링의 결과로 생성된 레코드들의 부분집합에 대해서 사용자는 다른 레코드들에는 영향을 주지 않으면서 편집, 서식 부여, 복사, 이동, 차트 작성 등의 작업을 수행할 수 있다. 이러한 필터 기능에는 자동 필터와 고급 필터가 있다.

▶ 자동 필터

자동 필터는 목록의 열 제목에 드롭다운 화살표가 나타나게 한 후, 이 화살표를 클릭하여 어떤 조건을 만족하는 레코드들만 쉽고 빠르게 검색한다.

위에서 작업한 '사원별 급여 내역' 데이터 목록에 자동 필터 기능을 적용해보자.

❶ 데이터 목록 내에 커서를 둔 상태에서 [데이터] 탭-[정렬 및 필터] 그룹-[필터] 버튼을 클릭한다. 그러면 데이터 목록의 각 필드명에 드롭다운 버튼이 생성된다.

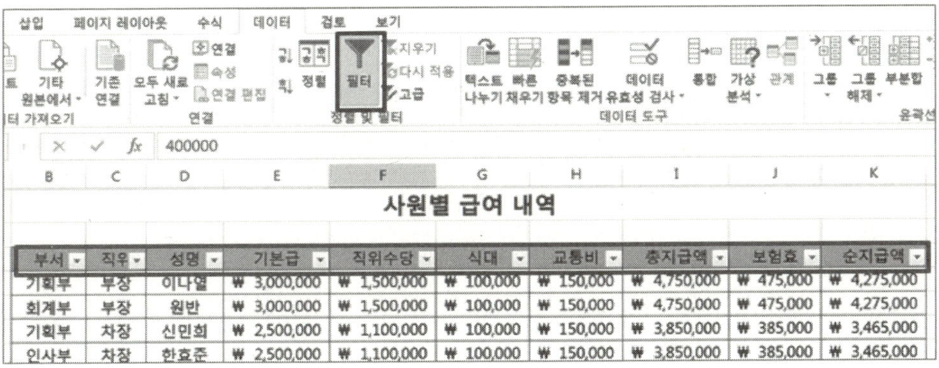

- 인사부 직원들 중 대리만 나타나도록 필터링해보자.

❶ '부서' 필드명 옆의 드롭다운 단추를 클릭하여 나온 목록에서 모두 선택을 해제하고 [인사부]만 체크해준다.

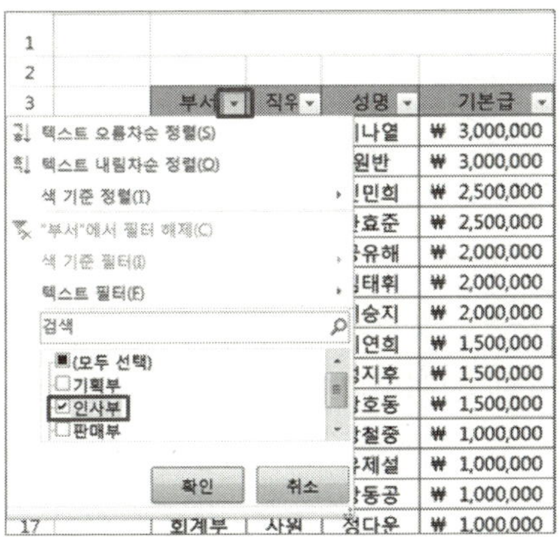

❷ [확인] 단추를 누르면 인사부 직원들만 필터링 되어 나타난 것을 확인할 수 있다. 이때 데이터 목록의 행 번호의 색이 파란색으로 나타난다. 이를 통해 이 데이터 목록이 필터링 된 결과라는 것을 알 수 있다.

사원별 급여 내역

행	부서	직위	성명	기본급	직위수당	식대	교통비	총지급액	보험료	순지급액
7	인사부	차장	한효준	₩ 2,500,000	₩ 1,100,000	₩ 100,000	₩ 150,000	₩ 3,850,000	₩ 385,000	₩ 3,465,000
9	인사부	과장	김태휘	₩ 2,000,000	₩ 700,000	₩ 100,000	₩ 150,000	₩ 2,950,000	₩ 295,000	₩ 2,655,000
11	인사부	대리	이연희	₩ 1,500,000	₩ 400,000	₩ 100,000	₩ 150,000	₩ 2,150,000	₩ 215,000	₩ 1,935,000
12	인사부	대리	정지후	₩ 1,500,000	₩ 400,000	₩ 100,000	₩ 150,000	₩ 2,150,000	₩ 215,000	₩ 1,935,000

❸ '직위' 필드명의 드롭다운 단추를 클릭하여 나온 목록에서 모두 선택을 해제하고 [대리]만 체크해준다.

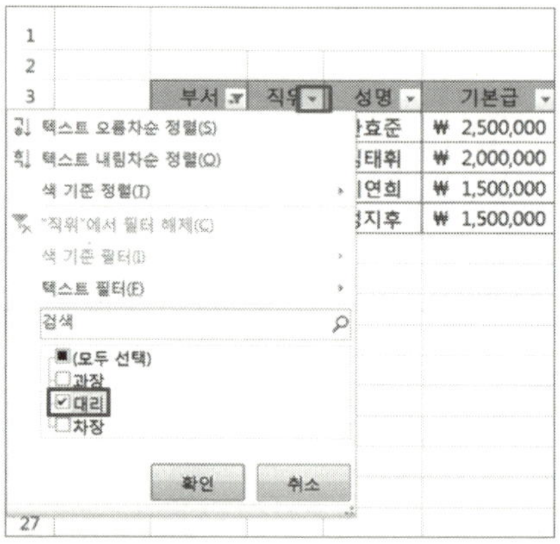

❹ 인사부 직원 중 대리만 필터링 된 결과가 나타났다.

사원별 급여 내역

행	부서	직위	성명	기본급	직위수당	식대	교통비	총지급액	보험료	순지급액
11	인사부	대리	이연희	₩ 1,500,000	₩ 400,000	₩ 100,000	₩ 150,000	₩ 2,150,000	₩ 215,000	₩ 1,935,000
12	인사부	대리	정지후	₩ 1,500,000	₩ 400,000	₩ 100,000	₩ 150,000	₩ 2,150,000	₩ 215,000	₩ 1,935,000

※ 적용된 필터링 조건을 해제하려면 [정렬 및 필터] 그룹의 [필터] 버튼 옆에 있는 [지우기] 메뉴를 클릭한다. 그러면 적용되었던 조건이 해제되고 원래의 데이터 목록으로 돌아오게 된다. 그러나 필드명의 드롭다운 단추는 여전히 적용된 상태이다. 자동 필터 자체를 완전히 없애려면 [필터] 버튼을 한 번 더 누르면 된다.

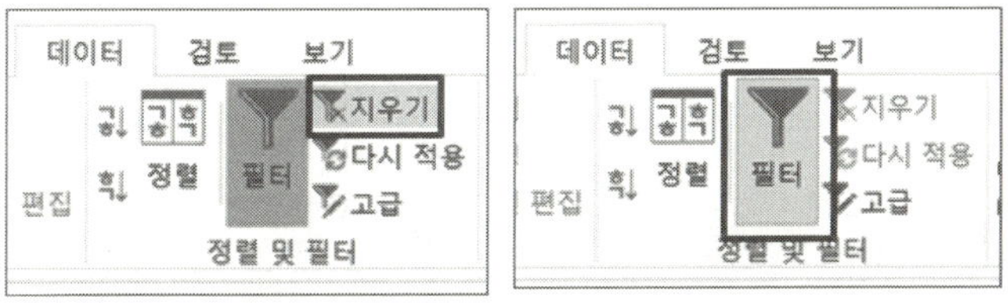

– 순지급액을 300만 원 이상 받는 직원만 필터링해보자.

❶ 순지급액의 드롭다운 버튼을 눌러 목록에서 [숫자 필터]에 마우스를 갖다 대면 하위 메뉴가 나타난다. [보다 큼...]을 선택한다.

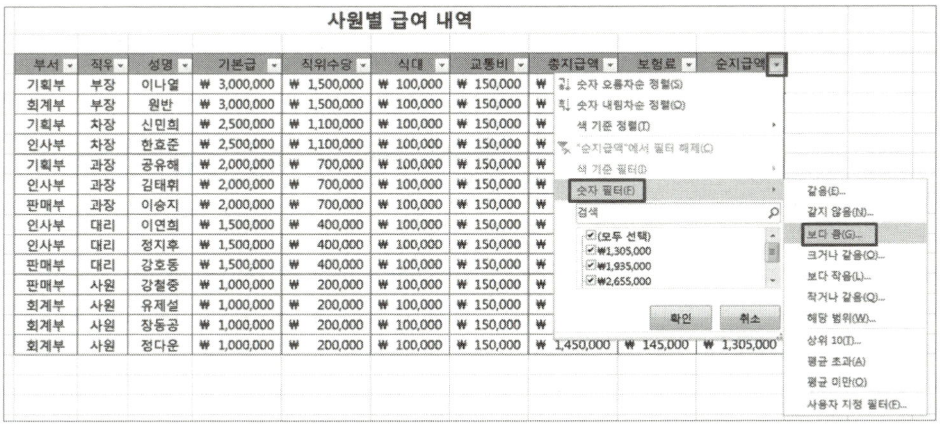

❷ [사용자 지정 자동 필터] 대화상자에서 조건(>= 3000000)을 아래와 같이 입력하고 [확인] 버튼을 누른다.

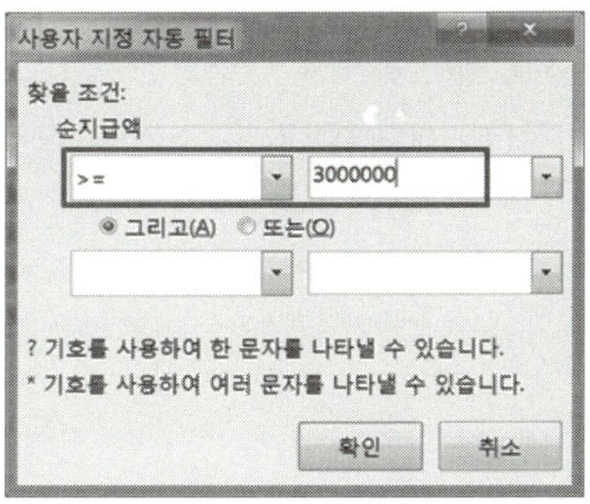

❸ 순지급액이 300만 원 이상인 레코드 4개가 필터링 되어 나타났다.

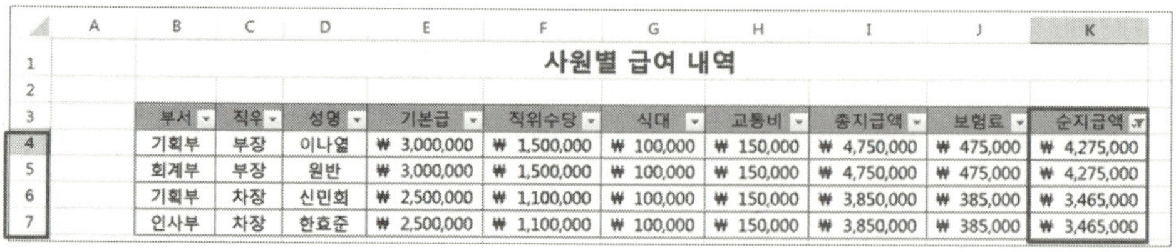

	부서	직우	성명	기본급	직위수당	식대	교통비	총지급액	보험료	순지급액
4	기획부	부장	이나열	₩ 3,000,000	₩ 1,500,000	₩ 100,000	₩ 150,000	₩ 4,750,000	₩ 475,000	₩ 4,275,000
5	회계부	부장	원반	₩ 3,000,000	₩ 1,500,000	₩ 100,000	₩ 150,000	₩ 4,750,000	₩ 475,000	₩ 4,275,000
6	기획부	차장	신민희	₩ 2,500,000	₩ 1,100,000	₩ 100,000	₩ 150,000	₩ 3,850,000	₩ 385,000	₩ 3,465,000
7	인사부	차장	한효준	₩ 2,500,000	₩ 1,100,000	₩ 100,000	₩ 150,000	₩ 3,850,000	₩ 385,000	₩ 3,465,000

– 기본급이 150만 원에서 200만 원 사이인 직원을 필터링해보자.

❶ '기본급' 필드명의 드롭다운 단추를 클릭하여 목록에서 [숫자 필터]의 하위 메뉴 중 [사용자 지정 필터...]를 선택한다.

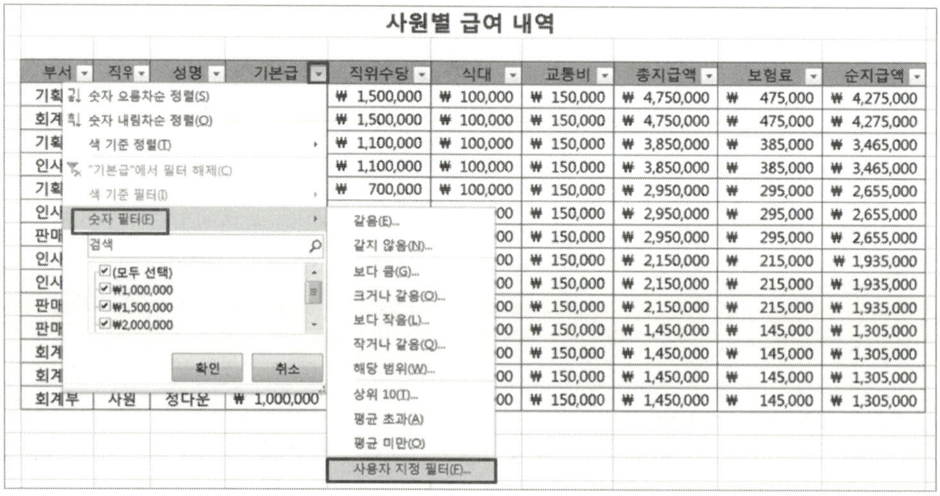

❷ [사용자 지정 자동 필터] 대화상자에 기본급이 150만 원 이상(>=1500000)이고(그리고) 200만 원 이하(<=2000000)라는 조건을 그림과 같이 입력한다.

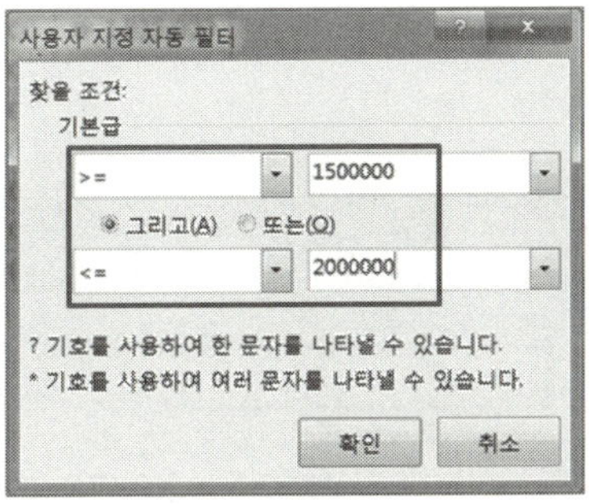

❸ 기본급이 150만 원에서 200만 원 사이인 직원의 레코드만 필터링 된 결과가 나타난다.

– 직원들 중 '이'씨 성을 가진 사람들만 필터링해보자.

❶ '성명' 필드명의 드롭다운 단추를 눌러 목록에서 [텍스트 필터]의 하위 메뉴 중 [시작 문자...]를 선택한다.

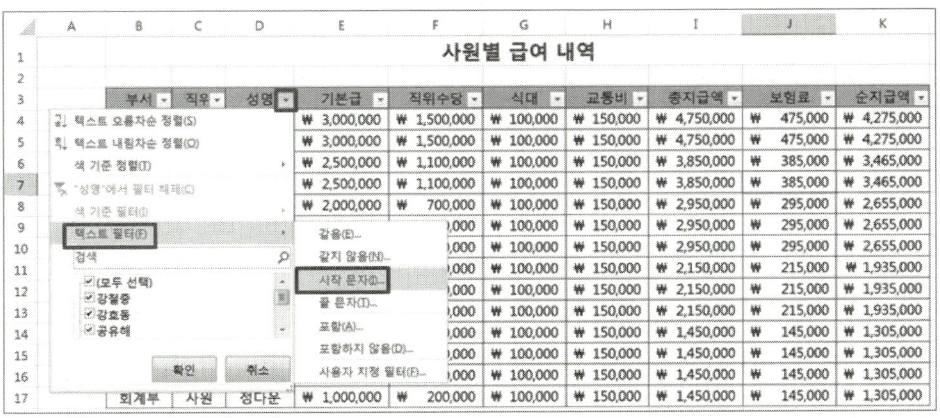

❷ [사용자 지정 자동 필터] 대화상자에서 시작 문자에 '이'를 입력하고 [확인] 단추를 누른다.

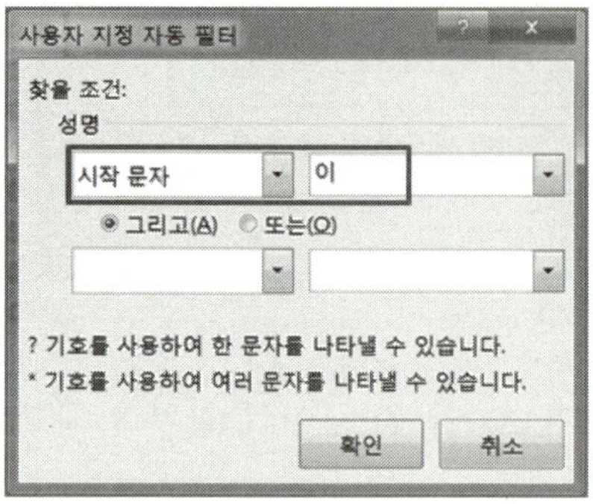

❸ 직원 중 이씨 성을 가진 사람들만 필터링 된 결과를 확인할 수 있다.

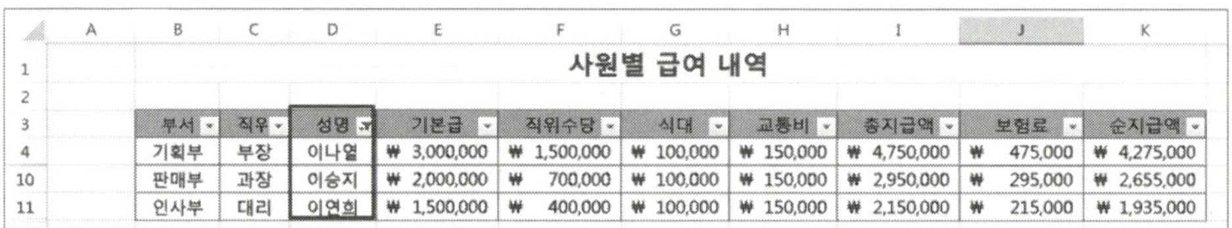

사원별 급여 내역

부서	직위	성명	기본급	직위수당	식대	교통비	총지급액	보험료	순지급액
기획부	부장	이나열	₩ 3,000,000	₩ 1,500,000	₩ 100,000	₩ 150,000	₩ 4,750,000	₩ 475,000	₩ 4,275,000
판매부	과장	이승지	₩ 2,000,000	₩ 700,000	₩ 100,000	₩ 150,000	₩ 2,950,000	₩ 295,000	₩ 2,655,000
인사부	대리	이연희	₩ 1,500,000	₩ 400,000	₩ 100,000	₩ 150,000	₩ 2,150,000	₩ 215,000	₩ 1,935,000

▶ 고급 필터

고급 필터는 자동 필터보다 복잡한 기준을 사용하여 목록을 필터링할 수 있다. 셀에 여러 가지 조건을 순서대로 입력한 다음, 셀에 입력한 조건을 이용해 데이터 목록에서 원하는 레코드만 필터하는 기능이다. 셀에 조건을 얼마든지 입력할 수 있기 때문에 자동 필터보다 좀 더 세밀한 조건을 가지고 원하는 레코드를 뽑아낼 수 있다.

고급 필터를 이용하려면 데이터 목록과 별도의 셀 영역에 조건식을 입력해야 한다. 조건식은 필드명과 필터할 조건으로 구분하는데 여러 가지 조건을 같은 행에 입력하는가, 다른 행에 입력하는가에 따라 조건을 적용하는 방식이 달라진다. 아래 그림처럼 두 조건을 같은 행에 입력했다면 능력개발과 어학능력이 모두 90점 이상인 AND 조건을 의미하게 된다. 반면 오른쪽 그림처럼 두 조건을 다른 행에 입력했다면 능력개발이 90점 이상이거나 어학능력이 90점 이상인 레코드를 필터하게 되는 OR 조건이 만들어진다.

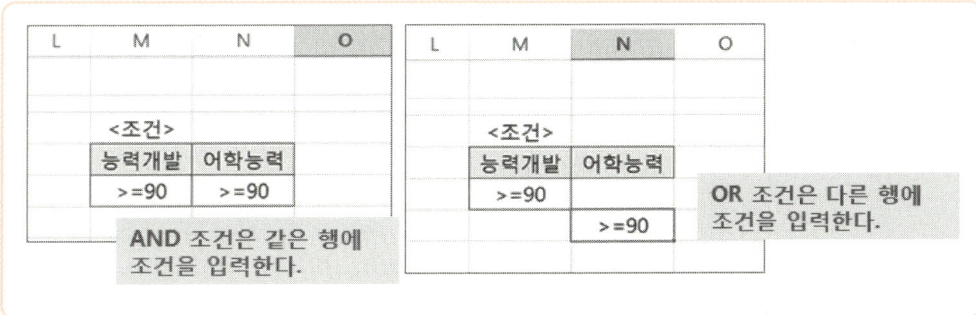

고급 필터 예제

신입사원 오리엔테이션 점수를 요약한 데이터 표이다. 능력개발 점수와 어학능력 점수가 모두 90점 이상인 사원의 레코드만 고급 필터 기능을 이용하여 찾아내보자(9장\신입사원점수.xlsx).

❶ 빈 셀에 필터링할 조건을 입력한 후, 데이터 목록 내에 커서를 둔 상태에서 [데이터] 탭-[정렬 및 필터] 그룹-[고급] 메뉴를 클릭하여 고급 필터링을 실행한다.

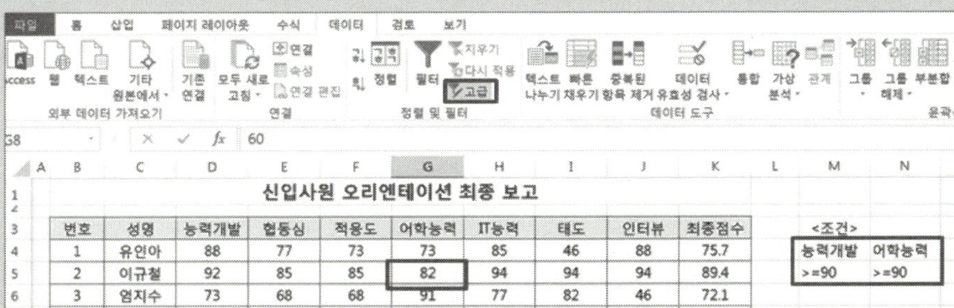

❷ [고급 필터] 대화상자에 결과를 [다른 장소에 복사]를 선택하고, 데이터의 [목록 범위], [조건 범위], [복사 위치]를 제대로 지정해준다. [복사 위치]는 필터링된 결과를 출력할 위치이다.

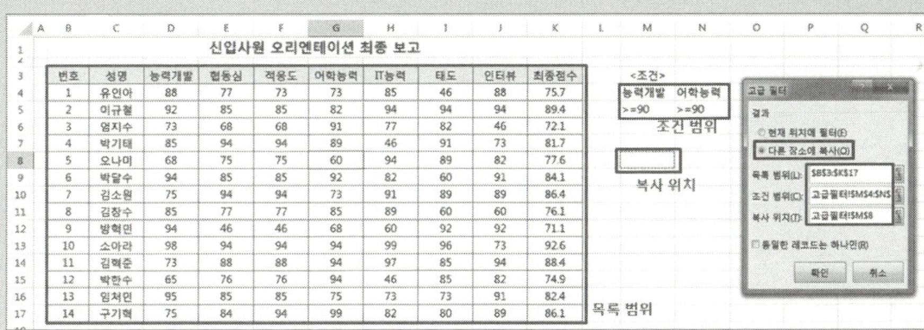

❸ 지정한 복사 위치에 고급 필터링 된 결과가 출력된다. 두 조건을 모두 만족하는 레코드 두 개가 결과로 제시되었다.

신입사원 오리엔테이션 최종 보고

번호	성명	능력개발	협동심	적응도	어학능력	IT능력	태도	인터뷰	최종점수
1	유인아	88	77	73	73	85	46	88	75.7
2	이규철	92	85	85	82	94	94	94	89.4
3	엄지수	73	68	68	91	77	82	46	72.1
4	박기태	85	94	94	89	46	91	73	81.7
5	오나미	68	75	75	60	94	89	82	77.6
6	박달수	94	85	85	92	82	60	91	84.1
7	김소원	75	94	94	73	91	89	89	86.4
8	김창수	85	77	77	85	89	60	60	76.1
9	방혜민	94	46	46	68	60	92	92	71.1
10	소아라	98	94	94	94	99	96	73	92.6
11	김혜준	73	88	88	94	97	85	94	88.4
12	박한수	65	76	76	94	46	85	82	74.9
13	임처인	95	85	85	75	73	73	91	82.4
14	구기혁	75	84	94	99	82	80	89	86.1

<조건>

능력개발	어학능력
>=90	>=90

번호	성명	능력개발	협동심	적응도	어학능력	IT능력	태도	인터뷰	최종점수
6	박달수	94	85	85	92	82	60	91	84.1
10	소아라	98	94	94	94	99	96	73	92.6

※ [고급 필터] 대화상자에서 결과를 [현재 위치에 필터]를 선택하면 원래 데이터 목록에 필터링 된 결과가 나타난다.
출력된 데이터 목록이 필터링된 결과라는 것을 행 번호의 색을 통해 확인할 수 있다. 필터링된 결과를 나타낼 때 행 번호는 파란색을 띤다.

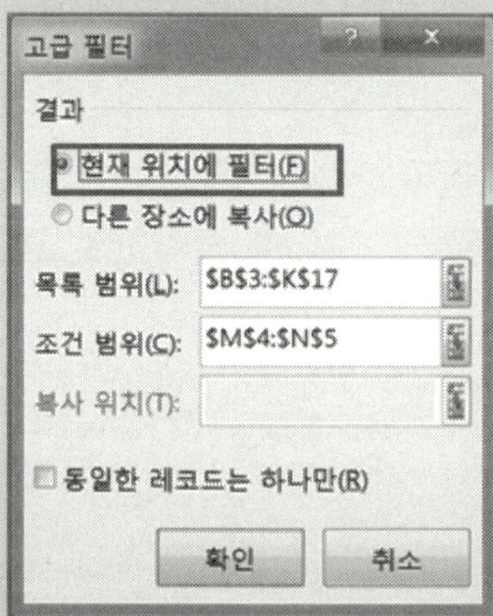

신입사원 오리엔테이션 최종 보고

행	번호	성명	능력개발	협동심	적응도	어학능력	IT능력	태도	인터뷰	최종점수
3	번호	성명	능력개발	협동심	적응도	어학능력	IT능력	태도	인터뷰	최종점수
9	6	박달수	94	85	85	92	82	60	91	84.1
13	10	소아라	98	94	94	94	99	96	73	92.6

정렬 및 필터 연습문제

아래의 데이터를 시트에 입력하고 주어진 조건에 맞도록 정렬 및 필터링하는 연습을 해보자.

사원 인사고과 자료

사원코드	부서명	직위	성명	개인신용도	업적고과	외국어능력
M199312	관리부	부장	김도윤	67	85	63
B200411	영업부	사원	박경자	74	53	69
P200206	생산부	사원	김덕현	96	65	84
B200501	영업부	사원	이현호	76	74	76
M199210	관리부	과장	김소현	63	81	66
P199708	생산부	과장	현미영	54	92	68
P200304	영업부	사원	주병연	98	61	81
P199907	생산부	대리	유혜진	81	71	83

〈조건〉

❶ 부서명을 기준으로 오름차순 정렬한다.
❷ 직위는 부장, 과장, 대리, 사원의 순으로 사용자 지정 정렬한다.
❸ 자동 필터 기능을 이용하여 개인신용도가 90 이상인 사람을 필터링해본다.
❹ 자동 필터 기능을 이용하여 업적고과 점수가 3위 안에 해당되는 사람을 필터링해본다.
❺ 자동 필터 기능을 이용하여 김씨 성을 가진 사람만 필터링해본다.
❻ 고급 필터 기능을 이용하여 개인신용도 80 이상, 업적고과 80 이상, 외국어 능력 80 이상의 세 가지 6조건 중 하나만 만족해도 레코드를 출력하도록 필터링해본다.

3) 부분합

부분합이란 데이터 목록에 입력된 레코드를 특정한 필드를 기준으로 그룹으로 묶은 다음, 각 그룹에 포함된 레코드들만 따로따로 계산하는 기능이다. 가령 직원들의 급여 현황이 입력된 데이터 목록에서 각 부서별로 급여 총액의 합계, 평균 등을 계산할 때 유용하게 사용할 수 있다.

사원별 급여 내역

성명	성별	부서	직위	기본급	수당	총급여액
오명진	남	기획부	과장	₩ 2,000,000	₩ 1,500,000	₩ 3,500,000
박기만	남	기획부	대리	₩ 1,500,000	₩ 930,000	₩ 2,430,000
함명길	남	기획부	과장	₩ 2,000,000	₩ 1,430,000	₩ 3,430,000
여기태	남	기획부	차장	₩ 2,500,000	₩ 1,670,000	₩ 4,170,000
최지수	여	기획부	대리	₩ 1,500,000	₩ 1,100,000	₩ 2,600,000
임정희	여	기획부	대리	₩ 1,500,000	₩ 1,250,000	₩ 2,750,000
		기획부 요약				₩ 18,880,000
박수희	여	영업부	부장	₩ 3,000,000	₩ 1,640,000	₩ 4,640,000
이주영	남	영업부	차장	₩ 2,500,000	₩ 1,350,000	₩ 3,850,000
차정남	남	영업부	대리	₩ 1,500,000	₩ 1,350,000	₩ 2,850,000
강성현	남	영업부	과장	₩ 2,000,000	₩ 1,690,000	₩ 3,690,000
박경민	남	영업부	대리	₩ 1,500,000	₩ 867,000	₩ 2,367,000
		영업부 요약				₩ 17,397,000
나안수	남	회계부	대리	₩ 1,500,000	₩ 970,000	₩ 2,470,000
김수라	여	회계부	과장	₩ 2,000,000	₩ 1,480,000	₩ 3,480,000
김명지	여	회계부	대리	₩ 1,500,000	₩ 892,000	₩ 2,392,000
이치열	남	회계부	부장	₩ 3,000,000	₩ 1,490,000	₩ 4,490,000
김영철	남	회계부	차장	₩ 2,500,000	₩ 1,530,000	₩ 4,030,000
		회계부 요약				₩ 16,862,000
		총합계				₩ 53,139,000

▶ 부분합 계산의 종류

부분합은 데이터 목록을 일정한 필드를 기준으로 정렬해 그룹으로 묶은 다음, [데이터] 탭-[윤곽선] 그룹-[부분합] 메뉴를 선택하면 열리는 부분합 대화상자를 이용해 구한다.

부분합이라고 해서 반드시 합계만 계산할 수 있는 것은 아니고, 부분합 대화상자에서 사용할 함수를 무엇으로 선택하는가에 따라 합계, 개수, 평균, 최소값, 최대값, 곱, 숫자 개수, 표본 표준 편차, 표준 편차, 표본 분산, 분산 등 11가지 계산값을 구할 수 있다.

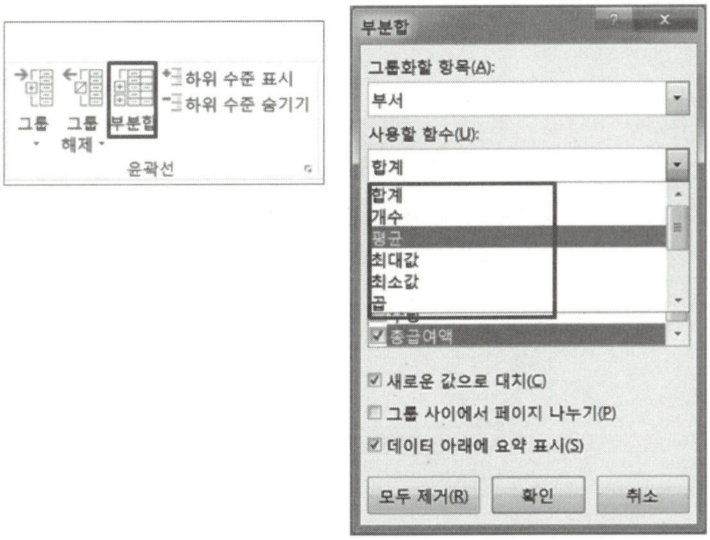

부분합 예제

- 부분합을 이용하여 부서별 총급여액의 합계를 구해보자(9장\사원별급여내역2.xlsx).

※ 부분합을 계산하려면 먼저 그룹으로 묶을 필드를 정렬해주어야 한다. 부서별 총급여액의 합계를 구하는 것이므로 부서를 그룹별로 먼저 정렬해 준 다음 부분합 기능을 실행한다.

❶ 부서 필드에 커서를 둔 다음 오름차순 또는 내림차순으로 정렬하여 그룹별로 정렬한다.

사원별 급여 내역

성명	성별	부서	직위	기본급	수당	총급여액
오명진	남	기획부	과장	₩ 2,000,000	₩ 1,500,000	₩ 3,500,000
박기만	남	기획부	대리	₩ 1,500,000	₩ 930,000	₩ 2,430,000
함명길	남	기획부	과장	₩ 2,000,000	₩ 1,430,000	₩ 3,430,000
여기태	남	기획부	차장	₩ 2,500,000	₩ 1,670,000	₩ 4,170,000
최지수	여	기획부	대리	₩ 1,500,000	₩ 1,100,000	₩ 2,600,000
임정희	여	기획부	대리	₩ 1,500,000	₩ 1,250,000	₩ 2,750,000
박수희	여	영업부	부장	₩ 3,000,000	₩ 1,640,000	₩ 4,640,000
이주영	남	영업부	차장	₩ 2,500,000	₩ 1,350,000	₩ 3,850,000
차정남	남	영업부	대리	₩ 1,500,000	₩ 1,350,000	₩ 2,850,000
강성현	남	영업부	과장	₩ 2,000,000	₩ 1,690,000	₩ 3,690,000
박경민	남	영업부	대리	₩ 1,500,000	₩ 867,000	₩ 2,367,000
나안수	남	회계부	대리	₩ 1,500,000	₩ 970,000	₩ 2,470,000
김수라	여	회계부	과장	₩ 2,000,000	₩ 1,480,000	₩ 3,480,000
김명지	여	회계부	대리	₩ 1,500,000	₩ 892,000	₩ 2,392,000
이치열	남	회계부	부장	₩ 3,000,000	₩ 1,490,000	₩ 4,490,000
김영철	남	회계부	차장	₩ 2,500,000	₩ 1,530,000	₩ 4,030,000

❷ [데이터] 탭-[윤곽선] 그룹-[부분합] 메뉴를 클릭한다. [부분합] 대화상자가 나타난다. 그룹화할 항목에 '부서', 사용할 함수로 '합계', 부분합 계산 항목에 '총급여액'을 선택하고 [확인] 단추를 누른다.

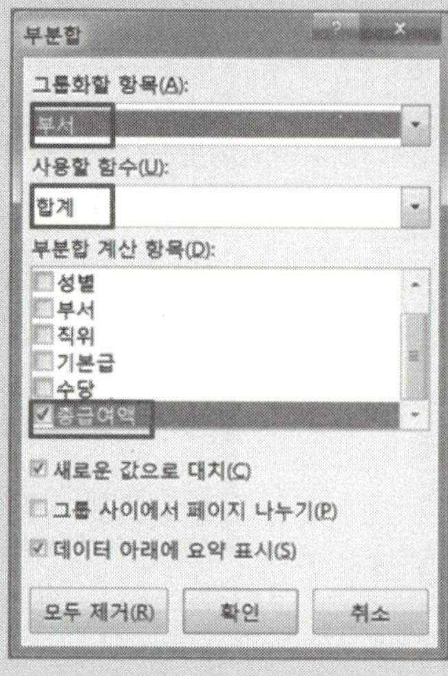

❸ 그림처럼 각 부서가 하나의 단위로 묶여 총급여액의 합계가 계산된다. 부분합을 실행하면 셀 주소상자 밑에 1, 2, 3이라고 그룹 윤곽 표시 단추가 표시된다. 1은 총합계, 2는 부분합, 3은 전부 표시된다. 2를 눌러보자.

	A	B	C	D	E	F	G	H
1				사원별 급여 내역				
2								
3		성명	성별	부서	직위	기본급	수당	총급여액
4		오명진	남	기획부	과장	₩ 2,000,000	₩ 1,500,000	₩ 3,500,000
5		박기만	남	기획부	대리	₩ 1,500,000	₩ 930,000	₩ 2,430,000
6		함명길	남	기획부	과장	₩ 2,000,000	₩ 1,430,000	₩ 3,430,000
7		여기태	남	기획부	차장	₩ 2,500,000	₩ 1,670,000	₩ 4,170,000
8		최지수	여	기획부	대리	₩ 1,500,000	₩ 1,100,000	₩ 2,600,000
9		임정희	여	기획부	대리	₩ 1,500,000	₩ 1,250,000	₩ 2,750,000
10				기획부 요약				₩ 18,880,000
11		박수희	여	영업부	부장	₩ 3,000,000	₩ 1,640,000	₩ 4,640,000
12		이주영	남	영업부	차장	₩ 2,500,000	₩ 1,350,000	₩ 3,850,000
13		차정남	남	영업부	대리	₩ 1,500,000	₩ 1,350,000	₩ 2,850,000
14		강성현	남	영업부	과장	₩ 2,000,000	₩ 1,690,000	₩ 3,690,000
15		박경민	남	영업부	대리	₩ 1,500,000	₩ 867,000	₩ 2,367,000
16				영업부 요약				₩ 17,397,000
17		나안수	남	회계부	대리	₩ 1,500,000	₩ 970,000	₩ 2,470,000
18		김수라	여	회계부	과장	₩ 2,000,000	₩ 1,480,000	₩ 3,480,000
19		김명지	여	회계부	대리	₩ 1,500,000	₩ 892,000	₩ 2,392,000
20		이치열	남	회계부	부장	₩ 3,000,000	₩ 1,490,000	₩ 4,490,000
21		김영철	남	회계부	차장	₩ 2,500,000	₩ 1,530,000	₩ 4,030,000
22				회계부 요약				₩ 16,862,000
23				총합계				₩ 53,139,000

❹ 개인별 레코드는 사라지고 부서별 총급여액의 합계만 표시된다. 1,2,3 단추 아래에는 그룹별로 +와 - 윤곽 표시 단추가 있다. + 단추를 누르면 해당 그룹의 레코드가 펼쳐

지고 - 단추를 누르면 해당 그룹의 레코드가 감춰진다. 영업부 요약 레코드의 + 단추를 눌러보자.

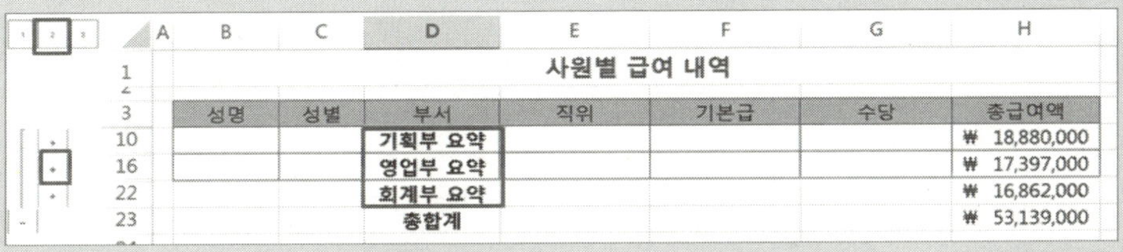

❺ 영업부의 레코드가 펼쳐진다.

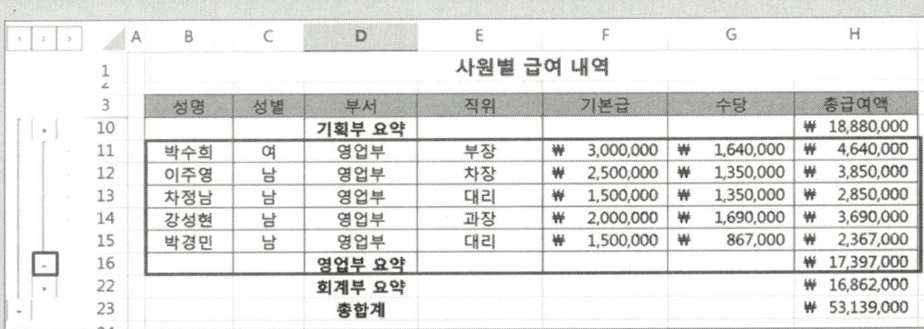

부분합 계산을 추가해보자.

❶ 부서별 총급여액의 합계와 함께 평균을 계산하여 추가해보자. [부분합] 메뉴를 선택한 다음 [부분합] 대화상자가 나타나면 사용할 함수를 '평균'으로 바꿔 지정한다. 그리고 아래의 [새로운 값으로 대치]를 클릭해 √ 표시를 없애고 [확인] 단추를 누른다. 만약 [새로운 값으로 대치]에 √ 표시하고 [확인] 단추를 누르면, 전에 계산한 합계 부분합은 사라지고 새로 계산된 평균만 표시된다.

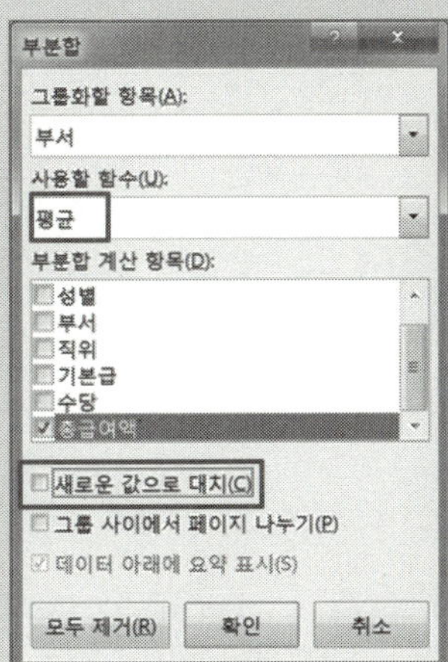

❷ 총급여액의 합계 위에 평균을 구한 부분합이 새로 입력된다. 역시 윤곽 표시 단추로 부분합 내용을 요약해 볼 수 있다.

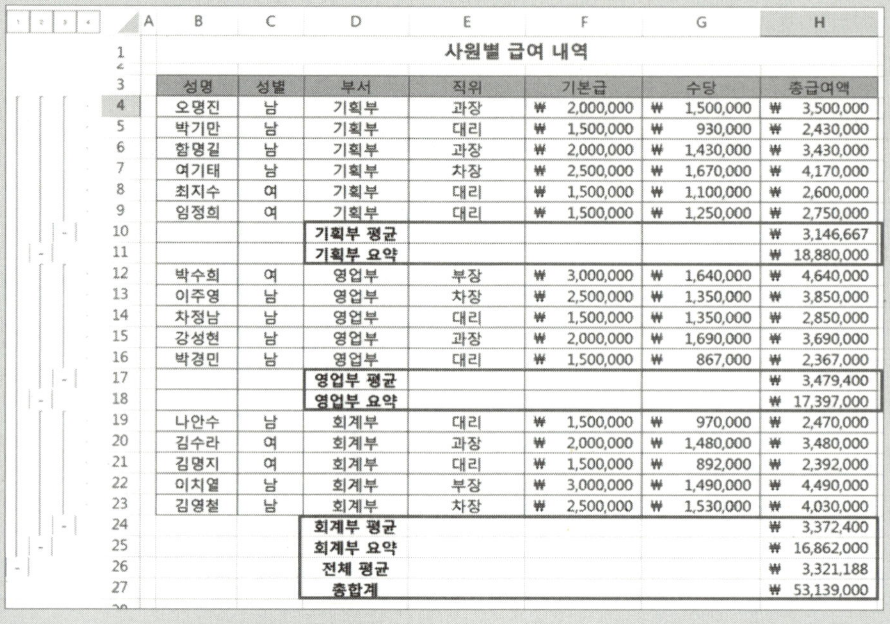

사원별 급여 내역

성명	성별	부서	직위	기본급	수당	총급여액
오명진	남	기획부	과장	₩ 2,000,000	₩ 1,500,000	₩ 3,500,000
박기만	남	기획부	대리	₩ 1,500,000	₩ 930,000	₩ 2,430,000
함명길	남	기획부	과장	₩ 2,000,000	₩ 1,430,000	₩ 3,430,000
여기태	남	기획부	차장	₩ 2,500,000	₩ 1,670,000	₩ 4,170,000
최지수	여	기획부	대리	₩ 1,500,000	₩ 1,100,000	₩ 2,600,000
임정희	여	기획부	대리	₩ 1,500,000	₩ 1,250,000	₩ 2,750,000
		기획부 평균				₩ 3,146,667
		기획부 요약				₩ 18,880,000
박수희	여	영업부	부장	₩ 3,000,000	₩ 1,640,000	₩ 4,640,000
이주영	남	영업부	차장	₩ 2,500,000	₩ 1,350,000	₩ 3,850,000
차정남	남	영업부	대리	₩ 1,500,000	₩ 1,350,000	₩ 2,850,000
강성현	남	영업부	과장	₩ 2,000,000	₩ 1,690,000	₩ 3,690,000
박경민	남	영업부	대리	₩ 1,500,000	₩ 867,000	₩ 2,367,000
		영업부 평균				₩ 3,479,400
		영업부 요약				₩ 17,397,000
나안수	남	회계부	대리	₩ 1,500,000	₩ 970,000	₩ 2,470,000
김수라	여	회계부	과장	₩ 2,000,000	₩ 1,480,000	₩ 3,480,000
김명지	여	회계부	대리	₩ 1,500,000	₩ 892,000	₩ 2,392,000
이치열	남	회계부	부장	₩ 3,000,000	₩ 1,490,000	₩ 4,490,000
김영철	남	회계부	차장	₩ 2,500,000	₩ 1,530,000	₩ 4,030,000
		회계부 평균				₩ 3,372,400
		회계부 요약				₩ 16,862,000
		전체 평균				₩ 3,321,188
		총합계				₩ 53,139,000

❸ 부분합 계산을 끝내고 원래의 데이터 목록으로 돌아가보자. [부분합] 메뉴를 선택한 다음, [부분합] 대화상자에서 [모두 제거] 단추를 누른다. 부분합 결과가 사라지고 원래의 데이터 목록으로 돌아온다.

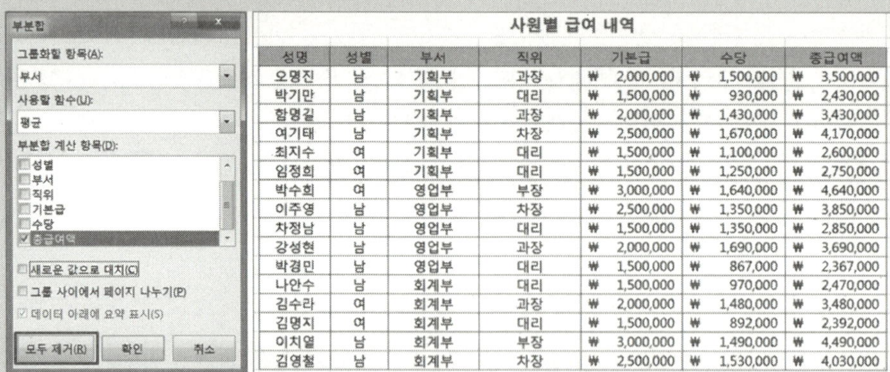

사원별 급여 내역

성명	성별	부서	직위	기본급	수당	총급여액
오명진	남	기획부	과장	₩ 2,000,000	₩ 1,500,000	₩ 3,500,000
박기만	남	기획부	대리	₩ 1,500,000	₩ 930,000	₩ 2,430,000
함명길	남	기획부	과장	₩ 2,000,000	₩ 1,430,000	₩ 3,430,000
여기태	남	기획부	차장	₩ 2,500,000	₩ 1,670,000	₩ 4,170,000
최지수	여	기획부	대리	₩ 1,500,000	₩ 1,100,000	₩ 2,600,000
임정희	여	기획부	대리	₩ 1,500,000	₩ 1,250,000	₩ 2,750,000
박수희	여	영업부	부장	₩ 3,000,000	₩ 1,640,000	₩ 4,640,000
이주영	남	영업부	차장	₩ 2,500,000	₩ 1,350,000	₩ 3,850,000
차정남	남	영업부	대리	₩ 1,500,000	₩ 1,350,000	₩ 2,850,000
강성현	남	영업부	과장	₩ 2,000,000	₩ 1,690,000	₩ 3,690,000
박경민	남	영업부	대리	₩ 1,500,000	₩ 867,000	₩ 2,367,000
나안수	남	회계부	대리	₩ 1,500,000	₩ 970,000	₩ 2,470,000
김수라	여	회계부	과장	₩ 2,000,000	₩ 1,480,000	₩ 3,480,000
김명지	여	회계부	대리	₩ 1,500,000	₩ 892,000	₩ 2,392,000
이치열	남	회계부	부장	₩ 3,000,000	₩ 1,490,000	₩ 4,490,000
김영철	남	회계부	차장	₩ 2,500,000	₩ 1,530,000	₩ 4,030,000

▶ 화면에 보이는 셀만 선택하기

부분합을 계산한 다음 화면에 나타난 부분합 결과만 복사하여 다른 시트에 붙여넣기하면 부분합 결과만 따로 복사되지 않고 원본이 모두 나타나게 된다.

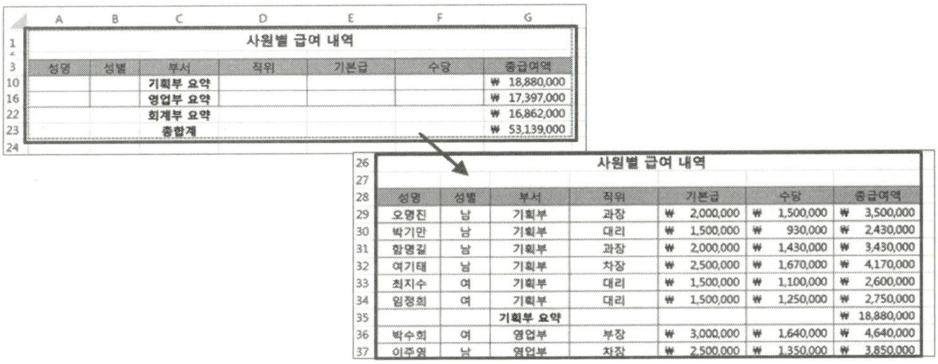

그러나 [화면에 보이는 셀만 선택하기] 기능을 이용하면 부분합의 결과만 복사/붙여넣기하여 활용할 수 있다. 이 기능은 리본 메뉴에 없는 기능이므로 이용하려면 먼저 옵션 대화상자에서 빠른 실행 도구 모음에 메뉴를 추가해 주어야 한다.

❶ [파일] 탭-[옵션]을 선택하면 [Excel 옵션] 대화상자가 나타난다. 왼쪽의 [빠른 실행 도구 모음]을 선택하고 명령 선택에 [리본 메뉴에 없는 명령]을 선택하면 아래에 명령 목록이 나타난다. [화면에 보이는 셀 선택] 메뉴를 찾아 [추가] 버튼을 눌러 빠른 실행 도구 모음에 추가해준다.

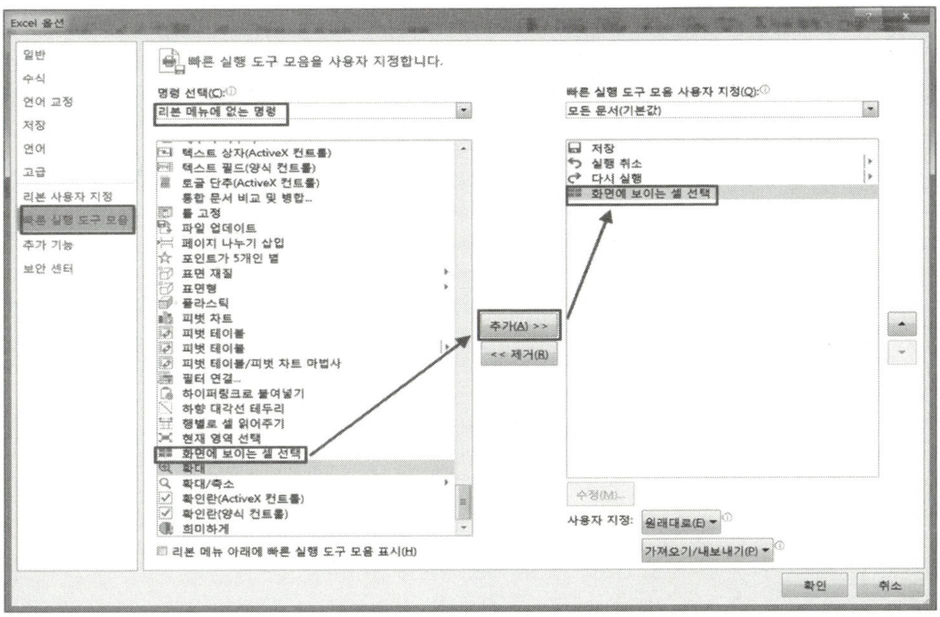

❷ 복사하고자 하는 셀 영역을 선택하고 리본 메뉴에 추가된 [화면에 보이는 셀 선택] 버튼을 누른다. 그 다음 복사를 실행한다.

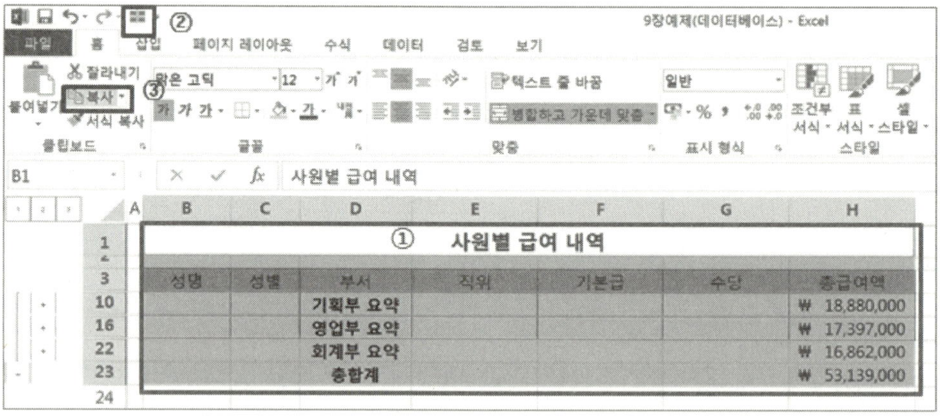

❸ 새로운 시트를 선택하고 붙여넣기를 실행한다. 전체 데이터가 아닌 부분합 결과만 붙여넣기 된 것을 확인할 수 있다.

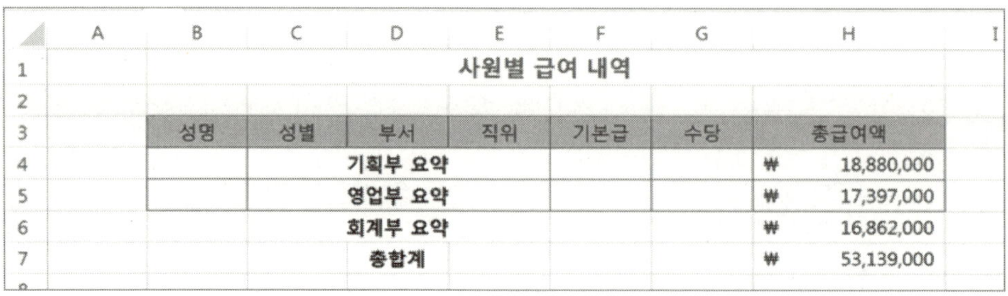

부분합 연습문제

1. 다음은 국가별 수출액 목록이다. 부분합을 이용하여 아래 조건을 만족하는 계산을 완성해보자(9장\국가별수출액목록.xlsx).

국가별 수출액 목록

제품코드	국가명	운송방법	전년 수출액	주문량	수출단가	금년 수출액
JI-117	일본	항공	₩15,400,000	8,300 EA	₩ 6,589	₩ 54,688,700
AN-400	중국	철도	₩32,564,000	4,600 EA	₩ 3,256	₩ 14,977,600
CP-445	중국	선박	₩ 9,874,000	5,800 EA	₩ 2,347	₩ 13,612,600
GA-315	미국	선박	₩ 5,987,400	8,500 EA	₩ 1,234	₩ 10,489,000
GT-266	일본	선박	₩ 6,543,200	1,400 EA	₩ 5,987	₩ 8,381,800
CN-222	중국	선박	₩ 9,587,000	3,100 EA	₩ 2,657	₩ 8,236,700
GT-321	일본	항공	₩ 5,987,000	4,500 EA	₩ 1,658	₩ 7,461,000
GE-214	미국	항공	₩ 9,854,000	2,600 EA	₩ 2,315	₩ 6,019,000

〈조건〉

❶ 국가별 금년 수출액의 합계와 평균을 계산하라.
❷ 처음 목록에서 운송방법별로 주문량과 금년 수출액의 최대값을 계산하라.

2. 다음은 경영과 컴퓨팅 과목의 성적 목록이다. 아래 조건에 맞게 부분합을 실행하라.

경영과 컴퓨팅 성적

순번	학과	성명	중간시험	퀴즈	출석	기말시험	총점
1	음악교육	강영은	20	7	14	16	57
2	사회학	강태욱	6		14	2	22
3	경영학부	권남열	18	9	17	17	61
4	국문	권대성	22	6	12	25	65
5	영어교육	김교훈	6	4	12	10	32
6	기계공학	김기승	25	10	17	20	72
7	경영학부	김동민	7	5	8	4	24
8	경영학부	김민재	8	1	15	7	31
9	문화콘텐츠학과	김수빈	5		15	2	22
10	음악교육	김수빈	6		4	1	11
11	사회학	김유빈	11	2	10	13	36
12	경영학부	김지슬	21	6	16	10	53

〈조건〉

❶ 학과별로 수강학생들의 중간시험, 기말시험, 총점의 평균을 계산하라(9장\경영과컴퓨팅성적.xlsx).
❷ 위의 결과에 학과별 수강학생들의 중간시험, 기말시험, 총점의 최대값을 추가하라.

4) 데이터 통합

부분합을 실행하기 위해서는 데이터를 다시 정렬해야 하고, 결과를 확인한 다음에 원래의 데이터 목록으로 돌아가려면 부분합 결과를 제거해야 하는 등 번거로운 점이 많다. 또한 여러 개의 워크시트에 나뉘어 입력된 데이터 목록을 통합해 부분합을 구하는 것도 불가능하다.

엑셀에서는 데이터 목록을 그대로 둔 상태에서 부분합과 같은 항목별 합계를 손쉽게 계산할 수 있는 데이터 통합 기능을 제공한다. 특히 데이터 통합 기능을 이용하면 여러 개의 워크시트나 파일에 나뉘어 입력된 데이터 목록을 통합한 항목별 합계까지 구할 수 있다.

데이터 통합 기능을 이용해 항목별 합계를 구하는 방법은 레이블을 이용하는 방법과 위치를 이용하는 방법의 두 가지가 있다. 대개 그룹으로 묶을 항목의 이름을 기준으로 데이터를 통합하는 레이블을 이용한 방법을 많이 사용한다.

▶ 레이블을 이용한 데이터 통합

레이블이란 선택한 범위의 첫 행 또는 왼쪽 열에 있는 항목들의 이름을 말한다. 같은 레이블을 가진 항목을 그룹으로 묶은 다음 합계, 평균, 개수 등을 계산한다. 레이블을 이용해 데이터를 통합할 때는 레이블을 무엇으로 지정하는가에 따라 계산 결과가 다음과 같이 달라진다.

– 첫 행을 레이블로 사용한 경우

선택한 영역의 첫 행의 데이터를 기준으로 데이터를 통합해 계산한다.

❶ 결과를 출력할 셀을 선택한 후 [데이터] 탭–[데이터 도구] 그룹–[통합] 메뉴를 선택한다.

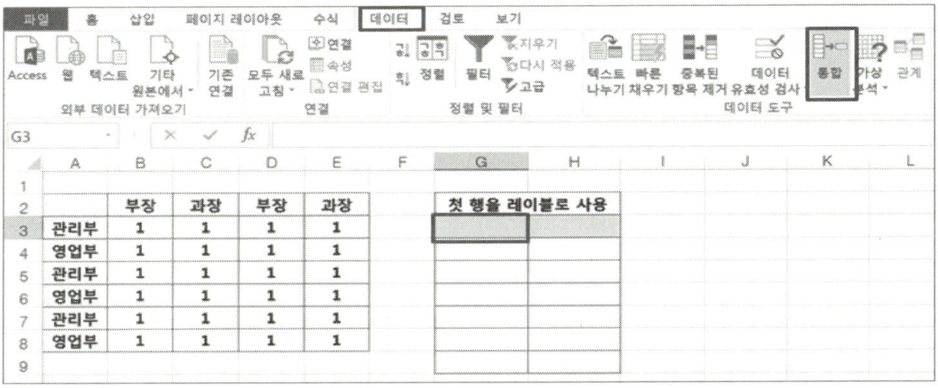

❷ [통합] 대화상자에서 함수에 [합계]를 선택하고, 참조 입력란에 데이터가 입력된 [B2:E8] 범위를 선택한 다음, 사용할 레이블로 [첫 행]을 선택하고 [확인] 단추를 누른다.

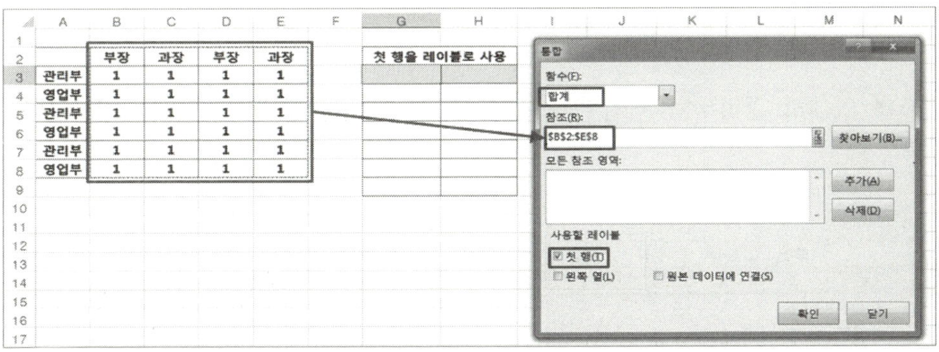

❸ 첫 행에서 부장과 과장을 기준으로 데이터를 통합해 합계를 계산한다.

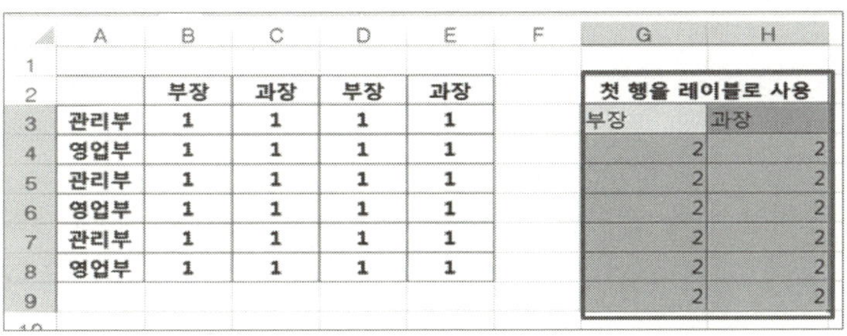

– 첫 열을 레이블로 사용한 경우

선택한 영역의 첫 열에 있는 데이터를 기준으로 데이터를 통합해 계산한다.

❶ 결과를 출력할 셀을 클릭한 후 [통합] 메뉴를 실행한다. [통합] 대화상자에서 함수에 [합계]를 선택하고, 참조 입력란에 데이터가 입력된 [A3:E8] 범위를 선택한 다음, 사용할 레이블로 [왼쪽 열]을 선택하고 [확인] 단추를 누른다.

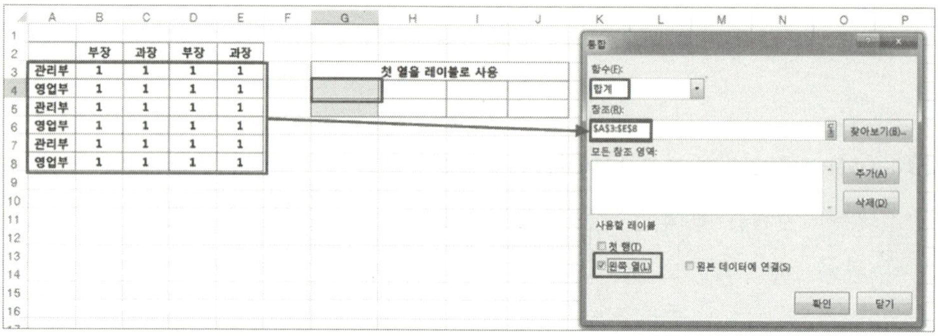

❷ 첫 열에서 관리부와 영업부를 기준으로 데이터를 통합해 합계를 계산한다.

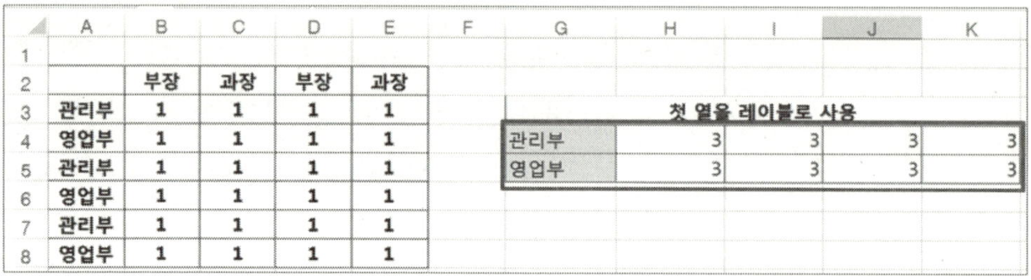

– 첫 행과 첫 열을 동시에 레이블로 사용한 경우

첫 행과 왼쪽 열의 데이터를 기준으로 데이터를 통합해 계산한다.

❶ 결과를 출력할 셀을 클릭한 후 [통합] 메뉴를 실행한다. [통합] 대화상자에서 함수에 [합계]를 선택하고, 참조 입력란에 데이터가 입력된 [A2:E8] 범위를 선택한 다음, 사용할 레이블로 [첫 행]과 [왼쪽 열]을 선택하고 [확인] 단추를 누른다.

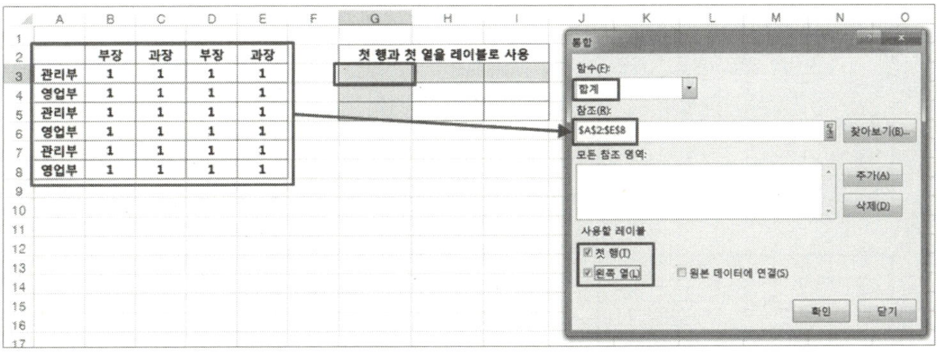

❷ 첫 행에서 부장과 과장을 기준으로, 왼쪽 열에서 관리부와 영업부를 기준으로 데이터를 통합해 합계를 계산한다.

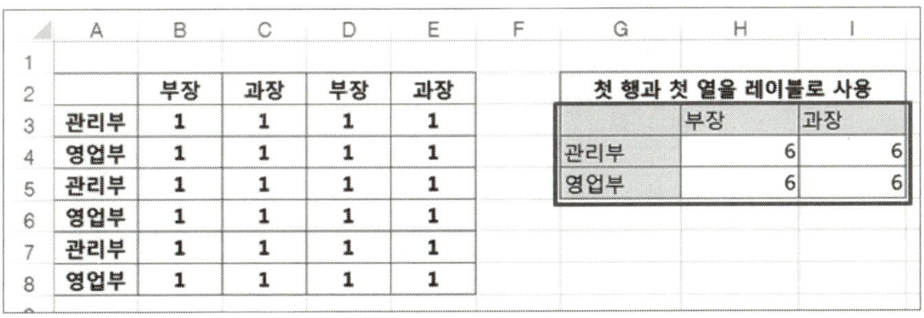

– 위치를 이용한 데이터 통합

[통합] 대화상자의 사용할 레이블에서 [첫 행]과 [왼쪽 열]을 모두 선택하지 않으면 통합할 레이블이 없으므로 선택한 영역의 위치만을 기준으로 데이터를 통합하게 된다. 위치를 이용한 데이터 통합은 참조 영역이 2개 이상(데이터 목록이 2개 이상)인 경우에 단지 셀 위치만으로 데이터를 통합할 때 사용한다.

❶ 결과를 출력할 셀을 선택한 다음 [통합] 메뉴를 실행한다. [통합] 대화상자에서 함수는 합계를 지정하고, 참조 입력란에 두 데이터 목록을 각각 선택해서 추가해준다. 사용할 레이블에는 아무것도 지정하지 않는다.

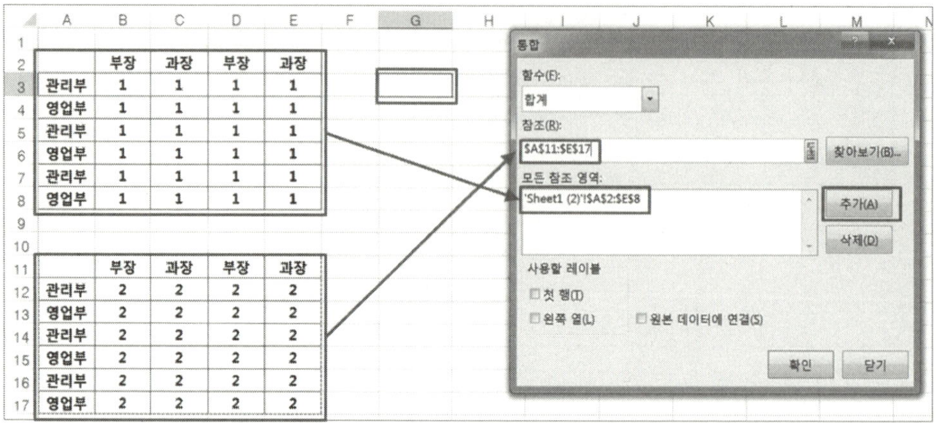

❷ 선택한 두 데이터 목록 영역의 위치만을 기준으로 합계를 계산한 결과가 출력된다.

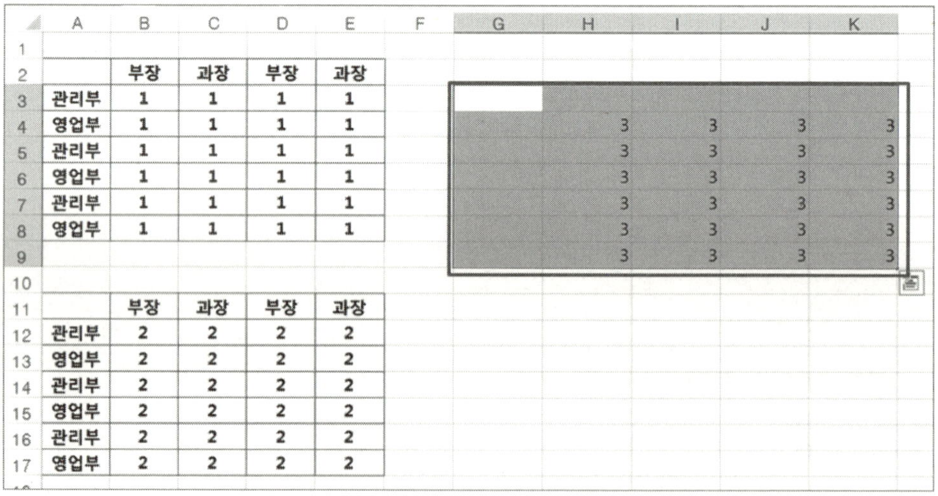

데이터 통합 예제

아래의 데이터를 입력하고 부서별 개인신용도, 업적고과, 외국어능력의 평균을 구해보자. 데이터 통합 기능을 이용하면 간단하게 요약된 표를 작성할 수 있다.

❶ 결과를 출력할 G4셀을 선택한 후 [데이터] 탭-[데이터 도구] 그룹-[통합] 메뉴를 선택한다. [통합] 대화상자에서 함수에 평균을 선택하고, 참조 입력란에 [B3:E10]셀 영역을 지정해준다. 사용할 레이블은 [왼쪽 열]을 체크하고 [확인] 단추를 누른다.

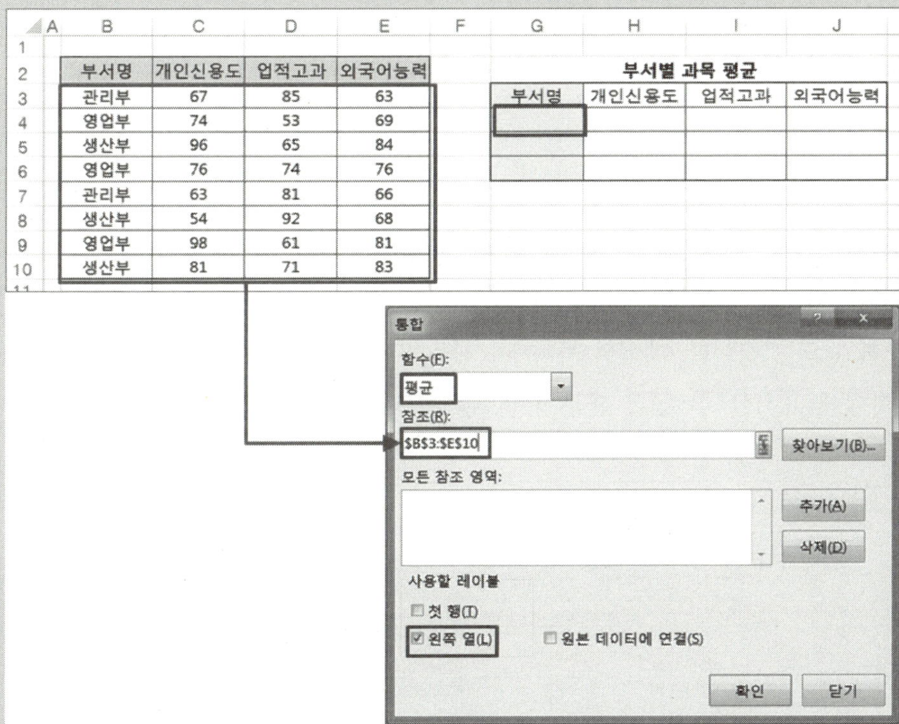

❷ 참조 영역의 첫 열에 있는 부서명을 기준으로 각 부서별 과목의 평균을 계산해준다.

부서명	개인신용도	업적고과	외국어능력
관리부	67	85	63
영업부	74	53	69
생산부	96	65	84
영업부	76	74	76
관리부	63	81	66
생산부	54	92	68
영업부	98	61	81
생산부	81	71	83

부서별 과목 평균

부서명	개인신용도	업적고과	외국어능력
관리부	65.0	83.0	64.5
영업부	82.7	62.7	75.3
생산부	77.0	76.0	78.3

5) 그룹 만들기 및 윤곽 표시 기능 이용하기

부분합을 계산하면 워크시트 왼쪽에 윤곽 표시 단추들이 나타난다. 이 단추를 이용하면 부분합이 계산된 데이터 목록에서 원하는 데이터만 화면에 표시할 수 있다.

사원별 급여 내역

성명	성별	부서	직위	기본급	수당	총급여액
		기획부 요약				₩ 18,880,000
		영업부 요약				₩ 17,397,000
		회계부 요약				₩ 16,862,000
		총합계				₩ 53,139,000

이러한 기능을 엑셀에서는 '그룹 및 윤곽 표시'라고 하는데, 부분합이 계산된 데이터 목록뿐만 아니라 일반 데이터 목록에도 이 기능을 적용할 수 있다. 즉, 같은 종류의 데이터끼리 그룹으로 묶은 다음, 해당 그룹을 화면에 표시하거나 감추는 윤곽 표시 단추를 만드는 것이다. 데이터 목록에 [그룹] 기능을 적용하면 그룹별로 원하는 데이터만 화면에 표시할 수 있기 때문에 편리하게 내용을 파악할 수 있다.

S기업의 재무상태표

(단위: 천원)

	2013	2014	2015
자산			
비유동자산	315,625,718	311,341,849	335,570,473
유동자산	330,935,378	387,549,698	440,718,398
자산총계	646,561,096	698,891,547	776,288,870
자본			
자본총계	501,187,473	534,201,496	578,353,088
부채			
비유동부채	26,385,298	27,897,082	25,216,563
유동부채	118,988,325	136,792,970	172,719,220
부채총계	145,373,623	164,690,051	197,935,783
자본과부채총계	646,561,096	698,891,547	776,288,870

그룹 만들기 예제

S기업의 재무상태표를 그룹 만들기 기능을 이용하여 그룹별로 원하는 데이터만 화면에 표시해보자(9장\S기업재무상태표.xlsx).

S기업의 재무상태표

(단위: 천원)

	2013	2014	2015
자산			
비유동자산	315,625,718	311,341,849	335,570,473
투자자산	189,557,211	182,303,690	193,687,737
유형자산	105,187,941	108,347,600	119,563,309
무형자산	18,457,562	17,832,283	18,270,366
기타비유동자산	2,423,004	2,858,276	4,049,061
유동자산	330,935,378	387,549,698	440,718,398

❶ 비유동자산 항목인 투자자산, 유형자산, 무형자산, 기타비유동자산이 입력된 6,7,8,9 행 전체를 마우스로 지정한 후 [데이터] 탭 – [윤곽선] 그룹 – [그룹] 메뉴를 선택한다.

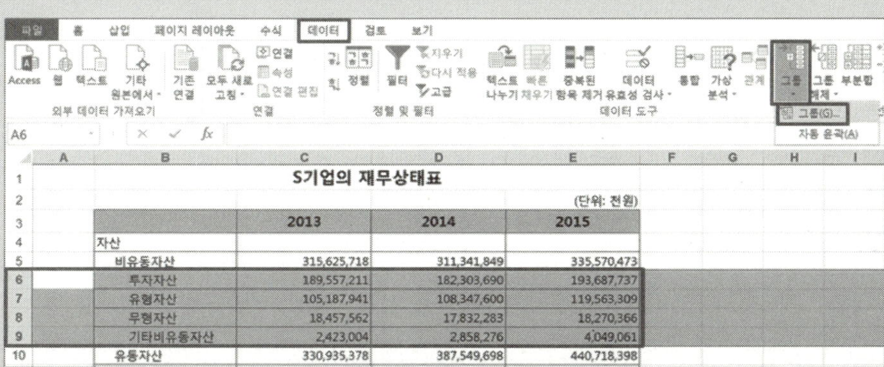

❷ 6~9행이 그룹으로 묶이고 윤곽 표시 단추가 10행에 표시된다. 부분합을 계산했을 때처럼 이름상자 밑에 1, 2단추도 나타난다.

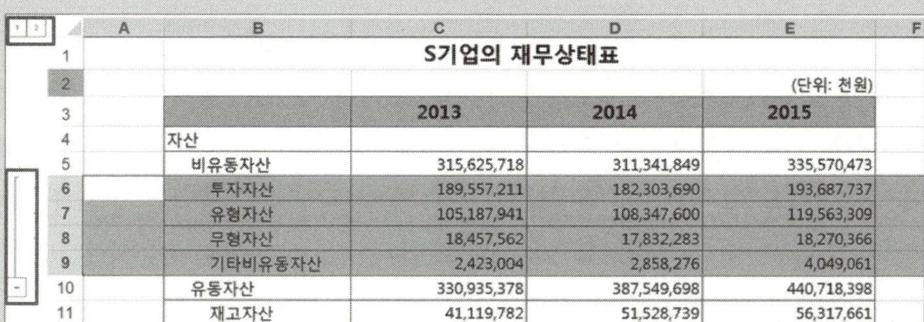

	A	B	C	D	E
1		S기업의 재무상태표			
2					(단위: 천원)
3			2013	2014	2015
4		자산			
5		비유동자산	315,625,718	311,341,849	335,570,473
6		투자자산	189,557,211	182,303,690	193,687,737
7		유형자산	105,187,941	108,347,600	119,563,309
8		무형자산	18,457,562	17,832,283	18,270,366
9		기타비유동자산	2,423,004	2,858,276	4,049,061
10		유동자산	330,935,378	387,549,698	440,718,398
11		재고자산	41,119,782	51,528,739	56,317,661

❸ 같은 방법으로 11~15행을 블록 지정한 다음, [그룹] 메뉴를 선택한다.

S기업의 재무상태표

(단위: 천원)

행	B	C	D	E
3		2013	2014	2015
4	자산			
5	비유동자산	315,625,718	311,341,849	335,570,473
10	유동자산	330,935,378	387,549,698	440,718,398
11	재고자산	41,119,782	51,528,739	56,317,661
12	현금및현금성자산	21,219,029	28,457,157	81,507,297
13	매출채권 및 기타유	144,919,928	159,213,886	154,344,492
14	단기금융자산	109,382,824	131,040,530	133,691,966
15	기타유동자산	14,293,816	17,309,387	14,856,981
16	자산총계	646,561,096	698,891,547	776,288,870

❹ 자산, 자본, 부채의 요약 내용만 보이도록 그룹을 지정하여 완성한다.

S기업의 재무상태표

(단위: 천원)

행	B	C	D	E
3		2013	2014	2015
4	자산			
5	비유동자산	315,625,718	311,341,849	335,570,473
10	유동자산	330,935,378	387,549,698	440,718,398
16	자산총계	646,561,096	698,891,547	776,288,870
17	자본			
22	자본총계	501,187,473	534,201,496	578,353,088
23	부채			
24	비유동부채	26,385,298	27,897,082	25,216,563
28	유동부채	118,988,325	136,792,970	172,719,220
32	부채총계	145,373,623	164,690,051	197,935,783
33	자본과부채총계	646,561,096	698,891,547	776,288,870

3. 피벗 테이블을 활용한 의사결정 능력 향상

엑셀에서 피벗 테이블은 동일한 데이터 목록 내 여러 필드들에 대한 값들을 일목요연하게 행과 열의 보고서 형태로 보여주는 기능을 수행한다. 또한 사용자가 원하는 대로 행과 열 축으로 자유롭게 변경함으로써 다양한 각도에서 데이터 목록의 내용을 분석할 수 있다. 앞서 7장에서 그 기능을 소개한 피벗 테이블을 이용하여 데이터를 여러 관점에서 분석하여 다양한 질문들에 답해보자.

피벗 테이블 만들기 예제

예제 파일에 포함된 하역사별 입고량 목록 데이터를 이용하여 하역사별, 연도별, 월별 입고량 합계를 피벗 테이블로 작성해보자(9장\화물입고내역서.xlsx).

화물 입고 내역서

입항일자	년	월	하역사	화물명	화주명	입고량(Ton)
2011-01-04	2011	1	대한통운	당밀	한영	3,000
2011-01-05	2011	1	세방기업	옥수수	축협	12,013
2011-01-06	2011	1	세방기업	자동차	대우	1,000
2011-01-07	2011	1	세방기업	조개류	성광실업	1,500

❶ 데이터 목록 내에 커서를 위치한 상태에서 [삽입] 탭-[표] 그룹-[피벗 테이블] 메뉴를 선택한다. [피벗 테이블 만들기] 대화상자가 나타난다. 표/범위는 데이터 목록 범위가 자동 설정되어 있으며, 피벗 테이블 보고서를 넣을 위치는 [새 워크시트]를 선택해준다.

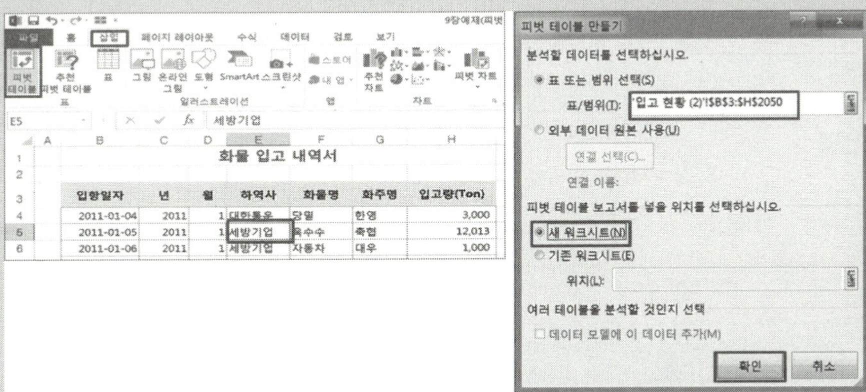

❷ 새로운 시트가 삽입되면서 피벗 테이블 도구모음과 피벗 테이블 필드 목록이 표시된다. [피벗 테이블 필드] 목록에서 '년'은 열, '월'은 행, '입고량'은 Σ값 영역으로 각각 드래그한다. 월별, 년도별 입고량이 정리된 피벗 테이블이 만들어진다.

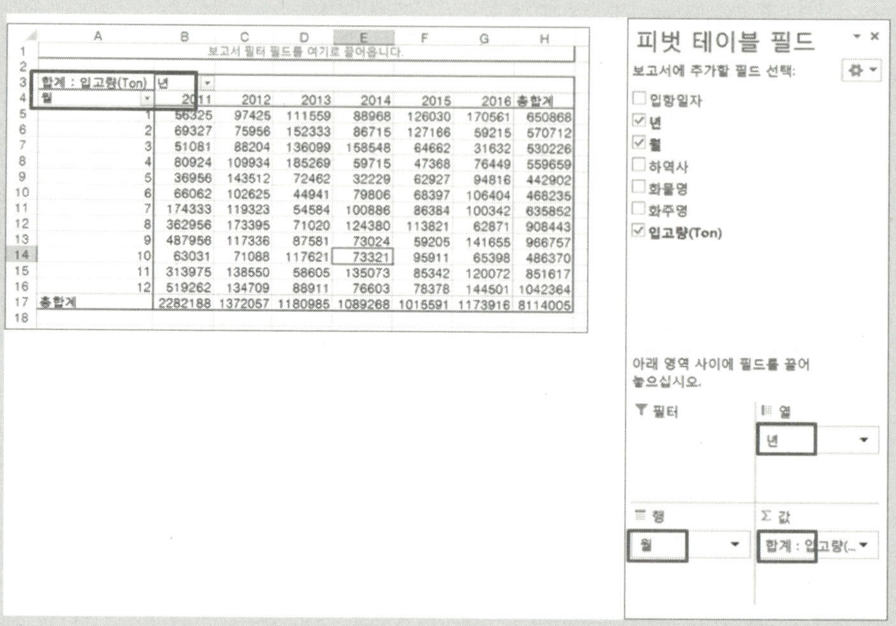

❸ 피벗 테이블을 보기 좋게 꾸미기 위해 피벗 테이블 내에 커서를 둔 상태에서 [피벗 테이블 도구] - [디자인] 탭 - [피벗 테이블 스타일]의 목록을 내려 다양한 스타일 중 하나를 지정한다.

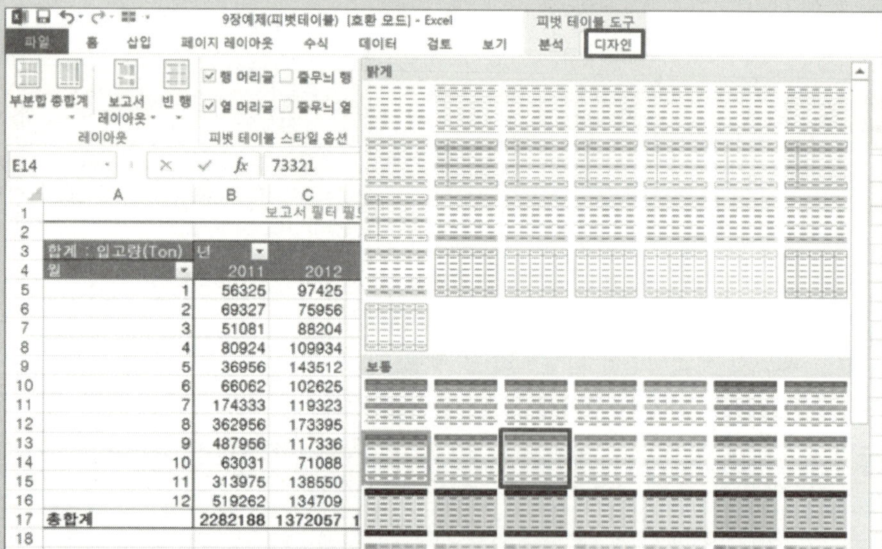

❹ 하역사 필드를 보고서 필터 영역으로 끌어와 넣는다. 특정 하역사의 데이터만 볼 수 있다. 보고서 필터에 생성된 드롭다운 단추를 클릭하고 '군산항업'을 선택한다.

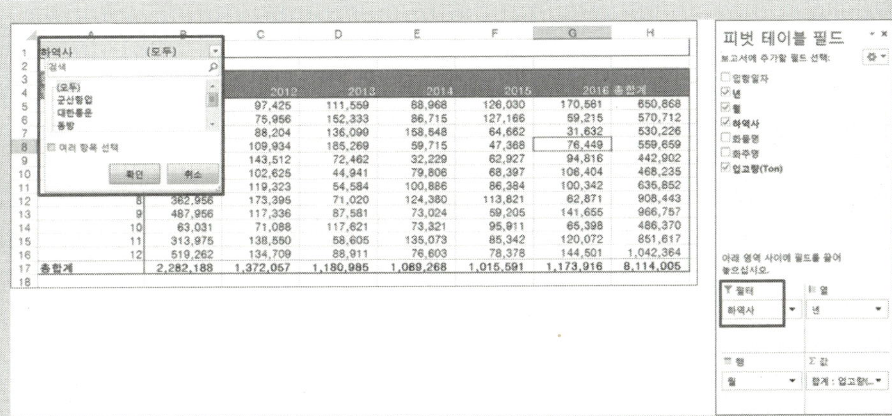

	A	B	C	D	E	F	G	H
1	하역사	(모두)						
4			2012	2013	2014	2015	2016	총합계
5			97,425	111,559	88,968	126,030	170,581	650,868
6			75,956	152,333	86,715	127,166	59,215	570,712
7			88,204	136,099	158,548	64,662	31,632	530,226
8			109,934	185,269	59,715	47,368	76,449	559,659
9			143,512	72,462	32,229	62,927	94,816	442,902
10			102,625	44,941	79,806	68,397	106,404	468,235
11			119,323	54,584	100,886	86,384	100,342	635,852
12	8	362,956	173,395	71,020	124,380	113,821	62,871	908,443
13	9	487,956	117,336	87,581	73,024	59,205	141,655	966,757
14	10	63,031	71,088	117,621	73,321	95,911	65,398	486,370
15	11	313,975	138,550	58,605	135,073	85,342	120,072	851,617
16	12	519,262	134,709	88,911	76,603	78,378	144,501	1,042,364
17	총합계	2,282,188	1,372,057	1,180,985	1,089,268	1,015,591	1,173,916	8,114,005

❺ 하역사 중 군산항업에 대한 입고량 합계만 확인할 수 있다.

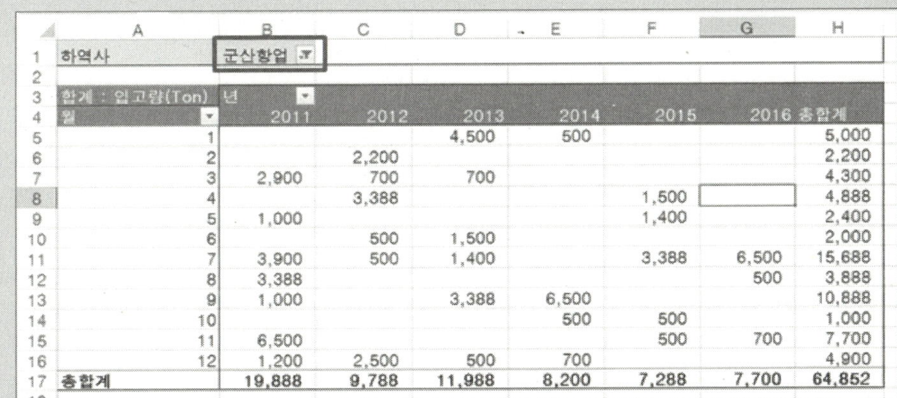

	A	B	C	D	E	F	G	H
1	하역사	군산항업						
2								
3	합계 : 입고량(Ton)	년						
4	월	2011	2012	2013	2014	2015	2016	총합계
5	1			4,500	500			5,000
6	2		2,200					2,200
7	3	2,900	700	700				4,300
8	4		3,388			1,500		4,888
9	5	1,000				1,400		2,400
10	6		500	1,500				2,000
11	7	3,900	500	1,400		3,388	6,500	15,688
12	8	3,388					500	3,888
13	9	1,000		3,388	6,500			10,888
14	10				500	500		1,000
15	11	6,500				500	700	7,700
16	12	1,200	2,500	500	700			4,900
17	총합계	19,888	9,788	11,988	8,200	7,288	7,700	64,852

❻ 같은 방법으로 열과 행 영역의 드롭다운 단추를 눌러 원하는 월별, 연도별 데이터만으로 피벗 테이블을 구성할 수 있다. 2016년도 데이터만 보이도록 지정해보자.

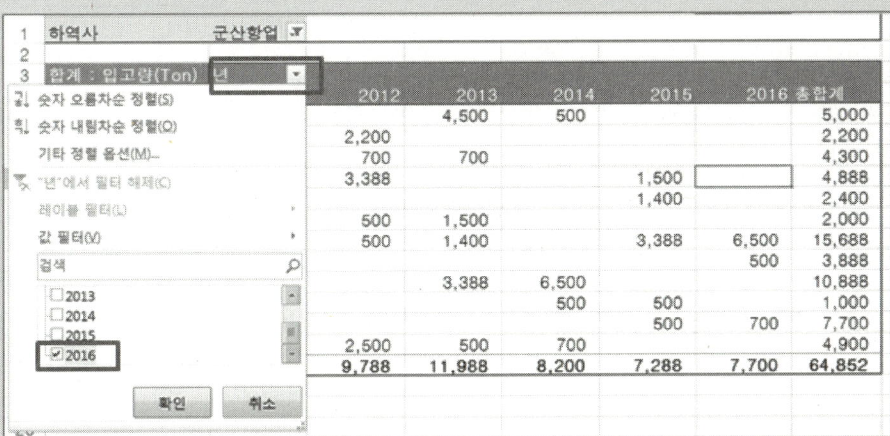

2012	2013	2014	2015	2016	총합계
	4,500	500			5,000
2,200					2,200
700	700				4,300
3,388			1,500		4,888
			1,400		2,400
500	1,500				2,000
500	1,400		3,388	6,500	15,688
				500	3,888
	3,388	6,500			10,888
		500	500		1,000
			500	700	7,700
2,500	500	700			4,900
9,788	11,988	8,200	7,288	7,700	64,852

❼ 군산항업의 2016년도 데이터만 나타난다. 다시 목록에서 [모두]를 선택하고 [확인] 단추를 누르면 원래대로 모든 데이터가 표시된다.

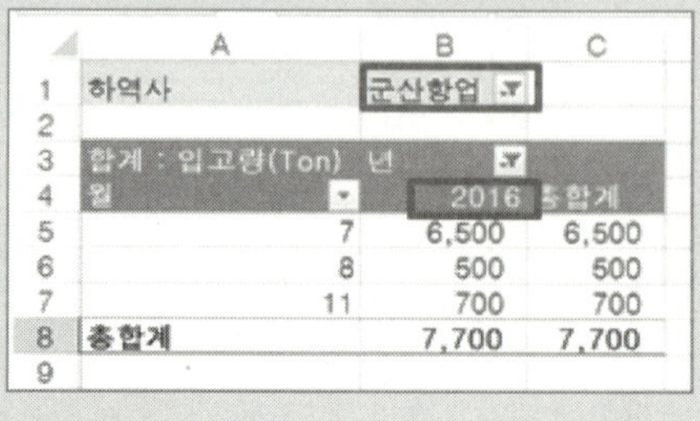

하역사	군산항업	
합계 : 입고량(Ton)	년	
월	2016	총합계
7	6,500	6,500
8	500	500
11	700	700
총합계	7,700	7,700

– '하역사 업체들 중 가장 입고량의 평균이 높은 곳은 어디인가?' 라는 질문에 답해보자.

❶ [피벗 테이블 필드]의 목록에서 '하역사' 필드를 행에 드래그하고, Σ 값 영역에서 입고량의 합계를 '평균'으로 변경해준다. 각 하역사별로 해당 년도의 입고량의 평균이 표로 제시되었다.

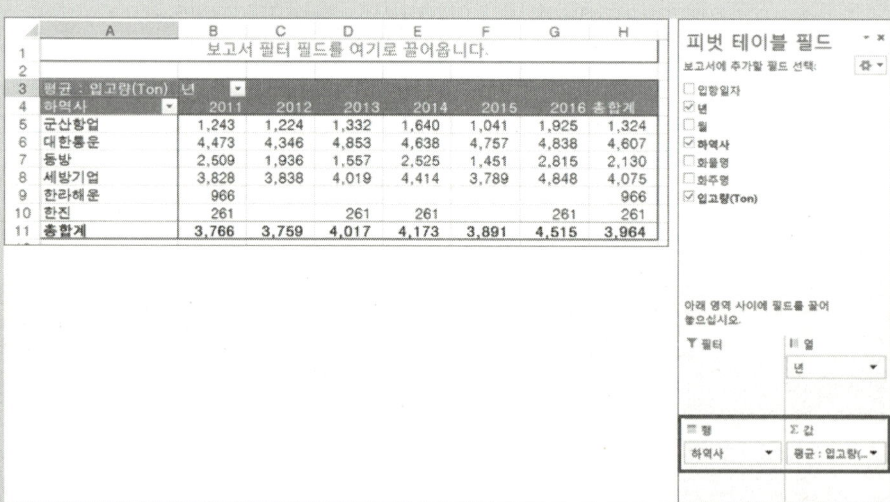

보고서 필터 필드를 여기로 끌어옵니다.

평균 : 입고량(Ton)	년						
하역사	2011	2012	2013	2014	2015	2016	총합계
군산항업	1,243	1,224	1,332	1,640	1,041	1,925	1,324
대한통운	4,473	4,346	4,853	4,638	4,757	4,838	4,607
동방	2,509	1,936	1,557	2,525	1,451	2,815	2,130
세방기업	3,828	3,838	4,019	4,414	3,789	4,848	4,075
한라해운	966						966
한진	261		261	261		261	261
총합계	3,766	3,759	4,017	4,173	3,891	4,515	3,964

❷ 총합계가 제시된 열에서 마우스 오른쪽 버튼을 눌러 [정렬]–[숫자 내림차순 정렬]을 선택한다.

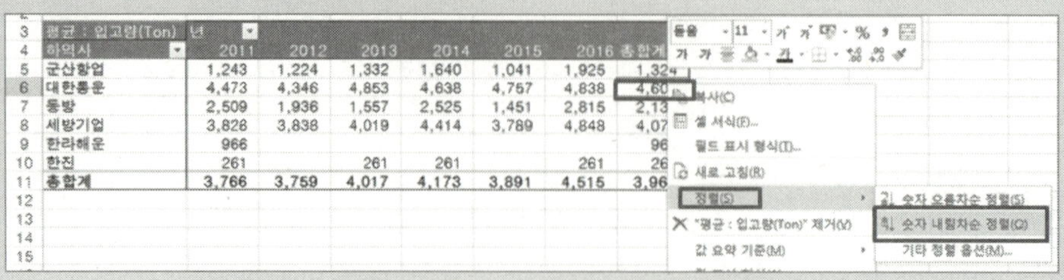

❸ 입고량 평균이 가장 높은 값이 제일 위로 올라오도록 정렬되어 1위 업체를 한눈에 파악할 수 있다. 하역사 중 대한통운의 입고량 평균이 가장 높게 나타난 것을 확인할 수 있다.

3	평균 : 입고량(Ton)	년						
4	하역사	2011	2012	2013	2014	2015	2016	총합계
5	대한통운	4,473	4,346	4,853	4,638	4,757	4,838	4,607
6	세방기업	3,828	3,838	4,019	4,414	3,789	4,848	4,075
7	동방	2,509	1,936	1,557	2,525	1,451	2,815	2,130
8	군산항업	1,243	1,224	1,332	1,640	1,041	1,925	1,324
9	한라해운	966						966
10	한진	261		261	261		261	261
11	총합계	3,766	3,759	4,017	4,173	3,891	4,515	3,964

❹ 피벗 테이블 도구의 [분석] 탭 - [도구] 그룹 - [피벗 차트] 메뉴를 선택하여 피벗 차트를 생성해보자. 표로 제시된 결과를 그래픽하게 표현하여 내용에 대한 이해를 높일 수 있다.

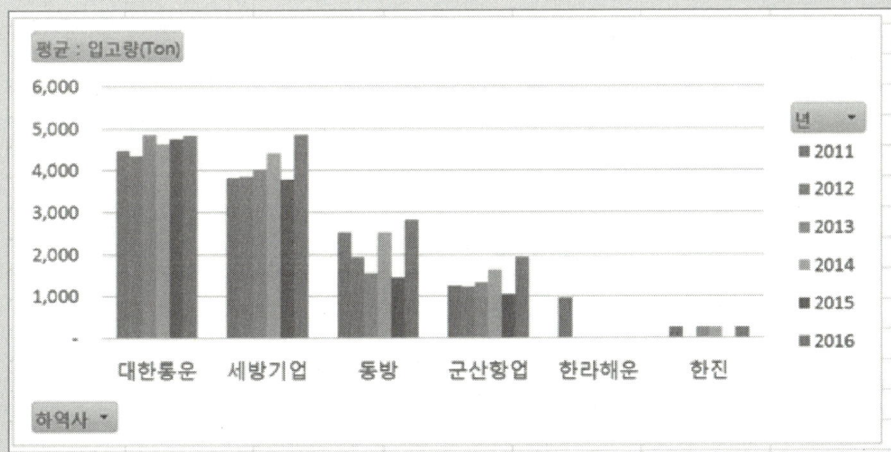

날짜 데이터의 그룹화 및 슬라이서 생성하기

피벗 테이블을 만든 후에도 데이터를 종합적으로 이해하기 어려운 경우가 있다. 피벗 테이블에 그룹화를 적용하면 데이터를 추가로 분석하는 것이 용이해진다. 그룹화가 도움이 되는 전형적인 경우는 날짜가 피벗 테이블의 행 레이블로 사용될 때이다. 날짜들을 월/분기/연도별로 그룹화하면 데이터를 좀 더 잘 분석할 수 있다.

또한 피벗 테이블의 슬라이서 기능은 드롭다운 목록을 열어 필터링할 항목을 찾지 않고도 피벗 테이블의 데이터를 빠르게 필터링하는데 사용할 수 있다. 슬라이서는 현재 적용된 필터링 상태를 표시하기 때문에 필터링된 피벗 테이블에 정확히 무엇이 표시되는지 쉽게 알 수 있다.

다음의 상반기 스마트폰 판매 내역서 예제에서 월별/분기별로 날짜를 그룹화하고 판매 금액의 평균을 나타내는 보고서를 피벗 테이블로 작성해보자(9장\스마트폰판매현황.xlsx) .

상반기 스마트폰 판매현황

일자	거래처	제품명	수량	단가	공급가액	부가세	합계
05월 13일	에스텔	럭셔리폰	31	600,000	18,600,000	1,860,000	20,460,000
02월 27일	브이텔	프라임폰	32	300,000	9,600,000	960,000	10,560,000
01월 30일	브이텔	프라임폰	10	300,000	3,000,000	300,000	3,300,000
01월 14일	브이텔	안드로메다	11	500,000	5,500,000	550,000	6,050,000
06월 11일	에스텔	울트라폰	52	700,000	36,400,000	3,640,000	40,040,000
04월 01일	국민텔	울트라폰	61	700,000	42,700,000	4,270,000	46,970,000
03월 25일	국민텔	울트라폰	32	700,000	22,400,000	2,240,000	24,640,000
02월 21일	에스텔	유니폰	20	350,000	7,000,000	700,000	7,700,000
01월 16일	에스텔	유니폰	10	350,000	3,500,000	350,000	3,850,000

❶ [피벗 테이블] 삽입 메뉴를 실행하고 새로운 시트에 피벗 테이블을 생성한다. 아래와 같이 열에 '제품명', 행에 '일자', Σ 값에는 '합계'의 평균값이 나타나도록 설정한다. 행으로 지정된 영역에 날짜가 길게 나열되며 표가 작성되는 것을 볼 수 있다. [피벗 테이블 스타일] 목록에서 적절한 스타일을 피벗 테이블에 적용하여 보기 좋게 만든다.

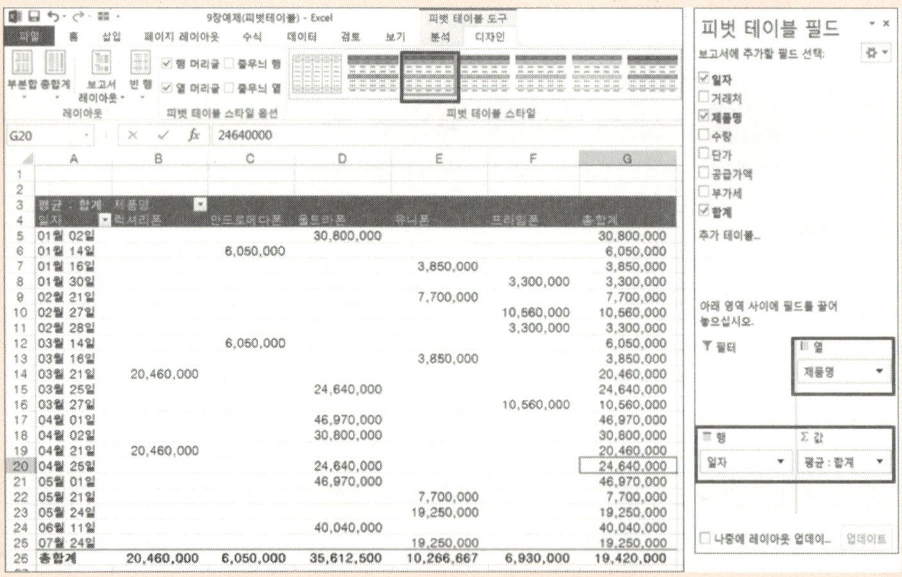

평균 : 합계	제품명					
일자	럭셔리폰	안드로메다폰	울트라폰	유니폰	프라임폰	총합계
01월 02일			30,800,000			30,800,000
01월 14일		6,050,000				6,050,000
01월 16일				3,850,000		3,850,000
01월 30일					3,300,000	3,300,000
02월 21일				7,700,000		7,700,000
02월 27일					10,560,000	10,560,000
02월 28일					3,300,000	3,300,000
03월 14일		6,050,000				6,050,000
03월 16일				3,850,000		3,850,000
03월 21일	20,460,000					20,460,000
03월 25일			24,640,000			24,640,000
03월 27일					10,560,000	10,560,000
04월 01일			46,970,000			46,970,000
04월 02일			30,800,000			30,800,000
04월 21일	20,460,000					20,460,000
04월 25일			24,640,000			24,640,000
05월 01일			46,970,000			46,970,000
05월 21일				7,700,000		7,700,000
05월 24일				19,250,000		19,250,000
06월 11일			40,040,000			40,040,000
07월 24일				19,250,000		19,250,000
총합계	20,460,000	6,050,000	35,612,500	10,266,667	6,930,000	19,420,000

이제 이 날짜를 월별과 분기별로 그룹화해보자.

❷ '일자'가 입력된 특정 셀을 하나 클릭하여 커서를 위치시킨 후 피벗 테이블 도구의

[분석] 탭-[그룹] 그룹-[그룹 선택]을 실행한다. [그룹화] 대화상자가 나오면 단위 목록에서 [월]과 [분기]를 복수 선택하고 [확인] 단추를 누른다.

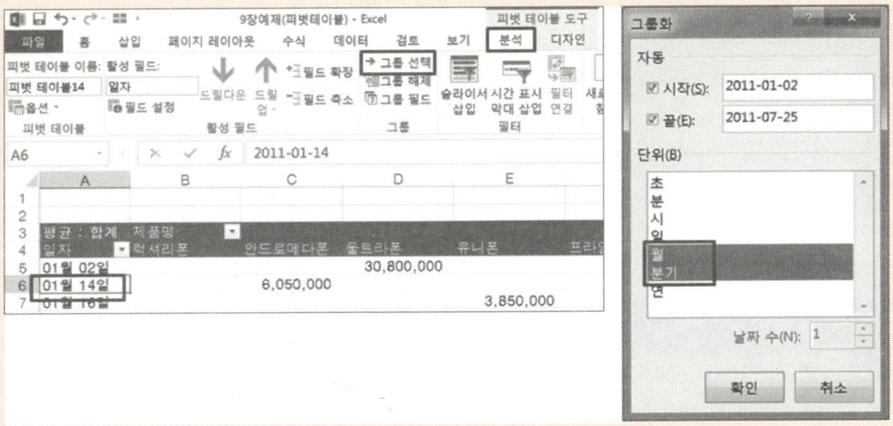

❸ 분기 및 월별로 날짜 데이터가 그룹화되며 요약된 표를 제시하는 것을 확인할 수 있다.

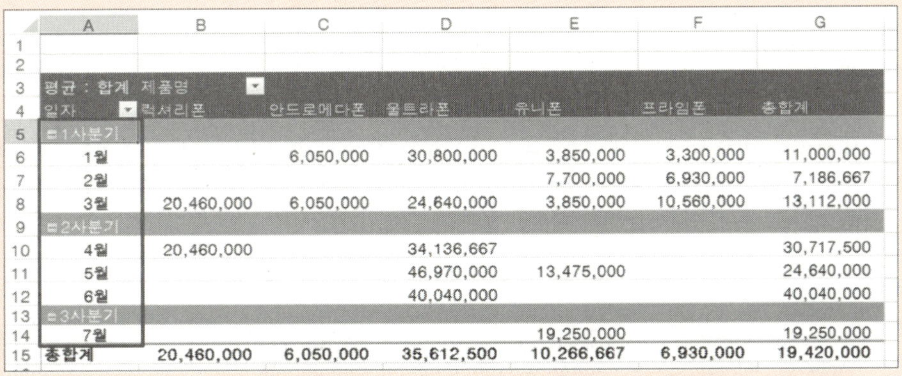

평균 : 합계	제품명					
일자	럭셔리폰	안드로메다폰	울트라폰	유니폰	프라임폰	총합계
⊟1사분기						
1월		6,050,000	30,800,000	3,850,000	3,300,000	11,000,000
2월				7,700,000	6,930,000	7,186,667
3월	20,460,000	6,050,000	24,640,000	3,850,000	10,560,000	13,112,000
⊟2사분기						
4월	20,460,000		34,136,667			30,717,500
5월			46,970,000	13,475,000		24,640,000
6월			40,040,000			40,040,000
⊟3사분기						
7월				19,250,000		19,250,000
총합계	20,460,000	6,050,000	35,612,500	10,266,667	6,930,000	19,420,000

❹ 각 분기의 왼쪽에 생성된 +, - 버튼을 눌러 하위 수준을 보이거나 감출 수 있다.

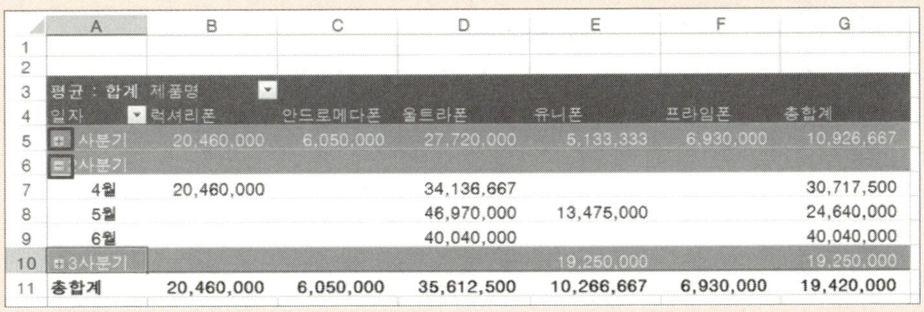

평균 : 합계	제품명					
일자	럭셔리폰	안드로메다폰	울트라폰	유니폰	프라임폰	총합계
⊞1사분기	20,460,000	6,050,000	27,720,000	5,133,333	6,930,000	10,926,667
⊟2사분기						
4월	20,460,000		34,136,667			30,717,500
5월			46,970,000	13,475,000		24,640,000
6월			40,040,000			40,040,000
⊞3사분기				19,250,000		19,250,000
총합계	20,460,000	6,050,000	35,612,500	10,266,667	6,930,000	19,420,000

※ 그룹화한 항목을 삭제하려면 [그룹 해제] 버튼을 누르면 된다. 모든 그룹이 한꺼번에 삭제되고 원래의 데이터 형태로 돌아간다.

❺ 슬라이서를 생성하여 거래처에 대한 필터링을 해보자. 피벗 테이블 내에 커서를 둔 상태에서 피벗 테이블 도구의 [분석] 탭-[필터] 그룹-[슬라이서 삽입] 메뉴를 클릭한다. [슬라이서 삽입] 대화상자가 나타나면 [거래처] 필드를 선택하고 [확인] 단추를 누른다.

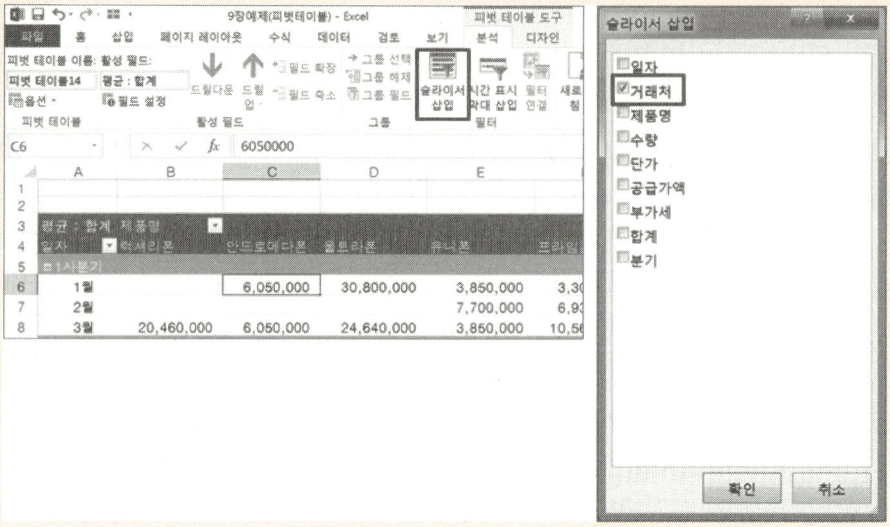

❻ 거래처 슬라이서가 생성된다. 거래처 중 '우리텔'을 선택하면 해당 거래처에 대한 데이터만 피벗 테이블에 필터링할 수 있다. 필터링을 해제하려면 슬라이서 우측 상단의 필터 제거 단추를 누른다.

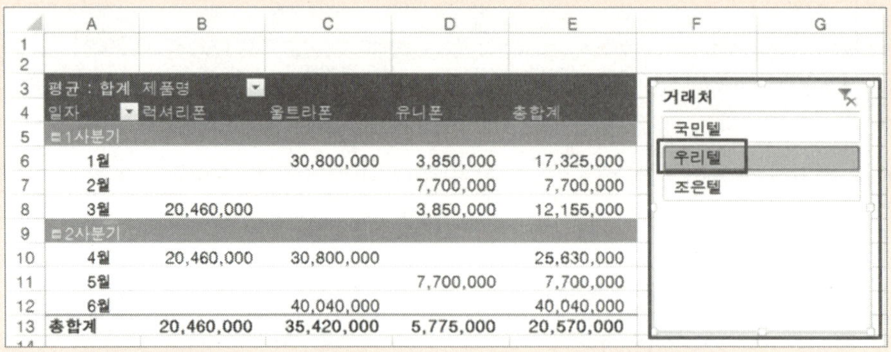

피벗 테이블에 계산 필드 삽입하기

각 지역 대리점별 제품 판매일자, 판매자, 판매금액이 입력된 데이터이다. 판매자별 제품의 판매금액을 피벗 테이블로 작성해보자(9장\지역별대리점판매현황.xlsx).

지역별 대리점 판매현황

판매일자	이름	지역	제품	판매금액
2015-9-28	김태성	중부	헤드셋	₩289,000
2016-1-25	박성찰	서부	정수기	₩288,000
2016-6-26	김태성	중부	오디오	₩314,000
2015-6-26	이승기	중부	오디오	₩525,000
2016-6-29	장대기	남부	정수기	₩390,000
2016-6-29	윤기상	서부	헤드셋	₩600,000
2015-6-19	박성찰	서부	오디오	₩112,000
2016-4-3	장대기	남부	에어컨	₩672,000
2015-2-4	유길승	남부	에어컨	₩900,000
2016-7-4	유길승	남부	에어컨	₩240,000
2015-10-22	유길승	남부	오디오	₩105,000
2016-9-2	김태성	중부	에어컨	₩60,000
2015-7-2	윤기상	서부	정수기	₩150,000
2016-1-2	윤기상	서부	오디오	₩40,000
2016-3-26	이기성	남부	정수기	₩160,000
2015-12-2	이기성	남부	에어컨	₩280,000
2016-7-15	이승기	중부	헤드셋	₩450,000
2016-7-9	이승기	중부	에어컨	₩925,000
2016-11-2	장대기	남부	헤드셋	₩48,000
2016-7-3	박성찰	서부	헤드셋	₩126,000
2015-5-3	유길승	남부	정수기	₩432,000
2016-10-5	박성찰	서부	정수기	₩840,000
2015-9-24	장대기	남부	오디오	₩432,000

❶ 새로운 시트에 다음과 같이 피벗 테이블을 생성한다. 피벗 테이블 필드 목록에서 열에는 '제품', 행에는 '이름', Σ 값에는 '판매금액' 필드를 드래그 해준다. 또한 지역에 대한 슬라이서도 삽입하여 지역별 데이터도 필터링할 수 있게 작성한다.

	합계 : 판매금액	제품				
4	판매자	에어컨	오디오	정수기	헤드셋	총합계
5	김태성	60,000	314,000		289,000	663,000
6	박성찰		112,000	1,128,000	126,000	1,366,000
7	유길승	1,140,000	105,000	432,000		1,677,000
8	윤기상		40,000	150,000	600,000	790,000
9	이기성	280,000		160,000		440,000
10	이승기	925,000	525,000		450,000	1,900,000
11	장대기	672,000	432,000	390,000	48,000	1,542,000
12	총합계	3,077,000	1,528,000	2,260,000	1,513,000	8,378,000

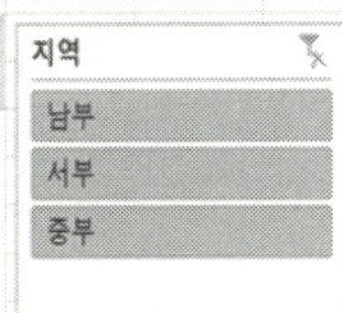

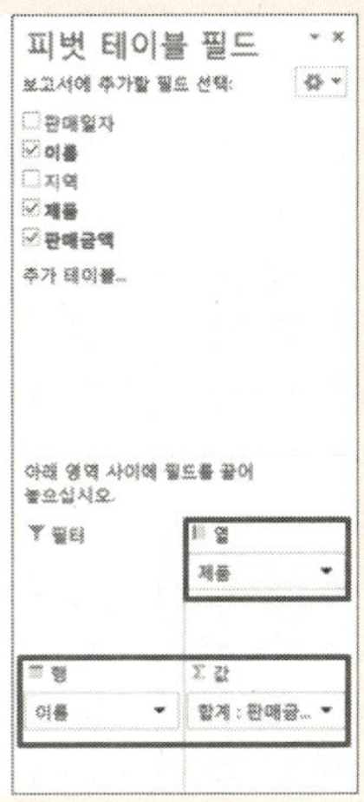

❷ 피벗 테이블 내의 숫자 데이터에 천 단위 쉼표 스타일을 적용해보자. 결과값 내의

임의의 셀을 선택하고 마우스 오른쪽 버튼을 누른다. [값 필드 설정] 메뉴를 클릭한다. [값 필드 설정] 대화상자에서 왼쪽 아래의 [표시 형식] 버튼을 눌러 [셀 서식] 대화상자로 들어간다.

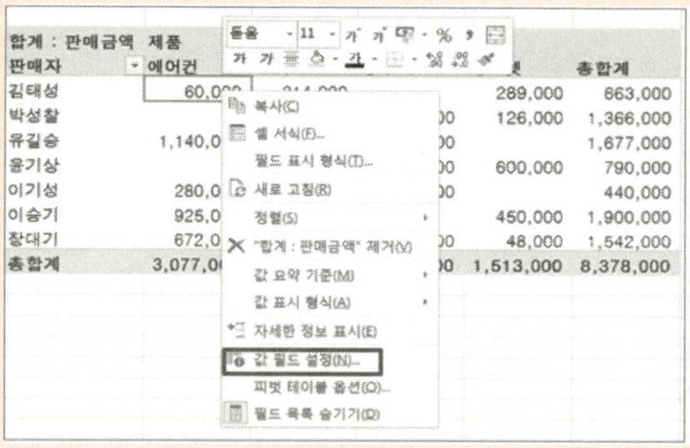

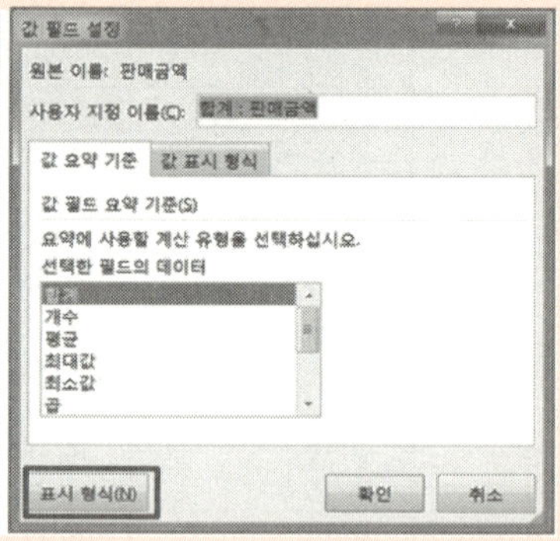

❸ [셀 서식] 대화상자의 범주에서 [숫자]를 선택하고 [1000단위 구분 기호 사용]에 체크한 후 [확인] 단추를 누른다. 피벗 테이블의 결과값에 서식이 적용되었다.

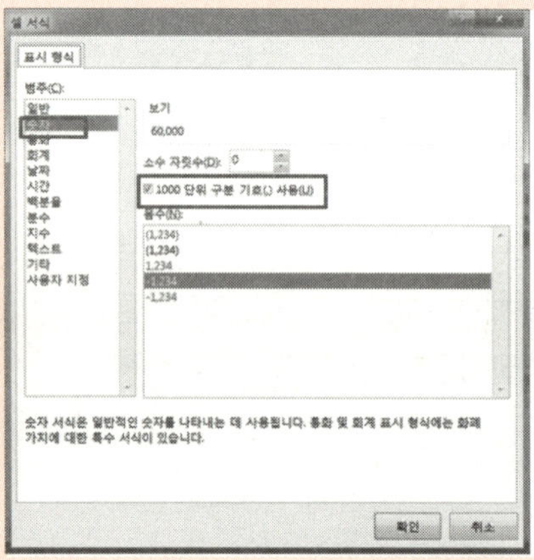

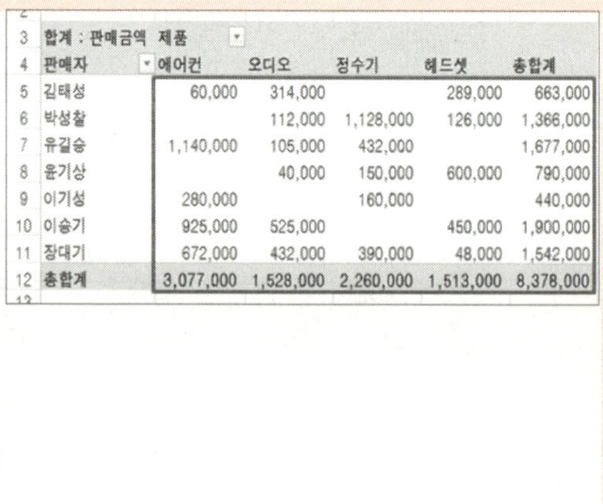

합계 : 판매금액	제품				
판매자	에어컨	오디오	정수기	헤드셋	총합계
김태성	60,000	314,000		289,000	663,000
박성찰		112,000	1,128,000	126,000	1,366,000
유길승	1,140,000	105,000	432,000		1,677,000
윤기상		40,000	150,000	600,000	790,000
이기성	280,000		160,000		440,000
이승기	925,000	525,000		450,000	1,900,000
장대기	672,000	432,000	390,000	48,000	1,542,000
총합계	3,077,000	1,528,000	2,260,000	1,513,000	8,378,000

이제 생성된 피벗 테이블 내의 판매금액에 대하여 전체 판매합계에 대한 각 판매액의 백분율을 구하여 삽입해보자.

❶ 피벗 테이블 결과 내에 커서를 둔 상태에서 피벗 테이블 도구의 [분석] 탭 – [계산] 그룹 – [필드.항목 및 집합] – [계산 필드]를 클릭한다.

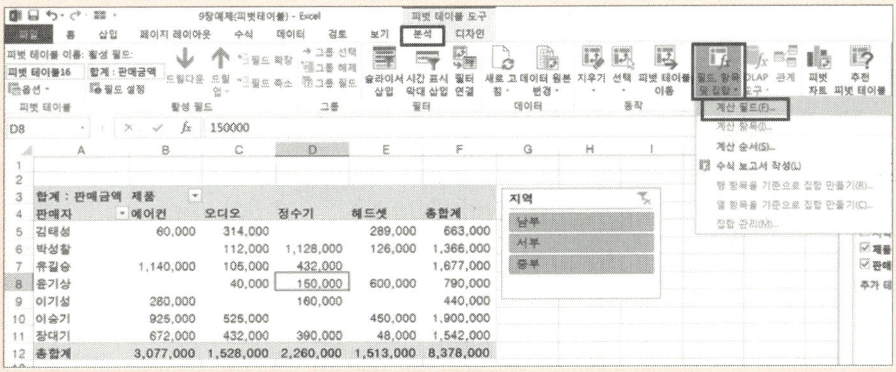

❷ 전체 판매합계인 8,378,000에 대한 백분율이므로 [계산 필드 삽입] 대화상자가 나타나면 이름란에 '백분율', 수식란에 '=판매금액/8378000'을 입력한다. 이때 주의할 점은 판매금액은 직접 입력하는 것이 아니라 수식란을 클릭하고 아래 필드 목록에서 '판매금액'을 선택한 뒤 [필드 삽입] 버튼을 클릭하여 수식에 입력해야 한다는 것이다. 그런 다음 키보드를 이용하여 나머지 '/8,378,000'을 입력하여 준다.

수식을 완성한 후 [추가] 버튼을 클릭하면 입력한 수식인 '백분율'이 아래에 하나의 필드로 추가된 것을 볼 수 있다. [확인] 버튼을 클릭한다.

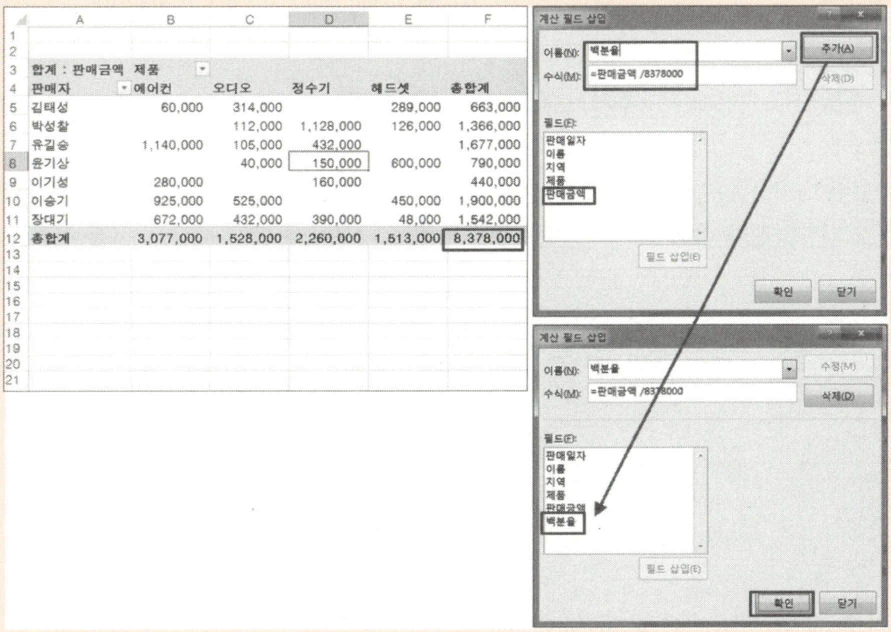

❸ 아래와 같이 백분율이 추가된 화면이 나타난다. 처음 삽입된 백분율의 서식은 숫자로 지정되어 있으므로 \0으로 나타난다. 따라서 백분율을 나타내는 셀을 클릭하고 [셀

서식] 대화상자에서 [백분율] 서식을 적용하고 [소수 자릿수 1]을 지정해준다.

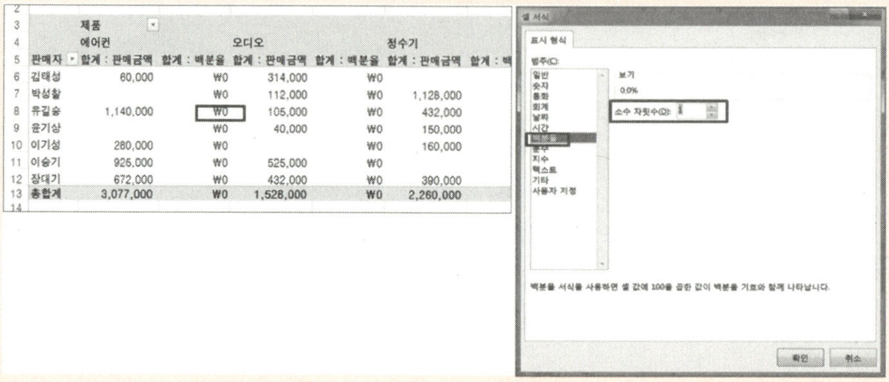

❹ 백분율 서식이 적용되어 정상적인 백분율을 나타내고 있다. 그러나 표가 가로로 너무 길어 내용을 파악하기가 불편하다. 세로로 길게 나타나도록 표의 레이아웃을 바꾸어 보자.

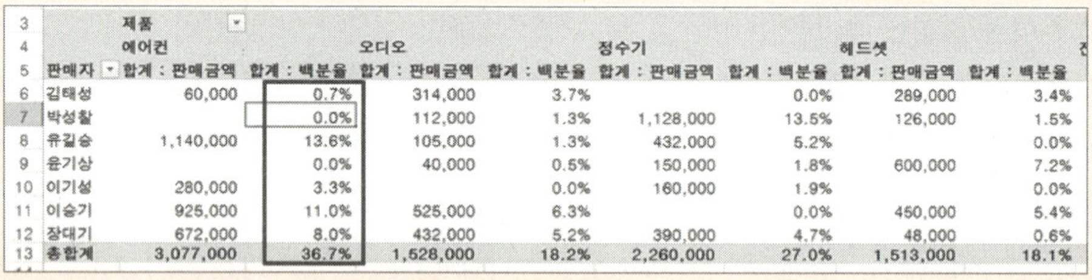

판매자	에어컨 합계 : 판매금액	합계 : 백분율	오디오 합계 : 판매금액	합계 : 백분율	정수기 합계 : 판매금액	합계 : 백분율	헤드셋 합계 : 판매금액	합계 : 백분율
김태성	60,000	0.7%	314,000	3.7%		0.0%	289,000	3.4%
박성찰		0.0%	112,000	1.3%	1,128,000	13.5%	126,000	1.5%
유길승	1,140,000	13.6%	105,000	1.3%	432,000	5.2%		0.0%
윤기상		0.0%	40,000	0.5%	150,000	1.8%	600,000	7.2%
이기성	280,000	3.3%		0.0%	160,000	1.9%		0.0%
이승기	925,000	11.0%	525,000	6.3%		0.0%	450,000	5.4%
장대기	672,000	8.0%	432,000	5.2%	390,000	4.7%	48,000	0.6%
총합계	3,077,000	36.7%	1,528,000	18.2%	2,260,000	27.0%	1,513,000	18.1%

❺ 피벗 테이블 필드 목록 상자에서 열에 있는 'Σ 값' 필드를 행으로 끌어서 이동한다. 그러면 아래와 같이 표가 백분율 값이 아래로 나타나서 표가 세로로 길게 구성된다.

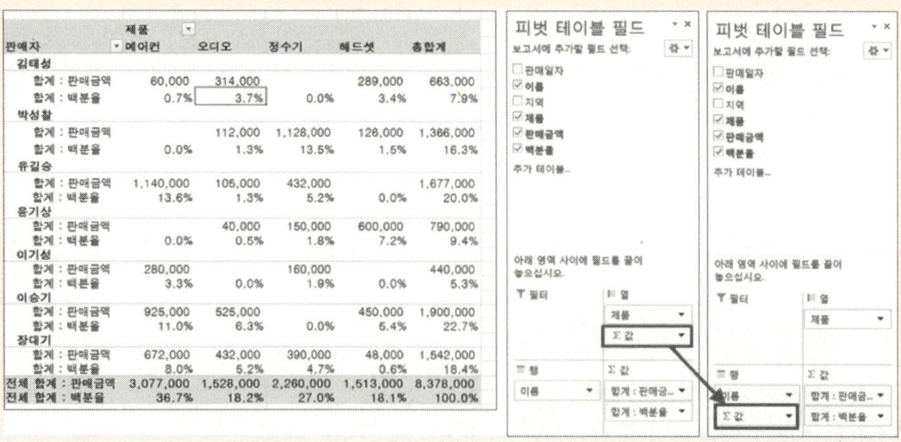

값 필드 설정을 통한 피벗 테이블 작성

다음은 제품 판매 내역서이다. 피벗 테이블을 작성하여 아래의 질문에 답해보자(9장\제품판매내역서.xlsx).

1. 제품 판매 담당자 중 판매수량의 1위는 누구인가?
2. 1위를 기준으로 판매수량에 대한 차이와 기준값에 대한 비율을 피벗 테이블에 나타내어라.

제품 판매 내역서

담당	분류	제품	단가	수량	판매
윤대현	해산물	대성 어묵	13,000	30	390,000
김하늘	음료	태일 적포도주	18,000	30	405,000
김하늘	조미료	사계절 핫 소스	29,000	120	2,610,000
김하늘	유제품	한라 분유	36,000	65	1,755,000
선하라	곡류	한성 옥수수 가루	38,000	5	152,000
선하라	조미료	대륙 사과 식초	44,000	24	844,800
선하라	음료	알파인 맥주	8,000	30	192,000
오영수	음료	삼화 콜라	5,000	35	140,000
오영수	곡류	한성 통밀가루	20,000	20	400,000
오영수	조미료	루이지애나 특산 후추	21,000	12	201,600
김소미	과자류	우미 피넛 샌드	44,000	50	2,200,000
김소미	유제품	한라 연유	22,000	9	198,000

❶ 피벗 테이블을 새로운 시트에 삽입하고, 피벗 테이블 필드 목록에서 열에는 '분류', 행에는 '담당', Σ 값에는 '수량' 필드를 끌고와 합계를 구한다.
피벗 테이블에 스타일을 적용해 보기 좋게 서식을 적용한다. 총합계가 입력된 열에서 [숫자 내림차순 정렬]을 실행하여 가장 큰 값이 위로 오도록 정렬한다. 그러면 총합계 4,561을 기록한 윤대현이 1위를 차지했음을 알 수 있다.

	A	B	C	D	E	F	G	H	I	J
1										
2										
3	합계 : 수량	제품 분류								
4	담당자	가공 식품	곡류	과자류	유제품	육류	음료	조미료	해산물	총합계
5	윤대현	228	477	719	873	185	677	303	1,099	4,561
6	최소라	234	448	748	818	384	593	377	949	4,551
7	김소미	298	270	793	835	179	934	361	739	4,409
8	선하라	312	382	566	541	176	777	244	417	3,415
9	김하늘	180	257	376	454	346	683	517	548	3,361
10	오영수	134	262	420	668	264	470	232	410	2,860
11	김찬진	143	157	195	333	34	448	198	315	1,823
12	안정훈	97	153	190	361	343	161	143	252	1,700
13	유가을	5	40	231	524	100	218	295	246	1,659
14	총합계	1,631	2,446	4,238	5,407	2,011	4,961	2,670	4,975	28,339
15										

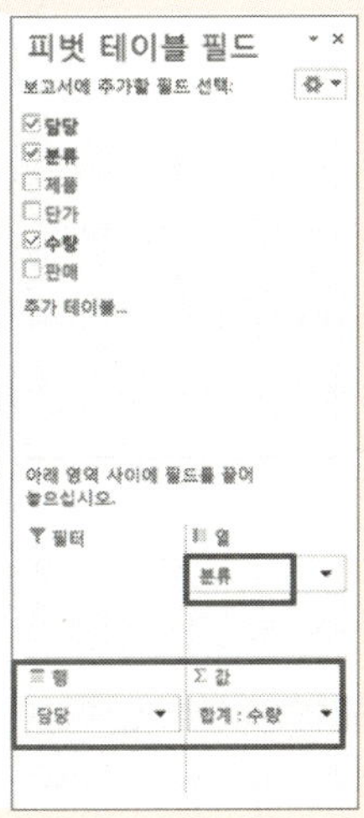

❷ 피벗 테이블 필드 목록에서 '수량' 필드를 끌어서 Σ 값 아래에 한 번 더 추가한 다음, 드롭다운 버튼을 클릭하여 [값 필드 설정] 대화상자를 연다.

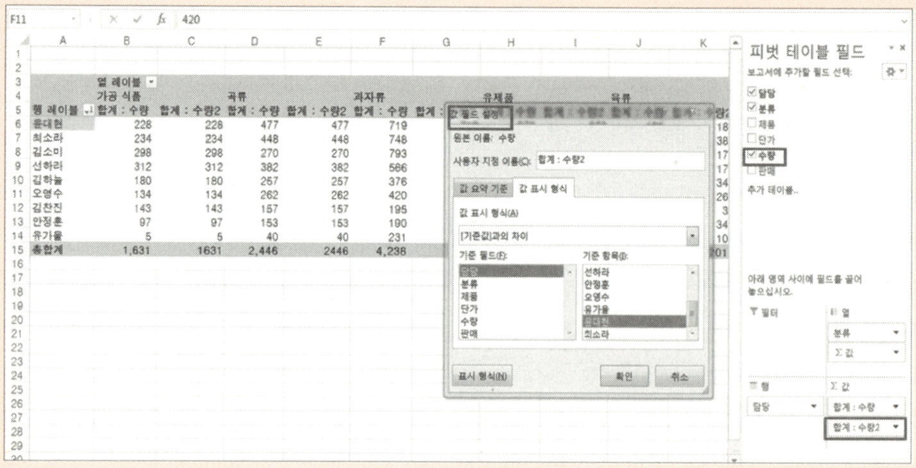

❷ [값 필드 설정] 대화상자에서 [값 표시 형식] 탭을 클릭하고 값 표시 형식에 [[기준값]과의 차이]를 선택한다.
그리고 아래의 기준 필드에 [담당], 기준 항목에 [윤대현]을 지정해준다. 판매수량의 합계에서 1위를 한 윤대현이 기준값이 되고 이 값과의 차이를 표시한다는 의미이다.

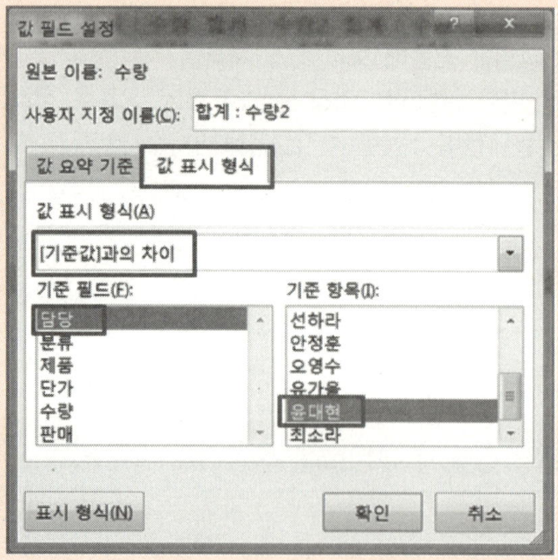

❸ 피벗 테이블 필드 목록의 열에 있는 'Σ 값' 필드를 행으로 끌어다 놓는다. 피벗 테이블이 세로로 레이아웃된다.

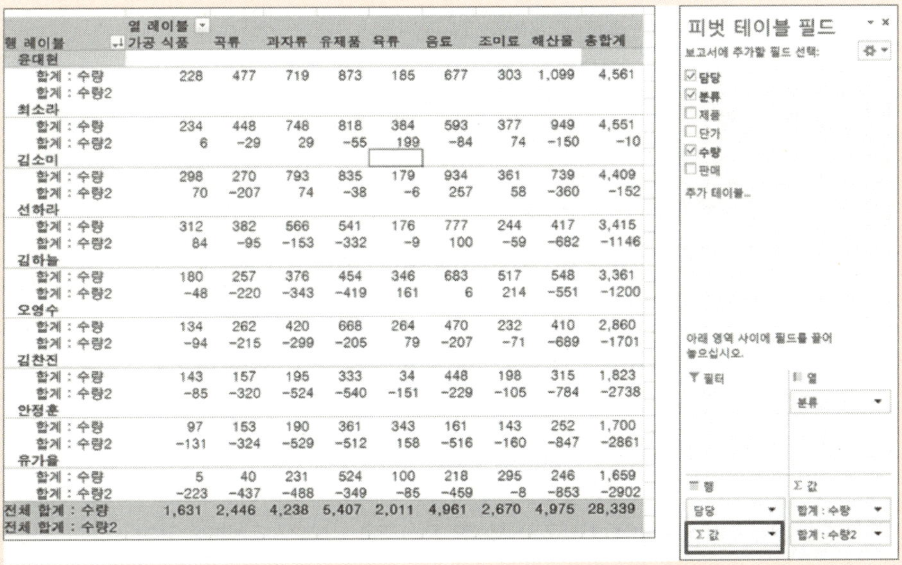

행 레이블	가공 식품	곡류	과자류	유제품	육류	음료	조미료	해산물	총합계
윤대현									
합계 : 수량	228	477	719	873	185	677	303	1,099	4,561
합계 : 수량2									
최소라									
합계 : 수량	234	448	748	818	384	593	377	949	4,551
합계 : 수량2	6	-29	29	-55	199	-84	74	-150	-10
김소미									
합계 : 수량	298	270	793	835	179	934	361	739	4,409
합계 : 수량2	70	-207	74	-38	-6	257	58	-360	-152
선하라									
합계 : 수량	312	382	566	541	176	777	244	417	3,415
합계 : 수량2	84	-95	-153	-332	-9	100	-59	-682	-1146
김하늘									
합계 : 수량	180	257	376	454	346	683	517	548	3,361
합계 : 수량2	-48	-220	-343	-419	161	6	214	-551	-1200
오영수									
합계 : 수량	134	262	420	668	264	470	232	410	2,860
합계 : 수량2	-94	-215	-299	-205	79	-207	-71	-689	-1701
김찬진									
합계 : 수량	143	157	195	333	34	448	198	315	1,823
합계 : 수량2	-85	-320	-524	-540	-151	-229	-105	-784	-2738
안정훈									
합계 : 수량	97	153	190	361	343	161	143	252	1,700
합계 : 수량2	-131	-324	-529	-512	158	-516	-160	-847	-2861
유가을									
합계 : 수량	5	40	231	524	100	218	295	246	1,659
합계 : 수량2	-223	-437	-488	-349	-85	-459	-8	-853	-2902
전체 합계 : 수량	1,631	2,446	4,238	5,407	2,011	4,961	2,670	4,975	28,339
전체 합계 : 수량2									

❹ 이번에는 1위와의 판매수량에 대한 차이를 비율로 나타내보자. 다시 피벗 테이블 필드 목록에서 '수량' 필드를 아래의 Σ 값 영역에 끌어다 놓는다. [합계: 수량3] 이름으로 삽입된다. 우측의 드롭다운 단추를 눌러 [값 필드 설정] 메뉴를 클릭한다.

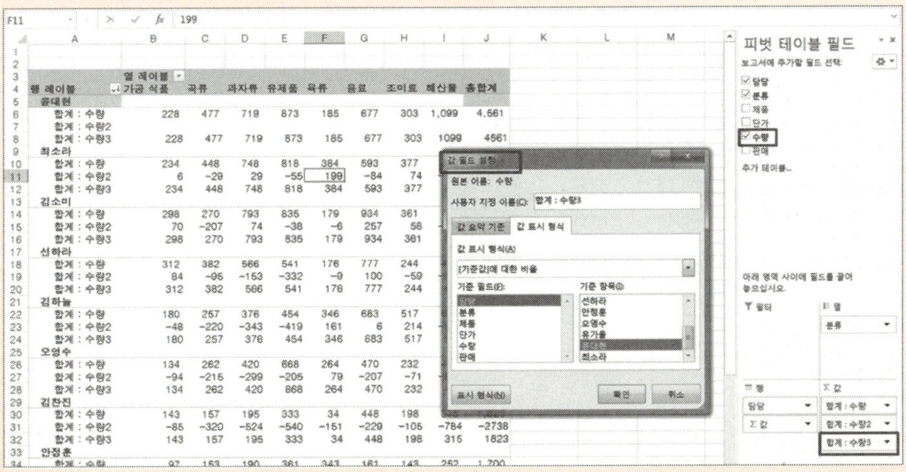

❺ [값 필드 설정] 대화상자에서 [값 표시 형식] 탭을 클릭한 다음, 값 표시 형식에 [[기준값]에 대한 비율]을 지정하고 기준 필드로는 [담당], 기준 항목은 [윤대현]을 선택하고 [확인] 단추를 누른다.

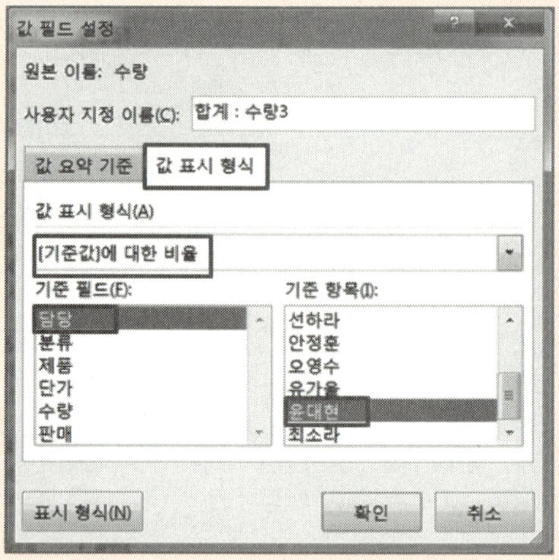

❻ 판매수량 1위인 윤대현이 기준값이 되고 이 값과 다른 사람들의 판매수량의 차이를 비율로 나타내는 조건을 만족하는 피벗 테이블이 완성되었다.

행 레이블	가공 식품	곡류	과자류	유제품	육류	음료	조미료	해산물	총합계
윤대현									
합계 : 수량	228	477	719	873	185	677	303	1,099	4,561
합계 : 수량2									
합계 : 수량3	100.00%	100.00%	100.00%	100.00%	100.00%	100.00%	100.00%	100.00%	100.00%
최소라									
합계 : 수량	234	448	748	818	384	593	377	949	4,551
합계 : 수량2	6	-29	29	-55	199	-84	74	-150	-10
합계 : 수량3	102.63%	93.92%	104.03%	93.70%	207.57%	87.59%	124.42%	86.35%	99.78%
김소미									
합계 : 수량	298	270	793	835	179	934	361	739	4,409
합계 : 수량2	70	-207	74	-38	-6	257	58	-360	-152
합계 : 수량3	130.70%	56.60%	110.29%	95.65%	96.76%	137.96%	119.14%	67.24%	96.67%
선하라									
합계 : 수량	312	382	566	541	176	777	244	417	3,415
합계 : 수량2	84	-95	-153	-332	-9	100	-59	-682	-1146
합계 : 수량3	136.84%	80.08%	78.72%	61.97%	95.14%	114.77%	80.53%	37.94%	74.87%
김하늘									
합계 : 수량	180	257	376	454	346	683	517	548	3,361
합계 : 수량2	-48	-220	-343	-419	161	6	214	-551	-1200
합계 : 수량3	78.95%	53.88%	52.29%	52.00%	187.03%	100.89%	170.63%	49.86%	73.69%
오영수									
합계 : 수량	134	262	420	668	264	470	232	410	2,860
합계 : 수량2	-94	-215	-299	-205	79	-207	-71	-689	-1701
합계 : 수량3	58.77%	54.93%	58.41%	76.52%	142.70%	69.42%	76.57%	37.31%	62.71%
김찬진									
합계 : 수량	143	157	195	333	34	448	198	315	1,823
합계 : 수량2	-85	-320	-524	-540	-151	-229	-105	-784	-2738
합계 : 수량3	62.72%	32.91%	27.12%	38.14%	18.38%	66.17%	65.35%	28.66%	39.97%
안정훈									
합계 : 수량	97	153	190	361	343	161	143	252	1,700
합계 : 수량2	-131	-324	-529	-512	158	-516	-160	-847	-2861
합계 : 수량3	42.54%	32.08%	26.43%	41.35%	185.41%	23.78%	47.19%	22.93%	37.27%
유가을									
합계 : 수량	5	40	231	524	100	218	295	246	1,659
합계 : 수량2	-223	-437	-488	-349	-85	-459	-8	-853	-2902
합계 : 수량3	2.19%	8.39%	32.13%	60.02%	54.05%	32.20%	97.36%	22.38%	36.37%
전체 합계 : 수량	1,631	2,446	4,238	5,407	2,011	4,961	2,670	4,975	28,339
전체 합계 : 수량2									
전체 합계 : 수량3									

피벗 테이블 연습문제

1. 다음 상품 판매 현황 데이터를 이용하여 가장 많은 매출액을 올린 업체를 찾고, 1위 업체와 다른 업체와의 매출액 합계 차이를 피벗 테이블에 제시하시오(9장\상품판매현황.xlsx).

상품 판매 현황

업체	상품명	수량	매출액	구성비	이익액	이익율
S마트	백설튀김가루	2	3,300	1.1	800	24.2
S마트	곰표튀김가루	1	1,800	0.5	400	22.2
S마트	멸치칼국수	13	8,500	2.6	1,328	14.9
S마트	무파마탕면	8	6,800	2	975	14.3
S마트	백설중력밀가루	2	7,800	2.3	1,572	20.2
S마트	백설찰밀가루	1	5,100	1.5	1,041	20.4
S마트	백설튀김가루	3	6,900	2	2,700	39.1
S마트	생생우동	3	4,000	1.2	750	17.9
S마트	스파게티라면	1	860	0.3	180	20.9
S마트	신라면	105	61,850	18.2	6,725	10.9
S마트	신진신화당	1	1,000	0.3	200	20
S마트	쌀국수짜장3번들	2	7,600	2.2	1,134	14.9
S마트	옛날국수중면	2	5,200	1.5	1,100	21.2
S마트	옛날당면	1	4,000	1.2	1,700	40.5
S마트	옛날자른당면	2	9,000	2.7	2,060	22.9
S마트	오징어짬뽕	10	7,200	2.1	1,000	13.9
S마트	육개장사발면	2	1,300	0.4	209	16.1
S마트	일품짜장면	11	8,000	2.5	838	10
S마트	청수국수두루	1	7,800	2.3	1,967	25.2
동아마트	백설튀김가루	2	2,500	0.7	500	20.0

업체명	합계 : 매출액	1위와의 차이
S마트	158,010	
동아마트	117,190	-40,820
수성마트	102,650	-55,360
총합계	377,850	

2. 다음 제품 판매 내역서를 아래의 조건에 맞게 피벗 테이블을 이용하여 결과를 제시하시오(9장\제품판매내역서2.xlsx).

〈조건〉

❶ 일자별 제품 판매금액의 합계를 제품별로 볼 수 있도록 하라.
❷ 날짜 데이터를 월 단위로 그룹 설정하라.
❸ 담당자 필드의 슬라이서를 만들고 '손말남' 담당자의 3월 판매금액을 제시하라.

제품 판매 내역서

일자	제품명	담당자	수량	단가	금액
2016-01-01	드럼세탁기	김영훈	23	₩ 600,000	₩ 13,800,000
2016-01-02	스피커	홍길순	45	₩ 300,000	₩ 13,500,000
2016-01-03	전자레인지	박태환	54	₩ 200,000	₩ 10,800,000
2016-02-04	청소기	손말남	32	₩ 450,000	₩ 14,400,000
2016-02-05	압력밥솥	최철수	54	₩ 289,000	₩ 15,606,000
2016-03-06	드럼세탁기	홍길순	23	₩ 600,000	₩ 13,800,000
2016-03-07	스피커	김영훈	45	₩ 300,000	₩ 13,500,000
2016-03-08	청소기	손말남	12	₩ 450,000	₩ 5,400,000
2016-04-09	스피커	홍성준	21	₩ 300,000	₩ 6,300,000
2016-05-10	전자레인지	최철수	33	₩ 200,000	₩ 6,600,000
2016-06-11	스피커	홍성준	22	₩ 300,000	₩ 6,600,000
2016-06-12	드럼세탁기	홍길순	33	₩ 600,000	₩ 19,800,000
2016-06-13	압력밥솥	홍길순	12	₩ 289,000	₩ 3,468,000
2016-06-14	스피커	김영훈	45	₩ 300,000	₩ 13,500,000
2016-07-15	청소기	최철수	23	₩ 450,000	₩ 10,350,000
2016-07-16	압력밥솥	손말남	56	₩ 289,000	₩ 16,184,000

합계 : 금액	제품명		
판매일자	압력밥솥	청소기	총합계
2월		14,400,000	14,400,000
3월		5,400,000	5,400,000
7월	16,184,000		16,184,000
총합계	16,184,000	19,800,000	35,984,000

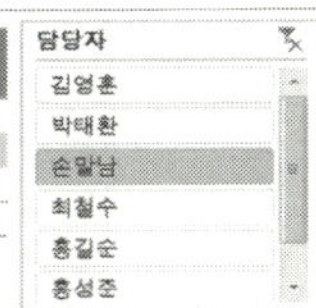

데이터베이스 연습문제

여러 거래처의 상반기, 하반기의 매출집계를 가지고 백화점, 유통, 마트의 매출현황으로 통합해보자(9장\매출현황통합.xlsx).

상반기 매출현황

거래처	매출금액
세진유통	25,488
총각마트	33,857
경주유통	46,183
DG백화점	11,462
무한유통	35,185
시크릿유통	47,145
스타백화점	42,850
골드마트	39,299
문유통	28,038
무지개백화점	44,182

하반기 매출현황

거래처	매출금액
DG백화점	42,406
경주유통	30,778
미래마트	27,020
총각마트	26,226
선유통	37,776
무지개백화점	26,472
세진유통	17,351

〈조건〉

- 통합 결과를 출력할 표에 미리 거래처명의 분류 조건을 입력하고(*백화점, *유통, *마트) 범위를 지정한다.
- [통합] 메뉴를 선택하고 통합 대화상자에서 상반기, 하반기 매출집계 범위를 지정한 후, 첫 행과 왼쪽 열을 모두 사용할 레이블로 체크한다.

2. 아래 매출 집계 데이터 목록에서 대리점별, 품목별 부분합을 작성한 후 요약 결과를 다른 시트에 복사하고 서식을 적용하여 요약 보고서를 작성해보자(9장\매출집계표.xlsx).

날짜	담당	대리점	품목	수량	단가	매출
2016-05-11	박순실	부산	컴퓨터	15	134,400	2,016,000
2016-05-12	김주원	거제	건강	10	383,400	3,834,000
2016-05-13	창원	창원	패션	15	302,300	4,534,500
2016-05-14	김선주	부산	건강	11	722,700	7,949,7[illegible]
2016-05-15	김선주	부산	패션	5	1,743,300	8,716,5[illegible]
2016-05-16	박순실	부산	패션	10	745,500	7,455,000
2016-05-17	부산	거제	컴퓨터	12	174,100	2,089,200
2016-05-18	김주원	거제	패션	11	511,000	5,621,000
2016-05-19	김마리	창원	건강	9	389,400	3,504,600
2016-05-20	김마리	창원	건강	15	324,700	4,870,500
2016-05-21	거제	부산	건강	9	245,800	2,212,200
2016-05-22	김성준	거제	건강	8	907,800	7,262,400
2016-05-23	김성준	거제	패션	15	177,500	2,662,500
2016-05-24	박순실	부산	패션	10	749,800	7,498,000
2016-05-25	김성준	거제	건강	14	314,100	4,397,400
2016-05-26	나가희	거제	패션	10	380,300	3,803,000
2016-05-27	박순실	부산	컴퓨터	9	772,000	6,948,000
2016-05-28	나가희	거제	컴퓨터	7	255,800	1,790,600
2016-05-29	박순실	부산	건강	10	360,600	3,606,000

대리점, 품목별 매출

대리점	품목	매출
거제	건강 요약	17,740,200
	컴퓨터 요약	10,105,600
	패션 요약	20,735,000
	소계	**48,580,800**
부산	건강 요약	19,367,900
	컴퓨터 요약	23,613,100
	패션 요약	28,689,500
	소계	**71,670,500**
창원	건강 요약	9,426,300
	컴퓨터 요약	19,658,300
	패션 요약	13,560,900
	소계	**42,645,500**
총합계		162,896,800

〈조건〉

- 대리점 및 품목별로 오름차순 정렬한다.
- 대리점과 품목에 대한 매출의 합계를 부분합으로 작성한다. 결과는 함께 제시되게 한다.
- 부분합 윤곽 기호 3을 클릭하여 대리점 및 품목별 요약 결과만 표시되게 한다.
- 요약 결과를 [화면에 보이는 셀만] 선택하여 복사한 후 다른 시트에 붙여넣기 한다.
- 결과 그림과 같이 표에 서식을 적용하여 마무리한다.

3. 가격비교표 파일에서 다양한 조건으로 고급 필터링을 적용해보시오(9장\가격비교표.xlsx).

가격비교표

날짜	쇼핑몰	판매가	무이자할부	배송료
01/02(토)	B&G	60,500	10	2,500
01/03(일)	G마켓	76,440	6	3,000
01/04(월)	Auction	79,350		3,000
01/08(금)	B&G	60,800	6	2,500
01/10(일)	e-store	71,190	6	무료
01/12(화)	e-store	66,610	3	3,000
01/18(월)	애플문구	69,600		3,000
01/20(수)	인터파크	76,440	3	2,500
01/20(수)	인터파크	68,570	6	2,500
01/24(일)	e-store	70,560		3,000
01/26(화)	피시포올	66,000	3	3,000
01/26(화)	G마켓	63,900	3	2,400
02/01(월)	G마켓	70,560		2,300
02/04(목)	Auction	73,000		3,000
02/20(토)	알라딘	56,630		2,500
02/23(화)	B&G	69,580		2,500
02/23(화)	인터파크	74,390	3	2,500

날짜	쇼핑몰	판매가	무이자할부	배송료
01/02(토)	B&G	60,500	10	2,500
01/03(일)	G마켓	76,440	6	3,000
01/08(금)	B&G	60,800	6	2,500
01/10(일)	e-store	71,190	6	무료
01/20(수)	인터파크	68,570	6	2,500
03/01(화)	인터파크	68,400	10	무료
03/07(월)	알라딘	76,440	10	3,000
03/18(금)	알라딘	66,540	3	무료
03/18(금)	Auction	76,440	6	3,000
03/19(토)	Auction	52,330	3	무료
03/22(화)	인터파크	76,260	6	무료
03/25(금)	인터파크	68,400	10	3,000
03/30(수)	인터파크	68,570	3	무료

쇼핑몰
B&G
G마켓
Auction
e-store
애플문구
인터파크
피시포올
알라딘
아이클럽

〈조건〉

- 무이자할부가 6개월 이상이거나 배송료가 무료인 레코드를 필터링해보시오. 결과는 다른 장소에 복사할 것.
- 쇼핑몰을 종류별로 하나씩만 추출하여 쇼핑몰 목록을 완성해보시오. 데이터 목록에서 쇼핑몰 열만 범위를 설정한 후, 고급 필터 대화상자에서 조건 범위는 비워두고 [동일한 레코드는 하나만] 옵션을 체크하면 된다. 결과는 다른 장소에 복사할 것.

10 경영 의사결정

기업 경영의 목표를 간단히 표현하자면 제한적인 자원을 활용하여 최대한의 이익을 추구하는 일련의 활동 또는 특정 경영 성과를 달성하기 위하여 최소한의 비용을 사용하기 위한 자원의 효율적 배분 활동으로 표현할 수 있다. 경영이란 기업이 소유하고 있는 자원을 어떻게 효율적으로 활용하느냐와 관련한 의사결정 및 이의 실천이다. 본 장에서는 기업의 경영 의사결정 중 계량적인 의사결정 문제를 수학적으로 표현해 내고, 표현해 낸 수학적 모델을 엑셀을 활용하여 답을 도출해 내며, 도출해 낸 답을 이용하여 결과를 어떻게 해석할 것인지에 관한 기법들을 학습한다. 구체적으로 재무함수를 이용하여 경제성 분석을 시행하고, 엑셀에서 제공하는 가상분석 도구인 데이터 표, 시나리오 관리자, 목표값 찾기 기능을 학습한다. 마지막으로 해 찾기 기능을 사용하여 선형계획법 문제를 풀이한다.

1. 재무함수의 활용

재무함수는 기업경영에서 발생할 수 있는 각종 재무회계에 관련된 사항들을 쉽게 계산할 수 있는 함수들을 모아 놓은 것으로서 엑셀에서는 현금의 순현재가치나 미래가치의 계산, 이자율 계산 등과 같은 재무분석을 복잡한 수식을 사용하지 않고도 쉽게 수행할 수 있도록 재무함수들을 제공하고 있다. 즉 대부금 상환, 투자금액의 미래가치와 순현재가치, 채권이나 정기이자표가치 등을 결정하는 재무관련 계산을 할 때 사용한다. 본 절에서는 다음과 같은 재무함수들을 공부한다.

함수명	설명
FV	정기예금이나 정기적금의 미래가치를 구한다.
PV	정기적금이나 미래에 받을 금액의 현재가치를 구한다.
NPER	정기적으로 특정 납입금을 불입하여 목표 만기액에 도달할 때까지의 기간을 구한다.
PMT	특정 기간 동안 목표 만기액을 만들기 위하여 납입해야 하는 정기불입액을 구한다.
RATE	특정 기간 동안의 이자율을 구한다.
NPV	정기적으로 불입하는 금액의 현재가치를 구한다. PV와의 차이는 불입금액이 매번 다를 수 있다는 점이다.
IRR	정기적인 현금흐름에 대한 내부수익률을 구한다.

1) 자금의 시간가치 계산

(1) FV함수

▶ 정의

FV는 future value(미래가치)를 의미하는데, 정기적금이나 정기예금을 든 경우 만기 금액이 얼마인지를 FV함수를 이용하면 쉽게 구할 수 있다. FV함수의 경우 모든 계산은 복리로 계산된다.

FV함수를 이용하기 위해서는 아래와 같이 함수 마법사 창에서 엑셀함수의 '재무' 범주를 먼저 선택하고 다음에 FV함수를 클릭하면 FV함수 마법사 창이 나타난다.

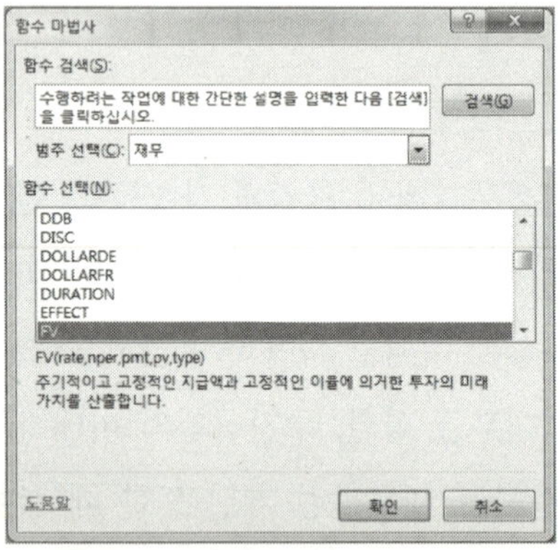

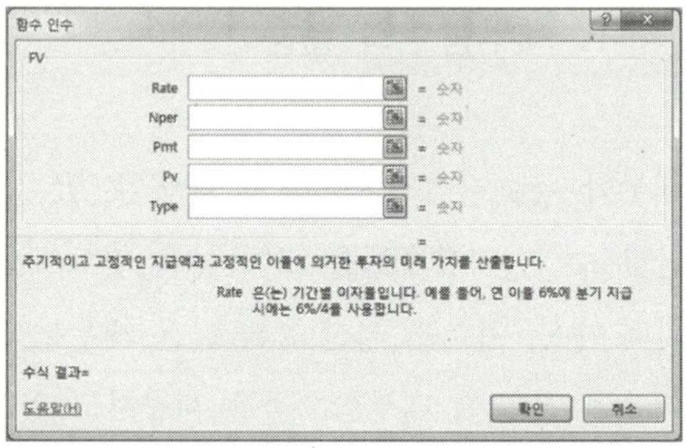

▶ 인수 설명

- Rate(이자율): 해당기간 동안의 이자율을 의미하며 모든 기간에 있어 동일하여야 한다.
- Nper(기간): 총 기간을 의미한다. 일반적으로 연수를 의미하나 월, 일 등이 될 수도 있다. 이자율은 이 기간에 맞춘 이자율을 의미한다. 따라서 연이자율이 6%인 경우 기간을 월로 하면 이자율은 '6%÷12개월'로 0.5%, 즉 0.005로 설정해야 한다.
- Pmt(정기불입액): 해당기간 동안 매 기간 불입하는 금액을 말한다. 정기예금을 계산하는 경우에는 정기불입금이 없으므로 '0'이 된다.
- Pv(투자원금): 현 시점에서 일시불로 예금하는 금액을 말한다. 정기적금을 계산하

는 경우에는 투자원금이 없으므로 '0'이 된다.

- Type(납입시기): 정기불입액을 기간의 초에 불입하는지 말에 불입하는지를 지정한다. '0' 또는 생략하는 경우 기간 말에 불입하는 것을 의미하며, '1'은 기간 초에 불입하는 것을 의미한다.

예를 들어, 연이자율 4%로 현재 1,000만원을 예금하고, 그 후 매년 말 100만원씩 불입하는 경우, 5년 후 만기 시 찾게 되는 금액은 얼마일까? FV함수의 마법사를 이용하여 상기의 현금흐름에 대한 미래값을 구하려면 다음과 같이 입력하면 된다. 계산 결과 만기금액은 17,582,851원이 됨을 알 수 있다.

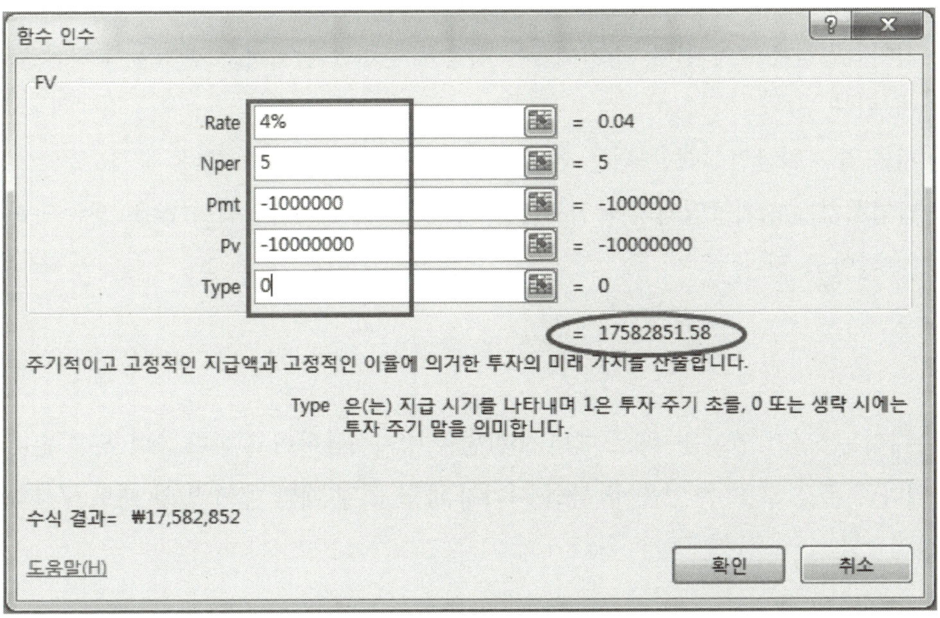

▶ 정기예금 예제

인사팀의 손대리는 5년간 연이율 5%로 3백만 원을 정기예금하려고 한다. 5년 후 손대리가 받게 되는 금액은 얼마인가?

C11 | =FV(C5,C6,C7,C8,C9)

	A	B	C	D	E
4					
5		이자율(년)	5%		
6		납입기간(년)	5		
7		정기납입액	0		
8		시초 투자원금	-3,000,000		
9		납입시기			
10					
11		5년 후 만기금액	₩3,828,845		

손대리는 5년 후 3,828,445원을 받게 된다.

- 정기납입액은 '0'이 된다. 정기예금은 처음에 한번만 납입하고 만기일에 지급을 받게 된다.
- 시초 투자원금인 3백만 원은 지출이므로 '-'를 입력하여야 한다.
- 납입시기는 정기납입액의 납입시기만 의미하므로 정기납입액이 없을 경우 입력하지 않아도 된다.

▶ 정기적금 예제

손대리는 5년간 연이율 4%로 매년 30만원을 정기적금하려고 한다. 5년 후에 손대리는 얼마나 돈을 모을 수 있을까? 불입 시기가 매년 초일 때와 매년 말일 때로 구분하여 계산해보자.

	A	B	C	D	E	F	G	H
4	정기적금							
5								
6		이자율(년)	4%			이자율(년)	4%	
7		납입기간(년)	5			납입기간(년)	5	
8		정기납입액	-300,000			정기납입액	-300,000	
9		시초 투자원금	0			시초 투자원금	0	
10		납입시기	1	매년 초		납입시기	0	매년 말
11								
12		5년 후 만기금액	₩1,689,893			5년 후 만기금액	₩1,624,897	

손대리가 5년 후 받게 되는 만기 지급액은 매년 초에 불입하는 경우 1,689,893원이 되며, 매년 말에 불입하는 경우는 이보다 작은 1,624,897원을 받게 된다.

(2) PV함수

▶ 정의

PV는 present value(현재가치)를 의미하는데, 향후 받는 돈을 현재가치로 환산하면 얼마가 될 것인가를 계산하여 준다.

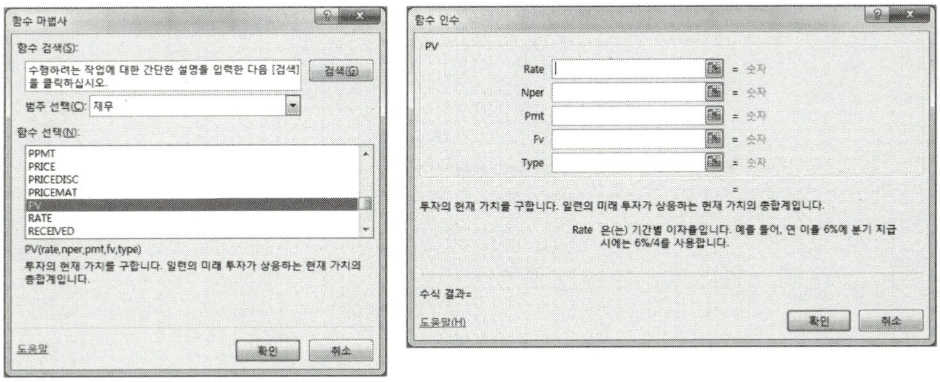

▶ 인수설명

- Rate(이자율): 해당기간 동안의 이자율을 의미하며 모든 기간에 있어 동일하여야 한다.
- Nper(기간): 총 기간을 의미한다. 일반적으로 연수를 의미하나 월, 일 등이 될 수도 있다. 이자율은 이 기간에 맞춘 이자율을 의미한다. 따라서 연이자율이 6%인 경우 기간을 월로 하면 이자율은 '6%÷12개월'로 0.5%, 즉 0.005로 설정해야 한다.
- Pmt(정기불입액): 해당기간 동안 매 기간 불입하는 금액을 말한다. 정기예금을 계산하는 경우에는 정기불입금이 없으므로 '0'이 된다.
- Fv(미래금액): 미래 시점에서 일시불로 받게 되는 금액을 말한다. 정기적금을 계산하는 경우에는 미래 일시불 금액은 '0'이 된다.
- Type(납입시기): 정기불입액을 기간의 초에 불입하는지 말에 불입하는지를 지정

한다. '0' 또는 생략하는 경우 기간 말에 불입하는 것을 의미하며, '1'은 기간 초에 불입하는 것을 의미한다.

▶ 정기예금 예제

박과장은 지금 은행에 돈을 예금해 두고 3년 후에 1,000만원을 받고자 한다. 연이자율이 5%라고 하였을 때 박과장은 현재 얼마를 은행에 예금해야 하는지 계산해보자.

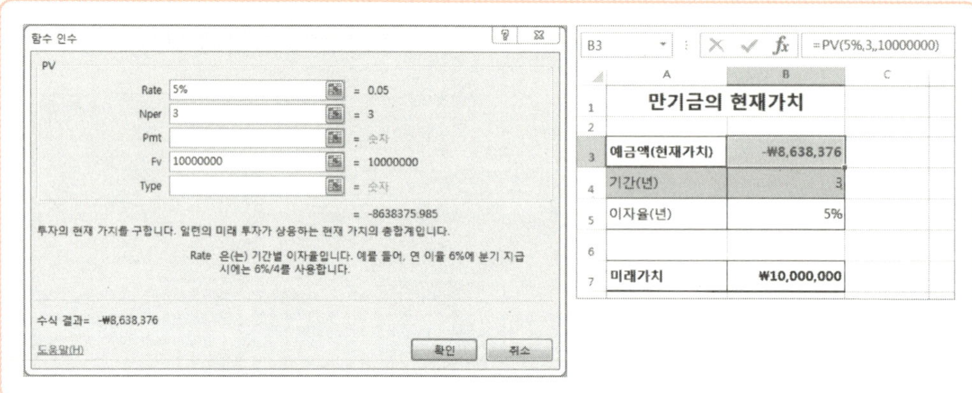

PV함수를 이용하여 계산한 결과, 박과장이 3년 후 1,000만원을 모으기 위해서는 지금 은행에 8,638,376원을 예금해야 한다.

▶ 연금가입 예제

내년 초에 200만원을 지불하면, 내년 말부터 7년간 매년 말 20만원씩 받고 7년째 년도에 목돈으로 150만원을 받는 연금이 있다고 한다. 이자율을 연 5%로 한다고 할 때 이 연금에 가입하는 것이 좋은지 판단하여 보자.

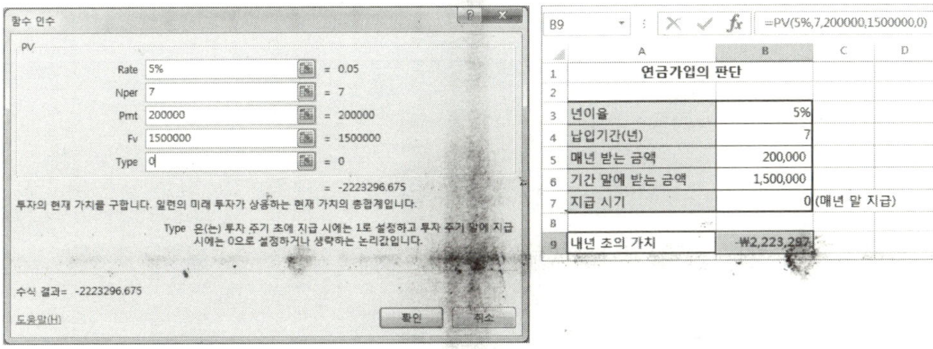

PV함수를 이용하여 200만원을 지불하는 금액의 현재 가치를 계산해본 결과 2,223,297원이 된다. 따라서 내년 초를 기준으로 하였을 때 현재 시점으로 변환된 가치가 200만원이 넘기 때문에 연금에 가입하는 것이 유리하다.

(3) NPER함수

▶ 정의

NPER(number of periods)함수는 매 기간 일정액을 불입할 경우 현재의 투자금액을 다 갚거나, 또는 미래에 필요한 소요금액을 조달하기 위하여 필요한 기간을 산정한다.

▶ 인수설명

- Rate(이자율): 해당 기간 동안의 이자율을 의미하며 모든 기간에 있어 동일하여야 한다.
- Pmt(정기불입액): 해당기간 동안 매 기간 불입하는 금액을 말한다. 불입금액은 전체 기간 동안 일정하여야 한다.
- Pv(현재가치): 갚고자 하는 금액이 현재가인 경우 현재가치를 기입한다. 그렇지 않고 미래에 소요되는 금액이면 미래가치 란에 기입한다.
- Fv(미래가치): 미래에 필요한 소요금액을 입력한다.
- Type(납입시기): 정기불입액을 기간의 초에 불입하는지 말에 불입하는지를 지정한다. '0' 또는 생략하는 경우 기간 말에 불입하는 것을 의미하며, '1'은 기간 초에

불입하는 것을 의미한다.

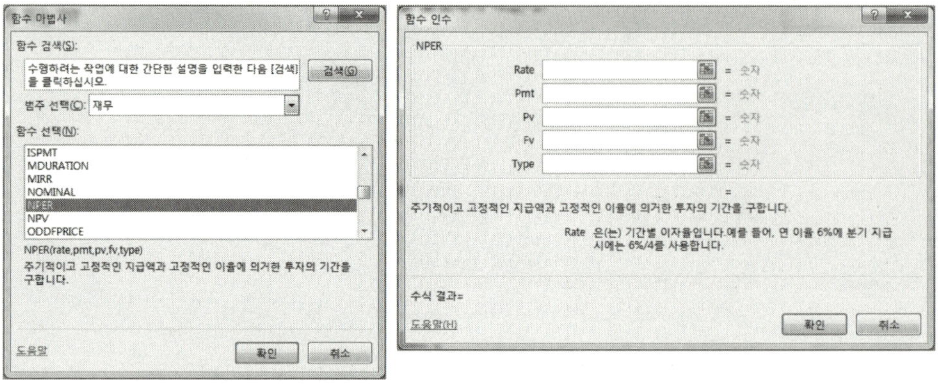

▶ 정기적금의 납입 기간 계산하기

매월 350,000월을 연이율 4.5%로 납입하여 만기에 1,500만원을 수령한다면 몇 개월을 불입해야 하는가?

Nper함수를 이용하여 계산한 결과 만기금 1,500만원을 수령하기 위해서는 39.82개월, 즉 약 40개월을 매월 35,000원씩 불입해야 한다는 결론을 얻을 수 있다. 이때 매월 불입금이므로 연이율 4.5%를 12개월로 나누어주어 월이율로 변경해야 하며, 지금부터 불입하여 만기금 1,500만원을 수령하겠다는 것이므로 자금의 현재가치는 '0'이 된다는 점을 유의하자.

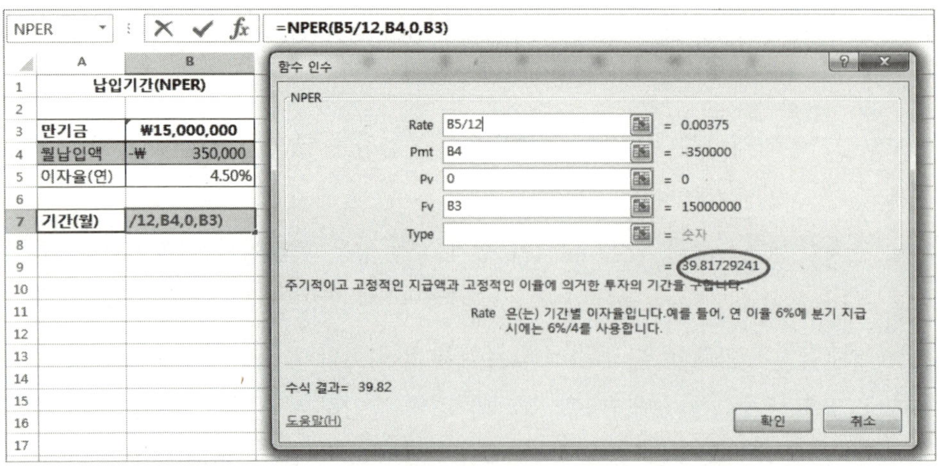

▶ 현재 투자금 반환 기간 계산하기

경남전자는 2016년 초에 최신 설비 도입을 위하여 은행으로부터 연이율 3%로 20억 원을 대출받았다. 2016년부터 매년 말 1억 5천만 원씩 갚는다면 상환금을 모두 반환하는데 몇 년이 걸리는지 계산해보자.

위의 문제는 이자율 3%, 정기지불액 1억 5천만 원, 그리고 현재가치로 계상한 투자 원금 20억 원의 상환기간 계산에 관한 문제로, 대출금을 모두 갚게 되면 미래가치는 없으므로 '0'으로 입력한다. 이를 Nper함수에 입력하면 다음 그림과 같다.

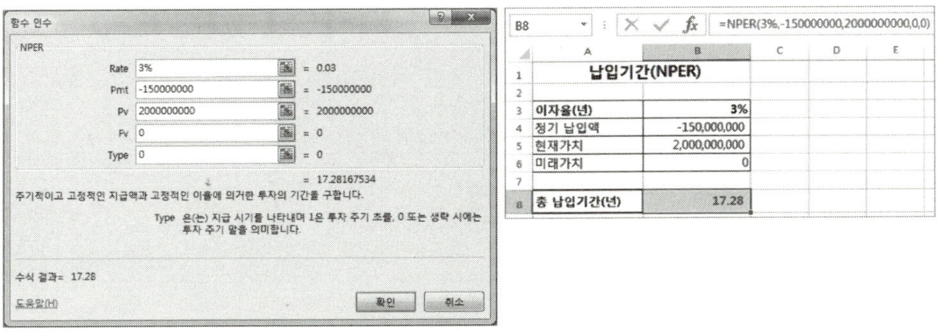

Nper함수를 이용하여 계산한 결과, 20억원을 모두 상환하는데는 17.28년이 소요됨을 알 수 있다.

(4) PMT함수

▶ 정의

PMT(payment)함수는 정해진 기간 동안 현재 투자금액을 다 갚거나, 또는 미래 소요금액을 조달할 수 있기 위하여 필요한 불입액을 산정한다. Nper함수가 기간을 구한다면 PMT함수는 정기불입액을 구하는 함수이다.

▶ 인수설명

- Rate(이자율): 해당 기간 동안의 이자율을 의미하며 모든 기간에 있어 동일하여야 한다.

- Nper(기간): 불입 기간을 의미한다.
- Pv(현재가치): 갚고자 하는 금액이 현재가인 경우 현재가치를 기입한다.
- Fv(미래가치): 미래에 소요되는 금액을 의미한다.
- Type(납입시기): 정기불입액을 기간의 초에 불입하는지 말에 불입하는지를 지정한다. '0' 또는 생략하는 경우 기간 말에 불입하는 것을 의미하며, '1'은 기간 초에 불입하는 것을 의미한다.

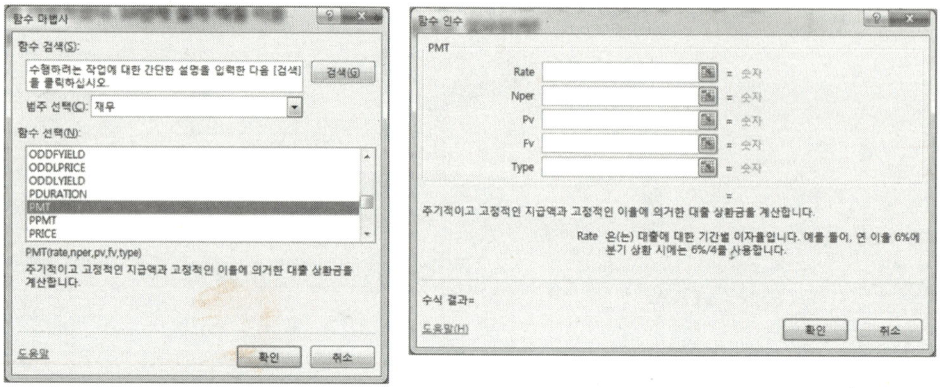

▶ 정기저축 금액 계산하기

김과장은 지금부터 1년 후 아들에게 300만 원짜리 컴퓨터를 사주려고 한다. 이자율 년 3%인 상황에서 김과장은 매월 얼마를 저축해야 1년 후 300만원을 모을 수 있을까? 매월 말 저축한다고 가정한다.

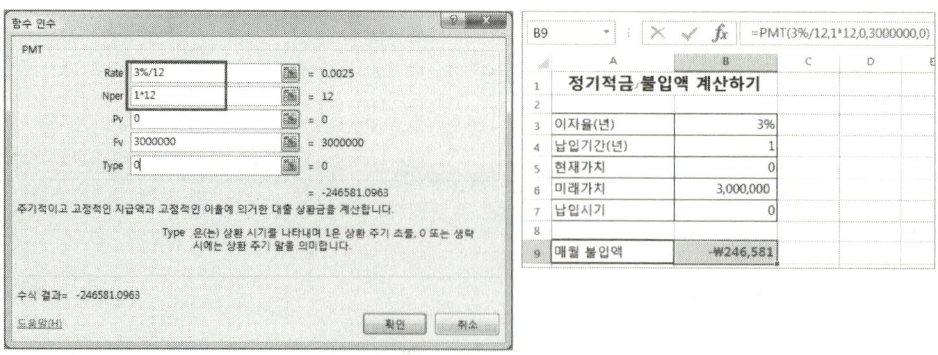

PMT 함수를 이용하여 월 불입 금액을 계산하면 김과장은 아들에게 1년 후 컴퓨터를 사주기 위하여 매월 246,581원을 불입하여야 함을 알 수 있다. 이때 매월 불입금을 계산하므로 연이자 3%를 12개월로 나누어 주어야 하며, 불입 기간도 1년에 12개월을 곱한 값으로 계산해야 한다는 점을 유의하자.

▶ 대출금 월 상환액 계산하기

주택 구입 자금이 부족해 은행에서 7,000만원을 대출하였다. 연이자율 4%로 10년에 걸쳐서 이 대출금을 상환하기로 했다면 매월 상환해야 하는 금액은 얼마인지 계산해 보자.

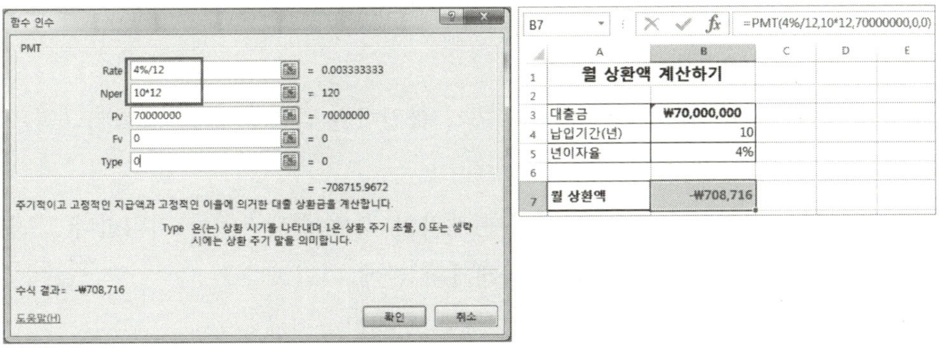

PMT 함수를 이용하여 매월 상환금액을 계산하면 7,000만원 대출금을 10년에 걸쳐 모두 갚기 위해서는 매월 708,716원씩을 갚아나가야 함을 알 수 있다. 이때 매월 불입금을 계산하므로 연이자 4%를 12개월로 나누어 주어야 하며, 불입 기간도 10년에 12개월을 곱한 값으로 계산해야 한다는 점을 유의하자.

(5) RATE함수

▶ 정의

특정 기간 동안의 이자율을 구한다.

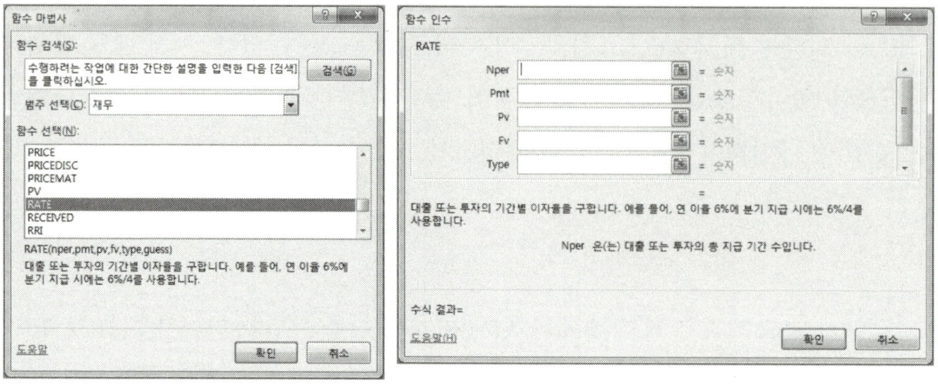

▶ 인수설명

- Nper(기간): 불입 기간을 의미한다.
- Pmt(정기불입액): 해당기간 동안 매 기간 불입하는 금액을 말한다. 불입금액은 전체 기간 동안 일정하여야 한다.
- Pv(현재가치): 갚고자 하는 금액이 현재가인 경우 현재가치를 기입한다. 그렇지 않고 미래에 소요되는 금액이면 미래가치 란에 기입한다.
- Fv(미래가치): 미래에 필요한 소요금액을 입력한다.
- Type(납입시기): 정기불입액을 기간의 초에 불입하는지 말에 불입하는지를 지정한다. '0' 또는 생략하는 경우 기간 말에 불입하는 것을 의미하며, '1'은 기간 초에 불입하는 것을 의미한다.

▶ 자동차 할부금 이자 계산하기

자동차를 구입하려고 한다. 자동차 가격은 3,500만원이며 매월 말 140만원씩 5년에 걸쳐 할부금을 지급하기로 하였다면 이자율은 얼마인가?

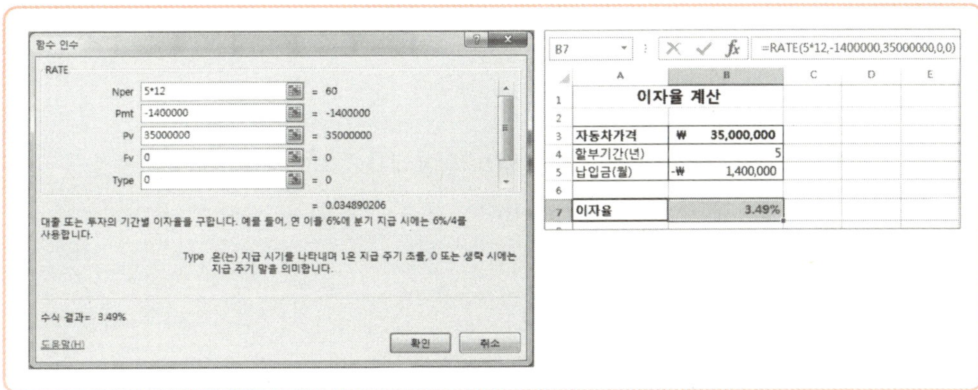

Rate함수를 이용하여 계산한 결과 이자율은 약 3.5%인 것을 알 수 있다. 매월 납입금을 대상으로 계산하는 것이므로 Nper 입력란에 5년*12개월을 해주어야 하며, 자동차의 현재가치는 자동차 가격이며, 미래가치는 할부금을 모두 상환한 상태이므로 '0'이 된다는 점을 유의하자.

2) 투자의 경제성 분석 계산하기

새로운 사업을 위한 경영 프로젝트의 개발이 결정되고 개발을 위한 여러 가지 대안이 제시되면, 그 다음의 과제는 제안된 복수의 대안에 대해 경제성을 평가하고, 평가 결과를 토대로 최적의 대안을 선정하게 된다. 여러 프로젝트의 대안을 비교하고 선정하는 일을 넓은 의미의 경제성 평가이라고 한다. 경제성의 평가는 비단 경영 프로젝트의 선정 문제뿐만 아니라 새로운 설비의 도입 문제, 새로운 사업에 대한 투자결정 문제 등 광범위한 주제와 영역의 의사결정 문제를 포괄한다.

본 절에서는 경제성 평가 기법으로 엑셀에서 제공하는 순현가법과 내부수익률법을 학습한다. 이 기법들은 경제성 평가를 위한 자본예산 모형(capital budgeting)에 해당되는데, 이 모형은 어느 투자 대안에 관한 현금의 흐름, 즉 투자에 들어가는 돈의 합과 투자로부터 얻을 수 있는 돈의 합을 비교하여, 얻을 수 있는 돈의 합이 들어가는 돈의 합보다 크다면 그 대안은 경제성이 있다고 보는 간단한 개념이다. 이를 여러 대안의 경제성을 비교하는 문제에 적용하면 여러 대안 가운데 얻을 수 있는 돈의 합에서 들어가는 돈의 합을 뺀 차이가 가장 큰 대안을 선택하게 된다.

(1) NPV함수

▶ 정의

NPV는 미래의 현금 흐름 가운데 현금유입의 현재가치(PV) 합에서 현금유출의 현재가치(PV) 합을 뺀 값이다. 순수하게 차이만을 본다는 뜻에서 순현가(순현재가치), 영어로 net present value라고 부른다. NPV의 의사결정 기준은 NPV가 클수록 바람직한 대안으로 평가하는 것이다. 즉 들어오는 돈의 가치에서 나가는 돈의 가치를 뺀 순수 가치의 크기가 가장 큰 대안을 선택한다는 논리이다.

▶ 인수설명

- Rate(이자율): 해당 기간 동안의 이자율을 의미하며 모든 기간에 있어 동일하여야 한다. 또한 이자율은 기간 단위와 동일하여야 한다.
- Value1(현금흐름): 기간 동안의 현금흐름을 의미한다. 254개까지 지정 가능하며 셀 범위로 입력할 수도 있다.

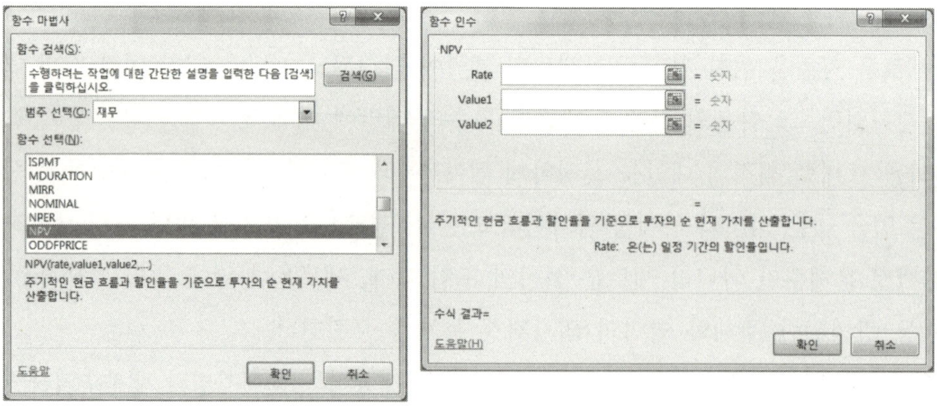

▶ 순현가 계산하기

2016년 초 2,000만원을 투자한 후 매년 초 받는 현금이 아래와 같은 두 가지 투자 대안이 있다. 두 프로젝트 모두 4년 후 회수되는 총액은 2,600만원으로 동일하다. 그러나 투자1은 많은 금액이 먼저 회수되고, 투자2는 많은 금액이 나중에 회수되는 차이를 보인다. 연이자율 4%에서 각각 순현가를 계산하여 보자(NPV함수는 첫 현금흐름 시점의 한 단위 기간(여기에서는 년) 전인 2015년 1월 1일을 현재로 하여 구해준다).

	2016.1.1	2017.1.1	2018.1.1.	2019.1.1.	2020.1.1.
투자1	₩-20,000,000	₩10,000,000	₩10,000,000	₩3,000,000	₩3,000,000
투자2	₩-20,000,000	₩3,000,000	₩3,000,000	₩10,000,000	₩10,000,000

두 프로젝트 중 첫 번째 프로젝트의 순현가가 3,934,950원으로 두 번째 프로젝트의 순현가 2,977,201원보다 크게 나타났다. 따라서 NPV를 통한 의사결정은 첫 번째 프로젝트를 선택하는 것이다.

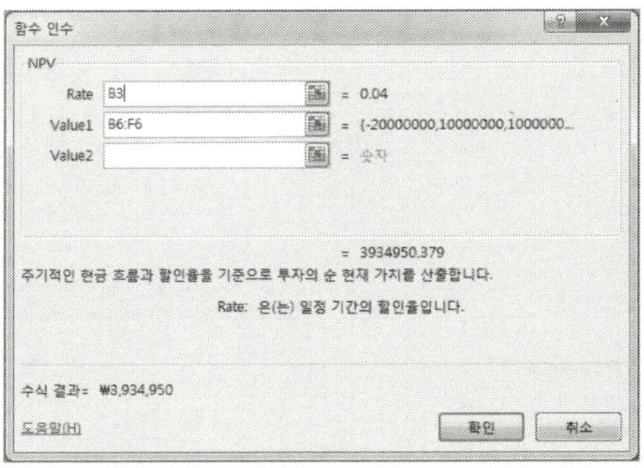

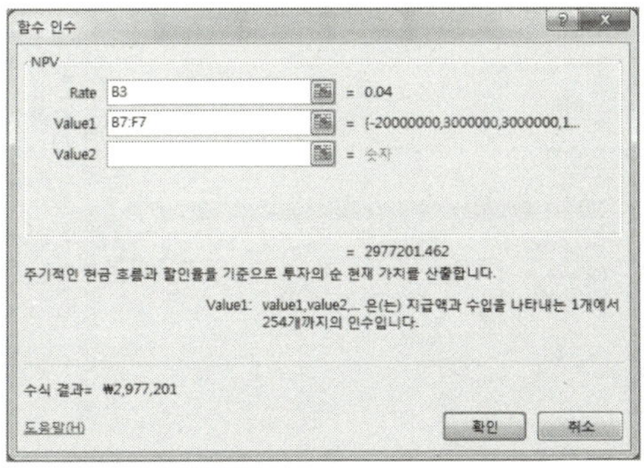

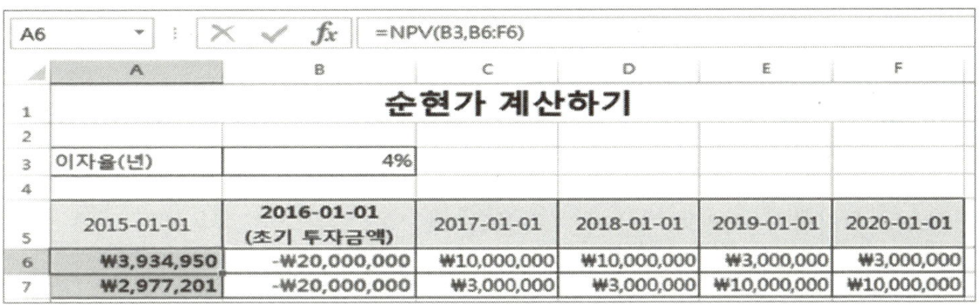

(2) IRR함수

▶ 정의

IRR은 internal rate of return의 약자로 '내부수익률'로 번역된다. NPV함수가 주어진 현금흐름의 순현가를 구한다면 IRR함수는 순현가가 '0'이 되게 하는 이자율을 구한다. 즉 특정 안에 투자했을 때 수입과 지출을 일정하게 하는 이자율을 구해주는 것이다. 이 이자율이 현행 금리보다 높다면 투자해 볼 만한 투자가 될 것이나, 현행 금리보다 낮다면 투자할 가치가 없다고 판단할 수 있다. IRR함수 역시 NPV함수와 같이 현금흐름의 납입 간격은 일정해야 한다.

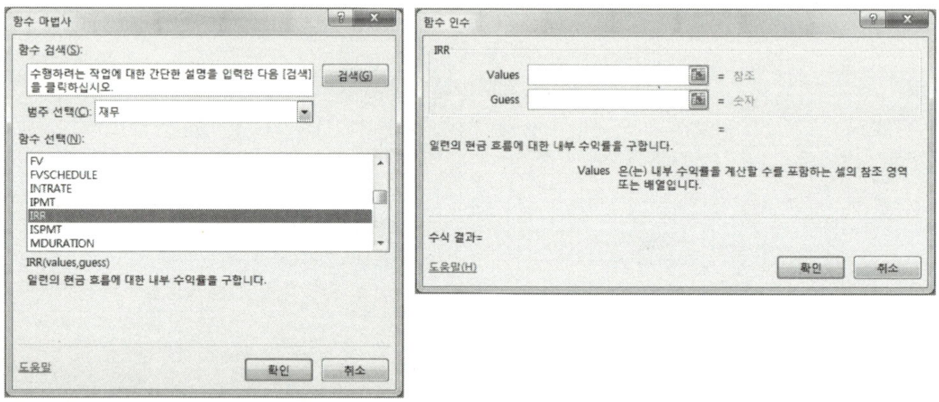

▶ 인수설명

- Values(현금흐름): 총기간 동안의 현금흐름을 의미한다. 254개까지 지정 가능하며 셀의 범위로만 입력해야 한다.
- Guess(이자율 근사치): 엑셀이 이자율을 계산하기 위해서 사용하는 최초 이자율을 지정한다. IRR을 계산하기 위하여 엑셀은 최대 20번의 반복 계산을 수행하는데 0.0001 이내의 오차가 발생할 때까지 이자율을 계산한다. 만일 20번의 계산 내에서 0.0001 오나 치내로 수렴하지 않으면 #NUM! 오류가 발생하므로 근사치를 다시 주고 실행하여야 한다. 입력하지 않는 경우 0.1(10%)로 인식한다.

앞서 제시한 투자 프로젝트의 현금흐름에 대한 IRR을 계산하기 위하여 IRR함수 마법사 창에 입력하는 내용은 다음과 같다.

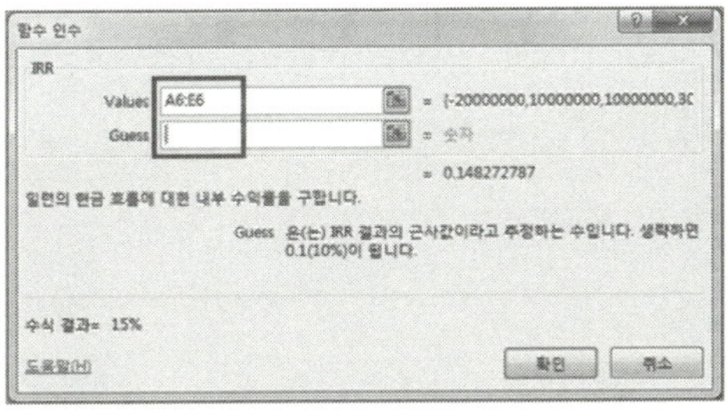

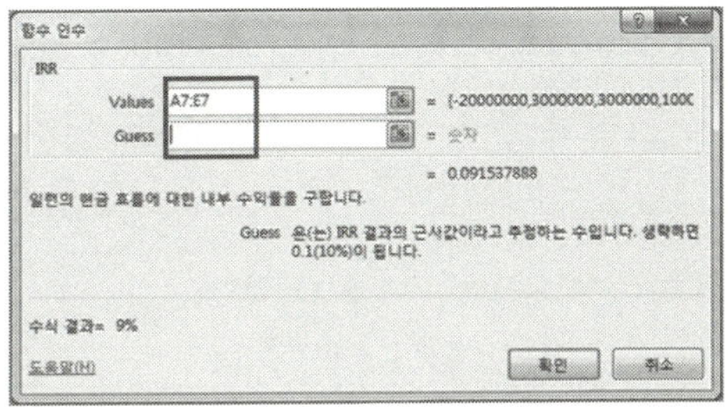

	A	B	C	D	E
1	**내부 수익률 계산하기**				
2					
3	내부 수익률1(년)	14.8%		내부 수익률2(년)	9.2%
4					
5	2016-01-01 (초기 투자금액)	2017-01-01	2018-01-01	2019-01-01	2020-01-01
6	-₩20,000,000	₩10,000,000	₩10,000,000	₩3,000,000	₩3,000,000
7	-₩20,000,000	₩3,000,000	₩3,000,000	₩10,000,000	₩10,000,000

위의 결과 시트에서 알 수 있듯이, 투자 후 받는 총액의 명목상의 합계는 2,600만원으로 같더라도 먼저 많은 수입이 회수되는 현금흐름의 내부수익률이 14.8%로 더 높으며, 따라서 경제적으로 보다 투자매력이 높은 것을 알 수 있다. 그리고 현금흐름(values)은 셀 범위로 입력하였음에 주의하자. 특히 IRR함수의 현금흐름은 항상 영역 범위에 의해서만 입력할 수 있음을 기억해야 한다.

▶ 순현가와 내부수익률 계산 예제

경남기업에서는 노후된 기계설비를 신형의 기계설비로 교체하고자 한다. 이에 대한 투자 대안으로 두 가지가 제시되었다. 대안 A는 첫 해에 10억 원이 투자된 반면에 향후 5년 동안 처음 2년에는 각각 3억 원이, 남은 3년 동안 각각 4억 원이 회수될 것으로 예상된다. 대안 B는 첫 해에 15억 원의 현금이 투자되고 처음 3년간 각각 4억 원의 현금이, 남은 2년 동안은 매년 6억 원의 현금이 회수될 것으로 예상된다. 이 기업의 자본비용(할인율)을 10%라고 할 때 두 가지 투자 대안의 순현재가치는 얼마인가? 또한 내부수익률은 얼마인가?

❶ 순현가를 출력할 셀을 선택한 후 함수 마법사에서 NPV함수를 선택한다. 아래의 그림과 같이 할인율과 범위를 입력한다.

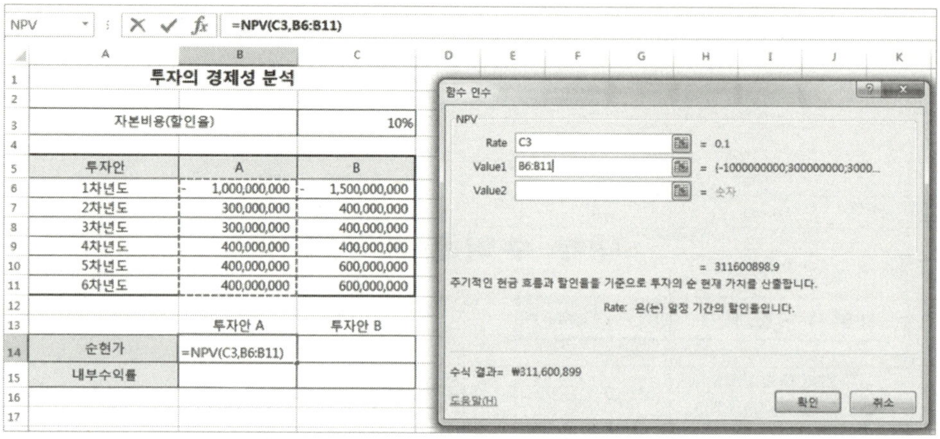

❷ 투자안 A와 투자안 B 각각에 대해 순현가를 계산한 결과 투자안 A의 순현가가 311,600,800원으로 투자안 B의 251,910,603원보다 높게 나타난 것을 알 수 있다.

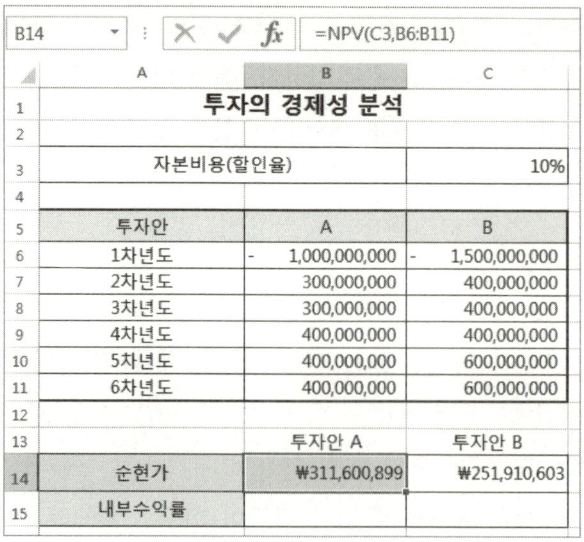

❸ 다음으로 IRR함수를 이용하여 각 투자안에 대한 내부수익률을 계산한다. values 인수상자에 범위를 입력한다.

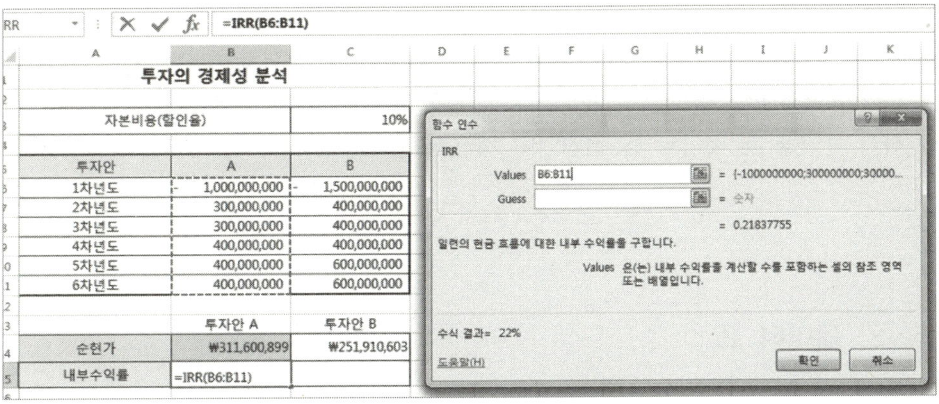

❹ 내부수익률을 계산한 결과 투자안 A의 내부수익률이 22%로 투자안 B의 16%보다 높게 나타났다. 그러므로 경남기업에서는 노후된 기계설비 교체에 대한 대안으로 투자안 A를 선택하는 것이 경제성이 높다고 할 수 있겠다.

	A	B	C
1	투자의 경제성 분석		
2			
3	자본비용(할인율)		10%
4			
5	투자안	A	B
6	1차년도	- 1,000,000,000	- 1,500,000,000
7	2차년도	300,000,000	400,000,000
8	3차년도	300,000,000	400,000,000
9	4차년도	400,000,000	400,000,000
10	5차년도	400,000,000	600,000,000
11	6차년도	400,000,000	600,000,000
12			
13		투자안 A	투자안 B
14	순현가	₩311,600,899	₩251,910,603
15	내부수익률	22%	16%

재무함수 연습문제

1) 매월 말 300,000원을 연이율 6%로 하여, 24개월 동안 납입하면 만기 시 수령액은 얼마인가?
2) 3년 동안 연이율 9.%로 만기 목표액을 1,000만원을 설정하였다면 매월 납입해야 하는 금액은 얼마가 되는지 계산해보자. 또한 만기 목표액을 2,000만원~5,000만원까지 높였을 때 각각의 월 납입액도 계산해보라.

2. 데이터 표

데이터 표 기능을 이용하면 수식의 특정 값을 변경하였을 때 결과가 어떻게 달라지는지를 한 번에 알 수 있다. 여러 셀에 입력한 변수에 따라 달라지는 값을 한꺼번에 계산하므로 변수에 따른 결과 값을 비교 분석할 때 편리하다.

아래 그림처럼 2,000만 원의 차량을 36개월 할부(연이자 6%)로 구입한 경우의 월지급액은 608,439원이다. 이때 상환기간을 변화시키거나 보다 비싼 차량을 구입할 경우에 매월 상환해야 하는 월지급액의 변화를 데이터 표 기능을 이용하면 손쉽게 구할 수 있다.

	A	B	C	D	E	F
1			차량 할부상환			
2						
3		차량가격			₩20,000,000	
4		이자율(년)			6%	
5		상환기간(월)			36	
6		월지급액			-₩608,439	
7						
8				차량가격의 변화		
9		-₩608,439	25,000,000	28,000,000	30,000,000	35,000,000
10	상환기간의 변화	1	-₩25,125,000	-₩28,140,000	-₩30,150,000	-₩35,175,000
11		6	-₩4,239,886	-₩4,748,673	-₩5,087,864	-₩5,935,841
12		12	-₩2,151,661	-₩2,409,860	-₩2,581,993	-₩3,012,325
13		18	-₩1,455,793	-₩1,630,488	-₩1,746,952	-₩2,038,111
14		24	-₩1,108,015	-₩1,240,977	-₩1,329,618	-₩1,551,221
15		30	-₩899,473	-₩1,007,410	-₩1,079,368	-₩1,259,262
16		36	-₩760,548	-₩851,814	-₩912,658	-₩1,064,768
17		42	-₩661,405	-₩740,774	-₩793,686	-₩925,968
18		48	-₩587,126	-₩657,581	-₩704,551	-₩821,976
19		54	-₩529,422	-₩592,952	-₩635,306	-₩741,190
20		60	-₩483,320	-₩541,318	-₩579,984	-₩676,648

데이터 표 기능은 변수가 한 개일 경우와 두 개일 경우에 각각 사용할 수 있다. 변수가 한 개인 경우에는 변수를 행 방향으로 나열했는지 열 방향으로 나열했는지에 따라 [데이터 표] 대화상자에서 변수의 위치를 정해주면 된다. 변수가 두 개인 경우에는 각 변수를 어떤 방향으로 나열했는지를 [데이터 표] 대화상자에서 정확하게 지정해야 한다.

1) 데이터 표 기능 익히기

▶ 연이율 변화에 따른 상환액 계산하기

대출금 5,000만 원을 10년 동안 연이율 4%로 빌린다면 매월 상환해야 하는 금액은 506,226원이다. 만약 이자율이 3% ~ 7%로 변동되는 경우 그에 따라 변화된 월 상환액을 구해보자.

❶ 먼저 PMT함수를 이용하여 연이율 4%일 때의 월 상환액을 구한다.

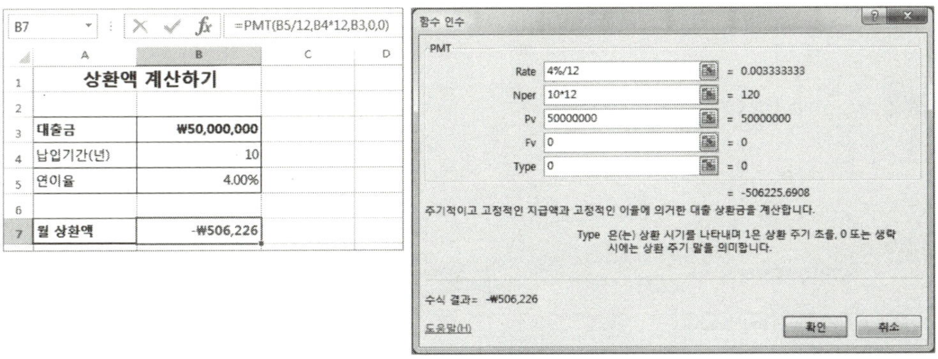

❷ 연이율의 변화 및 월 상환액을 구할 표를 아래와 같이 작성한다. E4셀에 '=B7'을 클릭하여 미리 구한 월 상환액 금액이 나타나도록 지정해준다.

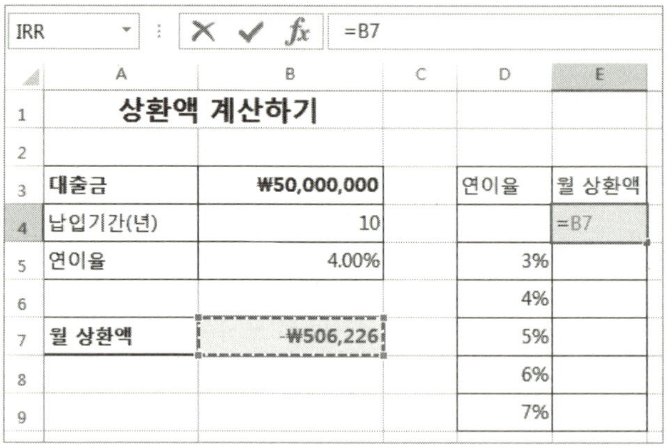

❸ 마우스로 아래와 같이 블록을 설정한 후 [데이터] 탭－[가상분석]－[데이터 표]를 선택한다.

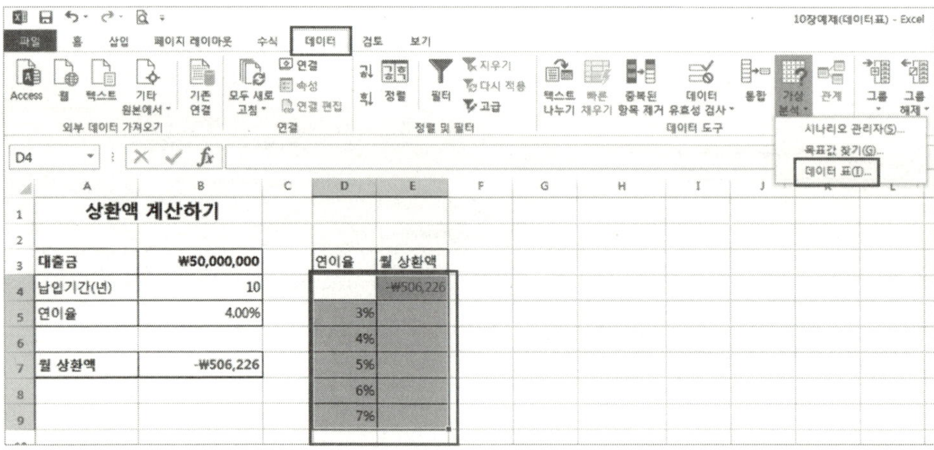

❹ [데이터 표] 대화상자가 나타난다. 연이율의 변화는 열의 형태로 입력해 두었으므로 [열 입력 셀] 옆의 빈 칸에 커서를 두고 기존 연이율 4%가 입력되어 있는 셀(B5)을 선택하고 [확인] 단추를 누른다.

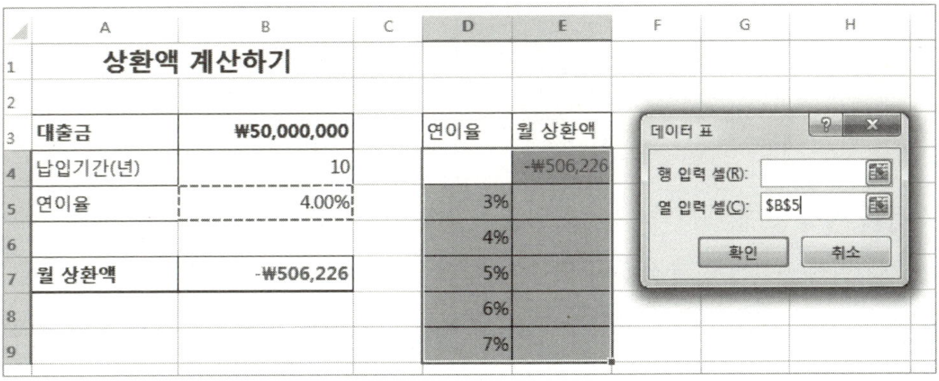

❺ 연이율이 3% ~ 7%까지 변화함에 따른 월 상환액의 값을 구할 수 있다. 연이율이 4%일 때의 월 상환액은 506,226원이지만 7%로 이율이 증가한 경우의 월 상환액은 580,542원이 된다.

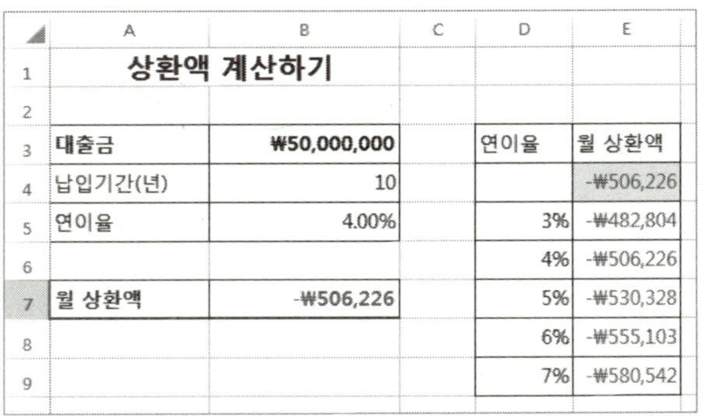

▶ 판매 개수와 수익을 예상해 가격 결정하기

	A	B
1	상품 가격 결정	
2		
3	구입 가격	9,000
4	구입 개수	100
5	판매 가격	10,000
6	판매 개수	100

상품의 예상 판매 개수와 예상 이익을 예측해 판매 가격을 결정하는 방법을 알아보자. 9,000원에 100개의 물건을 구입하여 80개 정도 팔릴 것으로 예상하고, 이익을 40만원에서 50만 원정도 얻으려면 가격을 얼마로 정하는 것이 좋을지 데이터 표 기능을 이용해 계산해보자.

❶ 아래와 같이 데이터를 입력하고, 임의의 판매 가격과 판매 개수를 입력한다. 또한 아래에 판매 개수의 변화값과 판매 수량의 변화값을 각각 행과 열로 하는 표를 작성한다.

	A	B	C	D	E	F	G	H	I	J	K
1	상품 가격 결정										
2											
3	구입 가격	9,000									
4	구입 개수	100									
5	판매 가격	10,000									
6	판매 개수	100									
7											
8											
9							판매 개수				
10			60	65	60	75	80	85	90	95	100
11		9,000									
12		10,000									
13		11,000									
14		12,000									
15	판매수량	13,000									
16		14,000									
17		15,000									
18		16,000									
19		17,000									
20		18,000									
21		19,000									
22		20,000									

❷ B10셀에 판매 이익을 구하는 수식을 아래 그림과 같이 입력한다.

판매이익=(판매가격*판매개수)−(구입가격*구입개수)

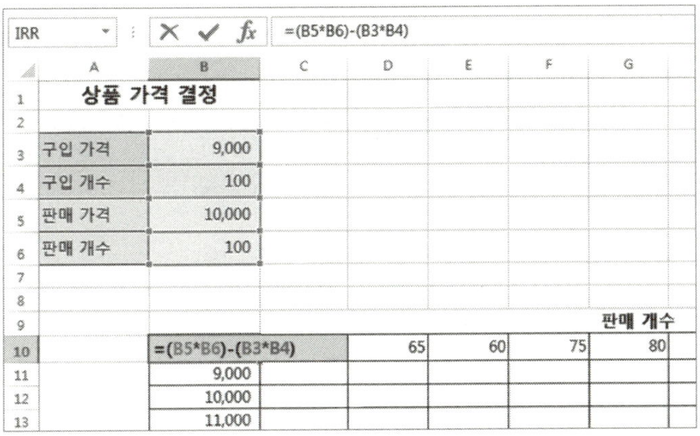

❸ 표를 입력한 [B10:K22] 영역을 지정한 후 [가상 분석]−[데이터 표]를 선택한다.

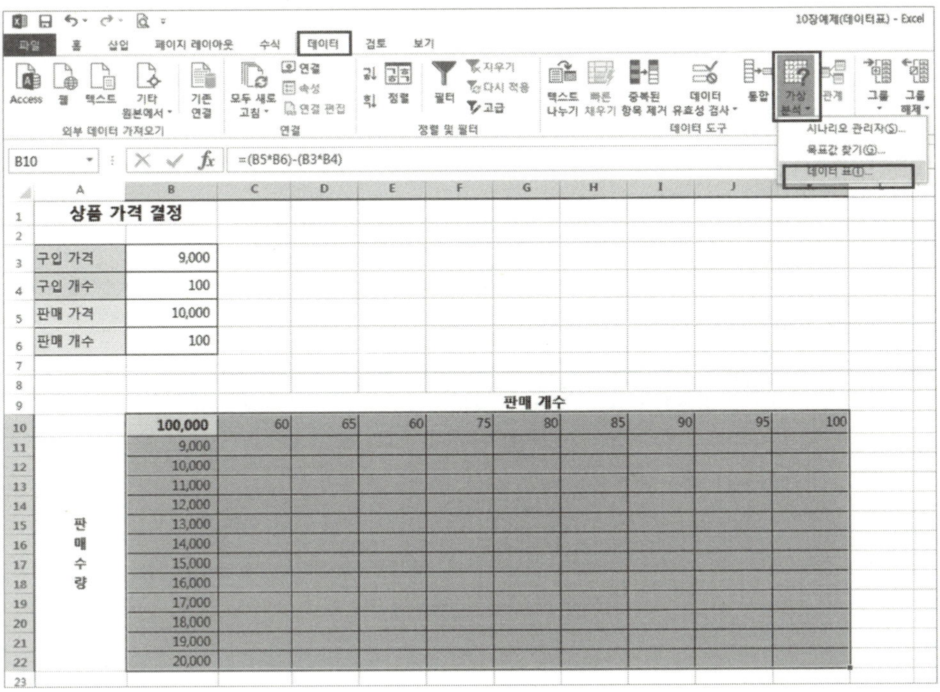

❹ 데이터 표 대화상자에서 [행 입력 셀에는 판매 개수 값이 들어 있는 셀(B6)을, [열 입력 셀]에는 판매 가격 값이 들어 있는 셀(B5)을 선택해준다.

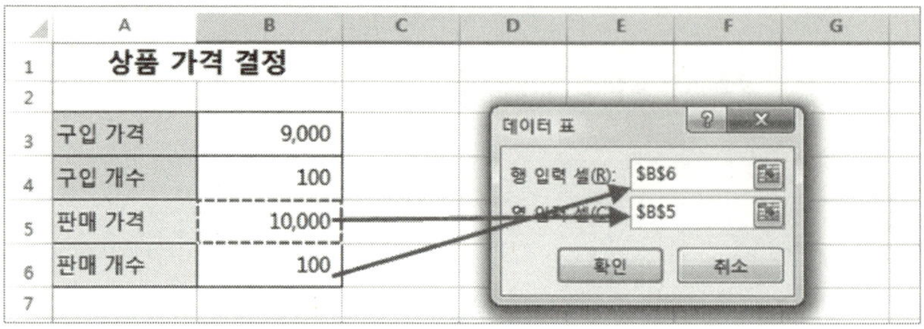

❺ 나타난 데이터 표 값에 조건부 서식을 적용하면 우리가 원하는 값을 보다 정확히 파악할 수 있다. 데이터 표에 나타난 결과 값을 마우스로 선택한 후 [홈] 탭-[조건부 서식]-[셀 강조 규칙]-[다음 값의 사이에 있음] 을 선택한다.

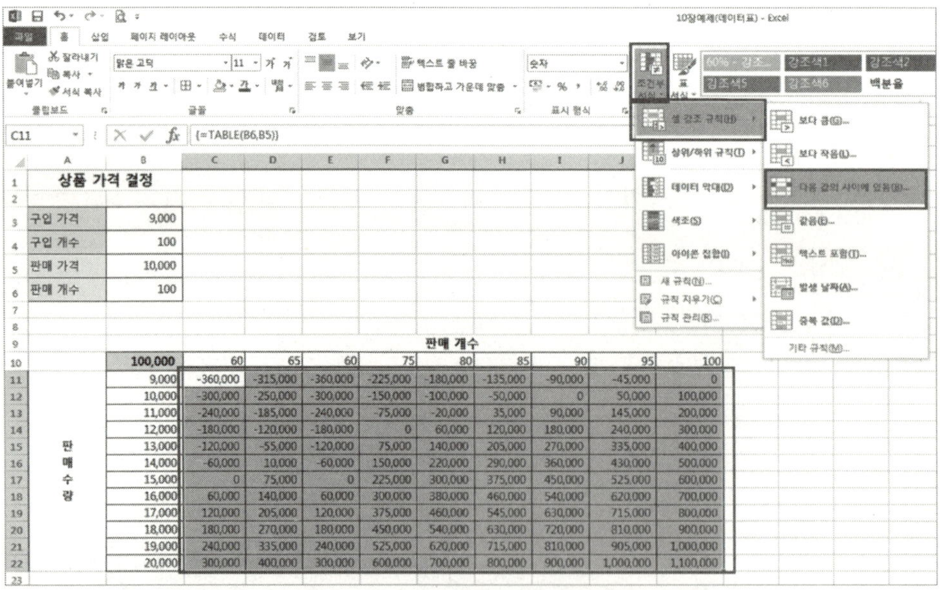

❻ 조건부 서식 대화상자에 아래와 같이 입력해준다.

❼ 40만원과 60만원 사이에 값들이 서식이 적용된 것을 알 수 있다. 상품이 80개 정도 팔릴 것으로 예상하고 이익을 40만원에서 60만 원정도 얻으려면 가격은 17,000~18,000원 정도로 책정하면 될 것이다.

		판매 개수								
	100,000	60	65	60	75	**80**	85	90	95	100
	9,000	-360,000	-315,000	-360,000	-225,000	-180,000	-135,000	-90,000	-45,000	0
	10,000	-300,000	-250,000	-300,000	-150,000	-100,000	-50,000	0	50,000	100,000
	11,000	-240,000	-185,000	-240,000	-75,000	-20,000	35,000	90,000	145,000	200,000
	12,000	-180,000	-120,000	-180,000	0	60,000	120,000	180,000	240,000	300,000
판매수량	13,000	-120,000	-55,000	-120,000	75,000	140,000	205,000	270,000	335,000	400,000
	14,000	-60,000	10,000	-60,000	150,000	220,000	290,000	360,000	430,000	500,000
	15,000	0	75,000	0	225,000	300,000	375,000	450,000	525,000	600,000
	16,000	60,000	140,000	60,000	300,000	380,000	460,000	540,000	620,000	700,000
	17,000	120,000	205,000	120,000	375,000	460,000	545,000	630,000	715,000	800,000
	18,000	180,000	270,000	180,000	450,000	540,000	630,000	720,000	810,000	900,000
	19,000	240,000	335,000	240,000	525,000	620,000	715,000	810,000	905,000	1,000,000
	20,000	300,000	400,000	300,000	600,000	700,000	800,000	900,000	1,000,000	1,100,000

▶ 할인율 변동에 따른 순현가 계산하기

앞서 재무함수 예제에서 다루었던 순현가와 내부수익률 계산하기 예제를 이용하여 할인율 변동에 따른 순현가를 계산해보자. 예제에서 순현가를 계산할 때 자본비용(할인율)은 10%로 가정하여 투자안의 순현가를 구하였다. 만약에 자본비용이 변화한다면 순현가는 어떻게 변할까? 자본비용의 변화에 따른 순현가 값을 데이터 표를 이용하여 구하면 쉽게 파악할 수 있다.

❶ 아래 그림과 같이 자본비용의 변화에 따른 순현가를 계산할 표를 작성한다.

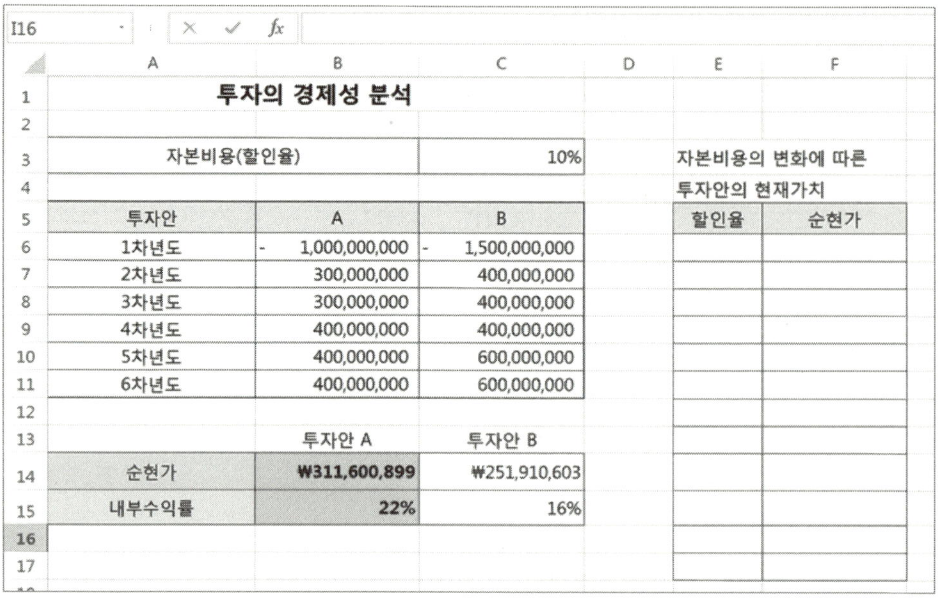

❷ 입력한 표의 순현가 제목 아래인 F6셀에 투자안 A의 순현가가 입력된 B14셀의 값을 참조해 넣어준다. 투자안 A의 순현가가 높았으므로 투자안 A를 선택한 것이다.

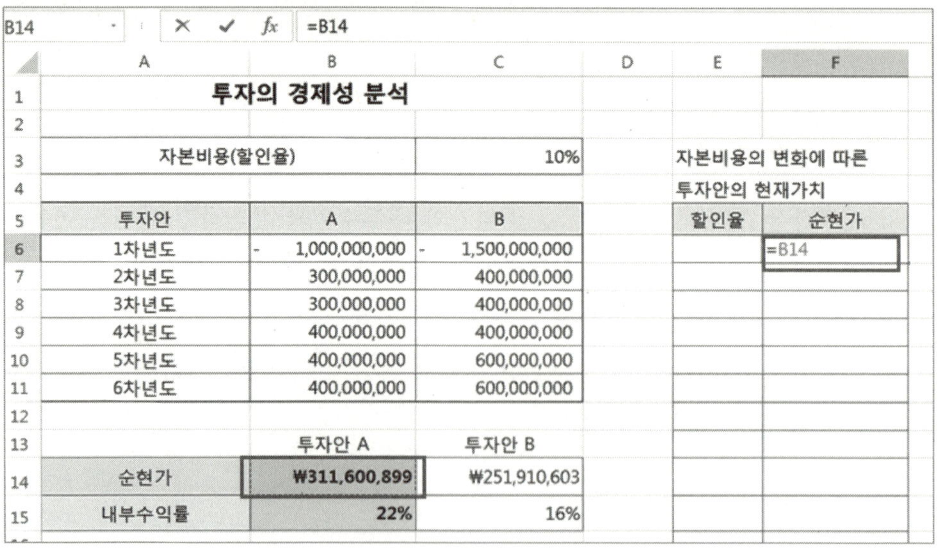

❸ 할인율의 변동값을 표에 입력한 후 아래와 같이 마우스로 할인율과 순현가를 계산할 범위를 설정하고 [가상분석]–[데이터 표] 메뉴를 선택한다.

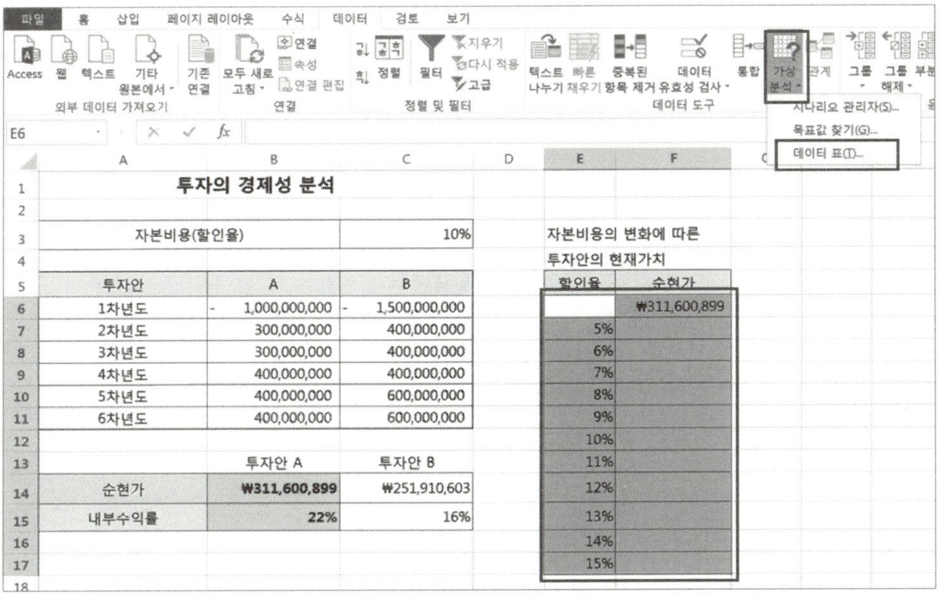

❹ [데이터 표] 대화상자에서 [열 입력 셀] 영역에 자본비용 10%가 입력되어 있는 C3셀을 선택해서 넣어준다.

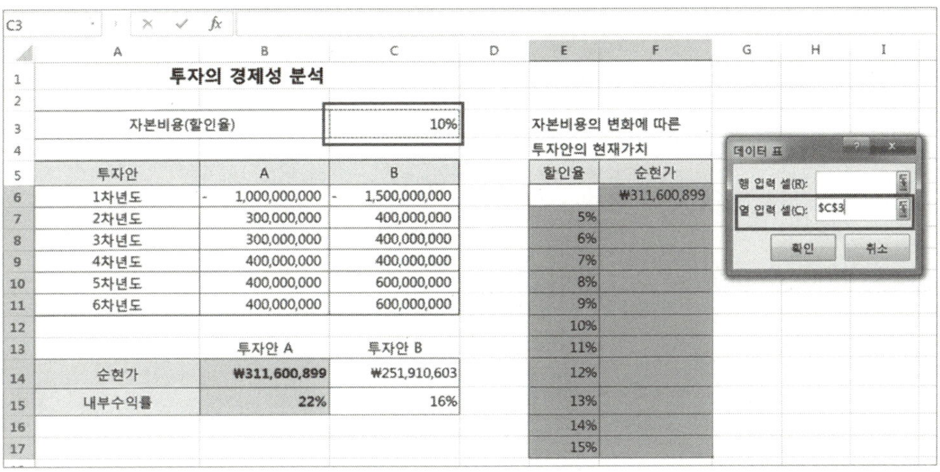

❺ 다음과 같이 자본비용(할인율)의 변화에 따른 순현가가 계산된 표가 완성된다.

자본비용의 변화에 따른 투자안의 현재가치	
할인율	순현가
	₩311,600,899
5%	₩519,856,786
6%	₩473,213,441
7%	₩429,230,988
8%	₩387,738,463
9%	₩348,577,419
10%	₩311,600,899
11%	₩276,672,499
12%	₩243,665,517
13%	₩212,462,178
14%	₩182,952,927
15%	₩155,035,783

▶ 대출금 상환 예제

3,000만원을 대출하여 3년에 걸쳐 상환하기로 하였다. 이자율은 연 6%일 때, 매월 납입해야 하는 상환액을 계산해보자. 또한 이자율과 대출상환기간의 변화에 따른 매월 상환금액을 데이터 표를 이용하여 작성해보자.

❶ 아래와 같이 시트에 데이터를 작성하고 PMT함수를 이용하여 매월 납입금액을 계산한다. 연이율 6%로 대출금 3,000만 원을 3년에 걸쳐서 상환할 경우 매월 납입금은 912,658원이 계산된다.

B7 =PMT(B5/12,B4,B3,0,0)

	A	B	C	D
1	대출금 상환			
2				
3	대출금	30,000,000		
4	대출기간(월)	36		
5	연이자율	6%		
6				
7	매월 납입금액	-₩912,658		

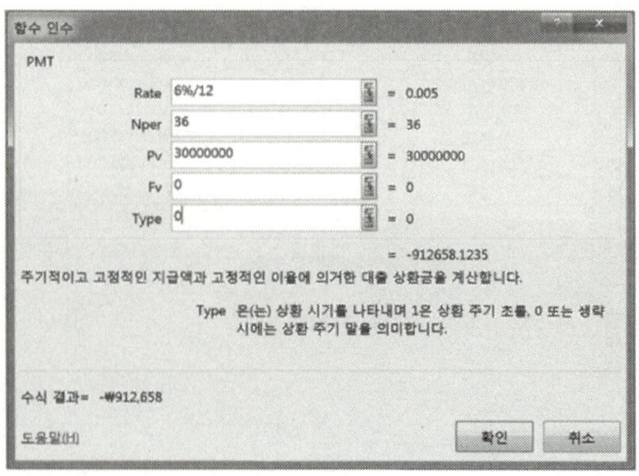

❷ 이제 데이터 표를 이용하여 연이율의 변화와 상환 기간의 변화에 따른 월 납입액을 계산해보자. 아래와 같이 표를 작성한다. 작성한 표의 왼쪽 상단 셀에 위에서 계산한 매월 납입금액 912,658이 입력된 B7셀을 선택해 넣어준다.

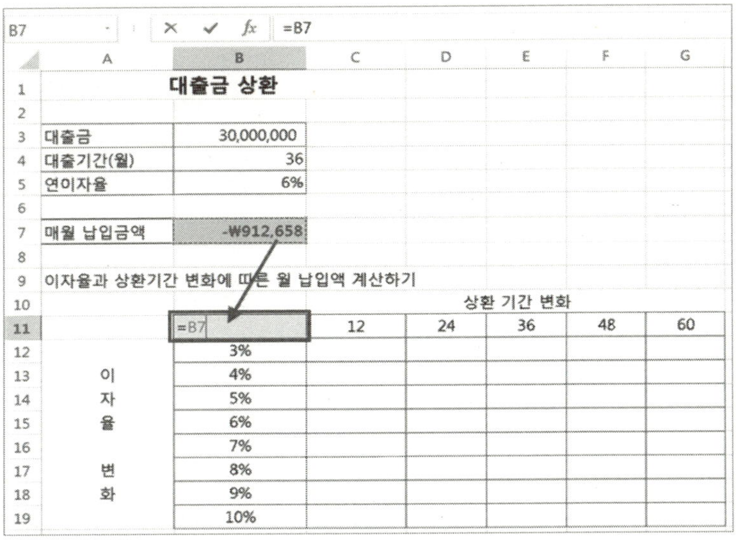

❸ 값을 계산할 영역을 아래 그림과 같이 블록 설정한 후 [데이터 표] 메뉴를 클릭한다.

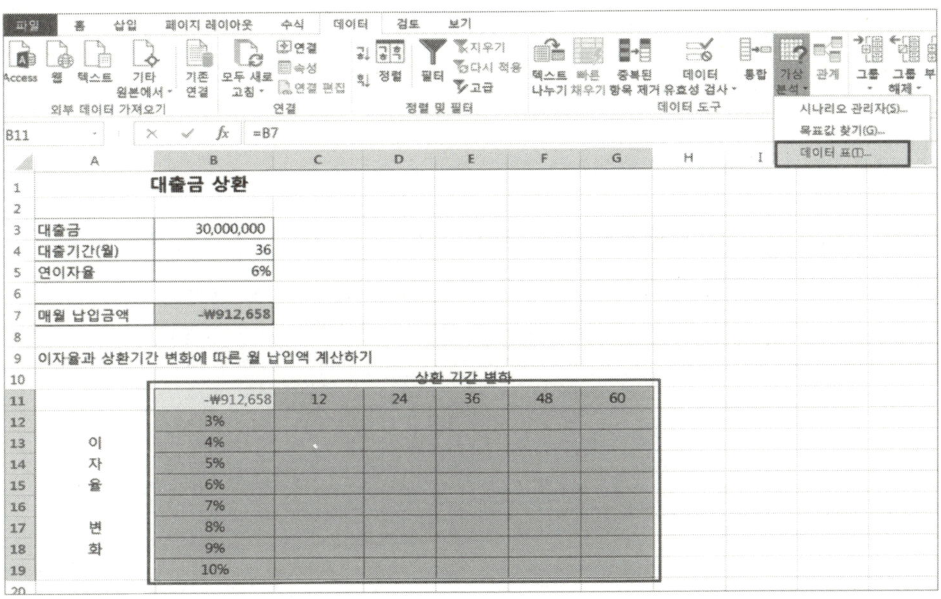

❹ [데이터 표] 대화상자에서 [행 입력 셀] 영역에는 대출기간이 입력된 B5셀을, [열 입력 셀] 영역에는 연이자율이 입력된 B4셀을 입력해준다.

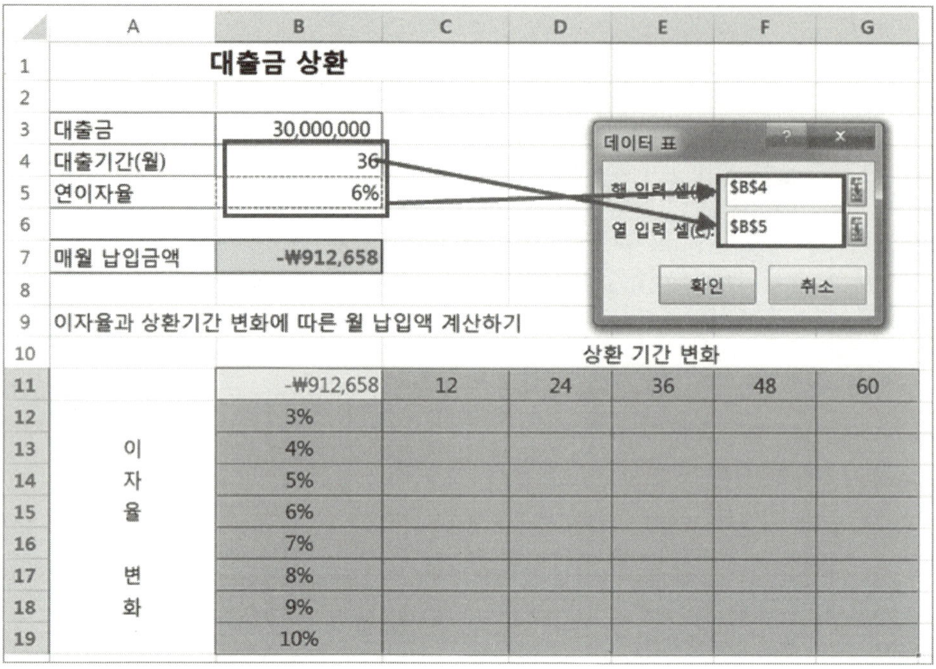

❺ 데이터 표 기능을 이용하여 이자율과 상환 기간의 변화에 따른 월 납입금액의 변화를 표로 간단히 확인해 볼 수 있다.

이자율과 상환기간 변화에 따른 월 납입액 계산하기

		상환 기간 변화				
	-₩912,658	12	24	36	48	60
	3%	-₩2,540,811	-₩1,289,436	-₩872,436	-₩664,030	-₩539,061
이	4%	-₩2,554,497	-₩1,302,748	-₩885,720	-₩677,372	-₩552,496
자	5%	-₩2,568,224	-₩1,316,142	-₩899,127	-₩690,879	-₩566,137
율	6%	-₩2,581,993	-₩1,329,618	-₩912,658	-₩704,551	-₩579,984
	7%	-₩2,595,802	-₩1,343,177	-₩926,313	-₩718,387	-₩594,036
변	8%	-₩2,609,653	-₩1,356,819	-₩940,091	-₩732,388	-₩608,292
화	9%	-₩2,623,544	-₩1,370,542	-₩953,992	-₩746,551	-₩622,751
	10%	-₩2,637,477	-₩1,384,348	-₩968,016	-₩760,878	-₩637,411

데이터 표 연습문제

경남기업의 제품 판매량 14,000개, 판매가격 12,500원에 따른 영업이익을 구해보자. 또한 판매량의 변화 및 판매가격의 변동에 따른 영업이익의 변화도 데이터 표를 이용해 계산해보자.

	A	B
1	경남기업 영업이익	
2		
3	판매량(개)	14,000
4	판매 가격	₩12,500
5	매출액	
6	매출원가(매출액의 60%)	
7	매출총이익	
8	판매비	₩10,000,000
9	관리비	₩30,000,000
10	영업이익	

	A	B	C	D	E	F	G	H	I	J
1	경남기업 영업이익									
2								판매량		
3	판매량(개)	14,000			₩30,000,000	10,000	12,000	14,000	16,000	18,000
4	판매 가격	₩12,500		판매가격	₩11,000	₩4,000,000	₩12,800,000	₩21,600,000	₩30,400,000	₩39,200,000
5	매출액	₩175,000,000			₩12,500	₩10,000,000	₩20,000,000	₩30,000,000	₩40,000,000	₩50,000,000
6	매출원가(매출액의 60%)	₩105,000,000			₩14,000	₩16,000,000	₩27,200,000	₩38,400,000	₩49,600,000	₩60,800,000
7	매출총이익	₩70,000,000			₩15,500	₩22,000,000	₩34,400,000	₩46,800,000	₩59,200,000	₩71,600,000
8	판매비	₩10,000,000			₩17,000	₩28,000,000	₩41,600,000	₩55,200,000	₩68,800,000	₩82,400,000
9	관리비	₩30,000,000			₩18,500	₩34,000,000	₩48,800,000	₩63,600,000	₩78,400,000	₩93,200,000
10	영업이익	₩30,000,000			₩20,000	₩40,000,000	₩56,000,000	₩72,000,000	₩88,000,000	₩104,000,000
11					₩21,500	₩46,000,000	₩63,200,000	₩80,400,000	₩97,600,000	₩114,800,000

3. 시나리오 관리자

데이터 표 기능은 한두 개의 변수를 적용해 결과값의 변화를 분석하는데 좋은 기능이다. 그러나 실제 상황에서는 여러 개의 변수를 적용해야 하는 복잡한 경우도 발생한다. 이럴 때 유용하게 사용할 수 있는 기능이 시나리오 관리자이다.

시나리오 관리자는 워크시트에 입력한 데이터를 변수에 따라 자동으로 바꿔 주는 기능이다. 시나리오를 이용하면 워크시트에 입력된 데이터를 토대로 여러 가지 변수를 적용해 다양한 결과를 예측할 수 있다. 가령 수시로 변하는 환율을 이용해 자산가치를 평가하는 경우에 다양한 환율로 시나리오를 작성해 놓으면 환율의 변화에 따른 자산의 가치를 다양하게 변수를 바꿔가며 예측할 수 있다.

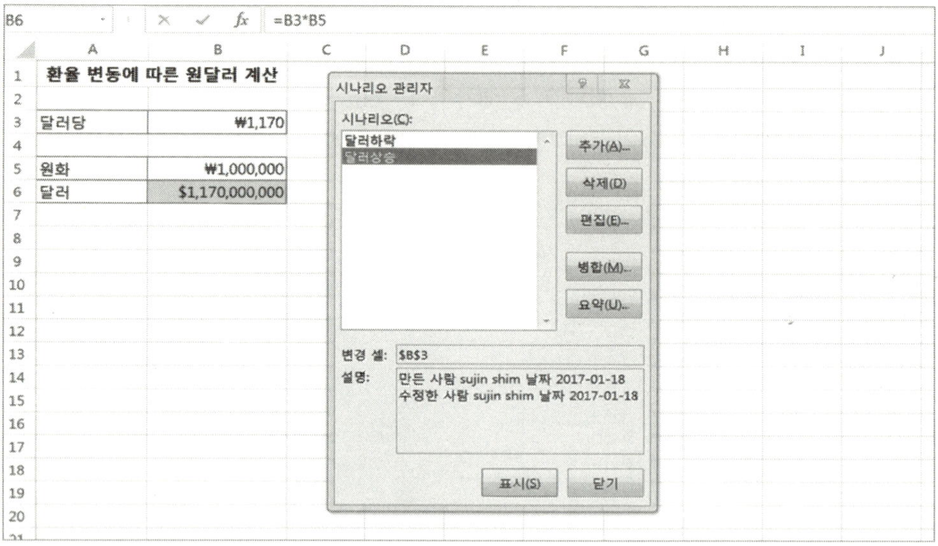

특히 시나리오 작성 기능이 유용할 때는 5~6개 이상의 변수를 한꺼번에 사용해 계산하는 경우이다. 가령 판매가격과 판매수량, 부품비용, 조립비용 등 변동이 가능한 변수들을 모두 지정해 다양한 경우에 따른 순이익을 만들어 볼 수 있다. 아래 그림은 판매가격, 부품비용, 조립비용을 변경 셀로 지정해 순이익의 변화를 시나리오로 작성하는 예이다.

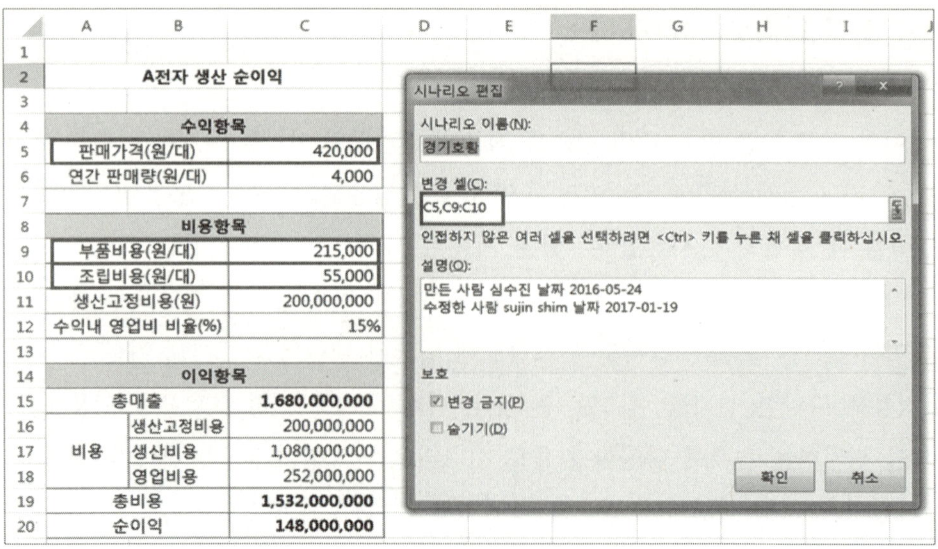

▶ 시나리오 관리자를 이용한 영업이익 구하기

상품을 구입하여 판매하는 경우에 시나리오를 이용해 영업이익을 구해보자. 상품을 구입하고 판매하는 상황을 현재 상태, 고수익, 적자의 세 가지 경우로 나누어 시나리오를 작성해보자.

아래 그림과 같이 현재는 상품을 10,000원에 1,000개를 구입하여 13,000원에 900개를 판매한다고 가정하였을 때 영업이익이 1,700,000원이 계산되어 있다. 이를 구입가, 판매가, 판매개수를 각기 달리하여 고수익과 적자를 발생시킬 수 있는 조건을 입력하였을 때의 영업이익을 시나리오 관리자를 이용하여 계산해보자.

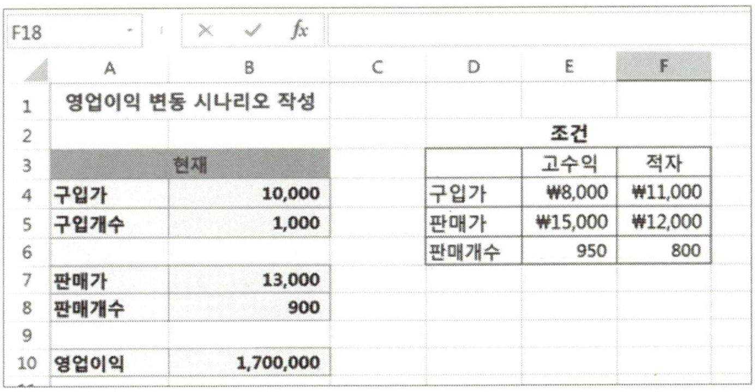

❶ [데이터] 탭-[가상분석]-[시나리오 관리자] 메뉴를 선택한다.

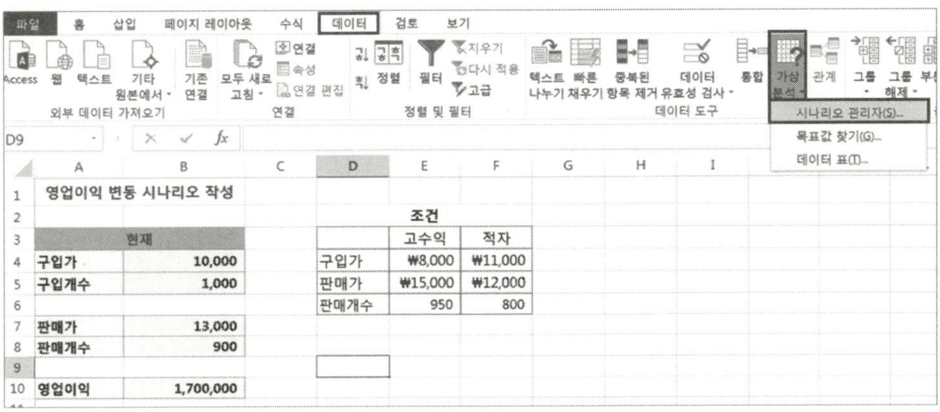

❷ [시나리오 관리자] 대화창이 뜨면 오른쪽의 [추가] 단추를 눌러 시나리오를 추가하자. [시나리오 추가] 대화상자에서 시나리오의 이름을 '고수익'으로 입력하고, 값을 변경할 셀을 아래와 같이 지정해주고 [확인] 단추를 누른다. 이어서 나타난 [시나리오 값] 대화상자에 고수익에 해당되는 구입가(8,000), 판매가(15,000), 판매개수(950)를 입력한 후 아래의 [추가] 단추를 누른다.

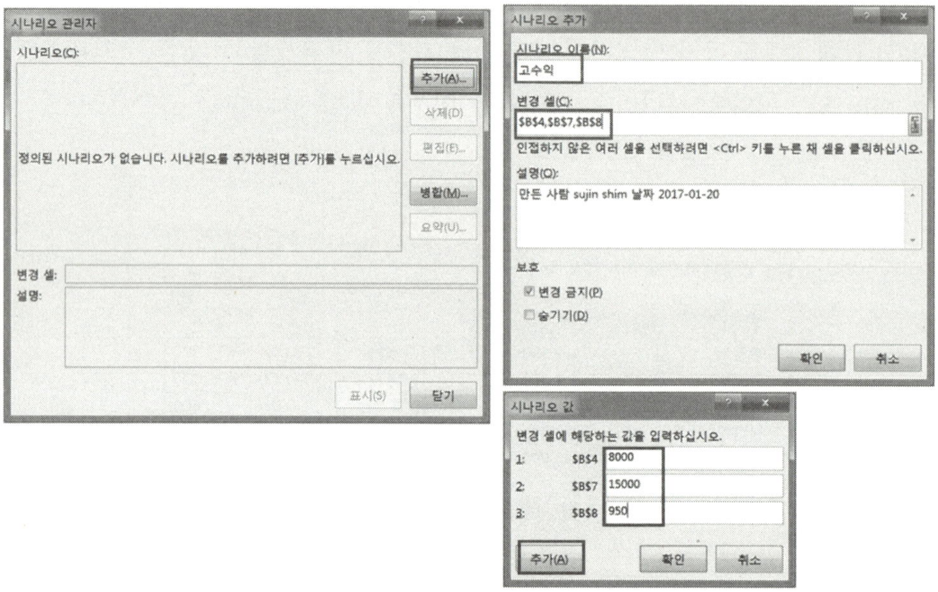

❸ 두 번째 시나리오를 추가하자. [시나리오 추가] 대화상자에 '적자' 시나리오 이름과 변경셀을 확인하고 [확인] 단추를 누른다. [시나리오 값] 대화상자에 적자 상황에 해당되는 변경값들을 아래와 같이 입력한 후 [확인] 단추를 누른다. 다시 [시나리오 관리자] 대화상자로 돌아오게 된다. 고수익과 적자에 대한 두 가지 시나리오가 작성되어 있는 것을 알 수 있다.

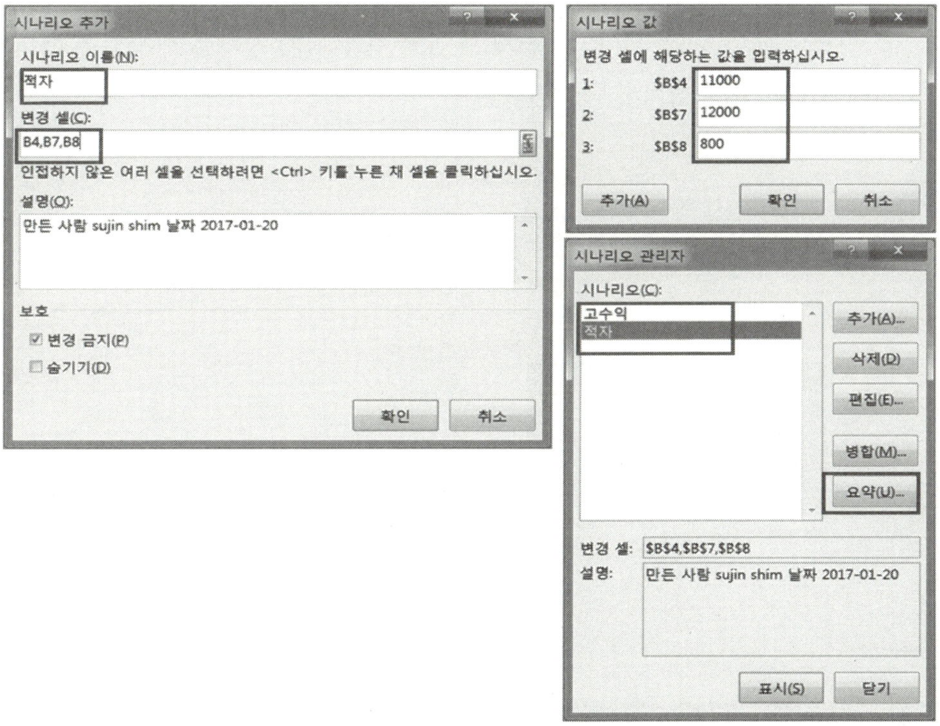

이제 우측 아래의 [요약] 단추를 눌러 각 시나리오에 해당되는 영업이익을 확인해보자.

❹ [시나리오 요약] 대화상자에서 보고서 종류는 [시나리오 요약]을 선택하고, 결과 셀 입력상자에 영업이익이 입력된 B10셀을 선택해준다.

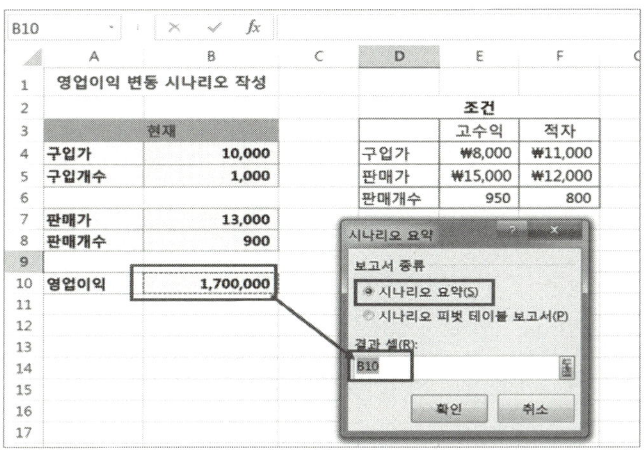

❺ 확인 단추를 누르면 새로운 시트가 만들어지고 각 시나리오에 대한 결과값이 표로 나타나는 것을 알 수 있다. 현재 및 고수익과 적자 상황을 가상했을 때의 영업이익의 변화를 확인할 수 있다.

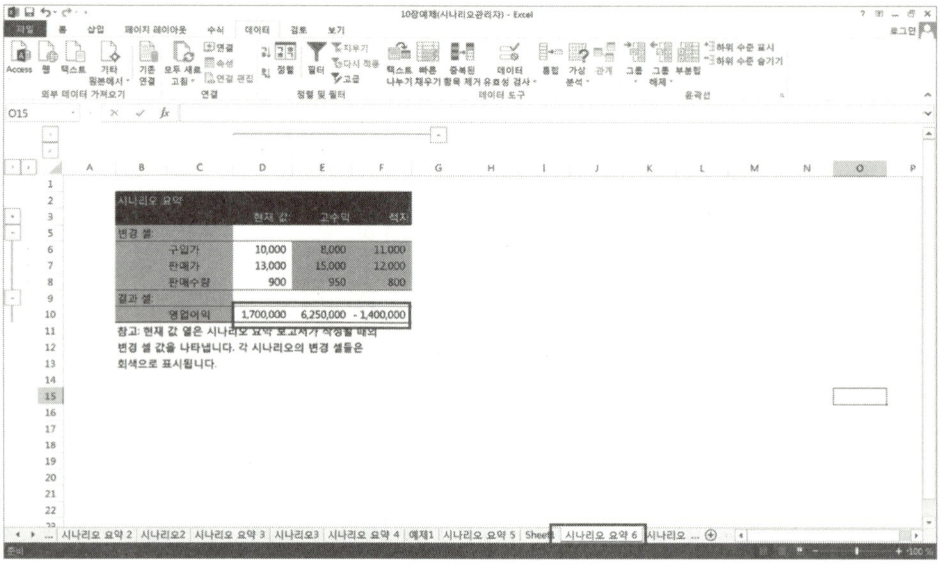

▶ 연봉 변동에 따른 실수령액 계산하기

현재 급여는 월 250만원에 보너스는 년 500%를 수령하고 있을 때 실수령액은 다음 그림과 같다. 이를 '연봉인상'과 '연봉삭감'이라는 시나리오를 작성하여 각각의 시나리오 조건에 해당되는 실수령액을 계산해보자.

연봉인상 시나리오: 급여 300만원, 보너스 600%

연봉삭감 시나리오: 급여 200만원, 보너스 400%

❶ 급여 및 보너스 등을 입력하고 실수령액을 다음 그림과 같이 계산한다. 년간 총수령액을 계산할 때 급여는 월 250만원이므로 *12개월을 해주고, 보너스는 월 급여 250만원의 500%이므로 250만원*500%를 하여 급여 값과 더해준다. 또한 세금은 년간 총수령액의 11%이며, 이를 제외한 금액이 실수령액이 된다.

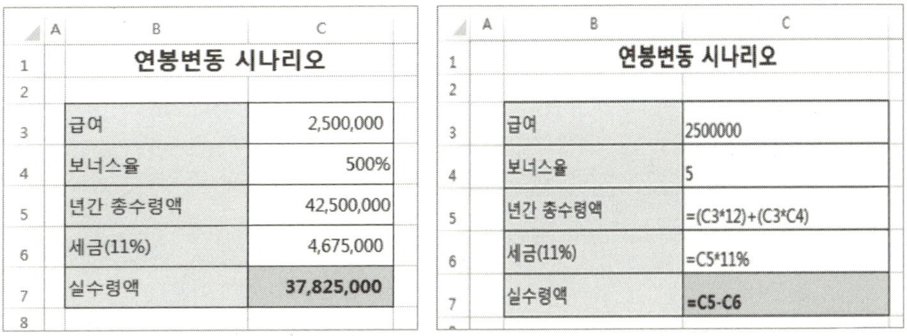

❷ 시나리오 관리자 대화상자를 열어 새로운 시나리오를 추가한다. 먼저 '연봉인상' 시나리오를 작성하고 변경 셀로 급여, 보너스율이 입력된 셀 C3과 C4를 선택해 준다.

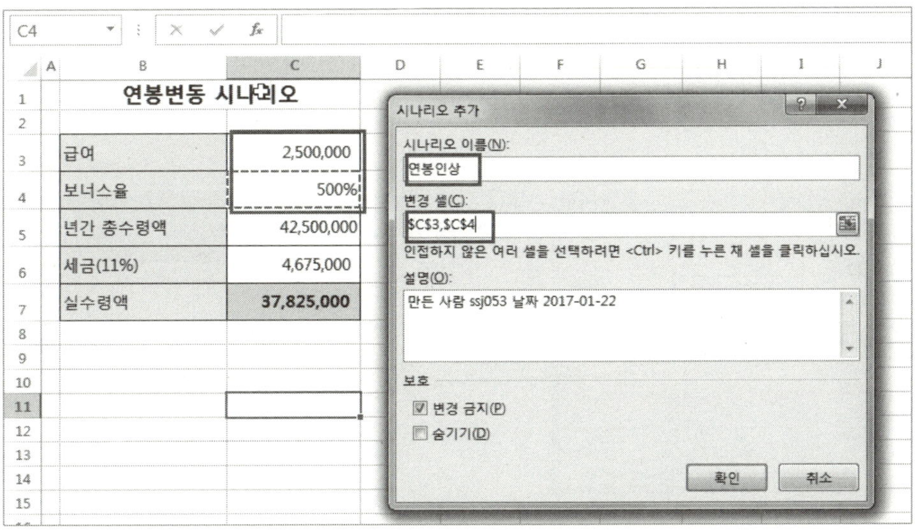

❸ [시나리오 값] 대화상자에서 연봉인상 조건에 해당되는 급여 300만원과 보너스율 600%를 입력한 후 [확인] 단추를 누른다. [시나리오 관리자] 대화상자로 다시 돌아가게 되며, 작성한 '연봉인상' 시나리오가 목록에 나타난 것을 알 수 있다. 우측의 [추가] 버튼을 눌러 두 번째 시나리오를 작성한다.

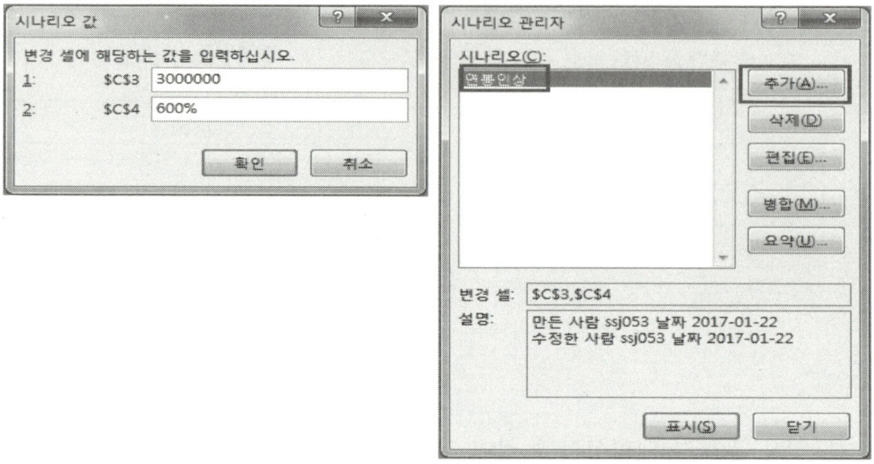

❹ 위와 동일한 순서로 '연봉삭감' 시나리오 이름을 입력한 후 변경 셀을 지정해주고, [시나리오 값] 대화상자에서 연봉삭감에 해당되는 급여 200만원과 보너스율 400%를 입력한다. 다시 돌아간 [시나리오 관리자] 대화상자에서 우측 하단의 [요약] 버튼을 클릭하여 준다.

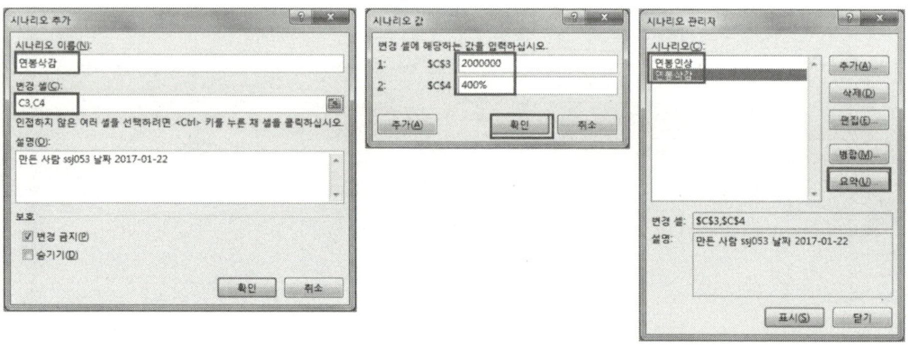

❺ '시나리오 요약' 대화상자에서 연봉이 변동되었을 때 살펴볼 값인 실수령액이 입력된 C7셀을 결과 셀 상자에 참조한 후 확인단추를 누르면 새로운 시트가 생성되고 아래 그림과 같이 시나리오 요약 표가 나타나게 된다. 연봉인상일 때와 삭감일 때의 실수령액을 한 눈에 파악할 수 있다.

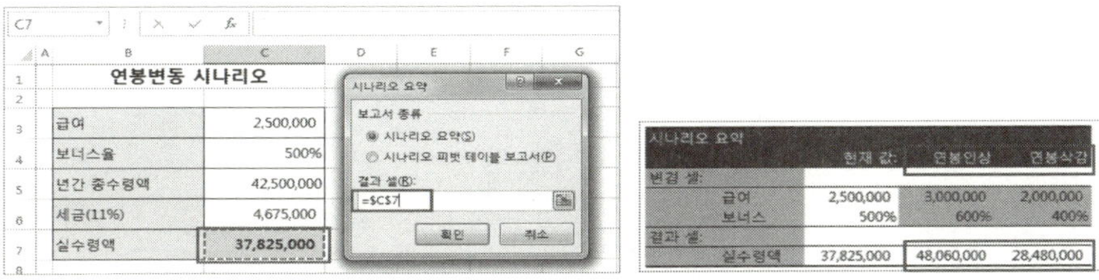

▶ 경기변동에 따른 순이익 계산하기

경기가 변화함에 따라 판매가격과 부품비용, 조립비용의 변동이 발생할 때 시나리오 관리자를 이용하여 순이익의 변화를 살펴보자.

❶ 아래 그림과 같이 먼저 창원상사의 순이익을 계산한다. 순이익은 총매출액-총비용으로 계산할 수 있다.

	A	B	C	D	E	F	G	H
1								
2		창원상사 순이익 계산						
3						조건		
4		수익항목				경기침체	경기정상	경기호황
5		판매가격(원/대)	380,000		판매가격	₩350,000	₩400,000	₩450,000
6		연간 판매량(개)	200		부품비용	₩175,000	₩150,000	₩130,000
7		총매출	76,000,000		조립비용	₩20,000	₩25,000	₩40,000
8								
9		비용항목						
10		부품비용(원/대)	150,000					
11		조립비용(원/대)	25,000					
12		생산고정비용(원)	10,000,000					
13		영업비용(총매출의 13%)	9,880,000					
14		총비용	54,880,000	비용항목의 합계				
15								
16		순이익	21,120,000	총매출-총비용				

❷ [시나리오 관리자] 메뉴를 선택하여 경기침체, 경기정상, 경기호황의 세 시나리오를 각각 작성한다. 변경 셀로는 판매가격, 부품비용, 조립비용이 입력된 셀을 선택해준다(복수의 셀을 입력할 경우 쉼표(,)로 구분).

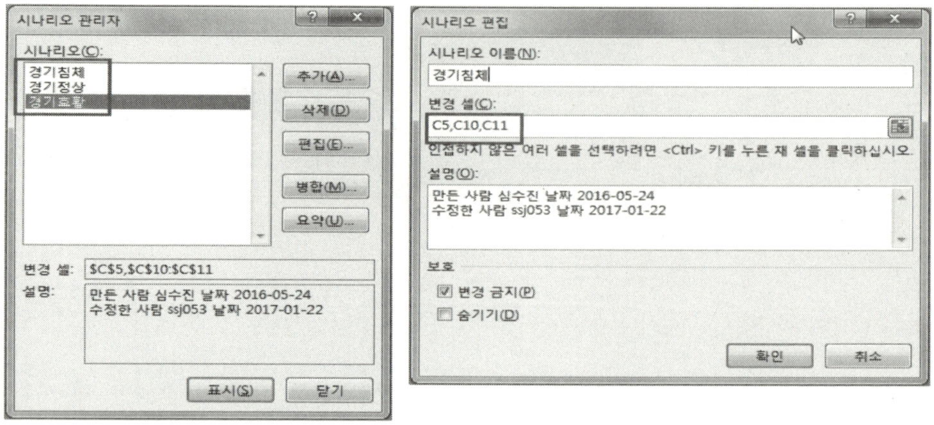

❸ 각각의 시나리오에 대해 조건값을 입력한다.

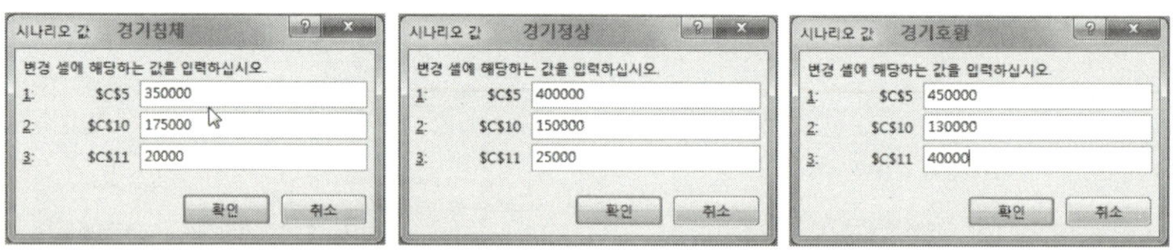

❹ [시나리오 관리자] 대화상자에서 [요약]을 선택하여 시나리오 요약 대상에 대한 [결과 셀]을 입력한다. 이 결과 셀은 순이익의 변화를 파악하고자 하는 것이므로 C16셀을 선택하고 [확인] 단추를 누른다. 그러면 새로운 시나리오 요약 시트가 생성되고 아래 그림과 같이 경기변동에 따른 순이익의 변화가 표로 제시되어 이를 쉽게 비교할 수 있게 된다.

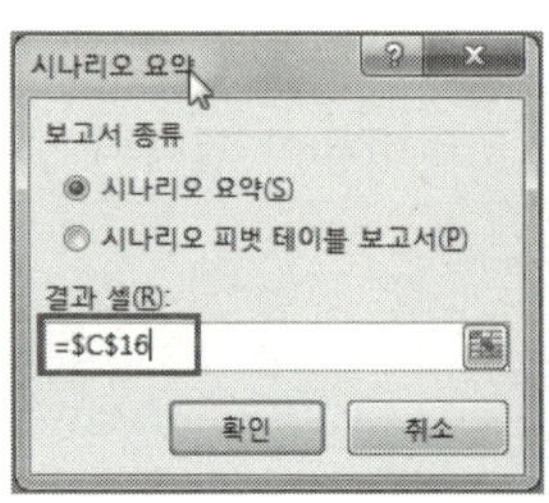

시나리오 요약	현재 값:	경기침체	경기정상	경기호황
변경 셀:				
판매가격	380,000	350,000	400,000	450,000
부품비용	150,000	175,000	150,000	130,000
조립비용	25,000	20,000	25,000	40,000
결과 셀:				
순이익	21,120,000	**11,900,000**	**24,600,000**	**34,300,000**

시나리오 관리자 연습문제

아래 그림은 A기업의 제품 판매가격 및 판매수량을 나타내고 있다. 기본적인 데이터를 이용하여 이 기업의 영업이익을 계산하라. 또한 판매수량이 증가했을 때와 감소했을 때의 두 가지 시나리오를 작성하고 이에 따른 영업이익의 변동을 나타내보라.

시나리오1 조건: 판매수량 증가, 판매수량 4,000개
시나리오2 조건: 판매수량 감소, 판매수량 2,000개

영업이익 변동 시나리오

제품원가(개)	4,300
판매가격(원)	6,500
판매수량(개)	3,000
매출액	
매출원가	
매출총이익	
인건비(매출액의 3%)	
광고비(매출액의 2.5%)	
일반관리비(매출액의 2%)	
운송비(매출액의 1.5%)	
총비용	
영업이익	

〈결과〉

영업이익 변동 시나리오

제품원가(개)	4,300
판매가격(원)	6,500
판매수량(개)	3,000
매출액	19,500,000
매출원가	12,900,000
매출총이익	**6,600,000**
인건비(매출액의 3%)	585,000
광고비(매출액의 2.5%)	487,500
일반관리비(매출액의 2%)	390,000
운송비(매출액의 1.5%)	292,500
총비용	**1,755,000**
영업이익	**4,845,000**

시나리오 요약	현재 값:	판매수량 증가	판매수량 감소
변경 셀:			
판매수량	3,000	4,000	2,000
결과 셀:			
영업이익	4,845,000	6,460,000	3,230,000

참고: 현재 값 열은 시나리오 요약 보고서가 작성될 때의 변경 셀 값을 나타냅니다. 각 시나리오의 변경 셀들은 회색으로 표시됩니다.

4. 목표값 찾기

목표값 찾기는 시나리오 관리자와 반대로 결과값을 미리 정한 후에 역으로 변수를 추산해준다. 즉 목표값 찾기 기능은 총액을 미리 지정하면 지정한 총액을 구할 수 있는 변수를 역추산해 알려주는 기능으로, 변수를 인수로 사용한 수식 셀을 선택한 다음 사용자가 원하는 목표값을 만들려면 수식에 사용된 변수가 어떤 값이어야 하는지를 계산하는 방식이다.

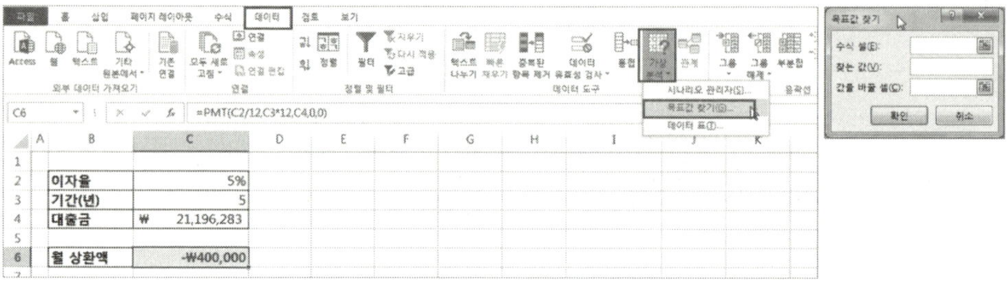

▶ 목표값 찾기 대화상자 인수설명

- 수식 셀: 값을 바꿀 셀, 즉 변수를 참조하는 수식을 계산해 결과 값이 입력되는 셀이다.
- 찾는 값: 변수와 수식을 이용해 최종적으로 계산할 목표값을 입력한다.
- 값을 바꿀 셀: 수식 셀의 수식을 계산해 찾는 값을 만들기 위해 값을 조정할 대상 셀이다.

예를 들어, 이자율(년) 5%로 대출금 2,000만원을 빌려 5년 내 상환하기로 하였을 때 매월 상환액을 PMT함수를 이용하여 계산해 보면 아래와 같이 나타난다.

이자율	5%
기간(년)	5
대출금	₩ 20,000,000
월 상환액	-₩377,425

월 상환액을 40만원으로 변경한다면(목표값) 대출금을 얼마까지 빌릴 수 있을지를 목표값 찾기 기능을 이용해 계산해보면 다음과 같다. 이때 주의할 점은 목표값으로 지정한 값이 입력된 셀에(수식 셀)는 반드시 수식이 입력되어야 한다는 것이다.

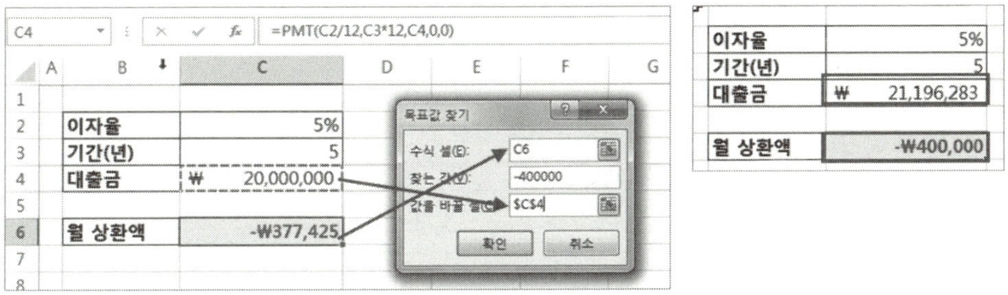

월 상환액을 40만원으로 늘리면 대출금은 2,000만원보다 조금 늘어난 21,196,283원이 계산된다. 이처럼 목표값 찾기는 수식을 통해 얻으려는 결과값을 알고 있지만 그 결과값을 얻기 위해 수식에 필요한 입력값이 무엇인지 정확하게 알지 못할 경우에 사용되는 기능이다.

▶ 목표값 찾기를 이용한 이익률 계산

다음은 월영대리점의 스마트폰 판매 데이터이다. 각 모델에 대한 판매수량, 판매가 및 할인율이 입력되어 있다. 먼저 이 데이터를 이용하여 판매금액을 계산해보자(10장\월영대리점.xlsx).

스마트폰 대리점 판매 현황

모델명	판매수량	판매가	할인율	판매금액	이익금액
SK-IM1000	100	420,000	8%		
GA8-2016	258	321,000	5%		
Luna-X	156	365,000	4%		
BB-PRIV	172	432,000	3%		
LS-K10	215	367,500	9%		
Sole-100	234	265,000	12%		
iPng-7	223	456,000	5%		
GJ3-2016	168	278,000	7%		
합계	1,526	2,904,500			

❶ 판매금액 입력 셀에 수식을 입력하여 판매금액을 계산한다(판매수량×판매가에서 할인율을 적용한 금액을 빼준다).

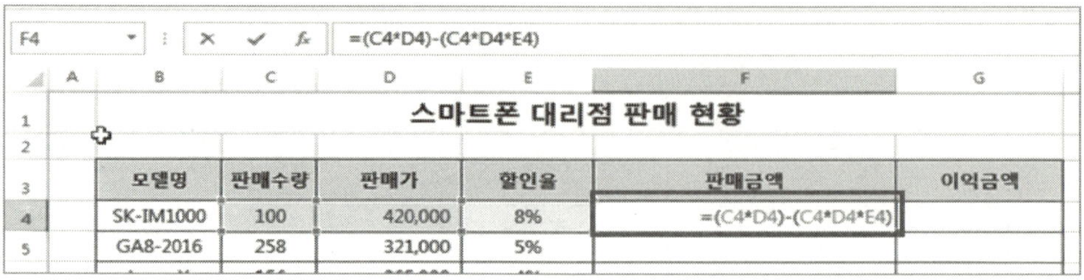
F4 =(C4*D4)-(C4*D4*E4)

스마트폰 대리점 판매 현황

모델명	판매수량	판매가	할인율	판매금액	이익금액
SK-IM1000	100	420,000	8%	=(C4*D4)-(C4*D4*E4)	
GA8-2016	258	321,000	5%		

❷ 판매금액을 계산한 후 이익금액을 구해보자. 이익률이 20%라고 가정했을 때 이익금액은 판매금액×이익율을 적용하면 된다.

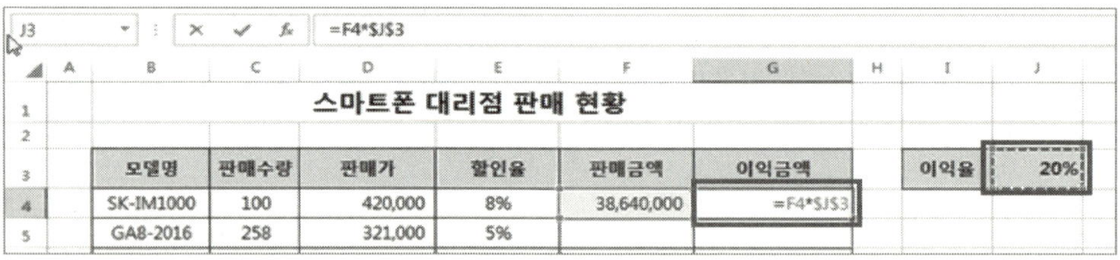
J3 =F4*$J$3

스마트폰 대리점 판매 현황

모델명	판매수량	판매가	할인율	판매금액	이익금액		이익율	20%
SK-IM1000	100	420,000	8%	38,640,000	=F4*$J$3			
GA8-2016	258	321,000	5%					

❸ 계산한 판매금액과 이익금액을 자동채움하여 나머지 모델에 대한 계산도 완성해준다. 결과는 아래 그림과 같으며 이익률을 20%라고 가정하였을 때 이익금액의 합계금액은 102,112,575원으로 나타났다.

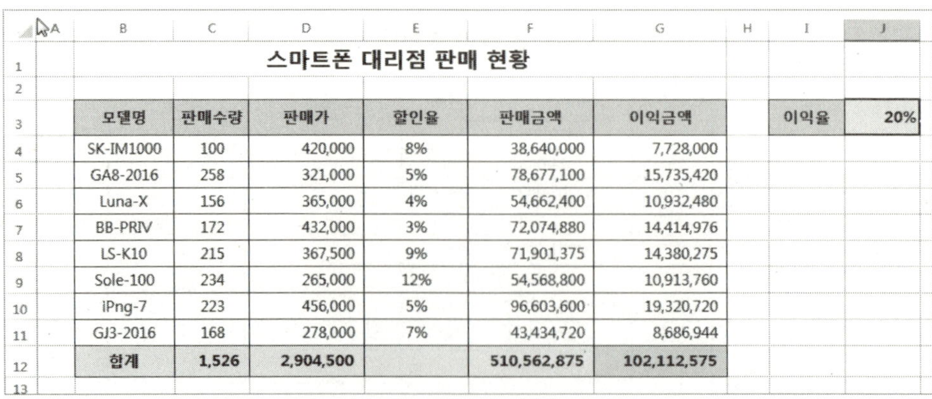
스마트폰 대리점 판매 현황

모델명	판매수량	판매가	할인율	판매금액	이익금액		이익율	20%
SK-IM1000	100	420,000	8%	38,640,000	7,728,000			
GA8-2016	258	321,000	5%	78,677,100	15,735,420			
Luna-X	156	365,000	4%	54,662,400	10,932,480			
BB-PRIV	172	432,000	3%	72,074,880	14,414,976			
LS-K10	215	367,500	9%	71,901,375	14,380,275			
Sole-100	234	265,000	12%	54,568,800	10,913,760			
iPng-7	223	456,000	5%	96,603,600	19,320,720			
GJ3-2016	168	278,000	7%	43,434,720	8,686,944			
합계	1,526	2,904,500		510,562,875	102,112,575			

❹ 이제 목표값 찾기를 이용하여 이익금액을 120,000,000원으로 증가시키고자 할 때의 이익률을 찾아보자. [목표값 찾기] 대화상자에서 수식 셀 영역에 이익금액의 합계가 입력된 G12셀을 입력해주고, 찾는 값에는 120,000,000을, 그리고 값을 바꿀 셀에는 이익률 20%가 입력된 J3셀을 입력해준다.

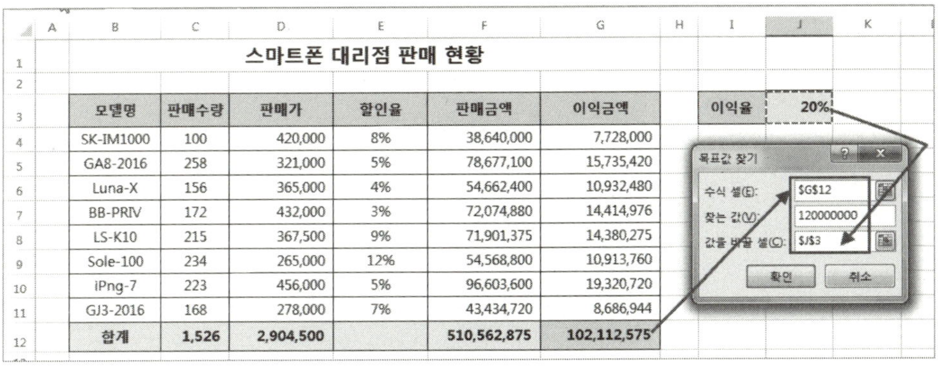

스마트폰 대리점 판매 현황

모델명	판매수량	판매가	할인율	판매금액	이익금액
SK-IM1000	100	420,000	8%	38,640,000	7,728,000
GA8-2016	258	321,000	5%	78,677,100	15,735,420
Luna-X	156	365,000	4%	54,662,400	10,932,480
BB-PRIV	172	432,000	3%	72,074,880	14,414,976
LS-K10	215	367,500	9%	71,901,375	14,380,275
Sole-100	234	265,000	12%	54,568,800	10,913,760
iPng-7	223	456,000	5%	96,603,600	19,320,720
GJ3-2016	168	278,000	7%	43,434,720	8,686,944
합계	1,526	2,904,500		510,562,875	102,112,575

이익율	20%

❺ 목표값 찾기 기능을 이용하여 이익금액 120,000,000원을 가능하게 하는 이익률 24%를 계산해낼 수 있다.

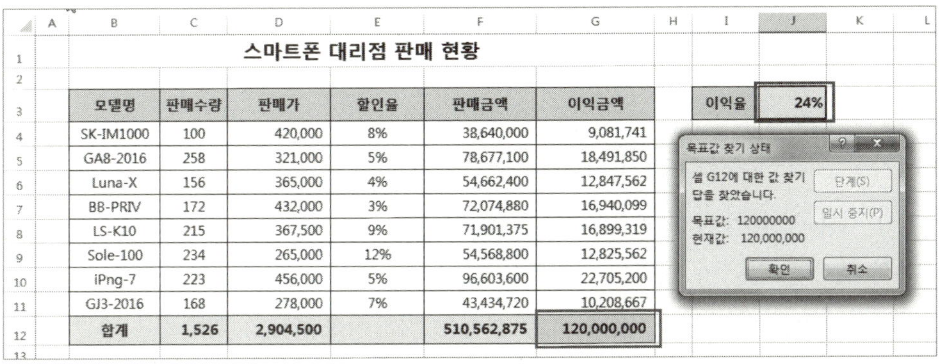

스마트폰 대리점 판매 현황

모델명	판매수량	판매가	할인율	판매금액	이익금액
SK-IM1000	100	420,000	8%	38,640,000	9,081,741
GA8-2016	258	321,000	5%	78,677,100	18,491,850
Luna-X	156	365,000	4%	54,662,400	12,847,562
BB-PRIV	172	432,000	3%	72,074,880	16,940,099
LS-K10	215	367,500	9%	71,901,375	16,899,319
Sole-100	234	265,000	12%	54,568,800	12,825,562
iPng-7	223	456,000	5%	96,603,600	22,705,200
GJ3-2016	168	278,000	7%	43,434,720	10,208,667
합계	1,526	2,904,500		510,562,875	120,000,000

이익율	24%

▶ 목표값 찾기를 이용한 카드사용요금 계산

다음 데이터는 어느 가정의 월 수입 및 지출내역을 기록한 것이다. 현재 수입 및 지출상태에서의 잔액은 37만원으로 계산된다. 만약 이 가정에서 잔액을 1백만 원으로 증가시켜 남기고자 한다면 지출 내역 중 카드사용요금을 얼마로 줄이면 가능할까? 목표값 찾기를 이용하여 값을 계산해보자(10장 \ 가계부.xlsx).

❶ 수입합계, 지출합계, 잔액을 정확한 수식을 입력하여 계산한다. 수입합계는 월급, 수당, 기타를 합한 값이며, 지출합계는 교육비부터 보험/예금을 더한 값으로 계산한다. 잔액은 수입합계 - 지출합계로 계산하면 된다.

	A	B	C
1		**월 수입 및 지출**	
2			
3		**수입**	
4		월급	3,000,000
5		수당	500,000
6		기타	0
7		**수입합계**	**3,500,000**
8			
9		**지출**	
10		교육비	450,000
11		문화생활비	400,000
12		교통비	280,000
13		카드사용요금	800,000
14		공과금	400,000
15		보험/예금	800,000
16		**지출합계**	**3,130,000**
17			
18		**잔액**	**370,000**
19			

❷ [가상분석]–[목표값 찾기] 메뉴를 클릭하여 나타난 대화상자에서 각각의 글상자에 아래와 같이 인수를 입력하고 확인단추를 누른다.

• 수식 셀에는 잔액이 입력된 C18셀을 입력하고, 찾는 값에는 남기고자 하는 잔액인 1백만원을 입력한다. 값을 바꿀 셀에는 카드사용요금이 입력된 C13셀을 입력해준다.

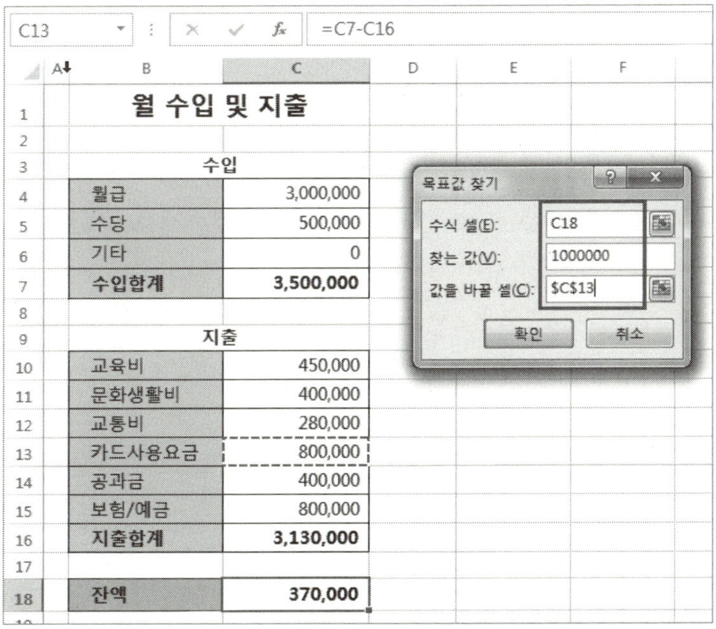

❸ 목표값 찾기 결과가 나타난다. 잔액 1백만 원을 만들기 위해서 카드사용요금이 기존의 80만원에서 17만원으로 조정된 것을 알 수 있다.

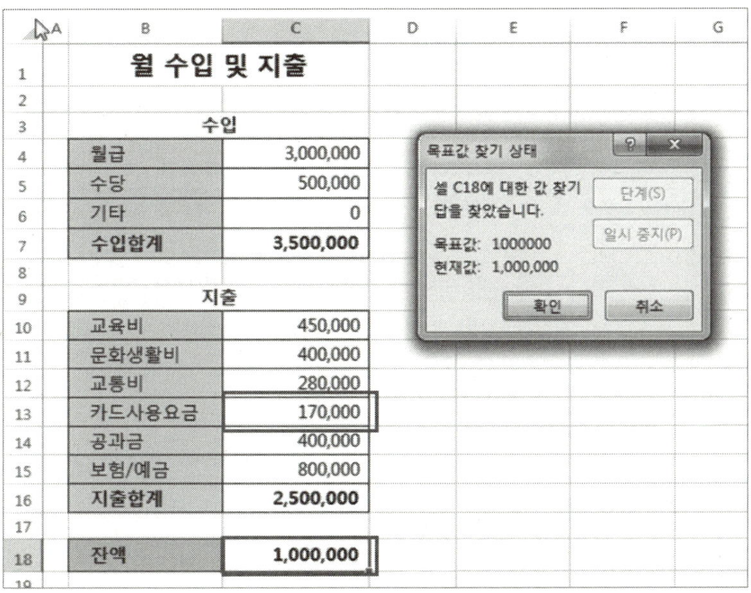

▶ 목표값 찾기를 이용한 자기자본 계산

아래는 D항공사의 부채비율을 나타낸 데이터이다. 2015년 부채비율이 900%가 넘어가므로 이를 2016년에는 700%까지 낮추려고 한다. 유동부채와 비유동부채가 2015년도와 동일하다고 가정하였을 때 2016년의 부채비율을 700%로 만들기 위해서는 자기자본금이 얼마가 필요한지 목표값 찾기를 이용하여 계산해보자(10장 \ D기업부채비율.xlsx).

D기업 부채비율

단위:천원

항목	2013년	2014년	2015년	2016년(목표년도)
유동부채	6,688,806	6,350,692	8,428,114	8,428,114
비유동부채	12,004,885	13,090,042	12,324,532	12,324,532
자기자본	2,270,564	1,979,712	2,296,294	2,296,294
부채비율	823.3%	982.0%	903.7%	**903.7%**

❶ 먼저 각 년도의 부채비율을 계산한다. 부채비율=기업의 총부채/자기자본* 100(%)

	A	B	C	D	E	F
1						
2		D기업 부채비율				
3						단위:천원
4		항목	2013년	2014년	2015년	2016년(목표년도)
5		유동부채	6,688,806	6,350,692	8,428,114	8,428,114
6		비유동부채	12,004,885	13,090,042	12,324,532	12,324,532
7		자기자본	2,270,564	1,979,712	2,296,294	2,296,294
8		부채비율	823.3%	982.0%	903.7%	=(F5+F6)/F7
9						

❷ [목표값 찾기] 메뉴를 실행시키고 대화상자에 아래 그림과 같이 적절한 인수를 입력한다. '부채비율 700%를 만들기 위해 필요한 자기자본은 얼마인가'라는 질문에 답할 수 있도록 내용을 삽입한다.

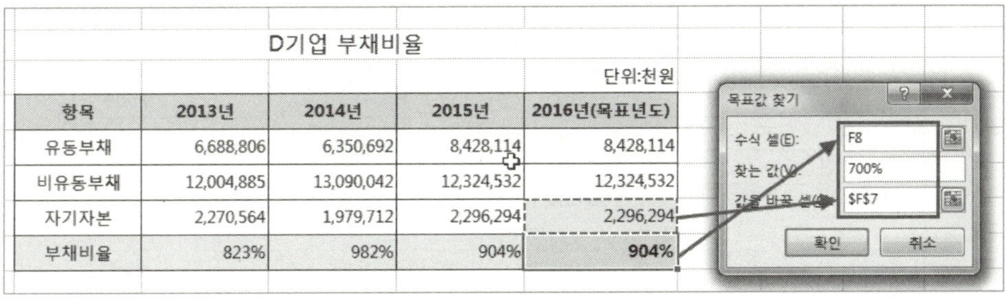

D기업 부채비율

단위:천원

항목	2013년	2014년	2015년	2016년(목표년도)
유동부채	6,688,806	6,350,692	8,428,114	8,428,114
비유동부채	12,004,885	13,090,042	12,324,532	12,324,532
자기자본	2,270,564	1,979,712	2,296,294	2,296,294
부채비율	823%	982%	904%	904%

❸ [확인] 단추를 누르면 다음과 같이 2016년도 부채비율 700%를 만들기 위해 요구되는 자기자본 값이 찾아짐을 알 수 있다.

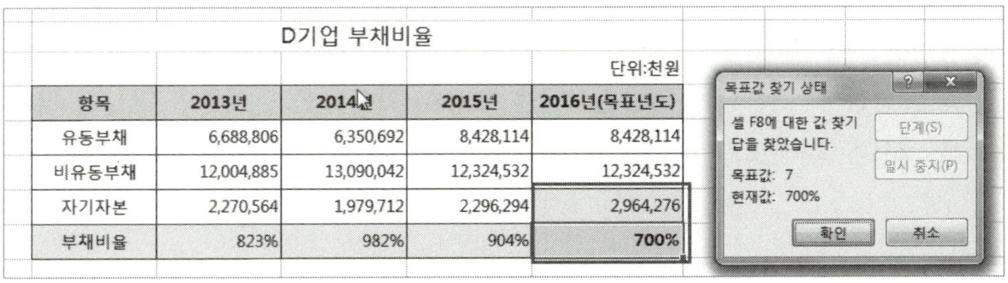

D기업 부채비율

단위:천원

항목	2013년	2014년	2015년	2016년(목표년도)
유동부채	6,688,806	6,350,692	8,428,114	8,428,114
비유동부채	12,004,885	13,090,042	12,324,532	12,324,532
자기자본	2,270,564	1,979,712	2,296,294	2,964,276
부채비율	823%	982%	904%	700%

▶ 목표값 찾기를 이용한 기본급 계산

다음 그림은 손대리의 월급 명세표이다. 현재 연봉은 3,700만 원선인데 연봉이 4,500만 원이 되려면 기본급이 몇 %나 인상되어야 하는지를 목표값 찾기를 통해 계산해보자(10장 \ 손대리월급.xlsx).

손대리 월급 명세서	
기 본 급	1,848,300
임 금 인 상 률	0%
인 상 된 기 본 급	
가 족 수 당	30,000
직 위 수 당	100,000
교 통 비	100,000
식 대	100,000
보 너 스 (연)	600%
월 평 균 보 너 스	
월 평 균 수 령 액	
연 봉	

손대리 월급 명세서	
기 본 급	1,848,300
임 금 인 상 률	0%
인 상 된 기 본 급	1,848,300
가 족 수 당	30,000
직 위 수 당	100,000
교 통 비	100,000
식 대	100,000
보 너 스 (연)	600%
월 평 균 보 너 스	924,150
월 평 균 수 령 액	3,102,450
연 봉	37,229,400

❶ 먼저 손대리 월급 명세서의 빈 칸을 채우는 계산부터 수행한다. 인상된 기본급을 계산한다. 기본급에 임금인상률을 적용한 기본급을 더해주면 인상된 기본급을 계산할 수 있다.

	A	B	C
1			
2		손대리 월급 명세서	
3			
4		기 본 급	1,848,300
5		임 금 인 상 률	0%
6			
7		인 상 된 기 본 급	=C4+(C4*C5)
8		가 족 수 당	30,000
9		직 위 수 당	100,000
10		교 통 비	100,000
11		식 대	100,000

❷ 월평균 보너스 계산은 기본급에 보너스를 곱한 후 이를 12개월로 나누어준다.

❸ 월평균 수령액은 아래 그림과 같이 인상된 기본급, 가족수당, 직위수당, 교통비, 식대, 월평균 보너스를 더해주면 된다.

❹ 연봉은 월평균 수령액에 12개월을 곱해주면 계산된다.

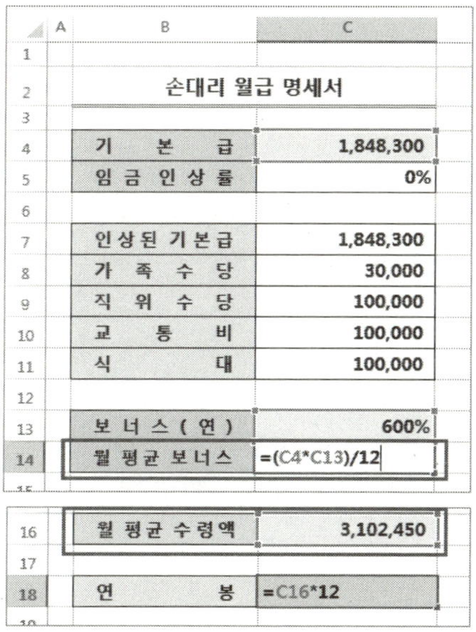

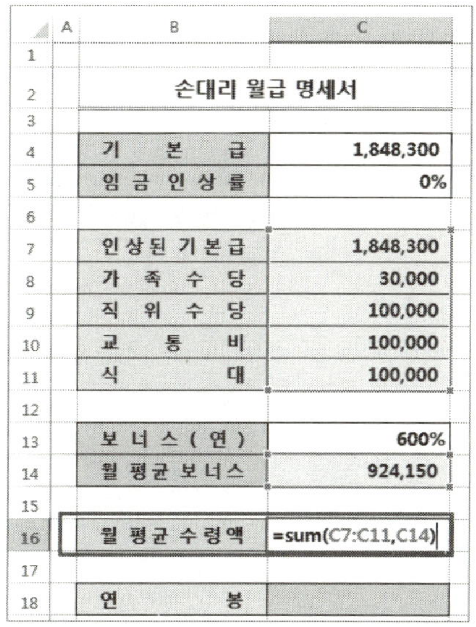

❺ [목표값 찾기] 메뉴를 실행하고 대화상자에서 아래 그림과 같이 적절한 인수를 삽입한다. 연봉이 4,500만원이 되기 위해 임금인상률이 얼마나 올라야 할 것인가?의 질문에 답할 수 있도록 입력한다.

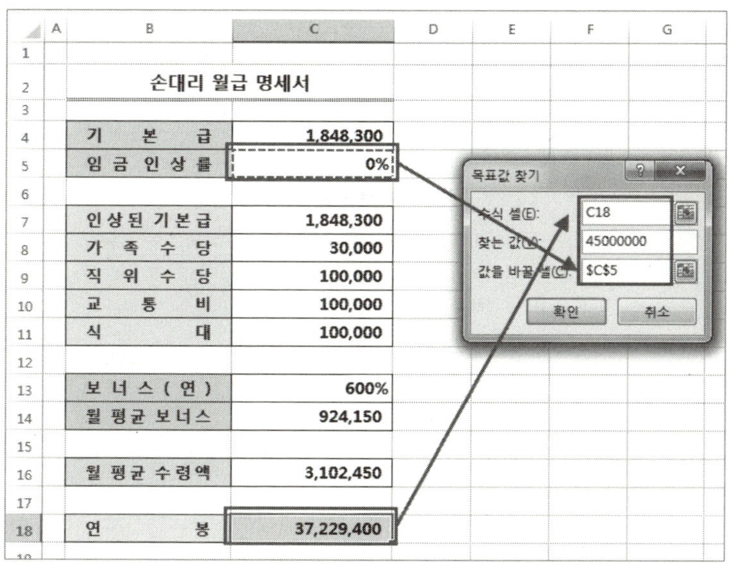

❻ 목표값 찾기를 통하여 손대리가 연봉 4,500만원을 받기 위해서는 임금이 35% 인상되어야 한다는 결론을 도출할 수 있다.

	A	B	C	D	E	F	G
1							
2		손대리 월급 명세서					
3							
4		기 본 급	1,848,300				
5		임 금 인 상 률	35%				
6							
7		인 상 된 기 본 급	2,495,850				
8		가 족 수 당	30,000				
9		직 위 수 당	100,000				
10		교 통 비	100,000				
11		식 대	100,000				
12							
13		보 너 스 (연)	600%				
14		월 평 균 보 너 스	924,150				
15							
16		월 평 균 수 령 액	3,750,000				
17							
18		연 봉	45,000,000				

목표값 찾기 상태
셀 C18에 대한 값 찾기
답을 찾았습니다.
목표값: 45000000
현재값: 45,000,000
단계(S) 일시 중지(P)
확인 취소

목표값 찾기 연습문제

1억 5천만 원을 10년(120개월) 동안 연이율 3.8%로 대출하면 월 상환금이 1,504,460원으로 계산된다. 형편상 매월 상환금으로 1,000,000원만 지출할 수 있다면 대출 기간과 연이율이 고정되었을 때 얼마를 대출해야 할지 계산하시오.

	A	B
1	대출금 상환액 계산하기	
2	이자율	3.8%
3	기간(년)	10
4	대출금	₩ 150,000,000
5		
6	월 상환액	-₩1,504,460

다음 워크시트는 월평균 급여를 보여준다. 기본급과 보너스 비율을 합한 금액에서 소득세, 주민세, 국민연금을 제하면 월평균 급여를 계산할 수 있다. 현재 월평균 급여는

260만 원 정도인데 만약 이를 300만 원이 되도록 하려면 보너스 비율이 몇 %가 되어야 하는지 목표값 찾기를 이용하여 계산해보시오.

	A	B
1	**월평균 급여계산**	
2	기본급	2,500,000
3	보너스 비율	**200%**
4	소득세	250,000
5	주민세	25,000
6	국민연금	10,000
7	월평균 급여	2,631,667

5. 해 찾기

본 절에서는 기업의 계량적인 의사결정 문제를 수학적으로 표현해 내고, 표현해 낸 수학적인 모델을 엑셀의 해 찾기 기능을 이용하여 답을 도출해 내며, 도출해 낸 답을 이용하여 결과를 어떻게 해석할 것인지에 관해 학습한다.

해 찾기는 목표값 찾기와 유사하나 다수의 조건을 수용하고 최적의 값을 찾아낼 수 있는 장점이 있다. 앞서 목표값 찾기를 이용하여 손대리의 연봉 총액이 4,500만원이 되려면 임금 인상률이 얼마나 되어야하는지 계산해보았다. 같은 결과를 해 찾기 기능을 이용해 구할 수 있다.

아래 그림과 같이 [해 찾기] 메뉴를 선택하여 열린 대화상자에서 목표 설정에 연봉이 입력된 C18셀을 선택하고 지정값으로 원하는 연봉인 4,500만원을 입력한다. [변수 셀 변경]에는 임금 인상률을 입력할 C5셀을 참조하고 [해 찾기] 단추를 누른다.

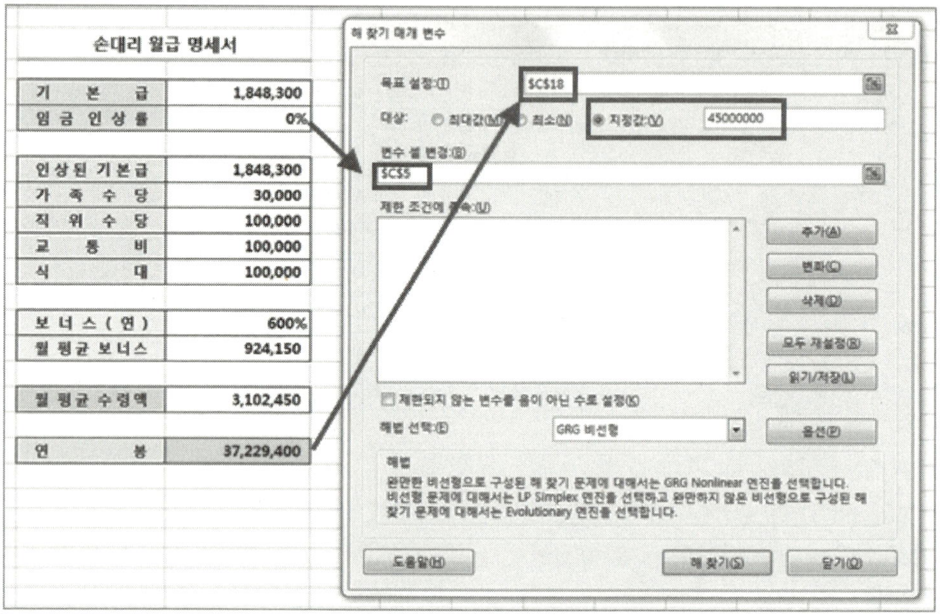

그림처럼 연봉 4,500만원이 되기 위해 임금이 얼마나 인상되어야 하는지 계산된다. 이 상태에서 [해 찾기 해 보존]을 선택하고 [확인[단추를 누르면 바뀐 급여 상태가 적용되고, [원래 값 복원]을 선택하고 [확인] 단추를 누르면 이전의 데이터 상태로 돌아간다.

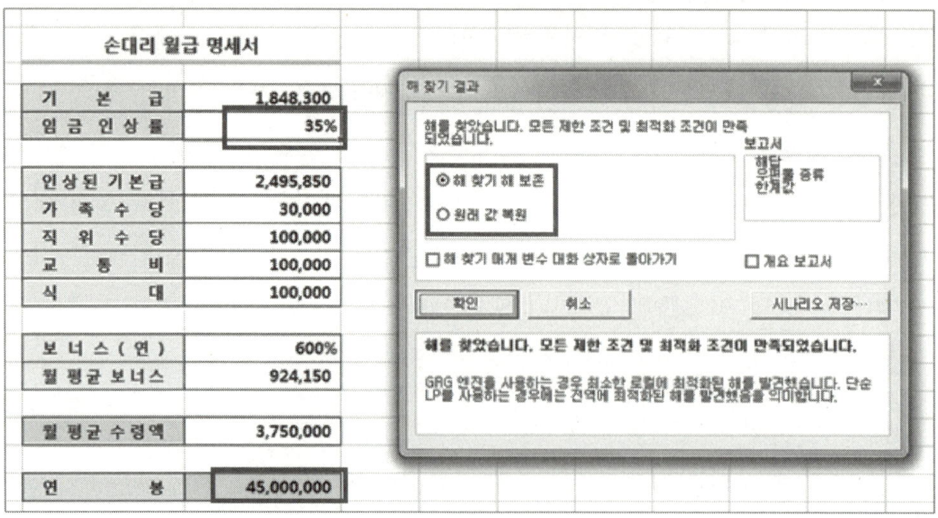

위와 같이 목표값 찾기와 동일한 결과를 해 찾기 기능을 적용해서도 구할 수 있지만 목표값 찾기 기능은 값을 바꿀 셀을 하나만 선택할 수 있는 반면, 해 찾기 기능은 여러 개의 셀에 입력된 값을 한꺼번에 바꿀 수 있다. 뿐만 아니라 다양한 조건에 맞춰 값을 변경할 수 있기 때문에 훨씬 다양한 용도로 활용할 수 있다. 가령 직위수당, 보너스 등이 인상되는 조건에 맞춰 연봉 총액에 맞는 기본급 인상률을 계산할 수 있다.

▶ 엑셀에 해 찾기 메뉴 삽입하기

❶ 엑셀에서 해 찾기 메뉴를 삽입하기 위해서는 엑셀의 [파일] 탭-[옵션]을 클릭하여 옵션 대화상자를 열어준다. 엑셀 옵션 대화상자에서 왼쪽 하단의 추가 기능을 선택하고 우측의 목록 상자에서 '해 찾기 추가 기능'을 찾아 선택한 다음 아래에 있는 [이동] 버튼을 눌러준다.

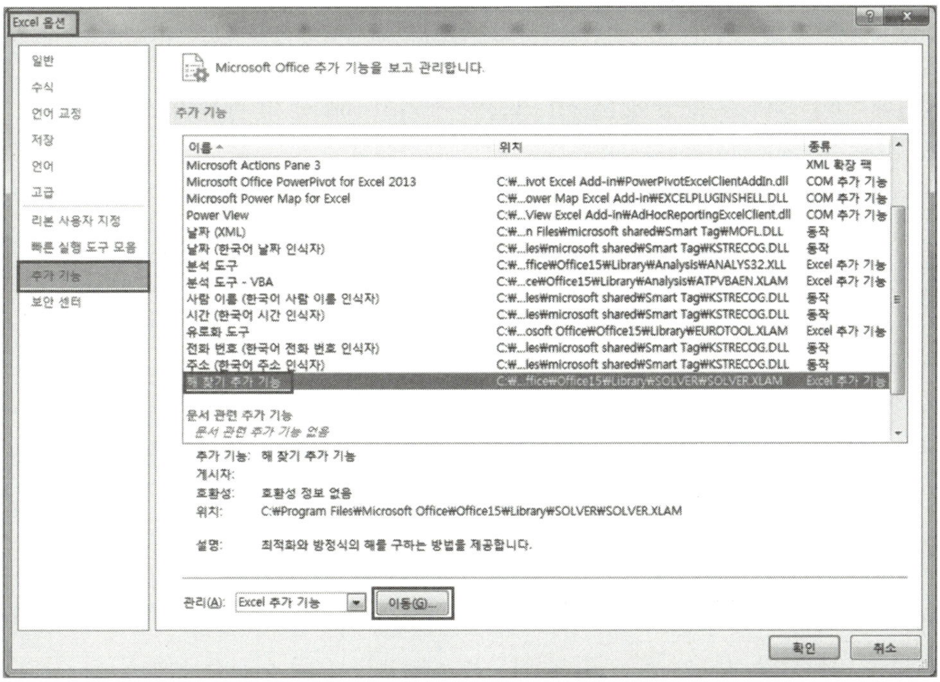

❷ '추가 기능' 창이 뜨면 '해 찾기 추가 기능'을 체크하고 [확인] 버튼을 눌러준다.

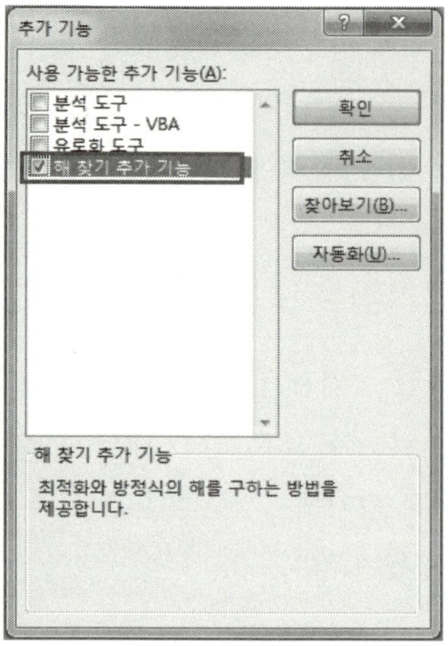

❸ [데이터] 탭의 우측 끝에 [분석] 그룹이 생기고 [해 찾기] 메뉴가 생성된 것을 확인할 수 있다.

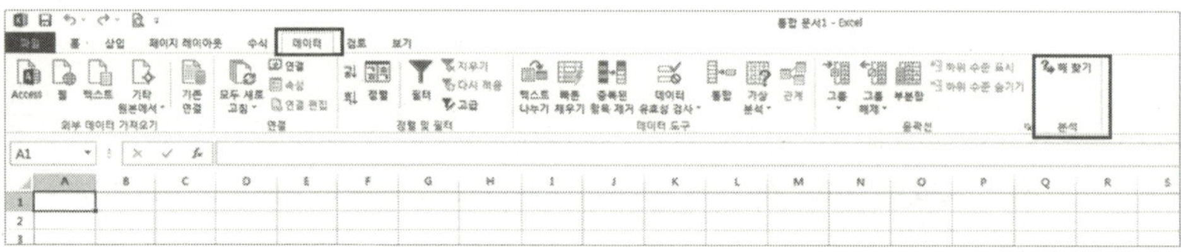

▶ 해 찾기 기능을 이용하여 여러 가지 조건으로 목표값 계산하기

다음 그림과 같이 손대리의 월급 명세서가 제시되어 있다. 손대리의 연봉 총액에서 기본급과 직위수당, 보너스를 조절해 연봉을 4,500만원으로 만드는 방법을 해 찾기 기능을 이용하여 실행해보자(10장 \ 손대리월급해찾기.xlsx).

이때 조건은 기본급은 200만 원 이상이 되어야 하며, 직위수당은 15만원으로 고정되고, 보너스는 700%로 고정된다는 점이다.

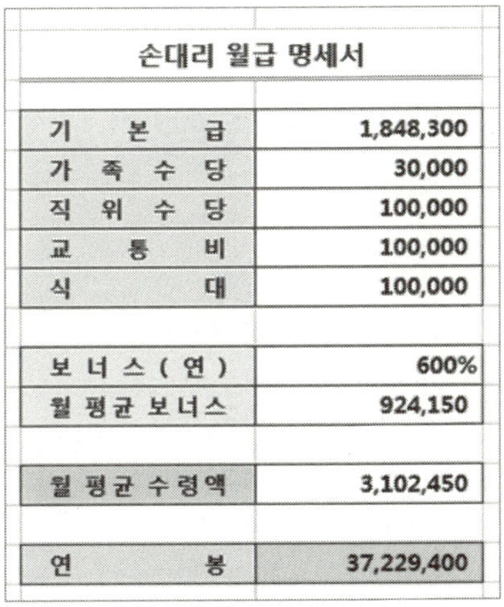

손대리 월급 명세서	
기 본 급	1,848,300
가 족 수 당	30,000
직 위 수 당	100,000
교 통 비	100,000
식 대	100,000
보 너 스 (연)	600%
월 평균 보 너 스	924,150
월 평균 수 령 액	3,102,450
연 봉	37,229,400

❶ [데이터] 탭–[분석] 그룹–[해 찾기] 메뉴를 선택한다. [해 찾기 매개 변수] 대화상자에서 [목표 설정에 연봉이 입력된 C15셀을 입력한다. [대상]에는 [지정값]을 선택하고 45000000을 입력한다. 연봉이 4,500만원이 되도록 설정한 것이다. 또한 [변수 셀 변경] 글상자에 값을 변경할 기본급, 직위수당, 보너스가 입력된 C4, C6, C10셀을 입력한다. 그런 다음 조건을 지정하기 위해 우측의 [추가] 버튼을 누른다.

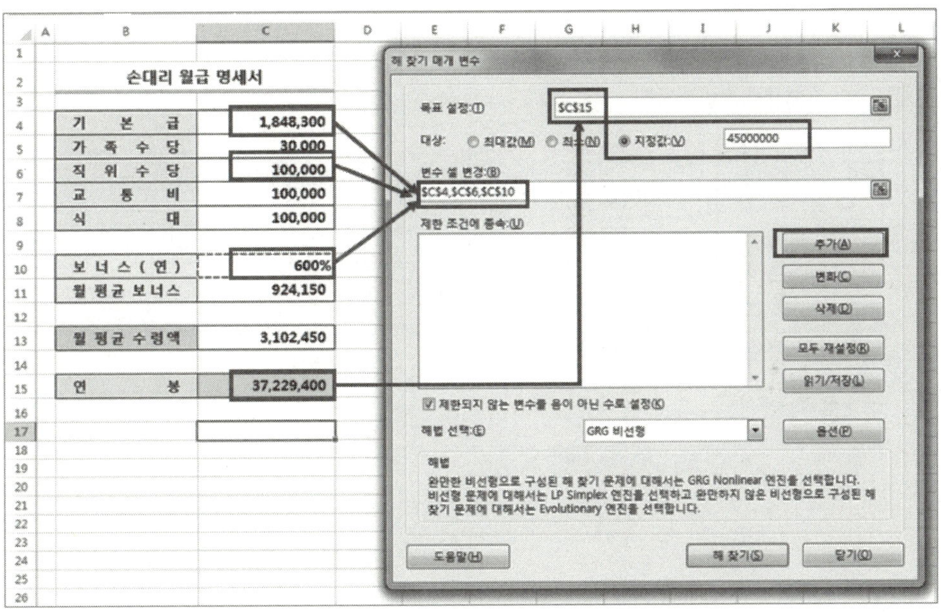

❷ [제한 조건 추가] 대화상자가 나타난다. 우선 기본급에 대한 조건을 지정한다. '기본급은 200만 원 이상이 되어야 한다'는 조건을 아래와 같이 입력한다. 나머지 조건을 입력하기 위해 [추가] 단추를 누른다.

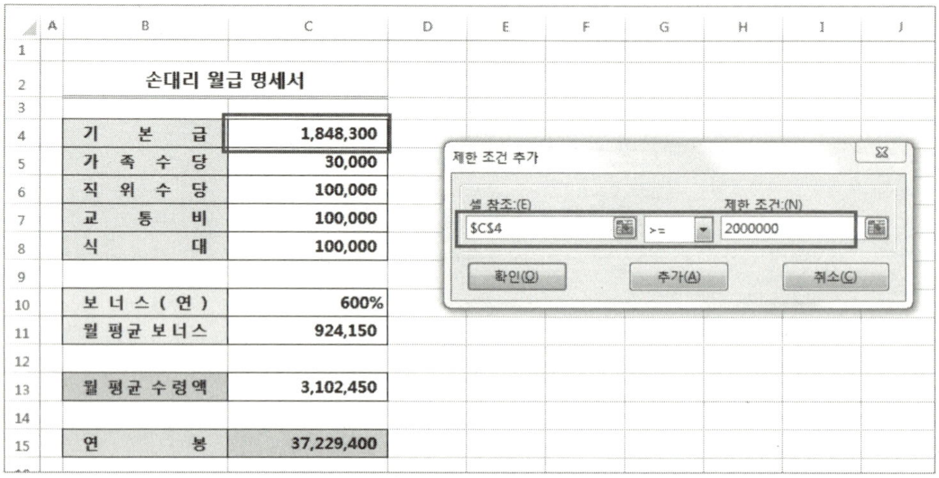

❸ 다시 [제한 조건 추가] 대화상자가 나타난다. 이번에는 '직위수당은 15만원'이라는 조건을 아래와 같이 입력하고 [추가] 단추를 누른다.

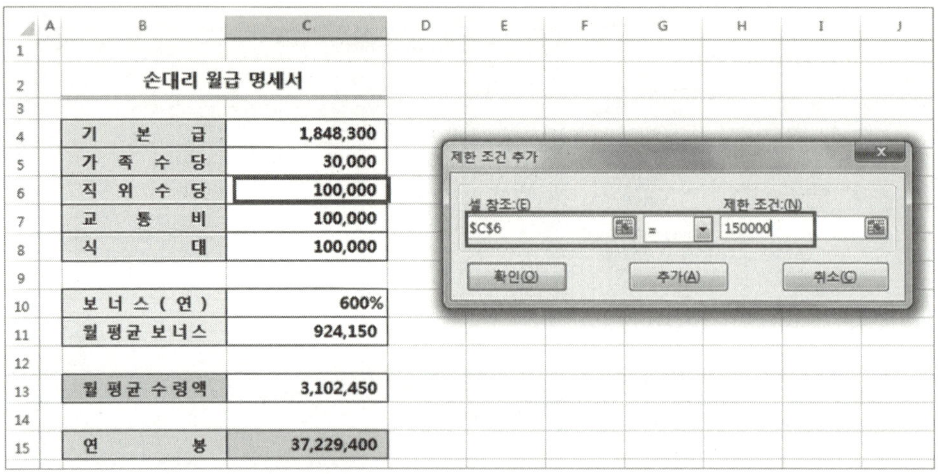

❺ 다시 제한 조건 추가 대화상자가 나타나면 마지막 조건으로 '보너스는 700%로 고정된다'는 조건을 아래 그림과 같이 입력하고 [확인] 단추를 누른다.

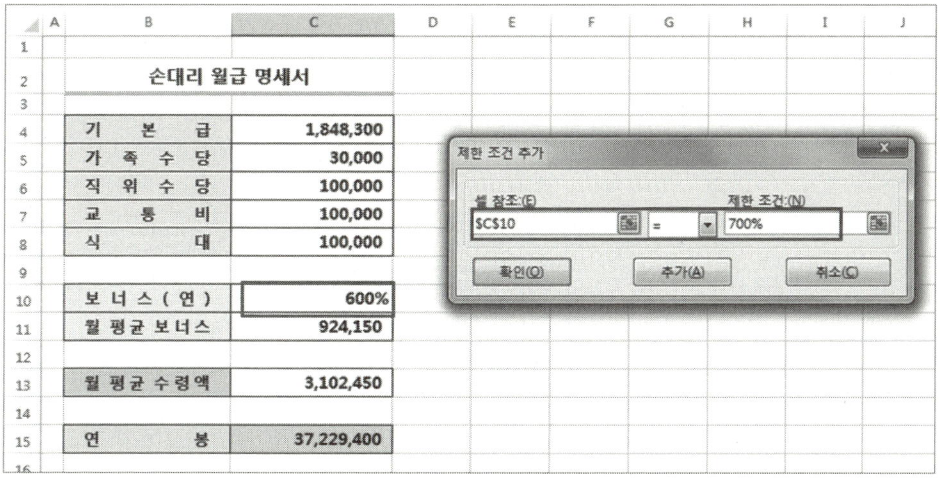

❻ [해 찾기 매개 변수 대화상자로 다시 돌아온다. 세 가지 조건이 제대로 입력되어 있는지 확인한 후 아래의 [해 찾기] 단추를 클릭한다.

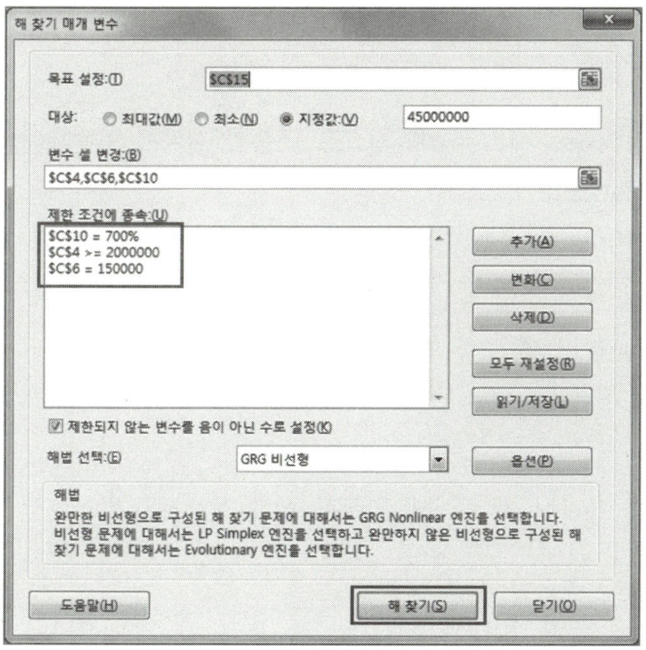

❼ 기본급, 직위수당, 보너스 등 세 가지 조건이 지정된 범위 내에서 변경되면서 연봉이 4,500만 원으로 조정된 결과를 확인할 수 있다. 연봉이 4,500만 원이 되기 위해서는 직위수당이 15만원, 보너스가 700%로 고정된 경우 기본급이 2,128,423원으로 상향되어야 한다는 결론을 얻을 수 있다. 데이터를 이 결과로 바꾸고 싶으면 [해 찾기 결과] 대화상자에서 [해 찾기 해 보존]을 선택하고, 원래의 데이터를 그대로 두고 싶으면 [원래 값 복원]을 선택하고 [확인] 단추를 누른다.

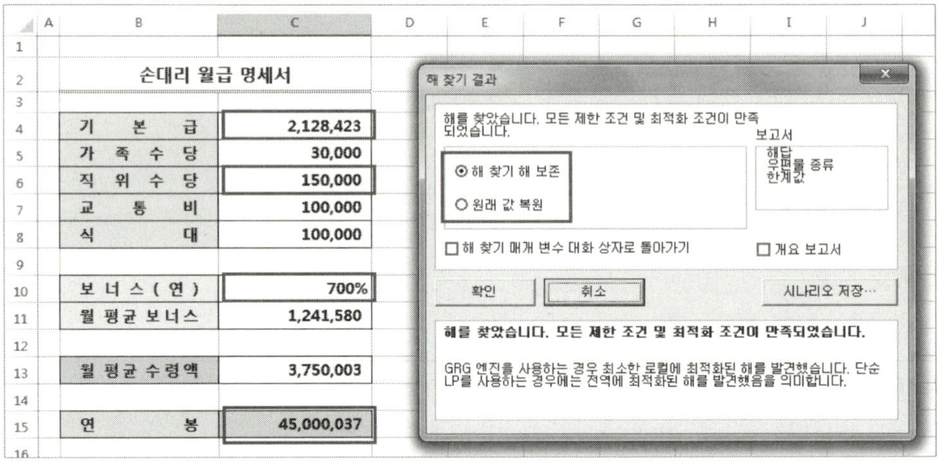

▶ 해 찾기 기능을 이용한 경영 의사결정 과정 따라하기

경영 의사결정의 프로세스는 일반적으로 다음의 절차를 따른다.

- 1단계: 문제의 정의
- 2단계: 자료의 수집
- 3단계: 수리모형의 수립
- 4단계: 수리모형의 해 도출
- 5단계: 해의 결과 해석 및 분석

아래의 사례를 통하여 각 단계의 활동에 대해 연습해보자.

㈜마창철강은 두 종류의 고철 A와 B를 원자재로 사용하여 열처리 후 얻게 되는 철

과 구리를 이용하여 주문받은 건설용 철강을 생산하려 한다. 이 건설용 철강을 생산하려면 최소한 80톤 이상의 철과 90톤 이상의 구리가 필요하다. ㈜마창철강의 구매부서에서 조사한 바에 의하면 고철 A와 B의 10톤당 포함된 철과 구리의 함량과 고철 A와 B의 10톤당 가격은 아래 표와 같다고 한다. ㈜마창철강의 구매부장은 고철 A와 B를 각각 얼마씩 구매해야 할까?

	철의 함량(톤)	구리 함량(톤)	가격(백만 원)
고철 A 10톤	1	3	2
고철 B 10톤	2	1	3

- 1단계: 의사결정의 목적: 주문 받은 철강을 생산하기 위해 필요한 철과 구리를 최소한의 비용으로 구매하기 위하여 고철 A와 B의 구매수량을 결정하는 것이다.

- 2단계: 수리모형 작성
  - 변수 선정: X(고철 A의 구입량(단위 10톤)), Y(고철 B의 구입량(단위 10톤))
  - 목적함수: 구매비용 2X + 3Y(백만 원)의 최소화
  - 제약식: 건설용 철강을 생산하기 위해서 최소한 80톤 이상의 철과 90톤 이상의 구리가 필요하다.

    철: $X + 2Y >= 80$

    구리: $3X + Y >= 90$ (단, $X >= 0$, $Y >= 0$)

- 3단계: 수리모형의 해 도출(엑셀의 해 찾기 기능 이용)

❶ 엑셀 시트에 아래와 같이 데이터를 입력한다. 변수명 X와 Y를 적고 아래의 목적식과 제약식의 계수 값을 변수명에 맞추어 입력한다. 제약식에 대해서는 부등호와 그 값을 우측에 적어준다. 제약식 아래에 '최적해'라고 입력하고 특정한 색으로 채우기를 하여 위치를 표시해 둔다. 설명의 편의를 위하여 우선 아무 숫자(5, 10)나 입력해보자.

	A	B	C	D	E	F	G
1							
2			X	Y			
3		목적식	2	3			
4		철 제약	1	2		>=	80
5		구리 제약	3	1		>=	90
6							
7		**최적해**	**5**	**10**			

❷ E3셀에 SUMPRODUCT함수를 이용한 식을 아래와 같이 입력한다.

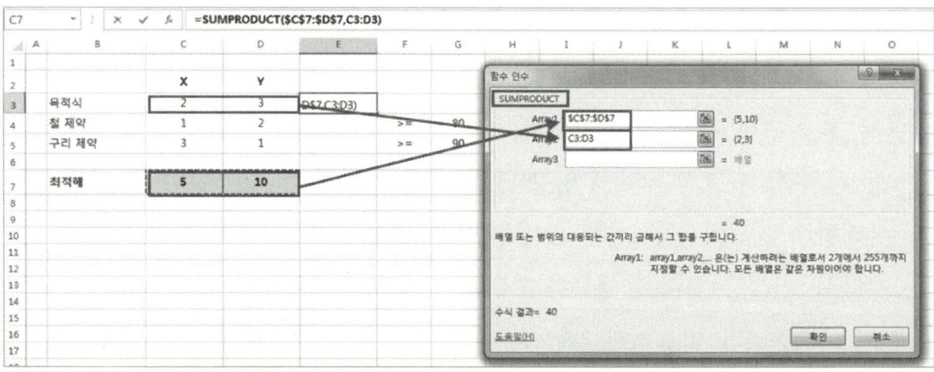

엑셀에서 주어지는 SUMPRODUCT 함수는 두 개의 열을 순서대로 곱한 후 더한 값을 결과값으로 제공한다. 이때 SUMPRODUCT 함수의 인자인 두 개의 열을 콤마로 구분하는데, 앞의 열인 $C$7:$D$7은 모두 $표시를 하여 아래로 자동 채움하여도 셀의 변화가 없도록 절대참조로 지정한다. 이 식의 의미는 2X + 3Y의 목적식에서 임의로 X에는 5를, Y에는 10을 대입하였을 때의 결과값을 도출하는 것이다.

❸ 40이 출력되었다. 이 식을 아래의 철과 구리의 제약식에도 적용하기 위해 아래로 자동 채움한다. E3셀부터 E5셀까지 모두 SUMPRODUCT 함수로 채워짐을 알 수 있다. 최적해 셀에 입력한 임의의 숫자 5와 10이 계산되어 각각 40(2×5 + 3×10), 25(1×5 + 2×10), 25(3×5 + 1×10)로 나타난다.

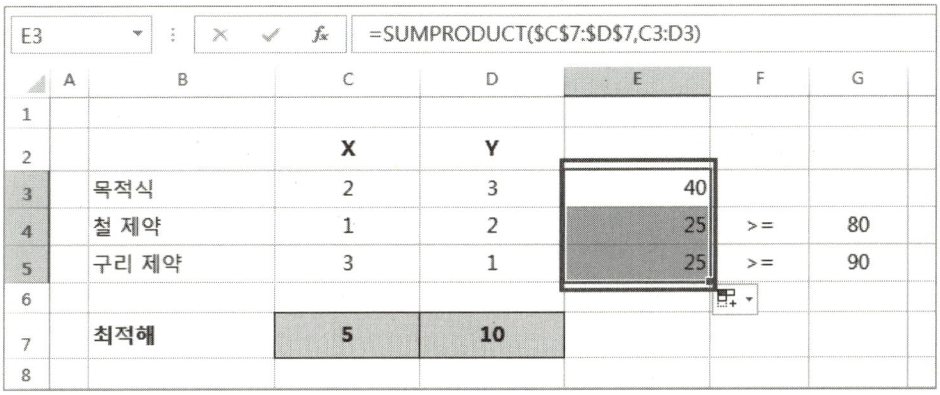

❹ 이제 해 찾기 기능을 이용하여 최적해를 구해보자. [데이터] 탭–[분석] 그룹–[해 찾기] 메뉴를 선택한다. [해 찾기 매개변수] 대화상자가 나타나면 우선 [목표 설정] 영역에 E3셀을 선택하고 [대상]으로 [최소]를 선택한다. 이 의미는 원하는 양의 철강을 생산하기 위해 필요한 철과 구리를 가장 저렴한 비용으로 구매한다는 해 찾기의 목표를 제시하는 것이다(Minimization 2X + 3Y). 그리고 아래의 [변수 셀 변경] 영역에 최적해 값이 입력된 [C7:D7] 범위를 지정해준 다음(자동으로 절대참조 인식함) 제한 조건을 입력하기 위해 우측의 [추가] 버튼을 선택한다.

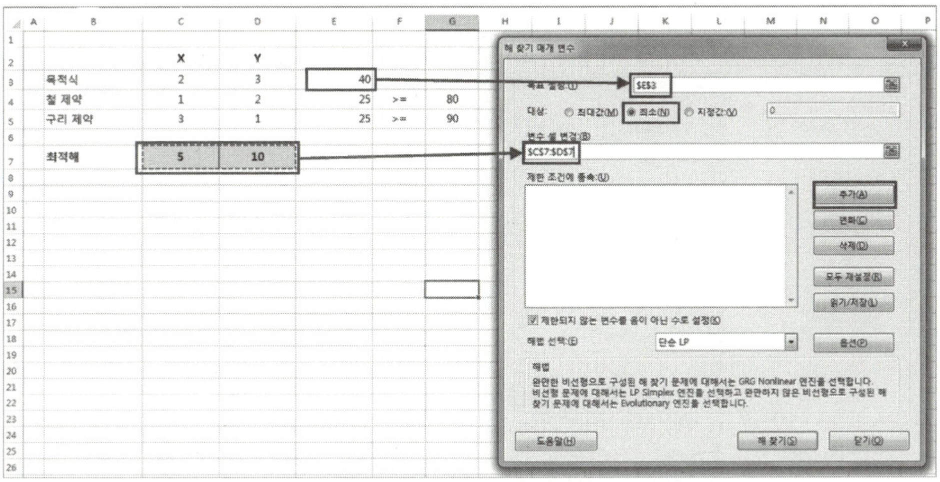

❺ 철과 구리에 대한 제약 조건을 아래와 같이 입력한다(철: X + 2Y 〉= 80 구리: 3X + Y 〉= 90). 아래의 [추가] 단추를 누른다.

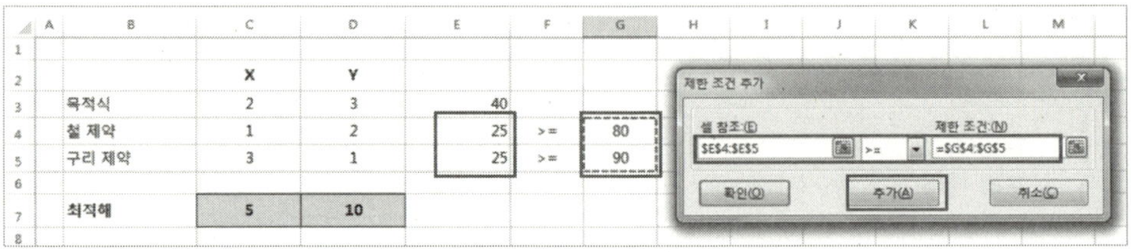

❻ 또한 X 〉= 0, Y 〉= 0 조건식도 아래 그림과 같이 입력한다. [확인] 단추를 누른다.

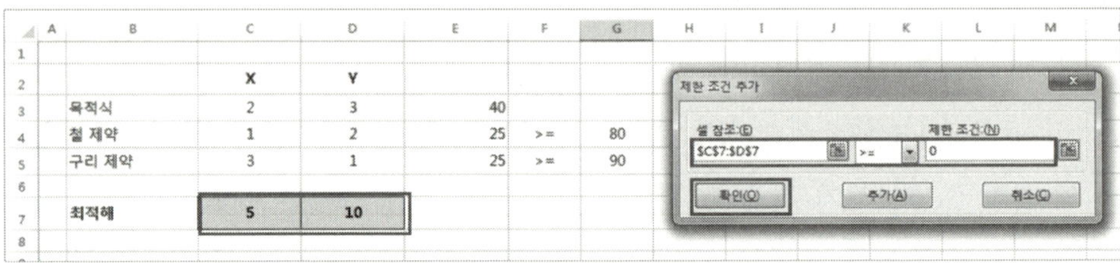

❼ 다시 [해 찾기 매개 변수] 대화상자로 돌아왔다. 모든 조건식이 제대로 입력되었는지 확인 한 후 아래의 [해 찾기] 단추를 클릭한다.

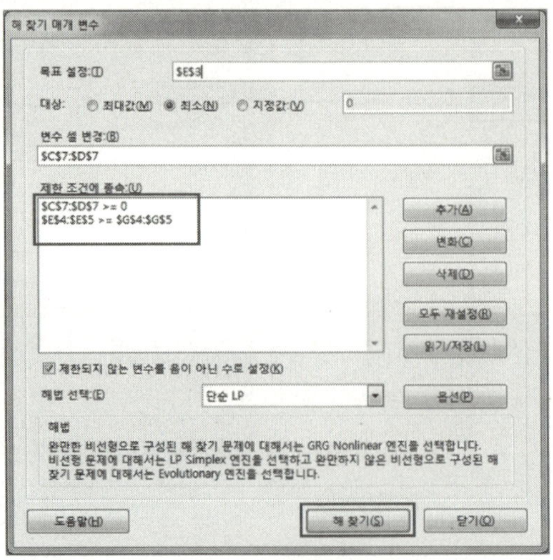

❽ 해 찾기를 통해 최적화된 X와 Y값이 각각 20과 30으로 구해졌으며 철과 구리에 대한 각각의 조건도 충족하고 있다.

	X	Y			
목적식	2	3	130		
철 제약	1	2	80	>=	80
구리 제약	3	1	90	>=	90
최적해	**20**	**30**			

- 4단계: 결과 해석 및 분석

위의 결과와 같이 최적해는 X=20, Y=30임을 확인할 수 있다. 즉 ㈜마창철강은 고철 A와 B를 각각 20톤과 30톤으로 구입할 때 철과 구리의 필요량 80톤, 90톤을 확보할 수 있다. 또한 이때 고철 A와 B의 구입에 소요되는 비용은 130(백만 원)으로써 이 비용이 ㈜마창철강이 철과 구리를 구매하기 위해 소요되는 최소비용임을 알 수 있다.

▶ 전기차 판매 수량 결정하기

T자동차는 신형 전기차 모델 MX를 미국, 유럽, 아시아, 중동의 4개 지역으로 분할하여 판매하려고 한다. 각 지역별로 전기차 1대 판매에 필요한 TV광고비용, Radio광고비용, Internet광고비용 및 1대 판매에 따른 이익을 지역별로 구분하여 다음과 같이 표로 정리하였다.

단, T자동차는 전기차의 판매를 위하여 TV광고, Radio광고, Internet광고에 각각 최고 15,000만 원, 13,000만 원, 11,000만 원의 예산을 배정해 두었다. 그리고 T자동차 경영 전략상 아시아 시장에서도 향후 전기차의 수요가 증가할 것을 염두에 두고 아시아에서의 전기차 연간 판매량을 최소 2,000대 이상 유지하기로 이미 의사결정을 한 상태이다. 현재 T자동차의 전기차 생산한계는 연간 12,000대이다. 경영 의사결정의 프로세스를 따라가며 각 지역별 T자동차의 판매 수량을 계산해보자.

(단위: 만 원)

판매시장	단위당 TV광고비용	단위당 Radio광고비용	단위당 Internet광고비용	단위당 판매이익
미국	1.5	0.5	0.5	80
유럽	1	1	1	60
아시아	1.5	3	1	70
중동	2	3	1	60

- 1단계(문제의 정의)
  - 의사결정의 목적: T자동차의 전기차 판매에 따른 이윤의 최대화를 위한 국내, 아시아, 미주, 유럽 지역에서 연간 판매될 전기차의 판매수량을 결정한다.
  - 제약조건
    - ▸ TV광고비용 예산은 15,000만 원이다.
    - ▸ Radio광고비용 예산은 13,000만 원이다.
    - ▸ Internet광고비용 예산은 11,000만 원이다.
    - ▸ T자동차의 전기차 생산한계는 연간 12,000대이다.
    - ▸ 아시아 지역에서 전기차의 연간 최소 판매대수는 2,000대이다.

- 2단계(수리모형의 수립)
  - 변수 설정
    - ▸ X1: 미국 전기차 판매량
    - ▸ X2: 유럽 전기차 판매량
    - ▸ X3: 아시아 전기차 판매량
    - ▸ X4: 중동 전기차 판매량
  - 목적함수 선정: 이 문제에서 목적식은 지역별 전기차의 판매에 따른 이윤의 최대화이다. 위에서 정의된 변수를 사용하여 T자동차의 목표를 수식으로 표현하면 다음과 같다.
    - ▸ Maximization 80X1 + 60X2 + 70X3 + 60X4
  - 제약식 선정: 1단계에서 정의된 제약들을 변수를 사용하여 수식으로 표현하면 다음과 같다.
    - ▸ TV광고비용: 1.5X1 + X2 + 1.5X3 + 2X4 <= 15,000

- Radio광고비용: 0.5X1 + X2 + 3X3 + 3X4 <= 13,000
- Internet광고비용: 0.5X1 + X2 + X3 + X4 <= 11,000
- 전기차 생산한계: X1 + X2 + X3 + X4 <= 12,000
- 아시아 최소판매량: X3 >= 2,000
- X1, X2, X3, X4 >= 0

• 3단계(수리모형의 해 도출)

❶ 위에서 정의된 수리모형을 아래와 같이 엑셀에 입력한다.

	B	C	D	E	F	G	H	I
1								
2		X1(미국)	X2(유럽)	X3(아시아)	X4(중동)			
3	목적식	80	60	70	60			
4	TV광고비	1.5	1	1.5	2		<=	15,000
5	Radio광고비	0.5	1	3	3		<=	13,000
6	Internet광고비	0.5	1	1	1		<=	11,000
7	생산한계	1	1	1	1		<=	12,000
8	아시아최소판매량			1			>=	2,000
9								
10	최적해							

❷ G3셀에 =SUMPRODUCT($C$10:$F$10,C3:F3)를 입력하고 아래로 G8셀까지 자동 채움한다.

	B	C	D	E	F	G	H	I	J
1									
2		X1(미국)	X2(유럽)	X3(아시아)	X4(중동)				
3	목적식	80	60	70	60	=SUMPRODUCT($C$10:$F$10,C3:F3)			
4	TV광고비	1.5	1	1.5	2		<=	15,000	
5	Radio광고비	0.5	1	3	3		<=	13,000	
6	Internet광고비	0.5	1	1	1		<=	11,000	
7	생산한계	1	1	1	1		<=	12,000	
8	아시아최소판매량			1			>=	2,000	
9									
10	최적해								

❸ [해 찾기] 메뉴를 실행한 후, 대화상자에서 해 찾기를 수행하기 위해 필요한 정보를 입력한다. 먼저 [목표 설정]은 목적식의 값이 최대값이 되도록 지정하는 것이다. 즉 자동차 판매이윤이 최대가 되도록 하는 것이 목적이 된다. 이를 위해 변경할 [변수 셀 변경] 영역에는 최적해 값이 입력될 셀을 지정해준다. 다음으로 우측의 [추가] 버튼을 눌러 조건식을 입력한다.

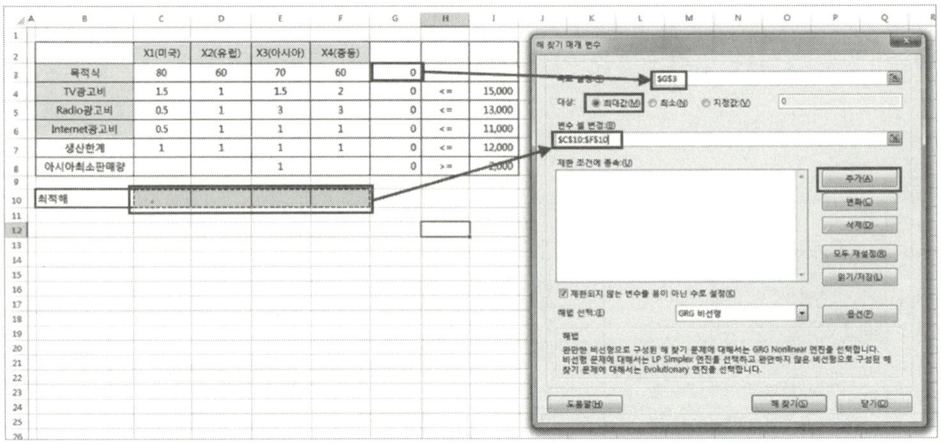

❹ '제한 조건 추가' 대화상자에서 부호가 같은 세 개의 광고비 조건을 한꺼번에 입력하였다.

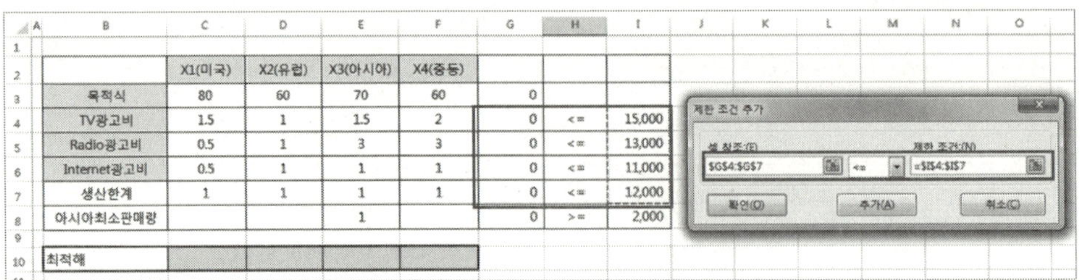

❺ '추가' 버튼을 누른 후 아시아 최소판매량 조건식을 아래와 같이 입력한 후 '확인' 버튼을 누른다.

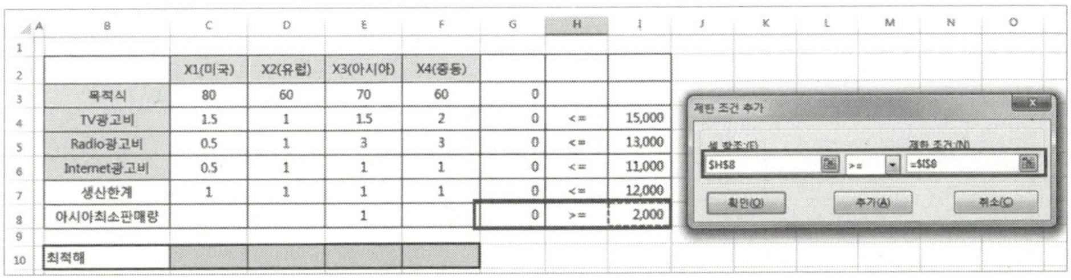

⑥ 다시 '해 찾기 매개 변수' 대화상자로 돌아오며, 입력한 제한 조건 목록을 확인할 수 있다. 제대로 입력되었는지를 체크한 후 아래의 '해 찾기' 버튼을 누른다.

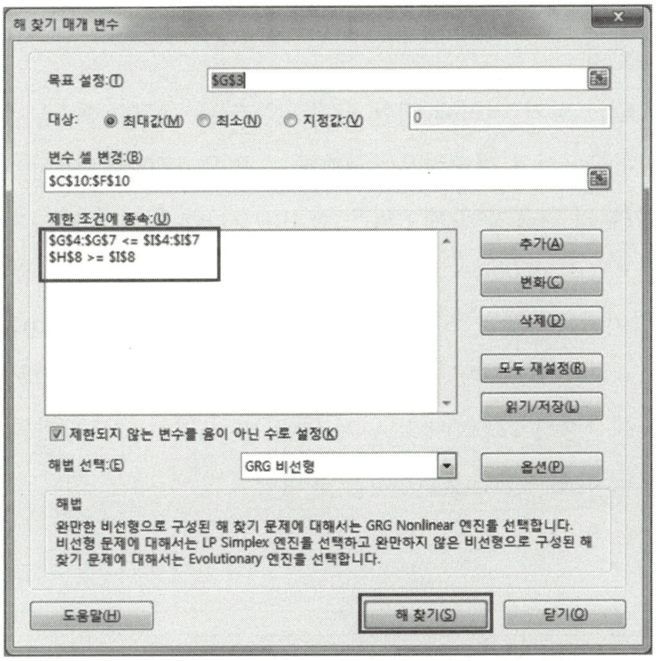

⑦ 아래 그림과 같이 해 찾기 결과가 제시된다. '해 찾기 해 보존'을 선택하고 '확인' 버튼을 누른다.

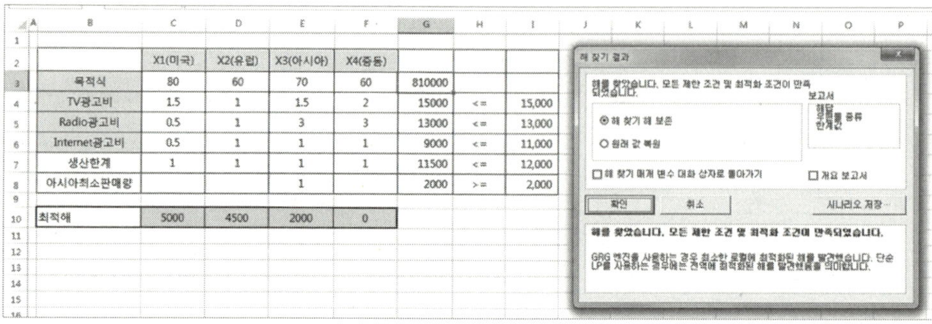

• 4단계: 결과 해석 및 분석

T자동차의 지역별 판매량 결정을 엑셀의 해 찾기 기능을 적용한 결과는 다음과 같다. 이를 해석해보자.

먼저 X1, X2, X3, X4 각 지역에 대한 판매량은 (5000, 4500, 2000, 0)으로 최적해가 제시되었다. 즉 미국에서의 판매량은 5,000대, 유럽은 4,500대, 아시아는 2,000대, 중동은 0대이다. 이때의 자동차 판매이익은 총 810,000만 원이 된다. 이를 식으로 표현하면 (80*5000) + (60* 4500) + (70*2,000) + (60*0) = 810000 과 같다.

최적해를 구하기 위한 제약 조건인 TV광고비, Radio광고비, Internet광고비는 각각 15,000만 원, 13,000만 원, 9,000만 원으로 배정된 예산범위를 초과하지 않고 있으며, 전기차 연간 총 생산량인 12,000대를 넘지 않는 범위 내인 11,500대의 판매량이 계산되었고, 아시아 최소 판매량인 2,000대를 유지하고 있어 모든 제약 조건을 만족하고 있음을 확인할 수 있다.

	X1(미국)	X2(유럽)	X3(아시아)	X4(중동)			
목적식	80	60	70	60	810000		
TV광고비	1.5	1	1.5	2	15000	<=	15,000
Radio광고비	0.5	1	3	3	13000	<=	13,000
Internet광고비	0.5	1	1	1	9000	<=	11,000
생산한계	1	1	1	1	11500	<=	12,000
아시아최소판매량			1		2000	>=	2,000
최적해	5000	4500	2000	0			

▶ 최적의 배송경로 찾기

명지완구(주)는 전국에 3개의 공장 1,2,3에서 어린이용 레고 장난감을 생산하여 전국의 3개의 대리점 5,6,7로 배송해야 한다. 공장 1,2,3의 공급능력은 각각 500, 700, 1000개이고 대리점 5,6,7의 레고완구 수요는 1000, 800, 900개이다. 즉 총 대리점의 수요는 2,700개이고 공장 1,2,3의 총 공급능력은 2,200개이므로 부족한 500개는 시장에서 대체품을 구입하여 대리점에 배송하도록 하자. 아래의 표는 명지완구(주)의 레고 장난감 1개를 각 공장에서 대리점으로 배송할 때 발생하는 비용을 정리하였다.

(단위: 백 원)

출발지(공자, 시장) \ 대리점	대리점5	대리점6	대리점7
공장1	3	5	4
공장2	4	4	6
공장3	5	3	2
시장(4)	9	9	9

명지완구(주)의 세 공장과 시장에서 대리점까지 총 배송비용이 최소가 되도록 하려면 각 공장과 시장에서 각 대리점으로 배송해야 할 완구의 수송량은 얼마인가? 의사결정 프로세스의 단계를 따라가면 문제를 풀어보자.

- 1단계(문제의 정의)
  - 의사결정의 목적: 명지완구(주)의 배송비용을 최소화하면서 각 공장 및 시장에서 대리점으로 운송해야 할 완구의 배송량을 결정한다.
  - 제약조건
    - ▸ 공장 1, 2, 3의 공급 능력은 각각 500, 700, 1000개이며 합이 2,200개이다.
    - ▸ 대리점 4, 5, 6의 수요는 각각 1000, 800, 900개이며 합이 2,700개이다.
    - ▸ 부족한 수량 500개는 시장에서 구입하여 각 대리점에 공급할 계획이다.

- 2단계(수리모형의 수립)
  - 변수 설정

▸ Xij: 출발지 i에서 대리점 j로 배송되는 레고장난감의 양(i = 1,2,3,4, j=5,6,7)

– 목적함수 선정: 이 문제에서 목적식은 출발지에서 대리점까지 배송량에 따른 비용의 발생을 최소화하는 것이다. 이를 수식으로 표현하면 다음과 같다.

▸ Minimization $3X_{15} + 5X_{16} + 4X_{17} + 4X_{25} + 4X_{26} + 6X_{27} + 5X_{35} + 3X_{36} + 2X_{37} + 9X_{45} + 9X_{46} + 9X_{47}$

– 제약식 선정: 1단계에서 정의된 제약들을 변수를 사용하여 수식으로 표현하면 다음과 같다.

▸ 공장1의 공급 능력: $X_{15} + X_{16} + X_{17} <= 200$

▸ 공장2의 공급 능력: $X_{25} + X_{26} + X_{27} <= 700$

▸ 공장3의 공급 능력: $X_{35} + X_{36} + X_{37} <= 1000$

▸ 대리점5의 수요량: $X_{15} + X_{25} + X_{35} + X_{45} >= 1000$

▸ 대리점6의 수요량: $X_{16} + X_{26} + X_{36} + X_{46} >= 800$

▸ 대리점7의 수요량: $X_{17} + X_{27} + X_{37} + X_{47} >= 900$

▸ $X_{ij} >= 0$

• 3단계(수리모형의 해 도출)

❶ 위에서 정의된 수리모형을 다음과 같이 엑셀에 입력한다. 또한 O3셀에 목적식을 계산하기 위한 SUMPRODUCT 함수식을 입력한 후 아래로 자동 채움한다.

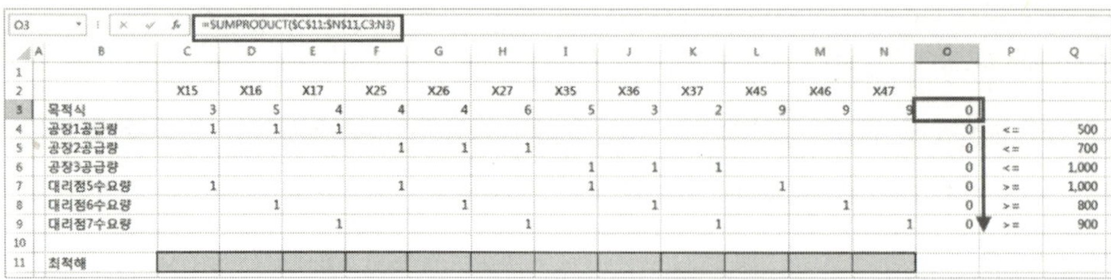

O3 =SUMPRODUCT($C$11:$N$11,C3:N3)

	A	B	C	D	E	F	G	H	I	J	K	L	M	N	O	P	Q
1																	
2			X15	X16	X17	X25	X26	X27	X35	X36	X37	X45	X46	X47			
3		목적식	3	5	4	4	4	6	5	3	2	9	9	9	0		
4		공장1공급량	1	1	1										0	<=	500
5		공장2공급량				1	1	1							0	<=	700
6		공장3공급량							1	1	1				0	<=	1,000
7		대리점5수요량	1			1			1			1			0	>=	1,000
8		대리점6수요량		1			1			1			1		0	>=	800
9		대리점7수요량			1			1			1			1	0	>=	900
10																	
11		최적해															

❷ [해 찾기] 메뉴를 실행한 후 [해 찾기 매개 변수] 대화상자에 필요한 정보를 모두 입력한다. 본 예제의 목표는 최소의 수송비용으로 각 대리점이 요구하는 레고 장난감의 수요량을 배송하는데 있으므로 수송비용이 입력된 O3셀을 최소화하는 것이 목표 설정이 된다. 또한 이를 충족하기 위해 제시된 조건들도 입력한다.

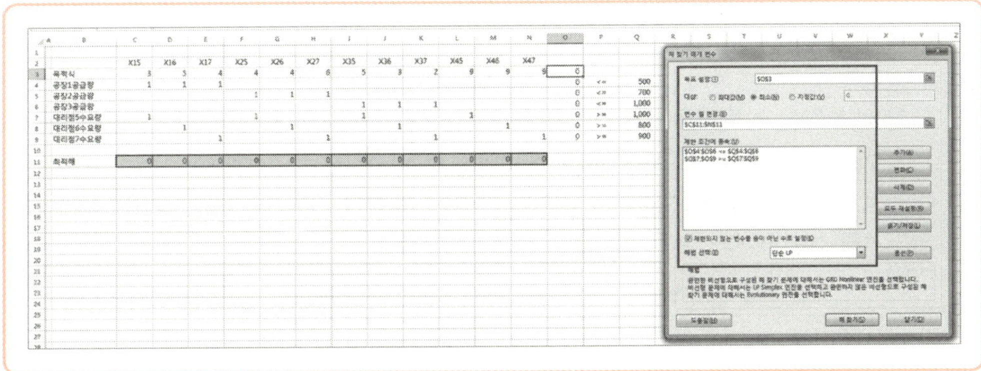

❸ '해 찾기' 버튼을 클릭하면 아래와 같이 최적해가 계산된 결과를 확인할 수 있다.

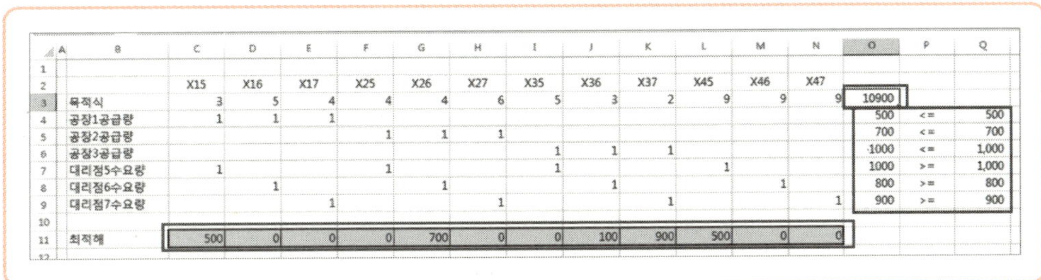

• 4단계: 결과 해석 및 분석

명지완구(주)의 해 찾기 결과를 해석해보자. 최적해는 (X_{15}, X_{16}, X_{17}, X_{25}, X_{26}, X_{27}, X_{35}, X_{36}, X_{37}, X_{45}, X_{46}, X_{47}) = (500, 0, 0, 0, 700, 0, 0, 100, 900, 500, 0, 0)으로 결정되었다. 이를 식으로 목적식으로 다시 표현해보면 (3*X_{15}(500)) + (4* X_{26}(700)) + (3*X_{36}(100)) + (2*X_{37}(900) + (9*X_{45}(500) = 10900 이다.

즉 공장1에서 대리점5로 500개, 공장2에서 대리점6으로 700개, 공장3에서 대리점6으로 100개, 공장3에서 대리점7로 900개, 그리고 시장에서 직접 대리점5로 500개를 배송할 때 총 배송 비용은 10,900(백 원)의 비용이 발생하게 되고 이 비용이 최소의 수송비용임을 알 수 있다. 또한 각 대리점은 필요한 수량을 공장 및 시장으로부터 모두 수송 받게 된다.

해 찾기 연습문제

1. 대한정밀(주)은 반도체용 정밀기계를 생산하는 회사이다. 대한정밀(주)은 휴일이나 근로자 재교육, 휴가 등으로 인하여 매월 생산능력 및 생산단가가 변화하고 수요도 매월 아래의 표와 같이 변화할 것으로 예측하고 있다. 다음의 표에 대한정밀(주)의 월간 정밀기계의 생산단가와 수요 및 생산능력을 정리하였다.

	1월	2월	3월	4월	5월	6월
생산단가(만 원)	210	240	260	285	280	250
수요(대)	1,500	4,500	4,000	5,500	3,500	4,000
생산능력(대)	4,000	5,000	4,500	4,400	4,500	3,500

대한정밀(주)의 월간 재고량은 창고의 크기 제한에 따라 최고 5,000대까지 보관할 수 있다. 수요의 변동에 대비하기 위하여 대한정밀(주)은 매월 말 최저 1,000대의 정밀기계의 재고를 보유하는 것을 기본전략으로 삼고 있다. 현재(1월 초) 대한정밀(주)은 1,000대의 재고를 보유하고 있다. 월간 재고비용은 정밀기계 1대당 매월 20만 원씩 발생한다. 대한정밀(주)의 향후 6개월간 생산, 재고비용을 최소화하는 생산계획을 수립하라.

2. 한국전자는 사무실용 및 가정용 온풍기를 생산하는 업체이다. 사무실용 온풍기와 가정용 온풍기의 단위당 판매이익은 각각 5만원과 3만원이다. 각 파트별로 온풍기 생산에 소요되는 시간제약이 아래와 같다면 사무실용과 가정용 온풍기를 각각 몇 개씩 생산해야 최대이익을 얻을 수 있을지 계산해보라.

한국전자의 온풍기 생산의 이익 최대화 문제

공정	가구		월 최대 조업 가능시간
	사무실용 온풍기	가정용 온풍기	
파트제작	4	7	5,000
조립	2	1	1,500
페인트칠	1	1	1,000
단위당 판매이익	5만원	3만원	

	사무실용	가정용			
목적식	5	3	3,950		
파트제작	4	7	5,000	<=	5,000
조립	2	1	1,500	<=	1,500
페인트칠	1	1	950	<=	1,000
최적해	550	400			

온풍기를 판매하여 최대이익을 얻고자 한다.
사무실용과 가정용 온풍기를 각각 몇 개씩 생산해야 하겠는가?

경영 의사결정 연습문제

1억 원을 대출받으면서 30년에 걸쳐 원리금을 모두 상환하려고 한다. 현재의 이자율은 연 6%이다. 매월 상환해야 하는 원리금은 얼마인가? 또한 이자율의 변동(3%~8%)에 따라 매월 상환할 원리금을 데이터 표를 이용하여 계산해보자.

다음과 같은 두 개의 투자안이 있다. 자본비용(할인율)을 10%라고 할 때 두 가지 투자 대안의 순현재가치와 내부수익률을 계산하시오. 또한 결과를 통해 어떤 투자안을 선택하는 것이 경제성이 높은지도 설명하시오.

투자의 경제성 분석

자본비용(할인율)	10%

투자안	A	B
1차년도	-1,500	-1,500
2차년도	300	200
3차년도	450	1,300
4차년도	750	500
5차년도	750	100
6차년도	900	100

	투자안 A	투자안 B
순현가		
내부수익률		

다음 워크시트는 월평균 급여를 보여준다. 기본급과 보너스 비율을 합한 금액에서 소득세와 주민세, 국민연금을 공제하면 월평균 급여를 계산할 수 있다. 이때 월평균 급여가 350만 원이 되려면 보너스 비율이 몇 %가 되어야 하는지 목표값 찾기 명령을 이용하여 계산해보시오.

월평균 급여 계산

기본급	3,000,000
보너스 비율	200%
소득세	250,000
주민세	25,000
국민연금	100,000
월평균 급여	**3,125,000**

11 수요 예측

경영활동을 수행하기 이전 단계는 정확한 예측활동이다. 예측은 과거의 자료로부터 규칙적인 변화와 움직임을 찾아내는 작업이며 이를 위해 과학적인 분석방법을 사용한다. 경영 의사결정을 수행하는 위치에 있는 경영자나 실무자는 예측을 위한 분석기법에 숙련되어 있어야 한다. 본 장에서는 다양한 정량적 예측기법인 이동평균법, 지수평활법, 추세변동분석, 그리고 계절요인분석을 중심으로 한 예측 방법을 학습한다.

1. 예측의 종류

예측(forecasting)은 향후 발생할 미래의 상황에 대하여 예견하는 것이다. 정확한 예측은 기업에게 많은 혜택을 가져다준다. 제품 수요에 대한 정확한 예측은 설비 증설을 통하여 대규모의 매출신장 이익을 가져올 수 있는 반면, 잘못된 예측으로 과다한 설비투자를 하고 이로 인하여 재고비용과 금융비용으로 실패한 기업도 많다. 기업의 경영활동은 적절한 예측과 전망이 없이는 원하는 결과를 얻기 쉽지 않은 경우가 많다.

정확한 예측의 시작은 과거의 진단과 분석으로부터 나온다. 과거 자료를 면밀히 조사하여 과거의 경향과 변화 형태, 반복적인 움직임을 포착하고 이것을 현재 상황과 미래에 적용함으로써 가능해진다. 그러나 과거의 자료로부터 이러한 규칙적인 변화와 움직임을 찾아내는 것은 쉬운 작업이 아니다. 많은 확률과 무작위의 변동 속에서 규칙적인 움직임을 포착해내는 것은 과학적인 분석방법을 필요로 하기 때문이다. 따라서 경영 의사결정을 수행하는 위치에 있는 경영자나 실무자는 예측을 위한 분석기법의 숙련에 노력하지 않으면 안된다. 최상의 예측기법을 활용하여 보다 정확하고 신뢰성 있는 예측을 하는 기업일수록 성공할 가능성은 크기 때문이다.

예측방법은 크게 정성적 기법과 정량적 방법으로 구분할 수 있다. 정성적 방법은 과거와 미래에 대한 자료가 부족할 때 관리자들이나 해당 분야의 전문가들이 그들의 경험과 주관적인 판단을 이용하여 미래의 변화와 수요를 예측하는 기법으로 델파이 기법, 소비자/시장 조사 방법 등이 해당된다.

정량적 방법은 과거의 자료를 이용하여 계량적 모형을 통해 미래의 수요를 예측하는 기법으로 크게 시계열 기법과 인과관계 모형으로 분류할 수 있다. 시계열 기법은 시간의 경과에 따라 나타나는 변동과 추세를 조사하는 방법으로 이동평균, 지수평활, 추세변동, 계절분석 등이 있다. 시계열분석 방법의 대상인 시계열자료는 일, 월, 분기, 연 등의 일정한 시간간격 단위에 따라 일어나는 과거 관측치들을 순서대로 모아놓은 것이다. 이들을 살펴보아 어떤 추세와 규칙적 변동이 있으며, 또한 계절적 요인이 포함되었는지를 조사하게 된다. 인과분석 모형은 독립변수와 종속변수 간의 연관관계를 살펴보는 것으로, 회귀분석 방법이 대표적인데 독립변수가 하나일 때를 '단순회귀분석'이라고 하고, 2개 이상일 때를 '다중회귀분석'이라고 한다. 본장에서는 정량적 예측 기법 중 시계열분석방법인 이동평균법, 지수평활법, 추세변동분석, 그리고 계절요인 분석을 중심으로 수요를 예측하는 방법을 설명한다.

2. 이동평균법

이동평균법(moving average method)은 최근의 추세가 가까운 미래에도 계속될 것이라는 가정 하에 사용하는 단순하면서도 매우 유용한 예측방법이다. 이 기법은 최근 M개 기간의 자료를 평균하여 바로 다음 기간의 예측값으로 삼는다. 그 다음 기간의 예측은 또 바로 전의 M개 기간의 평균을 사용하면서 평균이 계속 이동해 가기 때문에 이동평균법이라고 한다.

만일 이전 3개월의 자료를 가지고 이동평균법을 실시한다면 4월의 예측치는 1월에서 3월까지 실제값의 평균이 되고, 5월의 예측값은 2월에서 4월까지 실제값의 평균이 된다. 즉, 4월 예측값 = Σ(1~3월 동안의 실제값)/3이고, 5월 예측값 = Σ(2~4월 동안의 실제값)/3으로 계산할 수 있다.

따라서 이동평균법을 사용하기 위해서는 먼저 평균하여야 할 기간 M을 결정하여야 한다. 3개월 정도로 평균하는 기간이 작을수록 바로 직전 값의 변화에 큰 영향을 받기 때문에 변화가 날카로워진다. 한편, 평균하는 기간이 길수록 하나의 과거 값에 의해 많은 영향을 받지 않아 움직임이 둔한 그래프를 만든다. 따라서 M의 값을 얼마로 하느냐가 관건이 되는데 통상 평균절대오차(MAE: mean absolute error)를 산출하고, 이 평균절대오차가 가장 작게 되는 M을 최적의 평균기간(M)으로 결정한다.

이동평균법은 예측기간 동안 평균을 구하는 기간은 고정시키고 최근의 자료들을 이동평균하면서 예측치를 간단하게 계산할 수 있다. 그러나 이 기법은 추세나 계절적 요인의 영향이 충분히 고려되지 못하는 단점이 있다.

이동평균법 예제

다음 데이터는 2014년 1월부터 2016년 1월까지의 종합주가지수의 변동을 보여주고 있다(11장\종합주가지수.xlsx).

먼저 평균기간(M)이 3개월일 때와 5개월일 때의 이동평균 예측치와 절대오차(MAE)를 구해보자. 절대오차의 평균값을 비교하여 두 기간 중 예측력이 나은 기간을 판단해보자.

이동평균법

순서	년월	종합지수
1	2014년 01월	1700.12
2	2014년 02월	1713.66
3	2014년 03월	1650.05
4	2014년 04월	1669.28
5	2014년 05월	1750.93
6	2014년 06월	1811.96
7	2014년 07월	1885.00
8	2014년 08월	1920.43
9	2014년 09월	2010.67
10	2014년 10월	2040.04
11	2014년 11월	1988.24
12	2014년 12월	1930.31
13	2015년 01월	1899.68
14	2015년 02월	1859.24
15	2015년 03월	1849.01
16	2015년 04월	1788.23
17	2015년 05월	1825.74
18	2015년 06월	1845.85
19	2015년 07월	1776.99
20	2015년 08월	1737.57
21	2015년 09월	1696.76
22	2015년 10월	1731.89
23	2015년 11월	1759.50
24	2015년 12월	1809.18
25	2016년 01월	1849.54

1) 평균기간이 3개월일 때의 이동평균과 절대오차를 구한다.

❶ 그림과 같이 평균기간이 3개월일 때의 이동평균을 구해야 하므로 1월부터 3월까지의 데이터로 4월의 데이터를 예측할 수 있다. 따라서 2014년 4월의 예측치부터 계산이 가능하다.

E7셀에 '=Average(D4:D6)' 수식을 입력하여 2014년 1월부터 3월까지 종합지수의 평균을 구해 2014년 4월의 종합지수 예측치를 구한다.

D4 | =average(D4:D6

이동평균법

순서	년월	종합지수	M=3	절대오차	M=5	절대오차
1	2014년 01월	1700.12				
2	2014년 02월	1713.66				
3	2014년 03월	1650.05				
4	2014년 04월	1669.28	=average(D4:D6			
5	2014년 05월	1750.93	AVERAGE(**number1**, [number2], ...)			
6	2014년 06월	1811.96				
7	2014년 07월	1885.00				
8	2014년 08월	1920.43				
9	2014년 09월	2010.67				
10	2014년 10월	2040.04				
11	2014년 11월	1988.24				

❷ 2014년 4월의 예측치 1687.94가 계산되었다. 수식을 아래로 자동 채움하여 나머지 개월의 종합지수 예측치를 구한다.

E7 | =AVERAGE(D4:D6)

이동평균법

순서	년월	종합지수	M=3	절대오차	M=5	절대오차
1	2014년 01월	1700.12				
2	2014년 02월	1713.66				
3	2014년 03월	1650.05				
4	2014년 04월	1669.2	1687.94			
5	2014년 05월	1750.93	1677.66			
6	2014년 06월	1811.96	1690.09			
7	2014년 07월	1885.00	1744.06			
8	2014년 08월	1920.43	1815.96			
9	2014년 09월	2010.67	1872.46			
10	2014년 10월	2040.04	1938.70			
11	2014년 11월	1988.24	1990.38			
12	2014년 12월	1930.31	2012.98			
13	2015년 01월	1899.68	1986.20			
14	2015년 02월	1859.24	1939.41			
15	2015년 03월	1849.01	1896.41			
16	2015년 04월	1788.23	1869.31			
17	2015년 05월	1825.74	1832.16			
18	2015년 06월	1845.85	1820.99			
19	2015년 07월	1776.99	1819.94			
20	2015년 08월	1737.57	1816.19			
21	2015년 09월	1696.76	1786.80			
22	2015년 10월	1731.89	1737.11			
23	2015년 11월	1759.50	1722.07			
24	2015년 12월	1809.18	1729.38			
25	2016년 01월	1849.54	1766.86			

❸ 각 예측치의 절대 오차를 계산해보자. 엑셀에서 절대 오차는 ABS() 함수를 이용하여 구할 수 있다. 2014년 4월 예측치에 대한 절대오차는 아래와 같이 2014년 4월 실제 종합지수-2014년 4월 예측치에 절대값을 붙여주면 된다. F7셀에 '=abs(D7-E7)'을 입력하면 구할 수 있다.

D4 | =average(D4:D6

	A	B	C	D	E	F	G	H
1			이동평균법					
2								
3		순서	년월	종합지수	M=3	절대오차	M=5	절대오차
4		1	2014년 01월	1700.12				
5		2	2014년 02월	1713.66				
6		3	2014년 03월	1650.05				
7		4	2014년 04월	1669.28	=average(D4:D6			
8		5	2014년 05월	1750.93	AVERAGE(**number1**, [number2], ...)			
9		6	2014년 06월	1811.96				
10		7	2014년 07월	1885.00				
11		8	2014년 08월	1920.43				
12		9	2014년 09월	2010.67				
13		10	2014년 10월	2040.04				
14		11	2014년 11월	1988.24				

❹ 2014년 4월의 절대오차는 18.66이 나왔다. 이 값은 실제값과 예측치의 차이를 의미한다. 자동 채움하여 나머지 개월에 대한 절대 오차 값도 계산한다.

F7 | =ABS(D7-E7)

	A	B	C	D	E	F	G	H
1			이동평균법					
2								
3		순서	년월	종합지수	M=3	절대오차	M=5	절대오차
4		1	2014년 01월	1700.12				
5		2	2014년 02월	1713.66				
6		3	2014년 03월	1650.05				
7		4	2014년 04월	1669.28	1687.94	18.66		
8		5	2014년 05월	1750.93	1677.66	73.27		
9		6	2014년 06월	1811.96	1690.09	121.87		
10		7	2014년 07월	1885.00	1744.06	140.94		
11		8	2014년 08월	1920.43	1815.96	104.47		
12		9	2014년 09월	2010.67	1872.46	138.21		
13		10	2014년 10월	2040.04	1938.70	101.34		
14		11	2014년 11월	1988.24	1990.38	2.14		
15		12	2014년 12월	1930.31	2012.98	82.67		
16		13	2015년 01월	1899.68	1986.20	86.52		
17		14	2015년 02월	1859.24	1939.41	80.17		
18		15	2015년 03월	1849.01	1896.41	47.40		
19		16	2015년 04월	1788.23	1869.31	81.08		
20		17	2015년 05월	1825.74	1832.16	6.42		
21		18	2015년 06월	1845.85	1820.99	24.86		
22		19	2015년 07월	1776.99	1819.94	42.95		
23		20	2015년 08월	1737.57	1816.19	78.62		
24		21	2015년 09월	1696.76	1786.80	90.04		
25		22	2015년 10월	1731.89	1737.11	5.22		
26		23	2015년 11월	1759.50	1722.07	37.43		
27		24	2015년 12월	1809.18	1729.38	79.80		
28		25	2016년 01월	1849.54	1766.86	82.68		
29								

2) 평균기간이 5개월일 때의 이동평균과 절대오차를 구한다.

❶ 평균기간이 5개월일 때의 이동평균을 구해야 하므로 1월부터 5월까지의 데이터로 6월을 예측할 수 있다. 따라서 2014년 6월의 예측치부터 계산이 가능하다.
G9셀에 '=Average(D4:D8)' 수식을 입력하여 2014년 1월부터 5월까지 종합지수의 평균을 구해 2014년 6월의 종합지수 예측치를 구한다.

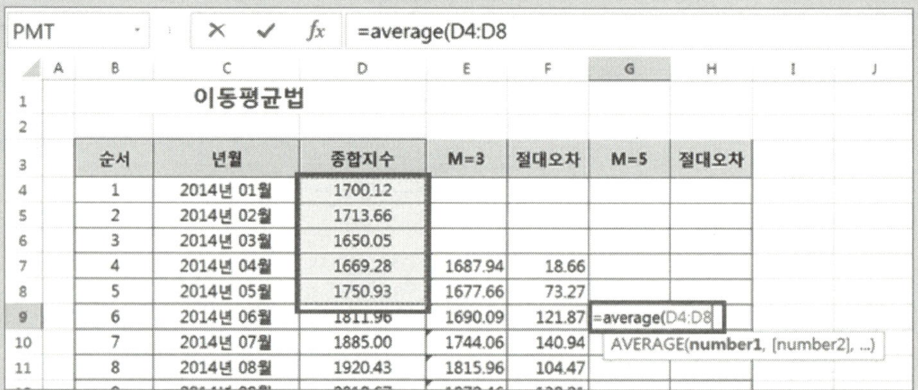

PMT | =average(D4:D8

이동평균법

순서	년월	종합지수	M=3	절대오차	M=5	절대오차
1	2014년 01월	1700.12				
2	2014년 02월	1713.66				
3	2014년 03월	1650.05				
4	2014년 04월	1669.28	1687.94	18.66		
5	2014년 05월	1750.93	1677.66	73.27		
6	2014년 06월	1811.96	1690.09	121.87	=average(D4:D8	
7	2014년 07월	1885.00	1744.06	140.94		
8	2014년 08월	1920.43	1815.96	104.47		

AVERAGE(**number1**, [number2], ...)

❷ 절대오차를 계산한다. H9셀에 '=abs(D9-G9)'를 입력한다. 2014년 6월의 종합지수와 방금 계산한 예측치의 차이에 대한 절대값이 계산된다.

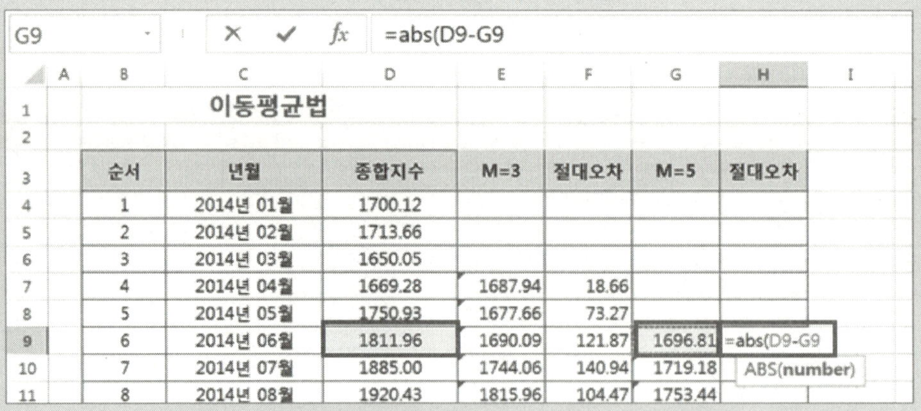

G9 | =abs(D9-G9

이동평균법

순서	년월	종합지수	M=3	절대오차	M=5	절대오차
1	2014년 01월	1700.12				
2	2014년 02월	1713.66				
3	2014년 03월	1650.05				
4	2014년 04월	1669.28	1687.94	18.66		
5	2014년 05월	1750.93	1677.66	73.27		
6	2014년 06월	1811.96	1690.09	121.87	1696.81	=abs(D9-G9
7	2014년 07월	1885.00	1744.06	140.94	1719.18	
8	2014년 08월	1920.43	1815.96	104.47	1753.44	

ABS(**number**)

3) 3개월과 5개월의 두 예측기간 중 어떤 평균기간의 예측력이 나은지 판단해보자.

❶ 예측기간이 3개월일 때와 5개월일 때의 평균절대오차를 각각 계산한다.(Average() 함수를 사용하여 아래에 계산한다).

F7 =average(F7:F28

이동평균법

순서	년월	종합지수	M=3	절대오차	M=5	절대오차
1	2014년 01월	1700.12				
2	2014년 02월	1713.66				
3	2014년 03월	1650.05				
4	2014년 04월	1669.28	1687.94	18.66		
5	2014년 05월	1750.93	1677.66	73.27		
6	2014년 06월	1811.96	1690.09	121.87	1696.81	115.15
7	2014년 07월	1885.00	1744.06	140.94	1719.18	165.82
8	2014년 08월	1920.43	1815.96	104.47	1753.44	166.99
9	2014년 09월	2010.67	1872.46	138.21	1807.52	203.15
10	2014년 10월	2040.04	1938.70	101.34	1875.80	164.24
11	2014년 11월	1988.24	1990.38	2.14	1933.62	54.62
12	2014년 12월	1930.31	2012.98	82.67	1968.88	38.57
13	2015년 01월	1899.68	1986.20	86.52	1977.94	78.26
14	2015년 02월	1859.24	1939.41	80.17	1973.79	114.55
15	2015년 03월	1849.01	1896.41	47.40	1943.50	94.49
16	2015년 04월	1788.23	1869.31	81.08	1905.30	117.07
17	2015년 05월	1825.74	1832.16	6.42	1865.29	39.55
18	2015년 06월	1845.85	1820.99	24.86	1844.38	1.47
19	2015년 07월	1776.99	1819.94	42.95	1833.61	56.62
20	2015년 08월	1737.57	1816.19	78.62	1817.16	79.59
21	2015년 09월	1696.76	1786.80	90.04	1794.88	98.12
22	2015년 10월	1731.89	1737.11	5.22	1776.58	44.69
23	2015년 11월	1759.50	1722.07	37.43	1757.81	1.69
24	2015년 12월	1809.18	1729.38	79.80	1740.54	68.64
25	2016년 01월	1849.54	1766.86	82.68	1746.98	102.56
		평균절대오차(MAE)		=average(F7:F28		

❷ 각 예측기간 M에 대하여 평균절대오차값이 가장 작은 값을 가지는 기간 M을 최적 평균기간으로 지정한다.

두 기간의 평균절대오차를 계산해보면 3개월에 대한 평균절대오차는 69.40, 5개월에 대한 평균절대오차는 90.29로 나타나 3개월의 평균절대오차가 작은 것을 알 수 있다. 이를 통해 두 기간 중 3개월의 예측력이 5개월의 예측력보다 낫다는 결론을 내릴 수 있다.

이동평균법

순서	년월	종합지수	M=3	절대오차	M=5	절대오차
1	2014년 01월	1700.12				
2	2014년 02월	1713.66				
3	2014년 03월	1650.05				
4	2014년 04월	1669.28	1687.94	18.66		
5	2014년 05월	1750.93	1677.66	73.27		
6	2014년 06월	1811.96	1690.09	121.87	1696.81	115.15
7	2014년 07월	1885.00	1744.06	140.94	1719.18	165.82
8	2014년 08월	1920.43	1815.96	104.47	1753.44	166.99
9	2014년 09월	2010.67	1872.46	138.21	1807.52	203.15
10	2014년 10월	2040.04	1938.70	101.34	1875.80	164.24
11	2014년 11월	1988.24	1990.38	2.14	1933.62	54.62
12	2014년 12월	1930.31	2012.98	82.67	1968.88	38.57
13	2015년 01월	1899.68	1986.20	86.52	1977.94	78.26
14	2015년 02월	1859.24	1939.41	80.17	1973.79	114.55
15	2015년 03월	1849.01	1896.41	47.40	1943.50	94.49
16	2015년 04월	1788.23	1869.31	81.08	1905.30	117.07
17	2015년 05월	1825.74	1832.16	6.42	1865.29	39.55
18	2015년 06월	1845.85	1820.99	24.86	1844.38	1.47
19	2015년 07월	1776.99	1819.94	42.95	1833.61	56.62
20	2015년 08월	1737.57	1816.19	78.62	1817.16	79.59
21	2015년 09월	1696.76	1786.80	90.04	1794.88	98.12
22	2015년 10월	1731.89	1737.11	5.22	1776.58	44.69
23	2015년 11월	1759.50	1722.07	37.43	1757.81	1.69
24	2015년 12월	1809.18	1729.38	79.80	1740.54	68.64
25	2016년 01월	1849.54	1766.86	82.68	1746.98	102.56
		평균절대오차(MAE)		69.40		90.29

4) 이동평균기간이 3개월일 때와 5개월일 때의 그래프를 작성하라.

❶ 아래와 같이 차트를 작성할 범위를 마우스로 지정한다. Ctrl키를 이용하면 떨어져 있는 셀을 한꺼번에 블록설정할 수 있다. 연속된 셀들을 먼저 블록설정한 후 Ctrl키를 누른 상태에서 떨어져 있는 셀을 블록설정하면 된다. 그 다음 [삽입] 탭 – [차트] 그룹 – [꺾은선 형] 차트 종류를 선택한다.

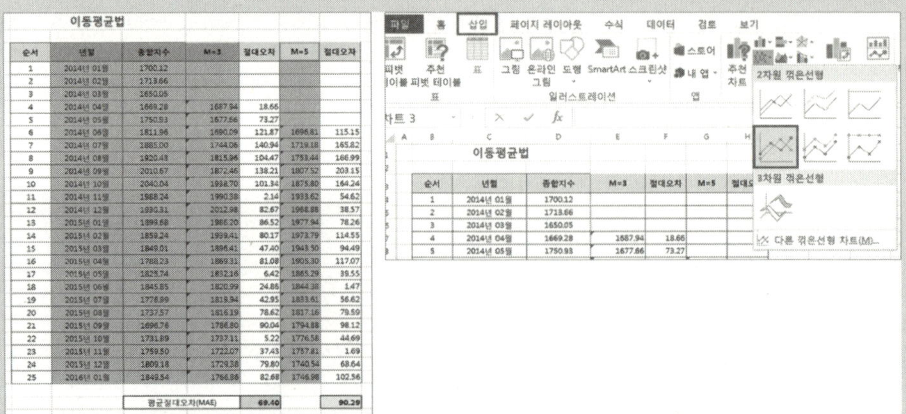

❷ 꺾은선 형 차트가 시트에 삽입된다. 차트를 선택한 상태에서 우측의 [차트 이동 위치] 메뉴를 클릭하여 차트를 새로운 시트로 이동시키자. [차트 이동] 대화상자가 뜨면 [새 시트]를 선택하고 이름을 지정해준다.

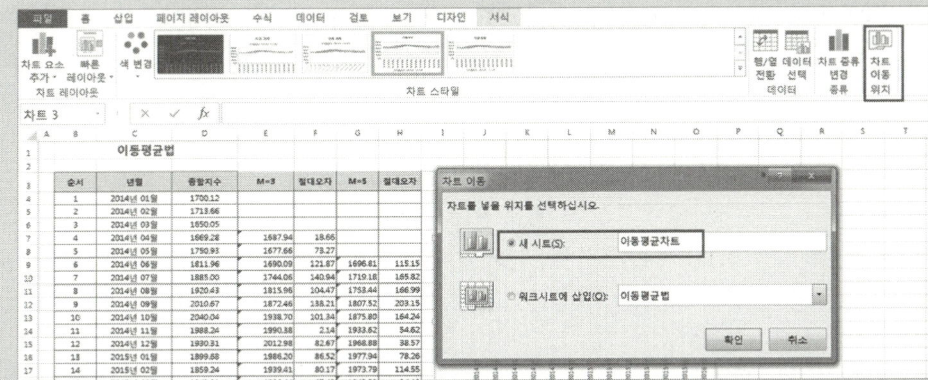

❸ Y축의 숫자를 선택하고 마우스 오른쪽 버튼을 눌러 [축 서식] 대화상자로 간 후, 최소값을 0이 아닌 1,000으로 수정해준다.

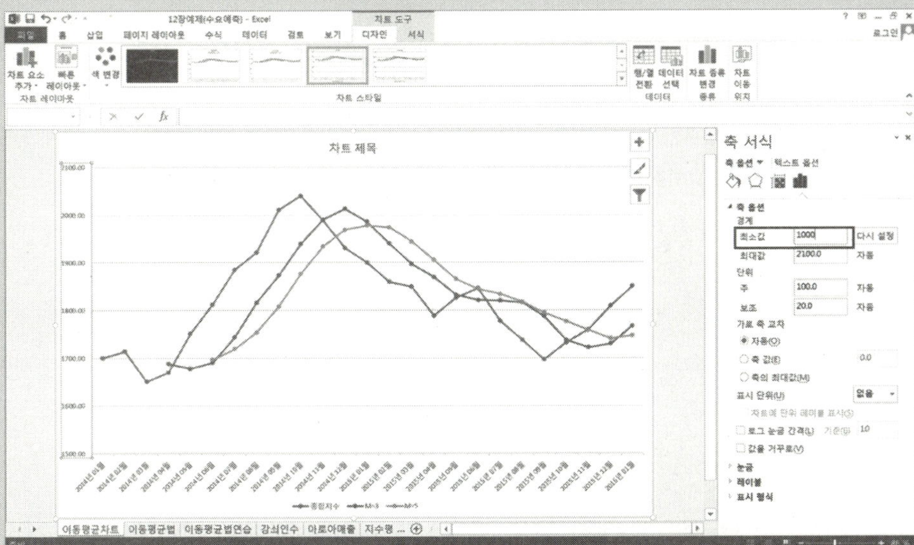

그래프를 살펴보면 종합지수 실제값과 M=3일 때의 그래프, M=5일 때의 그래프의 모습을 비교할 수 있다. 이동평균기간의 예측력이 높을수록 실제 종합지수 그래프와의 간격 차이(오차)가 작게 나타나게 된다. M=3이 M=5보다 실제 종합지수 그래프와의 간격이 더 좁은 것을 알 수 있다.

그래프의 모양에서도 이동평균의 기간이 짧을수록 그래프는 날카로운 모습을 보이고, 기간이 길수록 완만한 형태의 그래프를 보여준다. 오랜 기간의 자료를 반영하였으므로 일시적인 변화에 크게 좌우되지 않기 때문이다. 그러나 이동평균법을 통한 예측은 실제 변화가 일어나고 나서야 그 변화를 반영할 수 있다는 문제점이 있다. 그리고 기간이 길수록 실제 변화가 일어난 후에 예측으로 반영되는 데 더 많은 시간이 걸린다는 것을 알 수 있다.

이동평균법 연습문제

다음은 D백화점의 과거 5년 동안의 분기별 판매고가 입력된 자료이다. 이 자료를 바탕으로 향후 판매고의 예측을 이동평균법을 통해 예상하려고 한다(11장\D백화점판매실적.xlsx).

1) 우선, 지난 5년 간의 판매실적의 변화 추세를 파악할 수 있도록 실제 판매고를 그래프로 나타내보라.
2) 이동평균구간을 2분기와 4분기로 하였을 때 각각 2017년 1분기, 2분기 판매고를 예상하여 보라.
3) 실제 판매고와 2분기 이동평균, 그리고 4분기 이동평균의 그래프를 같은 차트에 그려 보시오.
4) 2분기 이동평균과 4분기 이동평균 중 어떤 기간의 예측력이 우수한지 평균절대오차(MAE)를 기준으로 하여 판단하여 보자.

D백화점 분기별 판매실적

(단위: 천원)

년도	분기	판매고
2012	1	448,600
	2	544,200
	3	599,800
	4	799,800
2013	1	499,500
	2	566,000
	3	635,000
	4	855,500
2014	1	544,700
	2	599,000
	3	656,500
	4	897,000
2015	1	684,500
	2	723,000
	3	788,300
	4	1,112,000
2016	1	823,000
	2	921,000
	3	1,127,500
	4	1,134,900

3. 지수평활법

과거의 자료를 미래의 예측에 반영하고자 할 때 이동평균법은 유용한 방법이긴 하지만 최근 M개의 자료만을 반영하게 되며, 그 비중도 동일하게 두게 되는 단점을 가지고 있다. 또 자료의 수가 많지 않을 때 M의 크기가 커지면 좋은 예측치를 얻을 수 없다. 이러한 단점을 보완하고 모든 자료를 전부 예측에 고려하기 위한 방법이 지수평활법이다.

지수평활법(exponential smoothing method)은 모든 자료를 전부 활용하면서 최근 자료일수록 더 큰 가중값을 주고 과거의 먼 자료일수록 지수적으로 작아지는 가중치를 부여함으로써 예측치를 계산하는 방법이다. 지수평활법은 과거의 모든 자료를 예측에 반영하면서도 사용하는 자료는 바로 전기 자료만 있으면 간단히 계산할 수 있다는 장점이 있다.

지수평활법의 모형은 다음 기간의 예측치(F_{t+1})는 현 기간의 실제 자료(A_t)에 (1-a)를 곱한 값과 현 기간의 예측치(F_t)에 a를 곱한 값을 더함으로써 계산된다.

$$F_{t+1} = (1-a)*A_t + a*F_t$$

여기서 a는 감쇠인수(지수평활계수, smoothing 계수)로서 0과 1 사이의 값을 갖게 되는데 a가 1에 가까우면 오래된 자료에 영향을 많이 받게 되며, a가 0에 가까우면 최근의 자료에 영향을 많이 받는다. 식에서 보는 바와 같이 지수평활법에 의한 t+1시점에서의 예측치 F_{t+1}은 바로 전기의 실제값 A_t와 예측치 F_t로 계산이 가능하다. 그리고 F_{t+1}은 전기의 실제치와 예측치의 가중 평균임을 알 수 있다(각각 1-a, a의 비중을 가짐).

▶ 감쇠인수의 차이에 따른 예측값의 변화

지수평활법에 있어 가장 중요한 것은 a의 값을 설정하는 것이다. a의 값을 결정하는 것은 특별한 기준이 있는 것은 아니고, 임의로 a의 값을 변화시켜 가면서 예측의 정도가 높은 a의 값을 결정하면 된다. 그러면 감쇠인수는 예측치에 어떤 변화를 미치는가?

- 감쇠인수(a)가 큰 경우(0.9): t시점에서의 예측치 F_t는 a값이 클수록 과거의 전체 값에 의해 영향을 많이 받는다.

• 감쇠인수(a)가 작은 경우(0.1): 과거로 갈수록 영향력이 작아지므로 예측치는 바로 최근의 값에 의해 영향을 많이 받는다.

아래와 같이 매출이 현저하게 줄어드는 자료가 있다. 3월부터 8월까지 매출 데이터를 기반으로 지수평활법을 이용하여 9월의 매출을 예측해보자. 이때 감쇠인수를 각각 0.9와 0.1로 하였을 때 예측치가 어떻게 달라지는지를 살펴보자.

		a(감쇠인수)	
		0.9	0.1
기간	매출	예상치	예상치
3월	550		
4월	510		
5월	500		
6월	120		
7월	100		
8월	90		
9월	?		

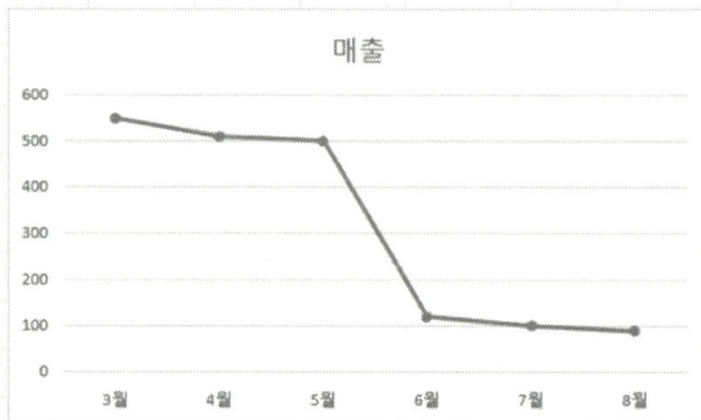

먼저 감쇠인수를 0.9로 하였을 때의 9월의 매출 예상치를 계산해보자. 직전 기간의 예상치가 필요하므로 아래 그림과 같이 3월 실제 매출 550을 4월 예상치로 둔다. 그 다음 5월분 예상치부터 감쇠인수를 이용한 계산을 수행하게 된다. 5월의 매출 예상치는 4월의 실제 매출액×0.1(1-a의 값) + 4월의 예상치×0.9(a 값)으로 계산할 수 있다.

감쇠인수를 0.9로 두었을 경우의 5월 예상 매출은 546이 나온다. 이 셀을 아래로 자동 채움하여 9월의 예상치를 계산해보면 422가 나오는 것을 알 수 있다.

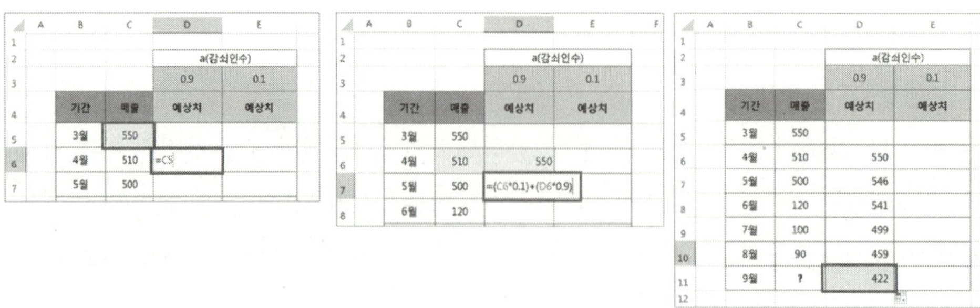

그럼 이번에는 감쇠인수를 0.1로 두었을 경우의 9월 매출의 예상치를 계산해보자.

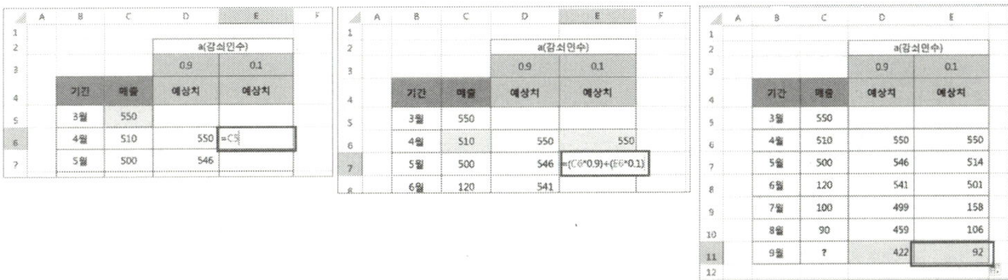

		a(감쇠인수)	
		0.9	0.1
기간	매출	예상치	예상치
3월	550		
4월	510	550	550
5월	500	546	514
6월	120	541	501
7월	100	499	158
8월	90	459	106
9월	?	422	92

3월의 실제 매출 550을 4월 예상치로 둔다. 그 다음 5월분 예상치부터 감쇠인수를 이용한 계산을 수행한다. 5월의 매출 예상치는 4월의 실제 매출액×0.9(1-a의 값) + 4월의 예상치×0.1(a 값)로 계산할 수 있다. 감쇠인수를 0.1로 두었을 경우 9월 예상 매출은 92가 나온다. 이를 그래프로 나타내보자.

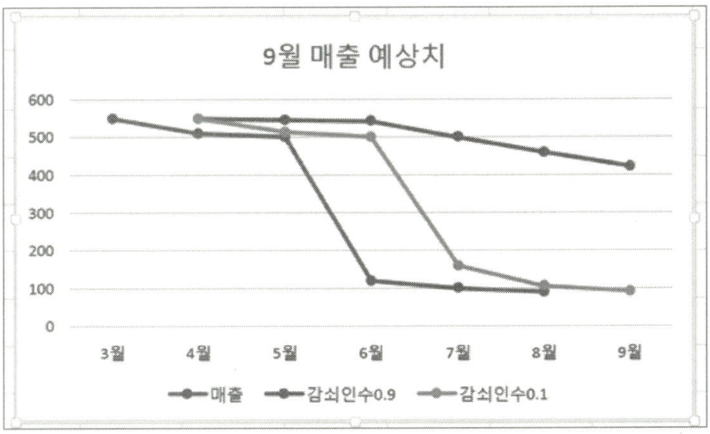

감쇠인수의 크기가 예상치에 어떤 영향을 미치는지를 위 그래프를 통해 확인할 수 있다. 위 예제의 데이터는 실제 매출이 6월부터 급감하고 있다. 감쇠인수를 크게 한 경우에는 이를 잘 반영하지 못하고 있으며, 감쇠인수를 0.1로 작게 한 경우는 실제 매출 변화의 그래프와 유사한 형태를 나타내고 있다. 이를 통해 감쇠인수를 크게 한 경우에는 과거 값의 영향을 많이 받으며, 감쇠인수를 작게 한 경우에는 과거 먼 시점의 값보다 바로 최근 값들의 영향을 많이 받음을 알 수 있다.

따라서 감쇠인수를 크게 하면 먼 과거의 값을 포괄하여 장기적인 추세를 반영하는데 유용하나, 자료의 변동이 심한 경우 최근의 변화를 적절하게 반영하지 못하는 단점이 있다. 한편 감쇠인수를 작게 하면 바로 최근 값의 변화가 예측치에 잘 반영되나 먼 과거의 값은 거의 무시된다고 할 수 있다. 그러면 감쇠인수의 값을 얼마로 하는 것이 적절한가? 특별히 정해진 수치는 없으나 일반적으로 0.7~0.9 사이의 값을 이용한다. 또한 보통 평균절대오차의 값을 최소로 하는 감쇠인수를 사용하기도 한다. 엑셀에서 해 찾기를 이용하면 평균절대오차를 가장 작게 하는 최적의 감쇠인수를 구할 수 있다.

지수평활법 예제

아래 표는 M통신사의 지난 20주 동안의 고객 통화품질 불만 접수 건수를 나타낸다. 향후 통화품질에 대한 불만접수 건수를 예측하는데 지수평활법을 이용해보자(11장\통화품질불만접수.xlsx).

1) 감쇠인수를 0.1과 0.9로 하여 각각 주별로 예상값을 구하고, 어떤 감쇠인수가 더 좋은 인수인지 답하라.

❶ 아래와 같이 시트에 데이터를 입력하고 감쇠인수를 우측에 따로 입력해둔다. 이때 1-a값은 반드시 값을 직접 입력하지 말고 수식을 통해 각각 0.9와 0.1이 계산되도록 한다.

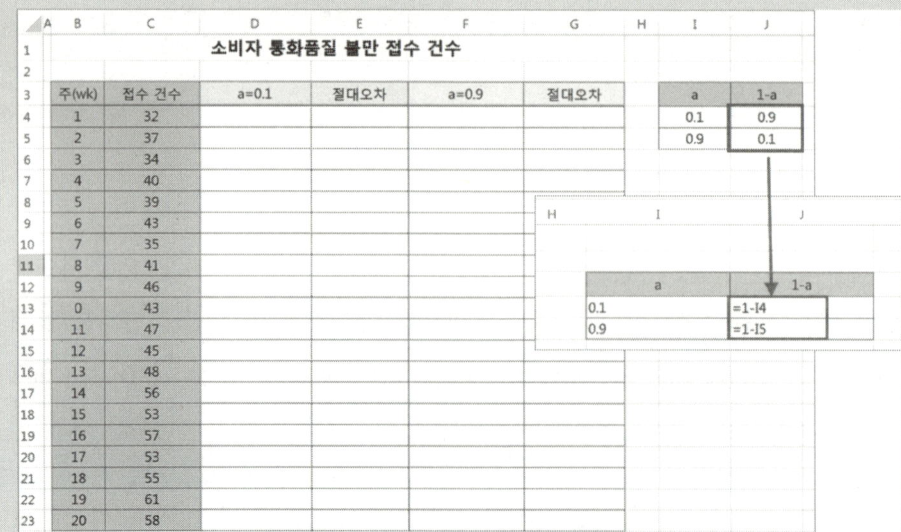

소비자 통화품질 불만 접수 건수

주(wk)	접수 건수	a=0.1	절대오차	a=0.9	절대오차
1	32				
2	37				
3	34				
4	40				
5	39				
6	43				
7	35				
8	41				
9	46				
0	43				
11	47				
12	45				
13	48				
14	56				
15	53				
16	57				
17	53				
18	55				
19	61				
20	58				

a	1-a
0.1	0.9
0.9	0.1

a	1-a
0.1	=1-I4
0.9	=1-I5

❷ 감쇠인수 a=0.1일 때의 예측치를 계산한다. 2주차의 예측치를 입력하는 D5셀에는 1주의 실제값(C4셀)을 가져오게 되고, 2주차의 예측치를 가지고 3월부터 지수평활법을 이용한 실제 예측 식을 작성할 수 있다. 3월의 예측치는 아래와 같이 감쇠인수를 직접 입력하지 않고 우측에 입력해 둔 감쇠인수 셀을 참조하여 식을 완성한다. 3월 예측치 = (37(2월 실제값)×0.9(1−a값)) + (32(2월 예측치)×0.1(a값))이다.

소비자 통화품질 불만 접수

주(wk)	접수 건수	a=0.1	절대오차
1	32		
2	37	=C4	
3	34		

소비자 통화품질 불만 접수 건수

주(wk)	접수 건수	a=0.1	절대오차	a=0.9	절대오차
1	32				
2	37	32			
3	34	=C5*$J$4)+(D5*$I$4)			
4	40				

a	1-a
0.1	0.9
0.9	0.1

❸ 예측치에 대한 절대오차를 구한다. '=abs(실제값−예측치)'를 입력한다.

소비자 통화품질 불만 접수 건수

주(wk)	접수 건수	a=0.1	절대오차	a=0.9	절대오차
1	32				
2	37	32	=abs(C5-D5)		
3	34	36.5			

❹ 감쇠인수 a=0.9일 때의 예측치와 절대오차도 동일하게 계산한다.

소비자 통화품질 불만 접수 건수

주(wk)	접수 건수	a=0.1	절대오차	a=0.9	절대오차
1	32				
2	37	32	5	=C4	
3	34	36.5	3		

소비자 통화품질 불만 접수 건수

주(wk)	접수 건수	a=0.1	절대오차	a=0.9	절대오차
1	32				
2	37	32	5	32	
3	34	36.5	3	=(C5*$J$5)+(F5*$I$5)	
4	40	34.3	6		

a	1-a
0.1	0.9
0.9	0.1

❺ 자동 채움 기능을 이용하여 나머지 예측치와 절대오차를 모두 계산한 후 아래에 평균절대오차(MAE)를 계산한다. a=0.1일 때의 평균절대오차는 3.9이며, a=0.9일 때의 평균절대오차는 8.7로 나타나 a=0.1로 지정했을 때의 평균절대오차 값이 낮은 것을 알 수 있다.

소비자 통화품질 불만 접수 건수

주(wk)	접수 건수	a=0.1	절대오차	a=0.9	절대오차
1	32				
2	37	32	5	32	5
3	34	36.5	3	32.5	2
4	40	34.3	6	32.7	7
5	39	39.4	0	33.4	6
6	43	39.0	4	33.9	9
7	35	42.6	8	34.9	0
8	41	35.8	5	34.9	6
9	46	40.5	6	35.5	11
0	43	45.4	2	36.5	6
11	47	43.2	4	37.2	10
12	45	46.6	2	38.2	7
13	48	45.2	3	38.8	9
14	56	47.7	8	39.8	16
15	53	55.2	2	41.4	12
16	57	53.2	4	42.5	14
17	53	56.6	4	44.0	9
18	55	53.4	2	44.9	10
19	61	54.8	6	45.9	15
20	58	60.4	2	47.4	11
		평균절대오차 (MAE)	3.9	평균절대오차 (MAE)	8.7

a	1-a
0.1	0.9
0.9	0.1

2) 감쇠인수를 0.1과 0.9로 하여 지수평활 그래프를 그리고, 감쇠인수의 크기가 예측에 어떤 영향을 미치는지를 판단하라.

❶ 그래프를 그릴 영역을 아래와 같이 블록설정하고 [삽입] 탭–[차트] 그룹의 [꺾은선형 차트]를 선택한다.

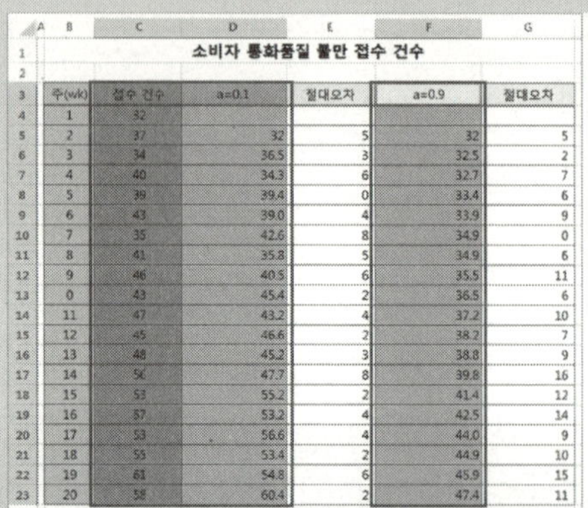

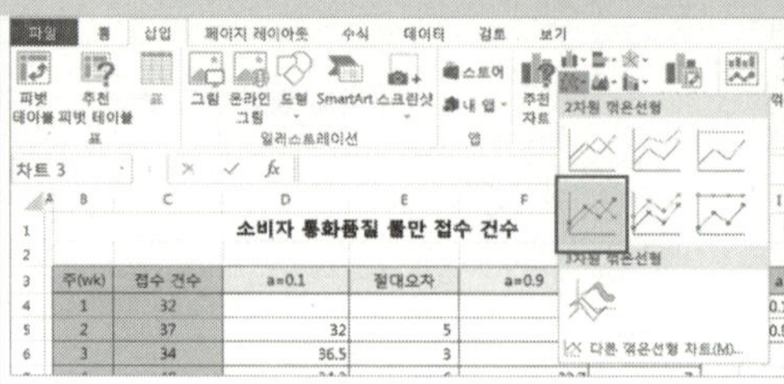

❷ 차트가 나타나면 제목을 지정해 주고 보기 좋게 편집한다.

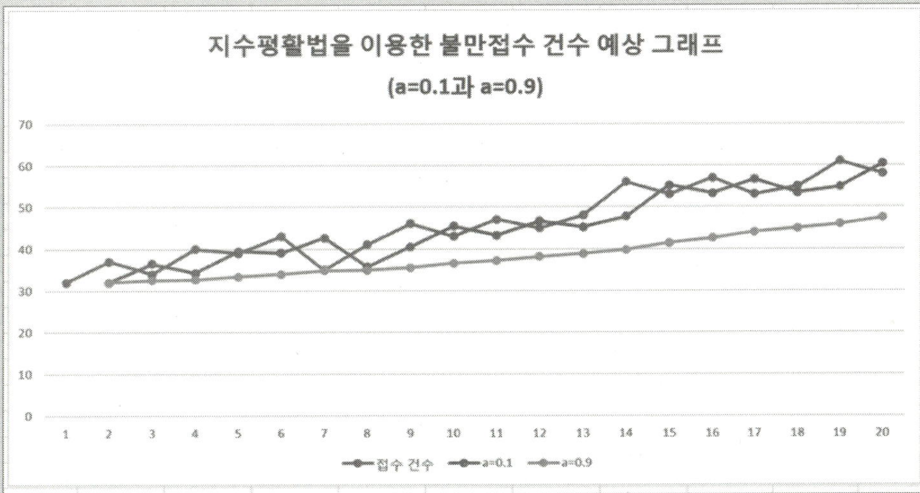

위의 그래프에서 감쇠인수가 클수록(a=0.9) 그래프가 평활효과가 크게 나타나 평탄해지는 모습을 보이는 것을 알 수 있다. 감쇠인수가 작은 경우(a=0.1)에는 평활효과가 작게 나타나 그래프가 날카롭게 나타나고 있다. 평활효과가 작을수록 최근의 추세를 많이 반영하기 때문에 실제값의 그래프와 같이 모양이 날카롭게 된다. 지수평활법도 이동평균법과 마찬가지로 실제의 변화가 일어날 때 즉시 예측에 반영하지 못한다는 단점이 있다.

3) 평균절대오차를 최소화하는 최적의 감쇠인수를 구하고, 이때의 지수평활 그래프를 그리시오.

어떤 감쇠인수가 가장 적절한가의 판단기준은 평균절대오차를 최소화하는 감쇠인수라고 할 수 있다. 따라서 모든 감쇠인수에 대하여 평균절대오차를 일일이 계산하여 가장 작은 평균절대오차값을 가져다주는 감쇠인수를 최적의 값으로 설정할 수 있다. 그러나 이렇게 접근하는 데는 많은 노력과 시간이 소요되므로 최소 평균절대오차를 가져다주는 감쇠인수를 엑셀의 해 찾기 기능을 이용하여 구해보자.

❶ 평균절대오차값이 작은 a=0.1 데이터를 이용해 최적해를 구해보자. [데이터] 탭－[분석] 그룹－[해 찾기] 기능을 선택한다. [해 찾기 매개 변수] 대화상자가 나타나면 아래와 같이 인수를 입력해준다. 평균절대오차값을 최소화할 수 있는 감쇠인수(a)를 구하는 것이 목표이다. 이를 위해 [목표 설정] 글상자에 평균절대오차값이 입력된 E25셀을 입력해주고, [대상]에는 [최소화]를 선택해준다. [변수 셀 변경] 글상자에는 감쇠인수가 입력된 G4셀을 넣어준다.
또한 감쇠인수를 찾을 때의 제약 조건은 감쇠인수인 a의 값이 0 이상이고 1 이하라는 조건이다. 이를 입력하면 G4 〉= 0, G4 〈= 1과 같이 나타난다. 마지막으로 아래의

[해 찾기] 버튼을 누른다.

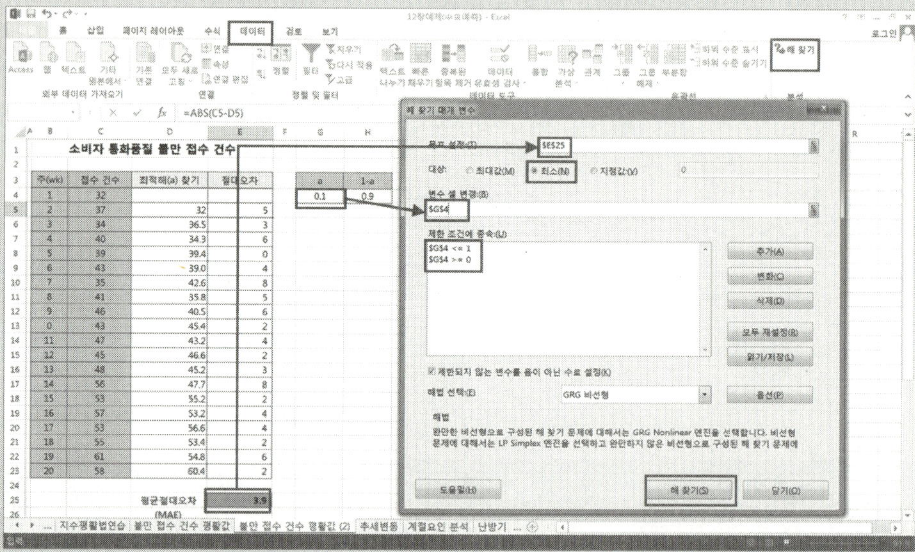

❷ 해 찾기 결과 최적의 감쇠인수는 0.432로 나타났으며 이때의 평균절대오차값은 3.4인 것을 알 수 있다.

소비자 통화품질 불만 접수 건수

주(wk)	접수 건수	최적해(a) 찾기	절대오차
1	32		
2	37	32	5
3	34	34.8	1
4	40	34.4	6
5	39	37.6	1
6	43	38.4	5
7	35	41.0	6
8	41	37.6	3
9	46	39.5	6
0	43	43.2	0
11	47	43.1	4
12	45	45.3	0
13	48	45.1	3
14	56	46.8	9
15	53	52.0	1
16	57	52.6	4
17	53	55.1	2
18	55	53.9	1
19	61	54.5	6
20	58	58.2	0
		평균절대오차 (MAE)	3.4

a	1-a
0.4323434	0.5676566

❸ 최적해를 통해 찾아낸 감쇠인수로 계산한 예측치를 실제값과 그래프로 그려보자. 아래와 같이 꺾은선 그래프를 나타낸다. 실제값에 대한 예측치의 반영 속도는 늦지만 그래프의 모양은 실제값과 예측치가 매우 유사한 형태를 띠는 것을 확인할 수 있다.

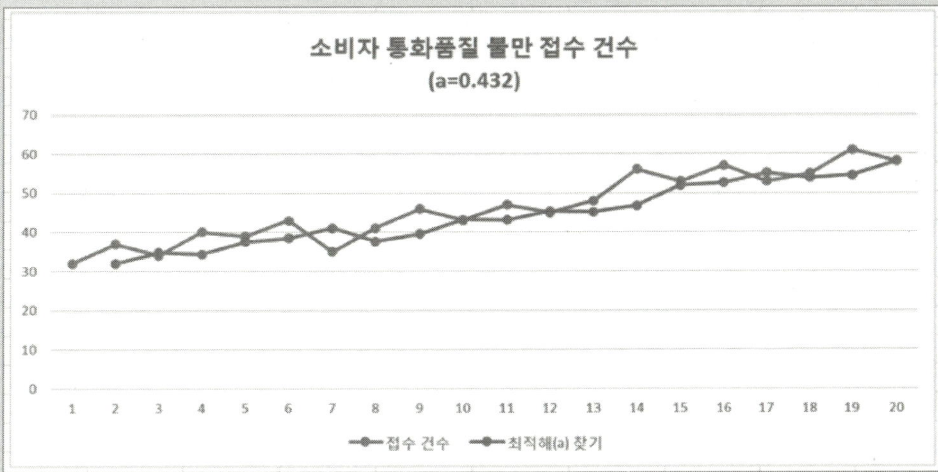

지수평활법 연습문제

다음은 D백화점의 과거 5년 동안의 분기별 판매고가 입력된 자료이다. 이 자료를 바탕으로 향후 판매고의 예측을 지수평활법을 통해 예상하려고 한다.

1) 감쇠인수를 0.1과 0.9로 하여 각각 분기별로 지수평활값을 구하고, 어떤 감쇠인수가 더 좋은 인수인지 답하시오.
2) 감쇠인수를 0.1과 0.9로 하여 지수평활 그래프를 그리고, 감쇠인수의 크기가 예측에 어떤 영향을 미치는지를 판단하시오.
3) 평균절대오차를 최소화하는 최적의 감쇠인수를 해 찾기 기능을 이용하여 구하고, 이때의 지수평활 그래프를 그리시오.

D백화점 분기별 판매실적

(단위: 천원)

년도	분기	판매고
2012	1	448,600
	2	544,200
	3	599,800
	4	799,800
2013	1	499,500
	2	566,000
	3	635,000
	4	855,500
2014	1	544,700
	2	599,000
	3	656,500
	4	897,000
2015	1	684,500
	2	723,000
	3	788,300
	4	1,112,000
2016	1	823,000
	2	921,000
	3	1,127,500
	4	1,134,900

4. 추세변동과 계절지수 반영

시계열 자료에는 일정한 흐름을 나타내는 추세변동과 계절에 따라 달리 나타나는 계절요인에 의한 변동, 경제적인 동향과 같은 장기적인 변화나 움직임을 의미하는 사이클 요인, 그리고 무작위에 의한 변동이 숨어 있다. 이 중 추세변동과 계절요인에 의한 변동은 규칙적인 형태를 보이는 것이므로 이것을 찾아 미래의 예측에 활용할 수 있다. 이번 절에서는 추세변동과 계절요인을 함께 고려하여 미래 예측의 정확성을 보다 증가시키는 방법을 살펴보자.

1) 추세변동

추세변동은 시간의 흐름에 따라서 장기적으로 증가하거나 감소하는 추세를 반영하는 것이다. 자동차 판매량, 전기의 수요, 외식 횟수 등은 시간이 흐르면서 국민들의 소득수준이 늘어남에 따라 점차 증가하는 추세를 보이고 있다.

추세식은 다음과 같이 1차방정식의 형태로 나타낼 수 있다.

$$Y = a + b \times X \text{ (a: 절편(상수항), b: 기울기, X: 시간의 순서)}$$

만일 24개월의 매출 추세를 찾아보려 한다면 '매출=a+b×24개월 시간순서'와 같이 추세식을 만들 수 있다. 여기서 X값에 해당하는 '시간의 순서'는 처음 데이터가 1이 되며 가장 나중의 24개월째의 데이터가 24가 된다. 순서는 절대적인 시점에 관계없이 발생한 시간의 순서에 따라 일련번호로 붙여진다. 즉, 한 조사에서 2016년 1월부터 2016년 12월까지의 자료를 분석한다고 하면 2016년 1월의 순서가 1이 된다.

추세변동 예제

헤드셋 생산라인에서는 작년 한 해 6시그마 운동을 대대적으로 실시하여 불량제품의 발생건수를 낮추려고 노력하였다. 다음은 작년 한 해 동안의 불량제품의 생산건수이다(11장\불량제품생산건수.xlsx).

1) 추세를 분석하기 위하여 절편과 기울기를 구하라.

불량 제품 발생 건수 추세

월	오류 제품 수	예상치
1	12	
2	13	
3	11	
4	9	
5	10	
6	7	
7	7	
8	8	
9	9	
10	6	
11	7	
12	5	

❶ 절편은 엑셀의 intercept() 함수를 이용하여 구할 수 있다. 절편을 구할 셀을 지정하고, 함수 마법사에서 intercept() 함수를 실행한 후 첫 번째 [Known_y's] 인수에 오류 제품수가 입력된 [C4:C15] 범위를 입력한다. 또한 두 번째 [Known_x's] 인수에는 월의 시간순서가 입력된 [B4:B15] 범위를 입력한다.

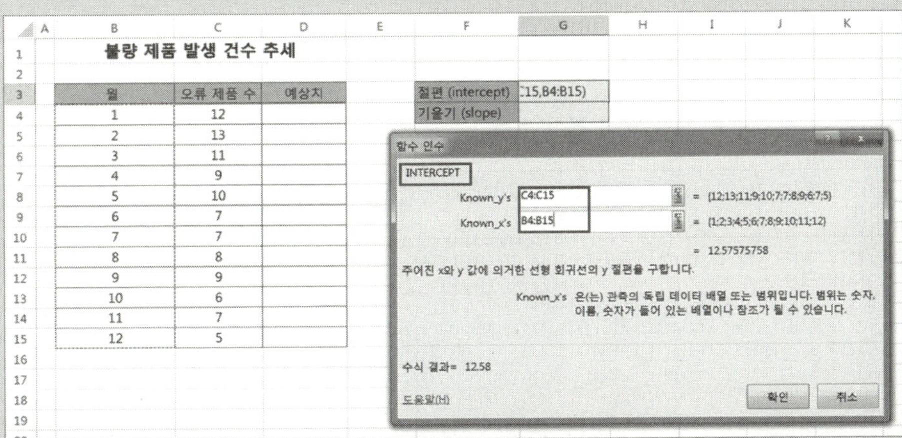

❷ 기울기는 엑셀의 slope() 함수를 이용하여 구할 수 있다. 대화상자에서 두 인수는 intercept() 함수와 동일하게 입력하면 된다.

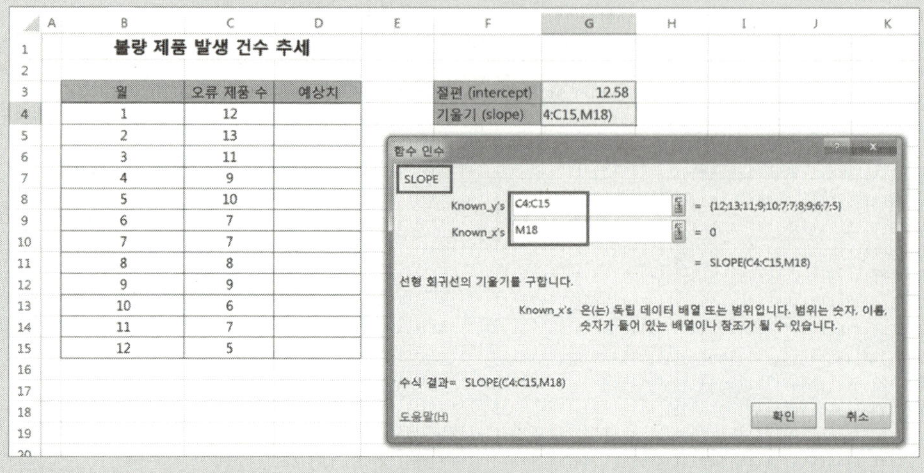

2) 절편과 기울기를 이용하여 추세식을 작성하고 월별로 예상 불량제품 발생건수를 산출하고 실제값과 예상치의 그래프를 작성하시오.

❶ 앞에서 구한 절편과 기울기값을 이용하여 방정식을 작성해보면 예상 불량건수(Y) = 12.58 -0.60×월별순서(X)이다. 이 식을 1월 불량제품 예상치가 입력될 D4셀에 아래와 같이 셀 주소를 참조하여 입력한다. 그런 다음 아래로 자동채움하여 나머지 월에 대한 예상치를 계산한다.

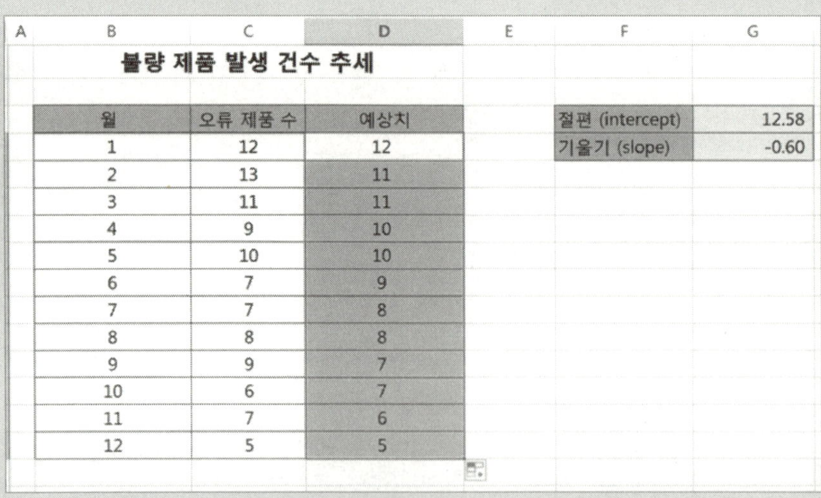

❷ 실제 오류제품 수와 예상치를 꺾은선형 그래프로 나타내면 아래와 같다. 예상치에 대한 추세분석 그래프를 보면 직선으로 시간이 흐를수록 아래로 향하고 있는 것을 알 수 있다. 이는 불량제품의 발생건수가 시간의 흐름에 따라 점차 감소함을 의미한다.

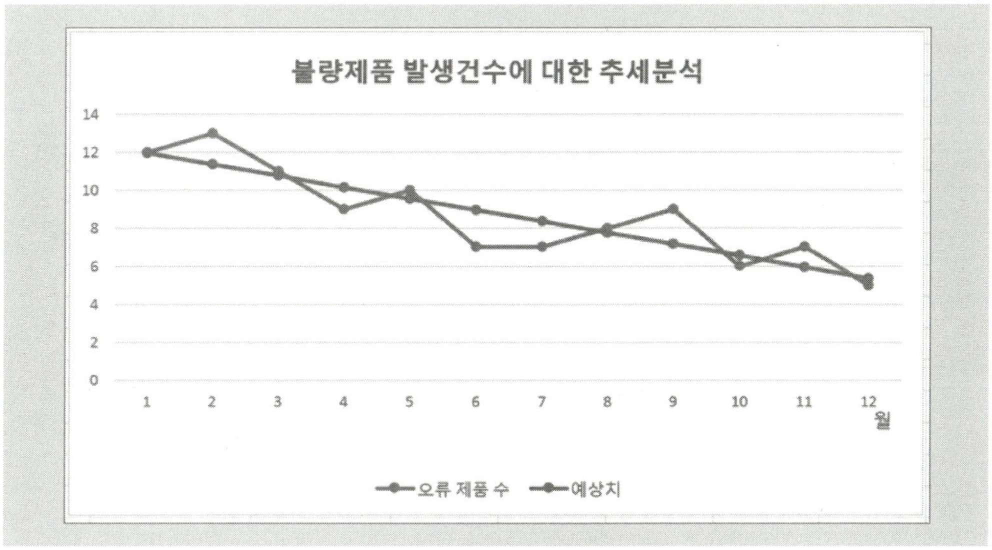

2) 계절지수 요인

계절적 요인은 요일별, 월별, 계절별에 따라서 특정 기간에 수요가 늘거나 줄어드는 상황을 반영한다. 여름에 잘 팔리는 청량음료와 에어컨, 겨울에 판매액이 증가하는 난방제품과 스키용품 등의 수요는 계절적 요인에 크게 영향을 받는다고 볼 수 있다. 계절지수를 반영하기 위해서는 과거 자료에 의하여 각 계절(월, 분기 등)별로 계절지수를 구하고 이에 따라 자료의 변동을 관리하면 된다.

계절지수 예제

창원의 중부 대리점은 지난 4년간의 분기별 스마트폰 판매 자료를 분석하였다. 1/4분기나 4/4분기에 많은 매출이 발생하였는데 이는 졸업과 크리스마스가 포함되어 있기 때문인 것으로 판단된다. 아래 표를 보고 스마트폰 판매에 대한 분기별 계절지수를 구하고, 이에 따라 가장 매출이 많이 일어나는 분기별로 나열하여 보자(11장\스마트폰판매내역.xlsx).

계절지수의 산정을 위하여 다음과 같이 워크시트를 입력한다.

스마트폰 판매에 대한 계절지수 산출

(단위: 억 원)

년도	분기	판매액	평균 판매액	비율	계절지수
2012	1/4	81.5			
	2/4	35.6			
	3/4	47.2			
	4/4	69.9			
2013	1/4	86.2			
	2/4	43.2			
	3/4	59.3			
	4/4	70.6			
2014	1/4	89.1			
	2/4	54.8			
	3/4	71.3			
	4/4	82.5			
2015	1/4	95.0			
	2/4	65.7			
	3/4	63.5			
	4/4	83.1			

❶ 먼저 4년간의 분기별로 판매된 판매액의 평균을 산정한다. 평균이므로 E5셀에서 E20셀까지는 모두 같은 값이 입력되어야 한다. E5셀에 '=average($D$5:$D$20)'을 입력한 후 자동채우기 핸들을 이용하여 2015년 4/4분기인 E20셀까지 입력한다. 모두 같은 값인 68.7이 입력된다.

스마트폰 판매에 대한 계절지수 산출

(단위: 억 원)

년도	분기	판매액	평균 판매액	비율	계절지수
2012	1/4	81.5	=average($D$5:$D$20)		
	2/4	35.6			
	3/4	47.2			
	4/4	69.9			
2013	1/4	86.2			
	2/4	43.2			
	3/4	59.3			
	4/4	70.6			
2014	1/4	89.1			
	2/4	54.8			
	3/4	71.3			
	4/4	82.5			
2015	1/4	95.0			
	2/4	65.7			
	3/4	63.5			
	4/4	83.1			

스마트폰 판매에 대한 계절지수 산출

(단위: 억 원)

년도	분기	판매액	평균 판매액	비율	계절지수
2012	1/4	81.5	68.7		
	2/4	35.6	68.7		
	3/4	47.2	68.7		
	4/4	69.9	68.7		
2013	1/4	86.2	68.7		
	2/4	43.2	68.7		
	3/4	59.3	68.7		
	4/4	70.6	68.7		
2014	1/4	89.1	68.7		
	2/4	54.8	68.7		
	3/4	71.3	68.7		
	4/4	82.5	68.7		
2015	1/4	95.0	68.7		
	2/4	65.7	68.7		
	3/4	63.5	68.7		
	4/4	83.1	68.7		

❷ 다음 F5셀에서 F20셀에 각각 분기별 비율을 산정한다. 분기별 비율은 해당 분기의 스마트폰 판매액과 평균 판매액과의 비율을 나타내는 것으로 다음 식에 의하여 결정된다.

• 해당 분기의 비율 = 해당 분기의 판매액 / 4년간의 평균 판매액

따라서 F5셀에 '=D5/E5'를 입력하면 2012년 1/4분기의 경우 1.19의 비율을 얻는다. 이는 2012년 1/4분기에 스마트폰 판매액은 평균보다 1.19배 많이 판매되었다는 것을 의미한다. F5셀을 아래로 자동 채움하여 나머지 비율도 계산한다.

스마트폰 판매에 대한 계절지수 산출

(단위: 억 원)

년도	분기	판매액	평균 판매액	비율	계절지수
2012	1/4	81.5	68.7	=D5/E5	
	2/4	35.6	68.7		
	3/4	47.2	68.7		
	4/4	69.9	68.7		
2013	1/4	86.2	68.7		
	2/4	43.2	68.7		
	3/4	59.3	68.7		
	4/4	70.6	68.7		
2014	1/4	89.1	68.7		
	2/4	54.8	68.7		
	3/4	71.3	68.7		
	4/4	82.5	68.7		
2015	1/4	95.0	68.7		
	2/4	65.7	68.7		
	3/4	63.5	68.7		
	4/4	83.1	68.7		

스마트폰 판매에 대한 계절지수 산출

(단위: 억 원)

년도	분기	판매액	평균 판매액	비율	계절지수
2012	1/4	81.5	68.7	1.19	
	2/4	35.6	68.7	0.52	
	3/4	47.2	68.7	0.69	
	4/4	69.9	68.7	1.02	
2013	1/4	86.2	68.7	1.26	
	2/4	43.2	68.7	0.63	
	3/4	59.3	68.7	0.86	
	4/4	70.6	68.7	1.03	
2014	1/4	89.1	68.7	1.30	
	2/4	54.8	68.7	0.80	
	3/4	71.3	68.7	1.04	
	4/4	82.5	68.7	1.20	
2015	1/4	95.0	68.7	1.38	
	2/4	65.7	68.7	0.96	
	3/4	63.5	68.7	0.92	
	4/4	83.1	68.7	1.21	

❸ 이제 계절지수를 구한다. 계절지수는 본 예제의 시간단위가 분기이므로 분기별로 정해지는데, 1/4분기의 계절지수는 2012~2015년의 1/4분기의 비율을 평균한 값이 된다. 마찬가지로 2/4분기의 계절지수는 2012~2015년까지 2/4분기의 비율을 평균한 값으로 계산된다. 나머지 3/4분기와 4/4분기도 이와 같은 방식으로 계산된다. 본 예제에서 1/4분기의 계절지수는 1.28이며 2/4분기는 0.73, 3/4분기는 0.88, 4/44분기의 계절지수는 1.11로 계산되었다.

스마트폰 판매에 대한 계절지수 산출

(단위: 억 원)

년도	분기	판매액	평균 판매액	비율	계절지수
2012	1/4	81.5	68.7	1.19	=average(F5,F9,F13,F17)
	2/4	35.6	68.7	0.52	
	3/4	47.2	68.7	0.69	
	4/4	69.9	68.7	1.02	
2013	1/4	86.2	68.7	1.26	
	2/4	43.2	68.7	0.63	
	3/4	59.3	68.7	0.86	
	4/4	70.6	68.7	1.03	
2014	1/4	89.1	68.7	1.30	
	2/4	54.8	68.7	0.80	
	3/4	71.3	68.7	1.04	
	4/4	82.5	68.7	1.20	
2015	1/4	95.0	68.7	1.38	
	2/4	65.7	68.7	0.96	
	3/4	63.5	68.7	0.92	
	4/4	83.1	68.7	1.21	

스마트폰 판매에 대한 계절지수 산출

(단위: 억 원)

년도	분기	판매액	평균 판매액	비율	계절지수
2012	1/4	81.5	68.7	1.19	1.28
	2/4	35.6	68.7	0.52	0.73
	3/4	47.2	68.7	0.69	0.88
	4/4	69.9	68.7	1.02	1.11
2013	1/4	86.2	68.7	1.26	
	2/4	43.2	68.7	0.63	
	3/4	59.3	68.7	0.86	
	4/4	70.6	68.7	1.03	
2014	1/4	89.1	68.7	1.30	
	2/4	54.8	68.7	0.80	
	3/4	71.3	68.7	1.04	
	4/4	82.5	68.7	1.20	
2015	1/4	95.0	68.7	1.38	
	2/4	65.7	68.7	0.96	
	3/4	63.5	68.7	0.92	
	4/4	83.1	68.7	1.21	

❹ 계절지수는 1/4분기부터 4/4분기까지의 시간 단위로 한 번 계산되면 연도에 상관없

이 매년 동일하다. 따라서 2012년의 계절지수를 구한 후 나머지 년도에는 도출된 계절지수를 붙여넣기하면 된다. 2012년의 1/4분기~4/4분기 계절지수를 선택하여 복사한 후 아래 2013년부터 2015년 계절지수에 '선택하여 붙여넣기'-'값'을 선택하여 입력한다.

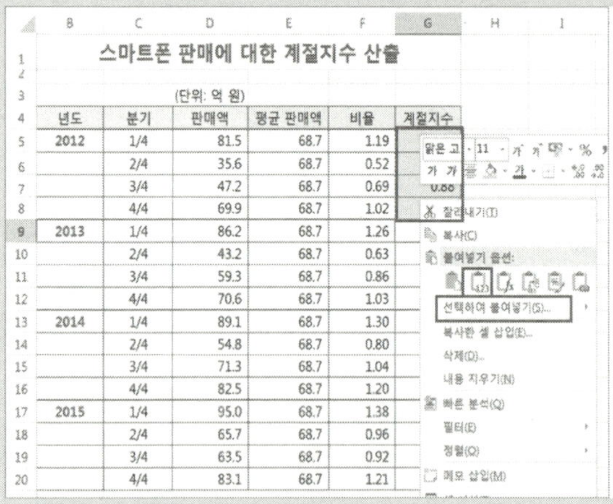

스마트폰 판매에 대한 계절지수 산출

(단위: 억 원)

년도	분기	판매액	평균 판매액	비율	계절지수
2012	1/4	81.5	68.7	1.19	
	2/4	35.6	68.7	0.52	
	3/4	47.2	68.7	0.69	0.88
	4/4	69.9	68.7	1.02	
2013	1/4	86.2	68.7	1.26	
	2/4	43.2	68.7	0.63	
	3/4	59.3	68.7	0.86	
	4/4	70.6	68.7	1.03	
2014	1/4	89.1	68.7	1.30	
	2/4	54.8	68.7	0.80	
	3/4	71.3	68.7	1.04	
	4/4	82.5	68.7	1.20	
2015	1/4	95.0	68.7	1.38	
	2/4	65.7	68.7	0.96	
	3/4	63.5	68.7	0.92	
	4/4	83.1	68.7	1.21	

스마트폰 판매에 대한 계절지수 산출

(단위: 억 원)

년도	분기	판매액	평균 판매액	비율	계절지수
2012	1/4	81.5	68.7	1.19	1.28
	2/4	35.6	68.7	0.52	0.73
	3/4	47.2	68.7	0.69	0.88
	4/4	69.9	68.7	1.02	1.11
2013	1/4	86.2	68.7	1.26	1.28
	2/4	43.2	68.7	0.63	0.73
	3/4	59.3	68.7	0.86	0.88
	4/4	70.6	68.7	1.03	1.11
2014	1/4	89.1	68.7	1.30	1.28
	2/4	54.8	68.7	0.80	0.73
	3/4	71.3	68.7	1.04	0.88
	4/4	82.5	68.7	1.20	1.11
2015	1/4	95.0	68.7	1.38	1.28
	2/4	65.7	68.7	0.96	0.73
	3/4	63.5	68.7	0.92	0.88
	4/4	83.1	68.7	1.21	1.11

중부 대리점의 스마트폰 판매 계절지수를 도출한 결과 이 대리점은 1/4분기에 가장 많은 판매가 이루어지고 반대로 2/4분기에 판매가 가장 저조한 것을 알 수 있다. 계절지수의 순서대로 나열해보면 1/4분기 〉 4/4분기 〉 3/4분기 〉 2/4분기의 순으로 계절지수의 크기가 도출되었다. 따라서 선물의 시즌이 몰려있는 1/4분기와 4/4분기에 스마트폰 판매가 가장 활발히 이루어진다는 것을 확인할 수 있다.

3) 추세변동과 계절지수의 동시 반영

위에서 각각 산출한 추세변동과 계절지수는 대부분의 자료에 함께 반영되어 있는 경우가 대부분이다. 따라서 먼저 추세분석을 통해 추세식을 산출한 후 계절지수를 계산하여 먼저 산출한 추세변동에 계절요인이 반영되도록 하여 최종 예측값을 계산한다.

추세변동과 계절지수 동시 반영 예제

계절지수를 계산한 위의 스마트폰 판매 예제에 추세분석을 실시하고 여기에 계절지수를 동시에 반영하여 예상 판매액을 계산해보자.

❶ 추세분석을 실시하기 위하여 먼저 X의 시간 순서에 해당되는 열을 하나 추가하여 1부터 16까지 입력한다. 그런 다음 1차 방정식을 도출하기 위해 절편과 기울기를 계산한다. 절편은 intercept() 함수를 이용하여 구하며, [Known_y's] 인수에는 실제 판매액 영역(E5:E20)을, [Known_x's] 인수에는 순서 영역(D5:D20)을 입력한다.

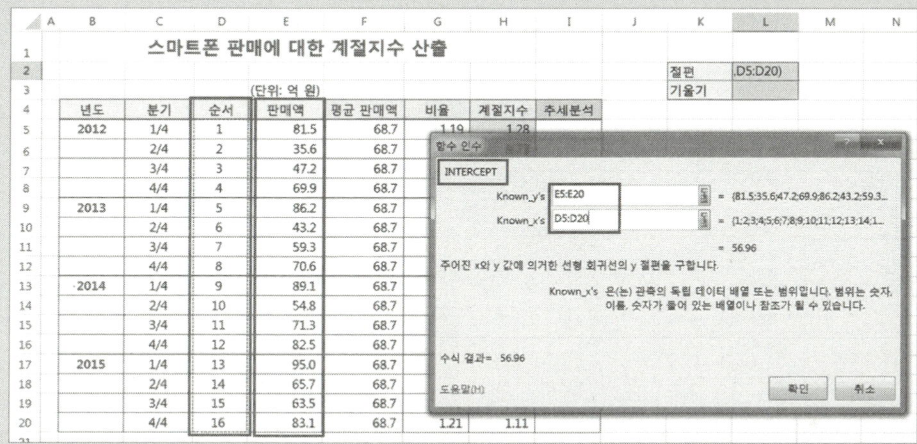

❷ 기울기는 slope() 함수를 이용하여 구하며, [Known_y's] 인수에는 실제 판매액 영역(E5:E20)을, [Known_x's] 인수에는 순서 영역(D5:D20)을 입력한다.

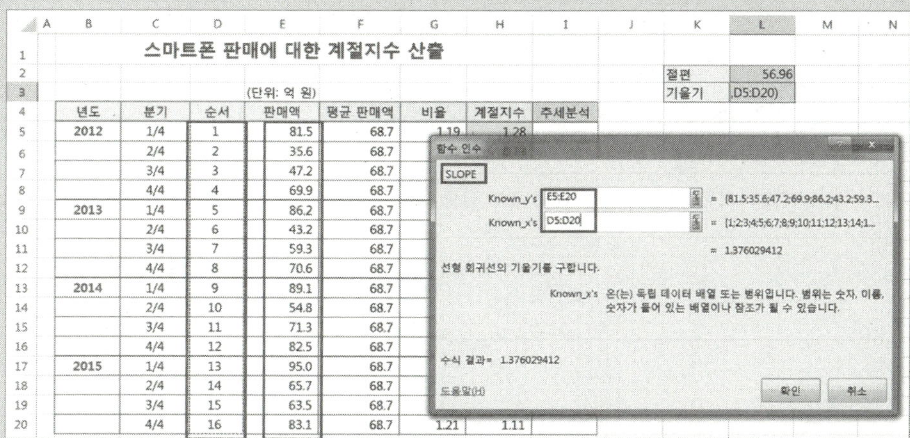

❸ 절편과 기울기 값은 각각 56.96과 1.38로 나타났다. 이제 추세분석을 통해 2012년 1/4분기 예상 판매액을 계산하기 위한 식을 입력한다. I5셀에 '절편 + 기울기 × X' 값이 입력된 셀을 이용하여 아래와 같이 식을 완성한다.

스마트폰 판매에 대한 계절지수 산출

(단위: 억 원)

년도	분기	순서	판매액	평균 판매액	비율	계절지수	추세분석
2012	1/4	1	81.5	68.7	1.19	1.28	=$L$2+$L$3*D5
	2/4	2	35.6	68.7	0.52	0.73	

절편	56.96
기울기	1.38

❹ 나머지 분기의 예상 판매액도 자동 채움 기능을 이용해 완성한다.

스마트폰 판매에 대한 계절지수 산출

(단위: 억 원)

년도	분기	순서	판매액	평균 판매액	비율	계절지수	추세분석
2012	1/4	1	81.5	68.7	1.19	1.28	58.34
	2/4	2	35.6	68.7	0.52	0.73	59.71
	3/4	3	47.2	68.7	0.69	0.88	61.09
	4/4	4	69.9	68.7	1.02	1.11	62.46
2013	1/4	5	86.2	68.7	1.26	1.28	63.84
	2/4	6	43.2	68.7	0.63	0.73	65.22
	3/4	7	59.3	68.7	0.86	0.88	66.59
	4/4	8	70.6	68.7	1.03	1.11	67.97
2014	1/4	9	89.1	68.7	1.30	1.28	69.34
	2/4	10	54.8	68.7	0.80	0.73	70.72
	3/4	11	71.3	68.7	1.04	0.88	72.10
	4/4	12	82.5	68.7	1.20	1.11	73.47
2015	1/4	13	95.0	68.7	1.38	1.28	74.85
	2/4	14	65.7	68.7	0.96	0.73	76.22
	3/4	15	63.5	68.7	0.92	0.88	77.60
	4/4	16	83.1	68.7	1.21	1.11	78.98

절편	56.96
기울기	1.38

❺ 이제 계절지수와 추세분석을 동시에 반영한 예상 판매액을 계산해보자. 아래와 같이 시트를 입력한 후 J5셀에 '계절지수 × 추세분석'을 입력한다.

스마트폰 판매에 대한 계절지수 산출

(단위: 억 원)

년도	분기	순서	판매액	평균 판매액	비율	계절지수	추세분석	계절&추세반영 예상판매액
2012	1/4	1	81.5	68.7	1.19	1.28	58.34	=H5*I5
	2/4	2	35.6	68.7	0.52	0.73	59.71	
	3/4	3	47.2	68.7	0.69	0.88	61.09	
	4/4	4	69.9	68.7	1.02	1.11	62.46	
2013	1/4	5	86.2	68.7	1.26	1.28	63.84	

절편	56.96
기울기	1.38

❻ 나머지 셀에도 자동 채움 기능을 적용해 계절지수와 추세분석 지표를 동시에 반영한 결과를 계산한다.

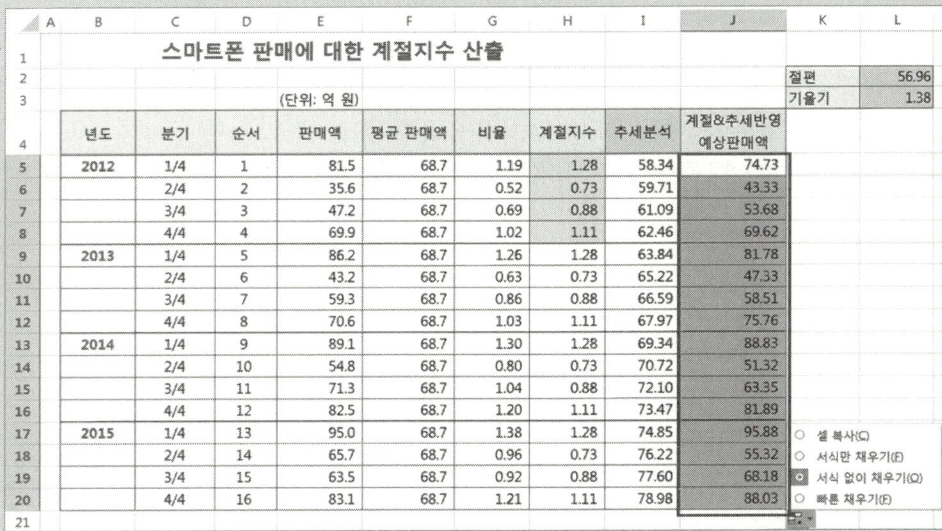

스마트폰 판매에 대한 계절지수 산출

절편	56.96
기울기	1.38

(단위: 억 원)

년도	분기	순서	판매액	평균 판매액	비율	계절지수	추세분석	계절&추세반영 예상판매액
2012	1/4	1	81.5	68.7	1.19	1.28	58.34	74.73
	2/4	2	35.6	68.7	0.52	0.73	59.71	43.33
	3/4	3	47.2	68.7	0.69	0.88	61.09	53.68
	4/4	4	69.9	68.7	1.02	1.11	62.46	69.62
2013	1/4	5	86.2	68.7	1.26	1.28	63.84	81.78
	2/4	6	43.2	68.7	0.63	0.73	65.22	47.33
	3/4	7	59.3	68.7	0.86	0.88	66.59	58.51
	4/4	8	70.6	68.7	1.03	1.11	67.97	75.76
2014	1/4	9	89.1	68.7	1.30	1.28	69.34	88.83
	2/4	10	54.8	68.7	0.80	0.73	70.72	51.32
	3/4	11	71.3	68.7	1.04	0.88	72.10	63.35
	4/4	12	82.5	68.7	1.20	1.11	73.47	81.89
2015	1/4	13	95.0	68.7	1.38	1.28	74.85	95.88
	2/4	14	65.7	68.7	0.96	0.73	76.22	55.32
	3/4	15	63.5	68.7	0.92	0.88	77.60	68.18
	4/4	16	83.1	68.7	1.21	1.11	78.98	88.03

❼ 실제 판매액, 추세분석 지표, 계절 및 추세반영 예상 판매액을 동시에 선택한 다음 꺾은선 형 그래프를 그린다.

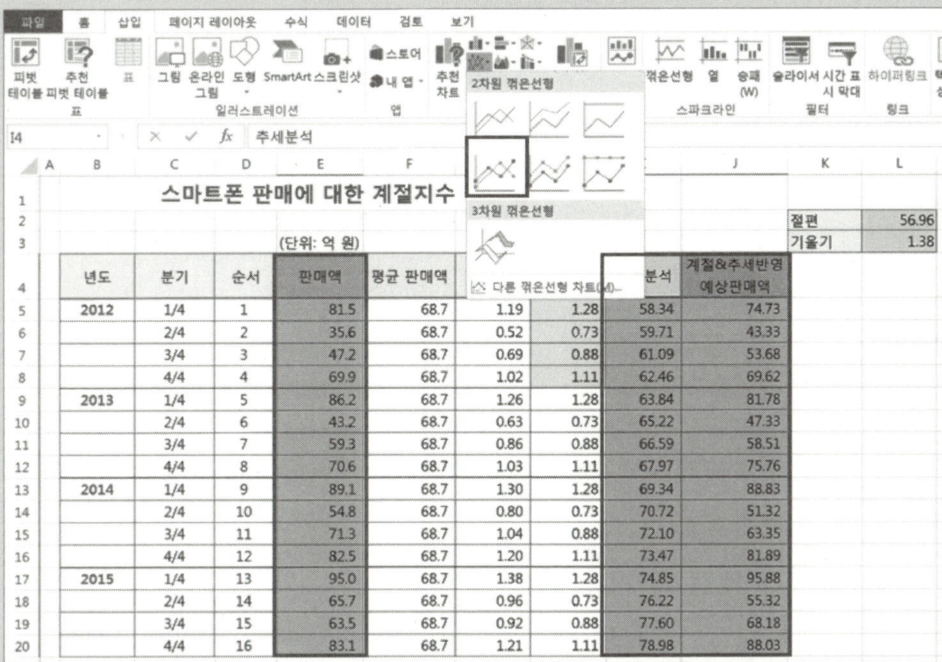

스마트폰 판매에 대한 계절지수

절편	56.96
기울기	1.38

(단위: 억 원)

년도	분기	순서	판매액	평균 판매액			분석	계절&추세반영 예상판매액
2012	1/4	1	81.5	68.7	1.19	1.28	58.34	74.73
	2/4	2	35.6	68.7	0.52	0.73	59.71	43.33
	3/4	3	47.2	68.7	0.69	0.88	61.09	53.68
	4/4	4	69.9	68.7	1.02	1.11	62.46	69.62
2013	1/4	5	86.2	68.7	1.26	1.28	63.84	81.78
	2/4	6	43.2	68.7	0.63	0.73	65.22	47.33
	3/4	7	59.3	68.7	0.86	0.88	66.59	58.51
	4/4	8	70.6	68.7	1.03	1.11	67.97	75.76
2014	1/4	9	89.1	68.7	1.30	1.28	69.34	88.83
	2/4	10	54.8	68.7	0.80	0.73	70.72	51.32
	3/4	11	71.3	68.7	1.04	0.88	72.10	63.35
	4/4	12	82.5	68.7	1.20	1.11	73.47	81.89
2015	1/4	13	95.0	68.7	1.38	1.28	74.85	95.88
	2/4	14	65.7	68.7	0.96	0.73	76.22	55.32
	3/4	15	63.5	68.7	0.92	0.88	77.60	68.18
	4/4	16	83.1	68.7	1.21	1.11	78.98	88.03

❽ 아래와 같이 실제 매출과 예상매출의 그래프가 완성되었다. 계절 및 추세지표가 동시에 반영된 차트의 경우 실제 매출액 차트와 거의 겹칠 정도로 유사한 패턴을 나타내고 있다. 이는 예상 매출액의 오차가 매우 작아서 예측력이 우수함을 반영하고 있다는 의미이다. 스마트폰은 1/4분기에 매출이 증가했다가 2/4분기에 급감하고, 그 후 서서히 증가하는 패턴을 반복하고 있음을 확인할 수 있다. 이처럼 시계열 데이터에 단일 예측지표만 반영하는 경우보다 복합된 예측지표를 반영하는 경우 예측력이 월등하게 향상되는 결과를 보이는 경우가 많다.

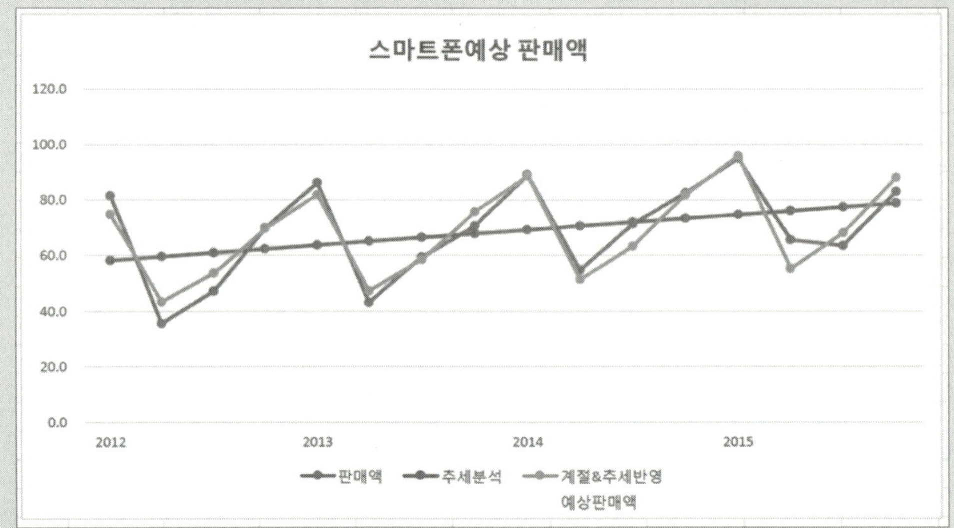

추세변동과 계절지수 반영 연습문제

아래 자료는 경남전자의 2014년과 2015년 전기요 판매실적을 월별로 제시한 것이다. 전기요는 제품의 특성상 여름에는 수요가 작고 주로 11월과 12월인 겨울에 많은 수요가 발생한다. 경남전자 생산부서에서는 보다 정확한 생산계획과 인력수급 계획을 수립하기 위하여 수요가 계절적으로 얼마의 변동이 있는지, 그리고 장기적으로 전기요의 매출이 얼마나 증가하고 있는지 알아보고자 한다(11장＼전기요판매실적.xlsx).

경남전자의 전기요 판매 실적

(단위: 백만 원)

년	월	매출
2014	1월	523
	2월	619
	3월	235
	4월	272
	5월	251
	6월	155
	7월	148
	8월	175
	9월	212
	10월	558
	11월	821
	12월	748
2015	1월	570
	2월	701
	3월	289
	4월	340
	5월	283
	6월	175
	7월	192
	8월	219
	9월	278
	10월	639
	11월	947
	12월	856

1) 추세변동을 실시하여 추세에 의한 매월 매출을 산정하여 보라.
2) 각 월별로 계절지수를 산출하고, 이에 근거하여 추세변동과 계절요인을 함께 고려한 월별 매출을 산정하라.
3) 계절별 수요를 감안하여 2016년의 매월 전기요 판매실적을 월별로 예상하여 보라.
4) 2014~2015년의 실제 매출액과, 추세변동과 계절요인을 함께 반영한 2014~2015년의 예상매출액의 그래프를 작성하시오.

수요예측 연습문제

다음은 경남상사의 분기별 전력 소비량이다. 2006년부터 2015년까지의 자료를 기초로 앞에서 배운 수요예측을 실습해보자(11장\전력소비량.xlsx).

경남상사 전력 소비량

년도	분기	전력소비	년도	분기	전력소비
2006	1	25,717	2011	1	42,992
	2	26,579		2	44,321
	3	27,295		3	46,890
	4	27,069		4	47,310
2007	1	27,641	2012	1	47,683
	2	28,078		2	48,760
	3	29,710		3	53,097
	4	29,814		4	51,244
2008	1	30,290		1	46,837
	2	31,263	2013	2	47,122
	3	32,718		3	50,042
	4	33,524		4	49,471
2009	1	34,206		1	49,719
	2	35,315	2014	2	51,884
	3	39,208		3	56,522
	4	37,812		4	56,089
2010	1	38,441		1	57,120
	2	39,661	2015	2	58,224
	3	42,839		3	60,128
	4	42,330		4	60,227

〈조건〉

- 전력소비량의 변화 추세를 파악할 수 있도록 실제 전력소비량을 그래프로 나타내시오.
- 이동평균구간을 1분기와 3분기로 하였을 때의 평균절대오차를 계산하여 더 나은 예측기간을 제시하시오. 또한 이를 실제 전력량과 같은 차트에 그려보시오.
- 해 찾기 기능을 이용하여 최적의 감쇠인수를 계산하여 예측한 후, 이때의 지수평활 그래프를 그리시오.
- 추세분석과 계절요인을 반영한 수요예측을 수행하고 이를 그래프로 나타내시오.

참고문헌

경영분석, 민성기, 창민사, 2016.
엑셀 2003 무작정 따라하기, 김종학, 공병훈, 길벗, 2005.
회사에서 바로 통하는 엑셀 2010, 한은숙, 한빛미디어, 2011.
원리와 개념에 충실한 엑셀 2013, 홍의경, 생능출판, 2015.
Excel을 활용한 경영의사결정, 김종욱, 신영사, 2009.
엑셀을 활용한 경영분석, 김준우 외 2인, 북넷, 2013.
Excel 2007을 활용한 경영자료의 분석과 활용, 김상수, 황승준, 형설출판사, 2008.
켈러의 경영경제통계학: 엑셀의 실전적 활용, Keller 저/이상규 역, 센게이지러닝, 2015.

찾아보기

감쇠인수 383
경영분석 9
경영분석의 목적 10
경제성 분석 307
계절지수 요인 395
고급 필터 254
그룹 만들기 및 윤곽 표시 기능 272
기호 삽입 30
꺾은선형 차트 160

날짜 데이터의 그룹화 279
내부분석 10
내부수익률 310
논리 함수 129

데이터 정렬 244
데이터 통합 266
데이터 표 기능 314
데이터 표시 형식 지정 72
데이터 필터 248
데이터베이스 241
데이터베이스의 구성 요소 242
데이터의 수정 및 삭제 30
데이터의 유형 28
데이터의 입력 29

레버리지 비율 234

목표값 찾기 338

부분합 257
분산형 차트를 이용한 변수 간 관계 파악 193

사용자 지정 서식 코드 지정하기 76
산술 연산자의 우선순위 41
상대 참조 43
세로 막대형 차트 158
셀 강조 규칙에 따라 서식 지정하기 83
셀 스타일 59
손익계산서 219
손익계산서 계산 225
수식 입력하기 41
수식 표시하기 42
수요 예측 373
수익성 비율 235
순현가 308
슬라이서 생성하기 279
시나리오 관리자 327

엑셀의 경영관리도구 기능 12
엑셀의 경영분석도구 기능 14
열 너비 수동 조정 25
열 너비 자동 조정 25
열의 삭제 27
열의 삽입 26
외부분석 10
워크시트 구조 23
원형 차트 162
유동성 비율 233
이동평균법 374

자동 채움 기능 33
자동 필터 248
자동합계도구 51
재무상태표 218
재무상태표 계산 222
재무제표 분석 217
재무제표를 이용한 재무비율분석 233
재무제표를 이용한 추세분석 229
재무함수 295
절대 참조 44

조건부 서식 적용하기 83
중첩 IF함수 129
중첩 함수 129
지수평활법 383

차트 수정하기 165
차트 이동 166
차트 작성하기 157
차트 종류 변경 166
참조 함수 147
찾기 함수 144
추세변동 392
추세변동과 계절지수의 동시 반영 398
추세선을 이용한 예측 185

콤보형 차트 164

표 서식 적용하기 58
표 스타일 58
피벗 차트 202
피벗 테이블 197, 274

한 셀에 여러 줄의 텍스트 입력하기 26
함수 라이브러리 112
함수 마법사 113
함수식 수정하기 114
함수식 직접 입력하기 114
함수의 종류 111
해 찾기 349
행 높이와 열 너비 조정하기 24
행의 삽입 및 삭제 27
현대적 경영분석 9
혼합 참조 45
활동성 비율 235

AND 함수 사용 131
Average 51
AVERAGEIF 124

CHOOSE() 150
COUNT 124
Count 51
COUNTA 124
COUNTBLANK 124
COUNTIF 124

FV함수 296

HLOOKUP 144

IFERROR 함수 138
IF함수 129
INDEX() 148
IRR함수 310

Max 51
Min 51

NOT 함수 사용 132
NPER함수 301
NPV함수 308

OR 함수 사용 131

PMT함수 303
PV함수 299

RATE함수 305

Sum 51
SUMIF 124

VLOOKUP 144

저자 약력　심수진

- 영남대학교 경영학박사
- 영남대학교 사회과학연구소 선임연구원
- 울산대학교 경영정보학과 객원교수
- 현재, 경남대학교 경영학부 교수

[논문]

- 정보기술 자원이 전략적 공급망 능력에 미치는 영향에 관한 연구
- 클라우드 기반 컴퓨팅 서비스 사용 요인에 관한 연구
- 공유경제 서비스 사용 요인에 관한 연구 외 다수

Excel을 활용한 경영자료 분석

2017년 3월 5일 1판 1쇄 인쇄
2017년 3월 10일 1판 1쇄 발행

저 자 : 심 수 진
발행인 : 한 정 주
발행처 : 교 육 과 학 사

저자와의 협의하에 인지생략

경기도 파주시 광인사길 71
전화 (031)955-6956~8 / 팩스 (031)955-6037
Home-page : www.kyoyookbook.co.kr
E-mail : kyoyook@chol.com
등록 : 1970년 5월 18일 제2-73호

낙장・파본은 교환해 드립니다.
Printed in Korea.

정가 18,000 원
ISBN 978- 89-254-1148-4